Juridicum – Schriften zum Zivilprozessrecht

Reihe herausgegeben von

Gerhard Wagner, Berlin, Deutschland

Joachim Zekoll, Frankfurt am Main, Deutschland

Diese Schriftenreihe enthält Arbeiten zum Zivilprozessrecht in seiner ganzen Breite. Die Reihe ermöglicht die Veröffentlichung von Abhandlungen, die sich mit diesem Rechtsgebiet aus deutscher, europäischer oder internationaler Perspektive beschäftigen. Die hier erscheinenden Arbeiten befassen sich mit dogmatischen oder grundlagenorientierten Fragestellungen in rechtstatsächlicher, rechtshistorischer oder rechtsvergleichender Hinsicht.

Herausgegeben von
Prof. Dr. Gerhard Wagner, LL.M. (Chicago) ist Universitätsprofessor an der Humboldt-Universität zu Berlin
Prof. Dr. Joachim Zekoll, LL.M. (Berkeley) ist Universitätsprofessor an der Goethe-Universität Frankfurt am Main

Felix Konstantin Hess

Anti-Suit Injunctions in FRAND-Streitigkeiten

Felix Konstantin Hess
Frankfurt am Main, Deutschland

Der Fachbereich Rechtswissenschaft der Goethe-Universität Frankfurt am Main hat diese Arbeit im Jahr 2023 als Dissertation angenommen.

ISSN 2945-9869　　　　　　　ISSN 2945-9877　(electronic)
Juridicum – Schriften zum Zivilprozessrecht
ISBN 978-3-658-43122-8　　　ISBN 978-3-658-43123-5　(eBook)
https://doi.org/10.1007/978-3-658-43123-5

Die Deutsche Nationalbibliothek verzeichnet diese Publikation in der Deutschen Nationalbibliografie; detaillierte bibliografische Daten sind im Internet über http://dnb.d-nb.de abrufbar.

© Der/die Herausgeber bzw. der/die Autor(en), exklusiv lizenziert an Springer Fachmedien Wiesbaden GmbH, ein Teil von Springer Nature 2023

Das Werk einschließlich aller seiner Teile ist urheberrechtlich geschützt. Jede Verwertung, die nicht ausdrücklich vom Urheberrechtsgesetz zugelassen ist, bedarf der vorherigen Zustimmung des Verlags. Das gilt insbesondere für Vervielfältigungen, Bearbeitungen, Übersetzungen, Mikroverfilmungen und die Einspeicherung und Verarbeitung in elektronischen Systemen.
Die Wiedergabe von allgemein beschreibenden Bezeichnungen, Marken, Unternehmensnamen etc. in diesem Werk bedeutet nicht, dass diese frei durch jedermann benutzt werden dürfen. Die Berechtigung zur Benutzung unterliegt, auch ohne gesonderten Hinweis hierzu, den Regeln des Markenrechts. Die Rechte des jeweiligen Zeicheninhabers sind zu beachten.
Der Verlag, die Autoren und die Herausgeber gehen davon aus, dass die Angaben und Informationen in diesem Werk zum Zeitpunkt der Veröffentlichung vollständig und korrekt sind. Weder der Verlag noch die Autoren oder die Herausgeber übernehmen, ausdrücklich oder implizit, Gewähr für den Inhalt des Werkes, etwaige Fehler oder Äußerungen. Der Verlag bleibt im Hinblick auf geografische Zuordnungen und Gebietsbezeichnungen in veröffentlichten Karten und Institutionsadressen neutral.

Planung/Lektorat: Marija Kojic
Springer ist ein Imprint der eingetragenen Gesellschaft Springer Fachmedien Wiesbaden GmbH und ist ein Teil von Springer Nature.
Die Anschrift der Gesellschaft ist: Abraham-Lincoln-Str. 46, 65189 Wiesbaden, Germany

Das Papier dieses Produkts ist recyclebar.

Vorwort

Die Goethe-Universität nahm meine Arbeit im Sommersemester 2023 als Dissertation an. Ganz herzlich bedanke ich mich bei Herrn Professor Alexander Peukert für die hervorragende Betreuung. Weiterhin bedanke ich mich bei Herrn Professor Joachim Zekoll, LL.M. (Berkeley) für die zügige Erstellung des Zweitgutachtens und ihm sowie Herrn Professor Gerhard Wagner, LL.M. (University of Chicago) für die Aufnahme in die „Schriften zum Zivilprozessrecht". Mein Dank gilt auch Herrn Professor Trevor C. Hartley, der mich während meines Forschungsaufenthaltes an der London School of Economics betreut hat.

Ich hoffe, mit der Dissertation einen kleinen Beitrag zur andauernden Diskussion um SEP/FRAND-Streitigkeiten zu leisten. Wichtige Problemkreise, zuvorderst die Frage, was faire und angemessene Bedingungen sind, bleiben unbeantwortet und sind Gegenstand einer aufregenden Diskussion und Rechtsentwicklung. Diese ist seit der Einreichung meiner Dissertation im November 2022 erheblich vorangeschritten. Für die Veröffentlichung habe ich die bis Juni 2023 veröffentlichte Rechtsprechung und Literatur berücksichtigt.

Frankfurt am Main, im Juni 2023   Felix Hess

Inhaltsübersicht

Vorwort V
Abkürzungsverzeichnis XVII

§ 1 Einleitung 1

   A. Terminologie 3
   B. FRAND-Streitigkeiten 4
      I. Arten von Standards 5
      II. Standardisierungsorganisationen 5
      III. Standardessentielle Patente 6
      IV. Bedeutung von FRAND 8
      V. Entwicklung und wirtschaftliche Bedeutung 10
      VI. Politische und volkswirtschaftliche Bedeutung 11
   C. Aufbau 14

§ 2 FRAND-Streitigkeiten: Länderberichte 15

   A. Deutschland 16
      I. Unterlassungsanspruch 18
      II. Würdigung der FRAND-Verpflichtungserklärung 19
      III. Zwangslizenzeinwand 21
         1. Marktbeherrschende Stellung 22
         2. Missbrauch: von Orange-Book zu Huawei/ZTE 23
         3. Huawei/ZTE: Auslegung deutscher Gerichte 25
         a) Verletzungshinweis 25
         b) Lizenzierungsbitte 26
         c) FRAND-Angebot des SEP-Inhabers 27
         d) Reaktion und Gegenangebot 29
         e) Formale und inhaltliche Anforderungen an FRAND 31
         aa) Angemessen und vernünftig (FR) 32
         bb) Nicht-diskriminierend (ND) 35
         f) Sicherheitsleistung 36
         g) Zwischenergebnis 37
      IV. Qualifikation 37
      V. Anmerkungen 38

B. Frankreich **39**
    I. Unterlassungsanspruch 39
    II. Auswirkung von Huawei/ZTE 40
    III. Wirkung der ETSI-Verpflichtungserklärung 40
    IV. Anmerkungen 41

C. Niederlande **41**
    I. Unterlassungsanspruch 41
    II. Wirkung der ETSI-Verpflichtungserklärung 42
    III. Kartellrechtlicher Zwangslizenzeinwand 43
        1. Verletzungshinweis und Lizenzbitte 43
        2. FRAND-Angebot 43
        3. Reaktion, Gegenangebot und Sicherheitsleistung 44
    IV. Anmerkungen 45

D. England und Wales **45**
    I. Injunction 46
        1. Verhältnismäßigkeit 46
        2. FRAND Injunction 47
    II. Vertragsrecht 47
    III. Festsetzung konkreter FRAND-Bedingungen 49
        1. Kompetenz zur Festsetzung aus Vertragsrecht 50
        2. Weltweite Festsetzung und Territorialitätsprinzip 51
        3. Berechnung der FRAND-Gebühren in Unwired Planet v Huawei ... 52
    IV. Kartellrecht 54
        1. Marktbeherrschende Stellung 54
        2. Missbrauch 54
            a) Verfrühte Klageerhebung 54
            b) Preismissbrauch und Bündelung 55
    V. Billigkeitsrecht 56
    VI. Qualifikation 56
    VII. Verfahren und Dauer 58
    VIII. Anmerkung 58

E. Vereinigte Staaten **59**
    I. Injunction 59
    II. US International Trade Commission 60
    III. Würdigung der FRAND-Verpflichtungserklärung 63
        1. ETSI 63
        2. IEEE / ITU / ANSI 63
        3. Rechtsfolge 64
    IV. Festsetzung von FRAND-Gebühren 65
        1. TCL v Ericsson (2017) 67

Inhaltsübersicht

2. Re Innovatio (2013) 67
3. Microsoft v Motorola (2013) 68
4. Zwischenergebnis 70
V. Kompetenz zur weltweiten Festsetzung 71
VI. Promissory Estoppel 71
VII. Kartellrecht 71
   1. Kartellrechtswidriges Verhalten im Standardisierungsverfahren 72
   2. Kartellrechtliche Lizenzierungspflichten 73
   3. Angebot FRAND-widriger Konditionen 73
      a) Kartellrechtswidrige Gebührenhöhe 74
      b) Implikationen der Entscheidung 74
VIII. Qualifikation 75
IX. Anmerkungen 77

F. Asien **78**
I. China 78
   1. Standardisierung in China 79
   2. Rechtsschutzmöglichkeiten 80
   3. Unterlassungsanspruch 80
      a) Richtlinien 81
      b) Rechtsprechung 82
   4. Vertragsrecht 83
   5. Kartellrecht 85
   6. Festsetzung von FRAND-Konditionen 86
   7. Anmerkungen 86
II. Japan 87
   1. Rechtsschutzmöglichkeiten 87
   2. Missbräuchliche Rechtsausübung: FRAND-Einwand 88
   3. Schadensersatz bei Verletzung eines SEP 89
   4. Anmerkungen 90

G. Funktionaler Vergleich **91**
I. Unterlassungsanspruch 91
II. Würdigung der FRAND-Verpflichtungserklärung 92
III. Lizenzwilligkeit 93
   1. Fokus auf inhaltlicher FRAND-Gemäßheit 94
   2. Fokus auf Parteiverhalten 94
IV. Inhaltliche Bestimmung von FRAND 98
V. Verfahrensdauer 101
VI. Ergebnis 101

§ 3: Anti-Suit Injunctions **103**
   A. Allgemeines **103**
      I. Arten von ASIs und anwendbares Recht 105
      II. Wirkungen einer ASI 107
   B. Die Doktrin des forum non conveniens **107**
      I. England 108
         1. Another available forum 108
         2. (Clearly) more appropriate forum 109
         3. Requirements of justice 110
      II. Vereinigte Staaten 110
         1. Adequate forum 111
         2. Public Policy 112
   C. England und Commonwealth **112**
      I. Zuständigkeit 112
      II. Single- und alternative forum-Fälle 112
         1. Abgrenzung von alternative- und single forum-Fällen 113
         2. Bedeutung der Abgrenzung 115
      III. Natural Forum 116
         1. Bedeutung des Kriteriums 117
         2. Ermittlung des natural forum 118
      IV. Erlassgründe 119
         1. Schutz von Zuständigkeit und Verfahren 120
            a) Schutz von Endurteilen 120
            b) Schutz vor ausufernder Zuständigkeit ausländischer Gerichte 120
            c) Ausnutzen ausländischen Prozessrechts 121
            d) Rechtsverweigerung in ausländischer Jurisdiktion 123
            e) Schutz wichtiger öffentlicher Interessen 123
            f) Anti-Anti-Suit Injunctions 125
         2. Schutz vor rechtsmissbräuchlichen und schikanösen Klagen 127
            a) Stufe 1: Erster Anschein 128
            aa) „Mala fide" Klageerhebung im Ausland 128
            bb) Vorteile des ausländischen Prozessrechts 128
            cc) Materiellrechtliche Vorteile 129
            b) Stufe 2: Interessenabwägung 130
      V. Ermessen 131
         1. Schutzwürdigkeit des Antragstellers 131
         2. Comity 131
            a) Sachnähe der ausländischen Jurisdiktion 133
            b) Grad der Ungerechtigkeit 133
            c) Zeitpunkt der Klageerhebung 134

d) Vorheriger Antrag auf Verfahrensaussetzung 134
VI. Zwischenergebnis 134
D. Vereinigte Staaten **135**
  I. Zuständigkeit 136
  II. Gleiche Parteien und gleicher Streitgegenstand 136
    1. Gleiche Parteien 137
    2. Gleicher Streitgegenstand 137
      a) Unproblematische Fälle 138
      b) Problematische Fälle 139
        aa) Clawback Gesetze 139
        bb) Anti-Anti-Suit Injunction 141
        cc) IP-Streitigkeiten 141
        dd) Kartellrechtlicher Bezug 142
        ee) Weitere Kriterien 142
        ff) Würdigung 143
  III. Besondere Voraussetzungen 143
    1. Restriktiver Ansatz 144
    2. Weiter Ansatz 146
  IV. Vereinbarkeit mit der comity 147
    1. Restriktiver Ansatz 147
    2. Weiter Ansatz 148
  V. Rezeption 149
E. Rechtsvergleich der *common law*-Jurisdiktionen **151**
F. Deutschland **152**
  I. Reichsgericht (1938) 152
  II. Neuere Rechtsprechung 153
  III. Zulässigkeit von ASIs 156
    1. Generelle Unzulässigkeit von ASIs 156
    2. Völkerrechtliche Zulässigkeit 157
    3. Prozessuales Privileg 157
    4. Internationale Zuständigkeit 158
  IV. Begründetheit 158
    1. Vertragliche ASI 159
    2. Gesetzliche Anspruchsgrundlagen 160
      a) Anwendbares Recht 161
      b) § 823 BGB i.V.m. § 1004 Abs. 1 S. 2 BGB analog 163
        aa) Eingriff in absolutes oder „sonstiges" Recht 163
        bb) Rechtswidrigkeit 163
      c) § 826 BGB 164

V. Ergebnis 164
§ 4: Anti-Suit Injunctions in FRAND-Streitigkeiten 166
   A. Vereinigte Staaten 166
      I. Microsoft v Motorola (2012) 166
         1. Entscheidung des district court 168
            a) Übereinstimmender Streitgegenstand 168
            b) Erlassgrund: Unterweser-Faktoren 169
            c) Comity 170
         2. Entscheidung des court of appeals 171
            a) Derselbe Streitgegenstand 171
            b) Erlassgrund: Unterweser Faktoren 172
            c) Comity 172
         3. Anmerkung 172
            a) Übereinstimmender Streitgegenstand 173
            b) Auswirkung auf die comity 175
      II. Vringo v ZTE (2015) 175
      III. TCL v Ericsson (2015) 176
      IV. Apple v Qualcomm (2017) 176
         1. Entscheidung des district court 177
            a) Übereinstimmender Streitgegenstand 177
            b) Erlassgrund: Unterweser-Faktoren 178
            c) Comity 179
         2. Anmerkung 180
      V. Huawei v Samsung (2018) 180
         1. Übereinstimmender Streitgegenstand 181
         2. Erlassgrund: Unterweser-Faktoren 182
         3. Comity 182
         4. Anmerkungen 183
      VI. TQ Delta v ZyXEL Communications (2018) 185
      VII. Apple v Ericsson (2022) 186
         1. Antrag 186
         2. Entscheidung 187
         3. Anmerkung 187
      VIII. Zulässigkeit von ASIs 187
         1. Kein übereinstimmender Streitgegenstand 188
         2. Erlassgründe 188
         3. Auswirkung auf die comity 189
            a) Keine vertragsrechtliche Streitigkeit 189
            b) Keine eingeschränkte Reichweite 190
            c) First-Filed Kriterium unpassend 191

d) Weiter Ansatz lässt comity-Kriterium leerlaufen 192
4. Ergebnis.. 193
B. China **193**
I. Huawei v Conversant (2020)...194
1. Entscheidung des SPC... 195
a) Einfluss des ausländischen Verfahrens 195
b) Irreversibler Schaden 196
c) Interessenabwägung 196
d) Beeinträchtigung öffentlicher Interessen 197
e) Berücksichtigung der comity 197
2. Anmerkung.. 197
II. ZTE v Conversant (Shenzhen, 2020)....................................198
III. Oppo v Sharp (Shenzhen, 2020)..198
IV. Lenovo v Nokia (Shenzhen, 2021)...199
1. Entscheidung 199
2. Anmerkung.. 200
V. Xiaomi v InterDigital (Wuhan, 2020) 200
1. Entscheidung 201
2. Anmerkungen.. 202
VI. Samsung v Ericsson (Wuhan, 2020) 203
1. Entscheidung 204
a) Einfluss des ausländischen Verfahrens 204
b) Irreversibler Schaden 204
c) Interessenabwägung 205
d) Einfluss auf öffentliche Interessen und die comity 205
2. Anmerkung.. 205
VII. Vereinbarkeit chinesischer A(AA)SIs mit TRIPS 205
1. Beschwerde der Europäischen Kommission.................... 206
a) Verstoß gegen Art. 1 i.V.m. Art. 28 Abs. 1 und Abs. 2 TRIPS 206
b) Verstoß gegen Art. 41 Abs. 1 S. 2 TRIPS 207
c) Verstoß gegen Art. 1 Abs. 1 i.V.m. Art. 44 Abs. 1 TRIPS 207
d) Rechtfertigung der ASI-Praxis... 209
2. Verfahrensrechte nach dem TRIPS-Übereinkommen...... 210
VIII. Zwischenergebnis 211

C. England **212**
I. Forum non conveniens in FRAND-Streitigkeiten.................213
1. Stay of proceedings bzw. service out............................... 213
a) Stufe 1: Another available forum 214
b) Stufe 2: Clearly more appropriate forum 216
c) Stufe 3: Requirements of Justice..................................... 218

2. Case-management stay 218
  3. Anmerkungen 219
  II. Anti-Suit Injunctions 220
   1. Unwired Planet v Huawei 220
   2. Conversant v ZTE 221
   3. Anmerkungen 221
  III. Zulässigkeit von ASIs 222
   1. Außervertragliche Streitigkeit 223
   2. Alternative forum-Fall 223
   3. Natural Forum 224
 D. Ergebnis 224

§ 5 Anti-Anti-Suit Injunctions in FRAND-Streitigkeiten 226

 A. England 226
  I. IPCom v Lenovo (2019) 227
   1. Entscheidung 227
   2. Anmerkungen 228
  II. Philips v Oppo (2022) 230
   1. Entscheidung 230
   2. Anmerkung 232

 B. Frankreich: Lenovo v IPCom (2019) 232
  I. Entscheidung 233
  II. Anmerkung 234

 C. Indien: InterDigital v Xiaomi (2020) 235
  I. Entscheidung 235
   1. Konkrete Erscheinungsform und Relevanz 235
   2. Erlasskriterien 235
   3. Kritik an chinesischer ASI 236
    a) Mangelnder Respekt vor chinesischem Verfahren 236
    b) Gefahr widersprüchlicher Entscheidungen 237
    c) Eingeschränkte Reichweite der ASI 238
   4. Comity 239
   5. Arglistiges Verhalten der Verfügungsbeklagten 239
  II. Anmerkung 240

 D. USA: Ericsson v Samsung (2021) 240
  I. Entscheidung 240
   1. Unterweser-Faktoren 241
   2. Comity 242
  II. Anmerkung 242

E. Niederlande: Ericsson v Apple (2021) 244
I. Rechtliche Würdigung 245
1. Passivlegitimation 245
2. Anwendbares Recht 246
3. Dringlichkeit 247
II. Anmerkung 247

F. Deutschland 249
I. Zulässigkeit 249
1. Zuständigkeit 249
2. Rechtsschutzbedürfnis 250
a) Anwendbarkeit des prozessualen Privilegs 250
aa) Münchener Gerichte 251
bb) OLG Düsseldorf 252
b) Anmerkung 253
aa) Das prozessuale Privileg im deutschen Recht 253
bb) Unionsrechtskonforme Auslegung des Zivilprozessrechts 254
c) Vorherige Anfechtung der ASI 256
II. Begründetheit 257
1. Anwendbares Recht 257
2. Verfügungsanspruch 258
a) Rechtsgutsverletzung 258
b) Aktivlegitimation 261
c) Haftungsbegründende Kausalität 261
d) Rechtswidrigkeit 261
aa) Münchener Ansatz 264
bb) Düsseldorfer Ansatz 264
cc) Anmerkung 265
dd) Vorgeschlagener Ansatz 266
####### (1) Nicht gerechtfertigter Eingriff in ausschließliche Zuständigkeit ... 267
####### (2) Verstoß gegen wichtigste nationale Interessen 270
####### (3) Zweite Stufe: Interessenabwägung 271
e) Unmittelbar bevorstehende Beeinträchtigung 272
aa) ASI bereits beantragt 272
bb) Vorbeugende AASI 272
####### (1) LG Düsseldorf 273
####### (2) LG München 274
####### (3) Anmerkung 275
f) Passivlegitimation 276
3. Venire contra factum proprium 278
III. Ergebnis 280

G. Ergebnis 281

§ 6 Auslegungsvorschläge zum deutschen und europäischen Recht 283

A. Verhältnismäßigkeit des Unterlassungsanspruchs 283
  I. Gesetzesbegründung 284
  II. DurchsetzungsRL 286
  III. TRIPS-Übereinkommen 286
  IV. Verhältnis zum kartellrechtlichen Zwangslizenzeinwand 287

B. Auslegung des europäischen Kartellrechts 288
  I. Verteilung von Darlegungs- und Beweislast nach europäischem Kartellrecht 289
  II. Hohe Anforderungen an Lizenzwilligkeit 290
  III. Rückkehr zu Orange-Book-Standard 293
  IV. Berücksichtigung des TRIPS-Übereinkommens 296
  V. Ergebnis 298

§ 7 Ergebnisse 301

A. Der Streitgegenstand in FRAND-Streitigkeiten 302

B. Gebotenheit von AASIs 303

C. Ausblick 304

Literaturverzeichnis 307

Materialverzeichnis 327

Abkürzungsverzeichnis

A.A. / a.A.	Anderer Ansicht
A(A)SI	Anti-(Anti-)Suit Injunction
ABl.	Amtsblatt
Abs.	Absatz
AC	Law Reports Appeal Cases (England & Wales)
AEI	Anti-Enforcement Injunction
AEUV	Vertrag über die Arbeitsweise der Europäischen Union
a.F.	alte Fassung
aff'd	affirmed
AG	Aktiengesellschaft / Amtsgericht
AIPLA Q.J.	American Intellectual Property Law Association Quarterly Journal
Am. J. Comp. L.	American Journal of Comparative Law
AML	Anti-Monopoly Law (China)
Am. Univ. L.R.	American University Law Review
Ariz.	Arizona
Asia Pacific L.R	Asia Pacific Law Review
ASP	Average Selling Price
Aufl.	Auflage
Az.	Aktenzeichen
Baylor L.R.	Baylor Law Review
BCC	British Company Law Cases
BeckRS	Beck-Rechtsprechung
Berkeley Tech. L.J.	Berkeley Technology Law Journal
BGB	Bürgerliches Gesetzbuch
BGH	Bundesgerichtshof
BHPC	Beijing High People's Court
BT	Bundestag
Brüssel I-VO	Verordnung (EG) Nr. 44/2001 des Rates vom 22. Dezember über die gerichtliche Zuständigkeit und die Anerkennung und Vollstreckung von Entscheidungen in Zivil- und Handelssachen

Brüssel Ia-VO	Verordnung (EU) Nr. 1215/2012 des Europäischen Parlaments und des Rates vom 12. Dezember 2012 über die gerichtliche Zuständigkeit und die Anerkennung und Vollstreckung von Entscheidungen in Zivil- und Handelssachen
Cal.	California
Cal. L.R.	California Law Review
Cardozo J. Int'l & Comp. L.	Cardozo Journal of International and Comparative Law
Ch	Chancery Division, High Court of England & Wales
Cir.	Circuit (USA), Gerichtsbezirk
CJEU	Court of Justice of the European Union
CLC	Commercial Law Cases (England & Wales)
CLJ	The Cambridge Law Journal
CMLR	Common Market Law Review
Colum. J. Transnat'l L.	Columbia Journal of Transnational Law
Colum. Sci. & Tech. L.R.	Columbia Science and Technology Law Review
Com Ct / Comm	Commercial Court, Queen's Bench Division
Corn. J. of Law & Policy	Cornell Journal of Law and Public Policy
Cornell L.R.	Cornell Law Review
Corp. / Corp	Corporation
Ct.	Court
D.	District
DC	District of Columbia
Del.	Delaware
DIN	Deutsches Institut für Normung
DoJ (USA)	United States Department of Justice
DPMA	Deutsches Patent- und Markenamt
ECJ	European Competition Journal
E.D.	Eastern District
E.I.P.R.	European Intellectual Property Review
EMRK	Europäische Menschenrechtskonvention
ETSI	European Telecommunications Standards Institute
EU	Europäische Union
EuGH	Europäischer Gerichtshof
EUR	Euro

Eur. J. Law. Econ.	European Journal of Law and Economics
EWCA	England & Wales Court of Appeal
EWCA Civ	EWCA, Civil Division
EWHC	England & Wales High Court
EWiR	Entscheidungen zum Wirtschaftsrecht und Kurzkommentare
F.2d	Federal Reporter, Second Series (USA)
F.3d	Federal Reporter, Third Series (USA)
F.4th	Federal Reporter, Fourth Series (USA)
Fed. Appx.	Federal Appendix (USA)
F & E	Forschung und Entwicklung
ff.	fortfolgende
Fl.	Florida
Fn.	Fußnote
FRAND	Fair, reasonable and non-discriminatory
FS	Festschrift
F. Supp.	Federal Supplement (USA)
F. Supp. 3d.	Federal Supplement, Third Series (USA)
FTC	Federal Trade Commission (USA)
Geo. Wash. J. Int'l L. & Econ.	George Washington Journal of International Law and Economics
GHPC	Guandong High People's Court
GmbH	Gesellschaft mit beschränkter Haftung
GPR	Zeitschrift für das Privatrecht der Europäischen Union
GRUR	Gewerblicher Rechtsschutz und Urheberrecht
GRUR Int.	GRUR Internationaler Teil
GRUR-Prax	Praxis im Immaterialgüter- und Wettbewerbsrecht
GRUR-RS	GRUR-Rechtsprechungssammlung
GRUR-RR	GRUR-Rechtsprechungsreport
G. Wash. L.R.	The George Washington Law Review
GWB	Gesetz gegen Wettbewerbsbeschränkungen
HdB.	Handbuch
HL	House of Lords (England & Wales)
h.L.	herrschende Lehre
h.M.	Herrschende Meinung
Hrsg.	Herausgeber
ICLQ	International & Comparative Law Quarterly

i.H.v.	in Höhe von
IKT	Informations- und Kommunikationstechnologien
Ill.	Illinois
IL Pr	International Litigation Procedure
Inc / Inc.	Incorporated
Ind. L.J.	Indiana Law Journal
Int'l	International
IP	Intellectual Property
IPC	Intellectual Property Code (französisch: *Code de la propriété intellectuelle*)
IPR	Internationales Privatrecht / Internationales Privat- und Verfahrensrecht
IPRax	Praxis des Internationalen Privat- und Verfahrensrechts
IPRB	IP-Rechtsberater
ITU/ITU-T	International Telecommunication Union Telecommunication Standardization Sector
i.V.m.	in Verbindung mit
IZPR	Internationales Zivilprozessrecht
IZVR	Internationales Zivilverfahrensrecht
JURA	Juristische Ausbildung
J	Judge (England & Wales)
J. Comp. Law & Econ.	Journal of Competition Law & Economics
J. Corporate Law Studies	The Journal of Corporate Law Studies
JIPLP	Journal of Intellectual Property Law & Practice
J. Marshall Rev. IP L.	The John Marshall Review of Intellectual Property Law
J. of Legisl.	Journal of Legislation
JPIL	Journal of Private International Law
JPO	Japanisches Patentamt (Japan Patent Office; japanisch: *Tokkyo-chō*)
JZ	JuristenZeitung
LG	Landgericht
LJ	Lord Justice (England & Wales)
Lloyd's Rep.	Lloyd's Law Reports
Lloyd's Rep IR	Lloyd's Law Reports, Insurance & Reinsurance
LMLCQ	Lloyd's Maritime and Commercial Law Quarterly
LoA	Letter of Assurance

LTE	Long Term Evolution
Me.	Maine
METI	Japanisches Ministerium für Wirtschaft, Handel und Industrie (Ministry of Economy, Trade and Industry)
Mich.	Michigan
Mich. Tech. L.R.	Michigan Technology Law Review
Minn.	Minnesota
Mitt.	Mitteilungen der deutschen Patentanwälte
MüKo	Münchener Kommentar
m.w.N.	mit weiteren Nachweisen
N.D.	Northern District
NDA	Non-Disclosure Agreement (Verschwiegenheitsvereinbarung)
NDRC	National Development and Reform Commission
Nebr. L.R.	Nebraska Law Review
NGO	Non-Governmental Organization
NJOZ	Neue Juristische Online-Zeitschrift
NJW	Neue Juristische Wochenschrift
NJW-RR	Neue Juristische Wochenschrift – Rechtsprechungsreport Zivilrecht
North Carolina J. Int'l Law	North Carolina Journal of International Law
NPE	Non-Producing Entity
NW. U. L.R.	Northwestern University Law Review
N.Y.	New York
NYSBA Int'l Law Prac.	NYSBA (New York State Bar Association) International Law Practicum
NZKart	Neue Zeitschrift für Kartellrecht
OEM	Original Equipment Manufacturer
Ohio St. L.J.	Ohio State Law Journal
OLG	Oberlandesgericht
PAE	Patent Assertion Entity
Pat	High Court, Chancery Division, Patents Court (England & Wales)
Patently-O L.J.	Patently-O Patent Law Journal
PatG	Patentgesetz
PC	Privy Council (England & Wales)
QB	Queen's Bench (division of the High Court)

RabelsZ	Rabels Zeitschrift für ausländisches und internationales Privatrecht
RegE	Gesetzesentwurf der Bundesregierung
Rev. of Litigation	Review of Litigation
RG	Reichsgericht
RGZ	Rechtsprechungssammlung des Reichsgerichts
RICO	Racketeer Influenced and Corrupt Organizations Act
RIW	Recht der internationalen Wirtschaft
RL	Richtlinie
Rn.	Randnummer
Rom I-VO	Verordnung (EG) Nr. 593/2008 des Europäischen Parlamentes und des Rates vom 17. Juni 2008 über das auf vertragliche Schuldverhältnisse anzuwendende Recht
Rom II-VO	Verordnung (EG) Nr. 864/2007 des Europäischen Parlaments und des Rates vom 11. Juli 2007 über das auf außervertragliche Schuldverhältnisse anzuwendende Recht
RPC	Reports of the Patent, Design and Trade Mark Cases
S.	Seite
SAC	Standardization Administration of the People's Republic of China
SAIC	State Administration for Industry and Commerce (China)
SCLR	Southern California Law Review
S.D.	Southern District
SDO	Standard Development Organizations
Sec.	Section
SEP	Standardessentielles Patent
Singapore Academy L.J.	Singapore Academy of Law Journal
sog.	sogenannt
SPC	Supreme People's Court of the People's Republic of China
SSNIP	Small but significant and non-transitory increase in price
SSO	Standard Setting Organization
SS(PP)U	Smallest salable (patent/standard) practicing unit

Stanford L.R.	Stanford Law Review
St. John's L.R.	St. John's Law Review
Str.	Streitig
Tex.	Texas
TGI Paris	Tribunal de grande instance de Paris
TJ Paris	Tribunal Judiciaire de Paris
TRIPS	The Agreement on Trade-Related Aspects of Intellectual Property Rights
TRO	Temporary Restraining Order (USA)
UCLA J. L. & Tech.	UCLA Journal of Law & Technology
UKSC	Supreme Court of the United Kingdom
U. Miami Bus. L.R.	University of Miami Business Law Review
UMTS	Universal Mobile Telecommunications System
UN	United Nations (Vereinte Nationen)
UPC	Unified Patent Court
U. Penn. J. Int'l Econ. L	University of Pennsylvania Journal of International Economic Law
U. Penn. L.R.	University of Pennsylvania Law Review
US / U.S.	United States of America
USD	US-Dollar
U.S. Dist. LEXIS	LEXIS Datenbank der Entscheidungen der US District Courts
US ITC	United States International Trade Commission
U.S.F. Mar. L.J.	University of San Francisco Maritime Law Journal
Utah L.R.	Utah Law Review
UWG	Gesetz gegen den unlauteren Wettbewerb
Vand. J. Ent. & Tech. L.	Vanderbilt Journal of Entertainment & Technology Law
Vand. L.R.	Vanderbilt Law Review
Vgl.	Vergleiche
Virg. J. of Int'l Law	Virginia Journal of International Law
Vol.	Volume (Band)
VUWLR	Victoria University of Wellington Law Review
Wash.	Washington
Wash. L.R.	Washington Law Review
W.D.	Western District

Wis.	Wisconsin
WL	Westlaw
WLAN	Wireless Local Area Network
WLR	Weekly Law Reports
World Trade Rev.	World Trade Review
WTO	World Trade Organization (Welthandelsorganisation)
WuW	Wirtschaft und Wettbewerb
Yale L.J.	The Yale Law Journal
z.B.	zum Beispiel
ZJapanR	Zeitschrift für Japanisches Recht
ZGE	Zeitschrift für geistiges Eigentum
ZPO	Zivilprozessordnung
z.T.	zum Teil
ZZP	Zeitschrift für Zivilprozess

§ 1 Einleitung

Eine Anti-Suit Injunction („ASI") ist eine gerichtliche Verfügung, die es dem Antragsgegner untersagt, ein Verfahren vor einem anderen Gericht einzuleiten, Anträge in einem laufenden Verfahren zu stellen oder ein erwirktes Urteil zu vollstrecken. Die ASI soll abredewidrig oder missbräuchlich eingeleitete Parallelverfahren unterbinden. Die Verfügung richtet sich nicht gegen ein Gericht, sondern gegen eine (juristische) Person. Bei einer Zuwiderhandlung drohen ihr im Erlassstaat Strafen. Das Prozessführungsverbot blickt in *common law*-Jurisdiktionen auf eine über einhundertjährige Geschichte zurück. Ursprünglich wurden Prozessführungsverbote gegen Gerichte innerhalb derselben Jurisdiktion erlassen. Erst seit den 1980ern ergingen regelmäßig gegen ausländische Verfahren oder Urteile gerichtete Prozessführungsverbote.[1] Die meisten ASIs haben Gerichte im Vereinigten Königreich und in den Vereinigten Staaten erlassen.

In wenigen Ausnahmefällen erließen Gerichte, gegen deren Verfahren oder Urteile sich ausländische ASIs richteten, ihrerseits Prozessführungsverbote, mit denen sie die Vollstreckung oder die Erwirkung einer ausländischen ASI untersagten.[2] Diese Verfügungen werden als Anti-Anti-Suit Injunctions („AASIs") bezeichnet. Bis vor wenigen Jahren haben Gerichte in *civil law*-Jurisdiktionen – abgesehen von vereinzelten Ausnahmefällen – weder ASIs noch AASIs erlassen.[3]

---

[1] Näher zur Entwicklung der ASI *Raphael*, Rn. 2.01–2.38.

[2] Zum englischen Recht vgl. *Sabah Shipyard (Pakistan) v Islamic Republic of Pakistan* [2002] EWCA Civ 1643 [2004] 1 CLC 149; *Tonicstar v American Home Assurance* [2004] EWHC 1234 (Comm); *Ecom Agroindustrial v Mosharaf Composite Textile Mill* [2013] EWHC 1276 (Comm); *IPCom v Lenovo* [2019] EWHC 3030 (Pat); weitere Nachweise bei *Raphael*, Rn. 5.60. Für von US-Gerichten erlassene AASIs vgl. *Laker v Sabena*, 731 F.2d 901 (DC Cir. 1984); *Mutual Service Ins. v Frit Industries*, 805 F.Supp. 919, 925 (M.D. Alab. 1992), aff'd 3 F.3d 442 (11th Cir. 1993); *Ericsson v Samsung*, 2021 WL 89980 (E.D. Tex. 2021).

[3] RGZ 157, 136; weitere Nachweise bei *Raphael*, Rn. 1.22, dort Fn. 37–38. Laut *Raphael*, Rn. 5.57 (ohne Nachweise der Rechtsprechung) haben Gerichte in *civil law*-Jurisdiktionen auch vor 2019 AASIs erlassen. Ein niederländisches Gericht hat 2004 eine AASI gegen die Prozessführung in einem inländischen Parallelverfahren erlassen, Rechtbank Gravenhage v. 5.8.2004, Zaaknr. KG 04/688 (*Medinol v Cordis*). Gegen ausländische Verfahren gerichtete, vor 2019 erlassene ASIs und AASIs sind nicht ersichtlich.

Seit 2019 haben mehrere Gerichte in *civil law*-Jurisdiktionen AASIs in sog. FRAND-Streitigkeiten zum Schutz ihrer ausschließlichen Zuständigkeit über nationale Patente erlassen. Dass Gerichte in *civil law*-Jurisdiktionen zu Prozessführungsverboten greifen, die dem abschließenden Zuständigkeitssystem des kontinentaleuropäischen Rechtsraums fremd sind, liegt auch an der erheblichen wirtschaftlichen und politischen Bedeutung der streitgegenständlichen standardessentiellen Patente („SEPs"). Deren Inhaber („SEP-Inhaber") sind verpflichtet, ihre SEPs an ernstlich zum Abschluss eines Lizenzvertrages bereite Lizenzpetenten („*willing licensees*") zu fairen, angemessenen und nichtdiskriminierenden („FRAND")[4] Konditionen zu lizenzieren.

Der Kern von FRAND-Streitigkeiten sind unterschiedliche Vorstellungen von Patentinhaber und Lizenzsucher davon, welche Lizenzbedingungen FRAND sind und ob der Lizenzpetent ein *willing licensee* ist. Wegen der Eigenarten des nationalen Prozessrechts und des materiellen Rechts ist für den Ausgang von FRAND-Streitigkeiten die Frage, wo der Rechtsstreit ausgetragen wird, regelmäßig bedeutender als die eigentliche Sachthematik. Beide Parteien versuchen, den Rechtsstreit vor das Gericht zu bringen, von dem sie glauben, dass es im eigenen Sinn entscheidet. Da das erste Urteil alle weltweit anhängigen Parallelverfahren obsolet machen kann, haben chinesische und US-amerikanische Gerichte in FRAND-Streitigkeiten ASIs gegen ausländische Patentverletzungsverfahren erlassen. Rund die Hälfte der bis August 2022 erlassenen ASIs richteten sich (zumindest auch) gegen deutsche Patentverletzungsverfahren.[5]

Die Arbeit untersucht neben der Rechtmäßigkeit von ASIs und AASIs deren Ursache. Die in FRAND-Streitigkeiten erlassenen ASIs setzen keine Gerichtsstands- oder Schiedsvereinbarung durch, sondern richten sich im Kern gegen ein als missbräuchlich angesehenes *forum shopping* von SEP-Inhabern. Diese können Patentverletzungsklagen bei Gerichten erheben, die Implementierer unter niedrigen Voraussetzungen und vergleichsweise schnell auf Unterlassung verurteilen. Durch den von einer drohenden Verurteilung ausgehenden Druck können SEP-Inhaber die Nutzer der patentgeschützten Technologie („Implementierer") zur Lizenznahme zwingen, bevor ausländische Gerichte über die Frage, was aus ihrer Sicht FRAND ist, entschieden haben.

ASIs zur Verhinderung eines *forum shopping* sind kein neues Phänomen. Insbesondere in den 1980er und 1990er Jahren ergingen einige ASIs gegen Verfahren, in denen Unfallgeschädigte oder deren Rechtsnachfolger in

---

[4] Akronym für „Fair, Reasonable and Non-Discriminatory".
[5] Für eine tabellarische Übersicht der bis zum 1.1.2022 in FRAND-Streitigkeiten erlassenen und veröffentlichten ASIs und AASIs vgl. *Contreras/Yu/Yu*, (2022) 71 Am. Univ. L.R. 1537, 1588.

vermeintlich klägerfreundlichen Jurisdiktionen (insbesondere in Texas) klagten, um in den Genuss prozessualer (*contingency fees*, *discovery*, Juryverfahren) und materiell-rechtlicher (Strafschadensersatz) Vorteile zu gelangen, obwohl der Rechtsstreit kaum eine Verbindung zu Texas hatte.[6] Abschließend wird daher untersucht, warum es Kläger in FRAND-Streitigkeiten über weltweite Lizenzen häufig vor deutsche Gerichte zieht.

A. Terminologie

Die Begriffe Kläger und Beklagter oder Antragsteller und Antragsgegner stiften bei ASIs Verwirrung, da derjenige, der eine ASI beantragt oder auf deren Erlass klagt, im Ausland in der Rolle des Beklagten ist. Auch im Englischen hat sich keine einheitliche Terminologie durchgesetzt. Damit stets klar ist, wer gemeint ist, sind die Parteien des Verfahrens oder Urteils, dessen Fortführung oder Vollstreckung die ASI untersagen soll, im Folgenden „Kläger" und „Beklagter". Der Beklagte im Hauptsacheverfahren beantragt im Ausland eine ASI oder klagt auf deren Erlass. Ungeachtet der Art des Verfahrens werden die Parteien des ASI-Verfahrens als „Antragsteller" und „Antragsgegner" bezeichnet. Der Antragsgegner der ASI und Kläger im ausländischen Hauptsacheverfahren, der auf Erlass einer AASI klagt oder diese beantragt, wird als „Verfügungskläger" bezeichnet, der Adressat der AASI als „Verfügungsbeklagter".

Eine *injunction* ist eine gerichtliche Verfügung, die ihrem Adressaten ein Tun oder Unterlassen aufgibt. Im englischsprachigen Raum fallen darunter sowohl nach einem Hauptsacheverfahren erlassene Urteile (*permanent/final injunctions*) als auch einstweilige Verfügungen (*preliminary/interim injunctions*). Ins Deutsche wären diese Begriffe mit „vorläufige" und „endgültige" (Unterlassungs-)Verfügung zu übersetzen. Im Deutschen ist mit einer Verfügung allerdings in der Regel eine solche im vorläufigen Rechtsschutz gemeint. Um Missverständnisse zu vermeiden, folgt die Arbeit im Folgenden der deutschen Terminologie. Ist von einer „Unterlassungsverfügung" die Rede, ist eine vorläufige Unterlassungsverfügung gemeint.

---

[6] Vgl. *Société Aerospatiale v Lee Kui Jak* [1987] AC 871 (PC) 892; *Airbus GIE v Patel* [1999] 1 AC 119 (HL) 134, 137.

B. FRAND-Streitigkeiten

Patente gewähren ein Ausschließlichkeitsrecht. Die Möglichkeit, die eigene Erfindung exklusiv zu nutzen, entschädigt und belohnt den Erfinder für seine Bemühungen.[7] Zugangs- oder Lizenzierungsansprüche von Wettbewerbern sind daher die Ausnahme.[8]

Das mit dem Patent verbundene Ausschließlichkeitsrecht erschwert allerdings die Entstehung weltweiter, interoperabler Standards. Patentinhaber könnten Patentverletzungsverfahren einleiten und unter dem Druck einer Verurteilung überhöhte Nutzungsgebühren aushandeln, was potentielle Implementierer abschrecken und zur Entwicklung oder Inanspruchnahme alternativer Technologien anregen würde. Gerade auf Märkten mit starken positiven Netzwerkeffekten sind Standards aber besonders effizient. Der Telekommunikationsmarkt ist ein Paradebeispiel: Der Nutzen eines Mobiltelefons steigt mit der Anzahl erreichbarer Nutzer. Zudem möchten viele Nutzer über Landesgrenzen hinweg telefonieren, wofür überregionale, weltweite Standards notwendig sind. Könnten die am Standard beteiligten Erfinder nach Belieben jeden von der Nutzung des Standards ausschließen, würden sie über den Zugang zu nachgelagerten Produktmärkten entscheiden.

Die in FRAND-Streitigkeiten streitgegenständlichen SEPs sind Erfindungen, die zur Nutzung oder Implementierung eines Standards (z.B. UMTS (3G), LTE (4G), WiFi) erforderlich sind. Um die Verfügbarkeit von Standards zu gewährleisten, sind SEP-Inhaber verpflichtet, lizenzwilligen Implementierern einen Lizenzvertrag zu FRAND-Bedingungen anzubieten. Allerdings ist unklar, wann ein Implementierer lizenzwillig ist, welche Konditionen FRAND sind und wer im Streitfall darüber entscheidet. Können sich die Parteien in mehrjährigen Lizenzverhandlungen nicht einigen, landet der Rechtsstreit vor einem oder mehreren Gerichten. Typischerweise wirft der SEP-Inhaber dem Implementierer vor, die Lizenzverhandlungen zu verzögern, um für vergangene Nutzungen eine niedrigere Lizenzgebühr aushandeln zu können, oder weil einige Patente auszulaufen drohen. Diese Verzögerungstaktik wird als *„hold out"* bezeichnet. Umgekehrt werfen Implementierer den SEP-Inhabern vor, das von einem Unterlassungsanspruch ausgehende Drohpotential

---

[7] *Lange*, in: Lange u.a. (Hrsg.), Geistiges Eigentum und Wettbewerb, S. 131; WIPO, Standards and Patents, Rn. 51; *Wirtz/Holzhäuser*, WRP 2004, 683.

[8] Die praktische Bedeutung der patentrechtlichen Zwangslizenz gem. § 24 PatG ist äußerst gering. Bis heute wurde in keinem Fall eine Zwangslizenz bestandskräftig erteilt, *Rogge/Kober-Dehm*, in: Benkard PatG, § 24, Rn. 4. Zu Lizenzierungspflichten nach europäischem Kartellrecht vgl. EuGH, Urt. v. 16. 7. 2015, C–170/13, EU:C:2015:477, Rn. 47 – Huawei/ZTE; Urt. v. 29.4.2004, C–481, EU:C:2004:257, Slg. 2004, I–5069, Rn. 49 – IMS Health.

B. FRAND-Streitigkeiten

auszunutzen, um ausbeuterische Lizenzbedingungen auszuhandeln. Dies wird als „hold up" bezeichnet. Die Arbeit unterstellt, dass in der Praxis sowohl *hold out* als auch *hold up* praktiziert werden.

Um die Interessen von Erfindern und Implementierern in Einklang zu bringen und um die Herausbildung von Standards zu unterstützen, haben sich Standardisierungsorganisationen („SSOs") gebildet.[9] Bei der Herausarbeitung von Standards fragen SSOs die Inhaber potentiell für den Standard relevanter Patente an, ob diese bereit sind, ihre Patente zu identifizieren und Interessenten kostenlos oder zu FRAND-Konditionen zu lizenzieren.[10] Auch Erfinder bzw. Unternehmen, die meinen, ihre Erfindung sei zur Nutzung des Standards unerlässlich, können diese bei einer SSO als SEP anmelden. Weigern sich die Schutzrechtsinhaber standardrelevanter Technologien, den Bedingungen der SSO zuzustimmen, arbeitet die SSO einen anderen Standard heraus.

I. Arten von Standards

Standards können durch oder aufgrund eines Gesetzes oder durch öffentlich anerkannte SSOs festgelegt werden. Beide Fälle werden hier als formelle Standards bezeichnet.[11] Drittens kann sich ein Produkt durch seine Verbreitung zum faktischen Industriestandard entwickeln (*de facto*-Standard).[12] In jüngeren FRAND-Streitigkeiten spielen *de facto*-Standards und Standards, die sich aus oder als Folge eines Gesetzes ergeben, eine untergeordnete Rolle. Die Betrachtung beschränkt sich auf die von SSOs festgelegten Standards.

II. Standardisierungsorganisationen

Der Oberbegriff SSO lässt sich in zwei Unterbegriffe unterteilen. Erstens in formale SSOs, die auch als SDOs (*standards-development organizations*) bezeichnet werden. Zweitens können Unternehmensverbände oder Konsortien

---

[9] Vgl. Europäische Kommission v. 29.4.2014, AT.39939 – Samsung, Rn. 22–28; WIPO, Standards and Patents, Rn. 1, 3.

[10] *Blind/Kahin*, in: Contreras (Hrsg.), Cambridge Handbook, S. 7, 13; eine Übersicht über die Anforderungen, die unterschiedliche SSOs an die Lizenzierungsbereitschaft/-verpflichtung des SEP-Inhabers stellen, findet sich bei *Contreras*, 2015 Utah LR, 479, 493–97.

[11] Einige Autoren und Gerichte bezeichnen formelle als *de iure*-Standards. Teilweise werden unter *de iure*-Standards nur aus Rechtsnormen folgende Standards gefasst. Andere verstehen darunter auch von SSOs entwickelte Standards. Um Verwirrung zu vermeiden, erscheint die Bezeichnung als formelle Standards vorzugswürdig, vgl. *Feller*, Rn. 26 m.w.N. beider „Ansichten". Der BGH vermeidet es ebenfalls, im SSO-Kontext von *de iure*-Standards zu sprechen, vgl. BGH GRUR 2020, 961, Rn. 57 – FRAND Einwand.

[12] Näher WIPO, Standards and Patents, Rn. 3, 35; *Fuchs*, in: Lange (Hrsg.), Geistiges Eigentum und Wettbewerb, S. 147, 154–62; *Hötte*, S. 69–73; *Lemley*, (2002) 90 Cal LR, 1889, 1899; *Picht*, Strategisches Verhalten bei der Nutzung von Patenten in Standardisierungsverfahren, S. 168.

Standards entwickeln. Beispielsweise entwickelten mehrere Unternehmen, die sich nur zu dessen Entwicklung und Verwaltung zusammengeschlossen hatten, den USB-Standard.[13] Die hier untersuchten FRAND-Streitigkeiten im Telekommunikationsbereich betreffen in aller Regel von SDOs festgesetzte Standards.

Für eine weitere Kategorisierung können SDOs nach ihrer räumlichen Abdeckung in internationale, regionale und nationale SDOs unterteilt werden.[14] Wichtige internationale Standardisierungsorganisationen sind die *International Organization for Standardization* („ISO") und die *International Telecommunications Union* („ITU"). Regionale SDOs sind ebenfalls international, aber nicht weltweit tätig. Am prominentesten ist das *European Telecommunication Standards Institute* („ETSI"). Nationale Standardisierungsorganisationen wie das das *Deutsche Institut für Normung* („DIN") sind ausschließlich in einzelnen Ländern tätig. Internationale, regionale und nationale SDOs lassen sich weiter in weitestgehend unabhängige Organisationen und solche, die einer öffentlich-rechtlichen Einflussnahme unterstehen, unterteilen. Ein Extrembeispiel ist die zur chinesischen Regierung gehörende *Standardization Administration of the People's Republic of China* („SAC").[15] In Europa und den Vereinigten Staaten sind viele bedeutende SDOs nichtstaatliche Organisationen, die mit öffentlichen Institutionen zusammenarbeiten und teilweise von diesen kontrolliert werden. Das ist etwa beim *American National Standard Institute* („ANSI") und beim ETSI der Fall. Die Gründung des ETSI wurde 1987 von der Europäischen Kommission angeregt,[16] die das ETSI bei der Gründung unterstützte und seither eng mit dem ETSI zusammenarbeitet.[17] Ein Beispiel für von staatlicher Einflussnahme weitgehend losgelöste SDOs ist die *Standards Association* des *Institute of Electrical and Electronics Engineers* („IEEE" oder „IEEE SA").[18]

III. Standardessentielle Patente

Nach der Definition des BGH liegt ein SEP vor, wenn die Benutzung der Erfindung für die Umsetzung eines von einer SSO normierten oder auf dem Markt durchgesetzten Standards unerlässlich ist, so dass es in der Regel technisch nicht möglich ist, die Erfindung zu umgehen, ohne für den Produktmarkt

---

[13] Näher *Biddle*, in: Contreras (Hrsg.), Cambridge Handbook, S. 17.
[14] *Biddle*, in: Contreras (Hrsg.), Cambridge Handbook, S. 17, 19.
[15] WIPO, Standards and Patents, Rn. 37.
[16] Europäische Kommission v. 30.6.1987, COM (87) 290, Greenpaper on the Development of a Common Market for Telecommunications, S. 113.
[17] *Contreras*, in: Contreras (Hrsg.), Cambridge Handbook, S. 209, 212.
[18] *Baron/Contreras/Husovec/Larouche*, Governance of SDOs (2019), S. 10, 53–58.

B. FRAND-Streitigkeiten

wichtige Funktionen einzubüßen.[19] Für bedeutsame IKT-Standards (3G, 4G, 5G) sind jeweils mehrere tausende Patente als essentiell deklariert.[20] Die Eintragung als SEP schützt die gesamte Patentfamilie. Die Eintragung als SEP ist nicht räumlich begrenzt; viele SEPs umfassen viele inhaltsgleiche nationale Patente.

Wann eine SDO Erfindungen als SEPs annimmt, ist ihr überlassen. Entgegen der Bezeichnung als standardessentielles *Patent* ist nicht einmal erforderlich, dass für die Erfindung ein Patent erteilt ist.[21] Die größten SDOs lassen die Anmeldung des Patents bei einer Patentbehörde ausreichen.[22] Das erscheint wegen des beachtlichen Zeitraums zwischen Anmeldung und Erteilung des Patents und dem praktischen Bedürfnis nach einer möglichst frühen Mitteilung standardrelevanter Erfindungen auch sachgerecht. Problematisch ist aber, dass bei verweigerter Patenterteilung oder bei erloschenen Patenten der Schutz der SEP-Anmeldung fortbesteht, sofern SEP-Inhaber und Lizenznehmer keine abweichende Vereinbarung getroffen haben. Entsprechende Vereinbarungen sind die Ausnahme.[23]

Im Kern ist eine Erfindung standardessentiell, sobald ihr Anmelder diese gegenüber einer SSO als SEP deklariert.[24] Ob die Nutzung bzw. Implementierung der Erfindung zur Umsetzung des Standards notwendig ist, prüft die SSO weder bei der Anmeldung des SEP noch im Nachhinein.[25] Den Inhaber trifft einzig die Pflicht, die Erfindung in der Datenbank der SSO zu veröffentlichen. Viele SSOs machen keine Vorgaben zum Inhalt einer Veröffentlichung, sodass der Anmelder ein Blankett einreichen kann.[26] Andere SSOs sehen zwar vor, dass Inhalt und Funktionsweise der Erfindung zu erklären sind, dulden oder

---

[19] BGH GRUR 2021, 585, Rn. 49 – FRAND-Einwand II; GRUR 2020, 961, Rn. 58 – FRAND Einwand; GRUR 2004, 966, 967–68 – Standard Spundfass; vgl. auch Sec. 15.6 der ETSI Policy.
[20] Allein am 5G-Standard wurden bis Januar 2020 95.526 SEPs deklariert, *IPLytics*, 5G Patent Study (2020), S. 9.
[21] *Contreras*, in: Contreras (Hrsg.), Cambridge Handbook, S. 209, 216.
[22] Vgl. ETSI IPR-Policy, Sec. 15, No. 7; IEEE Standards Board Bylaws Sec. 6.1.
[23] *Unwired Planet v Huawei* [2020] UKSC 37, [64].
[24] Vgl. LG Mannheim, Urt. V. 07.4.2009, Az. 2 O 1/07, Rn. 4 (juris); *Contreras*, in: Contreras (Hrsg.), Cambridge Handbook, S. 209, 222; WIPO, Standards and Patents, Rn. 118.
[25] EuGH, Urt. v. 16. 7. 2015, C–170/13, EU:C:2015:477, Rn. 20 – Huawei/ZTE; *Unwired Planet v Huawei* [2020] UKSC 37, [6].
[26] *Bekkers* u.a., Disclosure Rules and SEPs (2017), S. 6–7; Europäische Kommission, Impact Assessment Report (2023), S. 18; Europäische Kommission, Patents and Standards (2014), S. 118, 158-59.

duldeten aber auch Blanko-Veröffentlichungen.[27] Aufgrund der fehlenden Nachprüfung sowie weiteren Anreizen zum Überdeklarieren von SEPs[28] ist ein beachtlicher Teil der „SEPs" tatsächlich nicht standardessentiell. Ältere Studien schätzten zwischen 20 % und 28 %,[29] neuere Studien zwischen 20 % und 40 %[30] aller SEPs als essentiell ein. Die Schätzungen weichen für verschiedene Standards und SEP-Inhaber stark voneinander ab.[31]

IV. Bedeutung von FRAND

Welche Lizenzierungsbedingungen im Einzelnen FRAND sind, bleibt unklar. Fest steht: FRAND ist kein feststehender Betrag, sondern eine Bandbreite möglicher Bedingungen.[32] Eine Generalisierung erscheint angesichts des weiten Auslegungsspielraums und der den unbestimmten Rechtsbegriffen inhärenten Einzelfallabhängigkeit nahezu unmöglich.[33] Wie Gerichte in einzelnen Jurisdiktionen FRAND auslegen und welche Methoden sie zur Bestimmung nutzen, wird im anschließenden Abschnitt dargestellt. Um das Verständnis der Länderberichte zu erleichtern, gibt dieses Kapitel einen ersten, groben Überblick über den möglichen Inhalt FRAND-konformer Lizenzbedingungen und über deren Berechnung.

Für eine bessere Verständlichkeit unterscheidet die Arbeit zwischen „formaler" und „wirtschaftlicher" FRAND-Gemäßheit. Was „formal" FRAND ist, richtet sich im Wesentlichen nach den marktüblichen Gegebenheiten. Dazu zählen die Fragen, nach welchen formalen Parametern die Lizenzgebühr berechnet wird, ob die Vergabe territorial beschränkter Lizenzen zulässig ist, ob die Vergütung für einen bestimmten Zeitraum einmalig (*lump sum*) oder abhängig von den Verkaufszahlen ausgezahlt wird, oder mit wem ein Lizenzvertrag abzuschließen ist (Zulieferer oder Endprodukthersteller). Noch problematischer ist die Bestimmung dessen, was bei wirtschaftlicher Betrachtung FRAND ist, d.h. die Bestimmung der Gebührenhöhe. Die Methoden hierzu können grob in zwei Ansätze unterteilt werden, innerhalb derer weiter differenziert wird. Erstens kann die Berechnung an den Ausgaben des Erfinders,

---

[27] Die ETSI Policy ließ Blanko-Veröffentlichungen zunächst zu, vgl. *Bekkers/Updegrove*, A study of IPR policies (2012), S. 62. Mittlerweile muss die Erfindung bezeichnet werden, wozu sehr vage Informationen ausreichen, vgl. *Blind/Kahin*, in: Contreras (Hrsg.), Cambridge Handbook, S. 7, 12.

[28] Näher *Contreras*, in: Contreras (Hrsg.), Cambridge Handbook, S. 209, 223.

[29] Europäische Kommission, Patents and Standards (2014), S. 116 m.w.N.

[30] Europäische Kommission, SEP Expert Group Report (2021), S. 35 m.w.N.

[31] Vgl. *Brachtendorf* u.a., Truly SEPs (2020), S. 24.

[32] BGH GRUR 2021, 585, Rn. 70 – FRAND-Einwand II; *Unwired Planet v Huawei* [2018] EWCA Civ 2344, [121]; OLG Karlsruhe, Urt. V. 23.3.2011, Az. 6 U 66/09, Rn. 127 (juris) – UMTS-Standard; *Pentheroudakis/Baron*, Licensing Terms of SEPs (2017), S. 13.

[33] Vgl. *Fuchs*, in: Lange (Hrsg.), Geistiges Eigentum und Wettbewerb, S. 147, 171.

B. FRAND-Streitigkeiten

etwa für F&E, Anwalts- und Übersetzungskosten anknüpfen (kostenorientierter Ansatz).[34] Zweitens könnte untersucht werden, welche Gebühr der SEP-Inhaber für die Lizenzierung seiner Erfindung hypothetisch hätte verlangen können, bevor diese zum Standard wurde (nutzenorientierter Ansatz). Dadurch wird verhindert, dass der SEP-Inhaber der Standardisierungslohn, d.h. den Mehrwert, den seine Erfindung einzig dadurch erfährt, standardessentiell zu sein, berechnet.[35]

Zur Ermittlung des Wertes nach dem nutzenorientierten Ansatz folgen Rechtsprechung und Literatur grob unterteilt zwei Ansätzen: Zum einen kann der Wert der Erfindung isoliert, d.h. unabhängig von den übrigen am Standard erklärten SEPs, durch einen Vergleich mit Lizenzverträgen über ähnliche SEPs ermittelt werden („*comparable licenses*").[36] Nachteil dieser Methode ist, dass vergleichbare Lizenzverträge nur schwer auffindbar sind. SEP-Inhaber möchten ihre Lizenzenvereinbarungen mit anderen Implementierern regelmäßig geheim halten. Zum einen sehen sie sich dadurch häufig durch Geheimhaltungsvereinbarung verpflichtet, zum anderen wird befürchtet, dass Implementierer ansonsten stets auf die günstigsten jemals eingeräumten Bedingungen verweisen würden. In verschiedenen Jurisdiktionen wird das Geheimhaltungsinteresse des SEP-Inhabers unterschiedlich gewürdigt. Gemeinhin gelten Vergleichslizenzen allerdings als besonders geeignet zur Ermittlung von FRAND-Bedingungen.

Ein anderer Ansatz setzt an dem Gesamtwert des Standards an. Der Wert eines oder mehrerer SEPs wird ermittelt, indem einzelne SEPs oder das betroffene Portfolio in ein Verhältnis zu allen im Standard enthaltenen SEPs gesetzt werden („*top down*"). Dabei ist ein rein quantitatives Vorgehen denkbar, bei dem sich der Wert am relativen Anteil der am Standard erklärten SEPs orientiert. Der Wert von 50 SEPs an einem 1000 SEPs umfassenden Standard im Gesamtwert von EUR 10 Mio. beträgt demnach EUR 500.000. Diese Berechnungsmethode ist einfach, begünstigt aber die Überdeklarierung nicht essentieller Erfindungen.[37] Da es wirtschaftlich unmöglich ist, die Essentialität von tausenden oder hunderttausenden Patenten zu überprüfen, müssen sich Parteien und Gerichte letztlich allerdings auf Schätzungen verlassen.

---

[34] *Feller*, Rn. 127–28; *Friedl/Ann*, GRUR 2014, 948, 952–55.
[35] *Feller*, Rn. 130; *Fuchs*, in: Lange (Hrsg.), Geistiges Eigentum und Wettbewerb, S. 147, 172; *Hilty/Slowinski*, GRUR Int. 2015, 781, 789.
[36] *Bartlett/Contreras*, (2017) 36 Rev of Litigation, 285, 294–95; *Pentheroudakis/Baron*, Licensing Terms of SEPs (2017), S. 96–97
[37] *Lemley/Simcoe*, (2019) 104 Cornell LR, 607, 630–31.

Ein komplexerer Ansatz stellt auf den technischen Nutzen der SEPs für den Endverbraucher ab. Dabei ist wiederrum unklar, ob auf den Nutzen des Endproduktes in seiner Gesamtheit (z.b. ein Smartphone) oder nur den Nutzen der kleinsten, den Standard nutzenden, einzeln verkäuflichen Einheit (sog. SSU, z.b. der für das Telefonieren notwendige Baseband-Chip in einem Smartphone) abzustellen ist.[38]

V. Entwicklung und wirtschaftliche Bedeutung

Besondere Bedeutung haben SEPs im IKT-Bereich. Ein konkurrenzfähiges Smartphone nutzt mehrere Standards, insbesondere in den Bereichen 2G, 3G, 4G und möglicherweise 5G sowie WLAN. Der Nutzen eines Mobiltelefons, das nur in wenigen Regionen das Funksignal lesen und empfangen kann, ist stark eingeschränkt. Daher implementieren Mobiltelefone mehrere regional verbreitete und auch ältere Standards, die in abgelegen Regionen verwendet werden. Eine Betrachtung der Entwicklung des Mobilfunkmarktes erleichtert das Verständnis für die Relevanz der entsprechenden Standards.

Bis in die frühen 1990er-Jahre befanden sich die meisten europäischen Netzbetreiber in öffentlicher Hand und waren regelmäßig Monopolisten. In verschiedenen Staaten gab es unterschiedliche, größtenteils nicht interoperable Standards.[39] Ab Mitte der 1980er-Jahre entwickelte sich eine zweite Generation (2G). Primär europäische Netzbetreiber und wenige Hersteller von Mobilfunkgeräten entwickelten gemeinsam den GSM-Standard. Dieser breitete sich in Europa aus, etablierte sich aber auch in anderen Teilen der Welt. Ebenfalls zur zweiten Generation zählt der weniger verbreitete US-amerikanische IS-95-Standard. Zur Entwicklung eines weltweiten Standards schlossen sich 1998 asiatische, US-amerikanische und europäische SSOs im Rahmen des 3GPP (3rd Generation Partnership Project) zusammen. Dabei sollte ein auf dem GSM-Standard aufbauender 3G-Standard geschaffen werden, was mit dem UMTS-Standard gelang. Etwas später schlossen sich einige US-amerikanische Hersteller (*Alcatel, Motorola, Nortel, Qualcomm*) zur Entwicklung eines anderen Standards im 3GPP-2 zusammen und entwickelten den konkurrierenden CDMA2000-Standard. Die neuen 3G-Standards ermöglichten eine deutlich schnellere Datenübertragung. Gleichzeitig müssen neuere Standards aber mit den älteren Standards kompatibel sein, damit das Mobiltelefon auch in Regionen ohne Netzabdeckung für Nachfolgestandards funktioniert.[40] Daher

---

[38] *Feller*, Rn. 127; *Friedl/Ann*, GRUR 2014, 948, 951; *Körber*, SEPs und Kartellrecht, S. 87–95; *Nilsson*, GRUR Int. 2017, 1017, 1018; englisch: Smallest Salable (Patent/Standard Practicing) Unit, teilw. auch SSPPU/SSSPU abgekürzt.

[39] *Gupta*, in: Contreras (Hrsg.), Cambridge Handbook, S. 29, 31.

[40] Vgl. zur Netzabdeckung verschiedener Standards ITU-T, Estimated Population Coverage by type of mobile network, 2015–2021.

B. FRAND-Streitigkeiten

implementieren neuere Geräte häufig SEPs, die von älteren (z.B. 2G) Standards umfasst sind.

Noch höhere Übertragungsraten ermöglicht der LTE (4G) Standard. Durch die erhöhte Übertragungsgeschwindigkeit konnten Smartphones bzw. die darauf installierten Apps ihr Potential entfalten und ersetzten herkömmliche Mobiltelefone nahezu vollständig. Auch die Akteure haben sich geändert. Ehemalige Marktführer wie *Siemens*, *Alcatel* und *Motorola* wurden weitestgehend durch *Samsung*, *Apple*, *Xiaomi* etc. verdrängt,[41] andere (*Ericsson, Nokia*) haben ihren Fokus auf die Herstellung von Netzinfrastruktureinrichtung und F&E sowie die Lizenzierung geistigen Eigentums verlagert.

Die seinerzeit wachsenden Hersteller kauften die vormaligen Marktführer auf oder kauften den in eine finanzielle Schieflage geratenen OEMs ihre SEP-Portfolios oder Teile ab. Wegen der Abwärtskompatibilität der Standards halten ältere SEP-Portfolios der vormaligen Marktführer ihren Wert. Deren Übernahme oder der Kauf von SEP-Portfolios ermöglicht lukrative Kreuzlizenzierungen mit Wettbewerbern.[42] Neben den Herstellern[43] kauften auch Investoren und Unternehmen, deren Geschäftsmodell die Akquisition von SEP-Portfolios und deren anschließende Lizenzierung zu möglichst hohen Preisen ist (*patent assertion entities*, „PAEs" oder *non-producing entities*, „NPEs"),[44] IP-Rechte oder Unternehmensanteile. Um bestmögliche Konditionen auszuhandeln, verfolgen die PAEs teilweise aggressive Prozesstaktiken.[45]

VI. Politische und volkswirtschaftliche Bedeutung

SEPs sind nicht nur von immenser wirtschaftlicher, sondern auch von erheblicher politischer Bedeutung. Zum einen möchten Regierungen der einheimischen Wirtschaft mit einem schnellen und sicheren Mobilfunknetz möglichst

---

[41] Vgl. *Statista*, Marktanteile der führenden Hersteller am Absatz von Smartphones weltweit vom 4. Quartal 2009 bis zum 1. Quartal 2022.
[42] Vgl. zur Verhandlungsmacht durch *cross-licensing* Europäische Kommission v. 13.2.2012, COMP/M.6381 – Google/Motorola Mobility, Rn. 125–49; *Tsikilas*, S. 28.
[43] Beispiele sind die Übernahme von *Motorola* durch *Google*; die Übernahme eines SEP-Portfolios von *Nortel* durch ein Konsortium aus *Apple*, *Microsoft* und *RIM* (*Blackberry*) und der SEP-Verkauf von *Novell* an *Apple*, vgl. Europäische Kommission, Patents and Standards (2014), S. 63, 68.
[44] Die Terminologie ist nicht einheitlich. Die Begriffe PAE und NPE werden teilweise synonym verwendet. Andere sehen NPE als Oberbegriff. Darunter fallen z.B. Forschungseinrichtungen, die Patente zu nicht-kommerziellen Zwecken halten, vgl. FTC, PAE Activity study (2016), S. 2.
[45] Vgl. *Unwired Planet v Huawei* [2015] EWHC 2097 (Pat), [40]; FTC, PAE Activity study (2016), S. 7, 103.

optimale Bedingungen bieten.[46] Mit der wachsenden Bedeutung der Telekommunikation und der Vernetzung verschiedenster Geräte (Schlagworte „*Internet of Things*" und „*Smart Cities*") wächst die Anfälligkeit für Cyber-Angriffe.[47] Diese gefährden nicht nur die Wirtschaft. Befürchtet wird auch die Spionage führender Politiker. Die Gefahren, denen sich die US-amerikanische Regierung durch chinesische Telekommunikationsunternehmen ausgesetzt sieht, illustriert der faktische Ausschluss *Huaweis* vom US-amerikanischen Markt, der unter anderem auf befürchtete Abhörmöglichkeiten zurückzuführen war.[48]

Die Vereinigten Staaten haben europäische Verbündete auf die von chinesischen Telekommunikationsunternehmen ausgehenden Risiken hingewiesen und weitestgehend erfolgreich aufgefordert, *Huawei* bei der Einrichtung von 5G-Netzen außen vor zu lassen.[49] Weiterhin werden Unternehmen davon abgehalten, mit *Huawei* in Geschäftsbeziehungen zu treten. Aus diesem Grund ist das *Google*-Betriebssystem nicht auf Smartphones von *Huawei* installiert. Weiterhin könnte *Huawei* in Zukunft Probleme haben, Zulieferer für benötigte Computerchips zu finden.[50] Konkrete Anhaltspunkte für den Spionageverdacht wurden nicht vorgetragen, allerdings zeigen die Enthüllungen *Edward Snowdens*,[51] dass ein Zugriff auf die von großen Technologiekonzernen gesammelten Daten durch nationale Geheimdienste eine ernstzunehmende Bedrohung darstellt.

Die Relevanz von SEPs für die nationale Sicherheit illustriert die gescheiterte Akquisition des Chip-Herstellers *Qualcomm*, der zu den bedeutendsten SEP-Inhabern im IKT-Sektor zählt, durch das seinerzeit in Singapur ansässige Unternehmen *Broadcom*. Sein Veto gegen die Akquisition stützte der seinerzeitige US-Präsident *Trump* auf „belastbare Beweise", die für eine Gefährdung der nationalen Sicherheit durch die Übernahme sprächen.[52] Ein veröffentlichter Brief des Finanzministeriums drückt die Bedenken aus:

---

[46] White House, Interim National Security Strategic Guidance (2021), S. 17; vgl. auch WIPO, Standards and Patents, Rn. 2, 32.

[47] *Ericsson*, 5G Network Security, S. 5; *Friis/Lysne*, (2021) 52 Development and Change 1174, 1181; *Radu/Amon*, (2021) 7 Journal of Cybersecurity, S. 3.

[48] *Shepardson*, U.S. tightening restrictions on Huawei access to technology, chips; vgl. bereits *Friis/Lysne*, Development and Change, Vol. 52 (2021), 1174, 1175; *Rogers/Ruppersberger*, Investigative report on the U.S. national security issues posed by Chinese telecommunications companies Huawei and ZTE (2012), S. 2: "*When those companies seek to control the market for sensitive equipment and infrastructure that could be used for spying […], the lack of market diversity becomes a national concern for the United States*".

[49] *Cartwright*, (2020) 9 Internet Policy Review 1, 2.

[50] Näher *The Economist* v. 29.10.2022, S. 63–65.

[51] Vgl. *Cartwright*, (2020) 9 Internet Policy Review 1, 5 m.w.N.

[52] Vgl. *Kang/Rappeport*, Trump blocks Broadcom's bid for Qualcomm, NY Times, March 12, 2018.

B. FRAND-Streitigkeiten

> *„[...] Qualcomm has been a leading participant in standards setting for 3G and 4G. These qualities have positioned Qualcomm as the current leading company in 5G technology development and standard setting. [...]. Having a well-known and trusted company hold the dominant role that Qualcomm does in the U.S. telecommunications infrastructure provides significant confidence in the integrity of such infrastructure as it relates to national security. Reduction in Qualcomm's [...] influence in standard setting would significantly impact U.S. national security. [A] weakening of Qualcomm's position would leave an opening for China to expand its influence on the 5G standard-setting process."*[53]

Nach *Trumps* Abschied aus dem Weißen Haus setzt die US-Regierung ihren Kurs gegenüber chinesischen Telekommunikationskonzernen fort. Das Wirtschaftsministerium rief dazu auf, Risiken, die von Unternehmen, die unter der Einflussnahme autoritärer Regierungen – wie beispielsweise der chinesischen Regierung – stehen, zu überprüfen. Nicht vertrauenswürdige OEMs seien aus 5G-Netzen auszuschließen.[54]

Die chinesische Regierung hat die Bedeutung des 5G-Standards für die nationale Sicherheit ebenfalls erkannt und ist bemüht, in dessen Entwicklung eine Vorreiterrolle einzunehmen.[55] Die meisten SEPs am 5G-Standard hält das möglicherweise unter der Einflussnahme der Kommunistischen Partei Chinas stehende[56] Unternehmen *Huawei*.[57] Damit plant Chinas politische Führung auch, die Abhängigkeit von ausländischen Patenten zu verringern.[58] Die hohen Lizenzgebühren, die chinesische Unternehmen an westliche Patentinhaber abführen müssten, beeinträchtigten das Wirtschaftswachstum und die Verbraucherwohlfahrt.[59] Der Plan Chinas, eine dominantere Rolle in der Standardisierung einzunehmen, ist Teil einer generellen Entwicklung. Nach einem verbreiteten Narrativ haben westliche Industrieländer das weltweite Patentrecht eigennützig ausgestaltet, indem sie ein hohes Schutzniveau etabliert und Entwicklungsländer bzw. die dort ansässige Industrie in die Abhängigkeit von

---

[53] Department of the Treasury, public letter dated March 5, 2018, Re: CFIUS Case 18-036.
[54] US Department of Commerce, National Strategy to Secure 5G Implementation Plan (2021), S. 27, vgl. White House, National Strategy to Secure 5G (2020), S. 4.
[55] The Ministry of Industry and Information Technology, Communication [2020] No. 49; *Ernst*, S. 32–33; *La Bruyére/Picarsic*, China Standards 2035, Translation, S. 5, 19; *Tsang/Lee*, (2021) 28 Mich. Tech. L.R. 305, 324–325.
[56] Vgl. *Drexl*, Zugang zu SEPs, S. 6. *Huawei* beschreibt sich als unabhängiges, privatwirtschaftliches Unternehmen, vgl. *Huawei*, Who owns Huawei? Zu diesem Ergebnis kommt auch eine ausführliche Untersuchung von *Huaweis* Konzernstruktur und Eigentumsverhältnissen, *Hawes*, (2021) 21 J. Corporate Law Studies, 31–38.
[57] Vgl. *Pohlmann/Buggenhagen* (2022), S. 4, 8.
[58] Vgl. die Äußerungen *Xi Jinpings*, in: Quishi (Parteizeitschrift) vom 02.05.2021.
[59] Vgl. *Ernst*, S. 20, 23–27, näher Gliederungspunkt § 2, F. I. 1.

westlichen Patentinhabern und hohen Lizenzgebühren geführt haben.[60] Indem die chinesische Regierung versucht, eigene Standards zu etablieren und indem chinesische Gerichte niedrige Lizenzgebühren für die Nutzung der SEPs festsetzen, könnte die Abhängigkeit von ausländischen Patenten und Patentinhabern verringert werden.

C. Aufbau

Der Hauptteil der Arbeit beginnt mit einer Darstellung der Handhabung von FRAND-Streitigkeiten in ausgewählten Jurisdiktionen (§ 2). Anschließend soll aufgezeigt werden, weshalb in FRAND-Streitigkeiten ASIs selbst nach der *lex fori* regelmäßig nicht erlassen werden sollten (§ 4). Dazu müssen zuvor die Grundsätze zu ASIs dargestellt werden (§ 3). Drittens wird die Rechtsprechung zu in FRAND-Streitigkeiten erlassenen AASIs untersucht (§ 5). Der Schwerpunkt liegt dabei auf der Rechtsprechung deutscher Gerichte. Insbesondere wird dargestellt, warum Gerichte in Mitgliedsstaaten der Europäischen Union nicht widersprüchlich handeln, indem sie für rechtswidrig erachtete, in Drittstaaten erlassene Prozessführungsverbote ihrerseits mit Prozessführungsverboten abwehren. Abschließend diskutiert die Arbeit eine von der bisherigen Praxis abweichende Auslegung insbesondere des europäischen Kartellrechts in FRAND-Streitigkeiten (§ 6).

---

[60] Vgl. *Sell*, in: Abbott u.a. (Hrsg.), Emerging Markets and the World Patent Order, S. 46–60.

§ 2 FRAND-Streitigkeiten: Länderberichte

Weil Implementierer wegen der Vielzahl standardrelevanter Patente vor der Nutzung kaum mit jedem SEP-Inhaber einen Lizenzvertrag aushandeln können, verwenden sie SEPs häufig bereits vor der Lizenzierung. Können die Parteien sich nicht über die Lizenzbedingungen einigen, kann der SEP-Inhaber über eine Patentverletzungsklage Druck auf den Implementierer ausüben. Weltweit sind sich Gerichte zumindest theoretisch einig, dass die gerichtliche Durchsetzung des Unterlassungsanspruchs bei einem SEP als Klagepatent besonderen, höheren Anforderungen als bei herkömmlichen Klagepatenten unterliegt. So besteht gegen lizenzwillige Implementierer kein Unterlassungsanspruch. Wann ein Implementierer lizenzwillig ist, beurteilen Gerichte in verschiedenen Jurisdiktionen unterschiedlich. Auch die patentrechtlichen Voraussetzungen des Unterlassungsanspruchs weichen erheblich voneinander ab. So entscheiden deutsche Gerichte im Verletzungsverfahren grundsätzlich nicht über die Wirksamkeit und/oder Essentialität des Klagepatents. Gerichte in anderen Jurisdiktionen prüfen neben der Wirksamkeit und Standardessentialität der Klagepatente sogar die Verhältnismäßigkeit der Verurteilung. Insbesondere in den Vereinigten Staaten ist eine Verurteilung auf Unterlassung bei SEPs praktisch ausgeschlossen.

Naturgemäß zieht es SEP-Inhaber insbesondere in Jurisdiktionen, in denen der Unterlassungsanspruch niedrigeren Voraussetzungen unterliegt. Umgekehrt haben auch Implementierer die Möglichkeit zum *forum shopping*. In einigen Jurisdiktionen können Implementierer wegen behaupteter Verletzungen der FRAND-Verpflichtung klagen oder die gerichtliche Festsetzung FRAND-konformer Lizenzgebühren beantragen. Eine in einer anderen Jurisdiktion (z.B. Deutschland) drohende Unterlassungsanordnung könnte den Implementierer zum Abschluss eines Lizenzvertrages zwingen, bevor das Gericht entschieden hat, welche Lizenzgebühren FRAND sind. Alle bislang in FRAND-Streitigkeiten erlassenen ASIs wurden auf Anträge von Implementierern hin von Gerichten erlassen, die im Hauptsacheverfahren über die Bedingungen weltweiter Lizenzen zu entscheiden hatten und die Integrität des Hauptsacheverfahrens durch eine im Ausland drohende Unterlassungsanordnung gefährdet sahen.

Weil neben den FRAND-spezifischen Problemen auch die Eigenheiten des nationalen Patentrechts und z.b. im Abschnitt zu China auch weitergehende Aspekte wie die Bedeutung von Standards erörtert werden, wäre eine funktionale, in Einzelaspekte zerlegte Rechtsvergleichung unübersichtlich. Stattdessen wird in Länderberichten untersucht, auf welchen verschiedenen Wegen Gerichte in ausgewählten, für FRAND-Streitigkeiten wichtigen Jurisdiktionen die zentralen Probleme lösen. Idealerweise soll gewährleistet werden, dass lizenzwillige Implementierer SEPs zu FRAND-Bedingungen nutzen dürfen. Die zentralen Fragen, die sich Gerichten in allen Jurisdiktionen stellen, sind erstens, ob der Implementierer lizenzwillig ist, zweitens, ob die angebotenen Lizenzbedingungen FRAND sind, und drittens, ob die Durchsetzung des Unterlassungsanspruchs verhältnismäßig ist. Nach den Länderberichten schließt das Kapitel mit einem funktionalen Vergleich ab.

Daneben bereiten die Länderberichte die Untersuchung vor, ob in FRAND-Streitigkeiten ASIs erlassen werden können. So setzt der Erlass einer ASI nach US-amerikanischem Recht voraus, dass das inländische Hauptsacheverfahren denselben Streitgegenstand wie das ausländische Parallelverfahren betrifft. Nationale Patente sind voneinander unabhängige Rechte und betreffen unterschiedliche Streitgegenstände. Daher scheiden ASIs in Streitigkeiten über nationale Patente grundsätzlich aus. Allerdings qualifizieren Gerichte in einigen Jurisdiktionen FRAND-Streitigkeiten nicht als patentrechtliche, sondern als vertragsrechtliche Streitigkeiten. Nimmt man an, dass es sich um vertragsrechtliche Streitigkeiten handelt, würde der Streitgegenstand bei FRAND-Streitigkeiten in unterschiedlichen Jurisdiktionen übereinstimmen.

A. Deutschland

Deutsche Gerichte verorten die Problematik, ob der Implementierer lizenzwillig ist, im Kartellrecht. Ein SEP-Inhaber, der dem Implementierer eine Lizenzierung zu FRAND-Bedingung verweigert oder eine Unterlassungsklage erhebt, ohne diesem zuvor eine Lizenzierung zu FRAND-Bedingungen ermöglicht zu haben, missbraucht seine Marktmacht.[1] Der EuGH gab 2015 in der Entscheidung *Huawei/ZTE* ein Verhaltensprogramm vor, das der Missbrauchsprüfung zugrunde zu legen ist.[2]

---

[1] Möglicherweise könnte der Missbrauchsvorwurf bereits an die vorgelagerte Weigerung, SEPs zu FRAND-Bedingungen zu lizenzieren, anknüpfen. Die Rechtsprechung stellt formal aber erst auf die Erhebung der Unterlassungsklage ab, vgl. hierzu *Kühnen*, HdB. Patentverletzung, Kap. E, 497–98.

[2] EuGH, Urt. v. 16.7.2015, C–170/13, EU:C:2015:477, Rn. 60–69 – Huawei/ZTE.

A. Deutschland

Zumindest in jüngeren Verfahren vor deutschen Gerichten klagen SEP-Inhaber gegen Implementierer. Die theoretisch denkbare Möglichkeit von Implementierern, gegen SEP-Inhaber auf Abgabe eines FRAND-konformen Lizenzangebotes zu klagen[3] (Anspruchsgrundlage § 33 GWB i.V.m. § 19 GWB oder ein echter Vertrag zugunsten Dritter zwischen SSO und SEP-Inhaber zugunsten lizenzwilliger Implementierer), spielt praktisch keine Rolle.[4]

Üblicherweise werden FRAND-Streitigkeiten vor deutschen Gerichten im Rahmen von Patentverletzungsverfahren geführt. Dabei verlangt der klagende SEP-Inhaber in der Regel Unterlassung, Auskunft und Rechnungslegung, Rückruf und Vernichtung der den Standard implementierenden Geräte sowie Schadensersatz.[5] Obwohl der SEP-Inhaber in den Lizenzverhandlungen regelmäßig die Lizenzierung eines umfangreichen Portfolios verlangt, stützt er seine Unterlassungsklage(n) aus § 139 Abs. 1 PatG auf einzelne, besonders „starke" SEPs.[6] Implementierer wenden ein, das Klagepatent nicht zu verletzen und hilfsweise, dass das unterbreitete Lizenzierungsangebot nicht FRAND sei und der SEP-Inhaber mit der Klageerhebung seine Marktmacht missbrauche („Zwangslizenzeinwand").

Der Zwangslizenzeinwand wird auf das Missbrauchsverbot aus Art. 102 AEUV gestützt.[7] Zuvor hatten Gerichte den Zwangslizenzeinwand über § 242 BGB berücksichtigt. Da der marktbeherrschende SEP-Inhaber eine Lizenz zu FRAND-Konditionen zu erteilen habe, verhalte er sich mit der Erhebung einer Unterlassungsklage widersprüchlich.[8] Wegen der komplexen Natur des Zwangslizenzeinwandes, die eine Würdigung des Parteiverhaltens beider Parteien erfordert, werden einstweilige Unterlassungsverfügungen bei SEPs mit FRAND-Erklärung nur in absoluten Ausnahmefällen erlassen.[9] Die

---

[3] Vgl. *Kühnen*, HdB. Patentverletzung, Kap. E, Rn. 549–56.
[4] *Kühnen*, GRUR 2019, 665, 666; *Meier-Beck*, in: FS Säcker (2021), 275, 277–78; *Walz/Benz/Pichlmaier*, GRUR 2022, 446, 447.
[5] Vgl. OLG Karlsruhe, GRUR-RR 2021, 203; OLG Düsseldorf GRUR-RS 2019, 6087 – Improving Handovers.
[6] Vgl. Europäische Kommission, Beschl. v. 29.4.2014, AT.39985, Rn. 189 – Motorola; *Unwired Planet v Huawei* [2017] EWHC 711 (Pat), [181].
[7] BGH GRUR 2021, 585, Rn. 44–45 – FRAND-Einwand II; OLG Düsseldorf GRUR 2017, 1219, Rn. 121 – Mobiles Kommunikationssystem.
[8] Vgl. BGH NJW-RR 2009, 1047, Rn. 24, 26 – Orange-Book-Standard; vgl. zu dieser „Entwicklung" *Feller*, Rn. 251; *Kranz*, S. 138–41.
[9] Näher *Kühnen*, HdB. Patentverletzung, Kap. E, Rn. 529–34.

Verfahrensdauer ist unterschiedlich, regelmäßig erfolgt die Verurteilung jedoch binnen zehn bis sechzehn Monaten ab Rechtshängigkeit der Klage.[10]

I. Unterlassungsanspruch

Der Unterlassungsanspruch des Patentinhabers aus § 139 Abs. 1 PatG setzt voraus, dass der Anspruchsgegner das Klagepatent verletzt. Die erforderliche Wiederholungsgefahr wird i.d.R. vermutet. Alternativ kann der Unterlassungsanspruch bei der tatsächlichen Besorgnis einer bevorstehenden Verletzung auch auf eine Erstbegehungsgefahr gestützt werden.[11] Ob das Patent wirksam ist, wird nicht geprüft; Verletzungs- und Nichtigkeitsverfahren werden getrennt geführt. Für Einsprüche gegen bestehende Patente sind das Deutsche Patent- und Markenamt („DPMA") oder das Europäische Patentamt zuständig. Nach Ablauf der Einspruchsfrist kann eine Nichtigkeitsklage beim Bundespatentgericht („BPatG") erhoben werden. Ein Nachteil des Trennungsprinzips ist, dass die Unterlassungsanordnung regelmäßig bereits vor der Entscheidung über die Nichtigkeitsklage ergeht („*injunction gap*"). Um die Folgen des zeitlichen Auseinanderfallens von Verurteilung und der Entscheidung über die Wirksamkeit des Patents abzumildern, hat der Gesetzgeber im Jahr 2009 den § 83 Abs. 1 PatG a.F.[12] geändert. Nach der neuen Fassung sollte das BPatG den Parteien frühzeitig seine vorläufige Einschätzung mitteilen. Die Einschätzung des BPatG könnten die Parteien dann im Patentverletzungsprozess einbringen. In der Praxis erfolgte der Hinweis meist zu spät. Mit dem zweiten Gesetz zur Vereinfachung und Modernisierung des Patentrechts („2. PatMoG") hat der Gesetzgeber deshalb klargestellt, dass der Hinweis innerhalb von sechs Monaten erfolgen soll, § 83 Abs. 1 S. 3 PatG.[13]

Grundsätzlich hat das Verletzungsgericht ein Patent bis zur letztinstanzlichen Entscheidung über den Einspruch oder die Nichtigkeitsklage als wirksam zu behandeln. Das Verletzungsgericht kann das Verletzungsverfahren auf Antrag des angeblichen Verletzers gem. § 148 ZPO aussetzen, wenn der Einspruch oder die Nichtigkeitsklage mit hoher oder zumindest überwiegender Wahrscheinlichkeit erfolgreich ist und die Interessen des angeblichen Verletzers an der Aussetzung das Vollzugsinteresse des Patentinhabers überwiegen.[14] Sollte das BPatG seine vorläufigen Einschätzungen zukünftig bereits

---

[10] Vgl. *Baron/Arque-Castells/Léonard/Pohlmann/Sergheraert* (2023), S. 148–49, wonach die durchschnittliche Verfahrensdauer bei 14 Monaten liegt.
[11] *Ann*, Patentrecht, § 35, Rn. 6.
[12] In der Fassung vom 01.10.2009 bis 30.4.2022.
[13] RegE, BT-Drs. 19/25821, S. 32–33.
[14] BGH GRUR 2014, 1237, Rn. 4 – Kurznachrichten; *Ann*, Patentrecht, § 36, Rn. 72; *Mes* PatG, § 139, Rn. 367; Benkard PatG/*Grabinski/Zülch*, § 139, Rn. 107 m.w.N.

nach sechs Monaten bekanntgeben und das Patent für nichtig halten, hätte ein Antrag auf Aussetzung des Verfahrens Aussicht auf Erfolg.[15] Bisher ist die Aussetzungspraxis allerdings restriktiv; Aussetzungen sind die Ausnahme.[16] Das scheint auch in FRAND-Streitigkeiten der Fall zu sein.[17]

Gemäß § 139 Abs. 1 S. 3 PatG ist der Unterlassungsanspruch ausgeschlossen, soweit die Durchsetzung des Unterlassungsanspruchs für den Verletzer oder Dritte zu einer durch das Ausschließlichkeitsrecht nicht gerechtfertigten Härte führen würde. Die wohl h.M. sieht in der Änderung von § 139 Abs. 1 PatG im Zuge des 2. PatMoG eine rein deklaratorische Kodifizierung der BGH-Rechtsprechung im Fall *Wärmetauscher*.[18] Danach ist ein Unterlassungsanspruch nur ganz ausnahmsweise unverhältnismäßig. In *Wärmetauscher* entschied der BGH, dass die Gewährung einer Aufbrauchfrist nur dann in Betracht komme, wenn eine sofortige Vollstreckung den Verletzer besonders hart in einer über das einer Verurteilung auf Unterlassung inhärente Maß beeinträchtigt.[19] Obwohl die Unverhältnismäßigkeit auch vor der Gesetzesänderung über § 275 Abs. 2 BGB oder § 242 BGB berücksichtigt werden konnte, wurde die Einrede höchst selten und in keinem Fall erfolgreich erhoben.[20]

II. Würdigung der FRAND-Verpflichtungserklärung

Das Vertragsverhältnis zwischen SEP-Inhaber, SSO und Implementierer spielt in der Rechtsprechung deutscher Gerichte eine untergeordnete Rolle. Die

---

[15] *Albrecht*, GRUR-Prax 2022, 233; vgl. LG München I GRUR-RS 2022, 13480, Rn. 161.
[16] *Dijkman*, GRUR Int. 2021, 215, Rn. 22; *Picht/Karczewksi*, in: Contreras/Husovec (Hrsg.), Injunctions in Patent Law, S. 142, 148; *Riße*, in: Sikorski (Hrsg.), Patent Law Injunctions, S. 63, 80.
[17] Vgl. LG München I GRUR-RS 2020, 50637, Rn. 221–252 – Lizenzverhandlung; GRUR-RS 2020, 54658, Rn. 192–239 – Connected Cars; LG Mannheim BeckRS 2018, 31743, Rn. 70–73 – FRAND-Angebote; vgl. LG Mannheim BeckRS 2017, 156266, Rn. 98, erforderlich sei eine „hohe Wahrscheinlichkeit der fehlenden Rechtsbeständigkeit". Entsprechende Anträge sind allerdings nicht aussichtslos. Etwa hat die siebte Zivilkammer des LG Mannheim nach dem Vortrag von *P. Tochtermann* auf der Tagung „Patents in Telecoms" am 26.5.2022 in London (UCL) bereits mehrfach Verfahren in FRAND-Streitigkeiten ausgesetzt. Auch in *Nokia v Oppo* hat das LG München I in einem Fall das Verfahren ausgesetzt, vgl. *Müller*, OPPO fends off two Nokia patent infringement lawsuits in Munich, Blogeintrag vom 8.9.2022.
[18] *Hoffmann*, Stellungnahme zum Gesetzentwurf eines zweiten Patentrechtsmodernisierungsgesetzes (2021); *McGuire*, GRUR 2021, 775; *Voß*, Vortrag auf der Onlinetagung „Der patentrechtliche Unterlassungsanspruch nach dem 2. PatModG" am 21. und 22.10.2021 (CIPLITEC), vgl. den Tagungsbericht von *Vetter*, ZGE 2022, 87, 90-91.
[19] BGH GRUR 2016, 1031, Rn. 45 – Wärmetauscher.
[20] *Ohly*, GRUR 2021, 304, 306; *Schönbohm/Ackermann-Blome*, GRUR Int. 2020, 578, 581.

Rechtsnatur und die Rechtsfolgen der Einigung werden primär zur Klärung der Frage, ob ein Rechtsnachfolger an die FRAND-Verpflichtungserklärung gebunden bleibt, erörtert.[21] Die Rechtsprechung stand bis vor kurzem auf dem Standpunkt, dass aus der FRAND-Erklärung keine vertraglichen Rechte und Pflichten erwachsen. Dafür wurden unterschiedliche Gründe vorgetragen. Nach Teilen der Rechtsprechung gibt die FRAND-Verpflichtungserklärung lediglich die kartellrechtliche Pflicht zur Lizenzierung wieder und ist rein deklaratorisch.[22] Andere Instanzgerichte verweisen darauf, dass kein Vertrag zugunsten Dritter vorliegen könne, da die Lizenz ein dingliches Recht sei und es keinen dinglichen Vertrag zugunsten Dritter gebe.[23]

In der Literatur wird die Rechtsnatur der Einigung lebhaft diskutiert.[24] Dabei wurde lange ausgeblendet, dass für die vertragsrechtliche Beurteilung der praktisch relevanten ETSI-FRAND-Verpflichtungerklärung („ETSI-Verpflichtungserklärung") französisches Recht maßgeblich ist.[25] Die inzwischen herrschende Lehre ordnet die ETSI-Verpflichtungserklärung nach französischem Recht als Äquivalent eines Vertrages zugunsten Dritter (*stipulation pour autrui*) ein.[26] Mittlerweile scheint die Literaturmeinung Eingang in die Rechtsprechung zu finden.[27] Aus der ETSI-Verpflichtungserklärung ergibt

---

[21] Näher *McGuire*, GRUR 2018, 128, 129.

[22] LG Düsseldorf GRUR-RS 2016, 08288, Rn. 266 – Handover; Urt. v. 11.12.2012, Az. 4a O 54/12, Rn. 166, 171 (juris); LG Mannheim, Urt. v. 18.02.2011, Az. 7 O 100/10, Rn. 159–72 – UMTS-fähiges Mobiltelefon II; Urt. v. 7.4.2009, Az. 2 O 1/07, Rn. 8 (juris); zuletzt offengelassen vom OLG Düsseldorf GRUR 2017, 1219, Rn. 176.

[23] LG Düsseldorf, Urt. v. 24.4.2012, Az. 4b O 273/10, Rn. 187 (juris); LG Mannheim BeckRS 2012, 11804; BeckRS 2011, 4156.

[24] Für die Einordnung als Vertrag zugunsten Dritter: *Feller*, Rn. 495, 514–15; *Kellenter*, GRUR 2021, 246, 247; *McGuire*, GRUR 2018, 128, 133–34; deklaratorische Natur: *Bartenbach*, Rn. 1650; *Bukow*, in: Haedicke/Timmann (Hrsg.), HdB. Patentrecht, § 13, Rn. 340; *Haedicke/Fuchs*, JURA 2014, 305, 306; *Kellenter/Verhauwen*, GRUR 2018, 761, 763; *Müller*, GRUR 2012, 686, 687–88; Vorvertrag zugunsten Dritter: *Heitkamp*, S. 109–14; vorvertragliche Selbstverpflichtung, die keine Primär-, aber Sekundäransprüche begründen kann: *Fuchs*, in: FS Ahrens, S. 79, 85, 90; dingliche Beschränkung des Patents in Gestalt einer Schutzbereichsbeschränkung: Mes PatG/*Mes*, § 9, Rn. 118; *Ullrich*, in: Leistner (Hrsg.), Europäische Perspektiven des Geistigen Eigentums, S. 14, 90–91.

[25] Art. 12 ETSI Policy. Ginge es nur um die Lizenzierung einzelner Patente, erschiene es vertretbar, an das Schutzlandprinzip anzuknüpfen und deutsches Recht anzuwenden. Da es aber um weltweite SEP-Portfolios geht, die Patente aus verschiedenen Jurisdiktionen umfassen, erscheint die Anwendung französischen Rechts sachgerecht.

[26] *Czychowski*, GRUR Int. 2021, 421, 425; *Feller*, Rn. 465; *Kellenter*, GRUR 2021, 246, 247; *McGuire*, GRUR 2018, 128, 130; *Straus*, GRUR Int., 2011, 469, 477–79; *L. Tochtermann*, GRUR 2020, 905, 907–08; *P. Tochtermann*, GRUR 2021, 377, 379–80.

[27] Vgl. OLG Karlsruhe GRUR 2020, 166, Rn. 124, 150 – Datenpaketverarbeitung; LG München I GRUR-RS 2020, 50637, Rn. 216–217 – Lizenzverhandlung.

sich demnach ein schuldrechtlicher Anspruch. Ob ein Anspruch auf Aufnahme ernsthafter Vertragsverhandlungen (*good faith*) gerichtet ist,[28] oder ob der Implementierer einen Anspruch auf Lizenzierung zu FRAND-Bedingungen hat,[29] bleibt unklar. In beiden Fällen entsprächen die Anforderungen denen des kartellrechtlichen Zwangslizenzeinwandes.[30] Das ergebe sich aus einer europarechtskonformen Auslegung des französischen Vertragsrechts im Lichte der vom EuGH in *Huawei/ZTE* vorgegebenen Anforderungen.[31]

Bei anderen SSOs ohne Rechtswahlklausel ist gem. Art. 4 Abs. 4 Verordnung (EG) Nr. 593/2008 („Rom I-VO") das Recht des Staates mit der engsten Beziehung zum Vertrag anwendbar. Das soll der Staat sein, in dem die SSO ihren Sitz hat.[32] Demnach ist bei einer gegenüber der ITU oder der ISO, die ihren Sitz in Genf haben, abgegebenen Verpflichtungserklärung schweizerisches Recht anwendbar. Ob nach schweizerischem Recht ein Vertrag zugunsten lizenzwilliger Implementierer entsteht, ließ das LG München I offen.[33] Das Gericht lehnte es allerdings ab, im Falle einer ITU-Verpflichtungserklärung die kartellrechtlichen Verhaltenspflichten auf das Vertragsrecht zu übertragen. Da die Lizenzierung eines weltweiten Patentportfolios im Raum stand, sei fraglich, warum gerade das europäische Kartellrecht für den Inhalt einer sich nach dem schweizerischen Recht richtenden, vertraglichen Verpflichtung maßgeblich sein sollte.[34]

III. Zwangslizenzeinwand

Der Zwangslizenzeinwand setzt voraus, dass der SEP-Inhaber auf dem relevanten Markt eine beherrschende Stellung innehat und diese entweder bereits durch die Weigerung, die SEPs zu FRAND Bedingungen zu lizenzieren oder

---

[28] LG München I GRUR-RS 2020, 22577, Rn. 175–79 – LTE-Standard; Busse/Keukenschrijver/*McGuire*, PatG § 24, Rn. 110; *L. Tochtermann*, GRUR 2020, 905, 911; *P. Tochtermann*, GRUR 2021, 377, 379–80, 382.
[29] *Fauvarque-Cosson*, Gutachten (n.v.) zit. in *Unwired Planet v Huawei* [2017] EWHC 711 [Pat], [135]; *Feller*, Rn. 494; *Palzer*, EuZW 2015, 702, 703–04.
[30] LG München I GRUR-RS 2020, 50637, Rn. 216–17 – Lizenzverhandlung; Kühnen, HdB. Patentverletzung, Kap. E, Rn. 408–09, 419; *P. Tochtermann*, GRUR 2021, 377, 381–82; vgl. auch BGH GRUR 2020, 961, Rn. 81 – FRAND-Einwand; *Belbl*, Rn. 281, 329.
[31] LG München I GRUR-RS 2020, 50637, Rn. 216–17 – Lizenzverhandlung; *Kühnen*, HdB. Patentverletzung, Kap. E, Rn. 408–09, 419.
[32] *Leistner/Kleeberger*, GRUR 2022, 1261, 1267–68.
[33] LG München I GRUR-RS 2020, 50638, Rn. 217 – Unterpixelwertinterpolation; für Annahme eines Vertrages mit Schutzwirkung zugunsten Dritter nach schweizerischem Recht *Leistner/Kleeberger*, GRUR 2022, 1261, 1268 m.w.N.
[34] LG München I GRUR-RS 2020, 50638, Rn. 243–44 – Unterpixelwertinterpolation.

aber durch die gerichtliche Geltendmachung des Unterlassungs-, Rückruf- und/oder Vernichtungsanspruchs missbraucht.

1. Marktbeherrschende Stellung

Als sachlich relevanter Markt kommt zum einen ein durch das SEP selbst geschaffener Lizenzvergabemarkt in Betracht. Demnach könnte jedes einzelne SEP einen eigenen sachlich relevanten Markt begründen. Zum anderen ist ein Abstellen auf den nachgelagerten Produktmarkt denkbar.

Die Kommission ging noch 2012 im Fusionskontrollverfahren *Google/Motorola* davon aus, dass jedes einzelne SEP einen separaten, sachlich relevanten Markt begründe.[35] Einschränkend stellte die Kommission 2014 in dem Missbrauchsverfahren gegen *Motorola* fest, dass es für die Ermittlung des Lizenzvergabemarktes auf die Substituierbarkeit des Standards aus Sicht der Abnehmer (OEM) auf dem nachgelagerten Produktmarkt ankomme.[36] Konkret ging es um die Frage, ob Smartphone-Hersteller ein wettbewerbsfähiges Gerät anbieten können, ohne den GPRS-Standard zu nutzen. Die Kommission untersuchte dazu nicht, ob es sich bei dem streitgegenständlichen SEP tatsächlich um eine für die relevanten Funktionen des GPRS-Standards unerlässliche Erfindung oder nur um einen verzichtbaren Randbestandteil handelte. Sie stellte auf die Substitutionsmöglichkeiten für den gesamten Standard, nicht für das einzelne SEP ab.[37] Die Kommission fragte unter Anwendung des SSNIP-Tests[38], ob die Hersteller von Smartphones bei einem geringfügigen und langfristigen Anstieg der Lizenzierungskosten auf alternative Technologien wechseln könnten.[39] Das war zu verneinen: Zwar war und ist es technisch möglich, ausschließlich moderne Standards zu implementieren. Ein solches Smartphone hätte jedoch eine eingeschränkte Netzabdeckung, da moderne Standards wie LTE und 5G nicht ansatzweise flächendeckend verfügbar waren. Mangels Substitutionsmöglichkeiten auf dem nachgelagerten Produktmarkt bejahte die Kommission einen eigenständigen Lizenzvergabemarkt.[40]

Der BGH und die Instanzgerichte nehmen ebenfalls Lizenzvergabemärkte für einzelne SEPs an,[41] wenn sich die „dem Patent und dem Standard

---

[35] Europäische Kommission v. 13.2.2012, COMP/M.6381, Rn. 54 – Google/Motorola.
[36] Europäische Kommission v. 29.4.2014, AT.39985, Rn. 186–213 – Motorola.
[37] Europäische Kommission v. 29.4.2014, AT.39985, Rn. 190–213 – Motorola.
[38] Zum SSNIP-Test vgl. *Bechtold/Bosch*, § 18 GWB, Rn. 14.
[39] Europäische Kommission v. 29.4.2014, AT.39985, Rn. 191–92 – Motorola.
[40] Europäische Kommission v. 29.4.2014, AT.39985, Rn. 211, 213 – Motorola.
[41] BGH GRUR 2021, 585, Rn. 49 – FRAND-Einwand II; GRUR 2020, 961, Rn. 57 – FRAND-Einwand.

entsprechende technische Lehre nicht durch eine andere technische Gestaltung des [End-]Produkts" austauschen lässt.⁴² Der BGH stellte fest, dass ein Mobilfunkgerät ohne Nutzung des GPRS-Standards nicht wettbewerbsfähig, der Standard nicht substituierbar sei.

Die Frage, ob auf den Lizenzvergabemarkt oder den nachgelagerten Produktmarkt abzustellen ist,⁴³ hat die Rechtsprechung beantwortet. Soweit ersichtlich prüft jedes deutsche Gericht und mittlerweile auch die Kommission, inwieweit das SEP über den Marktzutritt auf dem nachgelagerten Produktmarkt entscheidet. Sind der Standard und das Klagepatent nicht substituierbar, entscheidet der SEP-Inhaber über den Marktzutritt auf dem nachgelagerten Produktmarkt. Das rechtfertigt die Annahme eines separaten Lizenzvergabemarktes. Daraus folgt noch nicht, dass jedes SEP zwangsläufig eine marktbeherrschende Stellung begründet. Auch die FRAND-Verpflichtungszusage begründet keine Vermutung der marktbeherrschenden Stellung.⁴⁴ Damit ein SEP eine Marktzutrittsvoraussetzung darstellt, muss es eine für den Marktzutritt relevante Funktion schützen. Keine marktbeherrschende Stellung vermittelt demnach ein SEP, das eine optionale Ausführungsform, z.B. zum Energiesparen, bereitstellt.⁴⁵

2. Missbrauch: von Orange-Book zu Huawei/ZTE

Die deutsche Rechtsprechung übertrug zunächst die vom BGH in der Entscheidung *Orange-Book-Standard* zur Zwangslizenz aufgestellten Grundsätze auf

---

⁴² BGH GRUR 2021, 585, Rn. 49 – FRAND-Einwand II; GRUR 2020, 961, Rn. 58–59 – FRAND-Einwand; vgl. GRUR 2012, 1062, Rn. 32 – Elektronischer Programmführer; GRUR 2004, 966, 967–68 – Standard-Spundfass; OLG Düsseldorf GRUR-RS 2022, 11779, Rn. 140 – Signalsynthese II; GRUR-RS 2019, 17809, Rn. 118–19 – Codierverfahren; GRUR 2017, 1219, Rn. 128–29 – Mobiles Kommunikationssystem; LG Düsseldorf, Urt. v. 12.12.2018, Az. 4b O 15/17, Rn. 215–18 (juris); Urt. v. 19.1.2016, Az. 4b O 51/14, Rn. 359–62 (juris); vgl. *Kühnen*, HdB. Patentverletzung, Kap. E, Rn. 271–79. Marktbeherrschende Stellung eines SEP-Inhabers abgelehnt in LG Düsseldorf GRUR-RS 2019, 17809, Rn. 120 – Codierverfahren.

⁴³ *Augsburger*, S. 118–25; *Picht*, WuW 2018, 234, 237–38; *Lampert*, S. 52–62; *Picht*, Strategisches Verhalten bei der Nutzung von Patenten in Standardisierungsverfahren, S. 400–02; *Pregartbauer*, S. 135.

⁴⁴ OLG Düsseldorf GRUR-RS 2019, 17809, Rn. 120 – Codierverfahren; GRUR 2017, 1219, Rn. 129 – Mobiles Kommunikationssystem; LG Düsseldorf GRUR-RS 2015, 15911, Rn. 114; *Kühnen*, HdB. Patentverletzung, Kap. E, Rn. 275; Generalanwalt *Wathelet*, Schlussanträge v. 20.11.2014. C-170/13, EU:C:2014:2391, Rn. 58 – Huawei/ZTE.

⁴⁵ *Kühnen*, HdB. Patentverletzung, Kap. E, Rn. 275–78.

FRAND-Konstellationen,[46] obwohl es in *Orange-Book-Standard* um einen *de facto*-Standard ging. Der BGH verlangte von dem Implementierer, dem Patentinhaber ein unbedingtes Angebot auf Abschluss eines Lizenzvertrages zu unterbreiten, das der Patentinhaber nicht ablehnen dürfe, ohne den Implementierer unbillig zu behindern oder zu diskriminieren. Wenn der Implementierer die Erfindung vor Abschluss des Lizenzvertrages nutze, habe er die aus einem hypothetischen Vertrag folgenden Verpflichtungen zu erfüllen. Insbesondere müsse er Lizenzgebühren entrichten, um sich auf den Zwangslizenzeinwand stützen zu können.[47] Die Europäische Kommission stellte sich in den Fällen *Samsung* und *Motorola* hingegen auf den Standpunkt, dass die Geltendmachung eines Unterlassungsanspruchs gegen einen ernsthaft verhandlungsbereiten (d.h. lizenzwilligen) Implementierer missbräuchlich sei.[48]

Das LG Düsseldorf sah erhebliche Unterschiede zwischen den strengen *Orange-Book*-Kriterien und dem Konzept der Europäischen Kommission. Daher setzte das LG das Verfahren aus und legte dem EuGH die Frage vor, unter welchen Voraussetzungen der SEP-Inhaber mit der Erhebung einer Unterlassungsklage missbräuchlich handelt.[49] Nach Ansicht des EuGH müssen sich beide Parteien um den Abschluss des Lizenzvertrages zu FRAND-Bedingungen bemühen. Dazu gab er SEP-Inhabern und Implementierern ein fünfstufiges Verhaltensprogramm vor:[50]

Obwohl der Implementierer in der Regel wisse, dass er einen Standard und die darin enthaltenen SEPs nutzt, sei ihm regelmäßig nicht bekannt, was einzelne SEPs zum Standard beitragen. (i) Daher habe der SEP-Inhaber den Implementierer vor Klageerhebung unter Nennung des konkret betroffenen Patents und der Art und Weise der Verletzung auf diese hinzuweisen („Verletzungshinweis"). (ii) Daraufhin habe der Implementierer seinen Willen zum Ausdruck zu bringen, einen Lizenzvertrag zu FRAND-Bedingungen zu schließen („Lizenzierungsbitte"). (iii) Anschließend obliege es dem SEP-Inhaber, dem Implementierer ein konkretes schriftliches Lizenzangebot zu FRAND-Bedingungen zu unterbreiten. Dabei sind insbesondere die Gebühr und die Art und Weise ihrer Berechnung anzugeben. (iv) Danach habe der Implementierer

---

[46] Vgl. OLG Karlsruhe GRUR 2012, 736, 738 – GPRS-Zwangslizenz; LG Düsseldorf GRUR-RS 2012, 9682, Rn. 194–221 – Zugriffsschwellenwert; LG Mannheim BeckRS 2012, 11804.
[47] BGH NJW-RR 2009, 1047, Rn. 29 – Orange-Book-Standard.
[48] Europäische Kommission v. 29.4.2014, AT.39939, ABl. 2014/C 350/08 – Samsung; Pressemitteilung v. 21.12.2012, IP/12/1448.
[49] LG Düsseldorf GRUR-RR 2013, 196 – LTE-Standard.
[50] EuGH, Urt. v. 16.7.2015, C–170/13, EU:C:2015:477, Rn. 60–69 – Huawei/ZTE.

"gemäß den in dem Bereich anerkannten geschäftlichen Gepflogenheiten und nach Treu und Glauben" auf das Angebot zu reagieren. Sei er mit den geforderten Lizenzbedingungen nicht einverstanden, habe er dem SEP-Inhaber innerhalb einer kurzen Frist ein konkretes schriftliches Gegenangebot zu FRAND-Bedingungen zu unterbreiten. (v) Nutze der Implementierer das SEP vor dem Abschluss eines Lizenzvertrages, habe er dafür eine angemessene Sicherheit zu leisten. Das Verhaltensprogramm gilt nur für Unterlassungs-; Rückrufs- und Vernichtungsansprüche und nicht für die Ansprüche auf Rechnungslegung und Schadensersatz.[51]

3. Huawei/ZTE: Auslegung deutscher Gerichte

Die instanzgerichtliche Rechtsprechung hat die *Huawei/ZTE*-Kriterien modifiziert. Die Gerichte in Düsseldorf, Mannheim/Karlsruhe und München haben die einzelnen Schritte dabei zunächst unterschiedlich interpretiert. Die Düsseldorfer Gerichte und das OLG Karlsruhe gingen von einer konsekutiven Reihenfolge aus. Deshalb sei mitentscheidend, ob das Erstangebot des SEP-Inhabers FRAND ist.[52] Das LG München I und das LG Mannheim (2. Zivilkammer) stellen demgegenüber primär auf das Verhalten des Implementierers und auf den Inhalt seines Gegenangebotes ab.[53] Der BGH hatte im Verfahren zwischen *Sisvel* und dem Implementierer *Haier* die Gelegenheit, das vom EuGH vorgegebene Verhaltensprogramm zu konkretisieren und sich mit der Auslegung der Instanzgerichte auseinanderzusetzen.

a) Verletzungshinweis

An den ersten Schritt, den Verletzungshinweis, stellt der BGH geringe Anforderungen. Es reiche aus, das verletzte Patent zu bezeichnen und anzugeben, mit welcher konkreten Handlung der Implementierer dieses verletze.[54] Detaillierter technischer Erläuterungen bedürfe es regelmäßig nicht. Der BGH ließ den bloßen Hinweis genügen, dass die Herstellung und der Verkauf von Mobilfunkgeräten, die den GSM-Standard implementieren, das durch die Angabe

---

[51] EuGH, Urt. v. 16.7.2015, C–170/13, EU:C:2015:477, Rn. 36 – Huawei/ZTE; BGH GRUR 2020, 961, Rn. 68 – FRAND-Einwand.
[52] Vgl. OLG Düsseldorf GRUR 2017, 1219, Rn. 166–67 – Mobiles Kommunikationssystem; OLG Karlsruhe GRUR-RS 2016, 10660 – Informationsaufzeichnungsmedium, Rn. 27.
[53] Vgl. LG Mannheim GRUR-RS 2021, 6244, Rn. 126 – Uplinksynchronisation; GRUR-RS 2020, 20358, Rn. 122 – Lizenz in Wertschöpfungskette; LG München I GRUR-RS 2020, 22577, Rn. 129–32 – LTE-Standard; So inzwischen auch OLG Karlsruhe GRUR-RR 2021, 203, Rn. 260, 301–05, 327–30 – Mobilstation. Näher zu den unterschiedlichen Ansätzen der Instanzgerichte nach *Huawei/ZTE*, *Kellenter/Verhauwen*, GRUR 2018, 761, 768–69.
[54] BGH GRUR 2020, 961, Rn. 73–74, 85 – FRAND-Einwand.

der Veröffentlichungsnummer bezeichnete Patent verletzen.[55] Sogenannte *Claim Charts* (eine i.d.R. tabellarische Darstellung, auf welche Weise einzelne Merkmale der Patentansprüche verletzt werden)[56] müsse der SEP-Inhaber dabei noch nicht zwingend vorlegen.[57] Der Verletzungshinweis kann auch an die Muttergesellschaft des vermeintlichen Verletzers erfolgen.[58]

b) Lizenzierungsbitte

An die anschließende Lizenzierungsbitte stellt der BGH hohe Anforderungen. Der Implementierer müsse sich klar, eindeutig und unbedingt bereit erklären, mit dem SEP-Inhaber einen Lizenzvertrag „*on whatever terms are in fact FRAND*" abzuschließen und in der Folge zielgerichtet an den Lizenzvertragsverhandlungen teilnehmen.[59] Das LG München I geht davon aus, dass ein Implementierer seine Bereitschaft nicht nur für den Fall bekunden darf, dass eine Vielzahl der vom Portfolio umfassten Patente als rechtsbeständig und verletzt angesehen werden.[60] Unzureichend seien Äußerungen, den Abschluss einer Lizenz zu FRAND-Bedingungen zu erwägen oder in Verhandlungen eintreten zu wollen.[61] Auch ein Implementierer, der behauptet, die SEPs des Klägers nicht

---

[55] BGH GRUR 2020, 961, Rn. 87 – FRAND-Einwand; näher zur Verletzungsanzeige *Kühnen*, HdB. Patentverletzung, Kap. E, Rn. 448–56.
[56] Vgl. *Hinojal/Mohsler*, GRUR 2019, 674, 675.
[57] BGH GRUR 2020, 961, Rn. 85 – FRAND-Einwand.
[58] OLG Karlsruhe GRUR 2020, 166, Rn. 100 – Datenpaketverarbeitung; OLG Düsseldorf GRUR 2017, 1219, Rn. 145 – Mobiles Kommunikationssystem; LG Mannheim GRUR-RR 2018, 273, Rn. 84 – Funksignal.
[59] BGH GRUR 2020, 961, Rn. 83, 96 – FRAND-Einwand, Zitat übernommen aus *Unwired Planet v Huawei* [2017] EWHC 711 [Pat], [708]; so nun auch die instanzgerichtliche Rechtsprechung, vgl. OLG Karlsruhe GRUR 2022, 1145, Rn. 147 – Steuerkanalsignalisierung II; LG München I GRUR-RS 2022, 13480, Rn. 120 – Sprachsignalcodierer II; GRUR-RS 2021, 23157, Rn. 97–99, 122 – Sprachsignalcodierer; GRUR-RS 2020, 50638, Rn. 169, 185–86 – Unterpixelwertinterpolation; LG Mannheim GRUR-RS 2021, 6244, Rn. 124 – Uplinksynchronisation; GRUR-RS 2020, 20358, Rn. 130 – Lizenz in Wertschöpfungskette; *Meier-Beck*, in: FS Säcker (2021), 275, 284; kritisch zu den strengen Anforderungen des BGH an die Lizenzierungsbitte *Kühnen*, HdB. Patentverletzung, Kap. E, Rn. 467; Der *High Court* hat in *Optis v Apple* [2021] EWHC 2564 (Pat), [116], [130] ergänzt, dass der Implementierer nicht in jedem Fall eine *unbedingte* Bereitschaft zum Abschluss einer Lizenz zu FRAND-Bedingungen zu erklären habe.
[60] LG München I GRUR-RS 2022, 13480, Rn. 124 – Sprachsignalcodierer II; GRUR-RS 2021, 23157, Rn. 126, 130–33 – Sprachsignalcodierer.
[61] OLG Düsseldorf GRUR-RS 2021, 31565, Rn. 12 – Signalsynthese II; LG Mannheim GRUR-RS 2021, 6244, Rn. 124 – Uplinksynchronisation; vgl. aber OLG Karlsruhe GRUR-RS 2020, 26457, Rn. 109–12 – Informationen zur Kanalgüte (behauptete grundsätzliche „Bereitschaft, Lizenz zu FRAND-Bedingungen an den Klagepatenten abzuschließen bzw. zu verhandeln" reiche aus); GRUR 2020, 166, Rn. 104 – Datenpaketverarbeitung.

zu verletzen oder der die Essentialität der Patente bestreitet, gilt als nicht lizenzwillig.[62]

Die Lizenzierungsbitte ist regelmäßig innerhalb von zwei Monaten zu erklären;[63] die Darlegungs- Beweislast für das Vorliegen einer unbedingten und rechtzeitig erklärten Lizenzierungsbitte trägt der Implementierer.[64] Verschleppt ein Implementierer die Vertragsverhandlungen, gelten für die verspätete Lizenzierungsbitte strengere Anforderungen. Diese müsse die Abkehr von der Verzögerungstaktik deutlich erkennen lassen. Ein offensichtlich FRAND-widriges Gegenangebot des Implementierers reicht dazu nicht aus.[65]

c) FRAND-Angebot des SEP-Inhabers

Nach der Lizenzierungsbitte hat der SEP-Inhaber dem Implementierer ein konkretes schriftliches Angebot zu FRAND-Bedingungen zu unterbreiten. Dabei sind die Lizenzgebühr und die Art und Weise ihrer Berechnung darzulegen.[66] Nach Ansicht der Gerichte in Mannheim (2. Zivilkammer) und München kommt es – sofern das Angebot nicht evident FRAND-widrig ist – nicht auf die inhaltliche bzw. wirtschaftliche FRAND-Konformität an.[67] Der „verhaltensbezogene Ansatz" misst dem Verhandlungsprozess und dem Verhalten beider Parteien, insbesondere des Implementierers, eine größere Bedeutung als der FRAND-Konformität des Erstangebotes bei.[68] Die Düsseldorfer Gerichte und das OLG Karlsruhe prüften entsprechend der konsekutiven Reihenfolge des *Huawei/ZTE*-Verhaltensprogramms das Erstangebot auch auf seine wirtschaftliche FRAND-Gemäßheit.[69] Indem der BGH hervorhob, dass es erst durch den Verhandlungsprozess und die Berücksichtigung der gegenseitigen

---

[62] LG München I GRUR-RS 2020, 50638, Rn. 185–86 – Unterpixelwertinterpolation.

[63] OLG Karlsruhe GRUR 2020, 166, Rn. 104 – Datenpaketverarbeitung; LG Mannheim GRUR-RS 2015, 20077, Rn. 146–48 – Stochastisches Rauschen (Reaktion nach über drei Monaten wohl unzureichend); vgl. *Bukow*, in: Haedicke/Timmann (Hrsg.), HdB. Patentrecht, § 13, Rn. 361.

[64] Vgl. OLG Karlsruhe GRUR-RR 2021, 203, Rn. 281 – Mobilstation; LG Düsseldorf GRUR-RS 2018, 42127, Rn. 144 – Bewegungskompensationsvorrichtung; BeckRS 2018, 20333, Rn. 100.

[65] OLG Düsseldorf GRUR-RS 2022, 11779, Rn. 152 – Signalsynthese II; OLG Düsseldorf GRUR 2021, 1498, Rn. 9 – Signalsynthese.

[66] EuGH, Urt. v. 16.7.2015, C–170/13, EU:C:2015:477, Rn. 63 – Huawei/ZTE.

[67] OLG Karlsruhe GRUR 2022, 1145, Rn. 152–64 – Steuerkanalsignalisierung II; LG München I GRUR-RS 2022, 26267, Rn. 116, 127 – Pitch-Lag-Schätzung; GRUR-RS 2021, 23157, Rn. 107 – Sprachsignalcodierer; LG Mannheim GRUR-RS 2015, 20077, Rn. 155–58 – Stochastisches Rauschen.

[68] LG München I GRUR-RS 2021, 23157, Rn. 95, 107 – Sprachsignalcodierer.

[69] OLG Karlsruhe NZKart 2016, 334, 337 – DVD-Software; OLG Düsseldorf NZKart 2016, 139, 141 – Lizenzierungspflicht zu FRAND-Bedingungen.

Interessen möglich sei, auf FRAND-konforme Lizenzbedingungen zu kommen, äußert er eine Sympathie für den verhaltensbezogenen Ansatz.[70]

Zumindest muss das Eingangsangebot den Implementierer in die Lage versetzen, nachzuvollziehen, ob es FRAND ist und gegebenenfalls ein FRAND-konformes Gegenangebot vorzulegen.[71] Dafür habe der SEP-Inhaber sein Lizenzierungskonzept darzulegen. Es reiche nicht aus, einzelne in die Rechnung einbezogene Parameter (z.B. Bezugsgröße, Lizenzsatz, Gesamtlizenzbelastung) zu bezeichnen.[72] Der SEP-Inhaber habe darzulegen, wie er auf die Parameter kommt und warum er diese für FRAND hält. Soweit er Verträge mit anderen Implementierern, insbesondere direkten Wettberbern, geschlossen habe, seien diese offenzulegen. Gegebenenfalls seien SEP-Inhaber und Implementierer zum Abschluss einer Geheimhaltungsvereinbarung (*Non Disclosure Agreement* „NDA") gehalten. Weigert sich der Implementierer, ein NDA zu unterzeichnen, müsse der SEP-Inhaber relevante Informationen, soweit es ihm rechtlich möglich ist, vortragen.[73] Daher sollte der SEP-Inhaber frühzeitig, regelmäßig schon vor Übermittlung des Erstangebotes, auf den Abschluss eines NDA hinwirken.[74] Sofern ein Gericht bereits über die Lizenzgebühren eines vergleichbaren Portfolios entschieden hat, sollte der SEP-Inhaber auf die Entscheidungen hinweisen.[75] Umstritten ist, wer die Darlegungs- und Beweislast dafür trägt, dass vorgelegte Angebote FRAND-konform bzw. nicht formal FRAND-widrig und vollständig sind.[76]

---

[70] Vgl. BGH GRUR 2021, 585, Rn. 70, 75–76 – FRAND-Einwand II; GRUR 2020, 961, Rn. 81 – FRAND-Einwand; ausführlich *Meier-Beck*, in: FS Säcker (2021), 275, 281–86.

[71] OLG Karlsruhe GRUR-RR 2021, 203, Rn. 257–59 – Mobilstation; GRUR-RS 2020, 26457, Rn. 125–27 – Informationen zur Kanalgüte; OLG Düsseldorf GRUR 2017, 1219, Rn. 169 – Mobiles Kommunikationssystem; LG Mannheim GRUR-RR 2018, 273, Rn. 84 – Funkstation; LG Düsseldorf GRUR-RS 2021, 50360, Rn. 161-63 – Bildrekonstruierung; vgl. *Bukow*, in: Haedicke/Timmann (Hrsg.), HdB. Patentrecht, § 13, Rn. 365, 367.

[72] LG Mannheim GRUR-RR 2018, 273, Rn. 84 – Funkstation; vgl. aber LG München I GRUR-RS 2022, 26267, Rn. 123 – Pitch-Lag-Schätzung, wonach es „keiner detaillierten Erläuterung der Art und Weise der Berechnung" bedürfe.

[73] LG Düsseldorf GRUR-RS 2021, 50360, Rn. 155–56 – Bildrekonstruierung; LG Düsseldorf BeckRS 2017, 130336, Rn 179–84 – Mobilstationen; GRUR-RS 2017, 132079, Rn. 175–77 – Kommunikationsvorrichtung.

[74] LG Düsseldorf BeckRS 2017, 130336, Rn. 241–44 – Mobilstationen.

[75] LG Düsseldorf BeckRS 2018, 20333, Rn. 100; BeckRS 2017, 130336, Rn. 228–30 – Mobilstationen.

[76] Beweislast bei SEP-Inhaber: LG Düsseldorf GRUR-RS 2018, 42127, Rn. 144 – Bewegungskompensationsvorrichtung; BeckRS 2018, 20333, Rn. 100; BeckRS 2017, 130336, Rn. 176; *Bukow*, in: Haedicke/Timmann (Hrsg.), HdB. PatentR, § 13, Rn. 367; *Hauck/Kamlah*, GRUR Int. 2016, 420, 422; *Kühnen*, HdB. Patentverletzung, Rn. 487; a.A. LG München I GRUR-RS 2020, 50638, Rn. 207 – Unterpixelwertinterpolartion; LG Düsseldorf, Urt.

d) Reaktion und Gegenangebot

Nachdem ihm ein formal FRAND-konformes und inhaltlich nicht evident FRAND-widriges Angebot unterbreitet wurde, hat der Implementierer gemäß den in dem Bereich anerkannten geschäftlichen Gepflogenheiten und nach Treu und Glauben auf das Angebot zu reagieren.[77] Ein evident FRAND-widriges Angebot löse hingegen keine Obliegenheiten des Implementierers aus, da er nicht davon ausgehen müsse, dass der SEP-Inhaber um eine Lizenzierung zu FRAND-Bedingungen bemüht ist.[78] Der SEP-Inhaber habe dem Implementierer eine angemessene Zeit zur Prüfung des Angebotes einzuräumen.[79]

Der Implementierer müsse seine unbedingte Lizenzbereitschaft fortdauernd aufrechterhalten und gezielt auf eine Einigung hinwirken.[80] Sei er mit dem nicht evident FRAND-widrigen Eingangsangebot unzufrieden, habe er innerhalb einer kurzen Frist[81] ein Gegenangebot zu unterbreiten. Zur Beurteilung der Lizenzwilligkeit des Implementierers seien seine Reaktionszeiten auf Schreiben der Gegenseite und insbesondere der Zeitpunkt und Inhalt des Gegenangebotes entscheidend.[82] Selbst wenn der SEP-Inhaber nur schleppend reagiere, habe ein lizenzwilliger Implementierer zügig und zielgerichtet auf eine Einigung hinzuwirken.[83] Dabei wird das Gegenangebot des Implementierers anders als das Eingangsangebot auf seine formale und inhaltliche FRAND-

---

v. 27.8.2020, Az. 4b O 30/18, Rn. 312 (n.v., zitiert nach https://www3.hhu.de/duesseldorferarchiv/?p=8586).

[77] OLG Karlsruhe GRUR 2022, 1145, Rn. 153, 164 – Steuerkanalsignalisierung II; GRUR-RR 2021, 203, Rn. 301 – Mobilstation; LG München I GRUR-RS 2022, 13480, Rn. 105 – Sprachsignalcodierer II.

[78] OLG Karlsruhe GRUR 2022, 1145, Rn. 154 – Steuerkanalsignalisierung II; GRUR-RS 2020 26457, Rn. 115 – Informationen zur Kanalgüte.

[79] Vgl. LG Mannheim GRUR-RS 2018, 31743, Rn. 66–68 – FRAND-Angebote.

[80] OLG Karlsruhe GRUR 2022, 1145, Rn. 148 – Steuerkanalsignalisierung II; GRUR-RR 2021, 203, Rn. 251 – Mobilstation; LG München I GRUR-RS 2021, 23157, Rn. 100–107 – Sprachsignalcodierer.

[81] Maßgeblich sind die Umstände des Einzelfalls. Ein Gegenangebot nach fünf Monaten dürfte nicht mehr innerhalb einer „kurzen Frist" unterbreitet sein, LG München I GRUR-RS 2021, 23157, Rn. 139 – Sprachsignalcodierer. Aus Sicht des LG Mannheim konnte die Abgabe eines Gegenangebotes für ein umfangreiches Portfolio jedenfalls nicht binnen sechs Wochen erwartet werden, LG Mannheim GRUR-RS 2018, 31743, Rn. 68 – FRAND-Angebote.

[82] LG München I GRUR-RS 2021, 23157, Rn. 136, 139 – Sprachsignalcodierer; GRUR-RS 2020, 50638, Rn. 154–55, 160 – Unterpixelwertinterpolation; GRUR-RS 2020, 50637, Rn. 150 – Lizenzverhandlung; LG Mannheim GRUR-RS 2020, 20358, Rn. 122 – Lizenz in Wertschöpfungskette; vgl. aber LG Düsseldorf GRUR-RS 2021, 50360, Rn. 134 – Bildrekonstruierung.

[83] OLG Karlsruhe GRUR-RS 2020, 41067, Rn. 254 – Mobilstation; LG Mannheim GRUR-RS 2021, 6244, Rn. 127 – Uplinksynchronisation.

Gemäßheit geprüft.[84] Nach Teilen der Rechtsprechung scheitert der Zwangslizenzeinwand selbst bei Abgabe eines FRAND-konformen Gegenangebotes, wenn das Eingangsangebot des SEP-Inhabers nicht FRAND-widrig ist.[85] Mittlerweile hat die Rechtsprechung einige Indizien für die Lizenzunwilligkeit von Implementierern angeführt.[86] So werden Implementierer, die mit der Übersendung eines Gegenangebotes zugleich ausdrücklich oder konkludent erklären, einen Lizenzvertrag nur zu ebendiesen Bedingungen abschließen zu wollen, als nicht verhandlungsbereit und damit lizenzunwillig angesehen.[87]

---

[84] OLG Karlsruhe GRUR-RR 2021, 203, Rn. 260, 264, 301–05, 327–30 – Mobilstation; vgl. LG Mannheim GRUR-RS 2021, 6244, Rn. 126 – Uplinksynchronisation; GRUR-RS 2020, 20358, Rn. 122 – Lizenz in Wertschöpfungskette, wonach ein FRAND-widriges Gegenangebot die fehlende Lizenzwilligkeit indiziert.

[85] Str., LG München I GRUR-RS 2020, 50638, Rn. 203–04 – Unterpixelwertinterpolation; vgl. *Meier-Beck*, in FS Säcker (2021), 275, 286; offen gelassen in LG Mannheim GRUR-RS 2020, 26457, Rn. 157 – Informationen zur Kanalgüte; für Erfolg des Zwangslizenzeinwandes im Falle eines FRAND-konformen Gegenangebotes *McGuire*, Mitt. 2018, 297, 308.

[86] Weigerung, ein NDA zu den vom SEP-Inhaber vorgegebenen Bedingungen zu unterzeichnen, OLG Karlsruhe GRUR-RR 2021, 203, Rn. 282–87 – Mobilstation, a.A. LG Düsseldorf BeckRS 2018, 20333, Rn. 116, 118; Gegenangebot, das von grundsätzlichem Lizenzierungskonzept des SEP-Inhabers abweicht, OLG Karlsruhe GRUR-RS 2022, 9468, Rn. 205 – Steuerkanalsignalisierung II; Mitteilen von in den eigenen Verantwortungsbereich fallendenden Hinderungsgründen für Verhandlungen (Personalknappheit während der Sommerferien), OLG Karlsruhe GRUR-RR 2021, 203, Rn. 279 – Mobilstation; lange Reaktionszeit nach Übersendung eines NDA, LG München I GRUR-RS 2022, 13480, Rn. 140 – Sprachsignalcodierer II; kein unverzüglicher Hinweis auf fehlenden Anhang in E-Mail des SEP-Inhabers, LG München I GRUR-RS 2020, 50637, Rn. 170 – Lizenzverhandlung; kein Eingehen auf oder Ablehnen des Vorschlages, FRAND-Gebühren schiedsgerichtlich festsetzen zu lassen, LG München I GRUR-RS 2020, 50637, Rn. 176 – Lizenzverhandlung; Aufsparen von Einwänden bis zu spätem Zeitpunkt, OLG Karlsruhe GRUR 2022, 1145, Rn. 162–66 – Steuerkanalsignalisierung II; LG Mannheim GRUR-RS 2021, 6244, Rn. 126 – Uplinksynchronisation; Verweis eines Automobilherstellers auf Lizenzierung an Zulieferer unter Verweis auf „*licence to all*", LG München I GRUR-RS 2020, 50637, Rn. 167, 174 – Lizenzverhandlung; LG Mannheim GRUR-RS 2020, 20358, Rn 122, 130–85 – Lizenz in Wertschöpfungskette; Erklärung, eine Lizenz für einen bestimmten Markt (China) erst nehmen zu wollen, nachdem der SEP-Inhaber mit mehreren Wettbewerbern eine Lizenz geschlossen hat, LG Düsseldorf, Urt. v. 27.8.2020, Az. 4b O 30/18, Rn. 259–66 (n.v., Fn. 75).

[87] LG München I GRUR-RS 2022, 13480, Rn. 128 – Sprachsignalcodierer II; GRUR-RS 2021, 23157, Rn. 130–33 – Sprachsignalcodierer; LG Mannheim GRUR-RS 2021, 6244, Rn. 126 – Uplinksynchronisation; GRUR-RS 2020, 20358, Rn. 130 – Lizenz in Wertschöpfungskette.

Aus Sicht einiger Instanzgerichte ist ein Implementierer, der mit einer ausländischen ASI droht oder diese beantragt, nicht lizenzwillig.[88] Eine differenziertere Betrachtung nahm das LG Düsseldorf vor. Weder eine im Ausland erhobene negative Feststellungsklage noch ein im ausländischen Verfahren gestellter Antrag auf Erlass einer ASI ließen den Implementierer (per se) als lizenzunwillig erscheinen. Entscheidend sei, ob ein auf eine Lizenznahme zu FRAND-Bedingungen hinwirkender Implementierer ein legitimes Interesse am ausländischen Gerichtsverfahren habe.[89]

Grundsätzlich verliert ein vorübergehend lizenzunwilliger Implementierer den Zwangslizenzeinwand nicht dauerhaft. Je länger seine Lizenzunwilligkeit jedoch andauere, umso höhere Anstrengungen habe der Implementierer im weiteren Verhandlungsprozess zu unternehmen, um als lizenzwillig angesehen zu werden.[90] Gehen die Parteien nicht aufeinander zu, sei ein lizenzwilliger Implementierer gehalten, den fortdauernden rechtswidrigen Zustand dadurch zu beenden, dass er einen Lizenzvertrag zu *whatever terms are FRAND* abschließe.[91]

e) Formale und inhaltliche Anforderungen an FRAND

Da die Gerichte vor allem darauf abstellen, ob sich die Parteien konstruktiv am Verhandlungsprozess beteiligen,[92] finden sich nur vereinzelte Konkretisierungen zur inhaltlichen Ausgestaltung eines FRAND-Angebots.[93] Die Rechtsprechung hat primär formale Anforderungen aufgestellt. Welche Gebührenhöhe FRAND ist, wird anhand von Vergleichslizenzen und ausländischen Gerichtsentscheidungen geschätzt.

---

[88] OLG Düsseldorf GRUR 2022, 318, Rn. 31 – Ausländisches Prozessführungsverbot; LG München I GRUR-RS 2021, 3995, Rn. 94 – FRAND-Lizenzwilligkeit; vgl. *Kühnen*, HdB. Patentverletzung, Kap. E, Rn. 298.
[89] LG Düsseldorf GRUR-RS 2021, 50360, Rn. 144–54 – Bildrekonstruierung.
[90] BGH GRUR 2021, 585, Rn. 62 – FRAND-Einwand II; OLG Düsseldorf GRUR-RS 2021, 31565, Rn. 12 – Signalsynthese II; LG Mannheim GRUR-RS 2021, 6244, Rn. 127 – Uplinksynchronisation.
[91] LG München I GRUR-RS 2022, 26267, Rn. 155 – Pitch-Lag-Schätzung: „es muss vielmehr alles unternommen werden, was eine vernünftige Partei [...] tun würde, um sich objektiv zu FRAND-Bedingungen einigen zu können. Hierfür muss insbesondere die tatsächliche Bereitschaft der Beklagten erkennbar werden, Bedingungen zu „whatever it takes" zu akzeptieren".
[92] *Picht*, WuW 2018, 300, 301.
[93] Vgl. zur groben inhaltlichen Prüfung der FRAND-Gemäßheit von Lizenzangeboten: LG Mannheim GRUR-RS 2020, 26457, Rn. 115, 131–55 – Informationen zur Kanalgüte; LG Düsseldorf GRUR-RS 2018, 37930, Rn. 204–48 – Dekodierverfahren.

aa) Angemessen und vernünftig (FR)

Mittlerweile haben sich einige Vertragsbedingungen sowie Berechnungsmethoden zumindest in formaler Hinsicht als „*fair and reasonable*" etabliert. Angesichts der Vielzahl von SEPs und der Marktpraxis, diese in Portfolios zu lizenzieren, ist es regelmäßig sachgerecht, Lizenzen zu bündeln. Der Implementierer könne nicht darauf bestehen, sich lediglich das streitgegenständliche Patent lizenzieren zu lassen.[94] Aus dem gleichen Grund seien Implementierer gehalten, eine weltweite Lizenz zu akzeptieren, wenn die weltweite Lizenzierung branchenüblich ist und der Implementierer nicht nur auf einem regional begrenzten Markt tätig ist.[95] Die Kommission hielt im Missbrauchsverfahren zwischen *Apple* und *Motorola* eine auf deutsche SEPs beschränkte Portfoliolizenz für FRAND-konform.[96] In einer neueren Mitteilung vertritt sie hingegen ebenfalls den Standpunkt, dass aus Effizienzgrundsätzen regelmäßig eine weltweite Lizenzierung vorzugswürdig bzw. FRAND sei.[97]

Weiterhin sei es regelmäßig FRAND-konform, die Lizenzgebühr, ausgehend von der Gesamtlizenzbelastung, durch den *top down*-Ansatz zu ermitteln.[98] Unterschiedlich wird beurteilt, ob die Berechnung sich am Durchschnittsverkaufspreis von Endgeräten, die den jeweiligen Standard benutzen, der gleichermaßen teure und günstigere Mobiltelefone umfasst (*Average Selling Price* „ASP") oder am konkreten Endverkaufspreis der Produkte des Implementierers ausrichten sollte.[99] Ein Abstellen auf den ASP könnte Implementierer benachteiligen, die Produkte im Niedrigpreissegment anbieten. Weiterhin hat sich die Berechnung des Wertes am Verkaufspreis des Endproduktes und nicht am Verkaufspreis der SSU (z.B. Telekommunikationseinheit oder

---

[94] BGH GRUR 2020, 961, Rn. 78 – FRAND-Einwand; *Meier-Beck*, in: FS Säcker (2021), 275, 285.
[95] BGH GRUR 2020, 961, Rn. 78 – FRAND-Einwand; OLG Düsseldorf GRUR-RS 2016, 21067, Rn. 21 – Mobiles Kommunikationssystem; LG Düsseldorf GRUR-RS 2018, 37930, Rn. 232, 249 – Dekodierverfahren; BeckRS 2016, 131580 Rn. 165–67 – St. Lawrence/Vodafone; LG Mannheim, Urt. v. 8.1.2016, Az. 7 O 96/14, Rn. 119 (juris) – Pioneer/Acer; hierfür bereits *Picht*, Strategisches Verhalten bei der Nutzung von Patenten in Standardisierungsverfahren, S. 550–51.
[96] Vgl. Kommission, Beschl. v. 29.4.2014, AT.39985, Rn. 125 (a); 307 – Motorola.
[97] Kommission, Mitteilung v. 29.11.2017, COM (2017) 712, S. 9.
[98] OLG Karlsruhe GRUR-RR 2021, 203, Rn. 305 – Mobilstation; LG Mannheim GRUR-RS 2020, 26457, Rn. 134 – Informationen zur Kanalgüte.
[99] Abstellen auf ASP FRAND-konform: OLG Karlsruhe GRUR 2022, 1145, 9468, Rn. 180 – Steuerkanalsignalisierung II; Abstellen auf ASP FRAND-widrig, wenn von Implementierer abgesetzte Produkte deutlich unter ASP liegen, LG Mannheim GRUR-RS 2020, 26457, Rn. 135, 143–44 – Informationen zur Kanalgüte; vgl. zur Problematik *Kurtz/Straub*, GRUR 2018, 136, 138–39.

Baseband-Chip) zu orientieren.[100] Ein (Gegen-)Angebot sei FRAND-widrig, wenn es der Berechnung der Gesamtlizenzbelastung die Anzahl aller als solchen deklarierten SEPs zugrunde legt und keinen Abschlag für den hohen Anteil tatsächlich nicht-essentieller Patente vorsieht.[101]

Noch gilt als umstritten, ob der SEP-Inhaber bei Zuliefererketten im Automobilsektor auf eine Lizenzierung an den Automobilhersteller bestehen kann, oder ob Tier 1- und Tier 2-Zulieferer einen Lizenzierungsanspruch haben.[102] In letzterem Fall wäre eine Unterlassungsklage gegen den Automobilhersteller missbräuchlich, wenn der SEP-Inhaber auf Lizenzierung an den Endhersteller beharrt, obwohl der Zulieferer zur Lizenznahme bereit ist. Der Automobilhersteller könnte gegen die Unterlassungsklage des SEP-Inhabers einen abgeleiteten Zwangslizenzeinwand seines Zulieferers erheben. Unklar ist auch, wie die Erschöpfung zu berücksichtigen ist. Um zu verhindern, dass SEPs in Lieferketten doppelt lizenziert werden („*double dipping*"), sollte ein FRAND-Angebot eine Verringerung der Lizenzgebühr vorsehen, wenn ein mehrstufiger Vertrieb branchenüblich ist.[103] Wer die Erschöpfung nachzuweisen hat, ist umstritten: Eine Klausel ist aus Sicht des LG Düsseldorf FRAND-widrig, wenn der Implementierer diesen Nachweis erbringen muss.[104] Demgegenüber hielt das LG Mannheim ein Gegenangebot aus dem Grund für FRAND-widrig, dass es eine Zahlungspflicht des Implementierers nur für den Fall vorsah, dass der SEP-Inhaber nachweisen konnte, dass keine Erschöpfung vorliegt.[105]

Wirtschaftlich sind die angebotenen Bedingungen FRAND, solange sie nicht ausbeuterisch sind.[106] Die Gebührenhöhe sei dem Anschein nach FRAND, wenn sie sich an Gerichtsentscheidungen über vergleichbare

---

[100] LG München I GRUR-RS 2020, 50637, Rn. 186 – Lizenzverhandlung.
[101] LG München I GRUR-RS 2020, 50637, Rn. 185 – Lizenzverhandlung.
[102] Näher *Kamlah/Rektorscheck*, Mitt. 2021, 307, 313 m.w.N. Aus der Rechtsprechung *licence to all* bejahend etwa LG Düsseldorf BeckRS 2016 131580, Rn. 213–14 – St. Lawrence/Vodafone.
[103] LG Düsseldorf BeckRS 2018, 20333, Rn. 164.
[104] LG Düsseldorf BeckRS 2018, 20333, Rn. 164–67.
[105] LG Mannheim GRUR-RS 2021, 6244, Rn. 135–36 – Uplinksynchronisation.
[106] OLG Karlsruhe GRUR 2022, 1145, Rn. 183 – Steuerkanalsignalisierung II; LG Düsseldorf, Urt. v. 27.8.2020, Az. 4b O 30/18, Rn. 311 (n.v., Fn. 75); *Kühnen*, HdB. Patentverletzung, Kap. E, Rn. 408–09, 419.

Patentportfolios orientiert.[107] Die FRAND-Gemäßheit sei ebenso indiziert, wenn mehrere Wettbewerber die angebotenen Bedingungen akzeptiert haben.[108]

Bei der Prüfung des Gegenangebotes, die von einigen Instanzgerichten vor die Prüfung des klägerischen Angebotes gezogen wird, sind einige Besonderheiten zu berücksichtigen: Aus umstrittener Sicht des LG München I ist die FRAND-Widrigkeit eines Gegenangebotes indiziert, wenn es ein Vielfaches unter dem inhaltlich nicht evident FRAND-widrigen Erstangebot liegt.[109] Sofern das Gegenangebot an einen gerichtlich festgesetzten FRAND-Korridor anknüpft, erscheine es als FRAND-widrig, sofern es an dem unterem Rand liegt.[110]

Auch erhebliche Abweichungen im Gegenangebot vom Lizenzierungskonzept des Klägers indizierten die Lizenzunwilligkeit des Implementierers jedenfalls dann, wenn der SEP-Inhaber bereits mehrere Verträge zu entsprechenden Bedingungen abgeschlossen hat.[111] Anderenfalls könnten diejenigen Implementierer, die zuvor eine Lizenz genommen hatten, diskriminiert werden.[112] Ist ein lizenzwilliger Implementierer nicht mit dem Eingangsangebot einverstanden, müsse er die Einzelheiten des klägerischen Angebotes „abarbeiten". Unterbreite der Implementierer mehr als nur punktuelle Änderungsvorschläge, habe er darzulegen, weshalb sich das klägerische Angebot nicht für eine

---

[107] OLG Karlsruhe GRUR-RR 2021, 203, Rn. 305, 329 – Mobilstation; LG Mannheim GRUR-RS 2021, 6244, Rn. 160 – Uplinksynchronisation; LG Mannheim GRUR-RS 2018, 31743, FRAND-Angebote, Rn. 65; LG Düsseldorf GRUR-RS 2017, 132078, Rn. 236, 265 – Mobilstation; *Kühnen*, HdB. Patentverletzung, Kap. E, Rn. 425; LG Düsseldorf, Urt. v. 27.8.2020, Az. 4b O 30/18, Rn. 355-57, (n.v., Fn. 75), keine Vermutungswirkung aber beachtlicher Umstand zur Bestimmung der Angemessenheit; *Bukow*, in: Haedicke/Timmann (Hrsg.), HdB. Patentrecht, § 13, Rn. 365.

[108] LG München I GRUR-RS 2020, 50638, Rn. 217 – Unterpixelwertinterpolation.

[109] LG München I GRUR-RS 2022, 13480, Rn. 151 – Sprachsignalcodierer II; GRUR-RR 2021, 513, Rn. 156 – Sprachsignalcodierer; GRUR-RS 2020, 54658, Rn. 163 – Connected Cars; a.A. LG Mannheim GRUR-RS 2020, 26457, Rn. 133 – Informationen zur Kanalgüte; *P. Tochtermann*, GRUR 2022, 1121, 1124.

[110] Vgl. LG Mannheim GRUR-RS 2020, 20358, Rn. 155 – Lizenz in Wertschöpfungskette.

[111] Vgl. OLG Karlsruhe GRUR-RS 2022, 9468, Rn. 205 – Steuerkanalsignalisierung II; LG München I GRUR-RS 2022, 13480, Rn. 151 – Sprachsignalcodierer II; GRUR-RS 2021, 23157, Rn. 152 – Sprachsignalcodierer; sowie LG Mannheim GRUR-RS 2020, 20358, Rn. 157–69 – Lizenz in Wertschöpfungskette, wonach der Abschluss eines Lizenzvertrages mit *Avanci* durch einige Automobilhersteller indiziere, dass die Gestaltung des *Avanci*-Lizenzpools im Automobilsektor FRAND sei.

[112] OLG Karlsruhe GRUR-RS 2022, 9468, Rn. 205 – Steuerkanalsignalisierung II.

Detailarbeit eignet,[113] d.h., warum das Angebot und das Lizenzierungskonzept FRAND-widrig sind.

bb) Nicht-diskriminierend (ND)

Das FRAND-Angebot des SEP-Inhabers muss entsprechend Art. 102 AEUV diskriminierungsfrei ausgestaltet sein.[114] Daraus folgt keine Pflicht zur Meistbegünstigung.[115] Allerdings muss der SEP-Inhaber eine etwaige Ungleichbehandlung seiner Lizenznehmer sachlich rechtfertigen. Beispielsweise dürfen Implementierern, die frühzeitig Lizenzverträge abschließen, in überschaubarem Umfang, der nicht zu einer Verfälschung auf den Produktmärkten führen kann, Rabatte eingeräumt werden.[116]

Fraglich ist, ob der SEP-Inhaber in standardisierten Verträgen von jedem Implementierer – unabhängig von dessen Marktposition – eine feste Lizenzgebühr, z.B. EUR 1 pro verkauftem Endgerät, verlangen kann. Teile der Rechtsprechung scheinen davon auszugehen. Beispielsweise wurde eine Standardlizenz, nach der ein großer, weltweit tätiger Computer- und Laptophersteller (*Lenovo*) ähnliche Lizenzgebühren wie ein Hersteller hochpreisiger HiFi-Systeme (*Bang & Olufsen*) und andere „kleinere, örtlich oder fachlich spezialisierte Unternehmen" zahlen musste, als FRAND-konform angesehen.[117] Ebenso liege keine Diskriminierung vor, wenn ein Anbieter niedrigpreisiger Smartphones dieselben Lizenzgebühren zahlt wie ein Anbieter im Hochpreissegment.[118] Anderenfalls müsste ein SEP-Inhaber seine Angebote an die Marktsituation der Implementierer anpassen, was die Verwertung von SEPs erheblich erschweren würde.[119] Die Darlegungs- und Beweislast für das Vorliegen einer Ungleichbehandlung trägt der Implementierer, wobei den SEP-

---

[113] *Meier-Beck*, in: FS Säcker (2021), 275, 288; vgl. auch LG München I GRUR-RS 2022, 26267, Rn. 153 – Pitch-Lag-Schätzung

[114] BGH GRUR 2020, 961, Rn. 81 – FRAND-Einwand.

[115] OLG Düsseldorf GRUR 2017, 1219, Rn. 179 – Mobiles Kommunikationssystem.

[116] Vgl. *Bukow*, in: Haedicke/Timmann (Hrsg.), HdB. Patentrecht, § 13, Rn. 375; *Kühnen*, HdB. Patentverletzung, Kap. E, Rn. 413, siehe ebendort für eine Übersicht über zulässige und unzulässige Ungleichbehandlungen.

[117] LG München I GRUR-RS 2020, 50638, Rn. 218–20 – Unterpixelwertinterpolation.

[118] OLG Karlsruhe GRUR 2022, 1145, Rn. 180–82 – Steuerkanalsignalisierung II; vgl. aber die Vorinstanz, LG Mannheim GRUR-RS 2020, 26457, Rn. 135–38 – Informationen zur Kanalgüte.

[119] LG München I GRUR-RS 2020, 50638, Rn. 219–20 – Unterpixelwertinterpolation.

Inhaber eine sekundäre Darlegungs- last treffen kann.[120] Liegt eine Ungleichbehandlung vor, hat der SEP-Inhaber einen sachlichen Grund darzulegen.[121]

f) Sicherheitsleistung

Sind sowohl das Eingangsangebot als auch das Gegenangebot FRAND,[122] hat der Implementierer eine angemessene Sicherheit zu hinterlegen, wenn der SEP-Inhaber das Gegenangebot ablehnt. Was eine angemessene Sicherheitsleistung ist, ließ der EuGH unter Verweis auf die geschäftlichen Gepflogenheiten offen. Aus dem Urteil ergibt sich lediglich, dass die Sicherheit für vergangene Benutzungshandlungen zu leisten ist.[123] Bei fortdauernden Benutzungshandlungen ist die Sicherheit laufend anzupassen.[124] Die Untergrenze einer angemessenen Sicherheit soll das Gegenangebot sein.[125] Ein vorsichtiger Implementierer sollte die Höhe der Sicherheitsleistung an das klägerische Angebot anpassen,[126] da er selbst die Darlegungs- und Beweislast für die Angemessenheit der hinterlegten Sicherheitsleistung trägt.[127] Da die deutsche Patentverletzungsklage nur inländische Benutzungshandlungen untersagen soll, hat der Implementierer – auch wenn eine weltweite Portfoliolizenz FRAND ist – nach h.M. nur für Benutzungshandlungen in Deutschland Sicherheit zu leisten.[128]

---

[120] BGH GRUR 2020, 961, Rn. 76 – FRAND-Einwand; OLG Düsseldorf GRUR 2017, 1219, Rn. 177 – Mobiles Kommunikationssystem.
[121] BGH GRUR 2020, 961, Rn. 76 – FRAND-Einwand.
[122] EuGH, Urt. v. 16.7.2015, C-170/13, EU:C:2015:477, Rn. 67 – Huawei/ZTE; *Bukow*, in: Haedicke/Timmann (Hrsg.), HdB. Patentrecht, § 13, Rn. 340; *Kühnen*, HdB. Patentverletzung, Kap. E, Rn. 520, a.A. LG Düsseldorf NZKart 2015, 545, 548-49 (Pflicht zur Hinterlegung einer Sicherheit bestehe auch, wenn Angebot FRAND-widrig sei).
[123] EuGH, Urt. v. 16.7.2015, C-170/13, EU:C:2015:477, Rn. 67 – Huawei/ZTE.
[124] OLG Karlsruhe GRUR-RR 2021, 203, Rn. 273 – Mobilstation.
[125] LG Mannheim GRUR-RS 2020, 26457, Rn. 139 – Informationen zur Kanalgüte; GRUR-RS 2015, 20077, Rn. 169 – Stochastisches Rauschen. Nach den Münchener Hinweisen zur Handhabung des kartellrechtlichen Zwangslizenzeinwandes, S. 2–3, soll ein Betrag i.H.v. 110% des Gegenangebotes hinterlegt werden; a.A. *Palzer*, EuZW 2015, 702, 705 (Bemessungsgrundlage sei Angebot des SEP-Inhabers).
[126] Vgl. *Bukow*, in: Haedicke/Timmann (Hrsg.), HdB. Patentrecht, § 13, Rn. 390; *Kellenter/Verhauwen*, GRUR 2018, 761, 770; *Kühnen*, HdB. Patentverletzung, Kap. E, Rn. 521; *Kurtz*, ZGE 2017, 491, 510.
[127] *Kühnen*, HdB. Patentverletzung, Kap. E, Rn. 524; vgl. LG München I GRUR-RS 2021, 23157, Rn. 157 – Sprachsignalcodierer.
[128] Vgl. LG München I GRUR-RS 2021, 23157, Rn. 157 – Sprachsignalcodierer; *Kühnen*, HdB. Patentverletzung, Kap. E, Rn. 522; Münchener Hinweise zur Handhabung des kartellrechtlichen Zwangslizenzeinwandes, S. 2–3; a.A. LG Mannheim, Urt. v. 04.09.2019, Az. 7 O 115/16 (n.v.), zitiert nach LG Mannheim GRUR-RS 2021, 6244, Rn. 156 – Uplinksynchronisation.

A. Deutschland

g) Zwischenergebnis

Die instanzgerichtliche Rechtsprechung hat sich auch nach den BGH-Entscheidungen FRAND-Einwand und FRAND-Einwand II nicht angeglichen. Teile der instanzgerichtlichen Rechtsprechung stellen weiterhin hohe Anforderungen an die Lizenzbereitschaft des Implementierers. Der Zwangslizenzeinwand scheitert regelmäßig, wenn der SEP-Inhaber ein formal FRAND-konformes und inhaltlich nicht nachweislich FRAND-widriges Angebot abgegeben hat. In diesem Fall rettet den Implementierer auch die rechtzeitige Abgabe eines seinerseits FRAND-konformen Gegenangebotes nicht mehr. Der Zwangslizenzeinwand scheitert auch, wenn der Implementierer seine Lizenzbereitschaft bekundet und ihm der SEP-Inhaber ein formal FRAND-konformes und inhaltlich nicht evident FRAND-widriges Angebot vorgelegt hat, wenn der Implementierer seinerseits kein nachweislich (formal und inhaltlich) FRAND-konformes Gegenangebot unterbreitet. Dieser Linie folgt wohl auch das LG Mannheim (2. Zivilkammer).[129] Das LG Mannheim hat allerdings noch nicht entschieden, wie zu verfahren ist, wenn die Angebote beider Seiten FRAND sind.

Demgegenüber gehen das OLG Düsseldorf und das LG Düsseldorf weiterhin davon aus, dass es im Falle eines grundsätzlich lizenzwilligen Implementierers auf die FRAND-Konformität des Eingangsangebotes ankommt.[130] Erst wenn ein nachweislich FRAND-konformes Angebot vorliegt, komme es auf die „konkrete" Lizenzwilligkeit des Implementierers an.[131]

IV. Qualifikation

Vertragsrechtliche Aspekte bleiben in FRAND-Streitigkeiten vor deutschen Gerichten außen vor. Im Mittelpunkt steht der patentrechtliche Unterlassungsanspruch gem. § 139 Abs. 1 PatG. Ob der Implementierer das Klagepatent verletzt, scheint in FRAND-Streitigkeiten seltener umstritten. Häufiger liegt der Entscheidungsschwerpunkt – jedenfalls dem Umfang der Ausführungen nach – auf der Prüfung des kartellrechtlichen Zwangslizenzeinwands.[132]

---

[129] LG Mannheim GRUR-RS 2020, 26457, Rn. 121, 125–31 – Informationen zur Kanalgüte.

[130] OLG Düsseldorf GRUR-RS 2022, 11779, Rn. 181–82 – Signalsynthese II.

[131] OLG Düsseldorf GRUR-RS 2022, 11779, Rn. 182 – Signalsynthese II; vgl. auch LG Düsseldorf GRUR-RS 2021, 50360, Rn. 158, 168 – Bildrekonstruierung; *Kühnen*, HdB. Patentverletzung, Kap. E, Rn. 462–65.

[132] Vgl. *Feller*, Rn. 201, 242; *Kesan/Hayes*, in: Anderson u.a. (Hrsg.), Competition Policy and IP in Today's Global Economy, S. 252, 270-71; *Li*, (2016) 31 Berkeley Tech. L.J. 429, 442; *TCL v Telefonaktiebolaget Ericsson*, Corrected Brief for *Prof. Peter Georg Picht* as

Qualifiziert man FRAND-Streitigkeiten nach der *lex fori*, handelt es sich dennoch um patentrechtliche Streitigkeiten. Die Qualifikation richtet sich nach dem Anspruch (Klagebegehren) und nicht nach etwaigen Einwendungen.

V. Anmerkungen

Die Schärfe des deutschen Patentrechts sowie die Auslegung des europäischen Kartellrechts durch den BGH und einige Instanzgerichte begünstigen in FRAND-Streitigkeiten den SEP-Inhaber.[133] Solange sich dieser nicht offenkundig FRAND-widrig verhält, ist der Implementierer nach den hohen Anforderungen der Rechtsprechung praktisch gezwungen, sich auf ein aus seiner Sicht ungünstiges Lizenzbedingungen einzulassen.[134] Anderenfalls riskiert er den Vorwurf, eine Verzögerungstaktik (*hold out*) zu verfolgen. Dabei hängt über den Vertragsverhandlungen das Damoklesschwert der Unterlassungsanordnung.[135] Um einen Verkaufsstopp für sämtliche den Standard umsetzenden Mobiltelefone oder IoT-Geräte zu verhindern, muss der Implementierer im Zweifel ungünstige Bedingungen akzeptieren. Eine Betrachtung der FRAND-Streitigkeiten zeigt, dass in den allermeisten Fällen der SEP-Inhaber siegt.[136] Zuletzt wurde das Drohpotential einer nicht rechtskräftigen Verurteilung allerdings durch die hohen, für eine vorläufige Vollstreckung zu erbringenden Sicherheitsleistungen geschmälert. Die Sicherheitsleistung kann in die Milliarden gehen, was den praktischen Nutzen eines erstinstanzlichen Urteils verringert.[137]

Amicus Curiae in Support of Appellants and Reversal, 3 Aug 2018, S. 10; *Tsang/Lee*, (2019) 59 Virg. J. of Int'l Law 220, 260–61.

[133] Vgl. *Chappatte/Walter*, in: Anderman/Ezrachi (Hrsg.), IP and Competition Law, S. 373, 379; *Ehlgen*, GRUR 2022, 537; *Jones*, (2014) 10 ECJ 1, 11–13; Anm. *Picht*, BGH GRUR 2020, 961, 972 – FRAND-Einwand; näher unten, § 6, B., III.

[134] Vgl. *Pentheroudakis/Baron*, Licensing Terms of SEPs (2017), S. 71: *„Most decisions reveal that the burden for a successful FRAND defense (under German law) still lies entirely with the implementer"*; *Hess*, NZKart 2022, 437, 439; *Kamlah/Rektorscheck*, Mitt. 2021, 307, 308–09.

[135] Vgl. *Picht*, GRUR 2019, 1097, 1100.

[136] Vgl. *Picht*, WuW 2018, 300, 308.

[137] *Walz/Benz/Pichlmaier*, GRUR 2022, 446, 448. Zur Orientierung: LG Mannheim GRUR-RS 2020, 20358 (*Nokia v Daimler*), Sicherheitsleistung 7 Milliarden Euro, vgl. *Contreras/Husovec*, in ebendiese (Hrsg.), Injunctions in Patent Law, S. 313, 320; LG München I BeckRS 2018, 33489 (*Qualcomm v Apple*), 668 Millionen Euro (https://rsw.beck.de/aktuell/daily/meldung/detail/lg-muenchen-i-erfolg-fuer-qualcomm-im-patent-streit-mit-apple); in LG München I Urt. v. 19.05.2022, Az. 7 O 9572/21, (*IP Bridge v Ford*), 227 Millionen Euro.

B. Frankreich

Wegen der Rechtswahl französischen Rechts in der ETSI IPR Policy („ETSI Policy") ist die Rechtsprechung französischer Gerichte besonders relevant.

I. Unterlassungsanspruch

Die Voraussetzungen des Unterlassungsanspruchs sind im *Code de la propriété intellectuelle* (Intellectual Property Code, „IPC") nicht explizit geregelt. In Frankreich erfolgt die Verurteilung quasi-automatisch, wenn das Gericht die Verletzung eines (wirksamen) Patents feststellt.[138] Der angebliche Verletzer kann im Patentverletzungsprozess die Nichtigkeit des Klagepatentes entweder durch eine Widerklage oder einredeweise geltend machen.[139] In diesem Fall werden die Wirksamkeit und die Verletzung des Klagepatentes geprüft. In SEP-Streitigkeiten wird auch die Essentialität der Klagepatente geprüft.[140]

Eine Verhältnismäßigkeitsprüfung sieht das französische Recht nicht explizit vor. Auch Art. 3 Abs. 2 der Richtlinie 2004/48/EG zur Durchsetzung der Rechte des geistigen Eigentums („DurchsetzungsRL") wird von der Rechtsprechung nicht herangezogen.[141] Die Verteidigung gegen den Unterlassungsanspruch ist nur ausnahmsweise erfolgsversprechend, wenn dessen Durchsetzung eine missbräuchliche Rechtsausübung darstellt.[142] Gerade im Zusammenhang mit FRAND-Streitigkeiten wurden Patentverletzern allerdings zwei beachtliche Verteidigungsmöglichkeiten eingeräumt: Mehrere Implementierer, die auslizenzierte Teile von Zulieferern bezogen hatten, konnten sich gegen drohende Unterlassungsverfügungen erfolgreich auf den Erschöpfungseinwand stützen.[143] Schließlich lehnte das *Tribunal judiciaire de Paris* den Erlass einer Unterlassungsverfügung im vorläufigen Rechtsschutz ab, da der SEP-

---

[138] *Gisclard/Py*, in Contreras/Husovec (Hrsg.), Injunctions in Patent Law, S. 124, 125, 128; *Léonard*, in Sikorski (Hrsg.), Patent Law Injunctions, S. 87, 93; *Romet/Métier/Talvard*, in: Heath (Hrsg.), Patent Enforcement Worldwide, S. 145, 169, Rn. 154.
[139] *Cremers u.a.*, (2017) 44 Eur. J. Law. Econ. 1, 10.
[140] Cour d'appel de Paris, 16 avril 2019, N° RG 15/17037, S. 15–24 (*Conversant v LG*).
[141] *Léonard*, in: Sikorski (Hrsg.), Patent Law Injunctions, S. 87, 95.
[142] *Gisclard/Py*, in: Contreras/Husovec (Hrsg.), Injunctions in Patent Law, S. 124, 132–33.
[143] Cour d'appel de Paris, 28 janvier 2014, N° RG 13/08128 (*SA Societe Francaise du Radiotelephone – SFR v SAS Huawei Technologies France*); TGI Paris, Ord. ref.) 8 décembre 2011, *Samsung Electronic Co. Ltd and Samsung Electronics France v Apple France S.A.R.L.* (N° RG 11/58301); TGI Paris (3e ch. 2e sct.) 17 avril 2015, N° RG 14/14124 (*CoreWireless v LG Electronics*), vgl. *Léonard*, in Sikorski (Hrsg.), Patent Law Injunctions, S. 87, 93–94.

Inhaber eine NPE war, die adäquat über einen finanziellen Ausgleich entschädigt werden könnte. Demgegenüber drohten dem Implementierer (*Lenovo*) durch eine Unterlassungsverfügung erhebliche Schäden.[144] Ob ein Implementierer auch im Hauptsacheverfahren erfolgsversprechend die Unverhältnismäßigkeit einwenden kann, ist unklar.

II. Auswirkung von Huawei/ZTE

Der EuGH hat in *Huawei/ZTE* einige Kriterien zur Prüfung, wann ein SEP-Inhaber mit der Geltendmachung eines Unterlassungsanspruchs seine Marktmacht missbraucht, vorgegeben. Die französische Rechtsprechung hat das *Huawei/ZTE*-Programm noch nicht konkretisiert. Kurz vor dem Urteil des EuGH hatte das *Tribunal de grande instance de Paris* („TGI Paris") geprüft, ob der SEP-Inhaber mit der Erhebung einer Unterlassungsklage missbräuchlich gehandelt hatte. Das Gericht lehnte es ab, einer Seite das Verschulden am Scheitern der Vertragsverhandlungen zuzuweisen. Es untersuchte, ob die Parteien in gutem Glauben auf eine Einigung hingewirkt haben. Da die Vertragsverhandlungen über zwei Jahre andauerten und keine Seite die Verhandlungen abgebrochen hatte, könne mangels anderweitiger Beweise kein überwiegendes Verschulden festgestellt werden.[145] Damit blieb unbeantwortet, ob der Implementierer ein *willing licensee* ist. Entscheidend schien nicht, ob der Implementierer lizenzwillig ist. Stattdessen kam es auf eine Feststellung der Lizenzunwilligkeit an.

III. Wirkung der ETSI-Verpflichtungserklärung

In *TCL v Philips* ordnete das *Tribunal Judiciaire de Paris* („TJ Paris") in einem Zwischenurteil die ETSI-Verpflichtungserklärung als Vertrag zugunsten Dritter (*stipulation pour autrui*) ein.[146] In *Xiaomi v Philips* bekräftigte das Gericht seine Einschätzung.[147] Schließlich bejahte das Gericht seine Zuständigkeit zur Festsetzung der weltweiten Konditionen eines Lizenzvertrages, wenn dieses ETSI-SEPs betrifft.[148]

---

[144] TJ Paris, 20 février 2020 (*IPCom v Lenovo*); vgl. Cour d'appel de Paris, 3 mars 2020, N° RG 19/21426, Rn. 20 (*Lenovo v IPCom*).

[145] Cour d'appel de Paris, 16 avril 2019, N° RG 15/17037 (*Conversant v LG*); *Léonard*, in: Sikorski (Hrsg.), Patent Law Injunctions, S. 87, 106.

[146] TJ Paris, 6 février 2020, N°RG 19/02085 (*TCL Communications Ltd v Koninklijke Philips NV*).

[147] TJ Paris, 7 décembre 2021, N° RG 20/12558 et N° RG 20/12558 (*Xiaomi v Koninklijke Philips NV*).

[148] TJ Paris, 7 décembre 2021, N° RG 20/12558 et N° RG 20/12558 (*Xiaomi v Koninklijke Philips NV*).

IV. Anmerkungen

Da in Frankreich vor einer Verurteilung auf Unterlassung in der Regel die Wirksamkeit des Patents geprüft wird, dauern die erstinstanzlichen Verfahren länger als in Deutschland. Die durchschnittliche Verfahrensdauer beträgt 18-24 Monate.[149] Weiterhin scheinen französische Gerichte bei der Prüfung des Zwangslizenzeinwandes einen Implementierer-freundlicheren Maßstab als deutsche Gerichte anzulegen. Nach der Entscheidung des EuGH in *Huawei/ZTE* hat allerdings noch kein französisches Gericht über die Auslegung des Zwangslizenzeinwandes entschieden, sodass eine zuverlässige Einschätzung nicht möglich ist.

C. Niederlande

Obwohl der niederländische Markt vergleichsweise klein ist, kann ein Unterlassungstitel in den Niederlanden, z.B. wegen des bedeutenden Rotterdamer Hafens, den Vertrieb in anderen Staaten in West- und Mitteleuropa erschweren.[150] Niederländische Gerichte haben die beiderseitigen Verhaltensobliegenheiten nach *Huawei/ZTE* in einigen Entscheidungen konkretisiert. In den meisten Fällen klagte der SEP-Inhaber wegen einer behaupteten Patentverletzung gegen den Implementierer auf Unterlassung. In einem Fall klagte ein Implementierer auf Feststellung, dass das ihm vom SEP-Inhaber unterbreitete Angebot FRAND-widrig und sein Gegenangebot FRAND-konform war.[151]

I. Unterlassungsanspruch

Rechtsgrundlage für Unterlassungsansprüche des Patentinhabers gegen den angeblichen Verletzer ist Artikel 3:296 des Burgerlijk Wetboek (BW). Dessen Absatz 1 lautet:

> „*Sofern sich nicht aus dem Gesetz, der Natur der Verpflichtung oder einer Rechtshandlung etwas anderes ergibt, soll eine Person, die verpflichtet ist, etwas zu tun oder zu unterlassen, auf Antrag des Berechtigten vom Gericht dazu verurteilt werden.*"[152]

Die Anspruchsgrundlage entstammt dem allgemeinen Zivilrecht. Der Unterlassungsanspruch besteht, wenn der Beklagte das wirksame Klagepatent verletzt. In der Hauptsache werden die Wirksamkeit und Verletzung des

---

[149] *Cremers u.a.*, (2017) 44 Eur J Law Econ, 1, 27; *Romet/Métier/Talvard*, in: Heath (Hrsg.), Patent Enforcement Worldwide, S. 145, 162, Rn. 97.
[150] Vgl. *Telyas*, S. 207.
[151] Die Klage wurde als unbegründet abgewiesen, vgl. Rechtbank den Haag, 8.2.2017, Zaaknr. C/09/505587 / HA ZA 16-206, Rn. 4.6 (*Archos v Philips*).
[152] Übersetzung durch den Verfasser.

Klagepatents geprüft.¹⁵³ Dem Richter ist über Art. 3:296 BW („soll") ein Ermessen eingeräumt. Von diesem wird aber nur in wenigen Ausnahmefällen Gebrauch gemacht. Die wichtigsten Einschränkungen sind Treu und Glauben, das allgemeine Verbot rechtsmissbräuchlichen Verhaltens (Art. 3:13 BW) sowie entgegenstehende zwingende öffentliche Interessen (Artikel 6:168 BW).¹⁵⁴ Vor der Entscheidung des EuGH in *Huawei/ZTE* wurde die Unterlassungsklage eines SEP-Inhabers gegen einen lizenzwilligen Implementierer als Fall rechtsmissbräuchlichen Verhaltens geprüft. Mittlerweile wird der Einwand über Art. 102 AEUV berücksichtigt.¹⁵⁵

Vorläufiger Rechtsschutz ist in FRAND-Streitigkeiten wegen der Komplexität des Verfahrens und der beachtlichen Nachteile, die dem Implementierer beim Erlass einer Unterlassungsverfügung drohen, grundsätzlich ausgeschlossen.¹⁵⁶ Im Hauptsacheverfahren wurde der Verhältnismäßigkeitseinwand in FRAND-Streitigkeiten – soweit ersichtlich – noch nicht erfolgreich erhoben.

II. Wirkung der ETSI-Verpflichtungserklärung

Ein niederländisches Gericht urteilte bereits 2012, dass die schuldrechtliche Wirkung der ETSI-Verpflichtungserklärung nach französischem Sachrecht zu beurteilen sei.¹⁵⁷ Es ordnete die ETSI-Verpflichtungserklärung als vorvertragliches Versprechen (*promesse de contrat*), einen Vertrag mit lizenzwilligen Implementierern abzuschließen, ein.¹⁵⁸ Die ETSI-Verpflichtung scheint allerdings keine weitreichenderen als die kartellrechtlichen Pflichten des SEP-Inhabers auszulösen. So scheiterten sowohl eine vertragsrechtliche Verteidigung als auch der kartellrechtliche Zwangslizenzeinwand in *Philips v Wiko* daran,

---

¹⁵³ *Brinkhof/Kamperman Sanders*, in Heath (Hrsg.), Patent Enforcement Worldwide, S. 181, 196, dort Rn. 60. Eine vorläufige Unterlassungsverfügung kann erlassen werden, bevor über die Wirksamkeit des Patents entschieden wurde, vgl. *Heckmann*, in: Sikorski (Hrsg.), Patent Injunctions, S. 117, 120.

¹⁵⁴ Näher *Heckmann*, in: Sikorski (Hrsg.), Patent Injunctions, S. 117, 122; *Hoyng/Dijkmann*, in: Contreras, Husovec (Hrsg.), Injunctions in Patent Law, S. 218, 220, 227.

¹⁵⁵ *Hoyng/Dijkmann*, in: Contreras, Husovec (Hrsg.), Injunctions in Patent Law, S. 218, 223.

¹⁵⁶ Vgl. Rechtbank den Haag, 11.1.2023, Zaaknr. C/09/638658/KG ZA 22-1045, Rn. 4.5–4.14 (*Nokia v Oppo*); Rechtbank den Haag, 1.8.2019, Zaaknr. C/09/573969/KG ZA 19-462 (*Sisvel v Xiaomi*); bestätigt durch Gerechtshof den Haag, 17.3.2020, Zaaknr. 200.265.385/01.

¹⁵⁷ Rechtbank Gravenhage, 14.3.2012, Zaaknr. HA ZA 11-2212, 400376, Rn. 4.3 (*Samsung v Apple*).

¹⁵⁸ Rechtbank Gravenhage, 14.3.2012, Zaaknr. HA ZA 11-2212, 400376, Rn. 4.5–4.6 (*Samsung v Apple*).

dass der Implementierer die FRAND-Widrigkeit des klägerischen Angebotes nicht hinreichend substantiiert dargelegt oder bewiesen hatte.[159]

III. Kartellrechtlicher Zwangslizenzeinwand

Seit *Huawei/ZTE* haben niederländische Gerichte in vier Fällen über den Zwangslizenzeinwand entschieden. Der Fokus liegt auf diesen Entscheidungen. Die vom EuGH in *Huawei/ZTE* formulierten Verhandlungsschritte werden nicht als verbindliches Verhaltensprogramm, sondern als grobes Leitbild für Lizenzverhandlungen zwischen redlich verhandelnden Parteien aufgefasst.[160] Dabei wird es dem Implementierer aufgebürdet, sämtliche Voraussetzungen für das Vorliegen eines Marktmachtmissbrauchs nachzuweisen.[161]

1. Verletzungshinweis und Lizenzbitte

Welche genauen Voraussetzungen an den Verletzungshinweis gestellt werden, ist unklar. Die Übersendung von *Claim Charts* sei jedenfalls ausreichend.[162] Nach dem Verletzungshinweis müsse der Implementierer seine tatsächliche Bereitschaft, eine Lizenz zu FRAND-Bedingungen zu nehmen, signalisieren. Die bloß geäußerte Bereitschaft, in Verhandlungen einzutreten, reiche nicht aus. Sie müsse sich im Verhalten des Implementierers oder seiner Vertreter manifestieren.[163]

2. FRAND-Angebot

Anschließend habe der SEP-Inhaber dem Implementierer ein Angebot zu unterbreiten, das die Art und Weise der Berechnung offenlegt. Dabei müsse der Implementierer nicht begründen, warum er sein Angebot für FRAND hält.[164] Der SEP-Inhaber müsse dem Implementierer auch keine Vergleichslizenzen zugänglich machen oder ein NDA zur Vorlage von Vergleichslizenzen anbieten.[165] Behauptet der Implementierer, dass ein Angebot des SEP-Inhabers

---

[159] Vgl. Gerechtshof Den Haag, 2.7.2019, Zaaknr. 200.219.487/01, Rn. 4.43, 4.46–4.47 (*Philips v Wiko*).
[160] Gerechtshof Den Haag, 2.7.2019, Zaaknr. C/09/511922/HA ZA 16-623 Rn. 4.14 (*Philips v Wiko*); Arrest van 7.5.2019, Zaaknr. 200.221.250/01, Rn. 4.171 (*Philips v ASUS*).
[161] Hoge Raad der Nederlanden, 2.7.2021, Zaaknr. 19/04503, Rn. 4.43–4.44, 4.50 (*Wiko v Philips*).
[162] Gerechtshof Den Haag, 2.7.2019, Zaaknr. 200.219.487/01, Rn. 4.40 (*Philips v Wiko*).
[163] Gerechtshof Den Haag, 7.5.2019, Zaaknr. 200.221.250/01, Rn. 4.179–4.180 (*Philips v ASUS*).
[164] Gerechtshof Den Haag, 2.7.2019, Zaaknr. 200.219.487/01, Rn. 4.18 (*Philips v Wiko*).
[165] Gerechtshof Den Haag, 2.7.2019, Zaaknr. 200.219.487/01, Rn. 4.19 (*Philips v Wiko*).

FRAND-widrig ist, habe er dies darzulegen und zu beweisen.[166] Dabei trage der SEP-Inhaber regelmäßig keine sekundäre Darlegungslast. Durch die mit anderen SEP-Inhabern geschlossen Lizenzverträge sei ein Implementierer regelmäßig in der Lage, die FRAND-Widrigkeit anhand der mit anderen SEP-Inhabern geschlossenen Verträgen zu belegen.[167]

Niederländische Gerichte prüfen nur, ob Angebote formal FRAND sind. Zum Beispiel wurde entschieden, dass ein Angebot nicht aus dem Grund FRAND-widrig ist, dass die Gebühren an den Endgerätverkaufspreis und nicht an den Preis der kleinsten separat erhältlichen Einheit (SSU) anknüpfen.[168] Weiterhin dürften die Gesamtgebührenbelastung und die absolute Anzahl an standardrelevanten SEPs nur an Patentfamilien anknüpfen, die für die Funktionalität der vom Implementierer hergestellten Produkte relevant sind. So müssten bei einem Smartphonehersteller, der keine Basisstationen oder andere Netzinfrastruktureinrichtungen herstellt, SEPs unberücksichtigt bleiben, die nur für Netzinfrastruktureinrichtungen relevant sind.[169] Schließlich sei ein standardisiertes Angebot auch dann nicht diskriminierend, wenn es für Implementierer, die Geräte im Niedrigpreissegment herstellen und absetzen und für Hersteller, deren Geräte den High-End-Markt bedienen, die gleichen Lizenzgebühren vorsieht.[170]

3. Reaktion, Gegenangebot und Sicherheitsleistung

Der Implementierer habe seine Lizenzbereitschaft fortdauernd und auch nach dem Erhalt des Erstangebots aufrechtzuerhalten. Ein zu Verhandlungsbeginn nicht redlich verhandelnder Lizenznehmer könne jedenfalls nach Erhebung der Patentverletzungsklage selbst bei Unterbreitung eines FRAND-konformen Gegenangebotes nicht mehr als lizenzwillig angesehen werden, da

---

[166] Hoge Raad der Nederlanden, 2.7.2021, Zaaknr. 19/04503, Rn. 4.43–4.44, 4.50, 4.59 (*Wiko v Philips*); Rechtbank den Haag, 8.2.2017, Zaaknr. C/09/505587/HA ZA 16-206, Rn. 4.2 (*Archos v Philips*).

[167] Hoge Raad der Nederlanden, 2.7.2021, Zaakr. 19/04503, Rn. 4.59 (*Wiko v Philips*); vgl. Gerechtshof Den Haag, 07.05.2019, Zaaknr. 200.221.250/01, Rn. 4.204, 4.206 (*Philips v ASUS*), wonach die vom Implementierer geforderte Vorlage von Vergleichslizenzen des SEP-Inhabers einen Ausforschungsbeweis darstellt.

[168] Rechtbank den Haag, 8.2.2017, Zaaknr. C/09/505587/HA ZA 16-206, Rn. 4.10 (*Archos v Philips*).

[169] Gerechtshof Den Haag, 2.7.2019, Zaaknr. 200.219.487/01, Rn. 4.40 (*Philips v Wiko*); Rechtbank den Haag, 8.2.2017, Zaaknr. C/09/505587/HA ZA 16-206, Rn. 4.6 (*Archos v Philips*).

[170] Rechtbank den Haag, 8.2.2017, Zaaknr. C/09/505587/HA ZA 16-206, Rn. 4.15 (*Archos v Philips*).

Verzögerungstaktiken von Implementierern ansonsten Tür und Tor geöffnet würden.[171] Hat der Implementierer ein Gegenangebot unterbreitet, müsse er darlegen und beweisen, dass das Angebot des SEP-Inhabers FRAND-widrig und sein Gegenangebot FRAND-konform ist.[172] Unterschreiten die im Gegenangebot angebotenen Gebühren die vom SEP-Inhaber geforderten Gebühren erheblich, sei das Gegenangebot *prima facie* FRAND-widrig.[173]

IV. Anmerkungen

Die für Patentverletzungsklagen ausschließlich zuständigen Gerichte in Den Haag scheinen den Zwangslizenzeinwand ebenfalls SEP-Inhaber-freundlich auszulegen.[174] In SEP-Fällen sind vorläufige Unterlassungsverfügungen unwahrscheinlich, wenn der Erlass einer einstweiligen Verfügung wegen eines großen drohenden Schadensausmaßes unverhältnismäßig erscheint.[175] Für Hauptsacheverfahren ist eine etwas längere Verfahrensdauer als in Deutschland zu erwarten. Die durchschnittliche Verfahrensdauer in Verletzungsverfahren beträgt zwölf bis sechzehn Monate.[176]

D. England und Wales

Vor den Gerichten für England und Wales[177] sind die Rollen in FRAND-Streitigkeiten weniger einheitlich besetzt. Eine Besonderheit des englischen Verfahrens ist, dass der SEP-Inhaber unter der aufschiebenden Bedingung gegen den Implementierer auf Unterlassung klagen kann, dass sich dieser weigert, ein Lizenzangebot zu den vom Gericht als FRAND festgesetzten Bedingungen anzunehmen („*FRAND Injunction*").[178] Seltener klagen Implementierer gegen SEP-Inhaber. Der Implementierer kann z.B. auf Feststellung klagen, dass die

---

[171] Gerechtshof Den Haag, 7.5.2019, Zaaknr. 200.221.250/01, Rn. 4.185 (*Philips v ASUS*); Arrest van 02.07.2019, Zaaknr. 200.219.487/01, Rn. 4.21 (*Philips v Wiko*).

[172] Gerechtshof Den Haag, 7.5.2019, Zaaknr. 200.221.250/01, Rn. 4.204 (*Philips v ASUS*).

[173] Indizwirkung, da Gegenangebot ein Zehntel des Eingangsangebots betrug: Rechtbank den Haag, 8.2.2017, Zaaknr. C/09/505587 / HA ZA 16-206, Rn. 4.17 (*Archos v Philips*).

[174] *Larouche/Zingales*, in: Contreras (Hrsg.) Cambridge Handbook, S. 407, 418; *Maas*, in: Cook (Hrsg.), Patent Litigation Law Rev., S. 137, 147.

[175] Vgl. Gerechtshof Den Haag, 17.3.2020, Zaaknr. 200.265.385/01 (*Sisvel v Xiaomi*).

[176] *Maas*, in: Cook (Hrsg.), Patent Litigation Law Rev., S. 137, 142.

[177] Nachfolgend sind mit englischen Gerichten die Gerichte für England und Wales gemeint.

[178] Vgl. *Nokia v Oneplus* [2022] EWCA Civ 947, [22]; *Unwired Planet v Huawei* [2017] EWHC 711 (Pat); *TQ Delta v ZyXEL Communications* [2019] EWHC 745 (Pat); *Optis v Apple* [2021] EWHC 2564 (Pat).

vermeintlichen SEPs tatsächlich nicht essentiell[179] oder dass die vom SEP-Inhaber angebotenen Konditionen nicht FRAND[180] sind.[181]

I. Injunction

Neben der Wirksamkeit des Klagepatents setzt der Erlass einer Unterlassungsanordnung[182] eine Erstbegehungs- oder Wiederholungsgefahr voraus. Eine Wiederholungsgefahr ist grundsätzlich gegeben, wenn eine Verletzungshandlung festgestellt wurde.[183] Vor der Patentverletzung kann eine Unterlassungsverfügung ergehen, wenn der Patentinhaber darlegt, dass eine hinreichende Gefahr einer solchen gegeben ist (*quia timet injunction*).[184] Wenn die Voraussetzungen des Unterlassungsanspruchs vorliegen, hat das Gericht ein Ermessen, ob es den Verletzer auf Unterlassung verurteilt.

1. Verhältnismäßigkeit

Da ohne Verurteilung ein rechtswidriger Zustand anhält, werden Verletzer grundsätzlich verurteilt. Ausnahmsweise kann davon abgesehen werden, wenn eine Unterlassungsanordnung für den Verletzer eine unbillige Härte darstellen würde und missbräuchlich wäre.[185] Auch nach über einhundert Jahren hält die Rechtsprechung an den vier in *Shelfer v City of London Electric Lighting Co Ltd* formulierten Kriterien fest, unter denen das Gericht ausnahmsweise einen Schadensersatz anordnen kann, anstatt den Verletzer auf Unterlassung zu verurteilen:

> „*(1.) If the injury to the plaintiff's legal rights is small,*
> *(2.) And is one which is capable of being estimated in money,*
> *(3.) And is one which can be adequately compensated by a small money payment,*
> *(4.) And the case is one in which it would be oppressive to the defendant to grant an injunction,*

---

[179] *Nokia v InterDigital* [2007] EWHC 3077 (Pat); [2007] EWHC 445 (Pat); *Nokia v IPCom* [2012] EWHC 225 (Pat), [3], [166]–[186]; vgl. auch *IPCom v Vodafone* [2020] EWHC 132 (Pat), [142]–[180].

[180] *Vestel v Koninklijke Philips* [2021] EWCA Civ 440, [10]; *IPCom v Lenovo* [2021] EWHC 3401 (Pat).

[181] Zur Klagbarkeit verschiedener Rechtsschutzbegehren vgl. *Damerell/Waldron*, in: Liu/Hilty (Hrsg.), SEPs, SSOs and FRAND, S. 149, 152–54.

[182] Streng genommen handelt es sich bei der *injunction* um eine Verfügung. Da hier eine *final injunction* gemeint ist, wird diese als Unterlassungsanordnung bezeichnet, siehe Gliederungspunkt § 1, A.

[183] *Bently u.a.*, Intellectual Property Law, S. 1334 m.w.N.; *Roughton/Johnson/Cook*, Rn. 8.50.

[184] *Roughton/Johnson/Cook*, Rn. 8.8–8.9 m.w.N.

[185] *Jaggard v Sawyer* [1995] 1 WLR 269 (CA) 286-89.

then damages in substitution for an injunction may be given."[186]

Mittlerweile wurden die Kriterien aufgelockert. In *Coventry v Lawrence* hat der *UK Supreme Court* („UKSC") klargestellt, dass auch dann von einer Verurteilung auf Unterlassung abgesehen werden könne, wenn nicht alle der Faktoren aus *Shelfer* vorliegen.[187] Die Verurteilung dürfe nicht grob unverhältnismäßig sein.[188] Das ergebe sich auch aus Art. 3 Abs. 2 DurchsetzungsRL.[189] Der (angebliche) Patentverletzer habe allerdings eine hohe Hürde zu überwinden, wenn er nachweisen möchte, dass die Verurteilung unverhältnismäßig ist.[190]

2. FRAND Injunction

Seit *Unwired Planet v Huawei* wurden mehrere *FRAND Injunctions* beantragt. Die Kompetenz zum Erlass einer *FRAND Injunction* wird aus der ETSI Policy i.V.m. der FRAND-Verpflichtungserklärung abgeleitet. Die Voraussetzungen, unter denen eine *FRAND Injunction* erwirkt werden kann, richten sich demnach nach dem Vertragsrecht (II.). Wann die Erhebung der Unterlassungsklage bzw. einer *FRAND Injunction* missbräuchlich ist, richte sich daneben nach dem Kartellrecht (IV.). Schließlich haben Gerichte auch vor dem Erlass einer *FRAND Injunction* zu prüfen, ob diese billig und gerecht (*equitable*) ist (V.).

II. Vertragsrecht

Der patentrechtliche Unterlassungsanspruch und dessen Durchsetzbarkeit seien durch die vertragliche FRAND-Verpflichtungserklärung und die ETSI Policy eingeschränkt.[191] Ziel des ETSI sei es, einen Interessenausgleich zwischen Implementierern und SEP-Inhabern zu schaffen. SEP-Inhaber seien auf Unterlassungsansprüche und deren gerichtliche Geltendmachung angewiesen, um einen *hold out* der Implementierer zu verhindern. Die Implementierer

---

[186] *Shelfer v City of London Lighting* [1895] 1 Ch. 287 (CA) 322–23.
[187] *Coventry v Lawrence* [2014] UKSC 13 [2014] AC 822, [123].
[188] *HTC v Nokia* [2013] EWHC 3778 (Pat), [2014] RPC 30, [32]; *Navitaire v EasyJet* [2005] EWHC 0282 (Ch), [104]; *Arnold*, in: Contreras/Husovec (Hrsg.), Injunctions in Patent Law, S. 65.
[189] Die DurchsetzungsRL bleibt nach dem Brexit anwendbar, EU-UK Trade and Coorperation Agreement, Art. 256 (2).
[190] *HTC v Nokia* [2013] EWHC 3778 (Pat), [2014] RPC 30, [32]; vgl. auch *Optis v Apple* [2022] EWCA Civ 1411, [64]: *"[an injunction] may be refused or qualified where it would be disproportionate, but such cases are rare"*.
[191] *Unwired Planet v Huawei* [2020] UKSC 37, [14]: *"The [ETSI Policy provides a] contractual modification to the general laws of patents […]"*.

würden dadurch geschützt, dass nur SEP-Inhabern, die sich an ihre FRAND-Verpflichtung hielten, ein Unterlassungsanspruch zustünde.[192]

Der Unterlassungsanspruch ist bei SEPs aber nicht grundsätzlich verkürzt: Obwohl es dem Patentinhaber nicht primär darum gehe, die Nutzung seiner Erfindung zu verhindern, sondern darum, einen angemessenen finanziellen Ausgleich zu erhalten, sei der Erlass von Unterlassungsanordnungen grundsätzlich auch in SEP-Streitigkeiten verhältnismäßig.[193] Über Schadensersatzansprüche sei es kaum möglich, Implementierer zum Abschluss einer Lizenz zu FRAND-Bedingungen zu bewegen. Stattdessen könnten Implementierer in jeder Jurisdiktion die geschützte Lehre verwenden. Der SEP-Inhaber müsste dann in jedem Land separat auf Schadensersatz klagen. Schadensersatzansprüche allein böten SEP-Inhabern daher keinen hinreichenden Schutz.[194] Da das Gericht festsetzt, was FRAND ist und der SEP-Inhaber so nur auf eine Lizenzierung zu FRAND-Bedingungen bestehen könne, drohten durch eine Verurteilung auch keine überhöhten Lizenzgebühren.[195]

Um in den Kreis der Begünstigten zu fallen, muss der Implementierer lizenzwillig sein.[196] Dazu müsse er sich bereit erklären, ein Lizenzangebot zu den vom Gericht festgesetzten Konditionen zu akzeptieren. Kurzum: Der Implementierer müsse bereit sein, eine Lizenz zu *„whatever terms are in fact FRAND"*[197] abzuschließen. Weigert sich der Implementierer, eine Lizenz zu den vom Gericht festgesetzten Bedingungen abzuschließen, könne selbst ein zuvor abgegebenes (Gegen-)Angebot, das möglicherweise innerhalb der FRAND-Spanne liegt, die Lizenzwilligkeit nicht begründen.[198]

Umgekehrt könne ein zunächst lizenzunwilliger Implementierer seine Lizenzwilligkeit grundsätzlich wiederherstellen, indem er sich verpflichte, ein Lizenzangebot zu den festgesetzten Konditionen zu akzeptieren. Das gilt selbst dann, wenn der Implementierer sich zunächst weigert, eine FRAND-Lizenz abzuschließen, z.B. weil er (irrtümlich) glaubt, die SEPs seien nicht verletzt

---

[192] *Unwired Planet v Huawei* [2020] UKSC 37, [64].
[193] *Unwired Planet v Huawei* [2020] UKSC 37, [164]–[165].
[194] *Unwired Planet v Huawei* [2020] UKSC 37, [166]–[167]; [2018] EWCA Civ 2344, [55]–[56].
[195] *Unwired Planet v Huawei* [2020] UKSC 37, [164].
[195] *Optis v Apple* [2021] EWHC 2564 (Pat), [323].
[196] Vgl. *Optis v Apple* [2021] EWHC 2564 (Pat), [288], [324].
[197] *Unwired Planet v Huawei* [2020] UKSC 37, [158]; *Unwired Planet v Huawei* [2017] EHWC 711 (Pat), [708].
[198] *Optis v Apple* [2021] EWHC 2564 (Pat), [290], [278], [288]–[290], [338].

oder nicht essentiell.[199] Die „Lizenzwilligkeit" des Implementierers scheint damit weitestgehend unabhängig von seinem vorprozessualen Verhalten. Erklärt er sich dazu bereit, ein Angebot zu den gerichtlich festgesetzten Konditionen anzunehmen, gilt er als lizenzwillig. Dabei ist es dem Implementierer verwehrt, sich offenzuhalten, das Lizenzangebot erst anzunehmen, wenn die Gebührenhöhe feststeht. Um als lizenzwillig angesehen zu werden, müsse ein Implementierer sich schon verpflichten, ein Angebot zu den gerichtlich festgesetzten Konditionen zu akzeptieren, bevor diese feststehen.[200]

Der Fokus englischer Gerichte liegt damit auf der gerichtlichen Bestimmung der FRAND-Konditionen. Ob SEP-Inhaber oder Implementierer zuvor FRAND-widrige Angebote abgegeben haben, ist irrelevant, solange diese nicht in besonderem Maße offenkundig FRAND-widrig sind.[201]

III. Festsetzung konkreter FRAND-Bedingungen

Die *FRAND Injunction* und ihre Kompetenz zur Bestimmung der Bedingungen einer weltweiten Lizenz leiteten englische Gerichte aus der ETSI Policy und der vom SEP-Inhaber abgegebenen FRAND-Verpflichtungserklärung her.[202] Erstmals wurde eine *FRAND Injunction* in *Unwired Planet v Huawei* erlassen. Der SEP-Inhaber hatte wegen der behaupteten Verletzung von sechs Patenten, fünf davon (angebliche) SEPs, gegen *Huawei* auf Unterlassung geklagt. *Birss J* stellte fest, dass weder die von dem SEP-Inhaber noch die vom Implementierer unterbreiteten Angebote FRAND gewesen seien.[203] Um den Rechtsstreit interessengerecht zu lösen, entschied sich *Birss J*, festzusetzen, welche Gebührenhöhe FRAND war.[204] Es handelte weltweit sich um die erste gerichtliche Festsetzung von FRAND-Bedingungen ohne die Zustimmung beider Parteien. Wenige Jahre zuvor hatte der *High Court* noch betont, dass eine gerichtliche Festsetzung der Konditionen nur Sinn ergebe, wenn beide Seiten zustimmten.[205]

---

[199] *Optis v Apple* [2021] EWHC 2564 (Pat), [301].
[200] *Optis v Apple* [2021] EWHC 2564 (Pat), [245].
[201] *Unwired Planet v Huawei* [2017] EWHC 711 (Pat), [163]; vgl. auch *Optis v Apple* [2021] EWHC 2564 (Pat), [338].
[202] *Unwired Planet v Huawei* [2020] UKSC 37, [14], [30], [62].
[203] *Unwired Planet v Huawei* [2017] EWHC 711 (Pat), [522].
[204] Vgl. *Unwired Planet v Huawei* [2017] EWHC 711 (Pat), [169], [581].
[205] *Vringo v ZTE* [2013] EWHC 1591 (Pat), [54].

1. Kompetenz zur Festsetzung aus Vertragsrecht

Englische Gerichte ordnen die ETSI-Verpflichtungserklärung als Vertrag zugunsten Dritter bzw. *stipulation pour autrui* ein.[206] Der Vertrag zugunsten Dritter komme durch die Abgabe der ETSI-FRAND-Verpflichtungserklärung zustande. Dieser sei auch nicht zu unbestimmt, da sich ermitteln lasse, welche Bedingungen FRAND sind.[207] Zur Auslegung des mehrdeutigen Wortlautes der ETSI-Verpflichtungserklärung zog *Birss J* das öffentliche Interesse an deren Vollstreckbarkeit heran.[208] Durch den Vertrag werde der SEP-Inhaber verpflichtet, lizenzwilligen Implementierern eine Lizenz zu erteilen. Die Obliegenheit des Implementierers zur Annahme eines Angebotes zu den gerichtlich festgesetzten Konditionen folge erst aus der Auslegung der ETSI Policy, deren erklärtes Ziel es u.a. sei, einen *hold out* durch den Implementierer zu verhindern. Dazu sei es unter Umständen erforderlich, einen Implementierer, der sich weigert, einen Lizenzvertrag zu den vom Gericht festgesetzten Bedingungen abzuschließen, auf Unterlassung zu verurteilen. Daher folge die Kompetenz zur Festsetzung der FRAND-Konditionen aus einem Zusammenspiel der ETSI Policy mit dem nationalen Patentrecht und der Zuständigkeit zur Entscheidung über nationale Patente:

> „we recognise [...], (a) that questions as to the validity and infringement of a national patent are within the exclusive jurisdiction of the courts of the state which has granted the patent and (b) that in absence of the IPR Policy an English court could not determine a FRAND licence of a portfolio of patents which included foreign patents. It is the contractual arrangement which ETSI has created in its IPR Policy which gives the court jurisdiction to determine a FRAND licence [...]."[209]

Sieht die *policy* der SSO keinen vollstreckungsfähigen Anspruch des Implementierers auf Abschluss eines Lizenzvertrages zu FRAND-Bedingungen vor, setzen englische Gerichte die FRAND-Gebühren nicht weltweit fest. Die Klage eines Implementierers auf (hilfsweise) Festsetzung der FRAND-Gebühren scheiterte etwa am fehlenden substantiierten Vortrag zu einem vergleichbaren Anspruch aus dem Regelwerk der ITU, einer anderen SSO.[210] Fehlt ein

---

[206] *Unwired Planet v Huawei* [2020] UKSC 37, [8], [58], [88]; *Optis v Apple* [2022] EWCA Civ 1411, [68]–[69]; *Unwired Planet v Huawei* [2018] EWCA Civ 2344, [80]; *Optis v Apple* [2021] EWHC 2564 (Pat), [139]; *Unwired Planet v Huawei* [2017] EWHC, 711 (Pat), [139]–[140], [146], [806 (1)]; *Nokia v IPCom* [2009] EWHC 2742 (Pat), [26]–[27]; offen gelassen in *Apple v Qualcomm* [2018] EWHC 1188 (Pat), [56]. Kritisch zur Einordnung als *stipulation pour autrui*: Ferro, JIPLP 2018, 980, 983–85.
[207] *Unwired Planet v Huawei* [2017] EWHC 711 (Pat), [129]–[138].
[208] *Unwired Planet v Huawei* [2017] EWHC 711 (Pat), [146].
[209] *Unwired Planet v Huawei* [2020] UKSC 37, [58], vgl. auch [90].
[210] *Vestel v Koninklijke Philips* [2021] EWCA Civ 440, [52].

D. England und Wales

einklagbarer Anspruch des Implementierers, richte sich die Zuständigkeit nach den *Court Procedure Rules, Practice Direction* (CPR PD) 6B, paragraph 3.1 (gateway 11).[211] Danach sind englische Gerichte zur Bestimmung der Lizenzbedingungen eines weltweiten Patentportfolios unzuständig, wenn die nationalen Patente daran nur einen geringen Anteil ausmachen.[212]

2. Weltweite Festsetzung und Territorialitätsprinzip

Patente sind nationale Rechte, über deren Wirksamkeit und Verletzung einzig die dafür nach nationalem Recht zuständigen Behörden oder Gerichte zu entscheiden haben (Territorialitätsprinzip). In *Unwired Planet v Huawei* kritisierte *Huawei* die weltweite Festsetzung wegen eines Verstoßes gegen das Territorialitätsprinzip. Aus Sicht der englischen Gerichte beinhaltet die weltweite Festsetzung hingegen keine Entscheidung über nationale Patente. Die Wirksamkeit und Verletzung einzelner Patente zu beurteilen, sei bei umfangreichen Portfolios unmöglich. Daher werde der Anteil wirksamer und verletzter Patente zur Bestimmung, was FRAND ist, lediglich geschätzt.[213] Ausländischen Behörden und Gerichten bleibe es zudem nach der Festsetzung der Gebühren unbenommen, über die Verletzung und Wirksamkeit nationaler, vom Portfolio umfasster Patente, zu entscheiden. Dazu könnten SEP-Inhaber und Lizenznehmer eine Anpassung der Konditionen für den Fall vereinbaren, dass nationale Patente nachträglich für unwirksam oder nicht verletzt, etwa weil der Implementierer diese wegen einer neueren Technologie nicht mehr verwendet, erklärt werden.[214]

Unterlassungsansprüche seien zur Verhinderung eines *hold out* elementar und von der ETSI Policy geradezu vorausgesetzt.[215] Die ETSI Policy verfolge das Ziel, das Verhältnis zwischen SEP-Inhaber und Implementierer weltweit zu regeln. Das komme darin zum Ausdruck, dass SEPs regelmäßig nicht nur aus einzelnen, nationalen Patenten bestehen. Ein SEP umfasst regelmäßig mehrere Patente aus unterschiedlichen Jurisdiktionen, die ein und dieselbe

---

[211] *Vestel v Koninklijke Philips* [2021] EWCA Civ 440, [61]–[80]; *Conversant v Huawei* [2018] EWHC 808 (Pat), [108]–[110]. CPR PR 6B, para. 3.1 (gateway 11) lautet: *"The subject matter of the claim relates wholly or principally to property within the Jurisdiction [...].*"
[212] Zust. abgelehnt in *Vestel v Koninklijke Philips* [2021] EWCA Civ 440, [63] bei Anteil unter 5 %.
[213] *Unwired Planet v Huawei* [2020] UKSC 37, [60], [63]; vgl. auch *Unwired Planet v Huawei* [2018] EWCA Civ 2344, [56]; *Unwired Planet v Huawei* [2017] EWHC 711 (Pat), [567], wonach keine Entscheidung über ausländische Patent erfolge, da der Implementierer die Wirksamkeit von Patenten im Ausland weiterhin bestreiten könne.
[214] *Unwired Planet v Huawei* [2020] UKSC 37, [64]; vgl. *Unwired Planet v Huawei*, [2018] EWCA Civ 2344, [88].
[215] *Unwired Planet v Huawei* [2020] UKSC 37, [61].

Erfindung schützen. Zum anderen binde die ETSI Policy nicht nur die nationalen Konzerntöchter, sondern den gesamten Konzern.[216] Die ETSI Policy sei so darauf ausgelegt, dem praktischen Bedürfnis und der Marktpraxis weltweiter Lizenzportfolios nachzukommen. Daher sehe die ETSI Policy vor, dass Gerichte im Streitfall darüber entscheiden, ob die angebotenen Konditionen FRAND sind.[217] Sind die vom SEP-Inhaber angebotenen Konditionen FRAND und weigert sich der Implementierer, ein entsprechendes Angebot anzunehmen, könnten bzw. müssten Gerichte diesen auf Unterlassung verurteilen. Umgekehrt könne der SEP-Inhaber keine Unterlassungsverfügung oder -anordnung erwirken, wenn der Implementierer dem Abschluss eines Lizenzierungsvertrages zu den vom Gericht ermittelten FRAND-Konditionen zustimmt. Daraus folge, dass Gerichte Implementierer unter der Bedingung verurteilen können, dass diese sich weigern, ein Angebot zu den gerichtlich festgesetzten Konditionen innerhalb einer bestimmten Frist anzunehmen.[218]

3. Berechnung der FRAND-Bedingungen in Unwired Planet v Huawei

Aus Sicht englischer Gerichte ist bei weltweit tätigen Implementierern regelmäßig nur eine weltweite Portfoliolizenz FRAND.[219] Bei umfassenden Patentportfolios sei es unumgänglich, den Wert durch eine Systematisierung einzelner SEPs und deren Zählung (*patent counting*) zu ermitteln.[220] Dabei sei nicht zu prüfen, ob die SEPs tatsächlich essentiell sind. Das Gericht prüfe auch nicht, welchen Beitrag einzelne SEPs zur Funktionalität der Endprodukte leisten. Eine Bewertung der Patente findet demnach nicht oder nur sehr rudimentär statt. Beim *patent counting* sollten nur „relevante" SEPs berücksichtigt werden. Insoweit fällt auf, dass *Birss J* darauf achtete, „relevante" Patente nicht als tatsächlich essentiell oder erteilt (*deemed*) zu bezeichnen.[221] Welche SEPs „relevant" sind, entschied er nicht durch eine Betrachtung der einzelnen SEPs, sondern anhand einer Schätzung auf Grundlage der von den Parteien beigebrachten Gutachten.[222]

Anhand der *top down*-Methode bestimmte *Birss J*, welchen Anteil das *Unwired Planet*-Portfolio nicht nur an einem bestimmten Standard, sondern an

---

[216] *Unwired Planet v Huawei* [2020] UKSC 37, [11], [62]; vgl. ETSI Policy (Annex 6), Nr. 15-1, Nr. 15-13.
[217] *Unwired Planet v Huawei* [2020] UKSC 37, [62], [88].
[218] *Unwired Planet v Huawei* [2020] UKSC 37, [88].
[219] *Unwired Planet v Huawei*, [2018] EWCA Civ 2344, [56]; *Unwired Planet v Huawei* [2017] EWHC, 711 (Pat), [543]–[572].
[220] *Unwired Planet v Huawei* [2017] EWHC 711 (Pat), [181]–[183].
[221] *Unwired Planet v Huawei* [2017] EWHC 711 (Pat), [186], [299].
[222] *Unwired Planet v Huawei* [2017] EWHC 711 (Pat), [377].

D. England und Wales

allen Standards, die ein OEM zur Herstellung eines 4G abwärtskompatiblen (*multimode*) Smartphones benötigt, ausmacht. Der Gesamtwert der dafür benötigten relevanten SEPs bezeichnete er als „T", den Anteil des *Unwired Planet*-Portfolios an den insgesamt für 4G-multimode benötigten relevanten SEPs als „S". Der FRAND-Wert des *Unwired*-Portfolios (U) ließe sich ermitteln, indem man den relativen Anteil der *Unwired Planet*-SEPs (T, wobei T ≤ 1) mit dem Gesamtwert aller für *4G-multimode* relevanten SEPs (S) multipliziert (T x S = U).[223]

Schwerpunktmäßig untersuchte *Birss J* Vergleichslizenzen.[224] Eine erste Schwierigkeit bestand darin, dass keine vergleichbaren Lizenzen über das streitgegenständliche Portfolio vorlagen. Einen Lizenzvertrag zwischen *Unwired Planet* und *Samsung* über dasselbe Patentportfolio hielt das Gericht wegen der besonderen vertragsbegleitenden Umstände für ungeeignet. *Samsung* konnte besonders gute, aus Sicht des Gerichts deutlich unter den marktüblichen Konditionen liegende Bedingungen aushandeln, da sich *Unwired Planet* zur Zeit des Vertragsschlusses in einer finanziellen Schieflage befand und dringend Geld benötigte.[225] Daher ermittelte *Birss J* den Wert des klägerischen Portfolios durch einen Vergleich von Lizenzen über *Ericsson*-Portfolios. *Unwired Planet* hatte sämtliche relevante, dem streitgegenständlichen Portfolio zugrundeliegenden SEPs von *Ericsson* erworben. Daher könne der Wert des *Unwired Planet*-Portfolios (U) berechnet werden, indem man dessen relativen Anteil am *Ericsson*-Portfolio (R, wobei R ≤ 1) mit dem Wert des gesamten *Ericsson*-Portfolios (E) multipliziert (E x R = U).[226] Das so ermittelte Ergebnis überprüfte *Birss J*, indem er es mit dem unter Zugrundelegung der *top down*-Methode berechneten Ergebnis verglich.[227]

Ein tiefergehendes Verständnis ist für die Zwecke dieser Arbeit nicht nötig. Die Darstellung der Berechnungsmethoden soll lediglich veranschaulichen, dass *Birss J* bei der Berechnung nicht über die Wirksamkeit, Essentialität oder Bedeutung einzelner SEPs urteilte. Auch *Carr J*[228] und der UKSC[229] betonten,

---

[223] *Unwired Planet v Huawei* [2017] EWHC 711 (Pat), [178], [810].
[224] Näher zur Auswahl der Vergleichslizenzen *Sidak*, (2018) 3 Criterion J. Innovation 601, 604–27.
[225] *Unwired Planet v Huawei* [2017] EWHC 711 (Pat), [408]–[409].
[226] *Unwired Planet v Huawei* [2017] EWHC 711 (Pat), [180], [382].
[227] *Unwired Planet v Huawei* [2017] EWHC 711 (Pat), [475]–[476].
[228] Vgl. *Conversant v Huawei* [2018] EWHC 808 (Pat), [37]: „*In any global FRAND determination, the English court will not be concerned to determine the validity of any non-UK patent*".
[229] *Unwired Planet v Huawei* [2020] UKSC 37, [63]-[64].

dass die gerichtliche Bestimmung der FRAND-Konditionen eines weltweiten Portfolios keine Entscheidung über (ausländische) Patente beinhalte.

IV. Kartellrecht

Neben der vertragsrechtlichen Einschränkung kann die Klageerhebung gegen einen lizenzwilligen Implementierer unter Umständen missbräuchlich sein.[230]

1. Marktbeherrschende Stellung

Während deutsche Gerichte bei der Prüfung der Marktmacht des SEP-Inhabers einen eigenständigen Lizenzierungsmarkt nur annehmen, wenn das SEP auf dem nachgelagerten Produktmarkt nicht substituierbar ist, scheinen englische Gerichte der mittlerweile überholten Entscheidung der Kommission in *Motorola* zu folgen.[231] Demnach begründet jedes SEP ungeachtet seiner Substituierbarkeit auf dem nachgelagerten Markt einen separaten Lizenzmarkt. Ausnahmsweise ist der SEP-Inhaber nicht marktbeherrschend, wenn die Einzelfallumstände, insbesondere die Verhandlungsmacht der Marktgegenseite (=OEM), die Abgabe der ETSI-FRAND-Verpflichtungserklärung und die Gefahr eines *hold out* durch den Implementierer die Marktmacht des SEP-Inhabers einschränken.[232]

2. Missbrauch

Als missbräuchliche Verhaltensweisen von SEP-Inhabern kommen in Betracht: (i) die Klageerhebung vor dem Verletzungshinweis durch den SEP-Inhaber; (ii) ein Preis- oder Konditionenmissbrauch sowie (iii) die Bündelung von SEPs mit Nicht-SEPs.[233]

a) Verfrühte Klageerhebung

Unwired Planet hatte den Implementierer (*Huawei*) erst nach Klageerhebung in der vom EuGH geforderten Weise auf die Patentverletzung hingewiesen. Dass der EuGH im konkreten Fall einen Verletzungshinweis vor Klageerhebung gefordert habe, besage – so Birss J – allerdings nicht, dass unter anderen Umständen eine Klageerhebung schon vor dem Verletzungshinweis stets missbräuchlich sei.[234] Der UKSC betont, dass *Huawei/ZTE* kein striktes

---

[230] Vgl. *Unwired Planet v Huawei*, [2017] EWHC 711 (Pat), [153], [744 (viii)], [765]; *Optis v Apple* [2021] EWHC 2564 (Pat), [313]–[314].
[231] *Unwired Planet v Huawei* [2018] EWCA Civ 2344, [216]; *Unwired Planet v Huawei* [2017] EWHC 711 (Pat), [631]–[670].
[232] *Unwired Planet v Huawei* [2017] EWHC 711 (Pat), [635].
[233] *Unwired Planet v Huawei* [2017] EWHC 711 (Pat), [672].
[234] *Unwired Planet v Huawei* [2017] EWHC 711 (Pat), [744 (iv), (v)].

Verhaltensprogramm vorgegeben habe, sondern es auf die Umstände des Einzelfalls ankomme. Bei der Würdigung der Einzelfallumstände sei auch zu berücksichtigen, dass eine Verurteilung in einigen Jurisdiktionen ergehen könne, bevor über die Wirksamkeit und Verletzung des Patents entschieden sei. Demgegenüber werde der Patentverletzer in England nicht verurteilt, bevor das Gericht über die Wirksamkeit des Klagepatents entschieden und das Parteiverhalten gewürdigt habe. Das Gericht scheint daraus zu folgern, dass – da der Unterlassungsanspruch in England ohnehin höheren Anforderungen unterliegt – dessen Einschränkung durch das Kartellrecht weniger strikt sein müsste, als in Jurisdiktionen, die Unterlassungsansprüchen unter niedrigeren Voraussetzungen stattgeben.[235] Weil *Huawei* zu keinem Zeitpunkt seine unbedingte Bereitschaft, eine Lizenz zu FRAND-Bedingungen zu nehmen, kommuniziert habe,[236] erachtete *Birss J* die Klageerhebung durch *Unwired Planet* nicht für missbräuchlich.[237]

Ein den Anforderungen des EuGH entsprechender Verletzungshinweis sei ebenfalls nicht erforderlich. Zum einen hatte *Huawei* die entsprechenden SEPs über ein 2012 auslaufendes Portfolio von *Ericsson* lizenziert. *Huawei* musste wissen, dass die Nutzung der SEPs danach nicht kostenlos sein konnte und hatte Kenntnis von der Übertragung der SEPs an *Unwired Planet*.[238] Unter anderem hatte *Huawei* zuvor ein Angebot von *Unwired Planet*, einzelne der ehemaligen *Ericsson*-SEPs zu erwerben, abgelehnt[239] und damit bewusst nicht lizenzierte SEPs verwendet.[240]

Obwohl das Parteiverhalten auch aus Sicht englischer Gerichte bei der Missbrauchsprüfung entscheidend ist, gibt es hierzu wenig Rechtsprechung. Offensichtlich ist eine Klageerhebung aus dem Blauen heraus ebenso missbräuchlich wie die von einem seinerseits nicht verhandlungsbereiten SEP-Inhaber erhobene Unterlassungsklage.[241]

b) Preismissbrauch und Bündelung

Nicht jedes Angebot von über FRAND liegenden Konditionen sei missbräuchlich.[242] Ein Preismissbrauch liege erst vor, wenn das Angebot von FRAND so

---

[235] Vgl. *Unwired Planet v Huawei* [2017] EWHC 711 (Pat), [714]–[717].
[236] *Unwired Planet v Huawei* [2017] EWHC 711 (Pat), [706].
[237] *Unwired Planet v Huawei* [2017] EWHC 711 (Pat), [750], [755].
[238] *Unwired Planet v Huawei* [2017] EWHC 711 (Pat), [678 (iii)], [748]–[750].
[239] *Unwired Planet v Huawei* [2020] UKSC 37, [144]; [2017] EWHC 711 (Pat), [678 (ii)].
[240] *Unwired Planet v Huawei* [2020] UKSC 37, [157]-[158]; [2017] EWHC 711 (Pat), [755].
[241] *Optis v Apple* [2021] EWHC 2564 (Pat), [314].
[242] *Unwired Planet v Huawei* [2017] EWHC 711 (Pat), [757].

weit entfernt sei, dass es zumindest geeignet sei, eine spätere Einigung erheblich zu erschweren.[243] Das sei selbst bei einem Angebot, das ein Vielfaches über oder unter dem FRAND-Korridor liegt, regelmäßig nicht der Fall, da das Angebot deutlich zu hoher bzw. niedriger Gebühren eine gängige Verhandlungstaktik sei.[244]

Weiterhin hielt *Birss J* die Bündelung von nicht essentiellen Patenten und SEPs in einem Portfolio grundsätzlich für FRAND-widrig. Daraus folge aber nicht, dass ein SEP-Inhaber, der ein solches Portfolio anbietet, zwingend seine Marktmacht missbrauche. Jedenfalls sei das bloße Angebot eines Nicht-SEPs und SEPs umfassenden Portfolios nicht missbräuchlich, solange der SEP-Inhaber insoweit eine Verhandlungsbereitschaft signalisiere.[245]

V. Billigkeitsrecht

Verstößt die Erhebung einer Unterlassungsklage weder gegen die vertrags- noch gegen die kartellrechtlichen Pflichten des SEP-Inhabers, sei für eine Einschränkung des Unterlassungsanspruchs aus Billigkeitsgründen kein Raum.[246] Umgekehrt komme eine Verurteilung selbst dann in Betracht, wenn die Unterlassungsklage zum Zeitpunkt der Klageerhebung missbräuchlich war. Da es über zwei Jahre dauern könnte, ehe eine *injunction* ergehe, bedeute diese zum Erlasszeitpunkt regelmäßig keine unbillige Härte mehr.[247] Unter Umständen könne der Verletzer selbst dann verurteilt werden, wenn die Klageerhebung ursprünglich einen Missbrauch dargestellt hatte. Maßgebliche Umstände seien der Zeitraum zwischen Klageerhebung und Urteil; die Bereitschaft des Implementierers, eine Lizenz zu FRAND-Bedingungen zu akzeptieren, sowie die dem SEP-Inhaber ansonsten zur Verfügung stehenden Rechtsschutzmöglichkeiten.[248]

VI. Qualifikation

Die Frage, ob ein Unterlassungsanspruch besteht, richtet sich nach dem Patentrecht. Dabei prüfen englische Gerichte neben der Patentverletzung auch die Wirksamkeit und Essentialität des Klagepatents. Für den FRAND-Einwand ist zumindest dann, wenn hinsichtlich der streitgegenständlichen SEPs eine ETSI-FRAND-Verpflichtungserklärung abgegeben wurde, Vertragsrecht

---

[243] *Unwired Planet v Huawei* [2017] EWHC 711 (Pat), [764]; vgl. *Optis v Apple*, [2021] EWHC 2564 (Pat), [300].
[244] *Unwired Planet v Huawei* [2017] EWHC 711 (Pat), [783].
[245] *Unwired Planet v Huawei* [2017] EWHC 711 (Pat), [787]–[788].
[246] Vgl. *Unwired Planet v Huawei* [2020] UKSC 37, [162]–[164].
[247] *Unwired Planet v Huawei* [2017] EWHC 711 (Pat), [795].
[248] *Optis v Apple* [2021] EWHC 2564 (Pat), [320].

maßgeblich. Bis auf die Entscheidungen in *Unwired Planet v Huawei* behandelten englische Gerichte den kartellrechtlichen Zwangslizenzeinwand bislang stiefmütterlich. In der letztinstanzlich bestätigten *Unwired Planet v Huawei*-Entscheidung erklärte *Birss J*, dass die kartellrechtlichen Verpflichtungen des SEP-Inhabers gegenüber dem Implementierer weniger streng als seine vertraglichen Verpflichtungen seien.[249] Demnach verbliebe dem Kartellrecht die Funktion als Auffangbecken für FRAND-Streitigkeiten, in denen die Vereinbarungen und Erklärungen von SSO und SEP-Inhaber keinen Vertrag zugunsten Dritter begründen.[250]

Konsequent werden FRAND-Streitigkeiten dem Patentrecht zugeordnet. Das gilt jedenfalls, wenn ein SEP-Inhaber auf Unterlassung der Patentverletzung klagt. Selbst wenn der Unterlassungsanspruch unter der aufschiebenden Bedingung steht, dass der Implementierer sich weigert, die vom Gericht bestimmten FRAND-Konditionen anzunehmen und es dem Kläger primär um die gerichtliche Festsetzung der Konditionen geht, ordnen englische Gerichte die Streitigkeit dem Patentrecht zu.[251]

Gleichzeitig wird aus der vertraglichen Komponente die Kompetenz zur weltweiten Festsetzung der FRAND-Konditionen abgeleitet, da die Festsetzung ausländische Gerichte nicht davon abhalte, über die Verletzung nationaler Patente zu entscheiden.[252] Noch eindeutiger in Richtung Vertragsrecht geht die Feststellung, dass die entscheidungserhebliche Frage, welche Bedingungen FRAND sind, keine Entscheidung über (ausländische) Patente beinhalte.[253] Nach hier vertretener Ansicht betreffen Streitigkeiten über den Erlass einer *FRAND Injunction* primär das Vertragsrecht. Einem SEP-Inhaber, der in England auf den Erlass einer *FRAND Injunction* klagt, geht es regelmäßig um die Festsetzung der Bedingungen einer Lizenz. Anders als US-amerikanische Gerichte ermitteln englische Gerichte die FRAND-Gebühren nicht anhand des technischen Nutzens oder Nutzungsumfangs von Patenten. Im Mittelpunkt stehen die Betrachtung von Vergleichslizenzen und Schätzungen, die sich überwiegend am Anteil des Portfolios am Standard orientierten.

---

[249] *Unwired Planet v Huawei* [2017] EWHC 711 (Pat), [757]; ähnlich *Telefonaktiebolaget LM Ericsson v Samsung* [2007] EWHC 1047 (Pat), [28].
[250] Vgl. *Damerell/Waldron*, in: Liu/Hilty, SEPs, SSOs and FRAND, S. 149, 161.
[251] *Huawei v ZTE* [2020] UKSC 37, [95]-[96]; *Lenovo v IPCom*, [2019] EWHC 3030 (Pat), [48]; *Conversant v Huawei*, [2018] EWHC 808 (Pat), [65]-[66]; *Nokia v OnePlus* [2021] EWHC 2952 (Pat), [48].
[252] *Huawei v ZTE* [2017] EWHC 711 (Pat), [567].
[253] *Unwired Planet v Huawei* [2020] UKSC 37, [63]; *Unwired Planet v Huawei* [2018] RPC 20, [80].

VII. Verfahren und Dauer

In England werden die Patentverletzungsverfahren (*Technical Trials*) vor dem eigentlichen FRAND-Verfahren geführt.[254] Typischerweise wird für jede behauptete Patentverletzung ein separates *Technical Trial* angesetzt. In *Optis v Apple* hat der *High Court* auf einen entsprechenden Einwand des SEP-Inhabers hin zwischen *Technical Trial* und *FRAND Trial* ein „*Unwilling Licensee Trial*" durchgeführt.[255] In diesem wurde geprüft, ob der Implementierer ein *willing licensee* im Sinne der ETSI Policy ist. Da nur ein *willing licensee* einen Anspruch auf Abschluss eines Lizenzvertrages zu FRAND-Bedingungen hat, legte das Gericht das *Unwilling Licensee Trial* vor das *FRAND Trial*. Der SEP-Inhaber kann die *FRAND Injunction* aber erst nach dem *FRAND Trial* erwirken, da diese unter der Bedingung steht, dass der Implementierer das Angebot zu den gerichtlich festgesetzten Konditionen ablehnt. Da das *FRAND Trial* zuletzt stattfindet, sind SEP-Inhaber dazu übergegangen, weniger Patentverletzungen geltend zu machen. Anderenfalls würden mehrere *Technical Trials* den Erlass der Unterlassungsverfügung weiter verzögern. Schließlich gibt es im englischen Verfahrensrecht ein Beweiserhebungsverfahren (*discovery*). In FRAND-Streitigkeiten können englische Gerichte im Rahmen der *discovery* die Offenlegung von Vergleichslizenzen anordnen.[256]

VIII. Anmerkung

Englische Gerichte prüfen vor einer Verurteilung auf Unterlassung die Wirksamkeit und Essentialität des Patents. Damit sind die Hürden höher als in Deutschland. Ist die Hürde überwunden, stehen dem SEP-Inhaber vielseitige Rechtsschutzmöglichkeiten zur Verfügung. Neben einer Unterlassungsanordnung kann er ohne die vorherige Zustimmung der Gegenseite eine gerichtliche, weltweite Festsetzung der FRAND-Konditionen erwirken.

Zudem zeigen englische Gerichte die Bereitschaft, ihre Entscheidungen über ASIs abzusichern.[257] In der Literatur wurde die Rechtsprechung englischer Gerichte als eher SEP-Inhaber-freundlich eingeordnet.[258] Diese

---

[254] Vgl. *Nokia v Oneplus* [2022] EWCA Civ 947, [21]; *Optis v Apple* [2021] EWHC 2564 (Pat), [41]–[44].
[255] *Optis v Apple* [2021] EWHC 2564 (Pat).
[256] *Optis v Apple* [2021] EWHC 2564 (Pat), [45].
[257] Vgl. *Conversant v Huawei/ZTE* [2018] EWHC 2549, [24]; *Picht*, ZGE 2019, 324, 328–29.
[258] Vgl. *Damerell/Waldron*, in: Liu/Hilty, SEPs, SSOs and FRAND, S. 149, 162; *Flett/Patten*, (2021) 43 E.I.P.R. 53, 55; *Ghafele*, UCLA J. L. & Tech. Vol. 24 (2020), 1, 16–17; *Picht*, ZGE 2019, 324, 332.

Einschätzung könnte sich nach den neueren Entscheidungen aus dem Jahre 2023[259] jedoch ändern.

E. Vereinigte Staaten

In den Vereinigten Staaten ist eine Verurteilung auf Unterlassung in SEP-Fällen die Ausnahme. Dennoch klagen SEP-Inhaber häufig in den Vereinigten Staaten, insbesondere auf Schadensersatz.[260] Weiterhin haben Implementierer gegen SEP-Inhaber auf Abschluss eines Lizenzvertrages zu FRAND-Bedingungen geklagt.[261] Möglich sind auch Klagen auf Feststellung, dass die angebotenen Bedingungen (nicht) FRAND sind[262] oder dass sich die Gegenseite aus sonstigen Gründen FRAND-widrig verhält[263].

I. Injunction

Den Erlass von *injunctions* regelt 35 U.S. Code § 283 (*Patent Act*): „*The several courts having jurisdiction of cases under this title may grant injunctions in accordance with the principles of equity [...]*". Unter Umständen hat der Patentinhaber gegen den Verletzer alternativ einen Anspruch auf Schadensersatz, der mindestens in Höhe der hypothetischen Lizenzgebühren bis hin zum Dreifachen des eigentlichen Schadens betragen kann, vgl. 35 U.S. Code § 284.

Ursprünglich wurden Verletzer in den Vereinigten Staaten ohne eine nähere Prüfung der Verhältnismäßigkeit auf Unterlassung verurteilt.[264] Diese Rechtsprechung ist seit der Entscheidung des *US Supreme Court* in *eBay v MercExchange* überholt. Darin gab dieser vier Faktoren vor, die auch bei Verletzung eines wirksamen Patents kumulativ erfüllt sein müssen, ehe ein Patentverletzer auf Unterlassung verurteilt wird: Erstens muss dem Patentinhaber durch die Verletzung ein irreversibler Schaden drohen; zweitens dürften andere zur Verfügung stehende Abhilfemöglichkeiten den drohenden Schaden

---

[259] *InterDigital v Lenovo* [2023] EWHC 539 (Pat); *Optis v Apple* [2023] EWHC 1095 (Ch).
[260] Vgl. *Ericsson Inc. v D-Link Systems Inc.*, 773 F.3d 1201 (Fed. Cir. 2014); *Long*, in: Drapkin (Hrsg.), Patents and Standards, Rn. 13-9.
[261] Vgl. *TCL v Telefonaktiebologet LM Ericsson*, 2018 WL 4488286 (C.D. Cal. 2019); *Spulber*, (2020) 18 Colo. Tech. L.J. 79, 141.
[262] Festellungsklage zur Art und Weise der FRAND-Berechnung: *HTC v Telefonaktiebolaget LM Ericsson*, U.S. Dist. 2019 LEXIS 2872 (E.D.Tex. 2019), weitestgehend bestätigt: *HTC v Telefonaktiebolaget LM Ericsson*, 2021 WL 3877749 (5th Cir. 2021).
[263] *Realtek Semiconductor Corp. v LSI Corp.*, 946 F.Supp.2d 998, 1001 (N.D. Cal. 2013).
[264] *H.H. Robertson v United Steel Deck*, 820 F.2d 384 (Fed. Cir. 1987); *Richardson v Suzuki Motor Co*, 868 F.2d, 1226, 1246–47 (Fed. Cir. 1989); *MercExchange v eBay*, 401 F.3d 1323 (Fed. Cir. 2005); *Contreras*, in: Sikorski (Hrsg.), Patent Injunctions, S. 3, 7.

nicht angemessen aufwiegen können; drittens müssen die Interessen des Klägers die des Beklagten überwiegen und viertens dürfen einer Verurteilung keine öffentlichen Interessen entgegenstehen.[265] Die Entscheidung betraf ein Hauptsacheverfahren. Auch im einstweiligen Rechtsschutz soll der Unterlassungskläger aber das Vorliegen der vier *eBay*-Faktoren nachweisen müssen.[266]

Die *eBay*-Kriterien gelten nach allgemeiner Ansicht auch in FRAND-Streitigkeiten,[267] in denen sie regelmäßig nicht erfüllt sind. Mit seiner FRAND-Verpflichtungserklärung erklärt der SEP-Inhaber sich mit der Nutzung seiner Erfindung durch Dritte einverstanden. Es entspricht der Marktpraxis, SEPs schon vor der Lizenzierung zu verwenden und die Konditionen während der andauernden Patentverletzungen auszuhandeln. Anders als bei der Verletzung herkömmlicher, nicht standardessentieller Patente droht bei der Verletzung daher grundsätzlich noch kein irreversibler Schaden. Jedenfalls könnte man den dem SEP-Inhaber entstandenen Schaden auch nachträglich adäquat ersetzen.[268] Lizenzunwillige Implementierer werden auf Unterlassung verurteilt, wenn sie sich weigern, eine Lizenz zu FRAND-Bedingungen abzuschließen und die Vertragsverhandlungen übermäßig hinauszögern,[269] oder wenn ein Schadensersatz aus praktischen Gründen schwierig durchzusetzen ist.[270] Bislang hielt die US-Rechtsprechung keinen Implementierer für hinreichend lizenzunwillig. Insgesamt ist der Schutz von SEPs durch die Anwendung der *eBay v MercExchange*-Kriterien gegenüber dem Schutz von nicht-standardessentiellen Patenten eingeschränkt.[271]

II. US International Trade Commission

Die *US International Trade Commission* („ITC") ist eine unabhängige Bundesbehörde, deren Aufgabe es unter anderem ist, den Import rechtsverletzender

---

[265] *Ebay v MercExchange*, 547 U.S. 388, 391.
[266] *Cotter*, Patent Remedies, S. 102–03; *Contreras*, in: Sikorski (Hrsg.), Patent Injunctions, S. 3, 19.
[267] *Apple v Motorola*, 869 F.Supp.2d 901, 904 (N.D. Ill. 2012); *Apple v Motorola*, 757 F.3d 1286, 1331–32 (Fed. Cir. 2014); DoJ/USPTO/NIST, [Draft] Policy Statement on SEPs (2021), S. 6; DoJ/USPTO/NIST, Policy Statement on SEPs (zurückgenommen durch DoJ/USPTO/NIST, Withdrawal of 2019 Policy Statement on Remedies to SEPs (2022)).
[268] *Apple v Motorola*, 757 F.3d 1286, 1332 (Fed. Cir. 2014); DoJ/USPTO/NIST, [Draft] Policy Statement on SEPs, Dec 6, 2021, S. 8–9.
[269] *Realtek Semiconductor Corp. v LSI Corp.*, 946 F.Supp.2d 998, 1007 (N.D. Cal. 2013).
[270] *Apple v Motorola*, 757 F.3d 1286, 1343 (Fed. Cir. 2014).
[271] Vgl. FTC, Evolving IP Marketplace (2011), S. 234-35; *Sidak*, in: Contreras u.a. (Hrsg.), Cambridge Handbook, S. 389, 390; ABA, Antitrust in Technology Industries, S. 324–25 m.w.N.

Ware zu verhindern.²⁷² Dazu ist sie befugt, die Einfuhr von Ware, die Rechte geistigen Eigentums verletzt, zu untersagen, 19 U.S. Code § 1337 (a)(1)(A). Eine *exclusionary order* setzt voraus, dass der Antragsgegner ein wirksames Patent durch Import verletzt.²⁷³ Die ITC ist nicht an die Rechtsprechung des *Supreme Court* gebunden. Obwohl der Erlass eines Einfuhrverbotes durch die ITC demnach nicht durch die Anwendung der *eBay v MercExchange*-Kriterien eingeschränkt ist,²⁷⁴ hat die ITC öffentliche Interessen, insbesondere potentielle negative Auswirkungen eines Einfuhrverbotes auf die Verbraucherwohlfahrt und den Wettbewerb, zu berücksichtigen, vgl. 19 U.S. Code § 1337 (d)(1).

Soweit ersichtlich hat die ITC bislang erst in einem Fall ein Einfuhrverbot in einer SEP-Streitigkeit erlassen.²⁷⁵ Dieses wurde jedoch von dem *US Trade Representative* aufgehoben.²⁷⁶ Dieser missbilligte den Erlass der *exclusion order* gegen *Apple*, da die ITC potentielle Nachteile für Wettbewerb und Verbraucher nicht hinreichend berücksichtigt habe. In künftigen Verfahren sei die Gefahr eines *patent hold up* näher zu untersuchen.²⁷⁷ In einem späteren Verfahren kam *Judge Essex* zum Ergebnis, dass es im konkreten Fall keine Evidenz für das Vorliegen eines *hold up* gebe.²⁷⁸ Weiterhin habe der Implementierer keinen Verstoß des SEP-Inhabers gegen dessen FRAND-Verpflichtung nachgewiesen.²⁷⁹ Es erging jedoch keine *exclusion order*, da der Implementierer das Klagepatent nicht verletzt hatte.

In einem späteren Fall lehnte es die ITC ab, einem Antrag *Ericssons* auf Offenlegung relevanter Dokumente im Rahmen einer *discovery* nachzukommen. Bei FRAND-Streitigkeiten handele es sich um vertragsrechtliche

---

²⁷² *Contreras*, in: Sikorski (Hrsg.), Patent Injunctions, S. 3, 22; *Maloney*, in: Heath (Hrsg.), Patent Enforcement Worldwide, Ch. 16, Rn. 11.
²⁷³ Näher *Sidak*, (2016) 26 Corn. J. of Law & Policy, 125, 132–33.
²⁷⁴ *Contreras*, in: Sikorski (Hrsg.), Patent Injunctions, S. 3, 22.
²⁷⁵ US ITC, Certain Mobile Electronic Devices, Including Wireless Communication Devices, Portable Music and Data Processing Devices, And Tablet Computers, Inv. No. 337-TA-794.
²⁷⁶ Executive Order of the President, the US Trade Representative, Michael B.G. Froman to Irving A. Williamson, 3. Aug. 2013.
²⁷⁷ Vgl. Executive Order of the President, the US Trade Representative, Michael B.G. Froman to Irving A. Williamson, 3. Aug. 2013.
²⁷⁸ In the Matter of Certain Wireless Devices with 3G and/or 4G Capabilities and Components thereof, Inv. No. 337-TA-868, 2014 WL 2965327, *81 (US ITC 2014).
²⁷⁹ In the Matter of Certain Wireless Devices with 3G and/or 4G Capabilities and Components thereof, Inv. No. 337-TA-868, 2014 WL 2965327, *108, Nr. 10 (US ITC 2014).

Streitigkeiten, für deren Entscheidung die ITC nicht zuständig sei.[280] Ein *district court* sah dies in einer FRAND-Streitigkeit ähnlich und erließ eine ASI gegen den SEP-Inhaber, mit der es diesem die Vollstreckung einer *exclusion order* untersagte.[281] Die Unterlassungsverfügung begründete das Gericht unter anderem damit, dass der SEP-Inhaber, indem er bei der ITC den Erlass einer *exclusion order* beantragt habe, ohne dem Implementierer zuvor ein FRAND-Angebot unterbreitet zu haben, seine FRAND-Verpflichtung verletzt habe.[282]

In früheren Verfahren hatte die ITC den Erlass eines Einfuhrverbotes nur selten wegen entgegenstehender öffentlicher Interessen verweigert.[283] In Streitigkeiten über SEPs könnte das öffentliche Interesse dem Erlass einer *exclusion order* regelmäßig entgegenstehen. So stellte der *administrative law judge* der ITC fest, dass der Erlass eines Einfuhrverbotes gegen *Apple* nachteilige Auswirkungen auf den Wettbewerb, die nationale Sicherheit und auf andere öffentliche Interessen haben könnte.[284] Da schon keine Patentverletzung vorlag, kam es darauf jedoch nicht mehr an.[285]

Zuletzt hatte *Philips* den Erlass einer *exclusion order* beantragt, um die Einfuhr von Ware, die (standardessentielle) Patente verletze, zu untersagen. Die ITC erhielt zahlreiche Stellungnahmen zur Frage, ob der Erlass einer *exclusion order* bei einem standardessentiellen Patent sachgerecht ist, wenn gleichzeitig ein Verfahren über dieselbe FRAND-Streitigkeit bei einem *district court* anhängig ist. Besonders scharf drückte die Vorsitzende der FTC, *Lina M. Khan*, ihre Bedenken gegen den Erlass einer *exclusion order* vor dem Abschluss des gerichtlichen Verfahrens aus:

"*As the FTC has previously noted, however, FRAND-committed SEPs present considerably different issues than other patents. A voluntary FRAND commitment provides evidence that the SEP owner planned to monetize its IP though broad licensing on reasonable terms rather than through exclusive use. A royalty negotiation that occurs under threat of an*

---

[280] In the Matter of Certain Wireless Standard Compliant Electronic Devices Including Communication Devices and Tablet Computers – Order No. 33: Granting-in-part and Denying in-part Complainant's Motion to Compel, USITC Inv. No. 337-TA-953, 2015 WL 9875533, *2–3 (US ITC, 2015).

[281] *Realtek Semiconductor Corp. v. LSI Corp.*, 946 F. Supp. 2d 998 (N.D. Cal. 2013).

[282] *Realtek Semiconductor Corp. v. LSI Corp.*, 946 F. Supp. 2d 998, 1007–08 (N.D. Cal. 2013).

[283] Vgl. *Riley/Allen*, (2015) 17 Vand. J. Ent. & Tech. L. 751, 763-64; *Picht/Contreras*, GRUR Int. 2023, 435, 439–40.

[284] In the Matter of Certain Mobile Electronic Devices and Radio Frequency and Processing Components Thereof - Notice of the Commission's Final Determination Finding no Violation of Section 337; Termination of the Investigation, 337-TA-1065 (ITC, 2019).

[285] Vgl. auch *Picht/Contreras*, GRUR Int. 2023, 435, 440.

E. Vereinigte Staaten 63

exclusion order may be weighted heavily in favor of the patentee in a way that is in tension with the FRAND commitment because a licensee may agree to pay supra-FRAND royalties to avoid being excluded from the market for standardized products. There is a public interest in avoiding remedies that allow for opportunistic behavior, including excluding willing licensees from the market to extract supra-FRAND royalties."[286] *[...]*

"As a general matter, exclusionary relief is incongruent and against the public interest where a court has been asked to resolve FRAND terms [...]."[287]

Ob die ITC tatsächlich von einem Eingreifen absieht, sobald ein Parallelverfahren bei einem Bezirksgericht anhängig ist, bleibt abzuwarten.

III. Würdigung der FRAND-Verpflichtungserklärung

Hinsichtlich der meisten relevanten SSOs haben US-Gerichte zum einen eine vertragliche Bindung *inter partes* bejaht und zum anderen angenommen, dass die vom SEP-Inhaber gegenüber der SSO abgegebene FRAND-Erklärung einen Vertrag zugunsten lizenzwilliger Implementierer darstellt. Die rechtlichen Beziehungen hängen vom Wortlaut der jeweiligen Vereinbarungen und Erklärungen und dem darauf anzuwendenden Recht ab.

1. ETSI

Sind SEPs an ETSI-Standards streitgegenständlich, erkennen die Gerichte die Rechtswahl an und wenden französisches Recht an. Nach französischem Recht stelle die ETSI-Verpflichtungserklärung einen Vertrag zugunsten Dritter dar.[288]

2. IEEE / ITU / ANSI

Die Vertragsgrundlagen bei den SDOs IEEE, der ITU und dem ANSI weichen von denen beim ETSI ab.[289] Grundlage der vertraglichen Bindung zwischen SEP-Inhaber und SDO sind auch hier die Regelwerke der SDOs. Die Bindung

---

[286] *Khan/Slaughter*, Written Submission on the Public Interest of FTC Chair Lina Khan and Commissioner Rebecca Kelly Slaughter, S. 4.
[287] *Khan/Slaughter*, Written Submission on the Public Interest of FTC Chair Lina Khan and Commissioner Rebecca Kelly Slaughter, S. 5.
[288] *HTC v Telefonaktiebolaget LM Ericsson*, 12 F.4th 476, 486 (5th Cir. 2021); *TCL v Telefonaktiebolaget LM Ericsson*, 943 F.3d 1360, 1364 (Fed. Circ. 2019); *Lenovo v InterDigital*, 2021 WL 1123101, *2 (D. Del. 2021); *In re Qualcomm*, 2019 WL 7834768, *6 (S.D. Cal. 2019); *Apple v Qualcomm*, 2017 U.S. Dist. LEXIS 145835, *32, dort Rn. 7 (S.D. Cal., 2017); *Apple v Motorola*, 886 F.Supp.2d 1061, 1081 (W.D. Wis. 2012); *Apple v Samsung*, 2012 WL 1672493, *10 (N.D. Cal. 2012).
[289] Zu den vertraglichen Grundlagen verschiedener SDOs: *Bekkers/Updegrove*, A study of IPR policies (2012), S. 27; *Contreras*, 2015 Utah L.R. 479, 493, 516.

entsteht mit dem Beitritt des SEP-Inhabers zur SDO. Das IEEE und die ITU setzen zur Erteilung eines SEP keine Selbstverpflichtungserklärung voraus. Stattdessen ist die Abgabe eines *Letter of Assurance* („*LoA*") erforderlich. Darin kann der SEP-Inhaber unter anderem angeben, wie er das SEP lizenzieren möchte. Dazu gibt es mehrere Auswahlmöglichkeiten, etwa eine Lizenzierung zu FRAND-Bedingungen oder eine kostenlose (*royalty-free*) Lizenzierung.[290] Es gibt allerdings auch die Auswahlmöglichkeit, überhaupt nicht zur Lizenzierung bereit oder imstande zu sein.[291] Zudem stellt das IEEE in der Kopfzeile der Formatvorlage klar, dass die Einreichung des LoA keine Lizenz „impliziert". Die LoAs anderer SDOs sind ähnlich formuliert und aufgebaut.[292] US-amerikanische Gerichte behandeln die LoAs i.V.m. den Regelwerken und unter Berücksichtigung der Zielsetzung der SDOs dennoch als Vertrag zugunsten Dritter.[293] Bei der Prüfung der vertraglichen Bindung zwischen SEP-Inhaber, IEEE und Implementierern wenden US-Gerichte die *lex fori* an.[294]

3. Rechtsfolge

Bei den behandelten SDOs scheinen die Gerichte die Rechtspflichten der SEP-Inhaber gegenüber Implementierern unterschiedlich auszulegen. Jedenfalls verbietet die Verpflichtungserklärung oder der LoA i.V.m. den jeweiligen Regelwerken es dem SEP-Inhaber, vor Abgabe eines FRAND-gemäßen Angebots gegen einen lizenzwilligen Implementierer auf Unterlassung zu klagen.[295] Einige Gerichte scheinen der Ansicht, dass der SEP-Inhaber seine FRAND-Verpflichtung schon dann verletzt, wenn er einem redlich handelnden und lizenzwilligen Implementierer kein FRAND-gemäßes Angebot unterbreitet.[296] Demnach würde es sich um eine erfolgsbezogene Pflicht handeln. Ältere

---

[290] IEEE Letter of Assurance Form, D. 1. a., b.
[291] IEEE Letter of Assurance Form, D. 1. d.
[292] *Contreras*, 2015 Utah L.R. 479, 496.
[293] *Microsoft v Motorola*, 696 F.3d 872, 884 (9th Cir. 2012); *Realtek Semiconductor Corp. v LSI Corp.*, 946 F.Supp.2d 998, 1005 (N.D.Cal. 2013); *In re Innovatio*, 921 F.Supp.2d 903, 923 (N.D. Ill. 2013); *Apple v Motorola*, 886 F.Supp.2d 1061, 1084–85 (W.D. Wis. 2012); kritisch *Contreras*, Utah L.R. 2015, 479, 507.
[294] *Apple v Motorola*, 886 F.Supp.2d 1061, 1083 (W.D. Wis. 2012); *Microsoft v Motorola*, 864 F.Supp.2d 1023, 1033 (W.D. Wash., 2012); *Tsang/Lee*, (2019) 59 Virg. J. of Int'l Law 220, 264. Das erscheint zumindest bei der ITU, die ihren Sitz in der Schweiz und nicht in den USA hat, rechtsfehlerhaft, vgl. oben, Gliederungspunkt § 2, A., II.
[295] *Microsoft v Motorola*, 795 F.3d 1024, 1048, dort Fn. 48 (9th Cir. 2015); *Realtek Semiconductor Corp. v LSI Corp.*, 946 F.Supp.2d 998, 1008 (N.D. Cal. 2013).
[296] *HTC v Ericsson*, 2021 WL 3877749, *10 (5th Cir. 2021); *Apple v Qualcomm*, 2017 US Dist. LEXIS 145835, *32, dort Rn. 7 (S.D. Cal., 2017); *TCL v Telefonaktiebologet LM Ericsson*, 2014 WL 12588293, *4 (C.D. Cal. 2014); *In re Innovatio*, 921 F.Supp.2d 903, 923 (N.D. Ill. 2013).

Entscheidungen gehen lediglich von einer Pflicht des SEP-Inhabers aus, in gutem Glauben an Vertragsverhandlungen teilzunehmen und zielgerichtet auf eine Einigung hinzuwirken.[297] Die FRAND-Verpflichtungserklärung sei zu unbestimmt, eine Pflicht zur Abgabe eines bestimmten Angebots zu begründen. Insbesondere fehle es an Vorgaben zur angemessenen Lizenzgebühr, zur Dauer und zur örtlichen Reichweite der Lizenz.[298] Die Literatur stimmt der Einordnung der Verpflichtungserklärung bzw. der LoA als Vertrag zugunsten Dritter ganz überwiegend zu, beurteilt die daraus erwachsenden Pflichten allerdings ebenfalls unterschiedlich.[299] Nimmt man an, dass es sich eine Pflicht zur Abgabe FRAND-konformer Angebote handelt, ist weiterhin umstritten, ob der SEP-Inhaber seine Pflicht mit dem Angebot eines FRAND-konformen Angebotes bereits erfüllt, oder ob der Implementierer durch ein Gegenangebot und im Zuge der Vertragsverhandlungen den Inhalt einer FRAND-Lizenz konkretisieren darf.[300]

IV. Festsetzung von FRAND-Gebühren

Besteht eine Schadensersatzpflicht des Implementierers wegen einer Patentverletzung, beziffern die Gerichte den konkreten Schaden und verurteilen den Beklagten nicht lediglich zur Rechnungslegung, vgl. 35 U.S. Code § 284. Die Berechnung des durch eine Patentverletzung entstandenen Schadens orientiert sich grundsätzlich an fünfzehn Faktoren, die in *Georgia-Pacific v U.S. Plywood* aufgestellt wurden („*Georgia-Pacific* Faktoren").[301] Die Prüfung zielt darauf ab, die Lizenzkonditionen zu ermitteln, die ein redlicher Patentinhaber und ein redlicher Implementierer zum Zeitpunkt der erstmaligen Patentverletzung ausgehandelt hätten.[302] Neben offensichtlichen Kriterien wie dem Vergleich mit Lizenzen über dasselbe Patent (Faktor 1) oder über ähnliche Patente (2) oder dem Umfang der Patentverletzung (11), sind einige der *Georgia-*

---

[297] Vgl. *Apple v Samsung*, 2012 WL 1672493, *12 (N.D. Cal. 2012); *Realtek Semiconductor v LSI*, 2012 WL 4845628, *4 (N.D. Cal. 2012); *Microsoft v Motorola*, 864 F.Supp.2d 1023, 1037–38 (W.D. Wash. 2012).
[298] *Apple v Samsung*, 2012 WL 1672493, *14 (N.D. Cal. 2012).
[299] Pflicht zum „gutgläubigen" Verhandeln: *Hovenkamp*, (2020) 105 Cornell L.R. 1683, 1695; *Kjelland/Brooks/Zhang*, in: Drapkin (Hrsg.), Patents and Standards, Rn. 11.24–11.26; *Long*, in: Drapkin (Hrsg.), Patents and Standards, 13-5; *Schevciw*, (2019) 47 AIPLA Q.J. 369, 394; Separate und unabhängige Pflichten zur Abgabe eines FRAND-Angebotes und zum gutgläubigen Verhandeln: *Contreras*, (2015) Utah L.R. 479, 497–98; *Sidak*, (2018) 3 Criterion J. on Innov., 6–7.
[300] In letzterem Sinn Order of 8th June 2022, *Apple v Ericsson*, No. 2:21-CV-00376-JRG, S. 3 (E.D. Tex. 2022).
[301] *Georgia-Pacific v U.S. Plywood*, 318 F.Supp. 1116, 1120 (S.D.N.Y. 1970).
[302] *Layne-Farrar*, in: Drapkin (Hrsg.), Patents and Standards, Rn. 14.5; *Cotter*, Patent Remedies, S. 121.

Pacific-Faktoren in FRAND-Streitigkeiten entweder unpassend oder modifikationsbedürftig. Dazu zählen insbesondere die Bemühungen des Patentinhabers, ein Patentmonopol zu erhalten (Faktor 4), die Rentabilität des hergestellten Endproduktes und dessen wirtschaftlicher Erfolg (Faktor 8) und der technische Nutzen des Patents gegenüber Alternativen (Faktor 9).[303]

Die Faktoren sind damit wenig hilfreich. Letztlich geben Vergleichslizenzen, soweit vorhanden, einen besonders aussagekräftigen Eindruck über den Wert von Patentportfolios.[304] Konsens besteht auch darüber, dass der Standardisierungslohn nicht vergütet wird.[305] Weitergehende, allgemeingültige Aussagen können kaum getroffen werden. Die Gerichte betonen, dass die Schadensberechnung vom Einzelfall abhänge und nicht an starre Methoden gebunden sei. Die Grundsätze zur Festsetzung der Schadensersatzpflicht lassen sich weitestgehend auf die gerichtliche Bestimmung von FRAND-Konditionen übertragen.[306] Bisher haben US-Gerichte erst in drei Verfahren die FRAND-Gebühren weltweiter Lizenzen festgesetzt.[307] Anders als in *Unwired Planet v Huawei* (UK) erfolgte die gerichtliche Festsetzung in allen drei Fällen im beiderseitigen Einverständnis. Wie europäische scheinen auch US-amerikanische Gerichte FRAND als Korridor möglicher Konditionen und nicht als feststehenden Wert zu sehen.[308]

---

[303] Näher *Microsoft v Motorola*, 795 F.3d 1024, 1041–44 (9th Cir. 2015); *Ericsson Inc. v D-Link Systems Inc.*, 773 F.3d 1201, 1230 f. (Fed. Cir. 2014): „*courts must consider the facts of the record when instructing the jury and should avoid rote reference to any particular damage formula*"; *In re Innovatio*, 2013 WL 5593609, *5 (N.D. Ill. 2013); *Contreras u.a.*, in: Biddle u.a., S. 160, 162–63; zu den einzelnen Kriterien in FRAND-Fällen vgl. *Layne-Farrar*, in: Drapkin (Hrsg.), Patents and Standards, Rn. 14.5–14.7; *Sidak*, (2013) 9 Journal of Comp. Law & Economics, 931, 941–43.

[304] *CSIRO v Cisco*, 809 F.3d 1295, 1303-04; *Layne-Farrar*, in: Drapkin (Hrsg.), Patents and Standards, Rn. 14.11.

[305] *In re Innovatio*, No. 11 C 9308, 2013 WL 5593609, *9, *40 (N.D. Ill. 2013); *Microsoft v Motorola*, 2013 WL 2111217, Rn. 74 (W.D. Wash. 2013); ABA, Antitrust in Technology Industries, S. 321.

[306] *Microsoft v Motorola*, 2013 WL 2111217, *94–95 (W.D. Wash. 2013); kritisch zur Übertragbarkeit *HTC v Telefonaktiebolaget LM Ericsson*, No. 19-40566, 2021 WL 3877749, *5 (5th Cir. 2021): „*while [...] patent law methodology can serve as guidance in contract cases on questions of patent valuation [...], it does not explicitly govern the interpretation of contractual terms*"; vgl. auch *Contreras u.a.*, in: Contreras u.a. (Hrsg.), Patent Remedies, S. 160, 167.

[307] *TCL v Telefonaktiebolaget LM Ericsson*, 2017 WL 6611635, *50–53 (C.D. Cal. 2017); *In re Innovatio*, No. 11 C 9308, 2013 WL 5593609, *4–5 (N.D. Ill. 2013); *Microsoft v Motorola*, 2013 WL 2111217 (W.D. Wash. 2013).

[308] *TCL v Telefonaktiebolaget LM Ericsson*, 2017 WL 6611635, *55 (C.D. Cal. 2017); *Microsoft v Motorola*, 2013 WL 2111217, Rn. 622 (W.D. Wash. 2013).

1. TCL v Ericsson (2017)

In *TCL v Ericsson* sollte das Gericht überprüfen, ob die vom SEP-Inhaber (*Ericsson*) abgegebenen Angebote zur Lizenzierung eines Patentportfolios mit SEPs u.a. an den 2G-, 3G- und 4G-Standards FRAND waren. Da er dies ablehnte, hatte *Judge Selna* zu bestimmen, welche Konditionen FRAND sind. Seine Berechnung stützte er primär auf einen Vergleich der mit ähnlich situierten Implementierern geschlossenen Lizenzenzverträge über *Ericsson*-Portfolios. Ergänzend dazu zog er den *top down*-Ansatz heran. Beide Methoden sollten sich gegenseitig ergänzen und absichern. So ermittelte er drei unterschiedliche FRAND-Konditionen für den US-amerikanischen und den europäischen Markt sowie für den Rest der Welt.[309] Die Entscheidung wurde in zweiter Instanz ohne eine Bewertung der Berechnungsmethoden aufgehoben, da die Ermittlung der FRAND-Konditionen durch einen Einzelrichter das Recht des verklagten SEP-Inhabers auf ein Juryverfahren verletzt habe.[310]

2. Re Innovatio (2013)

In *re Innovatio* hatte das Gericht den Wert der SEPs des SEP-Inhabers *Innovatio* am 802.11-Standard (WLAN) zu bestimmen. Das Gericht beschäftigte sich zunächst mit dem Zweck der FRAND-Verpflichtung, um daraus Schlüsse zur Berechnung der Konditionen abzuleiten. Beispielsweise sei der Zweck, ein *royalty stacking* zu verhindern gefährdet, wenn man die Konditionen über die bloße Zählung der SEPs und deren zahlenmäßigen Anteil am Standard ermittelte.[311] Anschließend setzte sich das Gericht mit den von beiden Parteien vorgeschlagenen Berechnungsmethoden auseinander. Unter anderem schlugen diese unterschiedliche Lizenzverträge zum Vergleich vor. Das Gericht lehnte die Vergleichbarkeit sämtlicher vorgelegter Lizenzen aus verschiedenen Gründen ab.[312] So sei ein unter dem Druck einer drohenden einstweiligen Verfügung zustande gekommener Lizenzvertrag für einen Vergleich ungeeignet, wenn sich der von der Patentverletzungsklage ausgehende Druck in höheren Lizenzgebühren niedergeschlagen hat.[313] Als Berechnungsmethoden

---

[309] *TCL v Telefonaktiebologet LM Ericsson*, 2018 WL 4488286, *51–52, 54 (C.D. Cal. 2019).

[310] *TCL v Telefonaktiebologet LM Ericsson*, 943 F.3d 1360, 1375 (Fed. Cir. 2019). Die Festsetzung der FRAND-Konditionen durch einen Einzelrichter ist nur zulässig, wenn dem beide Seiten ausdrücklich oder konkludent zugestimmt haben: *Microsoft v Motorola*, 795 F.3d 1024, 1038–39 (9th Cir. 2015); *In re Innovatio*, 2013 WL 5593609, *2 (N.D. Ill. 2013).

[311] *In re Innovatio*, 2013 WL 5593609, *10 (N.D. Ill. 2013).

[312] *In re Innovatio*, 2013 WL 5593609, *31 (N.D. Ill. 2013).

[313] *In re Innovatio*, 2013 WL 5593609, *33 (N.D. Ill. 2013).

verblieben der *bottom up-* und der *top down-*Ansatz. Den *bottom up-*Ansatz lehnte das Gericht wegen seiner Fehleranfälligkeit ab.[314]

Ausgangspunkt von *Judge Holdermans* Berechnung nach der *top down-*Methode war der Preis eines durchschnittlichen Wi-Fi-Chips, zu dessen Feststellung er sich auf ein Gutachten verließ.[315] Davon ausgehend bestimmte er über Zeugenvernehmungen eine durchschnittliche Gewinnspanne von Chip-Produzenten i.H.v. 12,1 % des Verkaufspreises eines WiFi-Chips. Diese Gewinnspanne stelle den Wert des gesamten Standards dar. Durch eine Multiplikation der Gewinnspanne mit dem Anteil der *Innovatio-*SEPs am gesamten 802.11-Standard könne der Wert der SEPs bestimmt werden. Da das Gericht bereits festgestellt hatte, dass wegen der damit verbundenen Anreize zur Überdeklarierung eine bloße Auszählung der SEPs ungeeignet war, berücksichtige es die aus seiner Sicht mittlere bis hohe Bedeutung der *Innovatio-*SEPs am 802.11-Standard.[316] Zur Einschätzung der Bedeutung und technischen Relevanz der *Innovatio-*SEPs hatte das Gericht die SEPs in vier separate Patentfamilien, die wiederum aus mehreren SEPs bestehen, unterteilt. Das Gericht beurteilte die Relevanz der vier Patentfamilien im Rahmen einer ausführlichen Würdigung von Privatgutachten.[317] Dabei bezog sich das Gericht nur auf die zu den jeweiligen Patentfamilien gehörenden nationalen (US) Patente.

3. Microsoft v Motorola (2013)

In *Microsoft v Motorola* wurde das Gericht zur Festsetzung der FRAND-Konditionen angerufen. Streitgegenständlich waren ebenfalls SEPs am 802.11-Standard und am H.264-Standard zur Videokompression.

Seine Berechnung der angemessenen und nichtdiskriminierenden Bedingungen unterteilte *Judge Robart* in die Prüfung der SEPs am H.264-Standard und der SEPs am 802.11-Standard. Dabei betrachtete er jeweils zunächst die von den Parteien vorgelegten Vergleichslizenzen. Deren überwiegenden Anteil hielt er für nicht vergleichbar und damit ungeeignet.[318] Hinsichtlich des H.264-Standards legte er einen Patentpool trotz des Umstandes, dass die Lizenzierungskosten bei derartigen Patentpools üblicherweise geringer ausfallen als bei einem von zwei Parteien ausgehandelten Lizenzvertrag, als

---

[314] *In re Innovatio*, 2013 WL 5593609, *37 (N.D. Ill. 2013).
[315] *In re Innovatio*, 2013 WL 5593609, *40–41 (N.D. Ill. 2013).
[316] *In re Innovatio*, 2013 WL 5593609, *43 (N.D. Ill. 2013).
[317] *In re Innovatio*, 2013 WL 5593609, *22–30 (N.D. Ill. 2013).
[318] *Microsoft v Motorola*, 2013 WL 2111217, Rn. 420, 435, 445–54 (W.D. Wash. 2013); im relevanten Teil (Berechnung der FRAND-Konditionen) bestätigt; 795 F.3d 1024, 1040–43 (9th Cir. 2015).

Vergleichslizenz zugrunde[319] und ermittelte die Konditionen, zu denen *Microsoft* die SEPs über eine Poollizenz erhalten könnte.[320] Der so ermittelte Betrag stelle die untere Grenze des FRAND-Korridors dar.[321] Zuvor hatte *Judge Robart* ausführlich erörtert, dass die *Motorola*-SEPs am H.264-Standard sowohl generell als auch für relevante Microsoft-Produkte nur eine äußerst geringe technische Relevanz haben.[322] Insbesondere trügen die meisten SEPs nur zu einer Teilfunktion des H.264-Standards bei (*interlaced video*), die für die meisten *Microsoft*-Produkte vollkommen oder nahezu irrelevant gewesen sei.[323] Für die meisten Produkte müsste die Lizenzgebühr daher an der unteren Grenze des FRAND-Korridors ansetzen. Lediglich für *Microsoft Windows* und die *Xbox*-Konsole sei eine höhere Gebühr FRAND.[324]

Zur Berechnung der Konditionen für die Lizenzierung der SEPs am 802.11-Standard zog das Gericht ebenfalls eine Poollizenz heran. Zusätzlich stellte es fest, dass die Parteien eines hypothetischen Lizenzvertrages über die *Motorola*-SEPs wegen der geringen technischen Bedeutung der *Motorola*-SEPs einen niedrigeren Preis als denjenigen der Poollizenz vereinbart hätten.[325] Ferner würde *Microsoft* keine Lizenz an denjenigen SEPs nehmen, die *Microsoft* – was unstreitig war – nicht verwendete.[326]

Eine weitere vergleichbare Lizenz sah das Gericht in einer Lizenzvereinbarung zwischen *Marvell Semiconductors*, einem Hersteller und Zulieferer von WiFi-Chips („*Marvell*"), und dem Lizenzgeber *ARM Holdings* („*ARM*"). *Marvell* verkaufte selbst hergestellte WiFi-Chips an verschiedene OEM, unter anderem an *Microsoft*, *Sony* und diverse Automobilhersteller. Die einzige Funktion des Chips war es, die Geräte WLAN-fähig zu machen. Für sämtliche Lizenzen an dem 802.11-Standard zahlte *Marvell* einen Abschlag von 1 % des Verkaufspreises seiner Chips (USD 3-4), d.h. 3-4 Cent, an *ARM*. Obwohl die *ARM*-Lizenz sämtliche erforderliche SEPs umfasste und die *Motorola*-SEPs nur einen Bruchteil davon ausmachten, sah das Gericht in dem Lizenzvertrag zwischen *Marvell* und *ARM* einen geeigneten Vergleichsmaßstab. Die

---

[319] *Microsoft v Motorola*, 2013 WL 2111217, Rn. 508–15 (W.D. Wash. 2013).
[320] *Microsoft v Motorola*, 2013 WL 2111217, Rn. 526 (W.D. Wash. 2013).
[321] *Microsoft v Motorola*, 2013 WL 2111217, Rn. 527 (W.D. Wash. 2013).
[322] Generelle technische Relevanz: *Microsoft v Motorola*, 2013 WL 2111217, Rn. 168, 177, 188, 202, 225, 243; Relevanz für Microsoft-Produkte, Rn. 289, 301–07 (W.D. Wash. 2013)
[323] *Microsoft v Motorola*, 2013 WL 2111217, Rn. 261–79 (W.D. Wash. 2013).
[324] *Microsoft v Motorola*, 2013 WL 2111217, Rn. 536–37, 545–46 (W.D. Wash. 2013).
[325] *Microsoft v Motorola*, 2013 WL 211117, Rn. 577, zur technischen Relevanz Rn. 363, 373, 384, 394, 406 (W.D. Wash. 2013).
[326] *Microsoft v Motorola*, 2013 WL 2111217, Rn. 351–52 (W.D. Wash. 2013).

günstigen Konditionen beruhten unter anderem darauf, dass *Marvell*, anders als *Microsoft*, viele und bedeutende SEPs am 802.11-Standard hielt, was *Marvell* eine günstigere Kreuzlizenzierung ermöglichte.[327] Schließlich stützte sich das Gericht auf eine ältere Bewertung der *Motorola* 802.11-SEPs durch einen IP-Analyse-Dienstleister. Den von diesem ermittelten Wert korrigierte das Gericht wegen der geringen Bedeutung der *Motorola*-SEPs für *Microsofts* Produkte nach unten.[328] In dem Mittelwert der drei Vergleichswerte sah *Judge Robart* die FRAND-Konditionen für die Motorola 802.11-SEPs.[329] Zusätzlich bestimmte er auch für die Lizenzierung der 802.11-SEPs eine untere und eine obere Grenze des FRAND-Korridors, die jeweils für unterschiedliche *Microsoft*-Produkte gelten.[330]

4. Zwischenergebnis

Die Betrachtung der Präzedenzfälle zeigt, dass US-amerikanische Gerichte – anders als *Birss J* in *Unwired Planet v Huawei* – bei der Berechnung der FRAND-Konditionen auch prüfen, ob der Implementierer die zu lizenzierenden SEPs überhaupt nutzt und welchen Beitrag die SEPs zum Standard sowie zu den Endprodukten des Implementierers leisten.[331] Ausdrücklich stellten die Gerichte zwar nur auf den technischen Nutzen der von den SEPs umfassten nationalen, US-amerikanischen Patente ab.[332] Formal geht die Berechnung daher nicht mit einem Urteil über die Verletzung oder über die technische Relevanz ausländischer Patente einher. Dennoch erscheint die Festsetzung der Lizenzgebühren bei globalen Portfolios problematisch: SEPs umfassen neben den US-amerikanischen Patenten häufig andere nationale Patente, die die gleiche Erfindung schützen.[333] Ermittelt man nun die Gebühren eines weltweiten Portfolios anhand der technischen Relevanz und des Nutzungsumfang der US-Patente, überträgt man die Bewertung der US-Patente auf den Rest der Welt.

---

[327] *Microsoft v Motorola*, 2013 WL 2111217, Rn. 590 (W.D. Wash. 2013).
[328] *Microsoft v Motorola*, 2013 WL 2111217, Rn. 608–13 (W.D. Wash. 2013).
[329] *Microsoft v Motorola*, 2013 WL 2111217, Rn. 620–21 (W.D. Wash. 2013).
[330] *Microsoft v Motorola*, 2013 WL 2111217, Rn. 622–24 (W.D. Wash. 2013).
[331] *Microsoft v Motorola*, 795 F.3d 1024, 1040 (9th Cir. 2015): „*The court then discussed each of Motorola's fifteen H.264 patents and eleven 802.11 patents, considering the objective value each contributed to each standard, given the quality of the technology and the available alternatives as well as the importance of those technologies to Microsoft's business.*"; *Hovenkamp*, (2020) 15 Cornell L.R., 1683, 1689-90; Gegenteiliges behauptet *Hubbard*, in: Liu/Hilty (Hrsg.), SEPs, SSOs and FRAND, S. 89, 114–15.
[332] Vgl. *Microsoft v Motorola*, 2013 WL 2111217, Rn. 351–406 (W.D. Wash. 2013).
[333] *Microsoft v Motorola*, 2013 WL 2111217, Rn. 165, 174, 185, 197, 219, 239 (W.D. Wash. 2013).

V. Kompetenz zur weltweiten Festsetzung

Keine der Entscheidungen, die eine weltweite Festsetzung von FRAND-Konditionen beinhalten, geht näher auf die Zuständigkeit US-amerikanischer Gerichte zur weltweiten Festsetzung ein. In allen Fällen waren die Parteien mit der gerichtlichen Festsetzung einverstanden, weshalb keine Partei die Kompetenz/Zuständigkeit bestritt.[334]

VI. Promissory Estoppel

Die FRAND-Verpflichtungserklärung oder die LoA könnten ein Versprechen (*promise*) darstellen. Nach der Doktrin des *promissory estoppel* kann es dem Versprechensgeber verwehrt sein, Ansprüche gegen einen redlichen Versprechensempfänger oder gegen auf das Versprechen vertrauende Dritte geltend zu machen. Aufgrund seines Vertrauens muss der Vertrauensnehmer Dispositionen getätigt oder unterlassen haben.[335] Die Doktrin greift auch bzw. gerade, wenn etwa mangels einer Einigung keine vertraglichen Ansprüche bestehen.[336]

Grundsätzlich ist die Doktrin auch in FRAND-Streitigkeiten anwendbar. Kann der Implementierer nachweisen, dass er im Vertrauen auf die Verpflichtungserklärung oder die LoA bestimmte Investitionen getätigt oder etwa Investitionen in alternative Technologien unterlassen hat, könnte dem SEP-Inhaber die Durchsetzung seines Unterlassungs- oder Schadensersatzanspruchs wegen *promissory estoppel* verwehrt sein.[337] US-amerikanische Gerichte wenden die Doktrin jedoch nicht an, wenn ETSI-SEPs streitgegenständlich sind. Das französische Recht kenne die Doktrin des *promissory estoppel* nicht.[338]

VII. Kartellrecht

Nach US-Kartellrecht ist nicht der Missbrauch von Marktmacht wettbewerbswidrig, sondern die wettbewerbswidrige Erlangung eines Monopols.

---

[334] Vgl. *Microsoft v Motorola*, Mündliche Verhandlung am 11. April 2012, zit. nach *Microsoft's* Response to the Court's September 10, 2013 Order (Dkt No. 913), 2013 WL 5402522, S. 5; *TCL v Telefonaktiebologet LM Ericsson*, 2017 WL 6611635, *4 (C.D. Cal. 2017); vgl. auch betreffend einen Schadensersatz *In re Innovatio*, 2013 WL 5593609, *1 (N.D. Ill. 2013).

[335] *Aceves v U.S. Bank*, N.A., 192 Cal. App. 4th 218, 225 (2011).

[336] *Contreras*, Utah L.R. 2015, 479, 493, 517 m.w.N.; nach Teilen der Rspr. schließt das Bestehen vertraglicher Ansprüche einen *promissory estoppel* aus, vgl. *Funai Electric v LSI*, 2017 WL 1133513, *10 (N.D. Cal. 2017).

[337] *Promissory estoppel* bejaht z.B. in *TCL v Telefonaktiebologet LM Ericsson*, 2014 WL 12588293, *5 (C.D. Cal. 2014); 2016 WL 6562075, *7 (C.D. Cal. 2016).

[338] *U-blox v InterDigital*, 2019 WL 1574322, *2 (S.D. Cal. 2019); *Apple v Samsung*, 2012 WL 1672493, *15 (N.D. Cal. 2012).

Dementsprechend rückten Kartellbehörden und Wettbewerber insbesondere Verhaltensweisen im Vorfeld der Herausbildung des Standards in den Fokus des Kartellrechts.[339]

1. Kartellrechtswidrige Verhaltensweisen im Standardisierungsverfahren

Ein Hersteller von Speicherbausteinen, *Rambus*, lizenzierte standardessentielle und nicht-standardessentielle Patente nach unterschiedlichen Gebührensätzen. Wettbewerber warfen *Rambus* vor, Erfindungen und Entwicklungspläne im Standardisierungsprozess planmäßig verborgen zu haben. Zusätzlich habe *Rambus* die im Standardisierungsverfahren erhaltenen Informationen genutzt, um Patente anzumelden und zu entwickeln, die für den Funktionsumfang des Standards wesentlich sind. Durch die unterlassene Anzeige umging *Rambus* die ansonsten erforderliche Zusage, etwaige SEPs zu FRAND-Bedingungen zu lizenzieren. Nach Herausbildung des Standards habe *Rambus* überhöhte Lizenzgebühren für die Lizenzierung von SEPs verlangt. Die FTC sah darin ein wettbewerbswidriges, auf die Erlangung eines Monopols gerichtetes Verdrängungsverhalten (*exclusionary conduct*).[340] Die Anordnung der FTC hatte keinen gerichtlichen Bestand. Dass *Rambus* sein Monopol wettbewerbswidrig erlangt habe, sei nicht hinreichend gesichert. Möglicherweise hätte sich der Speicherstandard auch etabliert, wenn *Rambus* seinen Offenlegungspflichten nachgekommen wäre.[341]

In *Broadcom v Qualcomm* warf der klagende Implementierer dem SEP-Inhaber *Qualcomm* vor, im Standardisierungsverfahren eine FRAND-Verpflichtungserklärung abgegeben zu haben, obwohl man tatsächlich nicht zur Lizenzierung zu FRAND-Bedingungen bereit gewesen sei. Das Gericht stellte fest, dass die bewusst unwahre FRAND-Verpflichtungserklärung gegenüber einer SDO und die nachträgliche Weigerung, SEPs zu FRAND-Konditionen zu lizenzieren, gegen Sec. 2 Sherman Act verstoße.[342] Diese Form des Missbrauchs wurde in einer späteren Entscheidung unter der Bezeichnung „*False FRAND Theory*" bestätigt.[343]

---

[339] Für eine ausführlichere Übersicht vgl. *Hesse/Marshall*, in: Contreras (Hrsg.), Cambridge Handbook, S. 263, 270–75; *Schmauder*, Missbräuchliche Ausnutzung von FRAND-unterworfenen SEPs im US-Kartellrecht.

[340] FTC, *In the Matter of Rambus Inc.*, Do-Nr. 9302 (Aug. 2006).

[341] *Rambus Inc v FTC*, 522 F.3d 456, 466 (D.C. Col. 2008); *Apple v Samsung*, 2012 WL 1672493, *8 (N.D. Cal. 2012).

[342] *Broadcom v Qualcomm*, 501 F.3d 297, 313–14 (3rd Cir. 2007).

[343] *Apple v Samsung*, 2012 WL 1672493, *7 (N.D. Cal. 2012); vgl. *Lenovo v IPCom*, 2021 WL 1123101, *7 (D. Del. 2021).

2. Kartellrechtliche Lizenzierungspflichten

Dass ein SEP-Inhaber (nachweislich) bereits von vorneherein plant, sich nicht an seine Verpflichtungserklärung zu halten, dürfte die Ausnahme sein. Von Interesse ist daher, ob und unter welchen Umständen die Weigerung des SEP-Inhabers, SEPs zu FRAND-Bedingungen zu lizenzieren – unabhängig von seinen ursprünglichen Absichten – wettbewerbswidrig ist. Einige Gerichte äußerten sich der Ansicht, dass die Missbrauchsabsicht schon bei Abgabe der Selbstverpflichtungserklärung oder spätestens bei der Annahme des Standards vorliegen müsse.[344] Die FTC ging demgegenüber davon aus, dass auch die spätere, nicht von Anfang an geplante Forderung überhöhter FRAND-Bedingungen ein wettbewerbswidriges Verhalten darstellen kann.[345]

3. Angebot FRAND-widriger Konditionen

Neben anderen Verhaltensweisen stand die Frage, ob das Angebot deutlich über FRAND liegender Konditionen einen Wettbewerbsverstoß darstellen kann, im Mittelpunkt des Rechtsstreits zwischen der FTC und dem Chiphersteller *Qualcomm*. Die FTC warf *Qualcomm* verschiedene Wettbewerbsverstöße vor. Erstens verkaufte *Qualcomm* seine Chips nur dann an OEMs, wenn diese die darin enthaltenen SEPs von *Qualcomm* lizenzieren ließen („*no license, no chips*"). Diese Lizenzierungspolitik in Verbindung mit der Ausrichtung der Gebührenhöhe am Verkaufspreis des Endproduktes führten zu deutlich über FRAND liegenden Lizenzgebühren. Zudem weigere sich *Qualcomm* unter Verstoß gegen seine FRAND-Verpflichtungserklärung, die relevanten SEPs an direkte Wettbewerber auf dem Markt für Modemchips zu lizenzieren.[346] Gleichwohl erlaubte *Qualcomm* seinen direkten Wettbewerbern die kostenlose Nutzung von *Qualcomm*-SEPs. Im Gegenzug mussten diese erklären, ihre Modemchips nicht an OEMs zu verkaufen, die keine Lizenznehmer von *Qualcomm* waren. Dadurch erhielt *Qualcomm* von jedem OEM und für jedes mit einem entsprechenden Modemchip – gleich von welchem Hersteller – ausgerüstete Endgerät Lizenzgebühren, deren Berechnung sich am Preis des Endproduktes orientierte.

---

[344] Vgl. *Huawei v Samsung*, 340 F.Supp 3d 934, 955 (N.D. Cal. 2018); *Godo Kaisha IP Bridge v TCL*, 2017 WL 750700, *7 (D. Del. 2017).

[345] FTC, *In the Matter of Motorola Mobility LLC and Google Inc*, File No. 121-0120, 78 FR 2398-01, 2013 WL 124963 (F.R.), *2400 (Jan. 2013); vgl. auch FTC, *In the Matter of Negotiated Data Solutions LLC*, File No. 051-0094, 2008 WL 258308 (FTC) *37 (Jan. 2008).

[346] Vgl. *FTC v Qualcomm*, 411 F.Supp.3d 658, 743–51 (N.D. Cal. 2019); *FTC v Qualcomm*, 2018 WL 5848999, *1 (N.D. Cal. 2018).

a) Kartellrechtswidrige Gebührenhöhe

Als relevante Märkte machten die FTC und die Gerichte die weltweiten Märkte für 3G-CDMA- und 4G-LTE-Modemchips aus.[347] Aus Sicht der FTC hatte *Qualcomm* neben der Verletzung seiner FRAND-Selbstverpflichtung auch seine kartellrechtlichen Pflichten verletzt. Die Forderung von über FRAND liegenden Lizenzgebühren verstößt aus Sicht der FTC und des *District Court N.D. California* gegen Sec. 2 Sherman Act.[348] Dass die Gebührensätze zu hoch seien, wurde auf Gutachten, den Umstand, dass sich die Berechnung am Verkaufspreis des Endgerätes und nicht an der SSU orientierte und auf den vergleichsweise geringen Beitrag der *Qualcomm*-SEPs zum Standard gestützt.[349] Die überhöhten Lizenzgebühren führten zu höheren Preisen und einer geringeren Innovationsbereitschaft der OEM. Den daraus resultierenden Schaden trage der Endverbraucher.[350]

Unter Nennung der von einigen *amici* gegen die Anwendung des Kartellrechts vorgetragenen Bedenken stellt der *Court of Appeals for the Ninth Circuit* fest, dass für eine über die *Aspen Skiing*-Ausnahme[351] hinausgehende kartellrechtliche Lizenzierungspflicht in FRAND-Streitigkeiten kein Raum sei. Die Forderung überhöhter, FRAND-widriger Gebühren sei kartellrechtlich regelmäßig irrelevant und betreffe primär das Vertragsrecht.[352]

b) Implikationen der Entscheidung

Seit einigen Jahren befürworten einige Autoren und die FTC einen stärkeren Einfluss des Kartellrechts in FRAND-Streitigkeiten.[353] Das *US Department of Justice* und andere Teile der Literatur äußerten sich seither kritisch zur

---

[347] *FTC v Qualcomm*, 969 F.3d 974, 992 (9th Cir. 2020); *FTC v Qualcomm*, 411 F.Supp.3d 658, 683 (N.D. Cal. 2019).
[348] *FTC v Qualcomm*, 411 F.Supp.3d 658, 798, 811–12 (N.D. Cal. 2019).
[349] *FTC v Qualcomm*, 411 F.Supp.3d 658, 778–81, 783 (N.D. Cal. 2019).
[350] *FTC v Qualcomm*, 411 F.Supp.3d 658, 790 (N.D. Cal. 2019).
[351] Nach *Aspen Skiing* besteht ein Kontrahierungszwang eines Unternehmens, wenn dieses (i) eine langjährige und profitable Geschäftsbeziehung einseitig kündigen möchte; (ii) mit der Kündigung ausschließlich den Zweck verfolgt, den Wettbewerb auszuschalten und später von den höheren Einnahmen als Monopolist zu profitieren; (iii) das Unternehmen sein Produkt auf demselben Markt an andere Abnehmer verkauft, *Aspen Skiing v Aspen Highlands Skiing*, 105 S. Ct. 2847 (1985); präzisiert durch *Verizon Communications v Trinko*, 540 U.S. 398, 399-400 (2004); *MetroNet Servs. v Qwest Corp.*, 383 F.3d 1124, 1132-33 (9th Cir. 2004).
[352] *FTC v Qualcomm*, 969 F.3d 974, 997 (9th Cir. 2020).
[353] *Hovenkamp*, (2020) 105 Cornell L.R. 1683; *Melamed/Shapiro*, (2018) 127 Yale L.J. 2110, 2122–37; Statement of the Federal Trade Commission, *In the Matter of Google Inc.*, FTC File No. 121-0120, S. 2–3 (Jan. 3, 2013).

Einbeziehung des Kartellrechts zur Bestimmung der Lizenzwilligkeit und zur Preisregulierung.³⁵⁴ Das Verfahren *FTC v Qualcomm* griff den Meinungsstreit auf. Die unterschiedlichen Auffassungen belegen die Stellungnahmen diverser *amici*. Mit dem *Court of Appeals for the Ninth Circuit* hat erstmals ein Bundesgericht über den kartellrechtlichen Lösungsansatz entschieden und diesem eine klare Absage erteilt.³⁵⁵ Das Wettbewerbsrecht bleibt für Fälle relevant, in denen dem SEP-Inhaber schon für das Standardisierungsverfahren eine spätere Schädigungsabsicht nachgewiesen werden kann. Das Angebot über FRAND liegender Konditionen dürfte – wie in England – allenfalls dann kartellrechtlich relevant werden, wenn eine vertragliche Bindung zwischen SEP-Inhaber und Implementierer fehlt.

VIII. Qualifikation

Gerichte in den Vereinigten Staaten qualifizieren FRAND-Streitigkeiten ganz überwiegend als vertragliche Streitigkeiten.³⁵⁶ Das gilt zum einen, wenn der Kläger die gerichtliche Feststellung der FRAND-Konditionen begehrt oder wenn der Implementierer auf Feststellung klagt, dass der SEP-Inhaber seiner vertraglichen FRAND-Verpflichtung nicht nachgekommen ist.³⁵⁷ Zum anderen soll selbst dann eine Vertragsstreitigkeit vorliegen, wenn der SEP-Inhaber seinen patentrechtlichen Unterlassungsanspruch geltend macht und das Gericht im Zuge dessen prüft, ob dieser seine vertraglichen FRAND-Verpflichtungen erfüllt hat.³⁵⁸

Die Qualifikation als Vertragsstreit erscheint zweifelhaft. Zum einen orientieren sich US-Gerichte bei der Berechnung von FRAND-Konditionen an den zur Berechnung des Patentschadensersatzes entwickelten Kriterien.³⁵⁹ Demnach wären Streitigkeiten, in denen es nicht nur um die Feststellung der FRAND-Konditionen, sondern um den konkret geschuldeten Schadensersatz geht, als Patentstreitigkeiten zu qualifizieren. Geht es hingegen um die Frage,

---

³⁵⁴ *Contreras*, Utah L.R. 2015, 479, 542; *Delharim*, Take It to the Limit: Respecting Innovation Incentives in the Application of Antitrust Law (Nov. 10, 2017), S. 7-13; *Kesan/Hayes*, (2014) 89 Ind. L.J. 231, 271–72; *Rill/Kress/Kallay/Hollmann*, (2015) 30 Antitrust 72–76.

³⁵⁵ Vgl. *Hovenkamp*, (2020) 105 Cornell L.R 1683, 1686.

³⁵⁶ *HTC v Telefonaktiebolaget LM Ericsson*, 12 F.4th 476, 485 (5th Cir. 2021); *Microsoft v Motorola*, 696 F.3d 872, 883 (9th Cir. 2012); *Guan*, (2018) 17 World Trade Rev. 91, 99; *Tsang/Lee*, (2019) 59 Virg. J. of Int'l Law 220, 269.

³⁵⁷ Vgl. *HTC v Telefonaktiebolaget LM Ericsson*, 2021 WL 3877749, *5: (5th Cir. 2021); *Microsoft v Motorola*, 795 F.3d 1024, 1036-37, 1040 (9th Cir. 2015); *Realtek Semiconductor Corp. v LSI Corp.*, 946 F.Supp.2d 998 (N.D. Cal. 2013).

³⁵⁸ *Huawei v Samsung*, 2018 WL 1784065, *8 (N.D. Cal. 2018).

³⁵⁹ *HTC v Telefonaktiebolaget LM Ericsson*, 12 F.4th 476, 485 (5th Cir. 2021).

ob ein Angebot FRAND ist oder um die Festsetzung von FRAND-Konditionen, böten die zur Berechnung des Patentschadensersatzes entwickelten *Georgia Pacific*-Kriterien lediglich einen (unverbindlichen) Anhaltspunkt. Trotz des Rückgriffs auf die Kriterien soll daher im Kern ein Vertragsstreit vorliegen.[360]

Die Frage, ob eine eigentlich vertragsrechtliche Streitigkeit über einen Lizenzvertrag einen überwiegenden Bezug zum Patentrecht aufweist, stellt sich US-Gerichten gelegentlich im Rahmen der Zuständigkeit der Bundesgerichte (*federal jurisdiction*).[361] Die Bundesgerichte sind zuständig, wenn die Entscheidung über die vertraglichen Pflichten vom Patentrecht, insbesondere der Wirksamkeit oder Verletzung einzelner Patente, abhängt. In diesen Fällen soll die Zuständigkeit der Bundesgerichte widerstreitende Entscheidungen in den Einzelstaaten verhindern. In einer Lizenzstreitigkeit stellte ein *district court* fest:

„*whether Defendant owes Plaintiff royalties for using Plaintiff's patents necessarily depends upon resolution of a substantial question of patent law in that proof relating to patent validity and infringement are necessary elements of Plaintiff's claim for breach of contract: If the Licensed Patents are not valid, Defendant does not owe royalties [...]. If the Defendant does not practice the Licensed Patents, it neither infringes nor owes royalties. [...] This Court finds Plaintiff's Complaint implicates federal question jurisdiction.*"[362]

Bei ihrer Berechnung des Wertes eines weltweiten Patentportfolios haben US-Gerichte den technischen Nutzen und das Nutzungsausmaß von Patenten bewertet. In *Microsoft v Motorola* untersuchte *Judge Robart* zunächst den technischen Nutzen der SEPs. Er ermittelte nicht den Nutzen einzelner US-Patente, sondern den technischen Nutzen von Patentfamilien. Dabei wies er auch auf die zu den Patentfamilien gehörenden ausländischen Patente (*foreign counterparts*) hin.[363] Dennoch bewertete er den Nutzen und die Funktionalität der gesamten Patentfamilie. Anschließend untersuchte er, wie wichtig *Motorolas* SEPs für verschiedene *Microsoft*-Produkte und für deren meistgenutzte Funktionen sind.[364] Dabei nahm er ebenfalls keine isolierte Betrachtung der

---

[360] *HTC v Telefonaktiebolaget LM Ericsson*, 12 F.4th 476, 485 (5th Cir. 2021); vgl. auch *Lemley*, Brief of Amici Curiae Twenty Legal Scholars in Support of Petitioners, No. 19-1269, S. 5–10.

[361] *Ameranth v ChowNow*, 2021 WL 3686056, *11–12 (S.D. Cal. 2021); *Jang v Boston Sci. Corp.*, 767 F.3d 1334, 1336–338 (Fed. Cir. 2014); *U.S. Valves v Dray*, 212 F.3d 1368 (Fed. Cir. 2000).

[362] *Ameranth v ChowNow*, 2021 WL 3686056, *11–12 (S.D. Cal. 2021).

[363] Vgl. *Microsoft v Motorola*, 2013 WL 2111217, Rn. 163 (W.D. Wash. 2013).

[364] *Microsoft v Motorola*, 2013 WL 2111217, Rn. 257–307; 353–406 (W.D. Wash. 2013).

US-Patente vor, sondern bezog sich auf die gesamten Patentfamilien. Damit entschied das Gericht auch über den Beitrag ausländischer Patente zu den jeweiligen Funktionen und über den Grad der Nutzung ausländischer Patente durch *Microsoft*. Bewertet ein Gericht die Qualität und den Nutzungsumfang von Patenten, handelt es sich nicht mehr um eine überwiegend vertragsrechtliche Streitigkeit. Im Mittelpunkt steht in diesem Fall nicht die Auslegung eines Vertrages, sondern die Bewertung von Patenten. Zu ebendiesem Ergebnis kam auch ein US-Gericht, indem es in einer FRAND-Streitigkeit feststellte:

> „*I agree with Apple that the validity of Motorola's patents and whether Apple's products infringe them would be relevant in calculating the current fair license rate [...].*"[365]

IX. Anmerkungen

Bis heute haben US-Gerichte Implementierer nicht auf Unterlassung verurteilt.[366] Dennoch droht lizenzunwilligen Implementierern eine Verurteilung zur Zahlung von Strafschadensersatz, der weit über den hypothetisch vereinbarten Lizenzgebühren liegen kann. Dadurch besteht ein Anreiz, auf den Abschluss einer Lizenz hinzuwirken, anstatt untätig zu bleiben und eine Klage des SEP-Inhabers abzuwarten.[367] Der Unterlassungsanspruch ist primär über das Patentrecht, namentlich über die Einschränkungen aus *eBay v MercExchange*, eingeschränkt.

Daneben ist eine Einschränkung durch das Vertragsrecht denkbar. In den Vereinigten Staaten wird die FRAND-Erklärung als Vertrag zugunsten Dritter ausgelegt. Ob daraus eine Pflicht des SEP-Inhabers folgt, keine Unterlassungsklagen gegen lizenzwillige Implementierer zu erheben, ist in der Literatur umstritten. Die Rechtsprechung hat sich nur sehr eingeschränkt zu dieser Frage geäußert. In *Realtek Semiconductor Corp v LSI Corp* hatte ein SEP-Inhaber bei der ITC ein Einfuhrverbot beantragt, ohne dem Implementierer zuvor ein Lizenzangebot zukommen zu lassen. Darin sah das Gericht einen Verstoß gegen die vertragliche FRAND-Verpflichtung.[368] Auch in *Microsoft v Motorola* wurde die Erhebung einer Unterlassungsklage in Deutschland als Verstoß gegen die FRAND-Verpflichtung angesehen, da diese einen Klageverzicht beinhalte.[369] Es ist keine Entscheidung ersichtlich, in dem die Lizenzwilligkeit beider Parteien gründlich anhand des Verhaltens im Rahmen der

---

[365] *Apple v Motorola*, 2012 WL 5416941, *9 (W.D. Wisc. 2012).
[366] *Cotter*, US and German Approaches to FRAND Disputes (2022, SSRN), S. 8; *Nikolic*, S. 197; *Sidak*, in: Contreras u.a. (Hrsg.), Cambridge Handbook, S. 389, 390.
[367] *Contreras u.a.*, in: Biddle u.a. (Hrsg.), Patent Remedies, S. 160, 165.
[368] *Realtek Semiconductor Corp v LSI Corp*, 946 F.Supp.2d 998, 1002 (N.D. Cal. 2013).
[369] *Microsoft v Motorola*, 696 F.3d 872, 884 (9th Cir. 2012).

Lizenzverhandlungen untersucht wurde.[370] Hat der SEP-Inhaber ein Angebot unterbreitet, steht dessen FRAND-Gemäßheit im Vordergrund. Ein Implementierer scheint grundsätzlich nur als lizenzunwillig zu gelten, wenn er ein FRAND-konformes Angebot ablehnt.

Die Bedeutung des Kartellrechts ist gering. Vereinzelt wurde vertreten, dass die Geltendmachung eines Unterlassungsanspruchs gegenüber einem lizenzwilligen Implementierer kartellrechtswidrig ist. Dem ist der *Ninth Circuit* in *FTC v Qualcomm* entgegengetreten. Es steht zu erwarten, dass sich die Betrachtung von FRAND-Streitigkeiten in den Vereinigten Staaten weiterhin auf das Patent- und Vertragsrecht konzentriert.

F. Asien

Wegen der beachtlichen Rolle, die chinesische Konzerne in SEP-Streitigkeiten spielen und wegen der Bereitschaft chinesischer Gerichte, ASIs zu erlassen, ist eine Darstellung von SEP-Streitigkeiten in China unerlässlich. Anschließend erfolgt eine knappe Darstellung der Rechtslage in Japan. Auf die Rechtslage in den ebenfalls wichtigen Märkten in Indien und Korea geht die Arbeit nicht ein.[371]

I. China

Die Rechtsprechung chinesischer Gerichte ist nur vereinzelt veröffentlicht. Selbst wichtige Entscheidungen oberster Gerichte sind unauffindbar.[372] Schätzungsweise sind nur rund 20 % aller in SEP-Streitigkeiten ergangenen Entscheidungen veröffentlicht.[373] Die Übersicht beschränkt sich daher in weiten Teilen auf die Auswertung von Sekundärquellen, die ihrerseits wegen der eingeschränkt verfügbaren Rechtsprechung und Materialien oft unpräzise sind. Erschwerend kommt hinzu, dass das chinesische Patentrecht reformiert wurde. Das geänderte Patentgesetz trat zum ersten Juni 2021 in Kraft. Da Primärquellen nur sehr eingeschränkt verfügbar sind und es zum neuen Recht kaum

---

[370] Vgl. *Contreras u.a.*, in: Biddle u.a. (Hrsg.), Patent Remedies, S. 160, 190, die eine Orientierung an den *Huawei/ZTE*-Kriterien anregen.
[371] Vgl. hierzu die Länderberichte in: Sikroski (Hrsg.), Patent Injunctions; sowie Liu/Hilty (Hrsg.), SEPs, SSOs and FRAND.
[372] Vgl. die Anfrage der Europäischen Kommission an China, WTO, IP/C/W/682, in der die Kommission vergeblich u.a. den Volltext mehrerer Entscheidungen anforderte und die halbseitige Absage Chinas, WTO, IP/C/W/683.
[373] *Lexfield*, Statistics of Chinese SEP cases 2011-2019; vgl. *Cohen*, Chinas Practice of ASIs (2022), S. 20.

zitierfähige und englischsprachige Sekundärquellen gibt, beschränkt sich die Darstellung überwiegend auf die bis Ende Mai 2021 geltende Rechtslage.

1. Standardisierung in China

Die chinesische Regierung ist bemüht, China unabhängiger von westlichen Standards zu machen. Die Standardisierung liegt weitestgehend in der Hand der Regierung. Die wichtigste Stelle ist die SAC, eine staatliche Behörde. Das chinesische Recht unterscheidet zwischen verschiedenen Arten von Standards; nach absteigender Relevanz: Internationalen und nationalen Standards, Sektorstandards, regionalen Standards und unternehmerischen Standards (*enterprise standards*).[374] Dabei können nationale Standards zwingend oder freiwillig sein, Sektorstandards und regionale Standards sind stets freiwillig. Nationale Standards sind die von der chinesischen Regierung und den Standardisierungsbehörden (z.B. SAC) entwickelten Standards.[375] Internationale Standards sind solche, die unmittelbar von einer von der chinesischen Regierung anerkannten NGO (z.B. UN) festgelegt wurden. Von US-amerikanischen oder europäischen SSOs festgelegte Standards sind in China formal erst anerkannt, wenn die chinesische Regierung den Standard anerkennt.[376]

Ein erklärtes Ziel der chinesischen Regierung ist die Stärkung der eigenen Industrie, insbesondere im IKT-Sektor. Aus Entwicklungsplänen geht der Entschluss hervor, die Abhängigkeit der Industrie von ausländischen Patenten zu verringern.[377] Generell werden Standards weniger als Mittel zum Interessenausgleich zwischen breiter Verfügbarkeit und einem angemessenen Erfinderlohn, sondern als öffentliches Gut betrachtet.[378] Sie sollten zuvorderst dem Allgemeinwohl dienen. Durch die Entwicklung eigener Standards plant die Regierung, die Kosten für Hersteller und Konsumenten zu senken.[379] Wie entschlossen die Regierung ihre Pläne umsetzt, zeigt die Entwicklung und Verbreitung des chinesischen TD-SCDMA Standards. TD-SCDMA ist neben dem in den Vereinigten Staaten verbreiteten CDMA2000 und dem in Europa verbreiteten WCDMA der wichtigste 3G-Standard. Die Regierung sorgte über Ausschreibungen und die finanzielle Förderung von Netzbetreibern dafür, dass diese ihre Netze mit dem TD-SCDMA und nicht mit WCDMA und

---

[374] Art. 2, 8 Standardization Law of the PR China.
[375] Vgl. Art. 5 Standardization Law of the PR China; *Sokol/Zheng*, in: Contreras (Hrsg.), Cambridge Handbook, S. 306, 310.
[376] *Ernst*, S. 11.
[377] Näher *Chuang*, S. 16–18; *Ernst*, S. 4, 23–27; *Sokol/Zheng*, in: Contreras (Hrsg.), Cambridge Handbook, S. 306, 311.
[378] *Chuang*, S. 100 m.w.N.
[379] *Ernst*, S. 20.

CDMA2000 ausstatteten.[380] China ist bestrebt, durch die Entwicklung eigener Mobilfunkstandards die Abhängigkeit von westlichen IP-Inhabern zu verringern. In der Entwicklung von 5G hat das möglicherweise unter staatlicher Einflussnahme stehende[381] Unternehmen *Huawei* eine Vorreiterrolle eingenommen.[382]

2. Rechtsschutzmöglichkeiten

Im Vergleich mit den bisher betrachteten Jurisdiktionen klagt in chinesischen FRAND-Streitigkeiten häufig der Implementierer. Obwohl aus Sicht chinesischer Gerichte zwischen SEP-Inhaber und Implementierer kein Vertrag zugunsten Dritter zustande kommt, kann der Implementierer wegen Pflichtverletzungen des SEP-Inhabers klagen und eine gerichtliche Festsetzung von FRAND-Konditionen erwirken. Der SEP-Inhaber kann gegen den Implementierer auf Unterlassung der Patentverletzung und auf Schadensersatz klagen. In *Iwncomm v Sony* wurde dem SEP-Inhaber unter Berücksichtigung des überwiegenden Verschuldens des Implementierers am Scheitern der Vertragsverhandlungen Schadensersatz in dreifacher Höhe zugesprochen.[383]

3. Unterlassungsanspruch

Der Patentinhaber kann bei einer Patentverletzung gem. Art. 60 des chinesischen Patentgesetzes die Patentbehörden ersuchen oder direkt Klage bei einem Bezirksgericht (*People's Court*) erheben. Art. 66 des chinesischen Patentgesetzes regelt die vorläufige Unterlassungsverfügung. Vorläufige Unterlassungsverfügungen werden allerdings selten erlassen, da hohe Anforderungen an den Nachweis irreversibler Nachteile gestellt werden.[384] In SEP-Fällen erging soweit ersichtlich noch keine einstweilige Unterlassungsverfügung.

Die Voraussetzungen des Unterlassungsanspruchs ergeben sich nicht unmittelbar aus dem chinesischen Patentrecht.[385] Unterlassungsansprüche des Patentinhabers können sich aus den generellen Grundsätzen des Privatrechts,

---

[380] *Gao/Yu/Lyytinen*, (2014) 38 Telecommunications Policy 200, 205–07.
[381] Siehe oben, Gliederungspunkt § 1, C., VI.
[382] Vgl. DPMA, Jahresbericht 2021, S. 8, wonach 2021 die meisten Patentanmeldungen im Bereich digitale Kommunikationstechnik mit Wirkung für Deutschland auf China entfielen.
[383] *IWNComm v Sony* (Beijing IP Ct. 2017); ABA, The Current State of SEP Litigation in China.
[384] Vgl. *Cotter*, Comparative Patent Remedies, S. 351; *Zhang*, in: Sikorski (Hrsg.), Patent Injunctions, S. 155, 160: "*in most cases, infringement of a patent can be compensated by monetary damages. Namely, the injury is rarely irreparable*".
[385] *Zhang*, in: Sikorski (Hrsg.), Patent Injunctions, S. 155, 161.

dem Deliktsrecht oder dem Prozessrecht ergeben.[386] Wie in Deutschland prüft das Verletzungsgericht nur die Verletzung des Patents, die Wirksamkeit wird in einem separaten Verfahren geprüft.[387] Bei Zweifeln an der Wirksamkeit des Klagepatents kann der vermeintliche Patentverletzer eine Aussetzung beantragen.[388] Ist das Klagepatent verletzt, wird der Patentverletzung in aller Regel (quasi-automatisch) verurteilt; dem Gericht ist kein Ermessen eröffnet.[389] Handelt es sich beim Klagepatent um ein SEP, ist dessen Schutzumfang jedoch durch nicht verbindliche Richtlinien und die Rechtsprechung des chinesischen *Supreme Court* eingeschränkt.

a) Richtlinien

Die Verfügbarkeit von Unterlassungsansprüchen in SEP-Fällen präzisieren die Richtlinien einiger designierter IP-Gerichte.[390] Nach Art. 24 der Richtlinie des *Supreme People's Court* („SPC") zu Patentverletzungsverfahren („SPC Richtlinie")[391] soll der Unterlassungsklage nicht stattgegeben werden, wenn der SEP-Inhaber seine FRAND-Verpflichtung vorsätzlich verletzt und der Implementierer nicht offensichtlich die Schuld für das Scheitern der Vertragsverhandlungen trägt. Die Formulierung indiziert, dass die Beweislast für die Vertragstreue des SEP-Inhabers bei ihm selbst liegt, was Implementierer begünstigt.[392] Entsprechende Vorgaben finden sich in den Richtlinien des *Bejing High People's Court* („BHPC" bzw. „BHPC-Richtlinie")[393] und des *Guandong High People's Court* („GHPC" bzw. „GHPC-Richtlinie")[394]. Nach Art. 152 BHPC-Richtlinie und Art. 12 GHPC-Richtlinie haben die Gerichte zu prüfen, ob der SEP-Inhaber sich FRAND-konform verhalten hat und ob den Implementierer ein Mitverschulden trifft.

---

[386] Näher *Zhang*, in: Sikorski (Hrsg.), Patent Injunctions, S. 155, 156.

[387] *Bian*, (2018) 33 Berkeley Tech L.J. 413, 417; *Pattloch*, in: Heath (Hrsg.), Patent Enforcement Worldwide (2015), Rn 2.

[388] Näher *Pattloch*, in: Heath (Hrsg.), Patent Enforcement Worldwide (2015), Rn. 106–09.

[389] *Bian*, (2018) 33 Berkeley Tech L.J. 413, 437; *Pattloch*, in: Heath (Hrsg.), Patent Enforcement Worldwide (2015), Rn. 128.

[390] Seit 2014 gibt es drei designierte IP-Gerichte in Peking, Shanghai und Guangzhou; 2016 kamen vier weitere in Nanjing, Suzhou, Wuhan und Chengdu hinzu, näher *Tang*, (2019) 27 Asia Pacific L.R. 176, 179–80; *Zhang*, in: Sikorski (Hrsg.), Patent Injunctions, S. 155, 157.

[391] Interpretation of the Supreme People's Court on Several Issues Concerning the Application of Law in the Trial of Patent Infringement Cases (2016).

[392] *Lee*, (2016) 19 Vand. J. Ent. & Tech. L. 37, 66.

[393] Bejing High People's Court Guidelines on Patent Infringement (2017).

[394] Guandong High People's Court Guidelines on SEP cases.

Den SEP-Inhaber trifft die Pflicht, Art und Ausmaß der Patentverletzung anzuzeigen und dem Implementierer, nachdem dieser seine Lizenzbereitschaft erklärt hat, Informationen über die Patente und über „spezifische Lizenzbedingungen"[395] bzw. eine „Anspruchsvergleichsübersicht"[396] bereitstellen. Damit scheinen Vergleichslizenzen und *Claim Charts* gemeint, zumal der Implementierer gegebenenfalls gehalten ist, ein NDA zu unterzeichnen.[397] Zudem soll der SEP-Inhaber die konkreten Lizenzgebühren und deren Berechnung anzeigen.[398] Im Übrigen ähnelt das in den Richtlinien vorgeschlagene Verhaltensprogramm dem vom EuGH in *Huawei/ZTE* entwickelten Leitbild zielgerichteter Verhandlungen. Die chinesischen Gerichte scheinen den SEP-Inhaber allerdings in einer Art Vorleistungspflicht zu sehen. Scheitert die Einigung und hat der SEP-Inhaber seine Pflicht zur redlichen Teilnahme an den Vertragsverhandlungen verletzt, ist der Unterlassungsanspruch nur durchsetzbar, wenn den Implementierer ein offensichtliches Verschulden am Scheitern der Verhandlungen trifft.[399]

Bei der Prüfung, wen das Verschulden trifft, haben die Gerichte zu prüfen, inwieweit sich beide Parteien redlich am Verhandlungsprozess beteiligt haben. Die Treuepflicht zum Hinwirken auf eine Einigung ergibt sich offenbar aus dem Umstand, dass die Patente standardessentiell sind.

b) Rechtsprechung

In einigen Fällen wird dem Unterlassungsbegehren des Patentinhabers auch bei der Verletzung eines wirksamen Patents nicht stattgegeben. Das ist der Fall, wenn dessen Durchsetzung öffentlichen Interessen zuwiderläuft; der Patentinhaber unredlich handelt oder bösgläubig ist oder wenn ein Anspruch auf Erteilung einer Zwangslizenz besteht.[400] Bei SEPs sei der Unterlassungsanspruch nur durchsetzbar, wenn den Implementierer ein offensichtliches oder zumindest überwiegendes Verschulden am Scheitern der Verhandlungen trifft.[401]

Chinesische Gerichte haben wegen der damit einhergehenden Beeinträchtigung öffentlicher Interessen gegenüber Betreibern von

---

[395] Art. 152 Nr. 2 BHPC-Richtlinie.
[396] Art. 13 Nr. 2 GHPC-Richtlinie.
[397] Art. 14 Nr. 2 GHPC-Richtlinie
[398] Art. 13 Nr. 3 GHPC-Richtlinie.
[399] Art. 153 BHPC-Richtlinie; Art. 12 Nr. 1 GHPC-Richtlinie.
[400] Näher *Zhang*, in: Sikorski (Hrsg.), Patent Injunctions, S. 155, 162–68.
[401] *Huawei v Samsung*, 2016 Yue 03 Min Chu No. 840 (Shenzhen Interm. Ct. 2016); vgl. *Contreras u.a.*. in: Biddle u.a. (Hrsg.), Patent Remedies, S. 160, 187; *Gao*, (2020) 21 Colum. Sci. & Tech. L.R. 446, 458–59; *Lee/Jong*, in: Liu/Hilty (Hrsg.) SEPs, SSOs and FRAND, S. 127, 135–36.

Infrastruktureinrichtungen trotz einer Patentverletzung von einer Verurteilung auf Unterlassung abgesehen. Die entschiedenen Fälle betrafen z.b. einen Flughafen-[402] und einen Kraftwerkbetreiber,[403] die bei dem Erwerb der das Patent verletzenden Technologie jeweils in gutem Glauben waren. Die Rechtsprechung zu SEP-Fällen ist noch überschaubar. Anknüpfungspunkte für einen FRAND-Einwand im chinesischen Recht sind das allgemeine Vertragsrecht und das Kartellrecht.

4. Vertragsrecht

In *IWNComm v Sony* und *Huawei v Samsung* haben die Gerichte Unterlassungsklagen gegen Implementierer stattgegeben.[404] In beiden Fällen untersuchten die Gerichte unter den Gesichtspunkten von Treu und Glauben, ob die Parteien auf eine Einigung hingewirkt hatten. Dabei wurde jeweils dem Implementierer ein überwiegendes Mitverschulden für das Scheitern der Vertragsverhandlungen attestiert.[405] In *IWNComm v Sony* scheint diese Feststellung von dem Umstand, dass sich *Sony* weigerte, ein NDA zu unterzeichnen, getragen zu sein.[406] Der *Guandong Province Shenzhen Intermediate People's Court* bewertete bei der Klärung der Frage, welche Partei die Schuld am Scheitern der Vertragsverhandlungen trägt, auch die Stärke der streitgegenständlichen Portfolios.[407] In *Huawei v Samsung* wurde das Verschulden des Implementierers mit einem FRAND-konformen Angebot des SEP-Inhabers begründet, das der Implementierer abgelehnt hatte.[408]

In dem Rechtsstreit *Huawei v InterDigital* machte *Huawei* zwei separate Verfahren anhängig. Im ersten Verfahren warf der klagende Implementierer dem SEP-Inhaber (*InterDigital*) vor, sowohl im Rahmen der

---

[402] *Zuhai Jingyi Glass Engineering v Guangzhou Baiyun Int. Airport*, 2004 Sui Zhong Fa Min San Zhi Chu Zi No. 581 (Guangzhou Municipal Interm. Ct. 2004), zit. nach *Zhang*, in: Sikorski (Hrsg.), Patent Injunctions, S. 155, 162.

[403] *Wuhan Jingyuan Environmental Engineering v Kubota Kasui and Huayang Electric Power*, 2008 Min San Zhong Zi No. 8 (Supreme People's Ct. 2008), zit. nach *Zhang*, in: Sikorski (Hrsg.), Patent Injunctions, S. 155, 164; *Cotter*, Patent Remedies, S. 438–39.

[404] *IWNComm v Sony* (Beijing IP Ct. 2017); *Huawei v Samsung*, 2016 Yue 03 Min Chu No. 840 (Shenzhen Interm. Ct. 2016).

[405] *Huawei v Samsung*, 2016 Yue 03 Min Chu No. 840 (Shenzhen Interm. Ct. 2016), vgl. *Contreras u.a.* in: Biddle u.a. (Hrsg.), Patent Remedies, S. 160, 187; *Gao*, (2020) 11 Colum. Sci. & Tech. L.R. 446, 458-59; *Lee/Jong*, in: Liu/Hilty (Hrsg.), SEPs, SSOs and FRAND, S. 127, 135–36.

[406] *Liu/Zhang*, in: Liu/Hilty (Hrsg.), SEPs, SSOs and FRAND, S. 379, 389.

[407] *Huawei v Samsung*, 2016 Yue 03 Min Chu No. 840 (Shenzhen Interm. Ct. 2016) zit. nach *Zhang*, in: Sikorski (Hrsg.), Patent Injunctions, S. 155, 175.

[408] *Huawei v Samsung*, 2016 Yue 03 Min Chu No. 840 (Shenzhen Interm. Ct. 2016) zit. nach *Huawei v Samsung*, 2018 WL 1784065, *3 (N.D. Cal. 2018).

Vertragsverhandlungen als auch mit der Erhebung einer auf Unterlassung und Schadensersatz gerichteten Klage in den Vereinigten Staaten seine FRAND-Verpflichtung verletzt zu haben. Zusätzlich begehrte *Huawei* die gerichtliche Festsetzung der FRAND-Konditionen.[409]

Bei den streitgegenständlichen Patenten handelte es sich um ETSI-SEPs. Das Gericht beurteilte eine etwaige vertragliche Bindung der Parteien trotzdem nicht nach französischem, sondern nach chinesischem Recht. Erstens handele es sich bei den Patenten gleichzeitig um SEPs am chinesischen TD-SCDMA-Standard der SAC, weshalb chinesisches Recht anwendbar sei.[410] Zweitens sei China die sachnähere Jurisdiktion, da es um chinesische Patente gehe und sowohl die behaupteten Patentverletzungen als auch die Lizenzverhandlungen in China stattgefunden hatten.[411] Unter Anwendung chinesischen Rechts kam das Gericht zu dem Ergebnis, dass die FRAND-Erklärung des SEP-Inhabers keine Drittwirkung habe.[412] Spätere Entscheidungen sind dem beigetreten.[413]

Aus den Entscheidungen geht nicht eindeutig hervor, ob sich die Pflicht zum fairen und redlichen Verhandeln auch aus einer vorvertraglichen Pflicht ergibt. Einige Autoren verweisen darauf, dass die Pflicht zum redlichen Verhandeln und der Achtung der Grundsätze von Treu und Glauben ein Grundpfeiler des chinesischen Privatrechts sei und verorten die Pflicht daher im Vertragsrecht.[414] In zwei neueren Entscheidung stellte der SPC explizit fest, dass es sich bei der Untersuchung, ob die Parteien redlich verhandelt haben, primär um eine vertragsrechtliche Frage handele.[415] Demgegenüber seien die Fragen, ob der Implementierer Patente verletzt habe und ob es sich dabei um SEPs handelt, nach Patentrecht zu beurteilen. Jedenfalls wenn der Kläger die

---

[409] *Huawei v Interdigital*, 2013 Yue Gao Fa Min San Zhong Zi No. 305 (Guangdong High Ct. 2013).

[410] *Guangliang*, (2014) 2 China Legal Science, 3, 7. Die Patente waren gleichzeitig standardessentiell für den WCDMA (ETSI) und den TD-SCDMA (SAC) Standard. Beide Standards basieren zu ca. 80% auf den gleichen Patenten.

[411] Vgl. *Sokol/Zeng*, in: Contreras (Hrsg.), Cambridge Handbook, S. 306, 315–16.; *Tsang/Lee*, (2019) 59 Virg. J. of Int. Law 220, 282, jeweils m.w.N.

[412] Vgl. *Gao*, (2020) 11 Colum. Sci. & Tech. L.R. 446, 462–63; *Lee*, (2016) 19 Vand. J. Ent. & Tech. L. 37, 53.

[413] Vgl. *Gao*, (2020) 11 Colum. Sci. & Tech. L.R. 446, 462.

[414] *Guo*, (2019) 18 Marshall Rev. IP L. 258, 271; *Huawei v InterDigital*, 2013 Yue Gao Fa Min San Zhong Zi No. 305 (Guangdong High Ct. 2013), zit. nach *Lee/Jong*, in: Liu/Hilty (Hrsg.), SEPs, SSOs and FRAND, S. 127, 134. Nach *Lee*, (2016) 19 Vand. J. Ent. & Tech. L. 37, 41–42, handelt es sich um eine rechtsgebietsunabhängige und -übergreifende, generell anerkannte Rechtspflicht.

[415] *Oppo v Sharp*, 2020 Zui Gao Fa Zhi Min Xia Zhong No. 517, S. 11 (Supreme People's Ct. 2021); *Oppo v Nokia* (Supreme People's Ct. 2022).

Festsetzung von Lizenzbedingungen beabsichtigt, liege der Schwerpunkt des Streits im Vertragsrecht.[416]

5. Kartellrecht

Seit 2008 ist das Anti-Monopol Gesetz (*Anti-Monopoly Law*, „AML") in Kraft, das u.a. wettbewerbsbeschränkende Vereinbarungen und den Missbrauch von Marktmacht untersagt. Am 24. Juni 2022 hat der Kongress der Volksrepublik China eine neue Fassung des AML beschlossen, die zum 1. August 2022 in Kraft trat. In Art. 14-16 AML sind explizit missbräuchliche Praktiken von SEP-Inhabern adressiert. Insbesondere stellt Art. 16 Abs. 3 AML klar, dass der SEP-Inhaber missbräuchlich handelt, wenn er entgegen seiner Verpflichtung zur Lizenzvergabe zu FRAND-Bedingungen eine Unterlassungsklage gegen den Implementierer erhebt.

Für die Kartellrechtsdurchsetzung sind verschiedene staatlicher Stellen zuständig, für den Marktmachtmissbrauch die *„National Development and Reform Commission"* („NDRC") und die *„State Aministration of Industry and Commerce"* („SAIC"). Sofern der Standard zur Tätigkeit auf einem nachgelagerten Produktmarkt unerlässlich ist, begründet jedes einzelne SEP ein Monopol seines Inhabers.[417] Die SAIC erließ bereits 2015 Regelungen zur Prüfung des Missbrauchs von IP-Rechten. In Art. 13 AML finden sich Bestimmungen für standardessentielle Patente. Bei diesen sei es missbräuchlich, relevante Informationen im Standardsetzungsverfahren geheim zu halten, um Implementierer des Standards nach dessen Verbreitung in Anspruch zu nehmen (*patent ambush*). Zweitens sei – ungeachtet des Verhaltens im Standardisierungsverfahren – die spätere Forderung überhöhter, nicht FRAND-konformer Lizenzbedingungen missbräuchlich.[418] Eine private Kartellrechtsdurchsetzung vor staatlichen Gerichten ist ebenfalls möglich.[419]

Als missbräuchliche Verhaltensweisen beanstandete das Gericht in *Huawei v InterDigital (II)* erstens die Forderung über FRAND liegender Konditionen

---

[416] *Oppo v Sharp*, 2020 Zui Gao Fa Zhi Min Xia Zhong No. 517, S. 11 (Supreme People's Ct. 2021); *Oppo v Nokia* (Supreme Peoples Ct. 2022).

[417] *Huawei v InterDigital*, 2013 Yue Gao Fa Min San Zhong Zi No. 305 (Guangdong High Ct. 2013); *Guangliang*, (2014) 2 China Legal Science 3, 8, 27; *Hou/Tian*, in: Liu/Hilty (Hrsg.), SSOs, SEPs and FRAND, S. 232, 244-45; *Zhang*, in: Sikorski (Hrsg.), Patent Injunctions, S. 155, 170.

[418] SAIC, Regulation on the Prohibition of Abusing Intellectual Property Rights to Eliminate or Restrict Competition", SAIC Order Nr 74, 2015, vgl. *Hou/Tian*, Liu/Hilty (Hrsg.), SSOs, SEPs and FRAND, S. 232, 243.

[419] Näher *Dai/Deng/Jung*, (2017) 62 Antitrust Bulletin 453, 454, 461–62; *Sokol/Zeng*, in: Contreras (Hrsg.), Cambridge Handbook, S. 306, 307-08.

und zweitens ein im Ausland eingeleitetes Patentverletzungsverfahren.[420] Dass die vom SEP-Inhaber angebotene Lizenz FRAND-widrig sei, machte das Gericht an Lizenzverträgen zu günstigeren Konditionen, die *InterDigital* u.a. mit *Apple* und *Samsung* geschlossen hatte, fest.

6. Festsetzung von FRAND-Konditionen

Bis 2020 haben chinesische Gerichte nur festgesetzt, welche Konditionen für ein den chinesischen Markt abdeckendes Portfolio FRAND sind.[421] Nachdem sich der *High Court* 2017 auch ohne die vorherige Einwilligung beider Parteien für die Bestimmung der Konditionen einer weltweiten Lizenz zuständig erklärte, beanspruchen chinesische Gerichte nun ebenfalls die Zuständigkeit, die Gebühren weltweit festzusetzen. Mit Urteil vom 16.10.2020 setzte der *Shenzhen People's Intermediate Court* in *Oppo v Sharp* als erstes chinesisches Gericht die Konditionen einer weltweiten Lizenz fest.[422] Ein Jahr später bestätigte der SPC die Entscheidung.[423] Mittlerweile haben mehrere chinesische Gerichte ihre Zuständigkeit zur Bestimmung weltweiter FRAND-Gebühren bejaht.[424] Bei der Ermittlung der Konditionen berücksichtigen chinesische Gerichte den Wert und Nutzen einzelner SEPs bzw. von Patentfamilien.[425] Dennoch qualifiziert der SPC das Verfahren zur Festsetzung der Lizenzkonditionen als Vertragsstreitigkeit.

7. Anmerkungen

Der Unterlassungsanspruch setzt voraus, dass der SEP-Inhaber ein überwiegendes Verschulden des Implementierers am Scheitern der

---

[420] Huawei Jishu Youxian Gongsi Su Jiaohu Shuzi Tongxin Youxian Gongsi, 2013 Yue Gao Fa Min San Zhong Zi No. 305 (Guangdong High Ct. 2013); *Guangliang*, (2014) 2 China Legal Science, 28-30; *Lee/Jong*, in: Liu/Hilty (Hrsg.), SEPs, SSOs and FRAND, S. 127, 135; *Sokol/Zeng*, in: Contreras (Hrsg.), Cambridge Handbook, S. 306, 316.

[421] Vgl. *Huawei v InterDigital*, 2013 Yue Gao Fa Min San Zhong Zi No. 305 (Guangdong High Ct. 2013).

[422] *Oppo v Sharp*, 2020 Yue 03 Min Chu No. 689 (Shenzhen Interm. Ct. 2020).

[423] *Oppo v Sharp*, 2020 Zui Gao Fa Zhi Min Xia Zhong No. 517 (Supreme People's Ct. 2021).

[424] Vgl. *Xiaomi v InterDigital*, 2020 E 01 Zhi Min Chu No. 169 (Wuhan Interm. Ct. 2020), S. 6; weitere Verfahren sind anhängig. Etwa hat *ZTE* bei dem Shenzhen Intermediate People's Court die Bestimmung der FRAND-Konditionen eines weltweiten Portfolios beantragt, vgl. *Wu*, Encountering Chinese SEP litigation in foreign jurisdictions, Managing IP, 21.4.2021; *Oppo* klagte auf Festsetzung der Bedingungen eines weltweiten Lizenzvertrages für ein *Nokia*-Portfolio, vgl. *Nokia v Oneplus* [2022] EWCA Civ 947, [23].

[425] *Huawei v InterDigital*, 2013 Yue Gao Fa Min San Zhong Zi No. 305 (Guangdong High Ct. 2013), zit. nach *Wu*, Encountering Chinese SEP litigation in foreign jurisdictions, Managing IP, 21.4.2021; *Hou/Tian*, in: Contreras (Hrsg.), Liu/Hilty (Hrsg.), SSOs, SEPs and FRAND, S. 232, 240.

Vertragsverhandlungen nachweist. Die Inanspruchnahme lizenzwilliger Implementierer und die Forderung über FRAND liegender Lizenzgebühren kann außerdem einen Marktmachtmissbrauch darstellen. Ferner können Implementierer in China auf die Feststellung der FRAND-Gebühren weltweiter Lizenzen klagen. Dabei scheinen chinesische Gerichte eher niedrige Lizenzgebühren für FRAND zu halten.[426] Die Einschränkungen des Unterlassungsanspruchs für SEPs sowie die Möglichkeit, die Festsetzung im weltweiten Vergleich niedriger FRAND-Konditionen zu erwirken, begünstigen Implementierer.

II. Japan

In Japan gibt es noch wenig Rechtsprechung zu SEP/FRAND-Streitigkeiten. Allerdings hat sich der *IP High Court* in dem Rechtsstreit *Apple v Samsung* gleich in mehreren Entscheidungen zur FRAND-Problematik positioniert.

1. Rechtsschutzmöglichkeiten

Nach Art. 100 des japanischen Patentgesetzes hat der Patentinhaber einen Unterlassungsanspruch, wenn das Patent verletzt wird oder zukünftige Patentverletzungen wahrscheinlich sind. Ähnlich wie im deutschen Recht begründet die Patentverletzung damit grundsätzlich einen Unterlassungsanspruch.[427] Für den Erlass einer einstweiligen Unterlassungsverfügung muss der Verfügungskläger glaubhaft machen, dass deren Erlass zum Schutz vor irreversiblen oder hohen Schäden notwendig ist.[428]

Das japanische Recht erkennt Ausnahmen an, in denen trotz der Verletzung eines wirksamen Patents der Unterlassungsanspruch nicht durchsetzbar ist. Neben einem patentrechtlichen Zwangslizenzeinwand, der in SEP-Streitigkeiten keine Rolle spielt, ist die Rechtsdurchsetzung ausgeschlossen, wenn diese missbräuchlich wäre. Der Einwand findet seine Stütze in § 1 des japanischen BGB. Danach müssen private Rechte im Einklang mit dem Gemeinwohl stehen (Abs. 1) und in gutem Glauben ausgeübt werden (Abs. 2). Die missbräuchliche Rechtsausübung ist verboten (Abs. 3).

Der Einwand der missbräuchlichen Rechtsausübung wurde erstmals in der *Kilby*-Entscheidung relevant. In dem Verfahren hatte der Beklagte ein mit hoher Wahrscheinlichkeit unwirksames Patent verletzt. Der Beklagte konnte die

---

[426] Vortrag "Transplanting Anti-Suit-Injunctions" von *Contreras/Yu/Yang* auf der AT-RIP-Konferenz am 8.11.2021.
[427] *Rademacher*, in: Sikorski (Hrsg.), Patent Injunctions, S. 223–24; *Suzuki*, in: Liu/Hilty, SSOs, SEPs and FRAND, S. 191–92; vgl. ausführlich und mit einer Übersetzung von Art. 100 des japanischen Patentgesetzes *Tamura*, in: FS Rojahn (2021), 199.
[428] Näher *Rademacher*, in: Sikorski (Hrsg.), Patent Injunctions, S. 223, 226–27.

Unwirksamkeit des verletzten Patents aber nicht einwenden, da nur die japanische Patentbehörde (JPO) zur Entscheidung über die Wirksamkeit japanischer Patente zuständig war. Dennoch urteilte das Gericht, dass die Durchsetzung eines wahrscheinlich unwirksamen Patents eine missbräuchliche Rechtsausübung darstellt.[429] Ansonsten wurde der Einwand der missbräuchlichen Rechtsausübung nur in der FRAND-Streitigkeit zwischen *Samsung* und *Apple* erfolgreich erhoben.[430]

2. Missbräuchliche Rechtsausübung: FRAND-Einwand

In *Apple v Samsung* haben der *Tokyo District Court* und der *IP High Court* in mehreren Verfahren über die Auswirkung der FRAND-Verpflichtungserklärung auf den patentrechtlichen Unterlassungsanspruch entschieden. Vor allem die Entscheidungen des *IP High Court* sind sehr ausführlich begründet. Dieser kam zu dem Ergebnis, dass die FRAND-Verpflichtungserklärung nach maßgeblichem französischen Recht weder ein bindendes Angebot[431] noch einen Vertrag zugunsten Dritter (*stipulation pour autrui*) darstellt.[432] Gleichwohl handele der Inhaber eines SEP missbräuchlich, wenn er einen Unterlassungsanspruch gegen einen lizenzwilligen Implementierer geltend macht. Anderenfalls drohe ein übermäßiger Schutz des SEP-Inhabers: Mit Abgabe der FRAND-Verpflichtungserklärung schafft dieser ein schutzwürdiges Vertrauen der Marktgegenseite in die Verfügbarkeit von Lizenzen. Dass der Implementierer eine patentierte Technologie ohne Lizenz nutzt, ändere nichts an dessen Schutzwürdigkeit. Erstens sei dieser ansonsten gezwungen, entweder eine Lizenz zu ungünstigen Bedingungen zu akzeptieren oder vorübergehend keine Produkte herzustellen oder zu vertreiben, die den Standard implementieren. Zweitens sei es bei Standards, die tausende SEPs von vielen verschiedenen SEP-Inhabern umfassen kaum möglich, vor Markteinführung eines Produktes Lizenzen mit allen SEP-Inhabern auszuhandeln bzw. die Essentialität sämtlicher SEPs zu prüfen.[433]

---

[429] Supreme Court, Decision of April 11, 2000, Case No. Hei 10 (o) 364; Tokyo District Court, Decision of August 31, 1994, Case No. Hei 3 (wa) 9782, vgl. *Rademacher*, in: Sikorski (Hrsg.) Patent Injunctions, S. 223, 233.

[430] *Rademacher*, in: Sikorski (Hrsg.), Patent Injunctions, S. 223, 233–34.

[431] *Apple v Samsung*, IP High Court, Decision of May 16, 2014, Case No. Hei 25 (ne) 10043, S. 111–12; für eine dt. Zusammenfassung vgl. GRUR Int. 2015, 142.

[432] *Apple v Samsung*, IP High Court, Decision of May 16, 2014, Case No. Hei 25 (ne) 10043, S. 114.

[433] *Samsung v Apple*, IP High Court, Decision of May 16, 2014, Case. No. Hei 25 (ra) 10008, S. 24.

Könnte der SEP-Inhaber seinen Unterlassungsanspruch gegen lizenzwillige Implementierer durchsetzen, hielte dies Implementierer von der Nutzung wichtiger Technologien ab und schade dem technischen Fortschritt und der Verbraucherwohlfahrt.[434] Die Nutzung von Standards würde deutlich erschwert oder sogar unwirtschaftlich. Das widerspreche dem Zweck des ETSI bzw. der ETSI IPR-Policy, die auf eine breite Verfügbarkeit von Standards und einen Interessenausgleich hinwirke.[435] Ein SEP-Inhaber könne seinen Unterlassungsanspruch daher nur gegenüber nicht lizenzwilligen Implementierern durchsetzen. Das Gericht stellte fest, dass die von *Apple* unterbreiteten Gegenangebote nicht unvernünftig waren und *Apple* somit kein *unwilling licensee* gewesen sei.[436]

Auch in *OneBlue* hielt das Gericht die vom SEP-Inhaber bzw. einem Lizenzverwalter/Patentpool gegen einen nicht lizenzunwilligen Implementierer erhobene Unterlassungsklage für missbräuchlich.[437] Das Gericht verlangte eine positive Feststellung der Lizenz*un*willigkeit. Obwohl infolge erheblicher Meinungsverschiedenheiten über den Inhalt von FRAND nach mehreren Jahren keine Einigung zustande kam, konnte das Gericht keine Lizenzunwilligkeit des Implementierers feststellen.[438]

3. Schadensersatz bei Verletzung eines SEP

Neben dem Unterlassungsanspruch machte Samsung einen Anspruch auf Schadensersatz für die Patentverletzung geltend. In erster Instanz scheiterte *Samsung* in vollem Umfang. Da sich *Apple* als lizenzwilliger Implementierer erwiesen hatte, war die Geltendmachung des Schadensersatzanspruchs rechtsmissbräuchlich und durch § 1 Abs. 3 des japanischen BGB ausgeschlossen.[439] Der IP High Court ging zwar ebenfalls davon aus, dass *Apple* ein lizenzwilliger Implementierer war, sprach *Samsung* aber Schadensersatz zu. Lediglich die Geltendmachung eines über FRAND-Konditionen liegenden Schadensersatzes

---

[434] *Samsung v Apple*, IP High Court, Decision of May 16, 2014, Case. No. Hei 25 (ra) 10008, S. 23, 25.

[435] *Samsung v Apple*, IP High Court, Decision of May 16, 2014, Case. No. Hei 25 (ra) 10008, S. 25.

[436] *Samsung v Apple*, IP High Court, Decision of May 16, 2014, Case. No. Hei 25 (ra) 10008, S. 26–27; *Apple v Samsung*, Tokyo District Court, Decision of February 28, 2013, Case No. Hei 23 (wa) 38969, S. 83–84.

[437] *Imation v OneBlue*, Tokyo District Court, Decision of February 18, 2015, Case No. Hei 25 (wa) 21383.

[438] Näher *Suzuki*, Legal Issues Concerning SEPs, S. 4.

[439] *Apple v Samsung*, Tokyo District Court, Decision of February 28, 2013, Case No. Hei 23 (wa) 38969, S. 80–87.

sei missbräuchlich. Mache der Implementierer einen höheren Anspruch geltend, sei dieser vom Gericht auf eine FRAND-konforme Höhe anzupassen.[440]

Zur Berechnung der Schadenshöhe ermittelte das Gericht die FRAND-Konditionen für die durch die von *Apple* vertriebenen Produkte verletzten Patente. Dabei beurteilte das Gericht nicht den technischen Nutzen einzelner Patente, sondern ermittelte den Wert des Standards. Davon ausgehend berechnete es nach dem *top down*-Ansatz den rein quantitativen Anteil der Samsung SEPs am UMTS-Standard.[441]

4. Anmerkungen

Die ausführliche Begründung des *IP High Court* zeigt, dass dieser SEPs wegen der damit verbundenen Marktmacht anders als herkömmliche Patente behandelt. Die Einschränkung erfolgt bereits im Patentrecht bzw. über allgemeine zivilrechtliche Grundsätze. Das Kartellrecht blieb weitgehend unberücksichtigt. Von der Entscheidung des *IP High Court* ausgehend scheint der Implementierer in Japan seine Lizenzbereitschaft bereits durch ein nicht offensichtlich FRAND-widriges (Gegen-)Angebot beweisen zu können.

Obwohl bis auf die dargestellten Entscheidungen keine weitere Rechtsprechung zu SEP-Fällen ersichtlich ist, ist die Diskussion über durch FRAND-Streitigkeiten aufgeworfenen Probleme in vollem Gange. Das JPO veröffentlichte 2018 einen Leitfaden zu Lizenzverhandlungen über SEPs.[442] Ebenfalls 2018 veröffentlichte das JPO ein Gutachten zur Bewertung der Essentialität von Patenten.[443] In dem Gutachten untersucht das JPO die weltweite Rechtsprechung zu SEP-Streitigkeiten. Im März 2022 veröffentlichte auch das japanische Wirtschaftsministerium eine Anleitung für zielgerichtete Lizenzverhandlungen in SEP-Fällen.[444] Im Wesentlichen gibt die Anleitung das *Huawei/ZTE*-Verhaltensprogramm in wenig konkreter Form wieder.

---

[440] *Apple v Samsung*, IP High Court, Decision of May 16, 2014, Case No. Hei 25 (ne) 10043, S. 121, 123.

[441] *Apple v Samsung*, IP High Court, Decision of May 16, 2014, Case No. Hei 25 (ne) 10043, S. 130–38.; näher *Suzuki*, in: Liu/Hilty (Hrsg.), SSOs, SEPs and FRAND, S. 191, 207.

[442] JPO, Guide to Licensing Negotiations Involving SEPs, 2020.

[443] JPO, Advisory Opinion („Hantei") for Essentiality Check.

[444] METI, Good Faith Negotiation Guidelines for Standard Essential Patent Licenses.

G. Funktionaler Vergleich

Den Eindruck, dass sich die Rechtsdurchsetzung in unterschiedlichen Jurisdiktionen trotz grundsätzlicher Einigkeit darüber, dass für SEPs besondere Anforderungen gegenüber herkömmlichen Patenten gelten, erheblich unterscheidet, verstärkt ein in die typischen Streitfragen untergliederter Rechtsvergleich.

I. Unterlassungsanspruch

Das deutsche Patentrecht stellt an einen Unterlassungsanspruch vergleichsweise geringe Anforderungen. Wegen der Größe des deutschen Marktes kann von einer in Deutschland drohenden oder erlassen Verurteilung ein hoher Druck ausgehen. Mit dem starken Schutz des Patents durch quasi-automatische Unterlassungsanordnungen, die ohne eine Prüfung der Verhältnismäßigkeit ergehen, geht das deutsche Recht allerdings keinen Sonderweg. In anderen *civil law*-Jurisdiktionen genießt das Patent ebenfalls einen stärkeren Schutz als in *common law*-Jurisdiktionen, die den Erlass einer *injunction* auch bei der Verletzung eines wirksamen Patents in das Ermessen des Gerichts stellen.[445] Grob lassen sich die untersuchten Jurisdiktionen folgendermaßen einteilen, wobei wesentliche Faktoren wie die Erfolgsquote von Klägern im erstinstanzlichen Verfahren; die Vollstreckbarkeit erstinstanzlicher Urteile sowie Verfahrenskosten[446] und -dauer[447] noch unberücksichtigt sind:

Gruppe 1: Trennungsprinzip (*bifurcation*); (Quasi-)automatische Verurteilung bei Patentverletzung	Gruppe 2: Angriff auf Rechtsbestand des Klagepatents im Verletzungsverfahren möglich; kein oder stark eingeschränktes gerichtliches Ermessen	Gruppe 3: Erlass von *injunctions* steht im Ermessen des Gerichts; starke Einschränkung bereits über das Patentrecht
Deutschland China Japan	Frankreich Niederlande England und Wales	Vereinigte Staaten (*eBay v MercExchange*)

---

[445] Vgl. auch den ausführlicheren Rechtsvergleich von *Contreras/Husovec*, in: Ebendiese (Hrsg.), Injunctions in Patent Law, S. 313, 315.
[446] Zu den Verfahrenskosten in SEP/FRAND-Streitigkeiten in verschiedenen Jurisdiktionen vgl. *Baron/Arque-Castells/Léonard/Pohlmann/Sergheraert* (2023), S. 121–34.
[447] Näher *Baron/Arque-Castells/Léonard/Pohlmann/Sergheraert* (2023), S. 148–49.

II. Würdigung der FRAND-Verpflichtungserklärung

Bis auf chinesische und japanische Gerichte haben mittlerweile Gerichte in sämtlichen untersuchten Jurisdiktionen entschieden, dass die ETSI-Verpflichtungserklärung nach dem maßgeblichen französischen Recht einen Vertrag zugunsten lizenzwilliger Implementierer darstellt. Hinsichtlich anderer SSOs ist die Lage weniger eindeutig. Ein unscharfes Bild besteht auch in der Frage, welche Rechte, Pflichten und Obliegenheiten sich für die Parteien aus der ETSI/FRAND-Verpflichtungserklärung ergeben.

Die umfassendsten Rechtsfolgen ergeben sich nach der Interpretation US-amerikanischer Gerichte aus der ETSI-Verpflichtungserklärung. Diese begründe eine Pflicht des SEP-Inhabers zur Abgabe eines FRAND-konformen Angebots.[448] Eine Preiskontrolle erfolgt beinahe ausschließlich über das Vertragsrecht. Das Angebot über FRAND liegender Gebühren wird nur in Ausnahmefällen als kartellrechtswidrig angesehen.[449]

Englische Gerichte interpretieren die ETSI-Verpflichtungserklärung ebenfalls als Vertrag zugunsten lizenzwilliger Dritter. Um als lizenzwillig zu gelten, muss der Implementierer bereit sein, ein Lizenzangebot zu den gerichtlich festgesetzten Konditionen anzunehmen. Englische und US-amerikanische Gerichte leiten aus der vertraglichen FRAND-Verpflichtung umfänglichere Pflichten als aus dem Wettbewerbs- bzw. Kartellrecht her. Das Angebot über dem FRAND-Korridor liegender Konditionen könne einen Verstoß gegen die vertraglichen Verpflichtungen darstellen, ohne wettbewerbswidrig zu sein.[450]

Nachdem deutsche Gerichte eine vertragliche Bindung des SEP-Inhabers durch einen Vertrag zugunsten Dritter zunächst ablehnten, wird in jüngeren Entscheidungen die Einordnung als Vertrag zugunsten Dritter offengelassen oder anerkannt.[451] Die Rechtsfolge reicht aber weniger weit als in den untersuchten *common law*-Jurisdiktionen. Zum einen wird vertreten, dass die ETSI-Verpflichtungserklärung keine erfolgsabhängige Pflicht zur Abgabe eines

---

[448] Vgl. *HTC v Ericsson*, 12 F.4th 476, 492 (5th Cir. 2021); *FTC v Qualcomm*, 969 F.3d 974, 998–99 (Fed. Cir. 2020); *Apple v Qualcomm*, 2017 US Dist. LEXIS 145835, *32, dort Rn. 7 (S.D. Cal., 2017); *TCL v Telefonaktiebologet LM Ericsson*, 2014 WL 12588293, *4 (C.D. Cal. 2014); *Realtek Semiconductor v LSI*, 946 F.Supp.2d 998, 1005 (N.D. Cal. 2013); *In re Innovatio*, 921 F.Supp.2d 903, 923 (N.D. Ill. 2013); vgl. auch *Contreras*, (2015) Utah L.R. 479, 497–98; *Sidak*, (2018) 3 Criterion J. on Innov., 6-7.
[449] *FTC v Qualcomm*, 969 F.3d 974, 997 (9th Cir. 2020).
[450] Vgl. *Unwired Planet v Huawei* [2017] EWHC 711 (Pat), [757]–[766]; *Jacob*, Mitt. 2020, 97, 100.
[451] OLG Karlsruhe GRUR 2020, 166, Rn. 124, 150 – Datenpaketverarbeitung; LG München I GRUR-RS 2020, 50637, Rn. 216–17 – Lizenzverhandlung.

Angebotes zu FRAND-Bedingungen, sondern nur eine Pflicht zum zielgerichteten und ernsthaften Verhandeln begründe.[452] Jedenfalls aber wolle sich der SEP-Inhaber mit seiner ETSI-Verpflichtungserklärung nicht weitreichender als unbedingt notwendig binden. Daher (§§ 133, 157 BGB) liefen etwaige vertragsrechtliche Pflichten mit dem kartellrechtlichen Missbrauchs- und Diskriminierungsverbot gleich.[453] Die Pflicht zur Lizenzierung zu fairen und angemessenen Bedingungen bedeute lediglich, dass die Lizenzbedingungen nicht ausbeuterisch sein dürften.[454]

Gruppe 1: ETSI/FRAND-Verpflichtungserklärung entfaltet keine Rechtsfolgen oder bestätigt kartellrechtliche Pflichten	Gruppe 2:[455] ETSI/FRAND-Verpflichtungserklärung ist schuldschaffend und geht über kartellrechtliche Pflichten hinaus
Deutschland Japan Niederlande	Frankreich England und Wales Vereinigte Staaten

III. Lizenzwilligkeit

Die rechtsvergleichende Betrachtung verdeutlicht, dass und warum die Prüfung der Lizenzwilligkeit und damit der Ausgang von FRAND-Streitigkeiten unter umgekehrten Vorzeichen steht. In den Vereinigten Staaten und in England kommt es entscheidend auf den Inhalt der angebotenen Lizenzbedingungen an, während Gerichte in anderen Jurisdiktionen selten eine ausführliche Prüfung der Angemessenheit von Lizenzangeboten vornehmen und stattdessen primär verhaltensbezogen untersuchen, ob der Implementierer sich lizenzwillig gezeigt hat.

---

[452] LG München I GRUR-RS 2020, 22577, Rn. 177 – LTE-Standard; Busse/Keukenschrijver/*McGuire*, PatG § 24, Rn. 110; *L. Tochtermann*, GRUR 2020, 905, 911; *P. Tochtermann*, GRUR 2021, 377, 379–80, 382.
[453] LG München I GRUR-RS 2020, 50637, Rn. 216-17 – Lizenzverhandlung; *Kühnen*, HdB. Patentverletzung, Kap. E, Rn. 408–09, 419.
[454] LG Düsseldorf GRUR-RS 2021, 50360, Rn. 170 – Bildrekonstruierung; Urt. v. 27.08.2020, Az. 4b O 30/18, Rn. 311 (n.v., Fn. 75); *Kühnen*, HdB. Patentverletzung, Kap. E, Rn. 408–09, 419.
[455] Die Haltung der chinesischen Rechtsprechung ist unklar, vgl. oben, Gliederungspunkt § 2, F., I, 4. In älteren Entscheidungen nahmen die mittleren Volksgerichte an, dass die Verpflichtungszusage keine vertragliche Bindung auslöse. Hingegen ordnete der SPC die Frage, ob die Parteien redlich verhandelten, primär dem Vertragsrecht zu.

1. Fokus auf inhaltlicher FRAND-Gemäßheit

Die geringste Bedeutung hat die Prüfung der Lizenzwilligkeit in den Vereinigten Staaten. Der Unterlassungsanspruch besteht nur, wenn der Implementierer offenkundig lizenzunwillig ist. Es ist keine Entscheidung ersichtlich, in der ein Implementierer wegen seines Verhaltens im Laufe der Vertragsverhandlungen als *unwilling licensee* angesehen wurde. Das Verhalten der Parteien im Verhandlungsprozess wird selten näher untersucht. Der Fokus liegt auf der Feststellung, welche Bedingungen inhaltlich und wirtschaftlich FRAND sind.

Englische Gerichte beurteilen sowohl im Lichte des Vertrags- als auch im Lichte des Kartellrechts, ob der Implementierer ein *willing licensee* ist. Dabei wird das Verhalten beider Parteien im Verhandlungsprozess ausführlich untersucht.[456] Letztlich scheint es aber primär darauf anzukommen, ob die Parteien mit einer gerichtlichen Festsetzung der Gebühren eines weltweiten Portfolios einverstanden sind. Ungeachtet ihres vorherigen Verhaltens werden sie ansonsten als lizenzunwillig angesehen.[457] Der Schwerpunkt liegt damit ebenfalls auf der inhaltlichen Bestimmung, was FRAND ist, und nicht auf dem Verhalten der Parteien im Verhandlungsprozess.

2. Fokus auf Parteiverhalten

In den übrigen Jurisdiktionen wird primär verhaltensbezogen untersucht, ob der Implementierer ein *willing licensee* ist. Eine inhaltliche Prüfung der Angebote erfolgt nur eingeschränkt und ist überwiegend auf eine formale Prüfung beschränkt. Damit hängt der Ausgang von FRAND-Streitigkeiten auch von der Verteilung der Darlegungs- und Beweislast ab, da typischerweise beide Seiten nur eingeschränkt kompromissbereit sind und ein Mitverschulden an der gescheiterten Einigung tragen.

Der EuGH hat in *Huawei/ZTE* grobe Anhaltspunkte vorgegeben. Insbesondere forderte der EuGH vom SEP-Inhaber das Angebot FRAND-gemäßer Konditionen:

> *„[Es] obliegt dem Patentinhaber, dem angeblichen Verletzer, nachdem dieser seinen Willen zum Ausdruck gebracht hat, einen Lizenzvertrag zu FRAND-Bedingungen zu schließen, gemäß seiner gegenüber der Standardisierungsorganisation übernommenen Verpflichtung ein konkretes schriftliches Lizenzangebot zu FRAND-Bedingungen zu unterbreiten und insbesondere die Lizenzgebühr sowie die Art und Weise ihrer Berechnung anzugeben."*[458]

---

[456] *Unwired Planet v Huawei* [2017] EWHC 711 (Pat), [690]–[755].
[457] Vgl. *Optis v Apple* [2021] EWHC 2564 (Pat), [301], [338].
[458] EuGH, Urt. v. 16.7.2015, C–170/13, EU:C:2015:477, Rn. 63 – Huawei/ZTE.

Einige Gerichte sehen darin lediglich eine Obliegenheit zur Abgabe eines nicht evident FRAND-widrigen (Erst-)Angebotes. Dahinter steckt die Erwägung, dass FRAND-Bedingungen erst durch die Vertragsverhandlungen und einen gegenseitigen Austausch erzielt werden könnten.[459] Der Fokus müsse damit auf der Lizenzwilligkeit des Implementierers und nicht auf dem Inhalt des Erstangebotes liegen. Die Beurteilung der Lizenzwilligkeit hänge dann aber wesentlich vom Inhalt und Zeitpunkt des Gegenangebotes ab.[460] Die Beweislast für die FRAND-Widrigkeit des Erstangebotes (str.) und für die FRAND-Gemäßheit seines Gegenangebotes trage der Implementierer. Dabei ist die FRAND-Widrigkeit nach teilweise vertretener Auffassung indiziert, wenn die angebotenen Gebühren deutlich unter den vom SEP-Inhaber geforderten Konditionen liegen.[461]

Demnach könnte der SEP-Inhaber sich nach der Abgabe eines formal FRAND-konformen Angebotes darauf besinnen, Gegenangebote des Implementierers unter Verweis auf die von ihm geforderten Bedingungen abzulehnen. Demgegenüber müsste der Implementierer fortdauernd seine Lizenzbereitschaft signalisieren und ein nachweislich FRAND-konformes Gegenangebot abgeben. Zumindest Teile von Rechtsprechung und Literatur scheinen dabei der Auffassung, dass dem SEP-Inhaber eine Art Erstbestimmungsrecht zusteht. Im Falle eines nicht evident FRAND-widrigen Eingangsangebots des SEP-Inhabers habe der Implementierer – jedenfalls dann, wenn der SEP-Inhaber bereits Verträge ähnlichen Inhaltes abgeschlossen hat – seinem Gegenvorschlag das Lizenzierungskonzept des Erstangebotes zugrunde zu legen[462] und aufzuzeigen, warum einzelne Aspekte FRAND-widrig sind.[463] Demnach hätte der Implementierer ein exakt FRAND-gemäßes Angebot abzugeben, das nur dann FRAND-konform ist, wenn es sich am Erstangebot ausrichtet. Schlägt der Implementierer jedoch ein abweichendes, ebenfalls (eigentlich) FRAND-

---

[459] BGH GRUR 2021, 585, Rn. 64–76 – FRAND-Einwand II; OLG Karlsruhe GRUR 2022, 1145, Rn. 152–53 – Steuerkanalsignalisierung II.

[460] Vgl. LG München I GRUR-RS 2021, 23157, Rn. 136–40 – Sprachsignalcodierer; GRUR-RS 2020, 50638, Rn. 154–60 – Unterpixelwertinterpolation; GRUR-RS 2020, 50637, Rn. 150–55 – Lizenzverhandlung; LG Mannheim GRUR-RS 2020, 20358, Rn. 122 – Lizenz in Wertschöpfungskette.

[461] Vgl. LG München I GRUR-RS 2022, 13480, Rn. 151 – Sprachsignalcodierer II; GRUR-RR 2021, 513, Rn. 156 – Sprachsignalcodierer; GRUR-RS 2020, 54658, Rn. 163 – Connected Cars; Rechtbank den Haag v. 08.02.2017, Zaaknr. C/09/505587 / HA ZA 16-206, Rn. 4.17 (*Archos v Philips*).

[462] Vgl. OLG Karlsruhe GRUR-RS 2022, 9468, Rn. 205 – Steuerkanalsignalisierung II; LG München I GRUR-RS 2022, 13480, Rn. 151 – Sprachsignalcodierer II; GRUR-RS 2021, 23157, Rn. 152 – Sprachsignalcodierer.

[463] *Meier-Beck*, in: FS Säcker (2021), 275, 288.

konformes und branchenübliches Lizenzierungskonzept vor, wäre er lizenzunwillig. Selbst wenn der Implementierer sich erheblich kompromissbereit zeigt und in seinem FRAND-konformen Gegenangebot das Lizenzierungskonzept des SEP-Inhabers übernimmt, scheitert sein Zwangslizenzeinwand, wenn sich das klägerische Erstangebot nachträglich als ebenfalls FRAND erweist.[464]

Ein französisches Gericht hatte vor der Entscheidung des EuGH in *Huawei/ZTE* einen anderen Maßstab angelegt. Es prüfte nicht, ob der Implementierer nachweislich ein *willing licensee* ist, sondern verlangte die positive Feststellung, dass es sich beim Implementierer um einen *unwilling licensee* handelt. Dafür sei ein überwiegendes Verschulden am Scheitern der Vertragsverhandlungen erforderlich. Da der Implementierer weiterhin in Verhandlungen eingetreten war und auf Schreiben der Gegenseite geantwortet hatte, wurde ihm kein überwiegendes Verschulden attestiert.[465]

Auch vor chinesischen Gerichten hat der SEP-Inhaber nachzuweisen, dass den Implementierer ein überwiegendes Verschulden am Scheitern der Vertragsverhandlungen trifft.[466] In Japan wird ein Implementierer bereits dann als lizenzwillig angesehen, wenn er ein nicht unvernünftiges Gegenangebot abgegeben hat. Dass in *Apple v Samsung* keine Seite bereit war, wesentliche Kompromisse einzugehen und nicht nur marginale Änderungen am eigenen Lizenzangebot vorzunehmen, ging zulasten des SEP-Inhabers. Ein Gegenangebot des Implementierers, in dem er nicht FRAND-widrige („*particularly unreasonable*") Konditionen anbietet, indiziere seine Lizenzwilligkeit.[467] Anders als etwa in Deutschland und den Niederlanden setzt der Einwand rechtsmissbräuchlichen Verhaltens nicht voraus, dass der Implementierer nachweislich lizenzwillig ist. Stattdessen muss die Lizenzunwilligkeit des Implementierers festgestellt werden. Da auch bei einem erheblichen Abweichen von Angebot und Gegenangebot und mehrjährigen fruchtlosen Vertragsverhandlungen

---

[464] Str., LG München I GRUR-RS 2020, 50638, Rn. 203–04 – Unterpixelwertinterpolation; befürwortend *Meier-Beck*, in FS Säcker (2021), 275, 286; offen gelassen in LG Mannheim GRUR-RS 2020, 26457, Rn. 157 – Informationen zur Kanalgüte.
[465] Cour d'appel de Paris, 16 avril 2019, N° RG 15/17037 (*Conversant v LG*); *Léonard*, in: Sikorski (Hrsg.), Patent Law Injunctions, S. 87, 106.
[466] Vgl. Art. 24 SPC Richtlinie; Art. 153 BHPC-Richtlinie; Art. 12 Nr. 1 GHPC-Richtlinie; *Huawei v Samsung*, 2016 Yue 03 Min Chu No. 840 (Shenzhen Interm. Ct. 2016); vgl. *Contreras u.a.*, in: Biddle u.a. (Hrsg.), Patent Remedies, S. 160, 187; *Gao*, (2020) 11 Colum. Sci. & Tech. L.R. 446, 458–59; *Lee/Jong*, in: Liu/Hilty (Hrsg.) SEPs, SSOs and FRAND, S. 127, 135–36.
[467] *Samsung v Apple*, IP High Court, Decision of May 16, 2014, Case. No. Hei 25 (ra) 10008, S. 26–27; *Apple v Samsung*, Tokyo District Court, Decision of February 28, 2013, Case No. Hei 23 (wa) 38969, S. 83–84.

keine Lizenzunwilligkeit vermutet wird,[468] unterliegt die Durchsetzung des Unterlassungsanspruch bei SEPs besonders hohen Anforderungen.[469]

Der Verfahrensausgang in Jurisdiktionen, deren Gerichte einen verhaltensbezogenen Ansatz prüfen, scheint weniger von der tatsächlichen Lizenzwilligkeit der Parteien und stärker davon abzuhängen, wer die eigene Lizenzwilligkeit oder die Lizenzunwilligkeit des Anderen darzulegen und zu beweisen hat. In einigen Jurisdiktionen ist der Implementierer in der Verantwortung. Weigert er sich zur Annahme eines nicht evident FRAND-widrigen Angebotes, läuft er Gefahr – selbst wenn sein Gegenangebot FRAND ist – als *unwillig licensee* angesehen zu werden. Demgegenüber ist keine Entscheidung deutscher oder niederländischer Gerichte ersichtlich, die eine entsprechende Verweigerungshaltung des SEP-Inhabers, sein eigenes, nicht evident FRAND-widriges Angebot nachzubessern, sanktioniert.

In Jurisdiktionen, deren Rechtsprechung ein überwiegendes Verschulden des Implementierers fordert, steht die *(un)willing licensee*-Analyse unter umgekehrten Vorzeichen. Ein überwiegendes Verschulden sei nicht anzunehmen, wenn der Implementierer ein „vernünftiges" Gegenangebot unterbreitet habe. Unterbreitet der Implementierer ein formal FRAND-konformes und inhaltlich nicht evident FRAND-widriges Gegenangebot, kann der SEP-Inhaber – selbst wenn er seinerseits ein FRAND-konformes Angebot unterbreitet hatte – seinen Unterlassungsanspruch nicht durchsetzen.

Gruppe 1: Verhaltensbezogene Prüfung; Fokus auf Feststellung der Lizenzwilligkeit des Implementierers	Gruppe 2: Fokus auf Bestimmung FRAND-gemäßer Konditionen und diesbezüglicher Bereitschaft	Gruppe 3: Verhaltensbezogene Prüfung; Fokus auf Feststellung der Lizen*zun*willigkeit des Implementierers
Deutschland Niederlande	England und Wales Vereinigte Staaten	China Japan Frankreich (vor *Huawei/ZTE*)

---

[468] *Imation v OneBlue*, Tokyo District Court, Decision of February 18, 2014, Case No. Hei 25 (wa) 21383, vgl. *Suzuki*, Legal Issues Concerning SEPs, S. 4.
[469] Vgl. auch *Hayashi*, ZJapanR 2016, 209, 222.

IV. Inhaltliche Bestimmung von FRAND

Hinsichtlich der Methoden zur Berechnung von FRAND-Gebühren herrscht auf den ersten Blick Einigkeit. Zur Ermittlung wird jurisdiktionsübergreifend vorrangig auf Vergleichslizenzen abgestellt. Alternativ oder ergänzend kann der Wert des Portfolios anhand des *top down*-Ansatzes ermittelt werden.[470] Jenseits einiger übereinstimmender Kriterien herrscht jedoch Uneinigkeit.

Unter anderem wird die Ermittlung der Gebührenhöhe vom nationalen Recht beeinflusst. So ließ ein *district court* bei der Ermittlung des relativen Anteils der streitgegenständlichen SEPs am Standard solche SEPs außen vor, die eine kurze Zeit nach der Lizenzierung oder noch vor Vertragsschluss ausliefen. Das wurde darauf gestützt, dass das US-Patentrecht deren Lizenzierung verbiete: „*United States patent law does not permit Ericsson to demand value for patents that have expired.*"[471] Ein SEP-Inhaber könne vertraglich nicht verpflichtet sein, einen nach US-Patentrecht rechtswidrigen Lizenzvertrag abzuschließen.[472] Damit stützte das Gericht seine Bewertung einer sich nach französischem Recht richtenden Pflicht auf Wertungen des US-Patentrechts. Da in anderen Rechtsordnungen eine Lizenzierung nichtiger, ausgelaufener oder auslaufender Patente zulässig ist,[473] können für die Bewertung eines weltweiten Portfolios nicht alle Patentfamilien unberücksichtigt bleiben, die neben dem auslaufenden oder ausgelaufenen US-Patent andere nationale Äquivalente umfassen.[474]

Weiterhin fällt auf, dass US-Gerichte – obwohl sie die Streitigkeiten über FRAND-Bedingungen als vertragsrechtlich qualifizieren – bei der Beurteilung der Gebührenhöhe den technischen Nutzen von SEPs und den Nutzungsumfang beurteilen. Damit entscheiden die US-Gerichte implizit über originär patentrechtliche Fragen, nämlich über die Wirksamkeit und die Verletzung von Patenten. Einerseits qualifizieren US-Gerichte Streitigkeiten über den Inhalt der FRAND-Verpflichtung als vertragsrechtlich, andererseits beurteilen sie die

---

[470] Vgl. OLG Karlsruhe GRUR-RR 2021, 203, Rn. 305 – Mobilstation; LG Mannheim GRUR-RS 2020, 26457, Rn. 134 – Informationen zur Kanalgüte; *Unwired Planet v Huawei* [2017] EWHC 711 (Pat), [178], [810]; *Apple v Samsung*, Tokyo District Court, Decision of February 28, 2013, Case No. Hei 23 (wa) 38969, S. 84; *In re Innovatio*, 2013 WL 5593609, *37–41 (N.D. Ill. 2013).

[471] *TCL v Ericsson*, 2017 U.S. Dist. LEXIS 214003, *65 (C.D. Cal. 2017), zitiert *Brulotte v Thys Co*, 379 U.S. 29, 32, 85 S. Ct. 176, 13 L. Ed. 2d 99 (1964).

[472] *TCL v Ericsson*, 2017 U.S. Dist. LEXIS 214003, *65 (C.D. Cal. 2017).

[473] Vgl. EuGH, Urt. v. 7.7.2016, C–567/14, EU:C:2016:526, Rn. 38–43 – Genentech Inc/Hoechst GmbH, Sanofi-Aventis Deutschland GmbH; Urt. v. 12.5.1989, 320/87, EU:C:1989:195, Rn. 14 – Ottung.

[474] Vgl. auch *Picht*, FRAND determination in TCL, S. 30.

G. Funktionaler Vergleich

Wirksamkeit und die Verletzung von Patenten und übertragen Wertungen des Patentrechts auf eine angeblich vertragsrechtliche Streitigkeit.

Englische Gerichte gehen bei der Ermittlung von FRAND-Konditionen anders vor. Da es unpraktikabel sei, den Nutzen und die Essentialität aller Patente zu prüfen, wird der Anteil des Portfolios am Gesamtwert des Standards primär über die Auswertung von Vergleichslizenzen und über Schätzungen ermittelt. Diese orientieren sich vor allem am zahlenmäßigen Anteil des Patentportfolios am gesamten Standard (*patent counting*). Der vereinfachte Ansatz lässt den tatsächlichen Wert, den die zu lizenzierenden Patente haben unberücksichtigt, was die Inhaber wertvoller SEPs benachteiligt und daher häufig als FRAND-widrig angesehen wird.[475]

Entsprechend der unterschiedlichen Ansätze weichen auch die ermittelten Gebühren voneinander ab. Da der Kläger in *Unwired Planet v Huawei* die SEPs von *Ericsson* erworben hatte, musste der Wert des *Unwired Planet*-Portfolios anhand des Wertes des ehemaligen *Ericsson* SEP-Portfolios ermittelt werden. Über den Wert der gleichen *Ericsson* SEPs hatte auch ein US-Gericht in *TCL v Ericsson* zu entscheiden. Für das *Ericsson* 4G LTE-Portfolio ermittelte *Birss J* einen Lizenzsatz von 0.8 %.[476] Der vom US-Gericht festgelegte Lizenzsatz lag etwa bei der Hälfte:[477] *Judge Selna* ermittelte einen Lizenzsatz von 0.45 % für den US-Markt und 0.314 % für den Rest der Welt.[478]

Es liegt keine Entscheidung eines chinesischen Gerichts über ein Portfolio vor, über das bereits ein englisches oder US-amerikanisches Gericht entschieden hat. Allerdings dürften die von chinesischen Gerichten ermittelten Gebühren unter den von englischen und US-Gerichten ermittelten Gebühren liegen.[479] Für die Lizenzierung eines chinesischen SEP-Portfolios von *InterDigital* setzte ein chinesisches Gericht einen Gebührensatz von 0.019 % fest.[480] Ebenfalls nur für den chinesischen Markt wurde in *Huawei v Conversant* ein Gebührensatz von 0.0018 % für ein 2G/3G/4G-multimode SEP-Portfolio als

---

[475] Ausführlich *Baron*, Counting Standard Contributions to Measure the Value of Patent Portfolios – A Tale of Apples and Oranges (2018).
[476] *Unwired Planet v Huawei* [2017] EWHC 711 (Pat), [464], [475].
[477] *Tsilikas*, (2022) 1 les Nouvelles, 31, 35.
[478] *TCL v Ericsson*, 2017 WL 6611635, *51 (C.D. Cal. 2017).
[479] Vortrag "Transplanting ASIs" von *Contreras/Yu/Yang* auf der ATRIP-Konferenz am 8.11.2021.
[480] *Huawei v InterDigital*, 2013 Yue Gao Fa Min San Zhong Zi No. 305 (Guangdong High Ct. 2013), zit. nach *Lee*, Vand. J. Ent. & Tech. L. Vol. 19 (2016), 37, 50; *Hou/Tian*, Liu/Hilty (Hrsg.), SSOs, SEPs and FRAND, S. 232, 240.

FRAND festgesetzt.[481] *Conversant* hatte 0.16 % des Endverkaufspreises für das 2G/3G/4G-*multimode major markets*-SEP-Portfolio und 0.033 % für Verkäufe im Rest der Welt, einschließlich China, verlangt. Das LG Düsseldorf hatte das Lizenzangebot *Conversants* als nicht FRAND-widrig eingeordnet,[482] wodurch der von *Huawei* erhobene Zwangslizenzeinwand scheiterte. Mithin hielt das LG Düsseldorf ein Angebot für FRAND-konform, das mehr als das Achtzehnfache über den vom chinesischen Gericht für ein Portfolio für China festgesetzten Gebühren lag.

Daraus kann nicht gefolgert werden, dass chinesische Gerichte zu niedrige Gebühren festsetzen. In deutschen Patentverletzungsverfahren wurden Angebote, die deutlich über dem lagen, was ausländische Gerichte für FRAND hielten, für „nicht FRAND-widrig" befunden. Deutlicher als in *Conversant v Huawei* wurde dies in *Microsoft v Motorola*. Das US-Gericht hielt eine Lizenzgebühr von 0.555 Cent (USD) pro verkauftem Endgerät für FRAND.[483] Motorola hatte 2.25 % des Verkaufspreises pro verkauftem Endgerät gefordert. Geht man – pessimistisch geschätzt –[484] von einem durchschnittlichen Verkaufspreis von USD 100 aus, überschreitet die von *Motorola* geforderte die vom US-Gericht festgesetzte Lizenzgebühr um den Faktor 405,4. Das LG Mannheim befand das Lizenzangebot dennoch für FRAND-konform bzw. nicht missbräuchlich.[485]

Es fällt auf, dass nationale Gerichte die Bewertung der FRAND-Konformität weltweiter Lizenzangebote auf Wertungen der *lex fori* stützen und dabei ausländische Rechtssysteme unberücksichtigt lassen. Beispielsweise leuchtet nicht ein, warum nach französischem Vertragsrecht die nach US-Patentrecht unzulässige Lizenzierung ausgelaufener Patente FRAND-widrig sein sollte. Auch im Rechtssystem verwurzelte Besonderheiten können die Ansichten, welche Lizenzbedingungen FRAND sind, prägen. Beispielsweise ist umstritten, ob die Bemessungsgrundlage für den Wert von SEPs das Endprodukt oder die kleinste, separat verkäufliche Einheit ist. Entgegen der weltweit mittlerweile vorherrschenden Meinung, die auf den Nutzen für Endprodukte abstellt, hielten US-Gerichte ein Abstellen auf die SSU für FRAND. Dies war auf den

---

[481] *Huawei v Conversant*, (2018) Su 01 Min Chu No. 232, 233 and 234 (Nanjing Interm. Ct. 2019).
[482] LG Düsseldorf, Urt. v. 27.8.2020, Az. 4b O 30/18, Rn. 308 (n.v., Fn. 75).
[483] *Microsoft v Motorola*, 2013 WL 2111217, Rn. 537 (W.D. Wash. 2013).
[484] Nach anderen Berechnungen beträgt das vom LG Mannheim als nicht FRAND-widrig bestätigte Angebot sogar das Zweitausendfache der vom US-Gericht bestimmten Gebühren, *Körber*, NZKart 2013, 239, 240, dort Rn. 9.
[485] LG Mannheim BeckRS 2012, 11804.

G. Funktionaler Vergleich 101

Einsatz von Laienjurys zurückzuführen: Da zahlreiche Erfindungen zum Funktionieren eines komplexen Produkts beitragen, würde eine Jury den Nutzen einzelner Erfindungen überbewerten. Um der Überbewertung durch Jurys entgegenzuwirken, sei auf die SSU abzustellen.[486] Allerdings scheint sich inzwischen auch in den USA die Ansicht durchgesetzt zu haben, dass auch eine am Endprodukt und nicht am Wert der SSU anknüpfende Berechnung FRAND sein kann.[487]

V. Verfahrensdauer

In Jurisdiktionen, die konkret darüber entscheiden, was inhaltlich FRAND ist, dauert das Verfahren typischerweise mehrere Jahre. So wird im englischen Verfahren zunächst in den *Technial Trials* über die Wirksamkeit der Klagepatente und die Patentverletzung entschieden, ehe in späteren Verfahren eine ausführliche Klärung der Fragen, was FRAND ist, erfolgt. Demnach können bis zur Verurteilung des Implementierers mehrere Jahre vergehen. Demgegenüber können SEP-Inhaber Unterlassungsanordnungen in Deutschland innerhalb von rund einem Jahr erwirken.

VI. Ergebnis

Die rechtsvergleichende Betrachtung verdeutlicht, warum europaweit mit Abstand die meisten und weltweit eine im Vergleich zur Relevanz des deutschen Marktes überproportionale Anzahl an FRAND-Streitigkeiten vor deutschen Gerichten ausgetragen werden. Das prozessuale und das materielle Recht ziehen SEP-Inhaber an. Der Unterlassungsanspruch des Patentinhabers entsteht, sobald der Implementierer ohne eine Lizenz oder anderweitige Berechtigung ein standardessentielles Patent nutzt. Mögliche Einwendungen des Implementierers sind sowohl über das Kartell-, als auch über das Patent- und Vertragsrecht nur ausnahmsweise und unter höheren Anforderungen als in den meisten anderen untersuchten Jurisdiktionen erfolgreich.

Obwohl deutsche Gerichte die Bedingungen weltweiter Lizenzen bislang nicht aktiv festsetzen, kann eine Verurteilung in Deutschland den Implementierer zur Abwendung eines Marktausschlusses zwingen, das von ihm für FRAND-widrig gehaltene Angebot des SEP-Inhabers anzunehmen oder zumindest erhebliche Kompromisse einzugehen und sich außergerichtlich zu einigen. Da regelmäßig nur weltweite Lizenzen FRAND sind, kann eine in

---

[486] Vgl. *LaserDynamics v Quanta Computer*, 694 F.3d 51, 67–68 (Fed. Cir. 2012); *Cornell University v Hewlett-Packard Co*, 609 F.Supp.2d 279, 284 (N.D.N.Y. 2009); näher *Nikolic*, S. 160–67.
[487] *HTC v Ericsson*, 12 F.4th 476, 494 (5th Cir. 2021).

Deutschland drohende oder erlassene Unterlassungsanordnung die FRAND-Streitigkeit weltweit entscheiden. Beispiele hierfür sind die drohenden oder erlassenen Verurteilungen, die mehrere weltweit tätige Automobilhersteller[488] zum Abschluss der *Avanci*-Poollizenz bewegten.[489] Haben mehrere Wettbewerber – ggf. unter dem Druck drohender Unterlassungsanordnungen – Lizenzverträge abgeschlossen, werden diese auch im Ausland in künftigen Verfahren zur Bestimmung der marktüblichen Bedingungen zugrunde gelegt.

Durch die Möglichkeit, in kurzer Zeit eine Verurteilung erwirken zu können, um unter deren Druck eine außergerichtliche Einigung zu forcieren, fühlen sich Implementierer benachteiligt, die den Rechtsstreit in einer Jurisdiktion austragen möchten, deren Rechtslage sie begünstigt. Deutlich wird dies bei der vieldiskutierten Frage, auf welcher Ebene zu lizenzieren ist. Einige deutsche Gerichte sind der Ansicht, dass der SEP-Inhaber bei Lieferketten auf eine Lizenzierung an das letzte Glied der Kette, den OEM, bestehen kann.[490] Während die Lizenzierung an den Endhersteller bei mobilen Endgeräten marktüblich ist, verlangten Automobilhersteller eine Lizenzierung an die Zulieferer, da nach den marktüblichen Einkaufsverträgen großer Automobilhersteller die Lieferung auslizenzierter Ware geschuldet sei. Über eine Klage in den Vereinigten Staaten versuchten *Daimler* und *Continental* die Lizenzierung an den Zulieferer *Continental* durchzusetzen. Um die in Deutschland drohende Verurteilung abzuwenden, beantragte *Continental* in den Vereinigten Staaten eine ASI, die Patentverletzungsklagen von *Nokia* in Deutschland unterbinden sollte.[491]

---

[488] Z.B. *Daimler, Ford, Volkswagen, Stellantis (Fiat, Peugeot u.a.)*; andere Automobilhersteller, z.B. *BMW, GM, Aston Martin, Jaguar* und *Land Rover* haben die *Avanci*-Poollizenz ohne Druck von Patentverletzungsklagen aber z.T. erst sehr spät und nach dem Abschluss erster Verfahren akzeptiert.

[489] Der Verf. hält die Bedingungen des *Avanci*-Patentpools sowie die Lizenzierung an Automobilhersteller nicht für FRAND-widrig. Es erscheint jedoch problematisch, dass ein dt. Gericht faktisch die weltweite Lizenzierungspraxis im Automobilsektor hinsichtlich einer in Rechtsprechung und Literatur umstrittenen Frage vorgibt, kritisch auch *Geradin*, FRAND royalty rates for 5G (2022), S. 3–4.

[490] LG Mannheim NZKart 2020, 622, Rn. 122 – Nokia-SEP; LG München I GRUR-RS 2020, 54658, Rn. 168–85 – Connected Cars; a.A. LG Düsseldorf NZKart 2021, 61, Rn. 19–27 – Nokia-SEP; BeckRS 2016 131580, Rn. 213–14 – St. Lawrence/Vodafone.

[491] *Continental Automotive Systems, Inc v Avanci, LLC et al*, Case. No. 5:2019cv02520 (N.D. Cal. 2019).

§ 3: Anti-Suit Injunctions

Der Fall *Nokia v Daimler/Continental* illustriert den Einsatz von ASIs und AASIs in FRAND-Streitigkeiten. Mit ASIs versuchen Implementierer, sich gegen ein *forum shopping* von SEP-Inhabern zu wehren. Bevor die Rechtmäßigkeit der in FRAND-Streitigkeiten erlassenen ASIs erörtert werden kann, sind die generellen Grundsätze zu ASIs darzustellen. Da FRAND-Streitigkeiten weltweit ausgetragen werden, kann sich die Betrachtung nicht auf eine Jurisdiktion beschränken. Das meiste *case law* und die umfangreichste Literatur zu ASIs stammt aus dem Vereinigten Königreich und aus den Vereinigten Staaten. Zunächst wird untersucht, wie *common law*-Jurisdiktionen internationale Zuständigkeitskonflikte lösen. Anschließend erfolgt eine Übersicht über Kriterien, die Gerichte und Autoren in bzw. aus dem Vereinigten Königreich (C.) und aus den Vereinigten Staaten (D.) bei der Prüfung des Erlasses einer ASI berücksichtigen. Nach einem kurzen Vergleich der beiden *common law*-Jurisdiktionen (E.) schließt das Kapitel mit einer Betrachtung zur Vereinbarkeit von Prozessführungsverboten gegen ausländische Gerichtsverfahren mit dem deutschen Recht (F.).

A. Allgemeines

Vielen in Deutschland ausgebildeten Juristen sind Prozessführungsverbote fremd. Das deutsche und das kontinentaleuropäische Rechtssystem versuchen Zuständigkeitskonflikte über abschließende Zuständigkeitsregelungen zu verhindern.[1] Die Zuständigkeit ist in *common law*-Jurisdiktionen vereinzelt weiter gefasst und weniger präzise geregelt.[2] Beispielsweise begründet die Zustellung einer Klage an eine sich (auch nur temporär) in England aufhaltende Person die *personal jurisdiction* englischer Gerichte, selbst wenn der Streitgegenstand

---

[1] Näher *Fentiman*, Int'l Commercial Litigation, Rn. 11.06; *Schack*, IZVR, Rn. 618.
[2] Vgl. *Herdegen*, § 9, Rn. 22. Die Zuständigkeit ist in *common law*-Jurisdiktionen nicht grundsätzlich, wohl aber in einigen Ausnahmefällen weiter gefasst als in der Europäischen Union. Näher und mit Beispielen *Hartley*, Int'l Commercial Litigation, S. 191–97.
Der *US Supreme Court* hat die Anforderungen an die *general personal jurisdiction* über ausländische Beklagte in *Daimler AG v Bauman*, 134 S. Ct. 746 (2014) und *Goodyear v Brown*, 131 S. Ct. 2846 (2011) verschärft, näher *Schack*, IZVR, Rn. 516; *Zekoll/Schulz*, RIW 2014, 324–28. Die in älteren Werken häufig anzutreffende pauschale Behauptung, dass US-Gerichte eine exorbitante Zuständigkeit ausüben, ist vor diesem Hintergrund überholt.

und die Parteien ansonsten keinen Bezug zu England haben.³ Es gibt keine der Brüssel I(a)-Verordnung vergleichbaren Regelungen, die darauf abzielen, Parallelverfahren in unterschiedlichen Staaten von vorneherein zu verhindern.

Statt durch starre Regelungen wird die Zuständigkeit in vielen *common law*-Jurisdiktionen durch den *forum non conveniens*-Grundsatz beschränkt. Klagt beispielsweise ein deliktisch Geschädigter gegen den sich in England aufhaltenden Schädiger aus einem Sachverhalt ohne jeglichen Bezug zu England (z.B. einem Verkehrsunfall zweier Australier in Australien), kann der Beklagte die Beendigung/Aussetzung des Verfahrens (*stay of proceedings*) beantragen. Das zuständige englische Gericht müsste daraufhin prüfen, ob die ausländische Jurisdiktion sachnäher oder aus sonstigen Effizienzgründen besser zur Entscheidung geeignet ist und das Verfahren gegebenenfalls aussetzen/beenden. Das System funktioniert nur, wenn die voneinander unabhängigen nationalen Gerichte die *forum non conveniens*-Doktrin beachten und Verfahren, zur deren Entscheidung ein anderes Gericht besser geeignet ist, aussetzen.

Gibt es in der anderen Jurisdiktion keine Möglichkeit zur Verfahrensaussetzung bzw. -beendigung oder setzen ausländische Gerichte Verfahren nicht aus, obwohl Gerichte anderer Jurisdiktionen erheblich besser zur Entscheidung geeignet wären, soll das sachnähere Gericht das Verfahren über den Erlass einer ASI an sich ziehen können, wenn das ausländische Parallelverfahren ungerecht ist.⁴ ASIs und *stay of proceedings* sind Ausflüsse derselben Idee: Bei Zuständigkeitskonflikten soll das am besten dazu geeignete Gericht („*the court in which the case may be tried more suitably for the interests of all the parties and for the ends of justice*")⁵ den Streit entscheiden dürfen.

Gerichten, die die Brüssel Ia-VO oder das LugÜ anwenden müssen, ist es verwehrt, trotz gesetzlicher Zuständigkeit ein Verfahren zugunsten eines vermeintlich besser zur Entscheidung geeigneten Gerichts in einem Drittstaat auf Grundlage der *forum non conveniens*-Doktrin auszusetzen.⁶ Der Zweck der Brüssel Ia-VO, Rechtssicherheit zu schaffen, würde unterwandert, wenn Gerichte nach ihrem Ermessen entscheiden könnten, welches Gericht am besten

---

³ Die sog. *transient jurisdiction* ist einer der wichtigsten Ausnahmefälle, in denen die Zuständigkeit in *common law*-Jurisdiktionen weitreichender ist, vgl. hierzu Cheshire, North and Fawcett, S. 324–32 (zum englischen Recht) und *Hartley*, Int'l Commercial Litigation, S. 193 (zum US-Recht), jeweils m.w.N.

⁴ *Airbus v Patel* [1999] 1 AC 119 (HL) 132-33.

⁵ *The Abidin Daver* [1984] AC 398 (HL) 411; *Spiliada Maritime Corp v Cansulex Ltd* [1987] AC 460 (HL) 474–75.

⁶ EuGH, Urt. v. 1.3.2005, C–281/02, EU:C:2005:120, Slg. I-1445, Rn. 41–46 – Owusu, vgl. aber Art. 33, 34 Brüssel Ia-VO.

zur Entscheidung des Rechtsstreits geeignet ist. ASIs sind im Anwendungsbereich der Brüssel Ia-VO und des LugÜ gänzlich unzulässig.[7] Obwohl das Prozessführungsverbot gegen eine Partei gerichtet ist, nehme das die ASI erlassende Gericht dem ausländischen Gericht die Möglichkeit, über seine eigene Zuständigkeit zu entscheiden. In *civil law*-Jurisdiktionen sollen internationale Zuständigkeitskonflikte über ein abschließendes Zuständigkeitsregime von vorneherein verhindert werden. Die dadurch gewonnene Rechtssicherheit kann allerdings im Einzelfall dazu führen, dass die Parteien ihren Rechtsstreit nicht in der Jurisdiktion mit der engsten Beziehung zum Rechtsstreit austragen können.

I. Arten von ASIs und anwendbares Recht

Die meisten ASIs dienen dem Schutz und der Durchsetzung von Schieds- oder Gerichtsstandsvereinbarungen. Dabei geht es um Fälle, in denen der Antragsgegner die Vereinbarung verletzt und vor einem ausländischen Gericht klagt, das die Schieds- oder Gerichtsstandsvereinbarung nicht anerkennt. Die ASI setzt das aus der Zuständigkeitsvereinbarung folgende Recht des Antragstellers, nicht abredewidrig im Ausland verklagt zu werden, durch. In der englischsprachigen Literatur werden ASIs zum Schutz von Schieds- und Gerichtsstandsvereinbarungen als „*contractual cases*" bezeichnet. Die Rechtslage ist in diesen Fällen ist in der deutschsprachigen Literatur bereits ausführlich erörtert.[8] Da die *forum shopping*-Problematik in FRAND-Streitigkeiten gerade Folge der fehlenden Schieds- oder Gerichtsstandsvereinbarung ist, liegt der Schwerpunkt der nachfolgenden Betrachtung auf ASIs in Fällen, in denen die Parteien keine Schieds- oder Gerichtsstandsvereinbarung getroffen haben („*non-contractual cases*").

ASIs können sowohl im vorläufigen Rechtsschutz als auch final in der Hauptsache erlassen werden. In den Vereinigten Staaten wird die ASI als Sonderfall einer vorläufigen Verfügung (*preliminary injunction*) behandelt.[9] Weiterhin kann die ASI als *Temporary Restraining Order* („TRO") ergehen. Der Unterschied zwischen einer TRO und einer *preliminary injunction* ist, dass die TRO ein vorübergehendes Verbot anordnet, das nur für einen kurzen Zeitraum (i.d.R. 14 Tage) gilt und mit Fristablauf außer Kraft gesetzt ist. Demgegenüber gilt eine *preliminary injunction* bis zur Entscheidung der Hauptsache.

---

[7] EuGH, Urt. v. 27.4.2004, C–159/02, EU:C:2004:228, Slg. I 3578, 3588-89, Rn. 25–31 – Turner/Grovit.

[8] Vgl. *Naumann*, S. 7–62; *E. Peiffer*, S. 289–300.

[9] *Karaha Bodas v Perusahaan Pertambangan*, 335 F.3d 357, 363–64 (5th Cir. 2003).

Vereinzelt wird zwischen ASIs und *Anti-Enforcement Injunctions* („AEIs") differenziert. AEIs sind ASIs, die sich nicht gegen ein laufendes Verfahren richten, sondern die Vollstreckung eines Urteils untersagen. Teilweise werden AEIs als mildere Eingriffsform in die Justizhoheit einer anderen Jurisdiktion gesehen, da diese nicht in ein laufendes Verfahren eingreifen.[10] Nach der Gegenansicht sind AEIs problematischer als ASIs, da das ausländische Gericht bereits entschieden habe und Prozessfrüchte angefallen sind. Wie sich aus der nachfolgenden Betrachtung ergibt, findet die Unterscheidung zwischen AEIs und ASIs keine Stütze in der Rechtsprechung von englischen, indischen und US-Gerichten.[11] In dieser Arbeit sind daher mit ASIs auch AEIs gemeint.

Anti-Anti-Suit Injunctions („AASI") stellen nach h.M. einen Sonderfall einer ASI dar.[12] Nach einer hier vertretenen und noch zu begründenden Mindermeinung handelt es sich bei der AASI nicht um einen Unterfall einer ASI, sondern um ein eigenständiges Rechtsinstitut, für das abweichende Regeln gelten.

Sowohl englische als auch US-amerikanische Gerichte richten sich beim Erlass von ASIs nach der *lex fori*.[13] Wird die ASI in einer außervertraglichen Streitigkeit erlassen, könnte jedoch das Recht am Ort des schädigenden Ereignisses anwendbar sein. Das schädigende Ereignis ist die Klage auf Erlass der ASI. Dann wäre die Rechtmäßigkeit der ASI nach dem Recht des Staates, vor dessen Gericht das zu untersagende Verfahren anhängig ist, zu beurteilen. Nach dem ausländischen Recht wäre das dortige Verfahren aber kaum als rechtsmissbräuchlich anzusehen.[14] Wohl aufgrund dieser praktischen Erwägung setzen sich Gerichte beim Erlass von ASIs nicht mit Fragen des internationalen Privatrechts auseinander.[15] In der Literatur wird die Anwendung der *lex fori* auch damit begründet, dass englische Gerichte für den Erlass einer ASI generell fordern, dass England die sachnächste Jurisdiktion ist. Damit sei die

---

[10] *Nikolic*, Global SEP Litigation, S. 7.
[11] Vgl. *SAS Institute Inc v World Programming Ltd* [2020] EWCA Civ 599, [93]-[94]; *Ecobank v Tanoh* [2015] EWCA Civ 1309, [2016] 1 WLR 2231, [81], [91]; *Microsoft v Motorola*, 696 F.3d 872, 888 (9th Cir. 2012); *InterDigital v Xiaomi*, Delhi High Court, Urt. v. 3.5.2021, I.A. 8772/2020 in CS (COMM) 295/2020, Rn. 51.
[12] Vgl. *Carlyle Capitol v Conway* [2013] 2 Lloyd's Rep 179 (Guernsay CA), [68]; *Sabah Shipyard (Pakistan) v Islamic Republic of Pakistan* [2002] EWCA Civ 1643 [2004] 1 CLC 149; *Bell*, Rn. 4.137; *Raphael*, Rn. 5.60; *Gee*, Rn. 14-068.
[13] *Layton*, in: Ferrari (Hrsg.), Forum Shopping in Int'l Arbitration, S. 131, 134; *Raphael*, Rn. 4.05; *Sim*, (2013) 62 ICLQ 703, 703-04.
[14] *Raphael*, Rn. 4.12, 4.38.
[15] Vgl. *Briggs*, Civil Jurisdiction, S. 621; *Raphael*, Rn. 4.08–4.12.

Anwendung englischen Rechts rational.[16] Ein anderer Begründungsansatz verweist darauf, dass die ASI prozessualer Natur sei.[17]

II. Wirkungen einer ASI

Obwohl viele Jurisdiktionen ASIs nicht anerkennen[18] und der Titel in der Jurisdiktion, in der dem Adressaten die Prozessführung untersagt wird, regelmäßig nicht vollstreckbar ist, halten sich die Antragsgegner meist an eine ASI. Erstens führt die Missachtung der ASI im Erlassstaat zu Strafzahlungen. Verfügt der Antragsgegner über vollstreckungsfähiges Vermögen im Erlassstaat, ist er dadurch faktisch an die Anordnung gebunden. Zweitens ignorieren Gerichte möglicherweise das Vorbringen des Antragsgegners im inländischen Hauptsacheverfahren, wenn er die ASI ignoriert. Damit riskiert der Antragsgegner ein Versäumnisurteil im Hauptsacheverfahren, wenn er sich nicht an die ASI hält. Da die Missachtung des Gerichts bzw. gerichtlicher Anordnung in einigen Jurisdiktionen eine Straftat darstellt („*contempt of court*"), sind sogar Freiheitsstrafen denkbar.[19]

B. Die Doktrin des forum non conveniens

In einigen[20] *common law*-Jurisdiktionen kann der Beklagte, wenn das angerufene Gericht nach dortigem Recht international zuständig ist, die Aussetzung oder Beendigung des Verfahrens mit der Begründung beantragen, dass die Gerichte einer anderen Jurisdiktion aus Effizienzgründen und wegen einer engeren Verbindung zum Rechtsstreit und den Parteien besser zur Entscheidung geeignet seien. Über die *forum non conveniens*-Doktrin wird Gerichten in *common law* Jurisdiktionen ein Ermessen eingeräumt, exorbitante Zuständigkeiten zu korrigieren, um ein *forum shopping* abzuwenden.[21]

Diese Möglichkeit stellt das Gegenstück zur ASI dar. Mit der ASI greift das Erlassgericht in die Zuständigkeit einer anderen Jurisdiktion ein, bei einer Verfahrensaussetzung oder Beendigung auf Grundlage der *forum non conveniens*-

---

[16] *Briggs*, Civil Jurisdiction, S. 621; *Briggs*, Private Int'l Law, Rn. 5.113–5.114.

[17] *Fentiman*, Int'l Commercial Litigation, Rn. 16.17; kritisch *Sim*, (2013) 62 ICLQ 703, 723.

[18] OLG Düsseldorf IPRax 1997, 260. Französische Gerichte haben zur Durchsetzung von Gerichtsstands- und Schiedsvereinbarungen erlassene ASIs anerkannt, vgl. Cour de cassation, Chambre civile 1, 14 octobre 2009, Az. 08-16.369, 08-16.549 (In Zone Brands).

[19] *Fentiman*, in: Basedow u.a. (Hrsg.), Encyclopedia of Priv. Int'l Law, S. 79, 82.

[20] Die Voraussetzungen weichen innerhalb der Jurisdiktionen z.T. voneinander ab, vgl. *Bell*, Rn. 4.39–4.43; *Coester-Waltjen*, RabelsZ 79 (2015), 471, 477–90.

[21] *Nagel/Gottwald*, Rn. 3.660.

Doktrin verweigert es trotz eigener internationaler Zuständigkeit die Entscheidung, da ein anderes Gericht besser zur Entscheidung geeignet ist.

I. England

Ein Antrag auf Aussetzung des Verfahrens (*stay of proceedings on grounds of forum non conveniens*) hat Aussicht auf Erfolg, wenn die eigene Jurisdiktion nach der *forum non conveniens*-Doktrin zur Entscheidung des Rechtsstreits ungeeignet erscheint. Das setzt voraus, dass es eine ausländische Jurisdiktion gibt, deren Gerichte ebenfalls zuständig sind und effizienter über den Rechtsstreit entscheiden können (sog. *natural* oder (*clearly*) *more appropriate forum*).[22] Für eine Verfahrensaussetzung hat der Beklagte nachzuweisen, dass eine andere Jurisdiktion das *more appropriate forum* ist.

1. Another available forum

Erstens müssen die Gerichte einer anderen Jurisdiktion zur Entscheidung des Rechtsstreits zuständig sein. In *The Spiliada* fasste *Lord Goff* die Voraussetzung folgendermaßen zusammen:

> „*a stay will only be granted on the ground of forum non conveniens where the court is satisfied that there is some other available forum, having competent jurisdiction, which is the appropriate forum for the trial of the action, i.e. in which the case may be tried more suitably for the interests of all the parties and the ends of justice.*"[23]

Das wirft die Frage auf, was unter dem Rechtsstreit bzw. Streitgegenstand („*the action*") zu verstehen ist. Insbesondere ist fraglich, ob derselbe Rechtsstreit vorliegt, wenn die Klagen in beiden Ländern auf einem Sachverhalt beruhen aber in beiden Ländern unterschiedliche Ansprüche gegeben sind. Die Frage war Gegenstand der Entscheidung *Re Harrods (Buenos Aires)*. Dort ging es um eine Innenrechtsstreitigkeit einer englischen Gesellschaft, die ihre Geschäfte ausschließlich in Argentinien tätigte. Die Klägerin war eine Minderheitsgesellschafterin, die wegen unterschiedlicher Pflichtverletzungen des geschäftsführenden Mehrheitsgesellschafters geklagt hatte. Die Klägerin verlangte von der Beklagten Mehrheitsgesellschaft, ihr ihre Gesellschaftsanteile abzukaufen (*buy-out*). Anspruchsgrundlage für einen *buy-out* war Sec. 459 des englischen *Companies Act* (1985). Hilfsweise beantragte die Klägerin die Liquidierung der Gesellschaft nach englischem Insolvenzrecht.

---

[22] *Spiliada Maritime Corp v Cansulex Ltd* [1987] AC 460 (HL) 474, 476; *Bell*, Rn 4.38–4.66.; *Briggs*, Private Int'l Law, Rn 4.405–4.413.; Cheshire, North and Fawcett, S. 393–421; Dicey, Morris and Collins, Rn. 12-014, 12-031; *Fentiman*, Int'l Commercial Litigation, Rn. 13.01–13.41.

[23] *Spiliada Maritime Corp v Cansulex Ltd* [1987] AC 460 (HL) 476.

In dem erstinstanzlichen Urteil kam *Harman J* zu dem Ergebnis, dass der Kläger sein Klagebegehren nur nach englischem Recht erreichen könne und dass es um eine Eigenart des englischen Gesellschaftsrechts gehe. Daher stünden nur englische Gerichte zur Entscheidung des Rechtsstreits zur Verfügung.[24] Nach argentinischem Recht galt für Gesellschaften mit Geschäftszentrum in Argentinien argentinisches Recht. Nach diesem kamen nur eine Liquidation und Schadensersatzansprüche und kein *buy-out* in Betracht. *Bingham LJ* zeigte auf, dass bei einer Eingrenzung des Streitgegenstandes (*the action*) auf den konkret gesuchten Rechtsbehelf (*buy-out*) der Rechtsstreit zu eng ausgelegt wird und häufig die eigene Jurisdiktion als einzigen zur Verfügung stehenden Gerichtsstand erscheinen ließe. Daher könne für die Frage, was „*the action*" ist, nicht auf die konkrete Anspruchsgrundlage abgestellt werden. Maßgeblich sei der dahinterstehende Sachverhalt, d.h. im konkreten Fall die Frage, welche Ansprüche die Minderheitsgesellschafterin gegen den Mehrheitsgesellschafter wegen der behaupteten Pflichtverletzungen hatte.[25] Entscheidend ist eine Qualifikation des Rechtsstreits.[26]

Damit kommt es zur Klärung der Frage, ob für die Klage ein ausländischer Gerichtsstand zur Verfügung steht, nicht darauf an, ob der Kläger dort dasselbe Anspruchsziel verfolgen kann.[27] Welche Ansprüche in den Jurisdiktionen zur Verfügung stehen, wird grundsätzlich erst bei der Prüfung, welche Jurisdiktion besser zur Entscheidung des Rechtsstreits geeignet ist, relevant.[28]

2. (Clearly) more appropriate forum

Englische Gerichte müssten besser als die in der alternativen Jurisdiktion zur Verfügung stehenden Gerichte zur Entscheidung des Rechtsstreits geeignet sein ((*clearly*) *more appropriate forum*).[29] Wichtige Faktoren zur Ermittlung des *appropriate forum* sind unter anderem: (i) das geltende Recht; (ii) die Nähe der Parteien zu den in Frage stehenden Jurisdiktionen; (iii) der Belegenheitsort

---

[24] *In re Harrods (Buenos Aires) Ltd* [1992] Ch. 72 (CA) 83.
[25] *In re Harrods (Buenos Aires) Ltd* [1992] Ch. 72 (CA) 123.
[26] *Nokia v Oneplus* [2022] EWCA Civ 947, [30]–[66].
[27] *Huawei/ZTE v Conversant* [2019] EWCA Civ 38, [32], [96]; vgl. *Haji-Ioannou v Frangos* [1999] CLC 1075, 1102-03; und *Vedenta Resources Plc v Lungowe* [2020] AC 1045, [69]: „*There can be no doubt that [...] the phrase „in which the case can be suitably tried [...]" [is] referring to the case as a whole [...]*".
[28] Dicey, Morris and Collins, Rn. 12-032, 12-038; *Fentiman*, Int'l Commercial Litigation, Rn. 13.79–13.80.
[29] *Spiliada Maritime Corp v Cansulex Ltd* [1987] AC 460 (HL) 477; *Epic Games v Apple* [2021] CAT 4, 2021 WL 01276385, [132]; *Dynasty Co for Oil and Gas Trading Ltd v Kurdistan Regional Government of Iraq* [2021] EWHC 952 (Comm), [158]; *Bell*, Forum Shopping, Rn. 4.45; *Briggs*, Private Int'l Law, Rn. 4.407; Cheshire, North and Fawcett, S. 397.

der Streitsache; (iv) eine besondere Expertise des Gerichts oder der örtlichen Rechtsanwälte aus vorherigen Verfahren, sog. *Cambridgeshire Factor*; sowie (v) die Verfügbarkeit von Beweismitteln, insbesondere von Dokumenten und Zeugen.[30] Die Gewichtung der Faktoren ist einzelfallabhängig.

3. Requirements of justice

Das Verfahren wird nicht ausgesetzt, wenn zentrale Gerechtigkeitserwägungen entgegenstehen. Zentrale Gerechtigkeitserwägungen stehen der Aussetzung entgegen, wenn von dem ausländischen Gericht kein „gerechtes" Urteil zu erwarten ist, etwa, weil das Gericht oder das ausländische Recht eine Bevölkerungsgruppe, der der Kläger angehört, diskriminiert.[31] Ein irgendwie gearteter Verdacht des Klägers, im Ausland diskriminiert zu werden, reicht nicht aus. Erforderlich sind stichhaltige Beweise, die eine Diskriminierung des Klägers überwiegend wahrscheinlich erscheinen lassen.[32] Das Verfahren wird auch dann nicht ausgesetzt, wenn die Justiz in der sachnäheren Jurisdiktion ihre Aufgaben nur sehr eingeschränkt wahrnimmt und eine Entscheidung – wenn überhaupt – erst nach vielen Jahren oder Jahrzehnten zu erwarten steht.[33] Ob der Kläger seine Rechte, z.B. wegen günstigerer Regelungen zur Beweiserhebung, leichter als im Ausland durchsetzen kann und ob die ihm nach englischem Recht zur Verfügung stehenden Anspruchsgrundlagen weiter als die ausländischen Regelungen gehen, spielt grundsätzlich keine Rolle.[34]

II. Vereinigte Staaten

Auch in den Vereinigten Staaten haben Beklagte die Möglichkeit, einen Antrag auf Aussetzung des Verfahrens bis zum Abschluss des ausländischen Verfahrens (*stay*) oder auf Abweisung der Klage zu stellen, wenn sie meinen, ein ausländisches Gericht sei besser zur Entscheidung des Rechtsstreits geeignet.[35]

---

[30] *Spiliada Maritime Corp v Cansulex Ltd* [1987] AC 460 (HL) 478; *Lungowev Vedanta Resources* [2019] UKSC [20], [2020] AC 1045, [66]; *Fentiman*, Int'l Commercial Litigation, Rn. 13.13; 13.50–13.71.

[31] *AK Investment v Kyrgyz* [2011] UKPC 7, 2011 WL 719513, [91]-[102].

[32] *Spiliada Maritime Corp v Cansulex Ltd* [1987] AC 460 (HL) 478; *Pacific Int Sports Clubs Ltd v Surkis* [2010] EWCA (Civ) 753, [45]–[47]; *AK Investment v Kyrgyz* [2011] UKPC 7, 2011 WL 719513, [101]-[102]; *Bell*, Rn. 4.54; *Fentiman*, Int'l Commercial Litgation, Rn. 13.81.

[33] Vgl. *889457 Alberta Inc v Katanga Mining Ltd* [2009] IL Pr 14 (Com Ct), [33]; Dicey, Morris and Collins, Rn. 12-046.

[34] *Haji-Ioannou v Frangos* [1999] CLC 1075, 1105; Cheshire, North and Fawcett, S. 404–06; *Fentiman*, Int'l Commercial Litigation, Rn. 13.79–13.80.

[35] Für einen konzisen Überblick vgl. *Nagel/Gottwald*, Rn. 3.662–64.

Obwohl sich das Recht in den einzelnen Staaten unterschiedlich entwickelt hat, ist die neuere Rechtsprechung zur *forum non conveniens*-Doktrin durch die Entscheidung des *Supreme Court* in *Piper Aircraft v Reyno*[36] geprägt.[37] Einigen Staaten haben die *forum non conveniens*-Doktrin mittlerweile gesetzlich geregelt.[38] Beispielsweise lautet § 410.30 (a) des *California Code of Civil Procedure*:

> *„When a court upon motion of a party or its own motion finds that in the interest of substantial justice an action should be heard in a forum outside this state, the court shall stay or dismiss the action in whole or in part on any conditions that may be just."*

Die Prüfung ist zweistufig und ähnelt derjenigen nach englischem Recht. Erstens muss es eine zur Entscheidung über den Rechtsstreit geeignete ausländische Jurisdiktion (*adequate forum*) geben.[39] Zweitens darf keine *public policy* der Aussetzung oder Beendigung des inländischen Verfahrens entgegenstehen.[40]

1. Adequate forum

Von vorneherein kommt nur ein nach dortigem Rech international zuständiges Gericht als geeignetes ausländisches Forum in Betracht.[41] Grundsätzlich sollte es dem Kläger jedoch unbenommen bleiben, vor dem zuständigen US-amerikanischen Gericht zu prozessieren.[42] Bei der Frage, ob das ausländische Gericht zur Entscheidung des Rechtsstreits geeigneter ist, kommen der Sach- und Beweisnähe der ausländischen Jurisdiktion und der Vollstreckbarkeit einer Entscheidung eine hohe Bedeutung zu.[43] Keine Rolle soll hingegen spielen, ob das US-Recht für den Kläger günstiger als das ausländische Recht ist, zum Beispiel, weil es in der ausländischen Jurisdiktion keinen Strafschadensersatz gibt.[44]

---

[36] *Piper v Reyno*, 454 U.S. 235 (1981).
[37] *Born/Rutledge*, S. 413. Zur Frage des anwendbaren Rechts vgl. *Dorsel*, S. 57–59.
[38] *Born/Rutledge*, S. 412.
[39] *Gulf Oil v Gilbert*, 330 U.S. 501, 507 (1947); eingehend *Dorsel*, S. 60–67.
[40] *Born/Rutgledge*, S. 477–79.
[41] *Born/Rutgledge*, S. 477.
[42] *Gschwind v Cessna Aircraft*, 161 F.3d 602, 606 (10th Cir. 1998); *Otto Candies v Citigroup*, 963 F.3d 1331, 1338 (11th Cir. 2020). Dies soll in besonderem Maße für US-amerikanische Kläger gelten, vgl. *Piper v Reyno*, 454 U.S. 235, 237, 256 (1981)
[43] *Piper v Reyno*, 454 U.S. 235, 237, 260 (1981); *Gschwind v Cessna Aircraft*, 161 F.3d 602, 605 (10th Cir. 1998);
   Otto Candies v Citigroup, 963 F.3d 1331, 1338 (11th Cir. 2020); *Schack*, IZVR, Rn. 613.
[44] *Piper v Reyno*, 454 U.S. 235, 247, 254; *Torreblanca de Aguilar v Boeing*, 806 F. Supp. 139, 143 (E.D. Tex. 1992); *Dorsel*, S. 63, m.w.N.

2. Public Policy

Schließlich können öffentliche Interessen der Verfahrensaussetzung oder -beendigung entgegenstehen. Insbesondere in Kartellstreitigkeiten haben Gerichte es abgelehnt, Verfahren auf Grundlage der *forum non conviens*-Doktrin zu beenden.[45]

C. England und Commonwealth

Im Folgenden wird dargestellt, unter welchen Voraussetzungen englische Gerichte ASIs erlassen. Ähnliche Kriterien wurden in abgewandelter Form auch in anderen Commonwealth-Jurisdiktionen (z.b. Australien, Indien, Kanada) übernommen. Trotz der Unterschiede rechtfertigen die Gemeinsamkeiten eine einheitliche Darstellung. Die ASI entstammt dem Billigkeitsrecht (*equity*). Rechtsgrundlage ist Sec. 37 des Senior Courts Act von 1981.[46] Danach kann der *High Court* einstweilige Verfügungen (*injunctions*) erlassen, wenn es gerecht und angebracht (*just and convenient*) erscheint.

I. Zuständigkeit

Denknotwendige Grundvoraussetzung ist, dass der Antragsgegner der persönlichen Zuständigkeit (*personal jurisdiction*) des zum Erlass der ASI angerufenen Gerichts unterliegt.[47] Ferner müssen englische Gerichte über die *subject matter jurisdiction* verfügen.[48] Das wurde für ASIs bejaht, wenn ein Hauptsacheverfahren bei einem englischen Gericht anhängig ist und die ASI ein Nebenantrag zur Durchsetzung einer Zuständigkeitsvereinbarung ist oder dem Schutz anderweitiger anerkennenswerter Interessen des Antragstellers dient.[49]

II. Single- und alternative forum-Fälle

Teile von Rechtsprechung und Literatur differenzieren zwischen „*single forum*"- und „*alternative forum*"-Fällen. In *single forum*-Fällen steht zur Entscheidung des Rechtsstreits nur das ausländische Gericht, gegen dessen

---

[45] *Indus. Inv. Dev. v Mitsui & Co.*, 671 F.2d 876, 890 (5th Cir. 1982); *Laker Airways v Pan Am. World Airways*, 568 F. Supp. 811, 817–18 (D.D.C. 1983); einschränkend *National Hockey League Players' Ass'n v Plymouth Whalers Hockey Club*, 166 F. Supp. 2d 1155, 1162–63 (E.D. Mich. 2001); näher *Born/Rutledge*, S. 477–79.

[46] Vgl. *Axis Corporate Capital UK II Ltd v ABSA Group Ltd* [2021] EWHC 225 (Comm), [27].

[47] *Deutsche Bank v Highland Crusader Offshore Partners* [2010] 1 WLR 1023, [50]; *Société Aerospatiale v Lee Kui Jak* [1987] AC 871 (PC) 892.

[48] *Société Aerospatiale v Lee Kui Jak* [1987] AC 871 (PC) 892; *Fentiman*, Int'l Comm. Lit., Rn. 16.30.

[49] Näher *Fentiman*, Int'l Comm. Lit., Rn. 16.34–16.35.

Entscheidung oder das anhängige Verfahren die ASI gerichtet ist, zur Verfügung. In *alternative forum*-Fällen sind mehrere Gerichte zur Entscheidung über den Rechtsstreit zuständig. Die mitunter entscheidende Frage, was „der Rechtsstreit" (*action*) bzw. „die Klage" (*claim*) ist, wurde bereits oben[50] im Rahmen der *forum non conveniens*-Doktrin behandelt. Während eine ASI in *alternative forum*-Fällen nur vorgibt, vor welchem Gericht der Rechtsstreit (nicht) ausgetragen wird, nimmt eine ASI dem Antragsgegner in *single forum*-Fällen die Möglichkeit, den Rechtsstreit überhaupt gerichtlich auszutragen. Aufgrund der Territorialität von Patenten handelt es sich bei Streitigkeiten über nationale Patente regelmäßig um *single forum*-Fälle.[51] Der Unterscheidung von *single* und *alternative forum*-Fällen könnte damit gerade in FRAND-Streitigkeiten entscheidende Bedeutung zukommen. Um im nachfolgenden Abschnitt eine möglichst aussagekräftige Beurteilung treffen zu können, gilt es zu untersuchen, wie die Konstellationen voneinander abzugrenzen sind (1.) und ob die Unterscheidung relevant ist (2.).

1. Abgrenzung von alternative- und single forum-Fällen

Ein *single forum*-Fall liegt vor, wenn nur die Gerichte in einer Jurisdiktion zur Entscheidung über den Rechtsstreit zuständig sind. Dabei hinterfragt das englische Gericht die ausländische Zuständigkeitsregelung nicht. Englische Gerichte beurteilen lediglich, ob sie selbst zur Entscheidung über eine entsprechende, in England erhobene Klage unzuständig sind oder wären.[52]

Ein übereinstimmender Streitgegenstand kann auch vorliegen, wenn sich der geltend gemachte Anspruch aus unterschiedlichen Gesetzen ergibt oder die Gesetze in Land A eine weitergehende Rechtsfolge als jene in Land B vorsehen.[53] Die in Texas erhobene Klage eines deliktisch Geschädigten auf dreifachen Strafschadensersatz und Schmerzensgeld betrifft demnach denselben Streitgegenstand wie eine in England vom Schädiger erhobene Feststellungsklage, nicht zum Schadensersatz verpflichtet zu sein. Das gilt auch, wenn das texanische und das englische Gericht jeweils ihr eigenes Recht anwenden und das englische Recht keinen Anspruch auf Strafschadensersatz und Schmerzensgeld vorsieht. Auch eine in den Vereinigten Staaten auf ein Anti-

---

[50] Oben, Gliederungspunkt § 3, B., I.
[51] Vgl. *Fawcett/Torremans*, Rn. 6.133.
[52] *Oceanconnect UK Ltd v Angara Maritime Ltd* [2010] EWCA Civ 1050, [43], [49], [56]; *British Airways Board v Laker* [1985] AC 58 (HL) 79–80; vgl. auch *Midland v Laker* [1986] QB 689, 701 [B]; *Bell*, Rn. 4.97, 4.100; Dicey, Morris and Collins, Rn. 12-136. Ob das ausländische Gericht nach ausländischer *lex fori* zuständig ist, spielt keine Rolle, *Briggs*, Private Int'l Law, Rn. 5.94.
[53] *Raphael*, Rn. 5.21.

Korruptionsgesetz (RICO Act)[54] gestützte Schadensersatzklage, mit der der Geschädigte dreifachen Strafschadensersatz verfolgt, stellt einen *alternative forum*-Fall dar, obwohl das englische Recht keine entsprechende Vorschrift kennt. Entscheidend ist, dass die jeweiligen Gesetze an denselben Sachverhalt anknüpfen. Welche konkrete Rechtsfolge der Anspruch umfasst, ist irrelevant.[55] Ebenso wenig kommt es auf die Erfolgsaussichten an. Wenn die Klage des Antragsgegners der ASI im Ausland, etwa wegen einer günstigeren Beweislastverteilung, aller Wahrscheinlichkeit nach erfolgreich ist, während die Klage nach inländischem Recht aussichtslos erscheint, liegt ein *alternative forum*-Fall vor.

Ein *alternative forum*-Fall ist demnach gegeben, wenn die Rechtsstreitigkeiten in mehreren Ländern denselben Sachverhalt betreffen und mehrere Jurisdiktionen nach ihren eigenen Zuständigkeitsregelungen zuständig sind. Von diesem Grundsatz gibt es Ausnahmen: Eine Ausnahme bildet der Fall, dass die Ursache der Streitigkeiten übereinstimmt, diese sich aber in verschiedenen Jurisdiktionen (unterschiedlich) auswirkt. Beispiel ist die Produktion asbestbelasteter Baumaterialien in Land A, die in Land A und in Land B verarbeitet werden und dort Gesundheitsschäden hervorrufen.[56] Unter diese Ausnahme könnte auch eine in Land A getroffene Kartellabsprache fallen, die sich auf die Märkte von Land A und von Land B auswirkt.[57] In letzterem Fall ist es dem englischen Gericht aber schon nach englischem IPR verwehrt, über die Kartellabsprache und deren Auswirkungen auf US-Märkte zu entscheiden. Damit liegt ohnehin ein *single forum*-Fall vor.

Eine weitere Ausnahme stellen Streitigkeiten über Immaterialgüterrechte mit begrenzter territorialer Reichweite, insbesondere Patente, dar. Es handelt sich um nationale Rechte, die nur in der jeweiligen Jurisdiktion justiziabel sind. Betrifft ein Rechtsstreit im Kern nationale Patente, liegt auch dann ein *single forum*-Fall vor, wenn die nationalen Patente jeweils die gleiche Erfindung schützen.[58] Betrifft der Streit im Kern nicht die Patente selbst, sondern einen

---

[54] Racketeering Influenced and Corrupt Organisations Act.
[55] *Simon Engineering Plc v Butte Mining Plc (No.2)* [1997] IL Pr 599, [18]; vgl. *Arab Monetary Fund v Hashim*, Financial Times, 23. Juli 1992, S. 14 (nicht in offizieller Sammlung veröffentlicht).
[56] Unterstellt, dass nach der Kollisionsnorm der Ort des Schadenseintritts maßgeblich ist, vgl. *CSR Ltd v Cigna Insurance Australia Ltd* [1997] 146 ALR 402, 440.
[57] Vgl. *British Airways Board v Laker* [1985] AC 58 (HL) 83–85; sowie *Laker v Sabena*, 731 F.2d 901, 930 (DC Cir. 1984).
[58] *Apple Corps v Apple Computer Inc*, [1992] RPC. 70, 77; *Tyburn Productions Ltd v Conan Doyle* [1991] Ch 75; *Bell*, Rn. 4.100. Aus dem gleichen Grund lehnte ein indisches Gericht den Erlass einer ASI ab, *Magotteaux Industries Ltd v AIA Engineering* [2008] 155 DLT 73 (DB), [58], [67].

Vertrag, stimmt der Streitgegenstand überein. Ein solcher Fall liegt vor, wenn sich der Patentinhaber verpflichtet, nicht wegen der Verletzung bestimmter Patente zu klagen und anschließend abredewidrig im Ausland eine Unterlassungsklage wegen einer Patentverletzung erhebt. In diesem Fall ist nicht die Wirksamkeit oder Verletzung eines Patents streitentscheidend, sondern die Wirksamkeit des Klageverzichts (*waiver*), für dessen Beurteilung beide Gerichte zuständig sind.

Die Abgrenzungsprobleme von Vertrags- oder Patentstreitigkeiten verdeutlicht die Entscheidung *Apple Corps v Apple Computer*. *Apple Corps* war im Musiksektor tätig und auf den Vertrieb von CDs und Vinylplatten spezialisiert. Um die Verwechslungsgefahr mit *Apple Computer* zu verringern, vereinbarten die Parteien, dass *Apple Corps* die Vermarktungsrechte an „der" Marke *Apple* bei der Vermarktung von Ton und Musik und *Apple Computer* diejenigen im Bereich Computer erhält. Die Einigung enthielt eine „*no challenge*"-Klausel. Deren genauer Inhalt ergibt sich nicht aus der Entscheidung. Mutmaßlich untersagte die Klausel den Parteien, die nach der Vereinbarung gegenseitig zugesicherten Immaterialgüterrechte anzugreifen. Ferner wurde englisches Recht und die Zuständigkeit des *High Court* vereinbart. Mit der voranschreitenden Entwicklung von Computern fürchtete *Apple Computer*, ohne die Implementierung einiger Funktionen im Bereich Ton und Musik den Anschluss zu verlieren. Nach gescheiterten Einigungsversuchen griff *Apple Computer* unter anderem ein in Deutschland von *Apple Corps* angemeldetes Patent an. Dagegen beantragte *Apple Corps* in England den Erlass einer ASI. In der Hauptsache richtete sich *Apple Corps* in England gegen eine behauptete Pflichtverletzung der *no challenge*-Klausel. Gegen die ASI brachte *Apple Computer* vor, dass ein englisches Gericht nicht über deutsche Patente entscheiden sollte. Obwohl das englische Hauptsacheverfahren nicht unmittelbar das Patent betreffe, weise die streitentscheidende *no challenge*-Klausel eine untrennbare Verbindung zum Patent auf, die den englischen Gerichten ihre Zuständigkeit entziehe. *Hoffmann J* hielt das Argument für vertretbar,[59] erließ aber eine ASI. Die ASI setze eine vertragliche Abrede durch.[60]

2. Bedeutung der Abgrenzung

Einige Entscheidungen weisen darauf hin, dass es sich um separate Fallgruppen handele.[61] Da der Antragsgegner in *single forum*-Fällen die Möglichkeit

---

[59] *Apple Corps v Apple Computer Inc* [1992] RPC 70, 78.
[60] *Apple Corps v Apple Computer Inc* [1992] RPC 70, 77, 79.
[61] *Société Aerospatiale v Lee Kui Jak* [1987] AC 871 (PC) 878; *Barclays Bank v Homan* [1992] BCC 757 (CA) 771; *Airbus GIE v Patel* [1999] 1 AC 119 (HL) 134, 137; *Masri v Consolidated Contractors* [2008] EWCA Civ 625, [56], [99]; *Oceanconnect UK Ltd v*

verliert, seine Klage in der einzig zuständigen Jurisdiktion zu erheben, sei das gerichtliche Ermessen reduziert.[62] Die Rechtsprechung grenzt in den meisten Entscheidungen nicht zwischen *single* und *alternative forum*-Fällen ab. Umgekehrt streitet keine Entscheidung die Relevanz der Abgrenzung ab. Die herrschende Literaturansicht nimmt die Unterscheidung vor und sieht das gerichtliche Ermessen in *single forum*-Fällen eingeschränkt.[63] Die Gegenansicht hinterfragt den Zweck der Abgrenzung. Eine ASI habe den Zweck, das von der Klageerhebung im Ausland ausgehende Unrecht zu beseitigen. Ob nur eine oder mehrere Jurisdiktionen für die Klageerhebung zur Verfügung stehen, könne keinen Unterschied machen.[64]

Misst man der Differenzierung Gewicht bei, kommt eine ASI in *single forum*-Fällen nur ausnahmsweise in Betracht, wenn die Verfolgung der ausländischen Klage grob unbillig und in besonderem Maße rechtsmissbräuchlich ist oder wenn sie zum Schutz wichtiger öffentlicher Interessen der Jurisdiktion oder zum Schutz der eigenen Zuständigkeit geboten erscheint.[65] Dass die ausländische Klage schikanös (*vexatious and oppressive*) ist, reicht dafür nicht aus.[66]

III. Natural Forum

Der Erlass einer ASI setzt in *alternative forum*-Fällen grundsätzlich voraus, dass sich das angerufene Gericht in der sachnächsten Jurisdiktion (*natural forum*) befindet. Mit dem *natural forum* ist die Jurisdiktion mit der engsten Verbindung zum Streitgegenstand und den Parteien gemeint („*that with which the action had the most real and substantial connection*").[67] Einige bezeichnen das

---

Angara Maritime Ltd [2010] EWCA Civ 1050, [43]; *Star Reefers v JFC* [2012] 1 CLC 294, [30]; zum indischen Recht vgl. *Modi Entertainment v W.S.G. Cricket*, Civil Appeal No. 422 of 2003, Rn. 24 (2).
[62] *Mandy Gray v Hamish Hurley*, [2019] EWCA Civ 2222, [2019] 1 CLC 43, Rn. 50; *British Airways Board v Laker*, [1985] AC 58 (HL) 83–85.
[63] *Bell*, Rn. 4.102; *Butler/Weijburg*, 24 U.S.F. Mar. L.J. (2012) 257, 284, 289; Cheshire, North and Fawcett, S. 427, 435-36; *Fawcett*, in: Carter/Fawcett (Hrsg.), Declining Jurisdiction, S. 1, 63, 65; *Hartley*, (1987) 35 Am. J. Comp. L. 487, 493–94; *Lenenbach*, (1998) 20 Loy. L.A. Int'l & Comp. L.J. 257, 271; *E. Peiffer*, S. 300–01; *Raphael*, Rn. 5.22; *Sim*, (2013) 62 ICLQ 703, 707.
[64] Vgl. *Briggs*, Private Int'l Law, 5.115–5.116.; *Briggs*, Civil Jurisdiction, S. 646–47.
[65] *Airbus GIE v Patel* [1999] 1 AC 119 (HL) 139; vgl. *Raphael*, Rn. 5.25–5.41.
[66] *Airbus GIE v Patel* [1999] 1 AC 119 (HL) 134; Cheshire, North and Fawcett, S. 427; *Hartley*, (1987) 35 Am. J. Comp. L. 487, 495; *Sim*, ICLQ (2013) 62 ICLQ 703.
[67] *Simon Engineering v Butte Mining (No.2)* [1997] IL Pr 599, [21]; *Spiliada Maritime Corp v Cansulex Ltd* [1987] AC 460 (HL) 478; *The Abidin Daver* [1984] AC 398 (HL) 415; Dicey, Morris and Collins, Rn. 12-029.

natural forum auch als *appropriate forum* oder *most appropriate forum*. Damit ist jeweils dasselbe gemeint.[68]

1. Bedeutung des Kriteriums

Das angerufene Gericht muss sich grundsätzlich, aber nicht zwingend im *natural forum* befinden.[69] Im Fall *Airbus v Patel* klagten die Erben US-amerikanischer Passagiere eines in Indien abgestürzten Flugzeuges in Texas auf Schadensersatz und Schmerzensgeld. Zur Entscheidung über den Rechtsstreit war neben dem Gericht in Indien auch ein Gericht in Texas zuständig. Bis auf die Herkunft der Geschädigten und der Tatsache, dass *Airbus* geschäftlich weltweit, d.h. auch in Texas, tätig war, gab es keine Verbindung zu Texas. Ein Antrag auf Aussetzung des Verfahrens (*stay of proceedings*) war nicht möglich.[70] Eine von einem indischen Gericht gegen die Kläger des texanischen Verfahrens erlassene ASI wäre bereits an der fehlenden persönlichen Zuständigkeit (*personal jurisdiction*) über die US-amerikanischen Kläger gescheitert und jedenfalls praktisch nicht durchsetzbar. Daher beantragte *Airbus* in London den Erlass einer ASI.[71] Das englische Gericht entschied, dass eine ASI auch erlassen werden kann, wenn sich das angerufene Gericht selbst nicht im *natural forum* befindet. In jedem Fall müsse aber ein berechtigtes und hinreichendes Interesse (*sufficient interest*) der Jurisdiktion (hier England) am Rechtsstreit bestehen.[72]

Die beschriebene Ausnahmekonstellation ist höchst selten. Auf der Suche nach übereinstimmenden Voraussetzungen, die Gerichte an den Erlass einer ASI stellen, sollte der Regelfall den Ausgangspunkt bilden. In der Regel ist das zum Erlass der ASI angerufene Gericht nach nationalem Recht zuständig. Es ist selbst ein *alternative forum*. In diesem Fall wird eine ASI nur erlassen, wenn

---

[68] *Cadre SA v Astra Asigurari SA* [2005] EWHC 2626 (Comm), [17]; Cheshire, North and Fawcett, S. 397 m.w.N. der Rspr.; In *Deutsche Bank v Highland* [2009] EWCA Civ 725, [55] kritisierte der Court of Appeal die synonyme Verwendung. Es handele es sich um unterschiedliche Begriffe. So auch *Fentiman*, Int'l Commercial Litigation, Rn. 13.12.

[69] *Société Aerospatiale v Lee Kui Jak* [1987] AC 871 (PC) 896; *Deutsche Bank v Highland Crusader Offshore Partners* [2010] 1 WLR 1023, [50], [53]-[56]; *Hartley*, Int'l Commercial Litigation, S. 270; *Raphael*, Rn. 4.93.

[70] *Airbus GIE v Patel* [1999] 1 AC 119 (HL) 131; kritisch hierzu *Anderson*, (2000) 25 Yale J. Int'l L. 195, 216–17, wonach das Gericht u.a. diesen Teil des Sachverhalts falsch gewürdigt habe.

[71] *Airbus GIE v Patel* [1999] 1 AC 119 (HL).

[72] *Airbus GIE v Patel* [1999] 1 AC 119 (HL) 138–39.

England das *natural forum* ist.[73] Dabei soll es nicht ausreichen, dass England eines von mehreren *natural fora* ist.[74]

2. Ermittlung des *natural forum*

Zur Bestimmung des *natural forum* kommt es primär auf den Parteiwillen und entsprechende Parteivereinbarungen an. An einer Gerichtsstands- oder Schiedsvereinbarung müssen sich die Parteien grundsätzlich festhalten lassen.[75] Weniger eindeutig ist die Lage bei nicht-ausschließlichen Gerichtsstandsvereinbarungen und Rechtswahlklauseln. Einerseits indizieren diese, dass die Parteien eine bestimmte Jurisdiktion präferieren. Andererseits haben die Parteien gerade keinen ausschließlichen Gerichtsstand vereinbart. Damit haben sie die Möglichkeit, den Streit in einer anderen Jurisdiktion zu führen, erkannt und gebilligt.[76]

Ist kein Parteiwille feststellbar, muss das *natural forum* anhand objektiver Umstände ermittelt werden. Wichtige Kriterien zur Bestimmung sind die Herkunft bzw. der Firmensitz der Parteien, der Belegenheitsort des Streitgegenstandes, das maßgebliche Recht sowie sonstige Faktoren, die einen Gerichtsstand zweckmäßiger als andere machen, beispielsweise die Verfügbarkeit von Beweismitteln, insbesondere Zeugen.[77] Auch eine besondere Expertise des Gerichts aus ähnlichen Fällen kann berücksichtigt werden (sog. *Cambridgeshire*

---

[73] *Deutsche Bank v Highland Crusader Offshore Partners* [2010] 1 WLR 1023, [50]; *Axis Corporate Capital UK II Ltd v ABSA Group Ltd* [2021] EWHC 225 (Comm), [34]; *Ardila Investments v ENRC* [2015] EWHC 1667 (Comm), [56]–[57]; *Star Reefers Pool Inc v JFC Group Co Ltd* [2012] 1 CLC 294, [26]; *Morris v Davies* [2011] EWHC 1272 (Ch), [34]; *IndiaTV v India Broadcast Live* [2008] FSR 2 (2007), p. 35; *Modi Entertainment v W.S.G. Cricket*, Civil Appeal No. 422 of 2003, para. 24 (2); *Glencore International AG v Exter Shipping Ltd* [2002] CLC 1090, [42]–[43]; High Court of Fiji, HBC 0166/1999 (11.08.1999) - *Mount Kasi* (n.v., zit. nach *Mortensen*, (2001) 32 VUWLR 673, 697; *Simon Engineering v Butte Mining (No.2)* [1997] IL Pr 599, [21]; *Amchem Products Inc v British Columbia (Workers' Compensation Board)*, [1993] IL Pr 689, [43]–[44]; *Briggs*, Private Int'l Law, Rn. 5.114; *Briggs*, Civil Jurisdiction, S. 622; Cheshire, North and Fawcett, S. 428; Dicey, Morris and Collins, Rn. 12-132; *Fentiman*, Int'l Commercial Litigation, Rn. 16.44, 16.79, 16.96; *Gee*, Commercial Injunctions, Rn. 14-060; *Naumann*, S. 41; *Probst*, S. 144–45; *Raphael*, Rn. 4.94.

[74] *Shell International Petroleum Co Ltd v Coral Oil Co Ltd (No.2)* [1999] 2 Lloyd's Rep. 606 (QB) 610.

[75] *Bell*, Rn. 3.162.

[76] *Deutsche Bank v Highland Crusader Offshore Partners* [2010] 1 WLR 1023, [64].

[77] Vgl. *MacSteel Commercial Holdings (Pty) Ltd v Thermasteel (Canada) Inc* [1996] CLC 1403, 1406-07; *Spiliada Maritime Corp v Cansulex Ltd* [1987] AC 460 (HL) 478.

C. England und Commonwealth

factor).[78] Auch mehrere Jurisdiktionen können das *natural forum* darstellen.[79] Umgekehrt können auch mehrere Jurisdiktionen eine Beziehung zum Streitgegenstand aufweisen, von denen keine als *natural forum* erscheint. Beispiel hierfür ist ein Schiffsunglück auf hoher See.[80]

IV. Erlassgründe

In der Praxis werden die meisten ASIs zur Durchsetzung von Schieds- oder Gerichtsstandsvereinbarungen erlassen („*contractual cases*"). Mit dem Erlass der ASI setzt das Gericht das Recht des Antragstellers, nicht im Ausland verklagt zu werden, durch.[81]

Wesentlich unspezifischer sind die Kriterien, die Gerichte in außervertraglichen Fällen heranziehen. Rechtsprechung und Literatur wiederholen gebetsmühlenartig, dass es in diesen Fällen keine starren Kriterien oder abschließende Definitionen gebe und der Einzelfall gewürdigt werden müsse.[82] Die Literatur beschränkt sich überwiegend auf Darstellungen des *case law*, wobei die Gründe, auf die Gerichte den Erlass von ASIs gestützt haben, überhaupt nicht oder unterschiedlich systematisiert werden. Nach der hier befürworteten Einteilung lassen sich ASIs in außervertraglichen Fällen in zwei Kategorien unterteilen: ASIs zum Schutz der Jurisdiktion oder des inländischen Gerichtsverfahrens und ASIs zum Schutz vor dem missbräuchlichen oder schikanösen Verhalten des Antragsgegners.[83] Gedankliche Grundlage der Einteilung ist, dass ASIs zum Schutz der Jurisdiktion nicht primär dem Schutz des Antragstellers, sondern der Durchsetzung übergeordneter öffentlicher Interessen dienen. ASIs, die auf ein rechtsmissbräuchliches oder schikanöses Verhalten gestützt werden, dienen demgegenüber unmittelbar dem Schutz des Antragstellers.[84]

---

[78] *Spiliada Maritime Corp v Cansulex Ltd* [1987] AC 460 (HL) 484–86; *Bell*, Rn. 3.93.

[79] *Shell International Petroleum Co Ltd v Coral Oil Co Ltd (No.2)* [1999] 2 Lloyd's Rep. 606 (QB) 610; *Amchem Products Inc v British Columbia (Workers' Compensation Board)* [1993] IL Pr 689, [22]; *Castanho v Brown & Root (UK) Ltd* [1981] AC 557 (HL) 576.

[80] Vgl. *Spiliada Maritime Corp v Cansulex Ltd* [1987] AC 460 (HL) 477.

[81] Vgl. *Aggeliki Charis Compania Maritima SA v Pagnan SpA (The Angelic Grace)* [1995] 1 Lloyd's Rep. 87; *Donohue v Armco* [2002] CLC 440, [24]; Cheshire, North and Fawcett, S. 425; *Fentiman*, Int'l Commercial Litigation, Rn. 16.41–16.45 m.w.N.

[82] *SAS Institute Inc v World Programming Ltd* [2020] EWCA Civ 599, [90].

[83] Vgl. *Société Aerospatiale v Lee Kui Jak* [1987] AC 871 (PC) 892–93; *Shell v Krys* [2015] AC 616 (PC), [23]–[24]; *Chng*, (2015) 27 Singapore Academy L.J. 340 ff.; *Sim*, (2013) 62 ICLQ 703, 705, 708.

[84] *Shell v Krys* [2015] AC 616 (PC), [24]; *Fentiman*, Int'l Commercial Litigation, Rn. 16.67–16.68.

1. Schutz von Zuständigkeit und Verfahren

ASIs zum Schutz der eigenen Zuständigkeit und dem des Verfahrens können auch in *single forum*-Fällen erlassen werden, etwa wenn die ausländische Klage droht, eine exorbitante Zuständigkeit des ausländischen Gerichts auszunutzen. In *alternative forum*-Fällen setzt eine ASI zum Schutz der Jurisdiktion oder des Verfahrens grundsätzlich die Einleitung des inländischen Verfahrens voraus, da es ansonsten noch kein Verfahren gibt, gegen das sich das ausländische Verfahren gerichtet haben könnte.[85] In Rechtsprechung und Literatur haben sich folgende Fallgruppen herausgebildet:

a) Schutz von Endurteilen

In einigen Fällen wurden ASIs zum Schutz inländischer Endurteile erlassen.[86] Dabei geht es um Fälle, in denen eine Partei trotz inländischen Endurteils im Ausland in demselben Rechtsstreit klagt. In dieselbe Kategorie fallen auch ASIs, in denen das ausländische Verfahren selbst nicht den gleichen Streitgegenstand betrifft, aber darauf ausgerichtet ist, die Rechtsfolgen des inländischen Urteils zu umgehen oder zu neutralisieren.[87] Auf diesen Erlassgrund lassen sich auch AASIs stützen.

b) Schutz vor ausufernder Zuständigkeit ausländischer Gerichte

Insbesondere in Insolvenzverfahren, aber auch in Kartellstreitigkeiten,[88] wurden ASIs zum Schutz des Antragstellers vor einer ausufernden Zuständigkeit des ausländischen Gerichts erlassen.[89] Grundsätzlich urteilten englische Gerichte nicht über die Zuständigkeit ausländischer Gerichte.[90] Die Fallgruppe des Schutzes vor einer ausufernden Zuständigkeit greife erst, wenn die vom ausländischen Gericht beanspruchte Zuständigkeit evident gegen Grundsätze des Völkergewohnheitsrechts verstößt.[91] Der Erlass einer ASI kann beispielsweise erforderlich sein, um Insolvenzgläubiger vor einem anderen

---

[85] *Star Reefers v JFC* [2012] 1 CLC 294, [32]; *Turner v Grovit* [2002] 1 WLR 107 (HL), [27]; *Briggs*, Private Int'l Law, Rn. 5.119; *Fentiman*, Int'l Commercial Litigation, Rn. 16.79.

[86] *Masri v Consolidated Contractors* [2008] EWCA Civ 625, [95]; *RBS v Hicks (I)* [2010] EWHC 2579 (Ch), [29]; *REC Wafer Norway v Moser Baer* [2011] 1 Lloyd's Rep. 410, [42]–[44]; *Bank of Tokyo v Karoon* [1984] AC 45 (CA) 58 (obiter dictum); *Briggs*, Civil Jurisdiction, S. 628; Cheshire, North and Fawcett, S. 432; *Fentiman*, Int'l Commercial Litigation, Rn. 16.71; *Gee*, Rn. 14-056; *Raphael*, Rn. 4.69.

[87] *Ahmet v Mustafa* [2014] EWCA Civ 277, [23]–[25]; *Ardila Investments v ENRC* [2015] EWHC 1667 (Comm), [57].

[88] *Midland Bank v Laker* [1986] 1 QB 689.

[89] Weitere Nachweise bei *Bell*, Rn. 4.127–4.134; *Briggs*, Private Int'l Law, Rn. 5.117.

[90] *Barclays Bank Plc v Homan* [1992] BCC 757, 765.

[91] *Maxwell Communications plc (No 2)* [1992] BCC 757, 762.

Insolvenzgläubiger, der sich über das ausländische Verfahren einen Vorteil (z.B. durch vorherigen Zugriff auf Teile der Insolvenzmasse) gegenüber anderen Gläubigern zu verschaffen sucht, zu schützen.[92]

Interessant ist die vom *Court of Appeal* bestätigte ASI in *Samengo-Turner*.[93] Darin ging es um die Klage eines Arbeitgebers gegen seine Arbeitnehmer. Im Arbeitsvertrag war New York als Gerichtsstand für Klagen aus dem Arbeitsverhältnis vereinbart. Diese Vereinbarung war nach der Verordnung (EG) Nr. 44/2001 („Brüssel I-VO") unwirksam, da eine Gerichtsstandsvereinbarung für Klagen aus dem Arbeitsverhältnis erst nach Entstehung der konkreten Streitigkeit getroffen werden konnte, Art. 21 Abs. 1 Brüssel I-VO. Aus dem Ziel der Brüssel I-VO, Rechtssicherheit für Personen mit Wohnsitz in der EU zu schaffen und diesen eine Einschätzung zu ermöglichen, wo sie verklagt werden könnten, leitete das Gericht ein Recht der Antragsteller ab, nicht entgegen der ausschließlichen Zuständigkeit englischer Gerichte in einem Drittstaat verklagt zu werden.[94] Dieses Recht sei durch eine ASI durchsetzbar. Der Arbeitgeber werde auch nicht benachteiligt, da ein multinational agierendes Unternehmen sich den Gesetzen in verschiedenen Jurisdiktionen zu unterwerfen habe.[95] Damit hat das Gericht eine neue Kategorie von ASIs, solche zur Durchsetzung einer exklusiven Zuständigkeit nach der Brüssel I(a)-VO, geschaffen.[96] In der Literatur wurde die Entscheidung kritisiert. Eine gesetzliche Zuständigkeitsvorschrift begründe grundsätzlich kein einklagbares Recht, nicht in einer anderen Jurisdiktion verklagt zu werden.[97]

c) Ausnutzen ausländischen Prozessrechts

Eine ASI kann auch gerechtfertigt sein, wenn das ausländische Verfahren die Prozessführung im inländischen Verfahren stark beeinträchtigt. Dabei müssen die Besonderheiten des Prozessrechts in den jeweiligen Jurisdiktionen gewürdigt werden. Beispielsweise regt das englische Recht über verschiedene

---

[92] *Société Aerospatiale v Lee Kui Jak* [1987] AC 871 (PC) 892; *Harms Offshore AHT Taurus GmbH & Co. KG v Bloom* [2009] EWCA Civ 632, [27]–[29]; *Kemsley v Barclays* [2013] EWHC 1274 (Ch), [23]–[36]; *Shell v Krys* [2015] AC 616 (PC), [23]–[24], [39]-[40]; *Fentiman*, Int'l Commercial Litigation, Rn. 16.73–16.74; vgl. Auch *Maxwell Communications plc (No 2)* [1992] BCC 757, 766.
[93] *Samengo-Turner v J & H Marsh & McLennan* [2007] EWCA Civ 723, [2007] IL Pr 52.
[94] *Samengo-Turner v J & H Marsh & McLennan* [2007] EWCA Civ 723, [2007] IL Pr 52, [35].
[95] *Samengo-Turner v J & H Marsh & McLennan* [2007] EWCA Civ 723, [2007] IL Pr 52, [42]–[43].
[96] Cheshire, North and Fawcett, S. 482.
[97] *Briggs*, Private Int'l Law, Rn. 5.108; *Dickinson*, (2008) 57 ICLQ 465, 468–73.

Anreize einen Vergleich der Parteien an. Unter anderem deshalb sind die Möglichkeiten zur Beweiserhebung (*discovery*) begrenzt. Demgegenüber enthält das US-amerikanische Zivilverfahrensrecht weitreichendere Regelungen zur Beweiserhebung.[98] Von besonderer Bedeutung ist 28 U.S. Code § 1782 (a). Das Bundesgesetz erlaubt es den Parteien eines ausländischen Gerichtsverfahrens, ein amerikanisches Gericht anzurufen, um Beweise, die im ausländischen Verfahren nicht oder nur schwierig erlangt werden können, zu erheben. Englische Gerichte haben eine Gefährdung des inländischen Verfahrens durch ein Vorverfahren zur Beweiserhebung (*pre-trial discovery*) in den Vereinigten Staaten überwiegend abgelehnt.[99] Obwohl die *pre-trial discovery* an den Intentionen des englischen Verfahrensrechts vorbeigehe, sei das inländische Verfahren nicht direkt beeinträchtigt, zumindest sofern die Parteien sich zur Offenlegung aller dort erlangten Beweise verpflichten. Insoweit sei auch die Entscheidung des ausländischen Gesetzgebers, eine *pre-trial discovery* für ausländische Verfahren zu ermöglichen, zu berücksichtigen.[100] Anderes gilt, wenn die ausländische Beweiserhebung das inländische Verfahren unmittelbar beeinträchtigt oder zu beeinträchtigen drohe. Das könne etwa der Fall sein, wenn die mehrfache Vernehmung von Zeugen geeignet ist, diese übermäßig zu belasten, einzuschüchtern oder von einer Aussage abzuhalten.[101]

Eine Beeinträchtigung des Prozesses befürchtete das Gericht auch in *National Mutual Holding v Sentry Corp*. Die Kanzleien der Prozessbevollmächtigten beider Parteien hatten sich zu einer Kanzlei zusammengeschlossen. Der Antragsgegner der ASI sah einen Interessenkonflikt und beantragte in den Vereinigten Staaten eine gegen die neu gegründete, dort ebenfalls tätige Kanzlei gerichtete Verfügung. Die Verfügung sollte der neu gegründeten Kanzlei die Vertretung der Gegenseite im australischen Verfahren verbieten. Das australische Gericht untersagte per ASI die Fortführung des Verfahrens in den Vereinigten Staaten. Die Frage, wer eine Partei im Prozess vertritt, sei für das

---

[98] Vgl. *Hartley*, (1987) 35 Am. J. Comp. L. 487, 502–03.
[99] *RBS Plc v Hicks* [2011] EWHC 287 (Ch), [95]–[96]; *Nokia Corp v InterDigital Technology Corp* [2004] EWHC 2920 (Pat); *South Carolina Insurance Co v Assurantie Maatshappij „de Zeven Provincien"* [1987] AC 24 (HL) 42; vgl. *Dreymoor Fertilisers Overseas Pte Ltd v. EuroChem Trading GmbH & Anor* [2018] 2 CLC 576, 577–578; vgl. aber *Probst*, S. 156, der in der *discovery* eine Beeinträchtigung der Waffengleichheit und darin einen Erlassgrund für eine ASI sieht.
[100] *South Carolina Insurance Co v Assurantie Maatshappij „de Zeven Provincien"* [1987] AC 24 (HL) 42.
[101] Vgl. *Omega Group Holdings Ltd v Kozeny* [2002] CLC 132 (2001), [23]; *Benfield Holdings v Elliot Richardson* [2007] EWHC 171 (QB), [22]–[24]; *Briggs*, Civil Jurisdiction, S. 626. Abgelehnt in *Arab Monetary Fund v Hashim* [1992] 7 WLUK 193 (n.v.), Financial Times v. 23.7.1992, S. 14.

Verfahren von elementarer Bedeutung. Daher müsse es dem australischen Gericht überlassen bleiben, nach dort geltendem Berufsrecht über einen etwaigen Wechsel der Prozessbevollmächtigten zu entscheiden.[102]

Die Entscheidungen lassen offen, wie weit die Beeinträchtigung des inländischen Verfahrens gehen muss. Einige scheinen die Gefährdung rechtsstaatlicher Mindeststandards (*protection of the due process*) durch das ausländische Verfahren vorauszusetzen.[103] Andere formulieren, dass schon eine Beeinträchtigung des inländischen Verfahrens oder Prozesses ausreichen könne.[104] Generell muss die Beeinträchtigung allerdings von erheblichem Gewicht sein. Ein bloßer Widerspruch zwischen ausländischem und inländischem Verfahrensrecht reicht jedenfalls nicht aus. Die Beweislast für die Eignung zur erheblichen Beeinträchtigung des inländischen Verfahrens trägt der Antragsteller.[105]

d) Rechtsverweigerung in ausländischer Jurisdiktion

Wenn im Ausland kein rechtsstaatlichen Mindeststandards entsprechendes Verfahren zu erwarten steht, erfordert der Schutz des Antragstellers den Erlass einer ASI.[106] Der Antragsteller müsste anhand konkreter Anhaltspunkte darlegen, dass ihn vor dem ausländischen Gericht kein rechtstaatliches Verfahren erwartet.[107] Aufgrund dieser hohen Hürde und zumal eine auf diesen Grund gestützte ASI einen Frontalangriff auf die andere Jurisdiktion darstellt, ist die Fallgruppe praktisch beinahe bedeutungslos.

e) Schutz wichtiger öffentlicher Interessen

Generell dienen „defensive" ASIs dem Schutz wichtiger öffentlicher Interessen (*public policies*). Bei den vorgestellten Untergruppen (z.B. Schutz von Endurteilen oder Insolvenzverfahren) handelt es sich um die relevantesten Unterfälle.[108] Der gebräuchliche Begriff „*public policy*" ist nicht abschließend

---

[102] *National Mutual Holding v Sentry Corp* [1989] 87 ALR 539, 563–64.
[103] *Glencore International AG v Exter Shipping Ltd* [2002] CLC 1090, [42]; *South Carolina Insurance Co v Assurantie Maatshappij „de Zeven Provincien"* [1987] AC 24 (HL) 41; *National Mutual Holding v Sentry Corp* [1989] 87 ALR 539, 563; *Fentiman*, Int'l Commercial Litigation, Rn. 16.69–16.74.
[104] *Raphael*, Rn. 4.66, 5.32 vgl. auch *Gee*, Commercial Injunctions, Rn. 14-066–14.068.
[105] *Arab Monetary Fund v Hashim* [1992] 7 WLUK 193, Financial Times v. 23.7.1992, S. 14.
[106] *Bell*, Rn. 4.191–93; *Fentiman*, Int'l Commercial Litigation, Rn. 16.90; *Fentiman*, in: Basedow u.a. (Hrsg.), Encyclopedia of Priv. Int'l Law, S. 79, 83.
[107] Vgl. *The Abidin Daver* [1984] AC 398 (HL) 411; *Altimo Holdings v Kyrgyz Mobile Tel* [2011] UKPC 7, [2012] 1 WLR 1804, [97], [101] (beide Urteile bzgl. *stay of proceedings*).
[108] *Petter v EMC* [2015] EWCA Civ 828, [54].

definiert. Im Wesentlichen sind grundlegende Wertvorstellungen der Gesellschaft und des Gesetzgebers gemeint. Damit es auf englische Wertvorstellungen ankommen kann, muss der Streitgegenstand eine enge Beziehung zu England aufweisen.[109] Eine ASI zum Schutz wichtiger öffentlicher Interessen kommt in Betracht, wenn:

> „[T]he judicial or legislative policies of England and the foreign court are so at variance that comity is overridden by the need to protect British national interests or prevent what it regards as a violation of the principles of customary international law."[110]

In den oben beschriebenen Fallgruppen überwiegen die durch das ausländische Verfahren beeinträchtigten englischen öffentlichen Interessen regelmäßig die Interessen des Antragsgegners und die der ausländischen Jurisdiktion. Es gibt keine abschließende Liste wichtiger öffentlicher Interessen, die in jedem Fall durch ASIs durchgesetzt werden müssen. Von welchem Gewicht das öffentliche Interesse sein muss, dürfte vom Grad der drohenden Beeinträchtigung und von der Verbindung des Rechtsstreits mit England abhängen. Hat der Streitgegenstand nur einen geringen Bezug zu England, muss eine erhebliche Beeinträchtigung einer zwingenden *public policy* drohen; ist England das *natural forum*, dürfte schon eine weniger schwerwiegende Beeinträchtigung ausreichen. Insgesamt sind die Entscheidungen aber wenig aussagekräftig. *Raphael* zweifelt an, ob jenseits der bereits diskutierten Fallkategorien die Verletzung einer *public policy* überhaupt als eigenständiger Erlassgrund für eine ASI in Betracht kommt.[111]

Mit Blick auf FRAND-Streitigkeiten ist der Fall *Western Electric v Racal-Milgo* interessant. In einem Kartellverfahren gegen *Western Electric* und andere Unternehmen der *Bell Telephone Company* erging 1956 ein Anerkenntnisurteil gegen die Beklagten, das sog. „*Bell consent decree*". Dieses verpflichtete *Western Electric*, Patente zu fairen und nichtdiskriminierenden Konditionen zu lizenzieren.[112] *Western Electric* strengte 1974 zehn Verfahren wegen der Verletzung US-amerikanischer Patente gegen *Milgo US* an. *Milgo US* wandte ein, dass die Geltendmachung der Ansprüche erstens eine missbräuchliche Ausnutzung des Patents (*patent misuse*) und zweitens eine Verletzung des *Bell consent decree* darstelle. Daraufhin erhob *Western Electric* im

---

[109] Cheshire North and Fawcett, S. 134.
[110] Vgl. *Barclays v Homan Barclays Bank Plc v Homan* [1992] BCC 757, 762; *Shell v Krys* [2015] AC 616 (PC), [42].
[111] *Raphael*, Rn. 4.71.
[112] *Western Electric v Racal-Milgo* [1979] RPC 501, 505–06.

Vereinigten Königreich eine weitere Klage wegen der Verletzung eines englischen Patentes, das dieselbe Erfindung wie eines der US-Patente schützte.

Die Beklagte, *Racal-Milgo*, beantragte die Aussetzung des englischen Patentverletzungsverfahrens. Das US-Gericht würde feststellen, ob die Patentinhaberin ihre kartellrechtlichen Pflichten durch einen „*patent misuse*" verletzt habe. In diesem Fall würde das US-Gericht anordnen, dass *Western Electric* seine Patente, einschließlich die UK-Patente, nicht durchsetzen dürfte. Um eine übermäßige Belastung durch die Parallelverfahren zu verhindern, sei die vorübergehende Aussetzung des englischen Verfahrens bis zum Endurteil im US-Verfahren geboten.[113] Das Gericht lehnte einen *stay of proceedings* ab, da die Einwendungen von *Racal-Milgo* bzw. *Milgo US* Fragen des US-amerikanischen Kartellrechts betrafen. Dabei handele es sich um „*domestic issues of public policy in the United States*".[114] Für das englische Verfahren spielten die Pflichten der Beklagten nach US-amerikanischem Kartellrecht keine Rolle. Wenn die Beklagte das englische Verfahren verhindern wolle, sei der richtige Weg ein Antrag auf Erlass einer ASI bei dem US-amerikanischen Gericht.[115]

f) Anti-Anti-Suit Injunctions

AASIs werden als Unterkategorie von ASIs behandelt. Es handele sich um ASIs zum Schutz der eigenen Zuständigkeit über das inländische Hauptsacheverfahren.[116] Im überschaubaren *case law* zu AASIs wurden die zu ASIs herausgebildeten Grundsätze übernommen.[117] Entsprechend der bis 2019 geringen praktischen Bedeutung von AASIs ist deren Vergleichbarkeit mit ASIs nicht näher untersucht worden. Selbst in ausführlichen Werken nehmen die Ausführungen zu AASIs nur einen oder wenige Absätze ein.[118] Als einzige Sondervoraussetzung gegenüber „einfachen" ASIs wird beim Erlass von AASI besondere Vorsicht angemahnt, da deren Erlass zu einem Justizkonflikt führen

---

[113] *Western Electric v Racal-Milgo* [1979] RPC 501, 509.
[114] *Western Electric v Racal-Milgo* [1979] RPC 501, 512–13.
[115] *Western Electric v Racal-Milgo* [1979] RPC 501, 513. Das US-Gericht hatte den Antrag auf Erlass einer ASI abgelehnt, da die *Bell consent decree* nur US-Patente betraf, *Western Electric v Milgo*, 450 F.Supp. 835 (S.D. Fl. 1978).
[116] *Bell*, Rn. 4.137; *Raphael*, Rn. 5.60; *Gee*, Rn. 14-068.
[117] *Carlyle Capitol v Conway* [2013] 2 Lloyd's Rep 179 (Guernsay CA), [68]; *Sabah Shipyard (Pakistan) v Islamic Republic of Pakistan* [2002] EWCA Civ 1643 [2004] 1 CLC 149; *General Star International Indemnity v Stirling Cooke Brown Reinsurance Brokers* [2003] IL Pr 19; *Tonicstar v American Home Assurance* [2004] EWHC 1234 (Comm); *Goshawk Dedicated v ROP* [2006] EWHC 1730 (Comm); *Ecom Agroindustrial v Mosharaf Composite Textile Mill* [2013] EWHC 1276 (Comm), [21]; *IPCom v Lenovo* [2019] EWHC 3030 (Pat), [20]; für weitere Nachweise vgl. *Raphael*, Rn. 5.60.
[118] Vgl. *Bell*, Rn. 4.137–4.142; *Fentiman*, Int'l Commercial Litigation, Rn. 16.04; 16.19; *Raphael*, Rn. 5.57–5.64; *Dicey, Morris and Collins*, Rn. 12-122, dort Fn. 498, 12-132.

und einer Kette weiterer Prozessführungsverbote auslösen könne.[119] Zudem könne eine AASI den Verfügungskläger unterstützen, eine Anordnung des ausländischen Gerichts zu vereiteln.[120]

Die meisten AASIs dienten dem Schutz vor ASIs, die entgegen einer Zuständigkeitsvereinbarung die Prozessführung vor dem zuständigen Gericht untersagten.[121] Die Prüfung ist bei AASIs in vertraglichen Fällen zweistufig: Erstens muss der Verfügungsbeklagte eine wirksame Zuständigkeitsvereinbarung verletzt haben. Auf zweiter Stufe prüft das Gericht, ob es trotz der Klage beim unzuständigen Gericht ausnahmsweise Gründe gibt, keine AASI zu erlassen.

In außervertraglichen Fällen wurden AASIs damit gerechtfertigt, dass England das *natural forum* zur Entscheidung des Rechtsstreits und die im Ausland beantragte oder erwirkte ASI rechtsmissbräuchlich oder schikanös sei.[122] Allerdings reichte für den Erlass einer AASI schon aus, dass sich das angerufene Gericht im *natural forum* befand und dass die Interessen des Verfügungsklägers am Erlass einer AASI schutzwürdiger seien als die des Verfügungsbeklagten, im Ausland eine ASI beantragen zu dürfen.[123] *Raphael* schlägt vor, AASIs nur zu erlassen, wenn England nicht nur das *natural forum*, sondern die offensichtlich besser zur Entscheidung des Rechtsstreits geeignete Jurisdiktion ist.[124] Aus seiner Sicht sollten englische Gerichte AASIs nur erlassen, wenn die ausländische ASI nach Grundsätzen des englischen Rechts rechtswidrig ist.[125] Die Rechtsprechung nimmt beim Erlass von AASIs allerdings keine inzidente Prüfung der Rechtmäßigkeit einer ausländischen ASI nach englischem Recht vor.

---

[119] *Carlyle Capitol v Conway* [2013] 2 Lloyd's Rep 179 (Guernsay CA), [68]; *General Star Int'l v Stirling Cooke Brown Reinsurance* [2003] Lloyd's Rep IR 719, [16]; *Ecom Agroindustrial v Mosharaf Composite Textile Mill* [2013] EWHC 1276 (Comm), [21]; *Raphael*, Rn. 5.59, 5.63.

[120] *Fentiman*, Int'l Commercial Litigation, Rn. 16.04.

[121] *XL Insurance v Owens Corning* [2001] CLC 914; *Goshawk Dedicated Ltd v ROP Inc* [2006] EWHC 1730 (Comm); *Ecom Agroindustrial Corp v Mosharaf* [2013] EWHC 1276 (Comm); *Swissmarine Services SA v Gupta Coal India Private Limited* [2015] EWHC 265 (Comm); *Tidewater Marine Int'l v Phoenixtide Offshore Nigeria* [2015] EWHC 2748 (Comm).

[122] *General Star International Indemnity v Stirling Cooke Brown Reinsurance* [2003] EWHC 3 (Comm) [2003] IL Pr 19, [16]; *Sabah Shipyard (Pakistan) Ltd v Islamic Republic of Pakistan & Anor* [2002] EWCA Civ 1643, [2004] 1 CLC 149; *IPCom v Lenovo* [2019] EWHC 3030 (Pat), [46].

[123] *Carlyle Capitol v Conway* [2013] 2 Lloyd's Rep 179 (Guernsay CA), [78]–[85].

[124] *Raphael*, Rn. 5.62.

[125] *Raphael*, Rn. 5.58.

Interessant ist der Vergleich von AASI und *stay of proceedings* in *General Star Int'l v Cooke Brown Reinsurance Brokers*.[126] Erlässt das Gericht bei einer drohenden ASI keine AASI zum Schutz des Antragsgegners, droht die Wirkung eines *stay of proceedings*: Das Verfahren wird – nicht auf Anordnung des englischen Gerichts, sondern durch die ausländische ASI – ausgesetzt. Während die ASI das Gegenstück zum *stay of proceedings* ist,[127] ähnelt die AASI sowohl der ASI als auch dem *stay of proceedings*.[128] Erlässt das Gericht die AASI, wirkt diese als „defensive" ASI. Erlässt das Gericht die beantragte AASI nicht, kommt die Wirkung einer Verfahrensaussetzung gleich. Diese Feststellung ist für AASIs in vertraglichen Fällen irrelevant. In außervertraglichen Fällen muss sich die Prüfung aber auch an den Kriterien zum *stay of proceedings* orientieren. Während eine ASI in *single forum* Fällen nur ganz ausnahmsweise erlassen wird, können AASIs gerade in *single forum* Fällen erlassen werden, da die ausländische ASI hier besonders schwer wiegt und es dem englischen Gericht untersagt, über eine Streitigkeit zu entscheiden, für die nur das englische Gericht zuständig ist. Aus demselben Grund lehnen englische Gerichte eine Verfahrensaussetzung ab, wenn England das *single forum* ist.[129]

2. Schutz vor rechtsmissbräuchlichen und schikanösen Klagen

Englische Gerichte erlassen ASIs zum Schutz des Antragstellers, wenn die Klageerhebung des Antragsgegners im ausländischen Verfahren „*vexatious*" (rechtsmissbräuchlich) oder „*oppressive*" (schikanös) ist. Insoweit arbeitet die Rechtsprechung mit Leerformeln und verwendet die Begriffe uneinheitlich. Auch Teile der Literatur fassen beide Fallgruppen (Schutz der eigenen Zuständigkeit oder des Verfahrens und Schutz vor rechtsmissbräuchlichen Verhalten) zusammen.[130] Nach einer neueren Ansicht handelt es sich um separate Kategorien,[131] die unterschiedlich zu prüfen sind. In der Fallgruppe des missbräuchlichen oder schikanösen Verhaltens nehmen Teile von Rechtsprechung und Literatur eine zweistufige Prüfung vor.[132] Erstens muss das Verhalten des

---

[126] *General Star International Indemnity v Stirling Cooke Brown Reinsurance* [2003] EWHC 3 (Comm), [2003] IL Pr 19, [8].
[127] *Turner v Grovit* [2002] 1 WLR 107 (HL), [25].
[128] Vgl. *Hess*, (2022) 25 JWIP 536, 548; *Rothschild*, (1998) 24 Litigation 40, 74.
[129] *Spiliada Maritime v Cansulex* [1987] AC 460 (HL) 478; *Lubbe v Cape* [2000] 1 WLR 1545, 1554; Cheshire, North and Fawcett, S. 399.
[130] *Briggs*, Private Int'l Law, Rn. 5.112.
[131] *Chng*, (2015) 27 Singapore Academy LJ 340–51; *Raphael*, Rn. 4.66; *Rogerson*, in: Collier's Conflict of Laws, Ch. 6, 4.b.i.; vgl. aber *Royal Bank of Canada v Centrale Raiffeisen-Boerenleenbank* [2004] EWCA (Civ) 07, [2004] 1 CLC 170, [64].
[132] *Société Aerospatiale v Lee Kui Jak* [1987] AC 871 (PC) 881; *Amchem Products Inc v British Columbia (Workers' Compensation Board)* [1993] IL Pr 689, [58]–[59] *Deutsche*

Antragsgegners dem ersten Anschein nach rechtsmissbräuchlich oder schikanös sein. Weiterhin muss der Antragsteller schutzwürdig sein. Auf zweiter Stufe erfolgt deshalb eine Abwägung der vom Antragsgegner mit der im Ausland erhobenen Klage verfolgten Interessen mit den durch die ausländische Klage potentiell beeinträchtigten Interessen des Antragstellers.

a) Stufe 1: Erster Anschein

Das *case law* zu ASIs ermöglicht eine Kategorisierung von Konstellationen, in denen die Klageerhebung dem Anschein nach rechtsmissbräuchlich oder schikanös ist.

aa) „Mala fide" Klageerhebung im Ausland

Die im Ausland erhobene Klage ist rechtsmissbräuchlich, wenn die Klage in bösem Glauben erhoben wurde oder einzig der Belästigung des Beklagten dient. Davon sind Fälle abzugrenzen, in denen die Klagen im Zuge einer taktischen Prozessführung erhoben werden. In der Regel wird eine Partei ihre Bösgläubigkeit nicht nach außen kommunizieren, sodass diese schwer nachweisbar bleibt. Eine unlautere Absicht ist unterstellt, wenn der Kläger überhaupt keinen sinnvollen Grund für die Klageerhebung anführt und die Klage offensichtlich keine Erfolgsaussicht hat.[133] In dieser Fallgruppe entfällt die zweite Stufe (Interessenabwägung) mangels schutzwürdiger Interessen des Antragsgegners.

bb) Vorteile des ausländischen Prozessrechts

Im Rahmen der „defensiven" ASIs zum Schutz der Jurisdiktion wurde bereits erörtert, dass eine Beeinträchtigung des inländischen Verfahrens durch von dem ausländischen Prozessrecht vorgesehene Mittel den Erlass einer ASI rechtfertigen kann. Dazu muss der Antragsteller die drohende Beeinträchtigung des inländischen Verfahrens durch das ausländische Verfahren substantiiert darlegen. Die wohl h.M. fordert eine Beeinträchtigung der rechtsstaatlichen Mindeststandards durch das ausländische Verfahren.[134]

Bank v Highland Crusader Offshore Partners [2010] 1 WLR 1023, [50]; Dicey, Morris and Collins, Rn. 12-133; *Naumann*, S. 35.

[133] *Midland v Laker* [1986] QB 689, 702 [D]; *Bell*, Rn. 4.196; *Raphael*, Rn. 5.06; vgl. auch *Shell Int. Petroleum Co v Coral Oil Co* [1999] 2 Lloyd's Rep 606; *Elektrim SA v Vivendi Holdings* [2009] 1 Lloyd's Rep 59 (CA); *Vitol Bahrein v Nasdec* [2013] EWHC 3359 (Comm); *Briggs*, Civil Jurisdiction, S. 622; *Briggs*, Private Int'l Law, Rn. 5.112; Dicey, Morris and Collins, Rn. 12-132; *Fentiman*, Int'l Commercial Litigation, Rn. 16.76.

[134] *Glencore International AG v Exter Shipping Ltd* [2002] EWCA Civ 526, [2002] CLC 1090, [42]; *South Carolina Insurance Co v Assurantie Maatschappij „de Zeven Provincien"*

Möglicherweise kann einem Auslandskläger, der Vorteile des ausländischen Prozessrechts nutzt, auch unter dieser hohen Schwelle ein rechtsmissbräuchliches oder schikanöses Verhalten vorgeworfen werden. Die Rechtsprechung hatte sich damit auseinander zu setzen, ob die Einleitung eines ausländischen Verfahrens, um eine *discovery* zu erreichen, das Verfahren vor einer Jury, anstatt vor einem Einzelrichter zu führen oder um die Anwaltskosten nur bei einer siegreichen Klage zu tragen (*contingency fees*), missbräuchlich ist. Grundsätzlich erscheint es legitim, die durch das Prozessrecht anderer Jurisdiktionen bereitgestellten Mittel zum eigenen Vorteil zu nutzen.[135] Das „Ausnutzen" ausländischen Prozessrechts zum eigenen Vorteil kann allenfalls missbräuchlich sein, wenn die ausländische Jurisdiktion kein *natural forum* ist.[136] Zusätzlich muss sich das ausländische Verfahren nachteilhaft auf das inländische Verfahren auswirken.

cc) Materiellrechtliche Vorteile

Neben günstigeren prozessualen Regelungen kann den Kläger auch ein vermeintlich günstigeres materielles Recht oder die Annahme, dass Gerichte in der anderen Jurisdiktion das anwendbare Recht anders auslegen, zur Klageerhebung im Ausland veranlassen. Grundsätzlich unzulässig ist es, in einer anderen Jurisdiktion zu klagen, weil die dortigen Gerichte dafür bekannt sind, Rechtswahlklauseln oder Zuständigkeitsvereinbarungen zu ignorieren.[137] Haben die Parteien keine Zuständigkeitsvereinbarung getroffen, ist die Klage im ausländischen Forum hingegen nicht missbräuchlich, bloß weil das ausländische Gericht ein anderes Recht anwendet.[138]

Ob eine im Ausland zu dem Zweck erhobene Klage, einen höheren Schadensersatz zu erhalten, dem Anschein nach missbräuchlich ist, haben Gerichte unterschiedlich beurteilt. Nach herrschender Meinung ist es grundsätzlich

---

[1987] AC 24 (HL) 41; *National Mutual Holding v Sentry Corp* [1989] 87 ALR 539, 563; *Fentiman*, Int'l Commercial Litigation, Rn. 16.69–16.89.

[135] *Briggs*, S. 645.

[136] *Smith Kline & French Labratories v Bloch* [1983] 1 WLR 730, 737; *Amchem Products Inc v British Columbia (Workers' Compensation Board)* [1993] IL Pr 689, [58]–[59]; *Simon Engineering v Butte Mining (No.2)* [1997] IL Pr 599 (Com Ct), [43]; Cheshire, North and Fawcett, S. 430.

[137] *Ecom Agroindustrial v Mosharaf Composite Textile Mill* [2013] EWHC 1276 (Comm) [36]–[39]; *Standard Bank v Agriinvest* [2007] EWHC 2595 (Comm) [2008] 1 Lloyd's Rep 532; *Ace Insurance v Moose Enterprise* [2009] NSWSC 724; *Navig8 v Al-Riyadh* [2013] EWHC 328 (Comm), [2013] 2 Lloyd's Rep 104; vgl. *Briggs*, Private Int'l Law, Rn. 5.112.

[138] *Star Reefers v JFC* [2012] 1 CLC 294, [36].

zulässig, das ausländische Recht zum eigenen Vorteil zu nutzen.[139] Erst bei einem geringen Bezug der ausländischen Jurisdiktion zum Streitgegenstand und den Parteien (*clearly inappropriate forum*) soll die Klage missbräuchlich sein.[140] Auch erhebliche rechtliche Vorteile in der ausländischen Jurisdiktion sollen unbeachtlich bleiben, wenn sie im konkreten Fall unerheblich sind. Etwa wurde eine mögliche Erbunwürdigkeit der Haupterbin, die nur im ausländischen Verfahren geltend gemacht werden konnte, nicht als legitimer Vorteil angesehen: Da die Erbschaft in England belegen war, sei der ausländische Vollstreckungstitel, den englische Gerichte nicht anerkennen würden, nutzlos.[141]

Klagt der Verfügungsbeklagte im Ausland, weil die dortigen Gerichte Einheimische begünstigen, handelt er missbräuchlich. Es ist allerdings kein Fall ersichtlich, in dem eine ASI auf die „*home bias*" der ausländischen Justiz gestützt wurde. Wie bei der Fallgruppe der Unterschreitung rechtlicher Mindeststandards, muss der Antragsteller die Befangenheit der ausländischen Justiz belastbar nachweisen. Die hohen Hürden wurden – soweit ersichtlich – noch von keinem Antragsteller überwunden.[142]

b) Stufe 2: Interessenabwägung

Ist die ausländische Klage *prima facie* missbräuchlich oder schikanös, geht die Beweislast auf den Antragsgegner über. Dieser erhält die Gelegenheit, zu begründen, warum ihm die ASI legitime Vorteile nehmen würde, die ihm im ausländischen Forum zustünden.[143] Dabei sind die Interessen des Antragstellers gegen die des Antragsgegners abzuwägen. Allgemein überwiegen die Interessen des Antragsgegners, wenn die Klage nicht im *natural forum* erhoben wurde.[144] Es ist kein Fall ersichtlich, in dem eine umfassendere Interessenabwägung vorgenommen wurde.

---

[139] *Castanho v Brown & Root* [1981] AC 557 (HL) 567–68; *Midlank Bank v Laker* [1986] 1 QB 689, 714 F, G (Neill LJ); *Barclays Bank Plc v Homan* [1992] BCC 757 (CA) 777; *Raphael*, Rn. 5.10.
[140] *Smith Kline & French Laboratories v Bloch* [1983] 1 WLR 730, 744; *Simon Engineering v Butte Mining (No. 2)* [1997] IL Pr 599 (Com Ct), [34]-[36]; *Société Aerospatiale v. Lee Kui Jak* [1987] AC 871 (PC) 894, 899; sogar für diesen Fall zweifelnd *Briggs*, Civil Jurisdiction, S. 645.
[141] *Pescatore v Valentino* [2021] EWHC 1953 (Ch), [74]-[84].
[142] Mangels objektiver Nachweise abgelehnt in: *Pescatore v Valentino* [2021] EWHC 1953 (Ch), [87].
[143] *Société Aerospatiale v Lee Kui Jak* [1987] AC 871 (PC) 881; *Royal Bank of Canada v Coorperative Centrale Raiffeisen-Boorenleenbank* [2003] EWHC 2913 (Comm), [29]; Dicey, Morris and Collins, Rn. 12-133; *Naumann*, S. 38.
[144] Vgl. *Tadros v Barrat* [2014] EWHC 2860 (Ch), [72]–[78].

V. Ermessen

Da die ASI eine *equitable remedy* darstellt, kann ein Gericht von deren Erlass absehen, obwohl es zuständig ist und ein Erlassgrund gegeben ist.[145]

1. Schutzwürdigkeit des Antragstellers

Gerichte sehen vom Erlass von ASIs ab, wenn der Antragsteller aufgrund seines Verhaltens nicht schutzwürdig erscheint. Die Schutzwürdigkeit kann etwa entfallen, wenn er zu lange mit der Antragstellung zuwartet.[146] Weiterhin könne nur derjenige *equitable relief* verlangen, der selbst in Einklang mit Treu und Glauben handelt: *"he who comes into equity must come with clean hands."*[147] Der Erlass wird aus diesem Grund verwehrt, wenn der Antragsteller im Verfahren bewusst wahrheitswidrige Tatsachen vorträgt oder er selbst unlautere Ziele verfolgt.[148]

2. Comity

Der Erlass einer ASI steht im Ermessen des Richters. Bei der Ermessensbetätigung spielt die *comity* theoretisch eine zentrale Rolle.[149] Trotzdem hat sich bis heute keine Definition der *comity* durchgesetzt. Gemeint ist der Respekt vor und die Zurückhaltung gegenüber anderen Jurisdiktionen. Der *Court of Appeal* bezeichnete die *comity* als Gebot gegenseitigen Respekts für und Rücksichtnahme auf die ausländischen Gesetze und Institutionen:

„*[Comity can be described as] courteous and friendly reciprocal understanding and forbearance by which each nation respects the laws, institutions and usages of every other [nation].*"[150]

Letztlich handelt es sich um ein vages, wenig konturiertes Konzept. Die *comity* ist keine völkerrechtliche Verpflichtung, sondern eine sich von der Rechtsprechung selbst auferlegte Obliegenheit. Deren Achtung soll u.a. sicherstellen, dass andere Gerichte die inländischen Entscheidungen ebenfalls

---

[145] *Fentiman*, Int'l Commercial Litigation, Rn. 16.100.
[146] *Aggeliki Charis Cia Maritima v Pagnan (The Angelic Grace)* [1995] 1 Lloyd's Rep 87 (CA) 96; *Raphael*, Rn. 8.20–8.21 m.w.N.
[147] *RBS v Highland Financial Partners LP* [2013] EWCA Civ 328, [158].
[148] *Fentiman*, Int'l Commercial Litigation, Rn. 16.107.
[149] Vgl. aber *Briggs*, Civil Jurisdiction, S. 643, der einräumt: *"It is hard to identify any case in which comity causes the court to do as it did, or to act in a way in which it would not otherwise have done"*; *Fentiman*, Int'l Commercial Litigation, Rn. 16.111-16.114; *Fentiman*, (2012) 71 CLJ 273, 275: *"courts often nod towards comity (without elaboration) to justify caution in such cases."*
[150] *British Airways Board v Laker* [1985] AC 58 (HL) 68.

respektieren und etwa Urteile vollstrecken. Gerichte und Autoren legen die Reichweite der *comity* unterschiedlich aus.

Nach einem engen Verständnis, zu dessen prominenten Vertretern der kanadische Supreme Court zählt, ist eine ASI nur gerechtfertigt, wenn die ausländische Jurisdiktion selbst die *comity* nicht ausreichend berücksichtigt, etwa indem das ausländische Gericht eine zu ausufernde Zuständigkeit beansprucht.[151] Englische Gerichte interpretieren die *comity* weniger streng. Ursprünglich wurde ein vernachlässigbarer Einfluss auf das ausländische Gericht mit der *in personam* Wirkung der ASI begründet. Da diese nicht gegen das Gericht selbst, sondern gegen den Antragsgegner gerichtet sei, könne ein ausländisches Gericht darin keinen Angriff auf das eigene Verfahren oder die eigene Zuständigkeit sehen.[152] Das verkennt die tatsächlichen Auswirkungen der ASI, was mittlerweile auch von der Rechtsprechung und der ganz h.L. anerkannt ist.[153] Dass ausländische Gerichte ASIs als übergriffig empfinden, belegen die Reaktionen betroffener, auch englischer, Gerichte auf ausländische ASIs.[154]

Mittlerweile sind englische Gerichte etwas zurückhaltender. Es bestehe die Grundannahme, dass ein ausländisches Gericht zur Entscheidung geeignet und selbst in der Lage sei, seine Zuständigkeit zu beurteilen.[155] Allerdings sehen englische Gerichte bei ASIs zum Schutz vertraglicher Vereinbarungen keine Auswirkung auf die *comity*.[156] Unklar bleibt, unter welchen Umständen in nicht-vertraglichen Fällen eine ASI erlassen werden kann. In *Airbus GIE v Patel* erörterte *Lord Goff*, dass zumindest ein hinreichendes Interesse Englands an oder in Verbindung mit dem Streitgegenstand bestehen müsse. Das sei jedenfalls der Fall, wenn England das *natural forum* ist. Da es sich hierbei

---

[151] *Amchem Products Inc v British Columbia (Workers' Compensation Board)* [1993] IL Pr 689, [24].

[152] *Pescatore v Valentino* [2021] EWHC 1953 (Ch), [49].

[153] *Masri v Consolidated Contractors* [2008] EWCA Civ 625, [81]; treffend *Briggs*, Civil Jurisdicton, S. 643–44; *Hartley*, (1987) 35 Am. J. Comp. L. 487, 506.

[154] *General Star International Indemnity Ltd. v Stirling Cooke Brown Reinsurance Brokers* [2003] EWHC 3, [2003] Lloyd's Rep IR 713 (Com Ct), [9], [16].

[155] *Barclays Bank Plc v Homan* [1992] BCC 757, 774; *Harms Offshore AHT Taurus v Bloom* [2009] EWCA Civ 632; *Deutsche Bank v Highland Crusader Offshore Partners* [2010] 1 WLR 1023, [109]; *Stichting Shell Pensionfonds v Krys* [2015] AC 616 (PC), [42].

[156] *The Angelic Grace* [1995] 1 Lloyd's Rep 86, 96 (CA); *Deutsche Bank v Highland Crusader Offshore Partners* [2010] 1 WLR 1023, [50]; *Michael Wilson v Emmott*, [2018] EWCA Civ 51, [2018] 2 All ER (Comm) 737, [38]; *SAS Institute Inc v World Programming Ltd*, [2020] EWCA Civ 599, [103]; *Grace Ocean Private Limited v COFCO Global Harvest* [2020] EWHC 3343 (Comm), [45]; Cheshire, North and Fawcett, S. 441; *Layton*, in: Ferrari (Hrsg.) Forum Shopping in Int'l Arbitration, S. 131, 137; *Raphael*, Rn. 8.24; kritisch *Samengo-Turner v J&H Marsh & McLennan* [2007] EWCA Civ 723, [2007] IL Pr 52, [40].

ohnehin um eine beinahe zwingende Voraussetzung handelt, kann das „*sufficient interest in [...] the matter in question*"[157] nur eine notwendige, aber keine hinreichende Voraussetzung sein.[158] Folgende Kriterien sind bei der Frage, ob die Auswirkungen auf die ausländische Jurisdiktion hinnehmbar sind, zu berücksichtigen:

a) Sachnähe der ausländischen Jurisdiktion

Die gebotene Sorgfalt sei umso höher, je enger der Bezug der ausländischen Jurisdiktion zu dem Streitgegenstand und den Parteien ist.[159] Nach umstrittener Ansicht kann berücksichtigt werden, wie das ausländische Gericht die ASI auffasst.[160] *Raphael* bezweifelt die Bedeutung des letztgenannten Kriteriums, da es protektionistische Jurisdiktionen begünstigen würde.[161]

b) Grad der Ungerechtigkeit

Eine ASI sei regelmäßig gerechtfertigt, wenn das Verfahren in der ausländischen Jurisdiktion das inländische Verfahren direkt beeinträchtigt, das ausländische Gericht eine ausufernde, extraterritoriale Zuständigkeit beansprucht oder wenn das ausländische Verfahren gegen das Völkergewohnheitsrecht verstößt.[162] Etwa sei die Integrität eines englischen Insolvenzverfahrens wichtiger als eine falsch verstandene Rücksichtnahme auf die ausländische Jurisdiktion, die ebendieses beeinträchtigt.[163] Demgegenüber sei Zurückhaltung geboten, wenn der einzige Vorwurf eine schikanöse oder erdrückende Prozessführung der Gegenseite ist.[164] Eine „defensive" ASI zum Schutz der eigenen Zuständigkeit sei zudem weniger begründungsbedürftig als eine „offensive" ASI zum Schutz des Antragstellers vor vermeintlich rechtsmissbräuchlichen oder schikanösen Verfahren.

---

[157] *Airbus GIE v Patel* [1999] 1 AC 119 (HL) 136; *SAS Institute Inc v World Programming Ltd*, [2020] EWCA Civ 599, [108]–[109].

[158] *Fentiman*, Int'l Commercial Litigation, Rn. 16.114.

[159] *Deutsche Bank v Highland Crusader Offshore Partners* [2010] 1 WLR 1023, [50].

[160] *Turner v Grovit* [2002] 1 WLR 107 (HL), [28]; befürwortend für außervertragliche Fälle *Fentiman*, Int'l Commercial Litigation, Rn. 16.119; ausdrücklich gegen das Kriterium *West Tankers v Ras Riunione Adriatica di Sicurta (The Front Comor)* [2005] EWHC 454 (Comm), [51]; vgl. auch die hohen Anforderungen in *Navigation Maritim Bulgare v Rustal Trading* [2000] WL 33281266, [118], [2002] 1 Lloyd's Rep. 106 Com Ct) 126–27.

[161] *Raphael*, Rn. 8.29.

[162] *Airbus GIE v Patel* [1999] 1 AC 119 (HL) 140; *Barclays Bank Plc v Homan* [1992] BCC 757, 762; *SAS Institute Inc v World Programming Ltd*, [2020] EWCA Civ 599, [103], [111]; *Bell*, Rn. 4.227, 4.230.

[163] Vgl. *Stichting Shell Pensionfonds v Krys* [2015] AC 616 (PC), [42]; *Petter v EMC* [2015] EWCA Civ 828, [54].

[164] *Star Reefers v JFC* [2012] 1 CLC 294, [4], [41].

c) Zeitpunkt der Klageerhebung

Eine verbreitete Ansicht stellt auf den Zeitpunkt der Klageerhebung ab. Der Eingriff in das ausländische Verfahren wiege schwerer, wenn das ausländische Verfahren bereits fortgeschritten sei und Prozessfrüchte angefallen seien.[165] Das gelte aber erst, wenn der Auslandsbeklagte über die Klageerhebung informiert wurde. Ob die ausländische Klage vor der englischen Klage erhoben wurde, sei – solange der Verfügungskläger nicht unnötig lange zuwartet – unerheblich.[166]

d) Vorheriger Antrag auf Verfahrensaussetzung

Teilweise wird vertreten, dass eine ASI nur erlassen werden sollte, nachdem ein Antrag auf Aussetzung des Verfahrens beim ausländischen Gericht erfolglos blieb.[167] Die h.L. lehnt diesen Vorschlag ab, da es *common law*-Jurisdiktionen gegenüber *civil law*-Jurisdiktionen, die keine Möglichkeit zur Verfahrensaussetzung zugunsten einer sachnäheren Jurisdiktion vorsehen, privilegieren würde.[168]

VI. Zwischenergebnis

Ein Antrag auf Erlass einer ASI ist mit hoher Wahrscheinlichkeit erfolgreich, wenn der Verfügungskläger glaubhaft macht, dass das ausländische Verfahren das englische Verfahren erheblich beeinträchtigt oder in die Zuständigkeit englischer Gerichte eingreift („defensive ASI"). Richtet sich die beantragte ASI gegen eine rechtsmissbräuchliche oder schikanöse Klageerhebung, ist zu differenzieren: In *single forum*-Fällen könnte allein aus diesem Grund keine ASI erlassen werden. In *alternative forum*-Fällen ist die Rechtsprechung inkonsistent. Eine seriöse Einschätzung der Erfolgsaussichten ist kaum möglich. Teilweise haben englische Gerichte mit ASIs zum Schutz vor aus ihrer Sicht schikanösen Klagen ihre eigene Sichtweise ohne Rücksichtnahme auf die andere

---

[165] *Toepfer Int. GmbH v Molino Bosch srl* [1997] IL Pr 133, [23]; *The Angelic Grace* [1995] 1 Lloyd's Rep 86 (CA) 96; *Ecobank v Tanoh* [2015] EWCA Civ 1309, [2016] 1 WLR 2231, [132]–[133]; *SAS Institute v World Programming* [2020] EWCA Civ 599, [104]–[105]; *Team Y&R Holdings v Joseph Ghossoub* [2017] EWHC 2401 (Comm), [110]; *Qingdao Huiquan Shipping Company v Shanghai Dong He Xin* [2019] EWHC 3009 (Comm), [29]; *Axis Corporate Capital v ABSA Group* [2021] EWHC 225 (Comm), [88]; *Bell*, Rn. 4.228; *Raphael*, Rn. 8.20-8.21.

[166] *Deutsche Bank v Highland Crusader Offshore Partners* [2010] 1 WLR 1023, [118]–[119].

[167] *Metall und Rohstoff AG v ACLI (Metals) London Ltd* [1984] 1 Lloyd's Rep 598 (CA) 609; *Bank of Tokyo Ltd v Karoon* [1987] AC 45 (CA) 63 [E]–[F]; *Hartley*, (1987) 35 Am. J. Comp. L. 487, 509.

[168] *Bell*, Rn. 4.238–4.248; *Fentiman*, (1997) 56 CLJ 46, 48.

Jurisdiktion oder auf die Anschauungen der Völkergemeinschaft durchgesetzt.[169] Der von der Rechtsprechung regelmäßig verwendete Textbaustein, wonach ASIs nur in absoluten Ausnahmefällen erlassen werden, ist ein Lippenbekenntnis.[170]

In *Star Reefers* wies *Rix LJ* darauf hin, dass nicht jedes missbräuchliche oder schikanöse Parallelverfahren den Erlass einer ASI rechtfertigt.[171] Im Urteil der Vorinstanz, die aus eben diesem Grund eine ASI erlassen hatte, sah er eine egoistische Bevormundung (*„egoistic paternalism"*) der anderen Jurisdiktion.[172] Wegen der klaren Worte in *Star Reefers* vermutete *Fentiman*, dass englische Gerichte die Rechtsprechung ändern und der *comity* eine größere Bedeutung beimessen würden.[173] Zehn Jahre nach *Star Reefers* ist keine Änderung der Rechtsprechung ersichtlich. Ohne weitere Ausführungen zur *comity* haben englische Gerichte ASIs zur Verhinderung von aus ihrer Sicht ungerechten bzw. rechtsmissbräuchlichen oder schikanösen Parallelverfahren erlassen.[174]

D. Vereinigte Staaten

Die Rechtsprechung der Bezirksgerichte (*federal courts*) zu ASIs mit Auslandsbezug hat sich unterschiedlich entwickelt (*circuit split*). Die Haltung der *circuits* lässt sich grob in einen weiten Ansatz (*liberal/lax approach*) und einen restriktiven Ansatz (*conservative/strict approach*) unterteilen. Nach letzterem gebietet es die Rücksichtnahme auf andere Jurisdiktionen, ASIs nur in absoluten Ausnahmefällen zum Schutz der eigenen Jurisdiktion oder zum Schutz wichtiger öffentlicher Interessen zu erlassen. Demgegenüber misst der weite Ansatz der *comity* eine geringere Bedeutung bei und gewährt ASIs zum Schutz vor kostenintensiven und überflüssigen Parallelverfahren. Der restriktive Ansatz wird von dem *First, Third, Sixth, Eighth* und dem *D.C. Circuit* vertreten.[175]

---

[169] *Hartley*, Int'l Commercial Litigation, S. 272, 274.

[170] *Briggs*, Private Int. Law, 5.95; *Sim*, (2013) 62 ICLQ 703, 726; kritisch auch *Anderson*, (2000) 25 Yale J. of Int'l Law 195, 226; *Briggs*, Civil Jurisdiction, S. 643–45; *Fentiman*, (2012) 71 CLJ 273, 275–76; *Hartley*, Int'l Commercial Litigation, S. 272, 274; *Sim*, (2013) 62 ICLQ 703, 719.

[171] *Star Reefers v JFC* [2012] 1 CLC 294, [4], [20], [40]–[41].

[172] *Star Reefers v JFC* [2012] 1 CLC 294, [39].

[173] *Fentiman*, Int'l Commercial Litigation, Rn. 16.115-16.129; *Fentiman*, (2012) 71 CLJ 273–76.

[174] Vgl. *Pescatore v Valentino* [2021] EWHC 1953 (Ch), [49], worin zur Rechtfertigung allein auf die *in personam* Wirkung der ASI verwiesen wird.

[175] *Beijing Fito Medical v Wright Medical Technology*, 763 Fed.Appx. 388, 399 (6th Cir. 2019); *Rancho Holdings v Manzanillo Associates*, 435 Fed.Appx. 566 (8th Cir. 2011); *Goss Int'l Corp. v Man Roland Druckmaschinen AG*, 491 F.3d 355, 359–60 (8th Cir. 2007); *Quaak*

Der *Fifth, Seventh* und *Ninth Circuit* folgen dem weiten Ansatz.[176] Der *Eleventh Circuit* verfolgt einen Mittelweg, der eher an den restriktiven Ansatz angelehnt ist.[177]

Alle *circuits* prüfen dieselben Grundvoraussetzungen: Das Gericht muss die persönliche Zuständigkeit über den Verfügungsbeklagten haben und in dem inländischen und in dem ausländischen Rechtsstreit müssen dieselben Parteien über denselben Streitgegenstand streiten.

I. Zuständigkeit

Auch in den Vereinigten Staaten setzt der Erlass einer ASI die Zuständigkeit des Gerichts über den Verfügungsbeklagten voraus.[178]

II. Gleiche Parteien und gleicher Streitgegenstand

US-amerikanische Gericht prüfen als Grundvoraussetzung, ob in dem ausländischen Rechtsstreit, gegen den sich der Antragsteller der ASI wendet, die gleichen Parteien um den gleichen oder um einen zusammenhängenden Gegenstand streiten:[179]

„*The threshold consideration for a foreign anti-suit injunction is "whether or not the parties and the issues are the same [...] and whether or not the first [domestic] action is dispositive of the [foreign] action to be enjoined*".[180]

---

v *KPMG-B*, 361 F.3d 11, 17 (1st Cir. 2004); *GE v Deutz AG*, 270 F.3d 144, 161 (3d Cir. 2001); *Computer Associates Int'l v Altai*, 126 F.3d 365, 372 (2nd Circ. 1997); *Gau Shan Co. v Bankers Trust Co.*, 956 F.2d 1349, 1354 (6th Cir. 1992); *China Trade v M.V. Choong Yong*, 837 F.2d 33, 36–37 (2d Cir. 1987); *Laker Airways v Sabena*, 731 F.2d 909, 927–28 (DC Cir. 1984). Der Second Circuit hat seinen Ansatz über die letzten Jahre aufgelockert, vgl. *Hapag-Lloyd AG v US Oil Trading LLC*, 814 F.3d 146, 154-55 (2d Cir. 2016); *Ibeto Petrochem Industries v M/T Beffen*, 475 F.3d 56 (2d Cir. 2007); *Karaha Bodas Co v Perusahaan Pertambangan*, 500 F.3d 111, 119 (2d Cir. 2007).

[176] *MWK Recruiting Incorporated v Jowers*, 833 Fed.Appx. 560, 562 (5th Cir. 2020); *H-D Michigan v Hellenic Duty Free Shops*, 2012 WL 404895, *2 (E.D. Wisc. 2012), aff'd 694 F.3d 827 (7th Cir. 2012); *Gallo Winery v Andina Licores*, 446 F.3d 984, 991 (9th Cir. 2006); *Kaepa Inc v Achilles Corp*, 76 F.3d 624, 627 (5th Cir. 1996); *Allendale Mut. Ins. Co. v Bull Data Systems*, 10 F.3d 425, 431 (7th Cir. 1993); *In re Unterweser*, 428 F.2d 888, 890 (5th Cir. 1970).

[177] Vgl. *Canon Latin Am., Inc. v. Lantech*, 508 F.3d 597, 601 (11th Cir. 2007); *Eddleman-Heim*, (2008) 69 Ohio St. L.J. 701, 703.

[178] *Quaak v KPMG-B*, 361 F.3d 11, 16 (1st Cir. 2004); *Laker v Sabena*, 731 F.2d 901, 927 (DC Cir. 1984).

[179] *Gallo v Andina*, 446 F.3d 984, 991 (9th Cir. 2006); *Quaak v KPMG-B*, 361 F.3d 11 (1st Cir. 2004); *China Trade Dev. Corp v M.V. Choong Yong*, 837 F.2d 33, 36 (2d Cir. 1987).

[180] *Microsoft v Motorola*, 696 F.3d 872, 882 (9th Cir. 2012).

1. Gleiche Parteien

Es sind keine Fälle ersichtlich, in denen die Feststellung der gleichen Parteien Probleme bereitete. Nicht erforderlich ist, dass in beiden Jurisdiktionen die exakt gleichen Parteien streiten. Bei der Prüfung der Parteiidentität werden konzernzugehörige Unternehmen als gleiche Partei behandelt.[181] Auch Mehrheitsgesellschafter dürften als gleiche Partei wie die Gesellschaft zu behandeln sein.[182] Die Parteiidentität soll auch vorliegen, wenn es im ausländischen Verfahren neben dem Antragsgegner noch andere Kläger gibt.[183] In Zweifelsfällen soll geprüft werden, ob die Parteien im in- und ausländischen Rechtsstreit jeweils identische Interessen verfolgen.[184]

2. Gleicher Streitgegenstand

Die zweite Grundvoraussetzung ist ein gleicher Streitgegenstand (*same issue*) im in- und ausländischen Verfahren.[185] Anders als englische Gerichte erlassen US-Gerichte in *single forum* Fällen keine ASIs.[186] Derselbe Streitgegenstand sei gegeben, wenn die Entscheidung des inländischen Rechtsstreits ausschlaggebend für das ausländische Verfahren ist. Mit dem inländischen Verfahren ist nicht das über den Erlass der ASI, sondern das Hauptsacheverfahren gemeint. Die Rechtsprechung macht jedoch nicht hinreichend deutlich, ob das inländische Verfahren den gesamten Rechtsstreit oder nur den von der ASI betroffenen Teil entscheiden müsste.[187] Auch die Auslegung von „ausschlaggebend" (*dispositive*) weicht in verschiedenen *circuits* erheblich voneinander ab. Einige legen die Voraussetzung wortwörtlich aus und fordern, dass das inländische

---

[181] Vgl. *Microsoft v Motorola*, 696 F.3d 872, 882 (9th Cir. 2012); *Paramedics Electromedicina v GE Medical Systems*, 369 F.3d 645, 652 (2d Cir. 2004); *Huawei v Samsung*, 2018 WL 1784065, *6 (N.D. Cal. 2018).

[182] Vgl. *Goldhammer v Dunkin' Donuts*, 59 F.Supp.2d 248, 253 (D. Mass. 1999); offen gelassen in *Sanofi-Aventis Deutschland GmbH v Genentech, Inc*, 716 F.3d 586, 593 (Fed. Cir. 2013), obwohl die *Hoechst AG* 85 % der Anteile an der *Sanofi-Aventis Deutschland GmbH* hielt.

[183] *Hart Dairy Creamery v Kea Investments*, 2020 WL 6363904, *8 (S.D. Fl 2020).

[184] *In re Vivendi Universal, S.A. Sec. Litig*, 2009 U.S. Dist. LEXIS 110283 *35–36 (S.D.N.Y. 2009); *Motorola Credit Corp v. Uzan*, 2003 U.S. Dist. LEXIS 111, *7 (S.D.N.Y. 2003); *Shaknes*, (2008) 21 NYSBA Int'l Law Prac. 96.

[185] *Goss v Man Roland*, 491 F.3d 355, 365–66 (8th Cir. 2007); *Quaak v KPMG-B*, 361 F.3d 11 (1st Cir. 2004); *China Trade v M.V. Choong Yong*, 837 F.2d 33, 36, 39 (2d Cir. 1987).

[186] *Fawcett*, in: Carter/Fawcett (Hrsg.), Declining Jurisdiction, S. 1, 65; *Hartley*, (1987) 35 Am. J. Comp. L. 487, 496; Die Ausnahme hiervon sind AASI, die gerade in *single forum*-Fällen erlassen werden, siehe Gliederungspunkt § 3, C., IV., 1., f).

[187] *Born/Rutledge*, S. 654; vgl. aber *Accent Delight v Sotheby's*, 394 F. Supp. 3d 399, 416 (S.D.N.Y. 2019): *"Because the scope of the Swiss suit is broader than that of the New York suit, resolution of the New York case would not be dispositive of the Swiss suit"*.

Verfahren den gesamten Rechtsstreit, nicht nur einzelne Teile, entscheiden müsste:

> "In the interest of international comity and judicial restraint, however, we choose to read 'dispositive' for what it means: to settle or finish the dispute."[188]

In *Canon Latin America* und *Goss Int'l Corp v Man Roland Druckmaschinen AG* wurden keine ASIs erlassen, da die Parteien im ausländischen Verfahren Ansprüche geltend gemacht hatten, die im Recht des US-Einzelstaates jeweils kein Äquivalent hatten.[189] Demnach könne die Entscheidung des inländischen Verfahrens nicht ausschlaggebend für den Ausgang des ausländischen Verfahrens sein. Insbesondere Gerichte, die dem weiten Ansatz folgen, haften hingegen nicht am Wortsinn und legen die Voraussetzung weit aus. Es genüge eine „funktionale Identität" der Streitigkeiten in beiden Jurisdiktionen.[190] Derselbe Streitgegenstand könne auch vorliegen, wenn eine Partei im Ausland Ansprüche geltend macht, die ihr in den USA nicht zustehen und nach dortigem Recht kein Äquivalent haben. Entscheidend sei, ob die Verfahren demselben Rechtsschreit zuzuordnen sind:

> "Courts [...] have found anti-suit injunctions appropriate even when the claims in the foreign and domestic actions were not precisely identical, but were at least based on the same underlying dispute."[191]

a) Unproblematische Fälle

Auch nach der restriktiven Auslegung müssen die Rechtsstreitigkeiten nicht denselben Anspruch betreffen.[192] Ein übereinstimmender Streitgegenstand liege auch vor, wenn in Land A Primäransprüche aus einem Rechtsgeschäft geltend gemacht werden und in Land B das Rechtsgeschäft als solches angegriffen oder auf Feststellung von dessen Nichtigkeit geklagt wird.[193] Schließlich betreffe ein ausländisches Verfahren, das der Verfügungsbeklagte trotz

---

[188] *Canon Latin America v Lantech*, 508 F.3d 597, 601 (11th Cir. 2007).
[189] *Canon Latin America v Lantech*, 508 F.3d 597, 602 (11th Cir. 2007); *Goss v Man Roland*, 491 F.3d 355, 365–66 (8th Cir. 2007); vgl. auch *Midway Labs USA v South Service Trading*, 2020 WL 9065876, *6 (S.D. Fl. 2020).
[190] *Applied Medical v Surgical Co*, 587 F.3d 909, 916 (9th Cir. 2009).
[191] *Jolen v Kundan Rice Mills*, 2019 WL 1559173 *2 (S.D.N.Y. 2019); *AU New Haven v YKK Corp*, 2018 WL 2128373, *3 (S.D.N.Y. 2018).
[192] *CSR Ltd v Cigna Insurance Australia Ltd* [1997] 146 ALR 402, 440;
[193] Vgl. *Gau Shan Co v Bankers Trust Co.*, 956 F.2d 1349, 1353, 1357 (6th Cir. 1992); *Hart Dairy Creamery v Kea Investments*, 2020 WL 6363904, *8 (S.D. Fl 2020).

einer Gerichtsstands- oder Schiedsvereinbarung im Ausland einleitet, denselben Streitgegenstand wie das inländische Verfahren.[194]

b) Problematische Fälle

In anderen Fällen bereitete die Einordnung Schwierigkeiten.

aa) Clawback Gesetze

Problematisch sind sog. *Clawback*-Gesetze, die darauf abzielen, die Rechtsfolgen eines ausländischen Urteils und des zugrundeliegenden Gesetzes zu neutralisieren. In *Goss v MAN Roland* hatte der Verfügungskläger Schadensersatz auf Grundlage des *US Antidumping Act* zugesprochen bekommen. Das Gesetz wurde nach Erlass des Endurteils und nach heftiger internationaler Kritik am Gesetz mit Wirkung *ex-nunc* aufgehoben. In Japan klagte der Antragsgegner der späteren ASI aus einem Spezialgesetz (*Clawback*-Gesetz), das es japanischen Unternehmen erlaubte, auf Grundlage des aufgehobenen U.S. Antidumping Act geleisteten Schadensersatz zurückzufordern.

Das japanische Verfahren suchte *Goss* durch eine ASI zu verhindern. Der *district court* erließ die ASI,[195] der *court of appeals* hob sie auf. Obwohl den Verfahren derselbe Sachverhalt zugrunde lag, sei der Streitgegenstand ein anderer: Das Clawback-Gesetz stehe nur in Japan zur Verfügung und sei Ausprägung einer grundsätzlich zu respektierenden Entscheidung des japanischen Gesetzgebers. Die Auslegung und Anwendung des Gesetzes sei daher die Sache japanischer Gerichte.[196] Obwohl Clawback-Gesetze ein Ausnahmefall sind, weshalb die Aussagekraft der Entscheidung begrenzt erscheint, enthält sie einen zentralen Aspekt für die Prüfung des übereinstimmenden Streitgegenstandes. Das Gericht bezieht in die Überlegung, ob der Streitgegenstand übereinstimmt, Erwägungen zum internationalen Zusammenhalt und gegenseitigen Respekt der Jurisdiktionen (*comity*) ein. Liegt dem im ausländischen Verfahren anzuwendenden Gesetz, das kein inländisches Äquivalent hat, eine bewusste Entscheidung des Gesetzgebers zur Durchsetzung politischer

---

[194] Vgl. *Beijing Fito Medical v Wright Medical Technology*, 763 Fed.Appx. 388, 399–400 (6th Cir. 2019); *Applied Medical v Surgical Co.*, 587 F.3d 909, 915 (9th Cir. 2009); *Gallo Winery v Andina Licores*, 446 F.3d 984, 991 (9th Cir. 2006); *WTA Tour v Super Slam*, 339 F.Supp.3d 390, 405 (S.D.N.Y. 2018); a.A. *Canon Latin America v Lantech*, 508 F.3d 597, 601–02 (11th Cir. 2007).
[195] *Goss Intern. Corp. v Tokyo Kikai Seisakusho*, 435 F.Supp.2d 919 (N.D. Iowa 2006).
[196] *Goss Intern. v Man Roland*, 491 F.3d 355, 366 f. (8th Cir. 2007).

Grundsätze oder Leitbilder bzw. einer *public policy*[197] des jeweiligen Landes zugrunde, läge demnach ein anderer Streitgegenstand vor.

Zwei andere Gerichte haben in ähnlichen Fällen das Vorliegen desselben Streitgegenstandes bejaht. In *Quaak v KPMG-B* war der Antragsgegner der späteren ASI, eine Wirtschaftsprüfungsgesellschaft, zunächst durch eine *turnover-order* verpflichtet, relevante Prüfberichte über einen mittlerweile insolventen Mandanten aufzudecken. *KPMG-B* weigerte sich, der Anordnung Folge zu leisten. Die Offenlegung verstieße gegen Art. 458 des belgischen Strafgesetzbuches (*Code Penal*). Dieser verbot es Personen, denen beruflich Geheimnisse anvertraut werden, diese – außer in einigen Ausnahmefällen, unter anderem nach gerichtlicher Aufforderung oder Anordnung – aufzudecken. *KPMG-B* klagte vor einem belgischen Gericht, der Gegenseite alle Schritte zu verbieten, die sie zur Offenlegung der Dokumente zwingen könnten. Kurz nachdem *KPMG-B* den Antrag in Brüssel gestellt hatte, wurden die Wirtschaftsprüfer vom district court durch eine ASI angehalten, die belgische Klage nicht fortzusetzen und zurückzunehmen. Der *court of appeals* bestätigte die ASI.[198] Sei das ausländische Verfahren allein darauf gerichtet, das inländische Verfahren zu verhindern oder die Rechtsfolgen zu revidieren, läge derselbe Streitgegenstand vor.[199] Dabei stützt sich das Gericht auf die *Laker*-Entscheidung. Angesichts der divergierenden Ansichten in *Goss v Man Roland* einerseits und *Quaak v KPMG-B* und *SAS Institute Inc v World Programming Ltd* andererseits, kann der Rechtsprechung keine klare Linie entnommen werden. Die neuere Rechtsprechung tendiert dazu, in Fällen, in denen sich das ausländische Verfahren im Kern gegen das inländische Verfahren richtet oder dessen Rechtsfolgen neutralisiert, einen übereinstimmenden Streitgegenstand anzunehmen. Alles andere sei unlogisch.[200]

---

[197] Der in der *common law*-Judikatur gebräuchliche Begriff der *public policy* hat mehrere Bedeutungen, die jeweils nicht abschließend definiert sind, vgl. *Ghodoosi*, (2016) 94 Nebr. L.R. 685, 689–90 und Cheshire, North and Fawcett, S. 132–43. Die direkte Übersetzung in „öffentliche Politik/Ordnung" erscheint unpassend bzw. wegen der gefahrenabwehrrechtlichen Einfärbung irreführend.
[198] *Quaak v KPMG-B*, 361 F.3d 11 (1st Cir. 2004).
[199] *Quaak v KPMG-B*, 361 F.3d 11, 20 (1st Cir. 2004); ähnlich *SAS Institute Inc v World Programming Ltd*, 952 F.3d 513, 524 (4th Cir. 2020).
[200] *SAS Institute Inc v World Programming Ltd*, 952 F.3d 513, 524 (4th Cir. 2020) zitiert *Karaha Bodas Co v Perusahaan Pertambangan*, 500 F.3d 111, 122 (2d Cir. 2007). Dort hatte der Verfügungsbeklagte im Ausland gegen die Durchsetzung eines *arbitration award* und nicht gegen ein inländisches Urteil geklagt.

bb) Anti-Anti-Suit Injunction

Ungeachtet des Streitgegenstandes im ausländischen Hauptsacheverfahren nehmen US-Gerichte einen übereinstimmenden Streitgegenstand an, wenn sich das ausländische Verfahren direkt und unmittelbar gegen das US-Verfahren richtet. Das wird im Falle ausländischer ASIs bejaht.[201]

cc) IP-Streitigkeiten

In Streitigkeiten über nationale Schutzrechte betrifft das ausländische Verfahren grundsätzlich einen anderen Streitgegenstand.[202] Insbesondere bei Unterlassungsklagen und anderen Streitigkeiten betreffend die Verletzung oder Wirksamkeit von Patenten, die dieselbe Erfindung schützen, liegen unterschiedliche Streitgegenstände vor. Demgemäß ist die Entscheidung einer Patentverletzungsklage in den Vereinigten Staaten nicht geeignet, die Entscheidung eines deutschen Gerichts über die Verletzung eines nach deutschem Recht geschützten Patents vorzugeben oder maßgeblich zu beeinflussen:[203]

„*Foreign patents, despite covering precisely the same product as an American patent, present separate and independent rights [...]. American patent rulings thus have no effect in a foreign court examining the same product under the laws of that jurisdiction. [...]. Where patents are at issue, the subject matter is not the same*".[204]

Obwohl eine Streitigkeit Patente betrifft, kann ein übereinstimmender Streitgegenstand vorliegen, wenn ein inländischer Vertragsstreit ausschlaggebend für eine ausländische Patentverletzungsklage ist. In *Medtronic* betraf das inländische Hauptsacheverfahren die Reichweite einer vom Patentinhaber und dem Implementierer (*Medtronic*) geschlossenen, mehrdeutigen Vereinbarung.

---

[201] *Lam Yeen Leng v Pinnacle Performance*, 474 Fed. Appx. 810, 813 (2d Cir. 2012); *Re Vivendi Universal*, 2009 US Dist. LEXIS 110283, *40 (S.D.N.Y. 2009); *Teck Metals v Certain Underwriters at Lloyd's London*, 2009 WL 4716037 (E.D. Wash. 2009).

[202] *Computer Associates Int'l v Altai*, 126 F.3d 365, 372 (2nd Cir. 1997); *Zimnicki v Neo-Neon Intern.*, Ltd., 2009 WL 2392065, *3 (N.D. Ill. 2009); *Rauland-Borg v TCS*, (1995) WL 31569, *4 (N.D. Ill. 1995); *Western Elec. v Milgo Elec.*, 450 F. Supp 835, 838 (S.D. Fl. 1978); *Goodyear v Rubber Tire Wheel*, 164 F. 869, 876 (S.D. Ohio 1908); *Tan*, (2005) 45:2 Virg. J. of Int'l Law 283, 338.

[203] Vgl. *Stein Associates v Heat & Control*, 748 F.2d 653, 658 (Fed. Cir. 1984); *Sperry Rand Corp. v Sunbeam Corp*, 285 F.2d 542, 545–46 (7th Cir. 1961), vgl. auch *Rauland-Borg v TCS*, 1995 WL 31569, *4; *Black & Decker Corp. v Sanyei America Corp.*, 650 F. Supp. 406, 410 (N.D. Ill. 1986); kritisch *Nicolas*, (1999) 40 Virg. J. of Int'l Law 331, 402–04, aus dessen Sicht gerade in IP-Streitigkeiten ASIs erforderlich sind, um Verfahren in mehreren Ländern zu verhindern. Daher solle ein ausländisches Patentverletzungsverfahren durch eine ASI unterbunden werden, wenn ein US-Gericht über die Wirksamkeit oder Verletzung eines US-Patents an derselben Erfindung entschieden hat, 331, 389.

[204] *Medtronic Inc v Catalyst Research Corp.*, 518 F. Supp. 964, 955 (D. Minn. 1981).

Insbesondere war unklar, ob der Patentinhaber sich verpflichtet hatte, nicht wegen etwaiger Patentverletzungen auf Unterlassung zu klagen. *Medtronic* beantragte eine ASI zum Schutz der vom Antragsgegner in Deutschland und Kanada erhobenen Unterlassungsklagen. Die Frage, ob die Vereinbarung dem Patentinhaber die Geltendmachung von Unterlassungsansprüchen verbietet, sei für die ausländischen Patentverletzungsklagen entscheidend. *Judge Larson* hielt nach seiner Auslegung der Klauseln ein entsprechendes Klageverbot für überwiegend wahrscheinlich. Da die ausländischen Klagen erfolglos wären, wenn sich aus dem Vertrag ein Klageverbot ergibt, nahm *Judge Larson* einen übereinstimmenden Streitgegenstand an.[205]

dd) Kartellrechtlicher Bezug

Schließlich erkennt das US-Kartellrecht, wie auch das deutsche Kartellrecht, an, dass sich die Folgen einer Kartellabsprache oder eines Marktmachtmissbrauchs nach dem Recht des Ortes richten, an dem die Folgen eintreten (*effects doctrine*). Daher fehlt es am übereinstimmenden Streitgegenstand, wenn sich die beanstandete Verhaltensweise auf die andere Jurisdiktion auswirkt.[206] Weder zwei kartellrechtliche Verfahren noch eine inländische Vertragsstreitigkeit und ein ausländisches Kartellverfahren betreffen denselben Streitgegenstand:

> „*Finally, the present action is not dispositive of the foreign action. First, the issues are different. Second, a breach of contract judgment that relies on private law will not affect a GWB- or EC Treaty-based antitrust analysis that relies on public law.*"[207]

ee) Weitere Kriterien

Die Rechtsprechung zeigt sich vereinzelt bemüht, den „*same issue*"-Test durch nachvollziehbare Kriterien anzureichern. Einige *district courts* haben sich an Rule 13[208] der Federal Rules of Civil Procedure orientiert.[209] In Anwendung dieser nationalen Zuständigkeitsregelung prüften sie den „*logical relationship test*". Danach liegt ein Gegenanspruch (*compulsory counterclaim*) vor, wenn

---

[205] *Medtronic Inc v Catalyst Research Corp.*, 518 F. Supp. 964, 953, 955 (D. Minn. 1981), aff'd 664 F.2d 660, 665 (8th Cir. 1981).

[206] *Laker v Sabena*, 731 F.2d 901, 932–33 (DC Cir. 1984).

[207] *SynCardia Systems v MEDOS Medizintechnik*, 2008 WL 11339957, *3 (D. Ariz. 2008).

[208] Rule 13 Fed. R. Civ. P. (a) (1): „*A pleading must state as a counterclaim [...] if the claim: (A) arises out of the transaction or occurrence that is the subject matter of the opposing party's claim [...]*".

[209] *Kaepa Inc v Achilles Corp*, 76 F.3d 624, 628, dort Fn. 14 (5th Cir. 1996); *Seattle Totems v National Hockey League*, 652 F.2d 852, 854–55 (9th Cir. 1981); *Sindhi v Raina*, 2018 U.S. Dist. LEXIS 70177, *6–7 (N.D. Texas, 2018).

beiden Ansprüchen derselbe Sachverhalt zugrunde liegt.[210] Der *Court of Appeals for the Fifth Circuit* lehnte die Anwendung des *logical relationship test* ab, da er zu einem zu breiten Anwendungsbereich für ausländische ASIs führe. Entscheidend sei für den Erlass einer ASI nicht, ob den Verfahren derselbe Sachverhalt zugrunde liege, sondern ob die rechtliche Grundlage beider Verfahren übereinstimme.[211]

ff) Würdigung

Mangels einer weltweit bindenden Vereinbarung zur Anerkennung ausländischer Gerichtsentscheidung kann das Urteil eines US-Gerichts den Ausgang eines ausländischen Verfahrens nicht vorgeben, sondern allenfalls beeinflussen.[212] Das „*dispositive action*"-Kriterium wurde aus der Rechtsprechung zu inländischen ASIs (zwischen *state courts* einerseits oder *federal courts* und *state courts* andererseits) übernommen und ergibt bei ausländischen ASIs wenig Sinn.[213]

Ungeachtet dessen interpretieren die *circuits* die Voraussetzung unterschiedlich. Nach der restriktiven Auslegung des „*same/dispositive action*"-Kriteriums kann selbst eine Zuständigkeitsvereinbarung nicht den Erlass einer ASI rechtfertigen, wenn der Verfügungsbeklagte im ausländischen Verfahren Ansprüche oder Rechte geltend macht, die ihm nur dort zustehen.[214] Demnach müssen nicht nur der Sachverhalt, sondern auch die Rechtsfragen in beiden Verfahren übereinstimmen. Nach der weiten Interpretation, die insbesondere der *Ninth Circuit* anwendet, reicht es aus, dass sich das ausländische Verfahren mit der Entscheidung des inländischen Hauptsacheverfahrens erübrigt. Dadurch sind Konstellationen erfasst, in denen beide Verfahren unterschiedliche Rechtsfragen betreffen, wenn der Verfügungsbeklagte mit der Prozessführung im ausländischen Verfahren eine Pflicht aus einem Vertrag verletzt, der Gegenstand eines in den Vereinigten Staaten rechtshängigen Verfahrens ist.

III. Besondere Voraussetzungen

Bis hierhin prüfen der restriktive und der weite Ansatz die gleichen Voraussetzungen. Deren Auslegung weicht bereits erheblich voneinander ab: Der restriktive Ansatz schränkt den Anwendungsbereich potentieller ASIs durch die

---

[210] *United States v Aronson*, 617 F.2d 119, 121 (5th Cir. 1980).
[211] *MWK Recruiting Inc v Jowers*, 833 Fed. Appx. 560, 564 (5th Cir. 2020); kritisch bereits *Roberson*, (1998) 147 U. Penn. L.R. 409, 425–26.
[212] *Re Vivendi Universal*, 2009 US Dist. LEXIS 110283, *40 (S.D.N.Y. 2009); *Schack*, IZVR, Rn. 923.
[213] *Tan*, (2005) 45:2 Virg. J. Int'l Law 283, 316–17.
[214] *Canon Latin America v Lantech*, 508 F.3d 597, 601–02 (11th Cir. 2007).

Voraussetzung des übereinstimmenden Streitgegenstandes erheblich ein. Bei der Prüfung des Erlassgrundes beschneidet der restriktive Ansatz den Anwendungsbereich noch weiter. Im Wesentlichen sind ASIs nur zum Schutz wichtiger öffentlicher Interessen oder zum Schutz der eigenen Jurisdiktion zulässig.[215] Demgegenüber rechtfertigt nach dem offenen Ansatz schon die Belastung des Antragstellers mit einem aus Sicht des Gerichts unnötigen Parallelverfahren den Erlass einer ASI.

1. Restriktiver Ansatz

Dem restriktiven Ansatz (*strict approach*) zugeneigte Gerichte betonen die hohe Bedeutung der *comity*. Anschaulich begründete der *Court of Appeals for the Sixth Circuit* in *Gau Shan*, warum der restriktive Ansatz vorzugswürdig sei:

> „*comity dictates that foreign antisuit injunctions be issued sparingly and only in the rarest of cases. The days of American hegemony over international economic affairs have long since passed. The United States cannot today impose its economic will on the rest of the world and expect meek compliance [...].*"[216]

Selbst bei einem ausländischen Parallelverfahren über denselben Streitgegenstand sei der Erlass einer ASI nur ausnahmsweise angezeigt. Die zentralen Erlassgründe sind der Schutz der eigenen Jurisdiktion und der Schutz wichtiger öffentlicher Interessen. (A)ASIs zum Schutz der Jurisdiktion wurden in Verfahren erlassen, die sich unmittelbar oder nach der Natur der Sache gegen das US-Verfahren richten (*intradictory foreign proceedings*).[217] Das wurde für ausländische ASIs durchweg bejaht.[218] Der Erlass von AASIs wird – anders als in England – sogar als weniger problematisch als der Erlass von ASIs angesehen, da eine AASI das ausländische Hauptsacheverfahren unberührt ließe.[219]

---

[215] *Waguespack*, (2011) 24 U.S.F. Maritime L.J. 293, 300.

[216] *Gau Shan Co. v Bankers Trust Co.*, 956 F.2d 1349, 1354 (6th Cir. 1992).

[217] *Laker v Sabena*, 731 F.2d 901, 930 (DC Cir. 1984); *Ericsson v Samsung*, 2021 WL 89980 *4 (E.D. Tex. 2021); *Re Vivendi Universal*, 2009 US Dist. LEXIS 110283, *43–44 (S.D.N.Y. 2009); *Mutual Service Cas. Ins. v Frit Industries*, 805 F.Supp. 919, 925 (M.D. Alab. 1992); *Owens-Illinois v Webb*, 809 S.W.2d 899, 902 (Tex. App. 1991).

[218] *Laker v Sabena*, 731 F.2d 901, 930, 933–936 (DC Cir. 1984); *Mutual Service Cas. Ins. v Frit Industries*, 805 F.Supp. 919, 925 (M.D. Alab. 1992), aff'd 3 F.3d 442 (11th Cir. 1993); *Ericsson v Samsung*, 2021 WL 89980 (E.D. Tex. 2021); *Teck Metals v Certain Underwriters at Lloyd's London*, 2009 WL 4716037, *2–3 (E.D. Wash. 2009).

[219] *Teck Metals v Certain Underwriters at Lloyd's London*, 2009 WL 4716037, *2–3 (E.D. Wash. 2009).

Als zweite Fallgruppe bleibt der Schutz wichtiger öffentlicher Interessen. Der restriktive Ansatz legt den Begriff eng aus. Es müsse sich um wichtige nationale öffentliche Interessen („*fundamental/vital [American] interest[s]*"[220]) handeln. Die Gefährdung von Interessen einzelner Bundesstaaten reiche nicht aus.[221] Eng verknüpft mit der Fallgruppe zum Schutz der Jurisdiktion besteht ein öffentliches Interesse, erneute Verfahren über entschiedene Streitigkeiten zu verhindern. Klagt der Antragsgegner trotz eines Endurteils (*res judicata*) im Ausland, kann eine ASI gerechtfertigt sein.[222] Anders als englische Gerichte erließen US-Gerichte, die den restriktiven Ansatz vertreten, zunächst keine ASIs zum Schutz ausschließlicher Gerichtsstands- oder Schiedsvereinbarungen. Inzwischen haben einige Gerichte in „restriktiven" *Circuits* ASIs auf diesen Erlassgrund gestützt.[223]

Problematischer sind ASIs zum Schutz vor ausländischen Verfahren, in denen der Verfügungsbeklagte eine vermeintlich günstigere Rechtslage ausnutzt. Zu dieser Fallgruppe gibt es kaum Rechtsprechung. Grundsätzlich besteht kein öffentliches Interesse am Schutz von Privatpersonen vor Nachteilen nach dem materiellen Recht oder dem Prozessrecht im ausländischen Forum.[224] Öffentliche Interessen seien jedenfalls nicht gefährdet, wenn das ausländische Gericht niedrigere Anforderungen an den Erlass einer einstweiligen Verfügung stellt[225] oder wenn im Ausland kein Juryverfahren stattfindet.[226] In *United States v Davis* hat ein *court of appeals* ein „*strong national interest*" am Schutz der Integrität von Strafverfahren bejaht. Das ausländische Verfahren hätte die Beweiserhebung im US-Strafverfahren erschwert.[227] Für Zivilverfahren ist keine vergleichbare Rechtsprechung ersichtlich. Eine ASI könnte aber zum

---

[220] *Laker v Sabena*, 731 F.2d 901, 931 (DC Cir. 1984); *Continental Cas. v AXA Global Risks*, 2010 WL 1268038, *3 (W.D. Miss. 2010).
[221] Str., vgl. *Gau Shan Co. v Bankers Trust Co.*, 956 F.2d 1349, 1358 (6th Cir. 1992).
[222] *GE v Deutz AG*, 270 F.3d 144, 157, 161 (3d Cir. 2001); *Laker v Sabena*, 731 F.2d 901, 926–27 (DC Cir. 1984); *Bro-Tech v Thermax*, 2007 WL 2597618, *4 (E.D. Penn. 2007).
[223] *Beijing Fito Medical v Wright Medical Technology*, 763 Fed.Appx. 388, 399 (6th Cir. 2019); *Ibeto Petrochemical v M/T Beffen*, 475 F.3d 56, 65 (2d Cir. 2007); *LAIF X SPRL v Axtel SA*, 390 F.3d 194, 199 (2d Cir. 2004); *Paramedics Electromedicina v GE Medical Systems*, 369 F.3d 645, 654 (2d Cir. 2004); *Farrell Lines v Columbus Cello-Poly*, 32 F.Supp.2d 118, 130 (S.D.N.Y. 1997); aff'd 161 F.3d 115 (2d Cir. 1998); *Fisher & Company v Fine Blanking & Tool*, 2019 WL 5853539, *2 (E.D. Mich. 2019); *WTA Tour v Super Slam*, 339 F.Supp.3d 390, 405 (S.D.N.Y. 2018); *Rosenbloom v Barclays Bank*, 2014 WL 2726136, *3 (N.D. Ill. 2014).
[224] *Gau Shan Co. v Bankers Trust Co.*, 956 F.2d 1349, 1357 (6th Cir. 1992); *China Trade v M.V. Choong Yong*, 837 F.2d 33, 37 (2d Cir. 1987); *Mutual Service Cas. Ins. v Frit Industries*, 805 F.Supp. 919, 924 (M.D. Alab. 1992).
[225] *Sea Containers v Stena AB*, 890 F.2d 1205, 1214 (DC Cir. 1989).
[226] *GE v Deutz AG*, 270 F.3d 144, 159 (3d Cir. 2001).
[227] *United States v Davis*, 767 F.2d 1025, 1038 (2d Cir. 1985).

Schutz öffentlicher Interessen erforderlich sein, wenn das ausländische Verfahren *amendment rights* gefährdet.[228]

2. Weiter Ansatz

Der weite Ansatz (*liberal approach*) erkennt die erörterten Erlassgründe zum Schutz öffentlicher Interessen und zum Schutz der Jurisdiktion ebenfalls an. Insbesondere den Schutz öffentlicher Interessen legen die Gerichte dabei weiter aus. Weitere Erlassgründe sind der Schutz vor rechtsmissbräuchlichen oder schikanösen (*vexatious or oppressive*) sowie der Schutz vor aus sonstigen Gründen unbilligen (*inequitable*) Parallelverfahren.[229]

Während die Vertreter des restriktiven Ansatzes eine US *public policy* darin sehen, die in- und ausländischen Parallelverfahren, zumindest bis es ein Endurteil (*res judicata*) gibt, laufen zu lassen,[230] halten die Vertreter des weiten Ansatzes ausländische Parallelverfahren über denselben Streitgegenstand für schikanös.[231] Das ausländische Verfahren sei insbesondere schikanös, wenn die Prozessführung für den Verfügungskläger eine unbillige Härte darstellt oder das ausländische Verfahren eine zügige und effiziente Entscheidung verhindert. Dabei sei zu berücksichtigen, inwieweit sich beide Verfahren überschneiden.[232]

Ein ausländisches Verfahren stelle dabei regelmäßig eine unbillige Härte dar: Alleine der Umstand, dass vor einem weit entfernten ausländischen Gericht ein Parallelverfahren geführt werde, sei unbillig.[233] Das wird mit Parallelverfahren immanenten Faktoren begründet: Diese führten zu unnötigen Kosten und einer nicht gebotenen Mehrfachbelastung von Parteien und Zeugen.[234] Insbesondere drohten widersprüchliche Entscheidungen oder ein „*race to*

---

[228] Vgl. *Born/Rutledge*, S. 659.
[229] Vgl. *MWK Recruiting Incorporated v Jowers*, 833 Fed.Appx. 560, 562 (5th Cir. 2020); *Microsoft v Motorola*, 696 F.3d 872, 882 (9th Cir. 2012); *Gallo Winery v Andina Licores*, 446 F.3d 984, 991 (9th Cir. 2006); *Seattle Totems v National Hockey League*, 652 F.2d 852, 855 (9th Cir. 1981); *In re Unterweser*, 428 F.2d 888, 890 (5th Cir. 1970).
[230] *GE v Deutz AG*, 270 F.3d 144, 157, 161 (3d Cir. 2001); *Laker v Sabena*, 731 F.2d 901, 926–27 (DC Cir. 1984); *WTA Tour v Super Slam*, 339 F.Supp.3d 390, 405 (S.D.N.Y. 2018); *Midway Labs USA v South Service Trading*, 2020 WL 9065876, *6 (S.D. Fl. 2020); *WTA Tour v Super Slam*, 339 F.Supp.3d 390, 405 (S.D.N.Y. 2018).
[231] *Seattle Totems v National Hockey League*, 652 F.2d 852, 855 (9th Cir. 1981).
[232] *MWK Recruiting Incorporated v Jowers*, 833 Fed.Appx. 560, 562 (5th Cir. 2020); *Kaepa Inc v Achilles Corp*, 76 F.3d 624, 627 (5th Cir. 1996).
[233] *Seattle Totems v National Hockey League*, 652 F.2d 852, 855 (9th Cir. 1981).
[234] *Kaepa Inc v Achilles Corp*, 76 F.3d 624, 627–68 (5th Cir. 1996), vgl. die Kritik von *Judge Garza*, 76 F.3d 624, 630–33; *Seattle Totems v National Hockey League*, 652 F.2d 852, 855–56 (9th Cir. 1981).

D. Vereinigte Staaten 147

judgment".[235] Weiterhin spielt der Zeitpunkt der Klageerhebung eine Rolle: Eine nach Einleitung des inländischen Hauptsacheverfahrens eingereichte Klage indiziere ein *forum shopping* des Beklagten und sei *prima facie* missbräuchlich.[236] Ein *district court* in Arizona (*Ninth Circuit*) hat sich von der sehr weiten Linie gelöst und die Erfolgsaussichten der ausländischen Klage berücksichtigt. Dabei verwies das Gericht auf das *Black's Law Dictionary*, wonach eine Klage schikanös ist, wenn sie in bösen Glauben und ohne nachvollziehbaren Grund erhoben wurde. Zumindest bei nicht aussichtslosen Klagen sei ein nachvollziehbarer Grund gegeben.[237] Anderer Ansicht zeigte sich der *Court of Appeals for the Ninth Circuit*. In *Microsoft v Motorola* blieb ein entsprechender Einwand der Verfügungsbeklagten erfolglos. Auf die Erfolgsaussichten der ausländischen Klage komme es nicht an. Entscheidend sei allein, ob das ausländische Verfahren das inländische Verfahren beeinträchtigt.[238]

IV. Vereinbarkeit mit der comity

Wenn die Parteien und der Streitgegenstand übereinstimmen und ein Erlassgrund vorliegt, prüfen die Gerichte in allen *circuits*, ob der Erlass der ASI mit dem Grundsatz des gegenseitigen Respekts und des Vertrauens in die ausländische Justiz (*comity*) vereinbar ist. Der *Supreme Court* definierte die *comity* als Gebot zur Anerkennung ausländischer Gesetze, Urteile und anderer Rechtsakte:

> "*the recognition which one nation allows within its territory to the legislative, executive or judicial acts of another nation having due regard both to international duty and convenience, and to the rights of its own citizens or of other persons who are under the protection of its laws.*"[239]

Obwohl Gerichte in beiden Lagern (restriktiver und weiter Ansatz) prüfen, ob der Erlass der ASI mit diesem Grundsatz vereinbar ist, weicht deren inhaltliche Auslegung stark ab.

1. Restriktiver Ansatz

Die Vertreter des restriktiven Ansatzes verstehen das Kriterium als überschattende Voraussetzung, die bereits inzident im Rahmen der anderen Kriterien zu berücksichtigen ist. Liegt keiner der Erlassgründe (Schutz der eigenen

---

[235] *Seattle Totems v National Hockey League*, 652 F.2d 852, 856 (9th Cir. 1981).
[236] *Microsoft v Motorola*, 696 F.3d 872, 886 (9th Cir. 2012); *Parasoft Corp v Parasoft SA*, 2015 WL 12645754 (C.D. Cal. 2015).
[237] *SynCardia Systems v MEDOS Medizintechnik*, 2008 WL 11339957, *3 (D. Ariz. 2008).
[238] *Microsoft v Motorola*, 696 F.3d 872, 886 (9th Cir. 2012).
[239] *Hilton v Guyot*, 159 U.S. 113, 164, 16 S.Ct. 139, 40 L.Ed. 95 (1895).

Jurisdiktion oder wichtiger öffentlicher Interessen) vor, scheidet der Erlass einer ASI aus. Selbst wenn die Voraussetzungen vorliegen, bleibt die Vereinbarkeit mit der *comity* gesondert zu prüfen.

Beispielsweise wog der *court of appeals* in *Laker v Sabena* die englischen öffentlichen Interessen gegen die öffentlichen Interessen der Vereinigten Staaten ab. Der Erlass der AASI wurde darauf gestützt, dass die Vereinigten Staaten auch nach international anerkannten Grundsätzen für die Entscheidung des kartellrechtlichen Hauptsacheverfahrens zuständig waren.[240] Generell spreche eine widerlegbare Vermutung gegen den Erlass einer ASI.[241] Weil in einer ASI trotz der *in personam* Wirkung eine jedenfalls unterschwellige Missachtung gegenüber der ausländischen Jurisdiktion mitschwingt, sei äußerste Zurückhaltung geboten. Anderenfalls drohten ausländische ASIs (AASIs, AAASIs etc.).[242] Das gelte insbesondere bei Streitigkeiten mit (mittelbarem) Regierungsbezug, zu deren Entscheidung die Politik möglicherweise besser als die Justiz geeignet sei:

> „it is long acknowledged that courts are particularly ill suited to intervening in exigent disputes that create acute risk of embarrassment of our government abroad. Foreign policy and national security decisions are delicate, complex, and involve large elements of prophecy for which the Judiciary has neither aptitude, facilities, nor responsibility."[243]

2. Weiter Ansatz

Der offene Ansatz prüft nur, ob die *comity* dem Erlass der ASI ausnahmsweise entgegensteht. Sofern die ASI dem Schutz der Jurisdiktion oder einem öffentlichen Interesse wie der Durchsetzung einer Zuständigkeitsvereinbarung dient, spiele die *comity* von vorneherein keine Rolle.[244] Auch bei vertraglichen Streitigkeiten zwischen privaten Parteien ohne Beteiligung einer ausländischen Regierung gehe mit dem Erlass einer ASI allenfalls eine vernachlässigbare Beeinträchtigung der *comity* einher.[245]

Damit sind nach dem *Ninth Circuit* in nahezu jeder vertraglichen Streitigkeit die Voraussetzungen für den Erlass einer ASI gegeben: Deren Erlass sei erst

---

[240] Vgl. *Laker v Sabena*, 731 F.2d 901, 930, 953–55 (DC Cir. 1984).
[241] *Fisher & Company v Fine Blanking & Tool*, 2019 WL 5853539, *2 (E.D. Mich. 2019).
[242] *Gau Shan Co. v Bankers Trust Co.*, 956 F.2d 1349, 1354–55 (6th Cir. 1992); *Fisher & Company v Fine Blanking & Tool*, 2019 WL 5853539, *2 (E.D. Mich. 2019).
[243] *Fisher & Company v Fine Blanking & Tool*, 2019 WL 5853539, *2 (E.D. Mich. 2019).
[244] *Applied Medical v Surgical Co*, 587 F.3d 909, 920–921 (9th Cir. 2009); *Gallo Winery v Andina Licores*, 446 F.3d 984, 989 (9th Cir. 2006).
[245] *Microsoft v Motorola*, 696 F.3d 872, 887 (9th Cir. 2012); *Applied Medical v Surgical Co*, 587 F.3d 909, 921 (9th Cir. 2009).

D. Vereinigte Staaten

ausgeschlossen, wenn die Beeinträchtigung der *comity* untragbar ist.[246] Der *Fifth* und *Seventh Circuit* fordern belastbare Anhaltspunkte, dass die ausländische Jurisdiktion die konkrete ASI als Affront wertet.[247] In *Philips Medical Systems v Bruetman* folgerte *Judge Posner* aus dem Umstand, dass sich bislang weder das argentinische noch das US-amerikanische Außenministerium beim Gericht beschwert hatten, dass sich weder das argentinische Gericht noch die argentinische Regierung an der ASI stören.[248] In *Kaepa* drückte *Judge Posner* seine ablehnende Haltung gegenüber dem restriktiven Ansatz bildhaft aus. Es könne von keinem Gericht verlangt werden, sich jedes Mal vor dem Erlass einer ASIs vor einem nebulösen Konzept wie der *comity* niederzuknien:

> *"We decline [...] to require a district court to genuflect before a vague and omnipotent notion of comity every time that it must decide whether to enjoin a foreign action."*[249]

V. Rezeption

Die ganz h.L. befürwortet den restriktiven Ansatz, nur vereinzelt finden sich Befürworter des offenen Ansatzes. Bereits 1984 stellte *Judge Wilkey* fest, dass US-amerikanische Gerichte den *comity*-Grundsatz sowohl bei innerstaatlichen ASIs als auch bei ASIs gegenüber ausländischen Jurisdiktionen weitestgehend ignorieren. Dabei wies er auf die schon damals h.L. hin, die ebendiesen Umstand kritisierte.[250]

Die Befürworter des restriktiven Ansatzes begründen ihre Ansicht vor allem mit dem gebotenen Respekt gegenüber anderen Jurisdiktionen, den der offene Ansatz vernachlässige oder sogar ignoriere.[251] Insbesondere ASIs, die mit einem vermeintlich schikanösen Verfahren in der ausländischen Jurisdiktion begründet werden, drückten eine Geringschätzung für die andere Jurisdiktion und

---

[246] *Microsoft v Motorola*, 696 F.3d 872, 886 (9th Cir. 2012); *Gallo Winery v Andina Licores*, 446 F.3d 984, 996 (9th Cir. 2006): *"[the] interference with comity [must be] so great as to be intolerable"*.
[247] *Kaepa Inc v Achilles Corp*, 76 F.3d 624, 630–633 (5th Cir. 1996); *Allendale Mut. Ins. Co. v Bull Data Systems*, 10 F.3d 425, 431 (7th Cir. 1993).
[248] *Philips Medical Systems v Bruetman*, 8 F.3d 600, 605 (7th Cir. 1993).
[249] *Kaepa Inc v Achilles Corp*, 76 F.3d 624, 627 (5th Cir. 1996).
[250] *Laker v Sabena*, 731 F.2d 901, 950–51 (DC Cir. 1984).
[251] *Baer*, (1987) 37 Stanford L.R. 155, 173; *Hartley*, (1987) 35 Am. J. Comp. L. 487, 509; *Bermann*, (1990) 28 Colum. J. Transnat'l L. 589, 630–31; *Burck*, (1993) 18 North Carolina J. Int'l Law 475, 488–89; *Schimeck*, (1993) 45 Baylor L.R. 499, 520–22; *Najarian*, (1994) 68 St. John's L.R. 961, 983–85; *Salava*, (1994) 20 J. of Legisl. 267, 269–70; *Swanson*, (1996) Geo. Wash. J. Int'l L. & Econ. 1, 33, 36–37; *Roberson*, (1998) 147 U. Penn. L.R. 409, 433; *Calamita*, (2006) 27 U. Pa. J. Int'l Econ. L. Vol. 601, 680; *Koeniger/Bales*, (2014) 22 Cardozo J. Int'l & Comp. L. 473, 491–495; *Hess*, (2022) 25 JWIP 536, 543–44.

ihre Justiz aus.[252] Vereinzelt wird gerügt, dass der offene Ansatz die für inländische ASI entwickelten Kriterien auf ausländische ASIs überträgt und sogar aufweicht.[253] Für inländische ASIs gilt die in der Verfassung verankerte „*Full Faith and Credit Clause*". Diese verpflichtet Gerichte zur Rücksichtnahme auf Verfahren in und Urteile aus anderen Staaten. Für innerstaatliche ASIs ist der *comity*-Grundsatz demnach in der Verfassung verankert. Gegenüber ausländischen Jurisdiktionen müsse ein noch strengerer Maßstab gelten. Das sei erstens geboten, da Auslandsbeziehungen anfälliger für Konflikte als die Beziehungen zwischen zwei Bundesstaaten seien. Zweitens erließen Gerichte in anderen Bundesstaaten grundsätzlich keine AASIs, was bei ausländischen Gerichten denkbar sei und ein erhebliches Konfliktpotential biete.[254] Eine empirische Auswertung der Rechtsprechung indiziert, dass der weite Ansatz ausländische gegenüber inländischen Antragstellern diskriminiert.[255] Schließlich wird angeführt, dass der Erlass einer ASIs unter Umständen ein politisches Spannungspotential birgt. Die Außenpolitik sei grundsätzlich der Exekutive und Legislative vorbehalten, Gerichte hätten sich nur im Ausnahmefall einzumischen.[256]

Für den weiteren Ansatz führen dessen Vertreter Praktikabilitätserwägungen an. Zum einen erspare er sowohl den Parteien als auch den steuerfinanzierten Gerichten unnötige Aufwendungen, was auch dem Allgemeinwohl zugutekomme.[257] Zum anderen sei der Ansatz flexibler und nicht in ein Korsett eng umrissener Kriterien gebunden. Dadurch könne man auch auf unvorhergesehene Fälle reagieren. Außerdem schütze der restriktive Ansatz nur unzureichend vor schikanösen und missbräuchlichen Verfahren,[258] da er das Spannungspotential einer ASI überbewerte.[259] Schließlich sei die *comity*-Doktrin

---

[252] *Bermann*, (1990) 28 Colum. J. Transnat'l L. 589, 630: *Schimeck*, (1993) 45 Baylor L.R. 499, 522.

[253] *Bermann*, (1990) 28 Colum. J. Transnat'l L. 589, 602; *Roberson*, (1998) 147 U. Penn. L.R. 409, 427; a.A. *Teitz*, (2004) 10 Roger Williams U.L.Rev., 1, 10–12, 71, nach der die Kriterien für *"domestic ASIs"* für „*foreign ASIs*" schlicht unpassend, allerdings nicht zu streng sind.

[254] *Bermann*, (1990) 28 Colum. J. Transnat'l L. 589, 606–08; *Schimeck*, (1993) 45 Baylor L.R. 499, 506–07; *Koeniger/Bales*, (2014) 22 Cardozo J. Int'l & Comp. L. 473, 494; *Greenbaum*, (2019) 94 Wash. L.R. 1085, 1100.

[255] *Eddleman-Heim*, (2008) 69 Ohio St. L.J. 701, 711, 719–20; ähnlich *Vertigan*, (2007) 76 G. Wash. L.R. 155, 168; *Koeniger/Bales*, (2014) 22 Cardozo J. Int'l & Comp. L. 473, 494.

[256] *Schimeck*, (1993) 45 Baylor L.R., 499, 506; *Burck*, (1993) 18 North Carolina J. Int'l Law 475, 488; *Salava*, (1994) 20 J. of Legisl. 267, 270.

[257] Vgl. *Perry*, (1999) 8 U. Miami Bus. L.R. 123, 151.

[258] *Nicolas*, (1999) 40 Virg. J. Int'l Law 331, 395–96, 402; *Perry*, (1999) 8 U. Miami Bus. L.R. 123, 151–52, 154–59; *Cohen*, (2022) 116 NW U. L.R. 1577, 1623–27.

[259] *Perry*, (1999) 8 U. Miami Bus. L.R. 123, 155; *Tan*, (2005) 45:2 Virg. J. Int'l Law 283, 305–07.

unbestimmt. Deren Berücksichtigung beeinträchtige die Rechtssicherheit erheblich. Ein derart vages Kriterium könne keine notwendige Voraussetzung sein.[260]

E. Rechtsvergleich der *common law*-Jurisdiktionen

Obwohl englische und US-amerikanische Gerichte beim Erlass von ASIs unterschiedliche Kriterien prüfen, gelten ähnliche Grundsätze.[261] Zwar prüfen englische Gerichte nicht ausdrücklich, ob der Streitgegenstand und die Parteien im in- und ausländischen Verfahren übereinstimmen. Allerdings ist die Frage für die bedeutende Differenzierung zwischen *single* und *alternative forum*-Fällen relevant. Ein *alternative forum*-Fall liegt vor, wenn eine andere Jurisdiktion ebenfalls zur Entscheidung über den Streitgegenstand des inländischen Verfahrens geeignet ist. Liegt ein *single forum*-Fall vor, können ASIs nur zum Schutz der eigenen Zuständigkeit oder der Integrität des Gerichtsverfahrens erlassen werden.

Obwohl US-Gerichte formal einen übereinstimmenden Streitgegenstand voraussetzen, werden auch in Fällen, die eigentlich unterschiedliche Streitgegenstände betreffen, ASIs und AASIs erlassen. Bei der Prüfung des übereinstimmenden Streitgegenstandes sind die Hauptsacheverfahren in beiden Jurisdiktionen maßgeblich. Würde der übereinstimmende Streitgegenstand tatsächlich eine zwingende Voraussetzung darstellen, hätte etwa in *Laker v Sabena* keine (A)ASI ergehen dürfen. *Justice Wilkey* erließ diese gerade aus dem Grund, dass ein englisches Gericht nicht über die Auswirkungen eines Kartells auf US-Märkte entscheiden sollte. Auch nach US-Recht bzw. dem in den Einzelstaatenden geltenden Recht wurden ASIs zum Schutz der eigenen Zuständigkeit trotz bzw. gerade wegen der unterschiedlichen Streitgegenstände im in- und ausländischen Verfahren erlassen.

Weiterhin ist es nach englischem Recht für den Erlass einer ASI in *alternative forum*-Fällen beinahe zwingend, dass England das *natural forum* darstellt. US-Gerichte prüfen diese Voraussetzung nicht. Allerdings wird die Nähe der Parteien und des Streitgegenstandes zur in- und ausländischen Jurisdiktion im Rahmen der Prüfung, ob die Klageerhebung im Ausland rechtsmissbräuchlich und schikanös ist, berücksichtigt. Auch die Erlassgründe sind ähnlich. In beiden Jurisdiktionen ergehen ASIs zum Schutz der eigenen Zuständigkeit und des Verfahrens. Englische Gerichte und US-Gerichte in *circuits*, die den

---

[260] *Tan*, (2005) 45:2 Virg. J. Int'l Law 283, 303–04.
[261] *SAS Institute v World Programming* [2020] EWCA Civ 599, [2020] 1 CLC 816, [90]; *Hartley*, Int'l Commercial Litigation, S. 279–80.

offenen Ansatz verfolgen, erlassen ASIs gegen rechtsmissbräuchliche und schikanöse Verfahren. Dem weiten Ansatz zugeneigte US-Gerichte legen das Begriffspaar *vexatious and oppressive* weiter aus als englische Gerichte. Beispielsweise haben Gerichte im Fifth Circuit und im Ninth Circuit das Kriterium aus Gründen bejaht, die Parallelverfahren immanent sind.[262] Demgegenüber ist auch das Ausnutzen einer günstigeren Rechtslage im Ausland nach englischem Recht nur ausnahmsweise missbräuchlich, wenn die ausländische Jurisdiktion offensichtlich nicht zur Entscheidung des Rechtsstreits geeignet ist (*clearly inappropriate forum*).

Abschließend prüfen Gerichte in beiden Jurisdiktionen, ob der mit dem Erlass der ASI einhergehende Eingriff in den internationalen Zivilrechtsverkehr und in die Kompetenz-Kompetenz des ausländischen Gerichts mit der *comity* vereinbar ist. In beiden Jurisdiktionen hat sich das Gebot zur Achtung der *comity* in einigen Fällen als Lippenbekenntnis entpuppt. Zumindest US-Gerichte, die den restriktiven Ansatz vertreten, haben den Erlass von ASIs aber mehrfach (auch) aus diesem Grund abgelehnt.

F. Deutschland

Nachdem deutsche Gerichte AASIs erlassen haben und der BGH einem im Ausland abredewidrig Beklagten Schadensersatz zugesprochen hat,[263] erscheint eine kurze Darstellung des deutschen Rechts zu ASIs und etwaigen Rechten, nicht im Ausland verklagt zu werden, angezeigt. Als letztes deutsches Gericht hat das Reichsgericht 1938 eine ASI zum Schutz einer Ehefrau vor einem vermeintlich sittenwidrigen Scheidungsverfahren in Lettland erlassen bzw. bestätigt.[264] Seit den Scheidungsfällen spielten ASIs in der deutschen Rechtsprechung keine Rolle mehr. In der Literatur wurde die Zulässigkeit von Prozessführungsverboten nach deutschem Recht seit der *Laker*-Entscheidung[265] vereinzelt diskutiert.

I. Reichsgericht (1938)

Im vom Reichsgericht entschiedenen Fall stritten zwei getrenntlebende deutsche Eheleute über eine in Lettland erhobene Scheidungsklage. Zuvor hatten zwei deutsche Landgerichte die vom Ehemann in Deutschland erhobenen Scheidungsklagen abgewiesen. Die Ehefrau, Klägerin im deutschen

---

[262] Vgl. *Kaepa Inc v Achilles Corp*, 76 F.3d 624, 627–28 (5th Cir. 1996); *Seattle Totems v National Hockey League*, 652 F.2d 852, 855–56 (9th Cir. 1981).
[263] BGH NJW 2020, 399.
[264] RGZ 157, 136.
[265] *Laker v Sabena*, 731 F.2d 901 (DC Cir. 1984).

Verfahren, sah in der Klageerhebung vor einem lettischen Gericht eine „unerlaubte Handlung im Sinne des § 826 BGB".[266] Sie verlangte von ihrem Ehemann die Klagerücknahme im lettischen Verfahren.

Das Reichsgericht wandte deutsches Recht an und stützte den Anspruch auf Rücknahme der lettischen Klage auf § 826 BGB. Die internationale Zuständigkeit richte sich nach dem Deliktsstatut. Da der Schaden am Ort der Klagezustellung, d.h. in Deutschland, eingetreten sei, sei deutsches Recht anwendbar.[267] Die Anrufung des lettischen Gerichts stelle eine sittenwidrige Schädigung dar. Der Vorwurf der Sittenwidrigkeit sei, „selbst wenn daß ausländische Gericht nach deutschem Recht an sich zuständig ist", nicht beseitigt. Der Ehemann habe gegen die im deutschen Volke herrschenden sittlichen Anschauungen verstoßen, indem er unter „Missachtung der deutschen Gesetze" die Zuständigkeit lettischer Gerichte „ausgenutzt" habe, um eine Scheidung, die ihm nach deutschem Recht verwehrt war, herbeizuführen.

Die missbräuchliche Ausnutzung sah das Gericht in einer gezielten Umgehung deutschen Kollisionsrechts, um die nach deutschem Recht unerreichbare Rechtsfolge herbeizuführen. Das lettische Kollisionsrecht stellte, anders als sein deutsches Pendant, auf den Wohnsitz des Scheidungsklägers und nicht auf dessen Staatsangehörigkeit ab. Ein deutscher Staatsangehöriger dürfe sich nicht zur Umgehung eines von ihm als ungerecht empfundenen Gesetzes der Hilfe eines ausländischen Gerichtes bedienen.[268]

Die Entscheidung darf nicht dahingehend missverstanden werden, dass es generell sittenwidrig ist, ein ausländisches Gericht anzurufen, um günstigere Rechtsfolgen zu erreichen. Das Reichsgericht stellte auf die „völkischen Anschauungen" hinsichtlich der unter Eheleuten geltenden Verhaltensmaßstäbe ab. Unter Vertragsparteien und erst recht in außervertraglichen Streitigkeiten gelten andere Maßstäbe. Da es sogar zu den Pflichten eines Anwalts gehört, von mehreren zuständigen Gerichtsständen den günstigsten auszuwählen,[269] ordnen die maßgeblichen Verkehrskreise dieses Verhalten grundsätzlich nicht als sittenwidrig ein.

II. Neuere Rechtsprechung

Soweit ersichtlich haben deutsche Gerichte seit 1945 keine ASI gegen ein ausländisches Verfahren oder Urteil erlassen. Seit 2019 ergingen jedoch einige

---

[266] RGZ 157, 136, 137.
[267] Zur Kritik an der kollisionsrechtlichen Einordnung vgl. *Schröder*, in: FS Kegel (1987), 523, 536.
[268] RGZ 157, 136, 140.
[269] *Geimer*, IZPR, Rn. 1095–96.

AASIs, zunächst ausschließlich in FRAND-Streitigkeiten, um ausländischen ASIs gegen deutsche Patentverletzungsverfahren vorzubeugen oder deren Vollstreckung zu verhindern. Außerhalb des Bereichs der Patentstreitigkeiten hat das OLG Hamm 2023 in einem Investitionsschutz-Streit eine AA(A)SI erlassen.[270]

Das LG München I befand 2019, dass das deutsche Recht „ein derartiges Rechtskonstrukt" (ASI) „nicht kennt bzw. sogar ablehnt".[271] In einem späteren Urteil unterstrich das Gericht seine Auffassung. Eine ASI werde durch den in Art. 47 Abs. 1 der EU-Grundrechtecharta verbürgten und den in Art. 2 Abs. 1, 101 Abs. 1 S. 2, 103 Abs. 1 GG i.V.m. Art. 6 EMRK i.V.m. dem Rechtsstaatsprinzip verankerten Justizgewährungsanspruch ausgeschlossen.[272] Das LG München I dürfte damit auf einer Linie mit dem XII. Zivilsenat stehen. Dieser stellte 2020 in einem *obiter dictum* fest, dass ein Anspruch auf Unterlassung einer ausländischen Prozessführung oder Klageerhebung nicht wirksam vereinbart werden könne.[273]

In dem vom BGH entschiedenen Fall verlangte der Widerkläger Schadensersatz für die ihm durch eine abredewidrig in den Vereinigten Staaten erhobene Klage entstandenen Rechtsanwaltskosten. Die Parteien hatten in ihren Vertrag eine Rechtswahl- und Gerichtsstandsklausel aufgenommen. Der Widerkläger hatte in den Vereinigten Staaten erfolgreich die Gerichtsstandsvereinbarung eingewandt. Das US-Gericht ordnete jedoch keinen Ersatz von Rechtsanwaltskosten an; die *lex fori* sah diesen nicht vor.

Aus Sicht des BGH stellt eine Gerichtsstands- oder Schiedsvereinbarung ein Schuldverhältnis i.S.v. § 280 Abs. 1 BGB dar.[274] Mit Erhebung der Klage bei einem unzuständigen Gericht verletze der Auslandskläger eine daraus folgende Pflicht.[275] Damit positioniert sich der BGH auf der Seite der mittlerweile h.L., nach der Schieds- und Gerichtsstandsvereinbarungen neben ihrer prozessualen Verfügungswirkung auch materiell-rechtliche Verpflichtungen begründen

---

[270] OLG Hamm BeckRS 2023, 10005.
[271] LG München I BeckRS 2019, 25536, Rn. 62.
[272] LG München I GRUR-RS 2021, 3995, Rn. 96.
[273] BGH NJW 2020, 399, Rn. 28–30.
[274] BGH NJW 2020, 399, Rn. 24. Deutsches Recht war anwendbar, da der Hauptvertrag deutschem Recht unterlag. Vgl. zum auf die Schadensersatzpflicht anwendbaren Recht *Antomo*, S. 382–97; *Mankowski*, in: Rauscher (Hrsg.), Europ. ZivilprozessR, Vor. Art. 4 Brüssel Ia-VO, Rn. 60–61.
[275] Der BGH lässt offen, ob die Pflicht, nicht im unzuständigen Forum zu klagen, eine Nebenpflicht oder eine nicht einklagbare Hauptflicht darstellt. Für letzteres MüKo-ZPO/*Münch*, § 1029, Rn. 142, dort Fn. 563.

können.²⁷⁶ Nach der Gegenansicht stellen Zuständigkeitsvereinbarungen Prozessverträge dar, die weder Primär- noch Sekundäransprüche auslösen können.²⁷⁷

Auch aus Sicht der h.L. soll nicht jede abredewidrig in einer anderen als der vereinbarten Jurisdiktion erhobene Klage Schadensersatzansprüche begründen. Haben die Parteien nicht explizit eine Vertragsstrafe für den Fall einer abredewidrig erhobenen Klage vereinbart, komme eine Schadensersatzpflicht des Auslandsklägers nur unter zwei Umständen in Betracht.

Erstens verbiete es der Grundsatz gegenseitigen Vertrauens, über die Zuständigkeit von Gerichten in anderen Mitgliedsstaaten zu entscheiden. Dieser gilt jedoch nur, solange das ausländische Gericht noch nicht über seine Zuständigkeit entschieden hat.²⁷⁸ Nachdem das Gericht im Mitgliedstaat die Klage abgewiesen hat, muss das deutsche Gericht im Rahmen von § 280 BGB (die Pflichtverletzung ist die Klage vor einem unzuständigen Gericht) nicht mehr über die Zuständigkeit des ausländischen Gerichts entscheiden. Betrifft die Klage ein Verfahren in einem Drittstaat, kann ein deutsches Gericht auch schon vor der rechtskräftigen Entscheidung im ausländischen Verfahren prüfen, ob der Auslandskläger seine aus einer Zuständigkeitsvereinbarung folgende Pflicht verletzt hat.²⁷⁹

Zweitens bestehe nach deutschem Recht grundsätzlich keine Schadensersatzpflicht bei einer im Ausland erhobenen Klage. Anderenfalls wäre der freie Zugang zu staatlicher Rechtspflege durch die drohende Schadensersatzverpflichtung zu stark eingeschränkt.²⁸⁰ Klagt der Auslandskläger hingegen, obwohl er sich verpflichtet hat, davon abzusehen, sei er nicht schutzwürdig. Es bestehe kein Grund, *„eine Partei, die unter Verstoß gegen die [Zuständigkeits-]Vereinbarung [...] ein ausländisches Gericht anruft, vor den (materiell-rechtlichen) Kostenfolgen zu schützen [...]"*.²⁸¹

---

²⁷⁶ Zustimmend OLG München GRUR 2020, 379, Rn. 54 – Anti-Suit-Injunction; *Antomo*, S. 467–68, mit ausführlichen Nachweisen auf S. 433; *Geimer*, IZPR, Rn. 1122; *Grunwald*, S. 170; *Saenger*, ZPO, § 1029, Rn. 25; MüKo-ZPO/*Münch*, § 1029, Rn. 138–44; Musielak/*Voit*, ZPO, § 1029, Rn. 26–27.
²⁷⁷ *Krause*, S. 210; *Pfeiffer*, S. 770; verhaltene Zustimmung auch bei *Zöller*-ZPO, § 1029, Rn. 16, 93.
²⁷⁸ *Kalin*, GPR 2020, 234, 237; *Riländer*, RabelsZ 84 (2020), 548, 562–63.
²⁷⁹ BGH NJW 2020, 399, Rn. 30.
²⁸⁰ BGH NJW 2020, 399, Rn. 44.
²⁸¹ BGH NJW 2020, 399, Rn. 45.

III. Zulässigkeit von ASIs

Im Anwendungsbereich der Brüssel I(a)-VO und des LugÜ sind ASIs unzulässig.[282] Fraglich ist, ob und wann bei ASIs, die sich gegen drittstaatliche Verfahren richten, ein Rechtsschutzbedürfnis besteht.

1. Generelle Unzulässigkeit von ASIs

Vielfach werden ASIs für generell für unzulässig gehalten. Nach einer verbreiteten Ansicht sind ausländische ASIs erstens wegen Verstoßes gegen den deutschen *ordre public* nicht anerkennungsfähig[283] und zweitens (per se) rechtswidrig und damit unzulässig.[284] Teilweise wird dabei argumentiert, dass ASIs in das Recht auf Zugang zu staatlichen Gerichten aus Art. 6 EMRK und Art. 47 GR-Charta sowie den im allgemeinen Rechtsstaatsprinzip und Art. 19 Abs. 4 GG verbürgten Justizgewährungsanspruch eingreifen würden.[285] Der Justizgewährungsanspruch wird allerdings durch Zuständigkeits- und Verfahrensregelungen beschränkt, soweit diese ihrerseits verhältnismäßig sind. In bestimmten Fällen könnte ein Eingriff in den Justizgewährungsanspruch gerechtfertigt sein. So zum Beispiel, wenn die ASI eine ausschließliche Gerichtsstands- oder Schiedsvereinbarung durchsetzen soll. Dagegen wird vorgetragen, dass eine „vertragliche ASI" nicht auf die erforderliche Eingriffsgrundlage in Gestalt eines formellen Gesetzes gestützt werden könne.[286] Nach der Gegenauffassung beinhaltet eine „wirksame" Gerichtsstandsvereinbarung einen Verzicht auf das Recht auf Zugang zu nationalen Gerichten.[287]

Jedenfalls die Parteien einer Schiedsvereinbarung verzichten in den Schranken von §§ 1032, 1040 Abs. 3, 1059 Abs. 2 ZPO auf ihren Justizgewährungsanspruch.[288] Sofern die Parteien sich der Schiedsvereinbarung freiwillig, d.h. frei von äußeren Zwängen oder Abhängigkeiten, unterworfen haben, erscheint der mit dem Erlass einer ASI einhergehende Eingriff in den

---

[282] EuGH, Urt. v. 27.4.2004, C–159/02, EU:C:2004:228, Slg. I–3578 – Turner/Grovit; Urt. v. 10.2.2009, C–185/07, EU:C:2009:69 – Allianz und Generali/West Tankers.

[283] OLG Düsseldorf IPrax 1997, 260, 261; LG München I GRUR-RS 2021, 17662, Rn. 75; BeckOK-ZPO/*Bach*, § 328, Rn. 4.2; *Colberg*, S. 71; *Hess*, Eur. Zivilprozessrecht, Rn. 6.243; *Maack*, S. 190–92.

[284] LG München I BeckRS 2019, 25536, Rn. 62; *Geimer*, IZPR, Rn. 1122; *Gottwald*, in: FS Habscheid (1989), 119, 122–23; *Krause*, S. 269–75; MüKo-ZPO/*Münch*, § 1026, Rn. 6, 142; vgl. *Pfeiffer*, S. 769–75.

[285] *Maack*, S. 109–10.

[286] *Hau*, IPRax 1997, 245, 247.

[287] *E. Peiffer*, S. 352.

[288] BGH NJW 2016, 2266, Rn. 53–54 – Pechstein; LG Frankfurt NJOZ 2021, Rn. 24; LG Saarbrücken SchiedsVZ 2016, 111; *Bälz*, SchiedsVZ 2021, 204, 206–07.

F. Deutschland

Justizgewährungsanspruch verhältnismäßig.[289] Zu Gerichtsstandsvereinbarungen gibt es keine vergleichbare Rechtsprechung. Da die ZPO für Gerichtsstandsvereinbarungen keine entsprechenden Vorschriften enthält, ist der Justizgewährungsanspruch nicht durch die ZPO als formelles Gesetz eingeschränkt.

ASIs zur Durchsetzung von Schiedsvereinbarungen erscheinen grundsätzlich zulässig. Die ASI wäre dann beim zuständigen Schiedsgericht zu beantragen und gegebenenfalls gem. § 1060 Abs. 1 ZPO für vollstreckbar zu erklären.

2. Völkerrechtliche Zulässigkeit

Nach beinahe einhelliger Ansicht sind ASIs nicht völkerrechtswidrig. Erstens richtet sich die ASI nicht gegen ein ausländisches Gericht, sondern gegen den Antragsgegner. Zweitens richtet sich der Beurteilungsmaßstab im Völkerrecht nach den Anschauungen und Überzeugungen der gesamten Völkergemeinschaft. Ein in weiten Teilen der Welt anerkanntes Prozessmittel verstößt nicht gegen grundlegende Anschauungen der Völkergemeinschaft.[290]

3. Prozessuales Privileg

Anträgen auf Unterlassung der Prozessführung oder Urteilsvollstreckung fehlt grundsätzlich das Rechtsschutzbedürfnis.[291] Da dem deutschen Recht und dem Unionsrecht Prozessführungsverbote fremd sind, sollten deutsche Gerichte diese – wenn überhaupt – nur erlassen, wenn sie objektiv notwendig sind.[292] Der Erlass einer ASI muss zum Schutz des Verfügungsklägers als äußerstes Mittel (*ultima ratio*) unbedingt erforderlich sein. Kann der Auslandsbeklagte adäquat über Schadensersatzansprüche kompensiert werden, ist der Erlass einer ASI nicht objektiv notwendig. Das gleiche gilt, wenn der Antragsteller ihm vor dem ausländischen Gericht zur Verfügung stehende und nicht aussichtslose Einwendungen oder Antragsmöglichkeiten (z.B. Antrag auf

---

[289] Vgl. aber *Rapp*, ZZP 2020, 193, 206 (a.A.).

[290] OLG München GRUR 2020, 379, Rn. 73 – Anti-Suit-Injunction; LG München I BeckRS 2019, 25536 Rn. 76; *Hau*, S. 214–15; *Lenenbach*, (1998) 20 Loy. L.A. Int'l & Comp. L.J 257, 294; *E. Peiffer*, S. 352; *Schlosser*, RIW 2006, 486, 490–91; *Schlosser*, Justizkonflikt, S. 35; *Schmidt*, RIW 2006, 492, 495; *Spickhoff*, in: FS Deutsch (1999), 327, 330; a.A. *Krause*, S. 275, 278–79.

[291] BGH GRUR 2018, 757, Rn. 17 – Kindeswohlgefährdung; GRUR 2013, 647, Rn. 11–14 – Rechtsmissbräuchlicher Zuschlagsbeschluss; GRUR 2013, 305, Rn. 14 – Honorarkürzung; GRUR 1987, 568, 569 – Gegenangriff; OLG München GRUR 2020, 379, Rn. 60 – Anti-Suit-Injunction; näher unten, Gliederungspunkt § 5, F. I. 2. a).

[292] OLG Düsseldorf GRUR 318, 1209, Rn. 10, 19–24 – Ausländisches Prozessführungsverbot; Teile der Lit. lehnen das Rechtsschutzbedürfnis bei ASIs kategorisch ab, vgl. *Geimer*, IZPR, Rn. 1717.

Verfahrensaussetzung bzw. *stay of proceedings*) nicht ausschöpft, bevor er das deutsche Gericht anruft.[293]

4. Internationale Zuständigkeit

Die internationale Zuständigkeit ist nach der Brüssel Ia-VO und subsidiär nach den allgemeinen Vorschriften der §§ 12–40 ZPO zu beurteilen.[294] Soll die ASI eine ausschließliche Gerichtsstandsvereinbarung durchsetzen, ergibt sich die Zuständigkeit des gewählten Gerichts nach h.M. aus der Gerichtsstandsvereinbarung.[295] In außervertraglichen Fällen kann ein deutsches Gericht zuständig sein, wenn die Beteiligten ihren gewöhnlichen Aufenthalt oder Sitz in Deutschland haben. Ansonsten kann es Schwierigkeiten bereiten, die Zuständigkeit deutscher Gerichte für eine Klage auf Unterlassung der ausländischen Prozessführung zu begründen. Der besondere Gerichtsstand der unerlaubten Handlung (vgl. § 32 ZPO; Art. 7 Nr. 2 Brüssel Ia-VO) dürfte bei einer ASI nicht gegeben sein. Jedenfalls der Handlungsort liegt bei einer ASI im Erlassstaat.[296] Der Ort der unerlaubten Handlung kann allerdings nach Wahl des Klägers auch der Erfolgsort sein.[297] Wird die ASI auf § 823 BGB i.V.m. § 1004 Abs. 1 BGB analog gestützt und befindet sich das bedrohte Rechtsgut in Deutschland, liegt der Erfolgsort im Inland.[298] Dient die ASI demgegenüber der Abwehr oder Prävention eines reinen Vermögensschadens, liegt der Erfolgsort nach hier vertretener Ansicht in aller Regel in der ausländischen Jurisdiktion, in der das Gerichtsverfahren stattfindet oder stattfand, gegen dessen Fortsetzung oder Urteilsvollstreckung sich die ASI richtet.[299]

IV. Begründetheit

Anders als Gerichte in *common law*-Jurisdiktionen können deutsche Gerichte eine ASI nicht auf Billigkeitserwägungen stützen. Der Anspruch auf Erlass einer ASI muss sich aus Vertrag oder Gesetz ergeben. Wegen der Eilbedürftigkeit müsste eine ASI nach deutschem Recht regelmäßig auf §§ 935, 938, 940 ZPO gestützt werden.[300] Eine Regelungsverfügung ist zur Durchsetzung einer

---

[293] *Hau*, S. 210–11; *Krause*, S. 209; *Kurth*, S. 132–133; *E. Peiffer*, S. 350; *Spickhoff*, in: FS Deutsch (1999), 327, 333; a.A. *Grunwald*, S. 238.
[294] Vgl. *E. Peiffer*, S. 68.
[295] *Antomo*, S. 365–66 m.w.N.; vgl. auch Art. 25 Abs. 1 Brüssel Ia-VO; sowie § 38 ZPO, hierzu MüKo-ZPO/*Patzina*, § 38, Rn. 2, 40.
[296] *Hau*, S. 204; *Probst*, S. 204.
[297] MüKo-ZPO/*Gottwald*, Art. 7 Brüssel Ia-VO, Rn. 55; MüKo-ZPO/*Patzina*, § 32, Rn. 20.
[298] Vgl. MüKo-ZPO/*Patzina*, § 32, Rn. 20.
[299] Vgl. oben § 3, F., IV., 2., a).
[300] *Antomo*, S. 230; *E. Peiffer*, S. 348.

Schiedsvereinbarung als „streitiges Rechtsverhältnis" i.S.v. § 940 ZPO denkbar. In allen anderen Fällen kommt nur eine Sicherungsverfügung in Betracht. Beides setzt einen Verfügungsanspruch voraus. Ein Verfügungsanspruch könnte sich aus Vertrag (1.) oder Delikt (2.) ergeben.

1. Vertragliche ASI

Die wohl h.L. sieht für ASIs im deutschen Recht grundsätzlich keinen und wenn, allenfalls in eng umrissenen Ausnahmefällen über § 826 BGB Raum.[301] Jedoch spricht sich eine beachtliche Meinung dafür aus, ASIs zur Durchsetzung von Schieds- und/oder Gerichtsstandsvereinbarungen zuzulassen.[302] Der vertragliche Anspruch, nicht im Ausland verklagt zu werden, richtet sich nach deutschem Recht, wenn ein deutscher Gerichtsstand gewählt wurde (*lex fori prorogati*).[303] Die Befürworter vertraglicher ASIs beurteilen unterschiedlich, ob sich ein Anspruch auf Unterlassung oder Klagerücknahme ausdrücklich aus der Zuständigkeitsvereinbarung ergeben muss. Einige gehen davon aus, dass ein solcher Anspruch im Wege der ergänzenden Vertragsauslegung aus jeder Gerichtsstands- oder Schiedsvereinbarungen folgt.[304] Die restriktivere Ansicht sieht für eine ergänzende Vertragsauslegung keinen Raum. Da es sich um einen exotischen Anspruch handele, könne selbst bei Beratung durch erfahrene Anwälte kein entsprechender Parteiwille unterstellt werden.[305]

Der XII. Zivilsenat erkannte zwar eine Nebenpflicht der Parteien einer ausschließlichen Gerichtsstandsvereinbarung an, nicht abredewidrig in einer anderen Jurisdiktion zu klagen. Aus der Gerichtsstandsvereinbarung folgten allerdings keine Primäransprüche. Ein gerichtlich durchsetzbarer Unterlassungsanspruch könne trotz der materiellrechtlichen Wirkungen einer

---

[301] *Spickhoff*, in: FS Deutsch (1999), 327, 339–47; *Stadler*, in: Berichte DGVR, Bd. 42 (2007), S. 177, 201–02; grundsätzlich ablehnend *Geimer*, IZPR, Rn. 1120–22; *Krause*, S. 210–11; *Schack*, IZVR, Rn. 918–20.

[302] Die Möglichkeit eines Anspruchs auf Unterlassung der ausländischen Prozessführung erkennen an: *Antomo*, S. 233–35; *Nagel/Gottwald*, Rn. 6.307; *Hau*, in: Schmidt-Kessel (Hrsg.), German National Reports on the 20th Int. Congress on Comp. Law, S. 269, 275–76; *Kurth*, S. 67, 74; *E. Peiffer*, S. 337; *Lenenbach*, (1998) 20 Loy. L.A. Int. & Comp. L.J. 257, 286–87; *Schack*, in: Carter/Fawcett (Hrsg.), Declining Jurisdiction, S. 189, 203; *Schlosser*, RIW 2006, 486, 488; *Schlosser*, Justizkonflikt, S. 37–38; *Schröder*, in: FS Kegel (1987), 523, 532–33; zurückhaltend *Baum*, in: Heldrich/Kono (Hrsg.), Herausforderungen des IZVR, S. 185, 195–97.

[303] Str., näher *Antomo*, S. 387–92 m.w.N.

[304] *Kurth*, S. 67, 74; *E. Peiffer*, S. 337; wohl auch *Schröder*, in: FS Kegel (1987), 523, 532–34.

[305] Vgl. *Jasper*, S. 127; *Spickhoff*, in: FS Deutsch (1999), 327, 335; *Wagner*, Prozeßverträge, S. 258, 269.

Zuständigkeitsvereinbarung nicht wirksam vereinbart werden.[306] An späterer Stelle des Urteils schränkt der BGH die von ihm angenommene Verpflichtungswirkung von Gerichtsstandsvereinbarungen ein. Diese sei nur dort erforderlich, wo die verfügende Wirkung unzureichend sei.[307]

Angesichts der eindeutigen Anmerkung des BGH erscheint es vor deutschen Gerichten wenig aussichtsreich, aus einer (ausschließlichen) Gerichtsstandsvereinbarung auf Unterlassung der ausländischen Prozessführung zu klagen, selbst wenn der Hauptvertrag Unterlassungsansprüche gegen abredewidrig erhobene Klagen vorsieht. Aus dem Urteil ergibt sich nicht, aus welchem Grund der XII. Zivilsenat ASIs für unzulässig hält. Die Ausführungen unter Rn. 47 des Urteils legen nahe, dass das Gericht Prozessführungsverbote schlicht nicht für erforderlich erachtet, da der im Ausland Beklagte hinreichend über Schadensersatzansprüche geschützt sei. Das mag in einigen Fallkonstellationen zutreffen. Es lässt sich allerdings nicht von der Hand weisen, dass eine ASI in Einzelfällen einen stärkeren Schutz als ein nachträglicher Schadensersatz bietet.[308] Es erscheint daher sachgerecht, den abredewidrig Beklagten durch den Erlass einer ASI zu schützen, wenn der Auslandskläger seine Pflicht aus der Gerichtsstands- oder Schiedsvereinbarung, nicht im Ausland zu klagen, verletzt und dies zu vertreten hat.[309]

2. Gesetzliche Anspruchsgrundlagen

Neben vertraglichen Primär- und Sekundäransprüchen nicht im Ausland zu klagen, kommen deliktische Ansprüche auf Klagerücknahme oder Unterlassen der ausländischen Prozessführung aus § 823 Abs. 1 BGB i.V.m. § 1004 Abs. 1 S. 2 BGB analog, § 826 BGB, § 3 UWG sowie § 342 Abs. 1 InsO in Betracht. Die beiden letztgenannten Anspruchsgrundlagen werden hier nicht näher untersucht. Das UWG dürfte keine taugliche Anspruchsgrundlage bereitstellen. Weder eine Klageerhebung noch die Prozessführung stellen ein Wettbewerbsverhalten i.S.v. Art. 6 Abs. 1 VO (EG) 864/2007 („Rom II-VO") oder eine geschäftliche Handlung i.S.v. § 2 Abs. 1 Nr. 1 UWG dar.[310]

---

[306] BGH NJW 2020, 399, Rn. 29.
[307] BGH NJW 2020, 399, Rn. 47.
[308] Vgl. *Antomo*, S. 237; *Colberg*, S. 71; *Peel*, (1998) LMLCQ 182, 226; *Steinbrück*, S. 473, 478; *Tan/Yeo*, (2003) LMLCQ, 435, 438–40.
[309] Näher *E. Peiffer*, S. 337; *Schlosser*, RIW 2006, 486, 491–92.
[310] Vgl. *Nordemann*, Rn. 68; *Peukert*, in: Peifer (Hrsg.), UWG Großkommentar, § 2, Rn. 185; wegen fehlenden Rechtsschutzbedürfnisses offenlassend *Ohly/Sosnitza*, § 2 UWG, Rn. 38. Zu § 342 Abs. 1 InsO vgl. *Brinkmann*, in: K. Schmidt, § 342 InsO, Rn. 11.

a) Anwendbares Recht

In außervertraglichen Fällen ist das Recht am Ort des Schadenseintritts maßgeblich, Art. 4 Abs. 1 Rom II-VO. Zwar erlaubt Art. 4 Abs. 2 Rom II-VO eine Anknüpfung an den gemeinsamen gewöhnlichen Aufenthalt. Dieser wird im internationalen Wirtschaftsverkehr aber kaum gegeben sein, wenn nicht die deutsche, sondern eine ausländische Konzerntochter oder die Muttergesellschaft mit Sitz im Ausland das ausländische Verfahren führt.

Macht der Antragsteller geltend, dass das ausländische Verfahren oder die erwartete Vollstreckung des Urteils bzw. Titels in ein durch § 823 BGB geschütztes Recht oder Rechtsgut eingreift, kann die Anwendung des deutschen Rechts über Art. 4 Abs. 1 Rom II-VO begründet werden.[311] Die Bestimmung des anwendbaren Rechts ist wesentlich problematischer, wenn die ASI mangels Rechtsgutsverletzung auf § 826 BGB gestützt wird. Nach Art. 4 Abs. 1 Rom II-VO ist der Ort des Schadenseintritts („Erfolgsort") maßgeblich. Ausländische Verfahren und damit einhergehende Prozesskosten gefährden regelmäßig keine Rechtsgüter, sondern einzig das Vermögen.[312] Die Verortung reiner Vermögensschäden ist eine der umstrittensten Fragen im IZVR und IPR. Eine in Deutschland prominente Literaturmeinung spricht sich – wohl aus Praktikabilitätsgründen – dafür aus, bei reinen Vermögensschäden im Zweifelsfall an den Ort, an dem der Kläger den überwiegenden Teil seines Vermögens hat („Vermögenszentrale"), anzuknüpfen.[313] Nach dieser Theorie könnte eine ASI gegen ein ausländisches Verfahren auf § 826 BGB gestützt werden, wenn das Hauptvermögen des Antragstellers in Deutschland belegen ist.[314]

Der Ort, an dem das Vermögen geschädigt wurde, ist jedoch nicht per se die Vermögenszentrale des Geschädigten. Bei der Belastung mit einer Verbindlichkeit ist umstritten, ob der Vermögensschaden in der Eingehung der Verbindlichkeit liegt oder ob erst die Leistung auf die Verbindlichkeit den Schaden begründet.[315] Im Fall einer infolge einer fehlerhaften Rechtsberatung eingegangenen Verbindlichkeit sah der EuGH den Ort, an dem die nachteilige Verpflichtung eingegangen wurde, als Erfolgsort an.[316] In einer Entscheidung zum

---

[311] Vgl. *Hau*, S. 204; *E. Peiffer*, S. 338.
[312] *Bach*, in: Huber (Hrsg.), Rome II Reg. – Commentary, Art. 4, Rn. 49.
[313] Grüneberg/*Thorn*, Art. 4 Rom II-VO, Rn. 9; *Unberath/Cziupka/Pabst*, in: Rauscher (Hrsg.), EuZPR/EuIPR, Bd. 3, Art. 4 Rom II-VO, Rn. 42.
[314] *Grunwald*, S. 204; *Paulus*, FS Georgiades (2006), 511, 525; *E. Peiffer*, S. 338; S. 327, 345–46; vage *Hau*, S. 204; *Probst*, S. 204.
[315] Näher *Lehmann*, (2011) 7 JPIL 527, 546–49 m.w.N.
[316] EuGH, Urt. v. 16.06.2016, C-12/15, EU:C:2016:449, Rn. 30–32 – Universal Music Group; so auch der High Court, *London Helicopters Ltd v Heliportugal* [2006] EWHC 108 (QB), [2006] IL Pr 28, [21], [27]; *Dickinson*, Rome II Reg., Rn. 4.67.

Schadensersatz wegen fehlerhafter Anlegerberatung hielt der EuGH hingegen den Ort für maßgeblich, an dem das Konto, von dem aus der Geschädigte geleistet hatte, geführt wurde.[317] Zuletzt ging der EuGH in einem Finanzmarktfall davon aus, dass der Erfolgsort am Ort der Börsennotierung der gehandelten Wertpapiere liegt.[318]

Die Urteile erwecken den Eindruck, dass die Vermögenszentrale des Geschädigten auch aus Sicht des EuGH keine Rolle spielt.[319] Ansonsten lassen sich der EuGH-Rechtsprechung keine Leitlinien entnehmen. Letztlich stellt der EuGH keine allgemeinen Kriterien auf, sondern entscheidet einzelfallspezifisch. Allenfalls für Fallgruppen wie z.B. die Haftung wegen fehlerhafter Rechtsberatung oder fehlerhafter Kapitalmarktinformationen sind Strukturen erkennbar.

Bei einer ASI sind die schädigenden Ereignisse die im Ausland anfallenden Verfahrenskosten und das ausländische Urteil, dessen Erlass oder Vollstreckung durch die ASI verhindert werden soll.[320] Da das ausländische Urteil noch nicht vollstreckt wurde (ansonsten würde der Antragsteller keine (vorbeugende) Unterlassungsverfügung beantragen), kann auch nicht auf den Ort, an dem das Konto geführt wurde, abgestellt werden. Dafür wäre erforderlich, dass bereits eine Banküberweisung getätigt worden ist. Als schädigendes Ereignis kommen einzig das im Ausland stattfindende Gerichtsverfahren oder das im Ausland erlassene Urteil sowie die im Ausland anfallenden Prozess- und Anwaltskosten in Betracht. Demnach ist deutsches Recht unanwendbar.[321] Nach hier vertretener Ansicht können ASIs wegen einer behaupteten sittenwidrigen Vermögensschädigung deshalb – außer in Fällen von Art. 4 Abs. 2 Rom II-VO oder beim Vorliegen einer Rechtsgutsverletzung – nicht auf § 826 BGB gestützt werden.

---

[317] EuGH, Urt. v. 12.9.2018, C–304/17, EU:C:2018:701, Rn. 28 – Löber; Urt. v. 28.1.2015, C–375/13, EU:C:2015:37, Rn. 48–49 – Kolassa, vgl. auch *v. Bar/Mankowski*, IPR, Bd. 2, § 2, Rn. 162–64 und BeckOK-BGB/*Spickhoff*, Art. 4 Rom II-VO, Rn. 7, die den Vermögensschaden erst in der Erfüllung und noch nicht in der Eingehung einer Verbindlichkeit sehen.

[318] EuGH, Urt. v. 12.5.2021, C–709/19, EU:C:2021:377, Rn. 34–37 – VEB/BP, näher *Lehmann*, IPRax 2022, 147.

[319] Vgl. EuGH, Urt. v. 10.6.2004, C–168/02, Slg. I 6022, 6031, Rn. 20–21 – Kronhofer; vgl. auch Urt. v. 12.9.2018, C–304/17, EU:C:2018:701, Rn. 23 – Löber; Urt. v. 28.1.2015, C–375/13, EU:C:2015:37, Rn. 48–49 – Kolassa.

[320] *Raphael*, 4.16.

[321] *Bach*, in: Huber (Hrsg.), Rome II Reg. – Commentary, Art. 4, Rn. 49–50; *Hau*, in: Schmidt-Kessel (Hrsg.), German Nat'l Rep., 20th Int'l Congr. on Comp. Law, S. 269, 275; *Köster*, S. 114, 126–27; vgl. auch *Takahashi*, in: Bonomi/Volken (Hrsg.), Yearbook of Private Int'l Law Vol. 11 (2009), 73, 87.

F. Deutschland

b) § 823 BGB i.V.m. § 1004 Abs. 1 S. 2 BGB analog

Demnach verbleibt als Anspruchsgrundlage für ASIs nach deutschem Recht § 823 Abs. 1 BGB i.V.m. § 1004 Abs. 1 S. 2 BGB analog.

aa) Eingriff in absolutes oder „sonstiges" Recht

Der Anwendungsbereich von § 823 BGB ist eröffnet, wenn die ausländische Klage in ein absolutes oder „sonstiges" Recht des Antragstellers eingreift. Erstaunlicherweise beschränkte sich die Literatur zu ASIs nach deutschem Recht über die vergangenen Jahrzehnte weitestgehend auf Eingriffe in den eingerichteten und ausgeübten Gewerbebetrieb. Ein Eingriff in den eingerichteten und ausgeübten Gewerbebetrieb liegt nur vor, wenn die Einleitung des ausländischen Verfahrens einen betriebsbezogenen Eingriff darstellt. Der Eingriff muss gezielt gegen den Betrieb gerichtet und geeignet sein, diesen empfindlich zu beeinträchtigen.[322] Solange das ausländische Verfahren lediglich Vermögensinteressen und nicht den Bestand des Unternehmens bedroht, dürfte einem in einer Klage im Ausland liegenden Eingriff in Gewerbebetrieb die Betriebsbezogenheit fehlen.[323] Weiterhin kommt ein Eingriff in das allgemeine Persönlichkeitsrecht in Betracht. Diskutiert wird, ob ein *discovery*-Verfahren im Ausland unverhältnismäßig in die Privatsphäre des Betroffenen eingreift. Das ist abzulehnen.[324]

bb) Rechtswidrigkeit

Selbst wenn eine inländische Rechtsgutsverletzung vorläge, kann ein Antrag auf Erlass einer ASI in außervertraglichen Fällen in aller Regel keinen Erfolg haben. Nach hier vertretener Ansicht[325] gelten die Grundsätze zum „Recht auf Irrtum", wonach die Einleitung und die Inanspruchnahme gerichtlicher Verfahren sowie darin gestellte Anträge und Vorbringen grundsätzlich rechtmäßig sind, auch für Verfahren in Drittstaaten. Haben die Parteien keine ausschließliche Gerichtsstandsvereinbarung oder eine Schiedsvereinbarung getroffen, ist es grundsätzlich nicht rechtswidrig, ein ausländisches Verfahren einzuleiten und zu führen.[326]

---

[322] BGH NJW 1998, 2141, 2143; NJW 1985, 1620; NJW 1959, 479, 481; Staudinger/*Mansel*, § 823 BGB, Rn. D 11–12; BeckOK-BGB/*Förster*, § 823, Rn. 183–85.
[323] *Antomo*, S. 559; *E. Peiffer*, S. 342; *Köster*, S. 108; vgl. auch MüKo-BGB/*Wagner*, § 826, Rn. 246.
[324] Zur Begründung vgl. *Antomo*, S. 561–62, *Pfeiffer*, S. 778.
[325] Näher unten, Gliederungspunkt § 5, F., II., 2., d.
[326] Vgl. *E. Peiffer*, S. 342–43; *Spickhoff*, in: FS Deutsch (1999), 327, 338.

c) § 826 BGB

Nachdem feststeht, dass eine ASI nicht unter der Schwelle der Sittenwidrigkeit auf § 823 Abs. 1 BGB gestützt werden kann, richtet sich der Blick auf die Frage, wann eine im Ausland erhobene Klage sittenwidrig ist. Eine beachtliche Literaturmeinung spricht sich dafür aus, auf § 826 BGB gestützte Unterlassungsklagen oder Schadensersatzklagen gegen ausländische Gerichtsverfahren zuzulassen. Weniger eindeutig wird beurteilt, wann die ausländische Klage sittenwidrig ist. Meist verbleibt es bei den Begründungen, dass der Anspruch nur unter nicht näher erörterten „besonderen Umständen" bestehe oder voraussetze, dass der Anspruchsgegner das ausländische Gericht vorsätzlich in sittenwidriger Weise anruft.[327]

Ein Verhalten ist objektiv sittenwidrig, wenn es gegen das Anstandsgefühl aller billig und gerecht Denkenden verstößt.[328] Maßgeblich sind dabei nicht die Wertvorstellungen der gesamten Gesellschaft, sondern diejenigen der betroffenen Verkehrskreise.[329] Das Urteil des Reichsgerichts, das eine ASI auf § 826 BGB gestützt hatte, ist daher wenig aufschlussreich. Maßgeblich waren die völkischen Anschauungen zwischen Eheleuten, die für den internationalen Wirtschaftsverkehr irrelevant sind. Das Ausnutzen einer günstigeren Rechtslage im Ausland ist trotz des negativ konnotierten Begriffs des *forum shopping* nach den Anschauungen der am Wirtschaftsverkehr Beteiligten weder sittenwidrig noch missbräuchlich.[330]

V. Ergebnis

Droht durch das ausländische Verfahren einzig ein Vermögensschaden, ist ein Antrag auf Erlass einer ASI wegen der i.d.R. fehlenden internationalen Zuständigkeit deutscher Gerichte unzulässig. Selbst wenn ein deutsches Gericht zuständig ist, wäre die Rechtswidrigkeit, wenn lediglich ein Vermögensschaden droht, nach der *lex fori* des ausländischen Gerichts zu beurteilen. Nach dortigem Recht wäre das dortige Verfahren wohl nicht rechtswidrig. Weiterhin sind die Grundsätze zum prozessualen Privileg zu beachten. Danach fehlt Anträgen auf Unterlassung einer Klageerhebung oder einer Prozesshandlung grundsätzlich das Rechtsschutzbedürfnis. Etwas anderes kann allenfalls gelten, wenn das

---

[327] Vgl. *Geimer*, IZPR, Rn. 1107a; *Koch*, in: Heldrich/Kono, Herausforderungen des IZVR, S. 85, 98–99; *Köster*, S. 126; *v. Bar/Mankowski*, IPR Bd. 1, § 5, Rn. 162.
[328] BGH NJW 2017, 250, Rn. 16; NJW 2014, 383, Rn. 9; Grüneberg/*Sprau*, § 826, Rn. 4.
[329] BGH NJW-RR 1989, 1255, 1257; OLG Braunschweig NJW-RR 2016, 624 Rn. 46; BeckOK-BGB/*Hau/Poseck*, Rn. 14.
[330] Vgl. *The Atlantic Star* [1974] AC 436 (HL) 471; *v. Bar/Mankowski*, IPR Bd. 1, § 5, Rn. 160, 165; *Fentiman*, Int'l Commercial Litigation, Rn. 7.10; *Schack*, IZVR, Rn. 273; vgl. auch BGH NJW 1985, 552, 553 (*forum shopping* bei Vaterschaftsfeststellungsklage).

ausländische Gerichtsverfahren völkerrechtliche Mindeststandards unterschreitet oder das ausländische Verfahren zu einer Rechtsgutverletzung in Deutschland führt und in den absoluten, nicht einschränkbaren Kernbereich eines Grundrechts eingreift.

§ 4: Anti-Suit Injunctions in FRAND-Streitigkeiten

Nachdem die Grundlagen zu ASIs bekannt sind, wird die Rechtsprechung zu in FRAND-Streitigkeiten erlassenen ASIs dargestellt. Dabei soll vor allem aufgezeigt werden, dass US-Gerichte beim Erlass von ASIs in FRAND-Streitigkeiten die herkömmlichen Kriterien übergehen.

A. Vereinigte Staaten

Gerichte in den Vereinigten Staaten haben bis Juli 2022 in FRAND-Streitigkeiten in drei Fällen ASIs erlassen. In zwei der drei Fälle handelte es sich um AEIs. Ebenfalls auffällig ist, dass alle drei erfolgreichen ASI-Anträge von Implementierern gestellt wurden, die ASIs beantragten, um dem SEP-Inhaber die Fortführung eines ausländischen Patentverletzungsverfahrens oder die Vollstreckung des Unterlassungstitels zu untersagen.[1] In drei anderen Fällen wurde der Erlass einer ASI abgelehnt. Zwei der drei abgelehnten ASI-Anträge sollten ausländische Verfahren untersagen, in denen der Implementierer einen Kartellverstoß oder Verletzungen der FRAND-Verpflichtung des SEP-Inhabers rügte.[2]

I. Microsoft v Motorola (2012)

Nach langen und fruchtlosen Vertragsverhandlungen bildete den Auftakt der juristischen Auseinandersetzung zwischen *Microsoft* und *Motorola* eine am 1.10.2010 von *Microsoft* bei der US ITC erhobene Patentverletzungsklage.[3] Am 21.10.2010 übermittelte *Motorola* ein weiteres Lizenzangebot für ein Portfolio der für den 802.11-Standard (WLAN) relevanten Patente. Am 29.10.2010 folge ein Lizenzangebot über die für den H.264 Standard (eine Art der Videokompression) relevanten Patente. In beiden Angeboten forderte *Motorola* eine Lizenzgebühr i.H.v. jeweils 2.25 % des Endverkaufspreises für alle verkauften Endgeräte (z.B. *Xbox 360*, Laptops, Smartphones), die den jeweiligen

---

[1] *Microsoft v Motorola*, 871 F.Supp.2d 1089 (W.D. Wash. 2012); *TCL v Ericsson*, 2015 U.S. Dist. LEXIS 191512 (C.D. Cal. 2015); betreffend eine Kreuzlizenzierung: *Huawei v Samsung*, 2018 WL 1784065, *2 (N.D. Cal. 2018).

[2] *Vringo v ZTE*, 2015 WL 3498634 (S.D.N.Y. 2015); *Apple v Qualcomm*, 2017 U.S. Dist. LEXIS 145835 (S.D. Cal. 2017).

[3] *Motorola's* Opposition to *Microsoft's* Motion for Judgement, Sep. 13, 2013 WL 4995125 S. 9.

A. Vereinigte Staaten 167

Standard umsetzen. Nachdem *Microsoft* die Angebote abgelehnt hatte, erhob *Motorola* zwei Patentverletzungsklagen beim *District Court W.D. Wisconsin* und klagte ebenfalls bei der US ITC.[4]

Aus Sicht *Microsofts* lagen die angebotenen Konditionen deutlich über dem FRAND-Korridor. Mit dem FRAND-widrigen Angebot und der Erhebung der Unterlassungsklagen habe *Motorola* seine fehlende Lizenzierungsbereitschaft zum Ausdruck gebracht und seine Pflichten gegenüber den SSOs (IEEE und ITU) verletzt. Wegen der behaupteten Vertragsverletzung erhob *Microsoft* am 9.11.2010 eine Vertragsverletzungsklage beim *District Court W.D. Washington*.[5] Im Juli 2011 erhob *Motorola* wegen der Verletzung deutscher Patente, die für den H.264-Standard (ITU) relevant sind, mehrere Patentverletzungsklagen.[6]

Im vorläufigen Rechtsschutz entschied *Judge Robart* mit *summary judgment* vom 27.2.2012, dass sich *Motorola* gegenüber der IEEE und der ITU vertraglich verpflichtet habe, die SEPs zu FRAND-Bedingungen an lizenzbereite Implementierer zu lizenzieren. Nach dem Etappensieg beantragte *Microsoft* am 28.3.2012 beim District Court W.D. Washington den Erlass einer ASI. Die ASI sollte es *Motorola* verbieten, die deutschen Patentverletzungsverfahren fortzuführen oder ein Urteil zu vollstrecken. Nach Prüfung der Schriftsätze und Anhörung beider Parteien erließ das Gericht am 11.4.2012 eine TRO, die es *Motorola* verbot, ein deutsches Urteil in Deutschland zu vollstrecken.[7] Die TRO galt ursprünglich bis zum 7.5.2012 und wurde am 7.5.2012 um vierzehn Tage verlängert. Mit Urteil vom 14.5.2012 wandelte *Judge Robart* die TRO in eine ASI um.[8] Zwischenzeitlich hatte das LG Mannheim mit Urteil vom 2.5.2012 *Motorolas* Patentverletzungsklage stattgegeben und *Microsoft* unter anderem den Verkauf von *Xbox*-Konsolen und Laptops untersagt. Das Urteil wurde für vorläufig vollstreckbar gegen Sicherheitsleistung erklärt.[9]

In einer Anhörung am 16.6.2012 erklärte *Motorola* sein Einverständnis zur gerichtlichen Festsetzung der weltweiten Lizenzgebühren.[10] Am 28.9.2012

---

[4] Vgl. *Microsoft v Motorola*, 795 F.3d 1024, 1031 f.

[5] *Microsoft v Motorola*, 871 F.Supp.2d 1089, 1095 (W.D. Wash. 2012); Complaint, 2010 WL 4466798.

[6] *Microsoft v Motorola*, 871 F.Supp.2d 1089, 1096 (W.D. Wash. 2012); vgl. LG Mannheim BeckRS 2012, 11804.

[7] *Microsoft v Motorola*, 871 F.Supp.2d 1089, 1096 (W.D. Wash. 2012).

[8] *Microsoft v Motorola*, 871 F.Supp.2d 1089, 1103 (W.D. Wash. 2012).

[9] LG Mannheim BeckRS 2012, 11804.

[10] Mündliche Verhandlung am 14. Juni 2012, zit. nach *Microsoft's* Response to the Court's September 10, 2013 Order, 2013 WL 5402513, S. 5; vgl. auch *Microsoft v Motorola*, 795 F.3d, at 1037–40, wobei der genaue Wortlaut der Zustimmung im Verborgenen bleibt.

bestätigte der *court of appeals* die ASI. Schließlich bestimmte der *district court* mit Urteil vom 25.4.2013 die FRAND-Bedingungen einer weltweiten Portfoliolizenz.[11] *Judge Robart* setzte eine Gebührenhöhe von 0.555 Cent (USD) pro verkaufter Einheit für das H.264-Portfolio und 3.471 Cent (USD) für das 802.11-Portfolio fest.[12] Zur Erinnerung: *Motorola* hatte für beide SEP-Portfolios jeweils 2.25% des Endverkaufspreises gefordert. Wenn man einen durchschnittlichen Endverkaufspreis von USD 100 pro Produkt ansetzt, überschritt die von *Motorola* angebotene Gebührenhöhe (USD 2.25 pro verkaufter Einheit) die gerichtlich festgesetzten Bedingungen um den Faktor 65 (relativ: 6482 %) für das 802.11-SEP Portfolio bzw. um den Faktor 405 (relativ: 40541%) für das H.264-Portfolio.[13] Das LG Mannheim hatte nur geprüft, ob das Angebot einen „offensichtliche[n] Kartellrechtsverstoß" darstellt, dies aber für das H.264-Portfolio abgelehnt.[14]

1. Entscheidung des district court

Über den Erlass der ASI entschied *Judge Robart*, der auch das erstinstanzliche Vertragsverletzungsverfahren in der Hauptsache leitete. Für ASIs mit Auslandsbezug seien nach der Rechtsprechung des *Ninth Circuit* im vorläufigen Rechtsschutz spezielle Kriterien maßgeblich. Ausnahmsweise müsse der Antragsteller nicht darlegen, dass seine Klage in der Hauptsache wahrscheinlich erfolgreich ist. Stattdessen müsse er aufzeigen, warum die Abwägung der von der Rechtsprechung anerkannten Faktoren zu seinen Gunsten ausfällt. Dabei sei maßgeblich: (1) Ob die Parteien und der Streitgegenstand im in- und ausländischen Verfahren übereinstimmen und ob der Ausgang des inländischen für den Ausgang des ausländischen Verfahrens ausschlaggebend ist, (2) ob das ausländische Parallelverfahren eine *public policy* beeinträchtigt oder rechtsmissbräuchlich und schikanös ist und (3) ob der Einfluss auf die *comity* hinnehmbar ist.[15]

a) Übereinstimmender Streitgegenstand

Keine Partei bestritt die Identität der Parteien in beiden Verfahren. Damit hatte *Judge Robart* zu prüfen, ob der Streitgegenstand übereinstimmte.

---

[11] *Microsoft v Motorola*, 2013 WL 2111217 (W.D. Wash. 2013).
[12] *Microsoft v Motorola*, 2013 WL 2111217, Rn. 537 (W.D. Wash. 2013).
[13] Nach *Körber*, NZKart 2013, 239, 240, dort Fn. 9, betrug das vom LG Mannheim als nicht evident FRAND-widrig abgesegnete Angebot sogar das Zweitausendfache der vom *district court* ermittelten Gebühren.
[14] LG Mannheim BeckRS 2012, 11804 (Entscheidungsgründe unter C.I.4.b.).
[15] *Microsoft v Motorola*, 871 F.Supp.2d 1089, 1097 (W.D. Wash. 2012) unter Bezugnahme auf *Applied Medical v Surgical*, 587 F.3d 909, 913 (9th Cir.2009); *Gallo v Andina*, 446 F.3d 984, 991 (9th Cir. 2006).

Entscheidend sei, ob die Entscheidung des inländischen Hauptsacheverfahrens ausschlaggebend für den Ausgang des ausländischen Verfahrens ist.[16] Im inländischen Verfahren begehre *Microsoft* die Feststellung möglicher Pflichten, die aus *Motorolas* Erklärungen gegenüber den SSOs erwachsen. Insbesondere ging es *Microsoft* um die Feststellung, Begünstigter eines Vertrages zugunsten Dritter zu sein, aus dem *Microsoft* einen Anspruch auf Abschluss eines weltweiten Lizenzvertrages zu FRAND-Bedingungen habe. Das US-Gericht habe bereits entschieden, dass ein entsprechender Vertrag zugunsten Dritter vorliegt. Damit müsse es nur noch entscheiden, ob *Microsoft* ein lizenzwilliger Implementierer und damit anspruchsberechtigt war, ob *Motorolas* Angebote FRAND-widrig waren und ob *Motorola* seine vertraglichen Pflichten verletzt hatte. Käme das Gericht zu dem Ergebnis, dass *Microsoft* anspruchsberechtigt war, und erreichten die Parteien weiterhin keine Einigung, würde das Gericht selbst festsetzen, welche Konditionen für eine weltweite Lizenz FRAND sind.[17] Die weltweite Lizenz würde *Microsoft* zur Nutzung der deutschen Patente berechtigen. Damit sei die Entscheidung des Vertragsverletzungsverfahrens ausschlaggebend für den Ausgang des deutschen Patentverletzungsverfahrens. Das US-Gericht beansprucht ausdrücklich, über den auf die Verletzung eines deutschen Patents gestützten Unterlassungsanspruch zu entscheiden:

> „*Issuance of injunctive relief with respect to the European Patents is an issue squarely before this court.*"[18]

b) Erlassgrund: Unterweser-Faktoren

Zweitens müsse die Fortsetzung des ausländischen Verfahrens öffentliche Interessen bzw. eine *public policy* der Vereinigten Staaten oder des Einzelstaats verletzen (sog. *Unterweser*-Faktoren[19]). Anerkannte öffentliche Interessen sind die Verhinderung widersprüchlicher Urteile, eines *forum shopping* und überflüssiger und rechtsmissbräuchlicher Parallelverfahren.[20] Da *Motorola* sowohl in Washington als auch in Deutschland auf Unterlassung geklagt hatte, bestehe die Gefahr widersprüchlicher Entscheidungen. In der Hauptsache könnte das Gericht aber feststellen, dass *Motorola* (wegen der Verletzung seiner FRAND-Verpflichtung) keine patentrechtlichen Unterlassungsansprüche

---

[16] *Microsoft v Motorola*, 871 F.Supp.2d 1089, 1098 (W.D. Wash. 2012); *Applied Medical v Surgical*, 587 F.3d 909, 915 (9th Cir.2009).
[17] *Microsoft v Motorola*, 871 F.Supp.2d 1089, 1098–99 (W.D. Wash. 2012).
[18] *Microsoft v Motorola*, 871 F.Supp.2d 1089, 1100 (W.D. Wash. 2012).
[19] Benannt nach der Entscheidung *In re Unterweser*, 428 F.2d 888 (5th Cir. 1970).
[20] *Microsoft v Motorola*, 871 F.Supp.2d 1089, 1100 (W.D. Wash. 2012), zit. *Applied Medical v Surgical*, 587 F.3d 909, 918 (9th Cir. 2009).

gegen *Microsoft* durchsetzen dürfe. Das betreffe auch europäische bzw. deutsche Patente. Zweitens lege der Zeitpunkt der Klageerhebung im deutschen Verfahren ein *forum shopping* nahe.[21] *Microsoft* habe bereits im November 2010 die Vertragsverletzungsklage in Washington erhoben und auf Feststellung der weltweiten Pflichten in Bezug auf die standardessentiellen Patente geklagt. Erst ein halbes Jahr später habe *Motorola* die Patentverletzungsklagen in Deutschland erhoben. Dabei habe *Motorola* nur wegen der Verletzung von zwei von insgesamt rund einhundert relevanten Patenten geklagt. Insgesamt habe *Motorola* mit den Patentverletzungsklagen die Möglichkeit des US-Gerichts gefährdet, über einen Rechtsstreit zu entscheiden, der vor das amerikanische Gericht gehöre. Das rechtfertige den Erlass einer ASI:

> "*In sum, Motorola's actions have frustrated this court's ability to adjudicate issues properly before it. Without the issuance of an anti-suit injunction, the integrity of the action before this court will be lessened.*"[22]

c) Comity

Letztlich sei die ASI auch unter Gesichtspunkten der *comity* gerechtfertigt. *Motorola* habe das deutsche Gericht verspätet zur Entscheidung einer beim US-Gericht anhängigen Streitigkeit angerufen. Damit habe *Motorola* versucht, dem Gericht die Möglichkeit zu nehmen, über die zuerst in den Vereinigten Staaten erhobene Klage zu entscheiden.

> "*Over six months later, Motorola seeks to litigate that precise issue with respect to the European Patents in the German Action denying this court the opportunity to administer the prior filed act*"[23]

Weiterhin handele es sich um eine Streitigkeit zwischen zwei US-amerikanischen Konzernen. Streitentscheidend seien insbesondere die von *Motorolas* Büro in Illinois an *Microsofts* Büro in Washington geschickten Lizenzangebote. Damit sei das Gericht in der Lage, den Rechtsstreit abschließend und effektiv zu entscheiden. Schließlich handele es sich weder um eine öffentlich-rechtliche Streitigkeit noch habe diese einen Bezug zu einer ausländischen Regierung. Es ginge lediglich um vertragliche Pflichten zweier privatwirtschaftlicher Unternehmen. Zumal *Motorola* weiterhin in Deutschland, z.B. auf Schadensersatz klagen könne, sei der Einfluss auf die *comity* überschaubar.[24]

---

[21] *Microsoft v Motorola*, 871 F.Supp.2d 1089, 1100 (W.D. Wash. 2012).
[22] *Microsoft v Motorola*, 871 F.Supp.2d 1089, 1100 (W.D. Wash. 2012).
[23] *Microsoft v Motorola*, 871 F.Supp.2d 1089, 1101 (W.D. Wash. 2012).
[24] *Microsoft v Motorola*, 871 F.Supp.2d 1089, 1101 (W.D. Wash. 2012), unter Bezugnahme auf *Applied Medical v Surgical*, 587 F.3d 909, 921 (9th Cir. 2009).

2. Entscheidung des court of appeals

Prüfungsmaßstab im Berufungsverfahren ist, ob der Richter in erster Instanz sein Ermessen missbraucht hat. Demnach untersuchte der *court of appeals* die Entscheidung nur auf offensichtliche Fehler.[25]

a) Derselbe Streitgegenstand

Motorola trug in der Berufung vor, dass die Entscheidung eines US-Gerichts aufgrund des Territorialitätsprinzips nicht ausschlaggebend für ein deutsches Patentverletzungsverfahren sein könne. Das überzeugte den *court of appeals* nicht: Der *district court* habe gerade nicht angenommen, dass ein US-amerikanisches Patentverletzungsverfahren für ein deutsches Patentverletzungsverfahren ausschlaggebend ist. Aufgrund seines „vertragsrechtlichen Schirms" sei der Fall mit *Medtronic v Catalyst Resarch*[26] vergleichbar.[27] Wie in *Medtronic* gehe es auch in dem Vertragsverletzungsverfahren zwischen *Microsoft* und *Motorola* um einen Vertrag, der möglicherweise eine Verpflichtung enthielte, keine Patentverletzungsklagen zu erheben. Es gehe gerade nicht darum, die ausländische Prozessführung auf Grundlage einer Entscheidung über die Wirksamkeit oder Verletzung von Patenten zu untersagen, sondern um die Durchsetzung vertraglicher Pflichten. Trotz des Territorialitätsprinzips könnten Parteien die Durchsetzbarkeit ausländischer Patente auf freiwilliger vertraglicher Basis einschränken.[28] Das war nach Auffassung des *district court* durch den Abschluss eines Vertrages zugunsten Dritter in Gestalt der FRAND-Verpflichtungserklärung geschehen. Die Annahme eines Vertrages zugunsten Dritter sei nicht offensichtlich rechtsfehlerhaft. Vielmehr erwachse aus dem Vertrag wahrscheinlich die Pflicht, lizenzwillige Implementierer nicht durch die Geltendmachung von Unterlassungsansprüchen an der Nutzung der Patente zu hindern.[29] Bestünde diese Pflicht oder würde das US-Gericht eine weltweite Lizenzgebühr festsetzen, sei die Vertragsstreitigkeit ausschlaggebend für das deutsche Verfahren. Ob eine entsprechende Pflicht *Motorolas* bestand, untersuchte das Gericht allerdings nicht. Es ließ ausdrücklich offen, ob *Microsoft* lizenzwillig war.[30]

---

[25] *Microsoft v Motorola*, 696 F.3d 872, 881 (9th Cir. 2012).
[26] *Medtronic v Catalyst Research*, 518 F.Supp 946 (D. Minn. 1981), aff'd, 664 F.2d 660 (8th Cir. 1981).
[27] *Microsoft v Motorola*, 696 F.3d 872, 883 (9th Cir. 2012).
[28] *Microsoft v Motorola*, 696 F.3d 872, 884 (9th Cir. 2012).
[29] *Microsoft v Motorola*, 696 F.3d 872, 884 (9th Cir. 2012).
[30] *Microsoft v Motorola*, 696 F.3d 872, 884 (9th Cir. 2012).

b) Erlassgrund: Unterweser Faktoren

Motorola wandte gegen den Vorwurf des missbräuchlichen und schikanösen *forum shopping* ein, dass man das deutsche Patentverletzungsverfahren gewonnen habe. Der *court of appeals* verwies zur Auslegung von „schikanös" („*vexatious*") auf ein Wörterbuch. Dort sei „*vexatious*" als „ohne vernünftigen Grund; belästigend; nervig" definiert. Demnach könnten auch erfolgversprechende Klagen schikanös sein.[31] Zweitens sei die Interpretation des *district court*, der in der Erhebung der deutschen Unterlassungsklagen eine gezielte Störung des amerikanischen Gerichtsverfahrens sah, nicht abwegig, d.h. nicht offensichtlich ermessensfehlerhaft.

c) Comity

Der *court of appeals* beschränkte sich darauf, die vom *district court* vorgebrachten Argumente zu wiederholen. Der Fall sei vergleichbar mit einer ASI zur Durchsetzung einer Zuständigkeitsabrede. Die ASI diene der Durchsetzung vertraglicher Pflichten. Dass die deutschen Gerichte FRAND-Streitigkeiten nicht als vertragliche Streitigkeiten und die FRAND-Selbstverpflichtung nicht als Vertrag zugunsten Dritter einordneten, sei irrelevant. Wäre eine ASI ausgeschlossen, sobald Gerichte in der anderen Jurisdiktion die Rechtsfragen anders beurteilen, könnte kaum jemals eine ASI erlassen werden.[32] Selbst der Umstand, dass in Deutschland bereits über die Unterlassungsklage entschieden wurde, stehe dem Erlass einer ASI nicht entgegen. Nach dem *case law* des *Ninth Circuit* komme es nicht auf den Erfolg oder die Erfolgsaussichten der ausländischen Klage an.[33] Schließlich sei die ASI auch das mildeste effektive Mittel. Zum einen verbiete sie die Vollstreckung des deutschen Urteils nur bis zum Endurteil im US-Verfahren; zum anderen könne *Motorola* weiterhin Schadensersatzansprüche in Deutschland einklagen.[34]

3. Anmerkung

Beide Gerichte legen die Erlassgründe so weit aus, dass praktisch jedes ausländische Parallelverfahren eine ASI rechtfertigt. Da die Gerichte FRAND-Streitigkeiten eine rein privatrechtliche Natur zuschreiben, ist auch die Auswirkung auf die *comity* stets hinnehmbar. Praktisch sind damit die

---

[31] *Microsoft v Motorola*, 696 F.3d 872, 886 (9th Cir. 2012).
[32] *Microsoft v Motorola*, 696 F.3d 872, 888 (9th Cir. 2012).
[33] *Microsoft v Motorola*, 696 F.3d 872, 888 (9th Cir. 2012).
[34] *Microsoft v Motorola*, 696 F.3d 872, 889 (9th Cir. 2012).

A. Vereinigte Staaten

Parteiidentität und ein übereinstimmender Streitgegenstand die einzigen Erlassvoraussetzungen.³⁵

a) Übereinstimmender Streitgegenstand

Selbst wenn man der Bestimmung des übereinstimmenden Streitgegenstandes die „*functional inquiry*" des *Ninth Circuit* zugrunde legte, liegt kein übereinstimmender Streitgegenstand vor. Nach gefestigter Rechtsprechung liegen bei Streitigkeiten über nationale Patente in unterschiedlichen Jurisdiktionen grundsätzlich separate Streitgegenstände vor.³⁶ Ausnahmsweise stimmt der Streitgegenstand überein, wenn der Verfügungsbeklagte verpflichtet ist, nicht im Ausland zu klagen. Diese Pflicht kann sich aus einer Gerichtsstandsvereinbarung, einer Schiedsvereinbarung oder aus einem Klageverzicht (*waiver*) ergeben.

Der *court of appeals* war ersichtlich bemüht, eine Analogie zu Fällen, in denen die ASI vertragliche Pflichten durchsetzt, zu begründen. Dazu verglich er die FRAND-Verpflichtung mit einer Gerichtsstandsvereinbarung. Die gegenüber dem ITU abgegebene FRAND-Verpflichtungserklärung untersage es dem SEP-Inhaber, aus dem jeweiligen Patent auf Unterlassung zu klagen. Der *court of appeals* blendete dabei allerdings aus, dass diese Pflicht – auch nach US-amerikanischer Rechtsprechung – nicht uneingeschränkt besteht. Der SEP-Inhaber ist nur verpflichtet, lizenzwillige Implementierer nicht auf Unterlassung zu verklagen.³⁷ Ob *Microsoft* lizenzwillig war, ließ das Gericht offen. Damit war unklar, ob überhaupt eine entsprechende Pflicht bestand. Ungeachtet des vagen Wortlauts der von *Motorola* gegenüber dem ITU abgegebenen Erklärung, der bereits die Auslegung als bedingter Klageverzicht gegenüber lizenzwilligen Implementierern zweifelhaft erscheinen lässt, ließ das Gericht offen, ob ein durchsetzbarer Anspruch bestand.

Selbst wenn die Vertragsauslegung zuträfe, wäre *Microsoft v Motorola* nicht mit den Fällen, in denen ASIs zur Durchsetzung vertraglicher Pflichten erlassen wurden, vergleichbar. In allen Fällen war es zumindest

---

[35] *Contreras*, (2019) 25 B.U. Sci. & Tech. J. 251, 278–79.

[36] *Stein Associates v Heat & Control*, 748 F.2d 653, 658 (Fed. Cir. 1984); *Canadian Filters v Lears Siegler*, 412 F.2d 577, 579 (1st Cir. 1969); *Sperry Rand v Sunbeam*, 285 F.2d 542, 545–46 (7th Cir. 1961); *Zynga v Vostu USA*, 816 F.Supp. 2d 824, 829 (N.D. Cal. 2011); *Black & Decker v Sanyei America*, 650 F.Supp. 406, 410 (N.D. Ill. 1986); *Rauland-Borg v TCS*, 1995 WL 31569, *4 (S.D.N.Y. 1995).

[37] *Microsoft v Motorola*, 795 F.3d 1024, 1048 (9th Cir. 2015); sowie *Unwired Planet v Huawei* [2020] UKSC 37, [14]; *Huawei v Samsung*, Yue 03 Min Chu No. 840, 20189 (Shenzhen Interm. Court, 2016); EuGH, Urt. v. 16.7.2015, C–170/13, EU:C:2015:477, Rn. 71 – Huawei/ZTE.

wahrscheinlich, dass nach der *lex fori* eine entsprechende Pflicht bestand und der Anspruch durchsetzbar war.[38] Umgekehrt wurde der Erlass von ASIs abgelehnt, wenn das Gericht nicht feststellen konnte, dass eine entsprechende Pflicht des Verfügungsbeklagten überwiegend wahrscheinlich bestand.[39]

Nachdem schon keine durchsetzbare Pflicht bestand, fällt die Grundlage des „vertragsrechtlichen Schirms" weg. Selbst wenn eine entsprechende Pflicht bestünde, d.h., wenn *Microsoft* ein lizenzwilliger Implementierer war, erscheint es verfehlt, einen „vertragsrechtlichen Schirm" über FRAND-Streitigkeiten in verschiedenen Jurisdiktionen aufzuspannen, um diese unter denselben Streitgegenstand zu fassen. Der Vergleich des *court of appeals* mit *Medtronic* hinkt. In *Medtronic* waren zwei Klauseln widersprüchlich. Aus einer Klausel ergab sich ein unbeschränkter Klageverzicht, nach der anderen Klausel sollte dieser nur unter bestimmten Umständen bestehen. Zur Lösung des Problems untersuchte *Judge Larson* neben dem Wortlaut den mutmaßlichen Parteiwillen und die Sachverhaltsumstände.[40] Demgegenüber legte *Judge Robart* im späteren Hauptsacheverfahren in *Microsoft v Motorola* den Vertrag nicht nach Wortlaut und Parteiwillen aus. Stattdessen bewertete er, welchen technischen Beitrag einzelne Patentfamilien zum Standard leisteten[41] und untersuchte sogar, inwieweit *Microsofts* Produkte die geschützten Funktionen nutzten.[42] Es erscheint schwer vorstellbar, den technischen Nutzen eines Patents zu bewerten, ohne implizit über dessen Wirksamkeit zu entscheiden.[43] Erst recht kann ein Gericht nicht untersuchen, ob und inwieweit eine Partei ein Patent benutzt, ohne über die Patentverletzung zu entscheiden. Das Vertragsverletzungsverfahren ist damit in einer Weise mit dem Patentrecht verbunden, die auch durch die Brille des US-amerikanischen Rechts gegen eine Qualifikation als vertragsrechtliche Streitigkeit spricht.

Dieses Ergebnis entspricht der US-Rechtsprechung zur Abgrenzung von *state court jurisdiction* und *federal jurisdiction* in Patentlizenzstreitigkeiten.[44] Weist eine (vertragliche) Lizenzstreitigkeit einen überwiegenden Bezug zum Patentrecht auf, sind die Bundesgerichte zuständig. Das soll Parallelverfahren

---

[38] *Gallo Winery v Andina Licores*, 446 F.3d 984, 991 (9th Cir. 2006); *Paramedics v GE Medical Systems*, 369 F.3d 645 (2d Cir. 2004); *Medtronic v Catalyst Research*, 518 F.Supp. 946, 953, 955 (D. Minn. 1981), aff'd 664 F.2d 660, 665 (8th Cir. 1981).

[39] *Canon Latin America v Lantech*, 508 F.3d 597, 600–02 (11th Cir. 2007); *Fisher & Company v Fine Blanking & Tool*, 2019 WL 5853539, *2 (E.D. Mich. 2019).

[40] *Medtronic v Catalyst Research*, 518 F.Supp. 946, 951–53 (D. Minn. 1981), näher *Hess*, (2022) 25 JWIP 536, 540.

[41] *Microsoft v Motorola*, 2013 WL 2111217, Rn. 163–256 (W.D. Wash. 2013).

[42] *Microsoft v Motorola*, 2013 WL 2111217, Rn. 257–406 (W.D. Wash. 2013).

[43] Dahingehend auch *Apple v Motorola*, 2012 WL 5416941, *9 (W.D. Wisc. 2012).

[44] Näher *Hess*, (2022) 25 JWIP 536, 540–41.

in unterschiedlichen Bundesstaaten über dieselben Patente verhindern. Ein überwiegender Bezug des Patentrechts liegt vor, wenn das Gericht inzident über die Wirksamkeit oder Verletzung von Patenten zu entscheiden hat.[45] Da US-Gerichte dies bei der der Bestimmung einer angemessenen Lizenzgebühr tun,[46] haben Vertragsverletzungsverfahren über die Verletzung von FRAND-Verpflichtungen einen überwiegenden Bezug zum Patentrecht.

b) Auswirkung auf die comity

Der *Ninth Circuit* prüft lediglich, ob die Auswirkung der ASI auf die *comity* hinnehmbar (*tolerable*) ist. Selbst nach diesem Maßstab sind ASIs in FRAND-Streitigkeiten aber grundsätzlich ausgeschlossen. Die Argumente in *Microsoft v Motorola* sind wenig stichhaltig. Primär stützen sich die Gerichte auf die Rechtsprechung, in denen ASIs zur Durchsetzung vertraglicher Pflichten erlassen wurden. Da die ASI lediglich vertragliche Pflichten aus einem privatrechtlichen Vertrag zweier US-Konzerne durchsetze, sei die Auswirkung auf die *comity* vernachlässigbar.

Da sowohl der *district court* als auch der *court of appeals* nicht bestimmt hatten, ob *Motorola* verpflichtet war, nicht im Ausland zu klagen und zum anderen der Vertragsstreit enger mit dem Patentrecht als mit einer herkömmlichen Vertragsauslegung zusammenhängt, ist die Argumentation wenig überzeugend. Schließlich ist es auch angesichts der politischen Bedeutung von SEPs verfehlt, eine rein privatrechtliche Streitigkeit anzunehmen. Die hiergegen aufgezeigten Bedenken[47] spielten in *Microsoft v Motorola* allerdings kaum eine Rolle, da beide Parteien US-Konzerne waren.

II. Vringo v ZTE (2015)

Während andauernder Rechtsstreitigkeiten suchten *Vringo* und *ZTE* eine außergerichtliche Beilegung. Im Rahmen der Vergleichsverhandlungen schlossen die Parteien ein NDA ab. Zwei Monate nach Abschluss des NDA klagte *ZTE* in China wegen behaupteten Marktmachtmissbrauchs gegen *Vringo*. Die Klage stützte *ZTE* u.a. auf durch die Vergleichsverhandlungen erlangte

---

[45] Vgl. *U.S. Valves v Dray*, 212 F.3d 1368, 1371 (Fed. Cir. 2000); *Jang v Boston Scientific*, 532 F.3d 1330, 1332, 1334, n. 5 (Fed. Cir. 2008), aff'd 767 F.3d 1334, 1336–38 (Fed. Cir. 2014); *Ameranth v ChowNow*, 2021 WL 3686056, *11–12 (S.D. Cal. 2021).

[46] In *re Innovatio*, 2013 WL 5593609, *43 (N.D. Ill. 2013), machte das Gericht eine "*moderate-high importance*" der *Innovatio*-SEPs am Standard aus; vgl. auch *Apple v Motorola*, 2012 WL 5416941, *9 (W.D. Wisc. 2012): „*I agree with Apple that the validity of Motorola's patents and whether Apple's products infringe them would be relevant in calculating the current fair license rate [...]*".

[47] Vgl. oben, § 1, C., VI. sowie unten, Gliederungspunkt § 6, B., IV.

Geschäftsgeheimnisse. *Vringo* sah darin eine Verletzung des NDA und erhob in den Vereinigten Staaten Klage auf Erlass einer gegen das chinesische Missbrauchsverfahren gerichteten ASI.[48]

Der *district court* lehnte den Erlass einer ASI ab. Eine Feststellung, dass ZTE mit der in China erhobenen Klage seine Pflichten aus dem NDA verletzt hat, habe keinen Einfluss auf den Ausgang des chinesischen Missbrauchsverfahrens. Die Verfügungsklägerin, *Vringo*, habe schon nicht vorgetragen, dass die Erfolgsaussichten im chinesischen Verfahren maßgeblich von der Offenlegung der Geschäftsgeheimnisse abhingen.[49] Mithin fehlte ein übereinstimmender Streitgegenstand.

III. TCL v Ericsson (2015)

In *TCL v Ericsson* begehrte *TCL* die Lizenzierung verschiedener SEPs für die 2G-, 3G- und 4G-Standards. Während der Vertragsverhandlungen klagte *Ericsson* in mehreren Jurisdiktionen gegen *TCL* und Konzerntöchter aus Patenten, die für verschiedene Standards essentiell waren, auf Unterlassung. Die Unterlassungsklagen hatte *Ericsson* 2012 in Frankreich, Brasilien und Russland, 2013 im Vereinigten Königreich und 2014 in Argentinien und Deutschland erhoben. Erst am 5.3.2014 erhob *TCL* eine Vertragsverletzungsklage gegen *Ericsson* in den Vereinigten Staaten.[50] Beide Parteien stimmten im US-Verfahren der Festsetzung der FRAND-Konditionen durch den *district court* zu.[51] Daraufhin beantragte *TCL* erfolgreich den Erlass einer ASI gegen *Ericsson*. Da nach dem Parteiwillen das US-Verfahren die FRAND Streitigkeit abschließend entscheiden solle, bejahte das Gericht den übereinstimmenden Streitgegenstand.[52] Ohne eine explizite Prüfung des Erlassgrundes und der Auswirkung auf die *comity* stellte das Gericht fest, dass die Zustimmung der Parteien zur weltweiten Klärung der Streitigkeit den Erlass einer ASI rechtfertigte.[53]

IV. Apple v Qualcomm (2017)

Im US-Hauptsacheverfahren hatte *Apple* aus 63 verschiedenen Gründen gegen *Qualcomm* geklagt. Die Vorwürfe betrafen im Wesentlichen eine Verletzung von *Qualcomms* FRAND-Verpflichtung, die Wirksamkeit und die Verletzung von achtzehn *Qualcomm*-Patenten und die behauptete Ausnutzung eines

---

[48] *Vringo v ZTE*, 2015 WL 3498634 (S.D.N.Y. 2015).
[49] *Vringo v ZTE*, 2015 WL 3498634, *11 (S.D.N.Y. 2015).
[50] Zum Sachverhalt vgl. *TCL v Ericsson*, 2014 WL 12606650, *1–2 (C.D. Cal. 2015).
[51] *TCL v Ericsson*, 2015 U.S. Dist. LEXIS 191512, *9–10 (C.D. Cal. 2015).
[52] *TCL v Ericsson*, 2015 U.S. Dist. LEXIS 191512, *17–18 (C.D. Cal. 2015).
[53] *TCL v Ericsson*, 2015 U.S. Dist. LEXIS 191512, *18–19 (C.D. Cal. 2015).

Monopols. Für den Fall, dass *Apple* alle oder einige *Qualcomm*-Patente verletzt, beantragte *Apple* die Festsetzung der FRAND-Konditionen für eine Lizenz über die US-Patente. Innerhalb von drei Monaten nach Klageerhebung beim *district court* klagte *Apple* auch in England, Japan, China und Taiwan gegen *Qualcomm*. Vor dem *High Court* in London klagte *Apple* u.a. auf Feststellung, dass *Qualcomms* englische Konzerntöchter ihre Marktmacht missbraucht und ihre vertraglichen Pflichten aus dem mit dem ETSI geschlossenen Vertrag zugunsten Dritter verletzt hatten. Zusätzlich begehrte *Apple* den Abschluss einer FRAND-Lizenz für den europäischen Markt.[54] In Japan klagte *Apple* ebenfalls wegen eines behaupteten Marktmachtmissbrauchs und wegen einer behaupteten Verletzung von *Qualcomms* FRAND-Verpflichtung.[55] Auch in der chinesischen Klagebehauptete *Apple* einen Marktmachtmissbrauch. Zudem begehrte *Apple* die Feststellung, dass die chinesischen Konzerntöchter nicht für etwaige Patentverletzungen haften. Schließlich beantragte *Apple* eine gerichtliche Festsetzung der FRAND-Konditionen für den chinesischen Markt. Auch in Taiwan klagte *Apple* wegen Verletzungen des Wettbewerbsrechts. In keinem der Verfahren beantragte *Apple* die Festsetzung der Konditionen eines weltweiten Lizenzvertrages.[56]

Qualcomm beantragte beim *district court* den Erlass einer ASI, die *Apple* die Verfolgung der anhängigen ausländischen Gerichtsverfahren untersagen sollte. Ursache der Verfahren seien die gescheiterten Verhandlungen über die Bedingungen einer weltweiten Lizenz. Damit müsse das US-Gericht über eine Verletzung der FRAND-Verpflichtungen mit weltweiter Geltung entscheiden. Da den ausländischen Verfahren dieselbe weltweite Lizenzstreitigkeit zugrunde läge, seien diese überflüssig.[57]

1. Entscheidung des district court

Der *district court* lehnte den Erlass einer ASI aus mehreren Gründen ab.

a) Übereinstimmender Streitgegenstand

Zunächst legte das Gericht dar, warum der Fall nicht mit den vorherigen Fällen, in denen Gerichte im *Ninth Circuit* ASIs erlassen hatten, vergleichbar war. In *Gallo* und *Applied Medical* lag der in- und ausländischen Streitigkeit jeweils derselbe Vertrag zugrunde. In beiden Fällen hatten die Parteien Kalifornien als Gerichtsstand vereinbart.[58] Der Sachverhalt in *Microsoft v Motorola* sei anders

---

[54] *Apple v Qualcomm*, 2017 U.S. Dist. LEXIS 145835, *13–14 (S.D. Cal. 2017).
[55] *Apple v Qualcomm*, 2017 U.S. Dist. LEXIS 145835, *14–14 (S.D. Cal. 2017).
[56] *Apple v Qualcomm*, 2017 U.S. Dist. LEXIS 145835, *16 (S.D. Cal. 2017).
[57] *Apple v Qualcomm*, 2017 U.S. Dist. LEXIS 145835, *20 (S.D. Cal. 2017).
[58] *Apple v Qualcomm*, 2017 U.S. Dist. LEXIS 145835, *22–31(S.D. Cal. 2017).

gelagert gewesen. Es gab keine Gerichtsstandsvereinbarung und nur die Beklagte SEP-Inhaberin (*Motorola*) wurde unmittelbar aus dem streitgegenständlichen Vertrag verpflichtet. Die Entscheidung im US-Hauptsacheverfahren sollte die Pflichten *Motorolas* klären und dadurch entscheiden, ob *Motorola* einen Unterlassungsanspruch gegen *Microsoft* durchsetzen durfte:

> "*by making a FRAND commitment to the ITU, Motorola surrendered its right to seek infringement actions against a willing licensee, including Microsoft, because, when all was said and done, Motorola had to offer Microsoft a [F]RAND license*".[59]

Den entscheidenden Unterschied zwischen *Microsoft v Motorola* und *Apple v Qualcomm* sah das Gericht in der vertraglichen Beziehung. In *Microsoft v Motorola* habe die SEP-Inhaberin, die möglicherweise aus der FRAND-Zusage verpflichtet war, nicht zu klagen, im Ausland geklagt. Demgegenüber klagte in *Apple v Qualcomm* auch in den ausländischen Verfahren der Implementierer. Dieser habe hinsichtlich der streitgegenständlichen Patente aber keine FRAND-Zusage abgegeben. Damit treffe *Apple* zum einen keine Verpflichtung, nicht im Ausland zu klagen. Zum anderen sei *Apple*, selbst wenn das US-Gericht eine weltweite Lizenz festsetzen würde, nicht zu deren Annahme verpflichtet. Daher könne das anhängige Vertragsverletzungsverfahren den Ausgang der ausländischen patent- und wettbewerbsrechtlichen Klagen nicht entscheiden.[60]

b) Erlassgrund: Unterweser-Faktoren

Das Gericht lehnte auch das Vorliegen der *Unterweser*-Faktoren ab. Erstens seien die ausländischen Klagen nicht rechtsmissbräuchlich oder schikanös. Dagegen spreche schon der Zeitpunkt der Klageerhebungen. *Apple* habe im Ausland geklagt, bevor in der inländischen Hauptsache die letzten Schriftsätze ausgetauscht waren. Zweitens handele es sich nicht um unnötige Parallelverfahren: Die ausländischen Verfahren betrafen ausländische Patente und die Auswirkungen der gerügten Praktiken auf ausländische Märkte, deren Beurteilung sich nach dem ausländischen Wettbewerbsrecht richten müsste.[61] Schließlich habe *Apple* ein legitimes Interesse, vor dem Abschluss einer weltweiten Portfoliolizenz die Wirksamkeit und Essentialität der ausländischen Patente in ausländischen Verfahren zu überprüfen.[62]

Auch aus sonstigen Gerechtigkeitsgründen (*equitable considerations*) sei der Erlass einer ASI nicht geboten. Da *Apple* aus legitimen Gründen im

---

[59] *Apple v Qualcomm*, 2017 U.S. Dist. LEXIS 145835, *30 (S.D. Cal. 2017).
[60] *Apple v Qualcomm*, 2017 U.S. Dist. LEXIS 145835, *33–37 (S.D. Cal. 2017).
[61] *Apple v Qualcomm*, 2017 U.S. Dist. LEXIS 145835, *39–43 (S.D. Cal. 2017).
[62] *Apple v Qualcomm*, 2017 U.S. Dist. LEXIS 145835, *42 (S.D. Cal. 2017).

Ausland geklagt habe, handele es sich nicht um einen *hold out*. Zweitens habe *Qualcomm* nicht dargelegt, warum die ausländischen Verfahren die Effizienz des US-Verfahrens beeinträchtigten. Die ausländischen Verfahren seien nicht ineffizient, da diese andere Rechtsfragen betreffen würden. Ohnehin müsse das ausländische Parallelverfahren besonders hohe Kosten verursachen oder außerordentlich ineffizient sein, damit eine ASI aus diesem Grund erginge. Ansonsten würde jedes ausländische Verfahren über denselben Streitgegenstand eine ASI rechtfertigen. Grundsätzlich sei ein drohendes Risiko von widersprüchlichen Urteilen in unterschiedlichen Jurisdiktionen hinzunehmen.[63]

c) Comity

Überdies sei der Erlass einer ASI auch unter *comity*-Gesichtspunkten ausgeschlossen. Zwar handele es sich um eine privatrechtliche Streitigkeit zweier US-Konzerne ohne unmittelbare Regierungsbeteiligung. Allerdings betreffe die Streitigkeit ausländisches Wettbewerbs- und Patentrecht. Die enorme Bedeutung veranschaulichen die kartellbehördlichen (Ermittlungs-)verfahren gegen *Qualcomm* in verschiedenen Jurisdiktionen:

„*That multiple sovereign and international bodies have concluded or alleged that aspects of Qualcomm's business model are anticompetitive demonstrates that this dispute implicates global public concerns.*"[64]

Durch eine ASI würde es den ausländischen Gerichten versagt, nach dem dort geltenden Recht über die Auswirkung von *Qualcomms* Lizenzpolitik auf die eigenen Märkte zu entscheiden. Damit betreffe das Verfahren in erheblichem Ausmaß öffentliche Interessen anderer Nationen. Zudem sei die Beschreibung als Vertragsstreitigkeit zwischen zwei privatwirtschaftlichen Unternehmen irreführend: *Qualcomm* habe sich gegenüber ETSI bereit erklärt, eine Lizenz mit allen lizenzwilligen Implementierern (weltweit) abzuschließen. Die Entscheidung über *Qualcomms* Pflichten sei zumindest mittelbar für viele weltweit tätige Implementierer relevant:

„*Qualcomm's FRAND commitment to ETSI is global. [...]. There are, therefore, any number of corporations in China, Japan, the U.K., and Taiwan that are similarly situated to Apple and that are similarly entitled to benefit from Qualcomm's FRAND promise to ETSI. Viewed in this light, it is far from accurate to say that this is a paradigmatic "private contractual dispute" that only implicates the rights and obligations among Apple and Qualcomm.*"[65]

---

[63] *Apple v Qualcomm*, 2017 U.S. Dist. LEXIS 145835, *46 (S.D. Cal. 2017).
[64] *Apple v Qualcomm*, 2017 U.S. Dist. LEXIS 145835, *56 (S.D. Cal. 2017).
[65] *Apple v Qualcomm*, 2017 U.S. Dist. LEXIS 145835, *53–54 (S.D. Cal. 2017).

2. Anmerkung

Obwohl *Apple v Qualcomm* aus zwei wesentlichen Gründen nicht mit *Microsoft v Motorola* vergleichbar ist, zieht der *District Court S.D. California* die Voraussetzungen für den Erlass von ASIs in FRAND-Streitigkeiten deutlich enger als andere Gerichte im *Ninth Circuit*.

Der erste wesentliche Unterschied ist der Rollentausch von Antragsteller und Antragsgegner. In *Microsoft* klagte im ausländischen Verfahren der SEP-Inhaber, in *Apple* der Implementierer. Nach Feststellung des *district court* erwachsen aus der FRAND-Verpflichtungserklärung nur Pflichten des SEP-Inhabers gegenüber dem Implementierer, nicht umgekehrt. Demnach haben im Ausland klagende Implementierer keine ASIs zu befürchten. Zweitens stand *Qualcomm*, anders als *Motorola*, weltweit im Fokus kartellbehördlicher Ermittlungen. Das indizierte ein gewichtiges Interesse der anderen Jurisdiktionen, unter Anwendung ihres Kartell-/Wettbewerbsrechts über Qualcomms Lizenzierungspolitik zu entscheiden. Möglicherweise befürchtete das US-Gericht wegen der vielen Parallelverfahren drohende AASIs aus mehreren Jurisdiktionen und war deshalb besonders rücksichtsvoll.[66]

Neben den tatsächlichen Umständen weicht auch die rechtliche Würdigung der Fälle erheblich voneinander ab. Der *district court* legte bei der Prüfung, ob die ausländische Klage rechtsmissbräuchlich ist, einen eher am restriktiven Ansatz ausgerichteten Maßstab an. Unter Berufung auf *China Trade*[67] führte *Judge Curiel* aus, dass die typischerweise mit Parallelverfahren einhergehenden Unannehmlichkeiten keine ASI rechtfertigten.[68] Damit kritisiert er mittelbar den offenen Ansatz des *Ninth Circuit*. Schließlich betonte *Judge Curiel* die Ausstrahlungswirkung einer Entscheidung über einen weltweiten Lizenzvertrag auf andere Jurisdiktionen, aufgrund derer es sich nicht um einen typischen Vertragsstreit zwischen Privaten handele.

V. Huawei v Samsung (2018)

Trotz sechsjähriger Vertragsverhandlungen konnten sich *Huawei* und *Samsung* nicht über die Bedingungen einer Kreuzlizenz einigen.[69] Am 24.5.2016 klagte *Huawei* und beantragte die Festsetzung der FRAND-Konditionen einer weltweiten Lizenz. *Samsung* erhob Widerklage. Mit der Widerklage beanstandete *Samsung* verschiedene Patentverletzungen durch *Huawei*. Zudem klagte

---

[66] Vgl. *Tsang/Lee*, (2022) 28 Mich Tech L.R. 305, 336.
[67] *China Trade v M.V. Choong Yong*, 837 F.2d 33, 36 (2d Cir. 1987)
[68] *Apple v Qualcomm*, 2017 U.S. Dist. LEXIS 145835, *46 (S.D. Cal. 2017).
[69] *Huawei v Samsung*, 2018 WL 1784065, *2 (N.D. Cal. 2018); *Gao*, (2022) 21 Columbia Sci. & Tech. L.R. 446, 459.

A. Vereinigte Staaten 181

Samsung auf Feststellung, dass *Huaweis* Klagepatente unwirksam oder nicht verletzt waren und rügte einen Verstoß gegen Sec. 2 Sherman Act.

Am 25.5.2016 erhob *Huawei* beim *Shenzhen Intermediate People's Court* mehrere Patentverletzungsklagen gegen *Samsung*. *Huawei* behauptete, die Klagen gleichzeitig erhoben zu haben. Die unterschiedlichen Daten seien auf die Zeitdifferenz von sechzehn Stunden zurückzuführen.[70] Die Klagepatente waren chinesische Äquivalente der US-Klagepatente. *Samsung* erhob ebenfalls mehrere Patentverletzungsklagen in China. Nach chinesischem Recht kann ein SEP-Inhaber seinen Unterlassungsanspruch nur durchsetzen, wenn der Implementierer offensichtlich für das Scheitern der Vertragsverhandlungen verantwortlich ist oder zumindest ein überwiegendes Mitverschulden trägt. Das Gericht in *Shenzhen* attestierte *Samsung* ein überwiegendes Verschulden an der gescheiterten Einigung und verurteilte *Samsung* mit Urteil vom 11.1.2018 zur Unterlassung. Um die Vollstreckung zu verhindern, beantragte *Samsung* beim *District Court N.D. California* den Erlass einer ASI.

1. Übereinstimmender Streitgegenstand

Der *district court* bejahte einen übereinstimmenden Streitgegenstand. Im US-Hauptsacheverfahren warfen sich die Parteien gegenseitig vor, gegen ihre FRAND-Verpflichtungen verstoßen zu haben. Beide Parteien erkannten die Würdigung der ETSI-Verpflichtungserklärung als Vertrag zugunsten Dritter an. Die Durchsetzbarkeit von Unterlassungsansprüchen im In- und Ausland sei davon abhängig, inwieweit *Samsung* und *Huawei* ihren Pflichten nachgekommen seien.[71]

Anschließend prüfte *Judge Orrick*, ob er im Hauptsacheverfahren die FRAND-Gemäßheit einer weltweiten Lizenz zu untersuchen hätte. Nur dann sei das US-Verfahren ausschlaggebend für das chinesische Verfahren. *Samsung* hatte gegen *Huaweis* Antrag auf Festsetzung der weltweiten Konditionen eingewandt, dass ein US-Gericht die Konditionen nur für die US-Patente bestimmen könnte. Demnach, so *Judge Orrick*, könnte er bei der Prüfung, ob die Parteien sich FRAND-konform verhalten haben, die Lizenzangebote nicht berücksichtigen, da sich die Angebote auf weltweite Lizenzen bezogen. Treffe *Samsungs* Argumentation zu, könnte das US-Verfahren nicht ausschlaggebend für das chinesische Verfahren sein.[72] Das Gericht löste den Widerspruch allerdings nicht auf. Vielmehr bejahte *Judge Orrick* das Vorliegen desselben

---

[70] *Huawei v Samsung*, 2018 WL 1784065, *2, dort Fn. 5 (N.D. Cal. 2018); *Huawei's* Motion to Alter or Amend the Court's April 13, 2018 Order, 2018 WL 2187772, I. 2.
[71] *Huawei v Samsung*, 2018 WL 1784065, *8 (N.D. Cal. 2018).
[72] *Huawei v Samsung*, 2018 WL 1784065, *9 (N.D. Cal. 2018).

Streitgegenstandes ohne eine vertiefte Auseinandersetzung mit dem Problem. Offenbar ging er davon aus, dass aus der Kompetenz zur Feststellung der FRAND-Gemäßheit eines weltweiten Angebots auch die Kompetenz zur Festsetzung der FRAND-Konditionen folgt.[73]

2. Erlassgrund: Unterweser-Faktoren

Das Gericht hielt zwei der *Unterweser*-Faktoren für gegeben: Erstens würde die Vollstreckung des chinesischen Urteils in China dem US-Gericht die Möglichkeit nehmen, als erstes über deren Angemessenheit zu entscheiden. Zudem drohten widersprüchliche Urteile, wenn das US-Gericht zu dem Schluss käme, dass *Huawei* wegen seiner FRAND-Verpflichtung keinen Anspruch auf Unterlassung hatte. Demnach würde die Vollstreckung in China in die Integrität des US-Verfahrens eingreifen.[74]

Zweitens sei die Vollstreckung auch unbillig. Sie stünde einem Marktausschluss gleich. Effektiv müsste *Samsung* bei einer Vollstreckung in China seine chinesischen Produktionsstandorte schließen. Aufgrund des enormen Drucks könnte *Samsung* den Ausgang des US-Verfahrens nicht abwarten und müsste dem erstbesten Angebot *Huaweis* zustimmen. Damit habe das chinesische Verfahren – wie das deutsche Verfahren in *Microsoft v Motorola* – dem US-Gericht die Möglichkeit genommen, in angemessener Weise über den Streitgegenstand zu entscheiden. Ferner sei *Samsung* verurteilt worden, bevor irgendein Gericht weltweit über die Verletzung der FRAND-Verpflichtung entschieden habe.[75]

Judge Orrick hielt die chinesischen Unterlassungsklagen allerdings nicht für schikanös oder missbräuchlich. Zum einen habe *Huawei* die Klagen nahezu zeitgleich erhoben. Zum anderen habe *Huawei* nicht gewusst, ob der *district court* die FRAND-Streitigkeit weltweit entscheiden würde. Wegen der ungewissen Rechtslage in Kalifornien sei die Klageerhebung in China nachvollziehbar.[76]

3. Comity

Bei der Prüfung des *comity*-Kriteriums orientiert sich das Gericht an *Gallo* und *Microsoft v Motorola*. Maßgeblich sei, ob die ASI eine nicht hinnehmbare Beeinträchtigung verursachen würde. Eine Interessensabwägung sei nicht

---

[73] Vgl. *Huawei v Samsung*, 2018 WL 1784065, *9 (N.D. Cal. 2018).
[74] *Huawei v Samsung*, 2018 WL 1784065, *10 (N.D. Cal. 2018).
[75] *Huawei v Samsung*, 2018 WL 1784065, *10 (N.D. Cal. 2018).
[76] *Huawei v Samsung*, 2018 WL 1784065, *11 (N.D. Cal. 2018).

erforderlich. Das Gericht trägt drei Gründe vor, aus denen die Beeinträchtigung hinnehmbar sei.

Erstens wirke die ASI nicht gegenüber den chinesischen Gerichten, sondern nur gegenüber der Antragsgegnerin. Zweitens habe *Huawei* zuerst in Kalifornien geklagt. Schon aus diesem Grund sei die Auswirkung der ASI auf die *comity* hinnehmbar. Drittens sei die Wirkung der ASI zeitlich bis zur Entscheidung des US-Hauptsacheverfahrens befristet. Zumal *Huawei* in China weiterhin auf Schadensersatz klagen könne, sei der Einfluss auf die *comity* vernachlässigbar.[77]

4. Anmerkungen

Die Ausführungen von *Judge Orrick* muten widersprüchlich an. Einerseits sei die US-Vertragsstreitigkeit ausschlaggebend für die chinesische Patentverletzungsklage, da aus der FRAND-Verpflichtungserklärung die Pflicht folgen könne, keine Unterlassungsklagen zu erheben. Andererseits behauptet *Judge Orrick*, dass noch kein anderes Gericht über die FRAND-Verpflichtungen beider Parteien entschieden habe:

"*Even though the Shenzhen court evaluated the parties' licensing negotiations, it was not presented with breach of contract claims.*"[78]

Das US-Vertragsverletzungsverfahren sei demnach ausschlaggebend für ein ausländisches Verfahren, in dem der im US-Hauptsacheverfahren maßgebliche Vertrag (angeblich) überhaupt keine Rolle spielt. Genau auf diesen Umstand stützt *Judge Orrick* bei der Prüfung der *Unterweser*-Faktoren ein *Samsung* drohendes, nicht hinnehmbares Übel:

"*The Chinese injunctions would likely force [Samsung] to accept Huawei's licensing terms, before any court has an opportunity to adjudicate the parties' breach of contract claims. Under these circumstances, the Shenzhen Order interferes with equitable considerations*".[79]

Zum Zeitpunkt des Urteils hatten chinesische Gerichte die FRAND-Verpflichtungen noch nicht als Vertrag zugunsten Dritter ausgelegt. Inhaltlich ähnliche Pflichten leiteten sie aber aus einer allgemeinen zivilrechtlichen Treuepflicht ab. Nach *Judge Orricks* Argumentation wäre ein FRAND-Verfahren in jeder Jurisdiktion, deren Gerichte die FRAND-Verpflichtungserklärung nicht als Vertrag zugunsten Dritter auslegen, ungerecht und würde den Erlass

---

[77] *Huawei v Samsung*, 2018 WL 1784065, *12 (N.D. Cal. 2018).
[78] *Huawei v Samsung*, 2018 WL 1784065, *10 (N.D. Cal. 2018).
[79] *Huawei v Samsung*, 2018 WL 1784065, *10 (N.D. Cal. 2018).

einer ASI rechtfertigen, sofern noch kein anderes Gericht über die *vertraglichen* Verpflichtungen entschieden hat. Ob es unbillig ist, dass ein ausländisches Gericht die FRAND-Verpflichtungen nicht als Primärpflicht, sondern als allgemeine Treuepflicht (so chinesische Gerichte) einordnet, erscheint jedenfalls zweifelhaft.

Noch fragwürdiger sind die Begründungen zur hinnehmbaren Auswirkung auf die *comity*. Erstens richte sich die ASI nur gegen *Huawei* und nicht unmittelbar gegen ein chinesisches Gericht.[80] Diese Feststellung beschreibt die Wirkweise einer ASI und sagt nichts über deren Vereinbarkeit mit der *comity* aus. Zweitens sei der Eingriff in das chinesische Verfahren hinnehmbar, da die Klage in China einen Tag später erhoben wurde.[81] Dabei ignorierte das Gericht *Huaweis* plausibles Argument, wonach die unterschiedlichen Daten auf die verschiedenen Zeitzonen zurückzuführen sind. Weiterhin ist das *first filed*-Kriterium in FRAND-Streitigkeiten ungeeignet. Es zwingt den Implementierer, seine Unterlassungsklagen zu einem frühen Zeitpunkt zu erheben, um Klagen des SEP-Inhabers zuvorzukommen. Mit der vorgezogenen Unterlassungsklage würde der Implementierer aber seine Verpflichtung, die Unterlassungsklage erst als letztes Mittel gegen einen nicht verhandlungsbereiten Implementierer einzusetzen, verletzen.

Schließlich hat das Gericht einen weiteren zentralen Umstand, der den Fall von *Microsoft v Motorola* unterscheidet, ausgeblendet. In *Microsoft* waren beide Parteien US-Konzerne. In *Huawei v Samsung* stritten ein chinesischer und ein koreanischer Konzern. *Huawei* war und ist das größte Technologieunternehmen Chinas. Wegen der beschriebenen[82] politischen Bedeutung von SEPs geht die Annahme eines rein privatrechtlichen Streits an der Realität vorbei.[83]

Weiterhin unterscheidet sich *Huawei v Samsung* von den anderen Fällen, in denen US-Gerichte ASIs erlassen haben. In allen anderen Fällen waren die Antragsteller der ASI Kläger im inländischen Hauptsacheverfahren. In *Huawei v Samsung* hatte der Antragsgegner der ASI das US-Hauptsacheverfahren eingeleitet und auf Feststellung geklagt, dass der Implementierer ein *unwilling licensee* ist. Zeitgleich hatte *Huawei* Patentverletzungsklagen in China gegen *Samsung* erhoben. Diese „*double claim*" Situation erachtete das Gericht allerdings nicht als missbräuchlich, da *Huawei* nicht gewusst habe, ob im US-

---

[80] *Huawei v Samsung*, 2018 WL 1784065, *12 (N.D. Cal. 2018).
[81] *Huawei v Samsung*, 2018 WL 1784065, *12 (N.D. Cal. 2018).
[82] Vgl. oben, § 1, C., VI.
[83] *Tsang/Lee*, (2022) 28 Mich Tech L.R. 305, 337; vgl. auch *Contreras/Yu/Yu*, (2022) 71 Am. Univ. L.R. 1537, 1579.

Verfahren über die FRAND-Konformität einer weltweiten Lizenz entschieden würde.[84]

VI. TQ Delta v ZyXEL Communications (2018)

In *TQ Delta v ZyXEL* entschied erstmals ein Gericht außerhalb des *Ninth Circuit* über den Erlass einer ASI in einer FRAND-Streitigkeit. Der *District Court D. Delaware* (*Third Circuit*) lehnte den Antrag ab. Ende 2013 hatte der SEP-Inhaber und Antragsgegner der ASI (*ZyXEL*) beim *district court* eine Patentverletzungsklage erhoben. Der Antragsteller der ASI wandte im Patentverletzungsverfahren ein, dass *ZyXEL* seine FRAND-Verpflichtung verletzt habe. Erst 2017 erhob *ZyXEL* weitere Unterlassungsklagen wegen der Verletzung europäischer Patente beim *High Court* in London und begehrte zusätzlich die Feststellung, dass die unterbreiteten Angebote FRAND waren. Gegen die englischen Verfahren beantragte *TQ Delta* eine ASI.[85]

Eingangs weist der *district court* auf die generelle Haltung des *Third Circuit* zu ASIs hin: Wegen der Auswirkungen auf die *comity* sei eine ASI nur unter außergewöhnlichen Umständen, nämlich zum Schutz der eigenen Jurisdiktion oder wichtiger nationaler öffentlicher Interessen, angebracht. Dem Verweis des Antragstellers auf *Microsoft v Motorola* schenkte das Gericht keine Beachtung, da der *Third Circuit* den offenen Ansatz ausdrücklich ablehne.[86] Es fehle schon an dem für den Erlass einer ASI erforderlichen übereinstimmenden Streitgegenstand, da das US-Verfahren amerikanische, das englische Verfahren europäische Patente betreffe.[87] Zweitens liege auch kein Erlassgrund vor. Eine ASI zum Schutz der Jurisdiktion oder des Verfahrens setze voraus, dass sich das ausländische Verfahren einzig gegen das US-Verfahren richtet,[88] was bei einer auf ein europäisches Patent gestützten Unterlassungsklage nicht der Fall sei. Das Gericht wies auch das Argument des Antragstellers zurück, wonach es ein öffentliches Interesse der Vereinigten Staaten gäbe, die Durchsetzung von Unterlassungsansprüchen bei SEPs zu verhindern. Der SEP-Inhaber

---

[84] *Huawei v Samsung*, 2018 WL 1784065, *11 (N.D. Cal. 2018).
[85] *TQ Delta v ZyXEL Communications*, 2018 U.S. Dist. LEXIS 98228, *2–3 (D. Del. 2018).
[86] *TQ Delta v ZyXEL Communications*, 2018 U.S. Dist. LEXIS 98228, *4–6, Fn. 7 (D. Del. 2018).
[87] *TQ Delta v ZyXEL Communications*, 2018 U.S. Dist. LEXIS 98228, *8 (D. Del. 2018).
[88] *TQ Delta v ZyXEL Communications*, 2018 U.S. Dist. LEXIS 98228, *10 (D. Del. 2018).

sei gerade nicht unbedingt daran gehindert, Unterlassungsansprüche durchzusetzen.[89]

VII. Apple v Ericsson (2022)

Ende 2021 lief eine 2015 zwischen *Ericsson* und *Apple* vereinbarte Kreuzlizenz, die u.a. 2G-, 3G- und 4G-SEPs umfasste, aus. Am 4.10.2021 erhob *Ericsson* Klage beim *District Court E.D. Texas*. Mit der Klage begehrt *Ericsson* die Feststellung, seinen FRAND-Verpflichtungen nachgekommen zu sein sowie die Feststellung, dass die verlangte Gebühr von USD 5 pro verkauftem Endgerät für einen Lizenzvertrag über ein Patentportfolio, das für die 2G-, 3G-, 4G- und 5G-Standards essentielle Patente umfasste, FRAND gewesen sei.[90] Weiterhin erhob *Ericsson* Patentverletzungsklagen gegen *Apple* in Belgien, Brasilien, Deutschland, Kolumbien, den Niederlanden und den Vereinigten Staaten. Zuvor hatte *Apple* erklärt, dass es einem Angebot zu den vom *District Court E.D. Texas* als FRAND festgesetzten Konditionen zustimmen würde. Auch *Ericsson* hatte in der mündlichen Verhandlung in eine weltweite Klärung der Streitigkeit durch das US-Gericht eingewilligt.[91] Trotzdem setzte *Ericsson* die Patentverletzungsverfahren fort. Am 7. Juli 2022 verurteilte ein kolumbianisches Gericht die kolumbianische Tochtergesellschaft *Apples* auf Unterlassung des Vertriebs von *iPhones*. Gleichzeitig erließ das Gericht die von *Ericsson* beantragte AASI, die es *Apple Colombia* untersagte, ASIs gegen die Vollstreckung des Urteils zu erwirken.

1. Antrag

Einen Tag später, am 8. Juli 2022, beantragte *Apple* beim *district court* über einen Eilantrag (*emergency motion*) eine Freistellung von allen *Apple* infolge der Verurteilung auf Unterlassung entstehenden Schäden. Zur Begründung verwies *Apple* auf die Urteilsbegründung des *district court* der in *Ericsson v Samsung* erlassenen AASI.[92] Unter Verweis auf die *Unterweser*-Faktoren sei der Erlass der beantragten Verfügung geboten, da *Apple* durch die Verurteilung in Kolumbien unter Druck gesetzt sei, den von *Ericsson* geforderten, über FRAND liegenden Konditionen, zuzustimmen. Dadurch werde dem US-Gericht die Möglichkeit genommen, die Bedingungen einer weltweiten Lizenz

---

[89] *TQ Delta v ZyXEL Communications*, 2018 U.S. Dist. LEXIS 98228, *10–11 (D. Del. 2018).

[90] Complaint filed 4th Oct. 2021, *Ericsson v Apple*, No. 2:21-cv-000376-JRG (E.D. Tex.).

[91] *Apple's* Emergency Motion filed 8th July 2022, *Ericsson v Apple*, No. 2:21-cv-000376-JRG (E.D. Tex.).

[92] Hierzu siehe Gliederungspunkt § 5, D., I.

festzusetzen. Aus demselben Grund sei das kolumbianische Verfahren missbräuchlich und schikanös.[93]

2. Entscheidung

Judge Gilstrap half der *emergency motion* nicht ab. Ursächlich war insbesondere, dass *Apple* die formalen Anforderungen einer *emergency motion* nicht erfüllt hatte. Insbesondere sei darzulegen, warum eine Verfügung zur Abwendung eines unmittelbar bevorstehenden und irreversiblen Schadens erforderlich ist. Zumal *Apple* nicht dargelegt habe, welche Kosten infolge der Verurteilung in Kolumbien entstehen, sei die Annahme eines irreversiblen, unmittelbar bevorstehenden Schadens wenig plausibel.[94]

Das Gericht gab weiterhin zu erkennen, dass es ASIs generell kritisch gegenübersteht und dass es sich entgegen der Einschätzung von *Apple* bei der beantragten Verfügung nicht um eine AASI handelte. *Apples* Antrag richte sich direkt gegen ein ausländisches Verfahren, während die AASI in *Ericsson v Samsung* verhinderte, dass eine chinesische Verfügung die Fortsetzung des US-Verfahrens untersagte.[95]

3. Anmerkung

Der Antrag *Apples* war unmittelbar darauf gerichtet, die Folgen einer Anordnung eines ausländischen Gerichts zu neutralisieren. Entgegen *Apples* Vorbringen ähnelte der Sachverhalt nicht demjenigen in *Ericsson v Samsung*. Dort hatte *Ericsson* eine AASI zum Schutz vor einer chinesischen ASI beantragt, die *Ericsson* die Fortsetzung eines Gerichtsverfahrens in den Vereinigten Staaten untersagte. Demgegenüber wollte *Apple* die Folgen des ausländischen Patentverletzungsverfahrens neutralisieren. Anders als bei einer ASI (in Gestalt einer AEI) begehrte *Apple* allerdings nicht direkt eine Verurteilung auf Unterlassung der Urteilsvollstreckung, sondern eine Freistellung von den infolge des ausländischen Urteils entstehenden Schäden. Damit handelte es sich nicht um eine ASI, sondern um eine Schadensersatzklage.

VIII. Zulässigkeit von ASIs

Legt man die im dritten Kapitel aufgezeigten Grundsätze zum US-Recht zugrunde, überschreitet ein Gericht regelmäßig sein Ermessen, indem es eine ASI

---

[93] *Apple's* Emergency Motion filed 8th July 2022, *Ericsson v Apple*, No. 2:21-cv-000376-JRG (E.D. Tex.).

[94] Order of 28th July 2022, *Ericsson v Apple*, No. 2:21-cv-000376-JRG, S. 7 (E.D. Tex. 2022).

[95] Order of 28th July 2022, *Ericsson v Apple*, No. 2:21-cv-000376-JRG, S. 7, dort Fn. 5, (E.D. Tex. 2022).

in einer FRAND-Streitigkeit erlässt. Das gilt selbst unter Zugrundelegung des weiten Ansatzes. Erstens stimmt der Streitgegenstand nicht überein, zweitens ist die Auswirkung einer ASI auf die *comity* in FRAND-Streitigkeiten regelmäßig nicht hinnehmbar.

1. Kein übereinstimmender Streitgegenstand

Der *Ninth Circuit* legt den Streitgegenstand sehr weit aus und nimmt an, dass ein US-amerikanisches Vertragsverletzungsverfahren und ein ausländisches Patentverletzungsverfahren denselben Streitgegenstand betreffen. Der *Court of Appeals for the Ninth Circuit* versuchte, FRAND-Streitigkeiten ins Lager der vertraglichen Fälle zur Durchsetzung von Zuständigkeitsvereinbarungen oder Klageverzichten zu rücken, indem es die FRAND-Verpflichtung mit einer Zuständigkeitsvereinbarung verglich.[96] Beide Vereinbarungen würden ein Recht begründen, nicht im Ausland verklagt zu werden. Der Vergleich mit dem *case law* zur Durchsetzung von Gerichtsstandsvereinbarungen ist allerdings verfehlt, sofern der Implementierer nicht lizenzwillig ist. In diesem Fall ist die Auslegung der FRAND-Verpflichtungserklärung als bedingter Klageverzicht zweifelhaft. Zudem gibt es keinen „vertragsrechtlichen Schirm", da US-Gerichte bei der Festsetzung von Lizenzbedingungen in erheblichem Ausmaß über Patente entscheiden.

Ein übereinstimmender Streitgegenstand könnte allerdings bejaht werden, wenn beide Parteien der Festsetzung der weltweiten Gebühren durch ein US-Gericht zugestimmt haben. Die Zustimmung könnte als konkludente Gerichtsstandsvereinbarung auszulegen sein. Diesen Schritt sind US-Gerichte allerdings nicht gegangen, obwohl in *Microsoft v Motorola* und *TCL v Ericsson* beide Seiten der gerichtlichen Festsetzung zugestimmt hatten. Lediglich in *Huawei v Samsung* erließ das Gericht eine ASI ohne beiderseitige Zustimmung zur Gebührenfestsetzung.

2. Erlassgründe

Eine ASI kann in FRAND-Streitigkeiten nicht mit dem Schutz der eigenen Zuständigkeit begründet werden, da die „Vertragsstreitigkeit" eine Entscheidung über die Wirksamkeit und Verletzung ausländischer Patente beinhaltet.[97] Fraglich ist, ob ein SEP-Inhaber, der trotz eines anhängigen Verfahrens in den Vereinigten Staaten zur Festsetzung der Gebühren einer weltweiten Lizenz im Ausland Patentverletzungsklagen erhebt, schikanös und missbräuchlich handelt. Einige sehen in Verletzungsklagen eine legitime Möglichkeit von SEP-

---

[96] *Microsoft v Motorola*, 696 F.3d 872, 883 (9th Cir. 2012); *TCL v Ericsson*, 2015 U.S. Dist. LEXIS 191512, *17–18 (C.D. Cal. 2015).
[97] Vgl. *Ericsson v Samsung*, 2021 WL 89980, *7 (E.D. Tex. 2021).

Inhabern, ihre Verhandlungsmacht gegenüber Implementierern auszuspielen.[98] Implementierer und Gerichte, die bislang ASIs in FRAND-Streitigkeiten erlassen haben, halten das von der Verletzungsklage ausgehende Drohpotential zumindest dann für missbräuchlich, wenn der SEP-Inhaber der gerichtlichen Bestimmung der Lizenzkonditionen zugestimmt hat und danach eine Patentverletzungsklage erhebt oder ein entsprechendes Verfahren fortführt.

3. Auswirkung auf die comity

In *Microsoft* nahm der *district court* eine vernachlässigbare Auswirkungen der ASI auf die *comity* an. Das stützte das Gericht primär auf den Umstand, dass die ausländische Klage erst über sechs Monate nach der inländischen Klage erhoben wurde. In *Huawei v Samsung* genügte sogar eine zeitliche Differenz von wenigen Minuten oder Stunden, um von einem überschaubaren oder vernachlässigbaren Einfluss auf die *comity* auszugehen.[99] Neben dem Zeitpunkt der Klageerhebung begründen die Gerichte den vermeintlich geringen Einfluss auf die *comity* zum einen damit, dass es sich um vertragliche Streitigkeiten zwischen privatwirtschaftlichen Unternehmen handele und zum anderen mit der zeitlich und sachlich begrenzten Wirkung der ASI: Diese gelte nur bis zur Entscheidung des US-Hauptsacheverfahrens und verbiete vorübergehend die Vollstreckung von Unterlassungstiteln. Es bleibe dem Antragsgegner unbenommen, im Ausland auf Schadensersatz zu klagen oder ein solches Urteil zu vollstrecken.

a) Keine vertragsrechtliche Streitigkeit

Der Versuch, das Territorialitätsprinzip durch einen vertragsrechtlichen Schirm abzubedingen, ist wenig überzeugend. Erstens sind FRAND-Streitigkeiten nicht mit dem angeführten *case law* zur Durchsetzung von Gerichtsstandsvereinbarungen vergleichbar, sofern nicht feststeht, dass der Antragsgegner mit der im Ausland erhobenen Klage aller Wahrscheinlichkeit nach seine FRAND-Verpflichtung verletzt hat. Zweitens sind ASIs zum Schutz eines Hauptsacheverfahrens unrechtmäßig, wenn im Hauptsacheverfahren die Konditionen einer weltweiten Lizenz festgesetzt werden. Die Festsetzung der Konditionen eines weltweiten Lizenzvertrages ist nicht als vertragsrechtlich zu qualifizieren. Der Schwerpunkt liegt auf der Beurteilung der Wirksamkeit und des Nutzens von Patenten und damit im Patentrecht.

---

[98] *Ericsson v Samsung*, 2021 WL 89980, *7 (E.D. Tex. 2021); in diese Richtung auch *Apple v Ericsson*, Case 2:21-cv-00376-JRG, S. 8 (E.D. Tex. 2022); *Tsilikas*, (2021) 16 JIPLP, 729, 736.

[99] In *Ericsson v Samsung*, 2021 WL 89980 (E.D. Tex. 2021) wurde eine AASI erlassen, obwohl Samsung das chinesische Gericht zuerst angerufen hatte.

Neben der Mitentscheidung über ausländische Patente im Hauptsacheverfahren nimmt ein Gericht durch den Erlass einer ASI dem Antragsgegner das Recht, sein Patent vor dem dafür zuständigen Gericht durchzusetzen. Der *Supreme Court* mahnte für Fälle, die ausländische Patente betreffen, zur Zurückhaltung:

> "[t]he presumption that United States law governs domestically but does not rule the world applies with particular force in patent law."[100]

Offenbar sehen ausländische Gerichte in dem gegen einen Patentinhaber gerichteten Verbot, eine Patentverletzungsklage zu erheben oder zu vollstrecken, regelmäßig einen Eingriff in ihre ausschließliche Zuständigkeit, was mehrere AASIs gegen befürchtete US-ASIs unterstreichen.[101] Auch ein US-Gericht, der *District Court E.D. Texas*, begründete den Erlass einer AASI damit, dass die ausländische ASI den SEP-Inhaber daran hindere, seine ihm in den Vereinigten Staaten zustehenden Rechte durchzusetzen. Dies rechtfertige den Erlass einer AASI zum Schutz der eigenen Jurisdiktion.[102] Dass ein US-Gericht eine ausländische ASI aus Adressatensicht als übergriffig empfindet und mit dem Erlass einer AASI reagierte, indiziert eine doch nicht unbeachtliche Beeinträchtigung des *comity*-Grundsatzes durch eine ASI, die sich gegen ein inländisches Patentverletzungsverfahren richtet.

Weiterhin hielt es der *Court of Appeals for the Ninth Circuit* für unbeachtlich, dass deutsche Gerichte die FRAND-Verteidigung nicht nach Vertragsrecht, sondern nach dem Kartellrecht beurteilen. Nach der US-Rechtsprechung liegen jedoch unterschiedliche Streitigkeiten vor, wenn das ausländische Verfahren ausländisches Kartellrecht und die Auswirkungen einer beanstandeten Verhaltensweise auf den ausländischen Markt betrifft.[103] Unter Beachtung des *comity*-Grundsatzes wäre eine stärkere Zurückhaltung geboten.

b) Keine eingeschränkte Reichweite

Gerichte im *Ninth Circuit* haben ihre ASIs weiterhin mit einer eingeschränkten Reichweite gerechtfertigt. Zum einen gelte eine ASI nur bis zum Abschluss des US-Hauptsacheverfahrens, zum anderen könne der SEP-Inhaber im Ausland weiterhin auf Schadensersatz klagen.

---

[100] *Microsoft v AT & T*, 550 U.S. 437, 454–55 (2007).
[101] *IPCom v Lenovo* [2019] EWHC 3030 (Pat); Cour d'appel de Paris, 3 Mars 2020, RG 19/21426 (*Lenovo v IPCom*); LG München I BeckRS 2019, 25536; vgl. *Tsang/Lee*, (2022) 28 Mich Tech L.R. 305, 369.
[102] *Ericsson v Samsung*, 2021 WL 89980, *4–5 (E.D. Tex. 2021).
[103] *SynCardia Systems v MEDOS Medizintechnik*, 2008 WL 11339957, *3 (D. Ariz. 2008).

Diese „eingeschränkte Wirkung" erscheint als Kunstgriff. Setzt das US-Gericht die Konditionen fest, sind drei Fälle denkbar: Besonders wahrscheinlich sind zwei Konstellationen. Zum einen, dass ein Lizenzvertrag zu den gerichtlich festgesetzten FRAND-Gebühren zustande kommt, zum anderen, dass die Parteien sich vergleichen und einen Lizenzvertrag zu anderen als den vom Gericht festgesetzten Bedingungen abschließen. In beiden Fällen ist die Unterlassungsverfügung oder das Urteil des ausländischen Gerichts dauerhaft nicht durchsetzbar. Möglich, aber unwahrscheinlich ist, dass sich eine Partei weigert, einen Lizenzvertrag zu den gerichtlich festgesetzten Konditionen abzuschließen. Weigert sich der SEP-Inhaber, verletzt er damit jedenfalls aus Sicht der US-Gerichte seine FRAND-Verpflichtung. Diese Pflichtverletzung rechtfertigt ihrerseits weitere ASIs, falls der SEP-Inhaber dennoch Patentverletzungsklagen im Ausland erhebt. Schließlich könnte der Implementierer ein Angebot des SEP-Inhabers zu den festgesetzten Konditionen ablehnen. Nur in dieser Konstellation wäre die ausländische Unterlassungsverfügung bzw. das Urteil durchsetzbar und die Wirkung der ASI tatsächlich zeitlich beschränkt.[104] Dabei handelt es sich um die mit Abstand unwahrscheinlichste Konstellation. Selbst in dieser hat die vermeintlich vorübergehende ASI endgültige Wirkung, wenn das im Ausland erteilte Patent vor dem Endurteil in den USA ausläuft.

Auch der Verweis auf die von der ASI unberührte Möglichkeit, im Ausland auf Schadensersatz zu klagen, verfängt nach hier vertretener Ansicht nicht. In den Vereinigten Staaten geht von einer drohenden Verurteilung zur Leistung von Schadensersatz wegen des dreifachen Strafschadensersatzes eine abschreckende Wirkung aus. In vielen anderen – insbesondere *civil law*-Jurisdiktionen – gibt es hingegen keinen Strafschadensersatz. Stünde Patentinhabern dort kein Unterlassungsanspruch zur Verfügung, hätten Implementierer kaum einen Anreiz zum Abschluss eines Lizenzvertrages.[105]

c) First-Filed Kriterium unpassend

Schließlich kann es in FRAND-Streitigkeiten auch keine Rolle spielen, ob die ausländische Klage nach der inländischen Klage erhoben wurde. Der SEP-Inhaber ist durch seine FRAND-Verpflichtung gehalten, die Unterlassungsklage möglichst spät zu erheben. Stellt ein Gericht darauf ab, wann die ausländische Klage erhoben wurde, verlangt es von dem SEP-Inhaber, eine Vertragsverletzungsklage des Implementierers zu antizipieren und mit Patentverletzungsklagen zuvorzukommen. Müsste der SEP-Inhaber proaktiv tätig werden, müsste er auf Unterlassung klagen, bevor der Implementierer seine Lizenzunwilligkeit

---

[104] *Tsang/Lee*, (2022) 28 Mich. Tech. L.R. 305, 332–33.
[105] Näher unten, § 6, A.

zum Ausdruck gebracht hat. Damit würde er zum einen seine FRAND-Verpflichtung verletzen und damit dem US-Gericht einen guten Grund geben, eine ASI zu erlassen. Zweitens würde ein SEP-Inhaber die Erfolgsaussichten einer Unterlassungsklage durch eine vorgezogene Klageerhebung torpedieren. Zu einem früheren Zeitpunkt ist ein Implementierer eher als lizenzwillig anzusehen, so dass der Implementierer im Ausland erfolgreich eine vertrags- oder kartellrechtliche FRAND-Verteidigung einwenden könnte.

d) Weiter Ansatz lässt comity-Kriterium leerlaufen

Der *Court of Appeals for the Ninth Circuit* und der *District Court N.D. California* legen die ohnehin weit gefassten *Unterweser*-Faktoren sehr weit aus. Bei jedem ausländischen Parallelverfahren ist zumindest ein Faktor erfüllt. Der Respekt vor anderen Jurisdiktionen und der Grundsatz gegenseitiger Rücksichtnahme (*comity*) hält Gerichte nicht davon ab, ASIs zu erlassen, wenn die sonstigen Voraussetzungen gegeben sind. Damit ist das allein maßgebliche Kriterium, ob die Entscheidung des inländischen Rechtsstreits ausschlaggebend für das ausländische Verfahren ist. Insoweit ist *Contreras* beizupflichten, der ebenfalls die effektive Einschränkung der Erlassvoraussetzungen auf das „*same issue*"-Kriterium beklagt und vor einer zu regen Verfügbarkeit von ASIs warnt.[106]

Selbst wenn die Behauptung der US-Gerichte zuträfe und FRAND-Streitigkeiten überwiegend vertraglicher Natur wären, ist die Einordnung als rein privatrechtliche Streitigkeit fragwürdig. ASIs gegen ausländische Parteien bergen in FRAND-Streitigkeiten ein erhebliches politisches Spannungspotential.[107] Schon wegen der betroffenen nationalen Interessen, die sich aus der volkswirtschaftlichen Bedeutung von SEPs als auch aus deren Bedeutung für die nationale Sicherheit ergeben, ist Zurückhaltung geboten. Die Außenpolitik fällt vornehmlich in den Zuständigkeitsbereich von Exekutive und Legislative:

> "*Foreign policy and national security decisions are delicate, complex, and involve large elements of prophecy for which the Judiciary has neither aptitude, facilities, nor responsibility.*"[108]

Aus genannten Gründen sollten selbst nach dem weiten Ansatz in FRAND-Streitigkeiten grundsätzlich keine ASIs erlassen werden. Ungeachtet dessen geben die heftigen Reaktionen ausländischer Gerichte auf die von *Ninth Circuit* erlassenen ASIs Anlass, den weiten Ansatz zu überdenken. Bereits 1984

---

[106] *Contreras*, (2019) 25 B.U. Sci. & Tech. J. 251, 279.
[107] *Hess*, (2022) 25 JWIP 536, 543–44; *Tsang/Lee*, (2022) 28 Mich. Tech. L.R. 305, 332–33; vgl. *Apple v Qualcomm*, 2017 U.S. Dist. LEXIS 145835, *53–54. (S.D. Cal. 2017).
[108] *Fisher & Company v Fine Blanking & Tool*, 2019 WL 5853539, *2 (E.D. Mich. 2019).

stellte *Justice Wilkey* in *Laker v Sabena* fest, dass einige US-Gerichte die *comity* ignorieren und verwies auf die Literatur, die ebendiesen Umstand kritisierte.[109] Über die vergangenen Jahrzehnte hat sich die herrschende Ansicht gegen den weiten Ansatz positioniert.[110] Eine Mindermeinung befürwortet den weiten Ansatz.[111] Dass auf den weiten Ansatz gestützte ASIs bis 2019 wenig Gegenwind aus anderen Jurisdiktionen erfuhren, ist weniger auf deren hinnehmbare Auswirkung auf die *comity*, als auf die geringe wirtschaftliche und politische Relevanz der zugrundeliegenden Streitigkeiten zurückzuführen, die überwiegend private Vermögensinteressen betrafen.

4. Ergebnis

Die in FRAND-Streitigkeiten erlassenen ASIs sind unzureichend begründet. Zentrale Entscheidungsgründe werden auf vermeintliche Präzedenzfälle gestützt, die nicht mit den FRAND-Sachverhalten vergleichbar sind. Schon die Einordnung als vertragsrechtliche Streitigkeit, mit der US-Gerichte einen übereinstimmenden Streitgegenstand begründen, überzeugt nicht. Selbst wenn es sich um eine vertragsrechtliche Streitigkeit handelte, müsste die FRAND-Verpflichtung des SEP-Inhabers ein Recht des Implementierers, nicht im Ausland auf Unterlassung verklagt zu werden, begründen. US-Gerichte haben ein solches Recht ohne hinreichende Begründung angenommen. Die FRAND-Verpflichtungserklärung wurde als unbedingter Klageverzicht ausgelegt, ohne zu prüfen, ob der Implementierer tatsächlich lizenzunwillig war.

B. China

Nachdem vor chinesischen Gerichten anhängige SEP-Streitigkeiten mehrfach von ausländischen ASIs betroffen waren, reagierten chinesische Gerichte 2020

---

[109] *Laker v Sabena*, 731 F.2d 901, 950 (DC Cir. 1984).

[110] *Baer*, (1987) 37 Stanford L.R. 155, 173; *Hartley*, (1987) 35 Am. J. Comp. L. 487, 509; *Bermann*, (1990) 28 Colum. J. Transnat'l L. 589, 630–31; *Burck*, (1993) 18 North Carolina J. Int'l Law 475, 488–89; *Schimeck*, (1993) 45 Baylor L.R. 499, 520–22; *Najarian*, (1994) 68 St. John's L.R. 961, 983–85; *Salava*, (1994) 20 J. of Legisl. 267, 269–70; *Swanson*, (1996) G. Wash. J. Int'l L. & Econ. 1, 33, 36–37; *Roberson*, (1998) 147 U. Penn. L.R. 409, 433; *Phillips*, (2002) 69 Univ. Chicago L.R. 2007, 2023–24; *Calamita*, (2006) 27 U. Penn. J. Int'l Econ. L. 601, 680; *Vertigan*, (2007) 76 G. Wash. L.R. 155, 180; *Koeniger/Bales*, (2014) 22 Cardozo J. Int'l & Comp. L. 473, 491–95; *Hartley*, Int'l Commercial Litigation, S. 280; zu SEP-Streitigkeiten vgl. *Greenbaum*, (2019) 94 Wash. L.R. 1085, 1100; *Tsilikas*, (2021) 16 JIPLP, 729, 736; *Hess*, (2022) 25 JWIP 536, 542–44; *Murthy*, (2022) 75 Vand. L.R. 1609, 1640.

[111] *Nicolas*, (1999) 40 Virg. J. Int'l Law 331, 395–96, 402; *Perry*, (1999) 8 U. Miami Bus. L.R. 123, 151–52, 154–59; *Cohen*, (2022) 116 NW. U. L.R. 1577, 1623–27.

mit dem Erlass von ASIs. In einer Pressemitteilung erklärte der SPC, warum das Rechtsinstitut in das chinesische Recht übernommen werden müsse:

> „*ASIs sind ein unumgängliches Problem, mit dem chinesische Gerichte in IP Streitigkeiten konfrontiert sind. Viele chinesische Gerichtsverfahren wurden durch ausländische ASIs beeinträchtigt. ASIs spiegeln den Wettbewerb zwischen Großmächten um die Vorherrschaft bei der Gesetzgebung und bei Zuständigkeitskonflikten wider. Sie sind ein wichtiges Mittel, um parallele Rechtsstreitigkeiten zu verhindern und die richterliche Souveränität Chinas zu schützen. Bleiben chinesische Gerichte passiv, werden sie im Wettbewerb der Jurisdiktionen abgehängt.*"[112]

Insgesamt haben chinesische Gerichte 2020 in sechs Verfahren ASIs erlassen. In einem Fall wurde der Erlass einer ASI abgelehnt.

I. Huawei v Conversant (2020)

Im Juli 2017 hatte der SEP-Inhaber *Conversant* beim *High Court* in London die Festsetzung der Lizenzgebühren eines weltweiten Portfolios beantragt.[113] Am 25.1.2018 erhob *Huawei* drei Klagen gegen *Conversant* beim *Nanjing Intermediate People's Court*. *Huawei* klagte auf Feststellung, dass drei chinesische Patente, die verschiedene 2G-, 3G- und 4G-Standards betrafen, nicht verletzt waren. Hilfsweise begehrte *Huawei* die Festsetzung der Gebühren eines Lizenzvertrages für den chinesischen Markt.[114] Drei Monate später, am 20.4.2018, erhob *Conversant* beim LG Düsseldorf eine Patentverletzungsklage gegen *Huawei*. Die Klage stützte *Conversant* auf drei europäische Patente. Zwei der Patente waren Äquivalente der chinesischen Klagepatente.

Mit Urteil vom 16.12.2019 setzt der *Nanjing Intermediate People's Court* die FRAND-Konditionen einer auf China begrenzten Portfoliolizenz fest. Das Gericht entschied dabei nicht über die Wirksamkeit oder die Verletzung der Patente. Am 27.8.2020 erließ das LG Düsseldorf wegen der Verletzung eines Klagepatents (EP 1797659) eine Unterlassungsanordnung gegen *Huawei*.[115] Die chinesische Patentbehörde hatte bereits 2018 festgestellt, dass das chinesische Äquivalent des EP 1797659 unwirksam ist. Die Entscheidung über *Conversants* Beschwerde stand zum Urteilszeitpunkt noch aus. *Huawei* beantragte beim SPC eine ASI, die *Conversant* die Vollstreckung des in Deutschland

---

[112] Pressemitteilung des Supreme People's Court vom 30.05.2018, vgl. *Contreras/Yu/Yu*, (2022) 71 Am. Univ. L.R. 1537, 1600-01 für eine englische Übersetzung.

[113] *Conversant v Huawei* [2018] EWHC 808 (Pat); *Huawei v Conversant* [2019] EWCA Civ 38.

[114] *Huawei v Conversant* (Supreme People's Ct. 2020).

[115] LG Düsseldorf, Urt. v. 27.8.2020, Az. 4b O 30/18 (n.v., siehe § 2, A., Fn. 75).

erwirkten Unterlassungstitels verbieten sollte. Am Folgetag erließ der SPC die ASI, ohne *Conversant* eine Gelegenheit zur Äußerung eingeräumt zu haben.[116]

1. Entscheidung des SPC

Der SPC erließ die ASI als vorläufige Anordnung. Rechtsgrundlage der ASI sind Art. 100, 102, 111 Abs. 1, 6 und Art. 115 Abs. 1 der chinesischen Zivilprozessordnung. Artikel 100 lautet:

„Der SPC kann auf Antrag anordnen, das Vermögen einer Partei zu erhalten, ihr bestimmte Handlungen auferlegen oder zu untersagen, wenn die Vollstreckung eines Urteils durch Handlungen der besagten Partei erschwert werden kann oder der Antragstellerin ein anderer Schaden entstehen kann. Stellt die Partei keinen Antrag, kann der SPC, wenn es erforderlich ist, auch ohne vorherigen Antrag Erhaltungsmaßnahmen anordnen [...]."[117]

Artikel 111 bestimmt:

„Wenn ein Beteiligter oder eine andere Person eine der folgenden Handlungen begeht, kann der SPC je nach der Schwere des Falles eine Geldstrafe verhängen oder die Person inhaftieren [...]:

1. das Fälschen oder Vernichten wichtiger Beweismittel und die dadurch bedingte Behinderung der Verhandlung vor dem SPC; [Nr. 2-5]

6. die Weigerung, ein rechtskräftiges Urteil oder eine Entscheidung des SPC auszuführen."[118]

Die Generalklauseln bezeichnen keine Voraussetzungen für den Erlass einer ASI. Der SPC hat sich bei deren Auslegung offenbar an den von US-amerikanischen Gerichten geprüften Voraussetzungen orientiert.

a) Einfluss des ausländischen Verfahrens

Eingangs prüft der SPC, ob die Vollstreckung des deutschen Urteils das chinesische Hauptsacheverfahren erheblich beeinflusst. Dafür stellte der SPC zunächst fest, dass die Parteien im in- und ausländischen Verfahren übereinstimmen. Das chinesische Verfahren betreffe die Lizenzkonditionen eines SEP-Portfolios für den chinesischen Markt. Im deutschen Verfahren hatte *Conversant* wegen einer Patentverletzung auf Unterlassung und Schadensersatz geklagt. Im Zuge dessen habe das LG Düsseldorf geprüft, ob das von *Conversant*

---

[116] *Huawei v Conversant* (Supreme People's Ct. 2020), S. 9; *Contreras/Yu/Yu*, (2022) 71 Am. Univ. L.R. 1537, 1592; *Cotter*, (2021) Patently-O L.J. 1, 20.

[117] Übersetzung nach LG Düsseldorf BeckRS 2021, 36218, Rn. 43, modifiziert durch den Verfasser.

[118] Civil Procedure Law of the PR China, abrufbar unter http://cicc.court.gov.cn/html/1/219/199/200/644.html, Übersetzung durch den Verfasser.

unterbreitete Lizenzangebot FRAND gewesen sei. Demnach überschnitten sich die Streitgegenstände zumindest teilweise. Die Vollstreckung des deutschen Urteils könnte die chinesischen Verfahren bedeutungslos machen. Offenbar ging das Gericht davon aus, dass *Huawei*, um die in Deutschland drohende Vollstreckung abzuwenden, *Conversants* Lizenzangebot annehmen würde. Durch den von der Vollstreckung ausgehenden Druck sei eine erhebliche Beeinflussung des chinesischen Verfahrens durch das Urteil des LG Düsseldorf gegeben.[119]

b) Irreversibler Schaden

Zweitens müsste die ASI geboten sein. Eine ASI sei geboten, wenn dem Verfügungskläger anderenfalls erhebliche und irreversible Schäden drohten oder wenn die Vollstreckung des chinesischen Urteils erheblich erschwert würde. Die drohende Verurteilung auf Unterlassung lasse *Huawei* die Wahl zwischen zwei empfindlichen Übeln: *Huawei* könne sich entweder vom deutschen Markt zurückziehen oder *Conversants* Lizenzangebot annehmen. Die von *Conversant* geforderten Gebühren betrugen das Achtzehnfache der vom chinesischen Gericht für das chinesische SEP-Portfolio festgesetzten Gebühren. In jedem Fall drohe *Huawei* ein erheblicher Schaden, der nachträglich nur schwer ersetzt werden könne.[120]

c) Interessenabwägung

In einem dritten Schritt wog das Gericht im Rahmen einer Doppelhypothese die Nachteile ab, die Antragsteller und Antragsgegner jeweils drohten, wenn die ASI erlassen bzw. nicht erlassen würde. Sofern der Schaden für den Antragsteller beim Ausbleiben der Verfügung größer ist als der durch die Verfügung beim Antragsgegner verursachte Schaden, sei eine ASI gerechtfertigt.

Der SPC stellte fest, dass die ASI *Conversant* die Vollstreckung eines erstinstanzlichen Urteils vorübergehend – bis zur Entscheidung des chinesischen Verfahrens – untersagen würde. Es bliebe *Conversant* unbenommen, seine anderen Rechte, z.B. Schadensersatzansprüche, in Deutschland durchzusetzen. Zudem sei *Conversant* eine PAE, die lediglich auf die Verwertung der Patente abziele. Das einzige und eigentliche Ziel des deutschen Verfahrens sei es, einen finanziellen Ausgleich für die Patentnutzung zu erhalten. Insoweit könnte *Conversant* eher als *Huawei* nachträglich entschädigt werden, was den Erlass einer vorläufigen Anordnung bzw. der ASI rechtfertige.[121]

---

[119] *Huawei v Conversant*, S. 6–7 (Supreme People's Ct. 2020).
[120] *Huawei v Conversant*, S. 7 (Supreme People's Ct. 2020).
[121] *Huawei v Conversant*, S. 8 (Supreme People's Ct. 2020).

d) Beeinträchtigung öffentlicher Interessen

Weiterhin prüfte das Gericht, ob der Erlass einer ASI mit öffentlichen Interessen vereinbar war. Das wurde bejaht, da die Gerichtsverfahren hauptsächlich die Interessen der Parteien, *Conversant* und *Huawei*, beträfen.

e) Berücksichtigung der comity

Auch der Einfluss auf die *comity* sei vernachlässigbar. Erstens habe *Huawei* die Klagen in China über drei Monate vor der Anhängigkeit der deutschen Patentverletzungsklage erhoben. Zweitens sei die Vollstreckung des deutschen Urteils lediglich vorübergehend ausgesetzt. Zudem wirke sich die Anordnung nicht auf das Berufungsverfahren aus.[122]

2. Anmerkung

Der Ansatz des SPC ist an die Vorgehensweise der US-Gerichte angelehnt, an einigen Stellen jedoch noch weiter gefasst.[123] In einer Zusammenfassung der wichtigsten Entscheidungen des Jahres 2020 hat der SPC aus der Entscheidung gleichzeitig einige Grundsätze für ASIs abgeleitet („*Adjudication Guidelines*").[124] Als Eingangsvoraussetzung lässt der SPC eine „wesentliche" Beeinflussung des chinesischen Verfahrens durch das ausländische Verfahren genügen. Das inländische Hauptsacheverfahren muss nicht ausschlaggebend für das ausländische Verfahren sein. Im konkreten Fall betraf das chinesische Verfahren lediglich die Bedingungen einer Lizenz für den chinesischen Markt. Die Entscheidung hätte keinen direkten Einfluss auf das deutsche Verfahren. Nach US-amerikanischem Recht wäre eine ASI dadurch ausgeschlossen.

Die Prüfung der Gebotenheit der ASI und die Interessenabwägung sind mit den von US-Gerichten herangezogenen *Unterweser*-Faktoren vergleichbar. Demnach können „Billigkeitserwägungen" (*equitable considerations*) den Erlass einer ASI rechtfertigen. Auch die Begründung des SPC stimmt im Wesentlichen mit derjenigen der US-Gerichte überein. Beide verweisen auf die Auswirkung der drohenden Vollstreckung, die den Implementierer zum Rückzug vom deutschen Markt oder zur Annahme eines ungünstigen Lizenzangebots zwinge. Schließlich sehen US-amerikanische und chinesische Gerichte die Integrität des inländischen Verfahrens durch die drohende Vollstreckung ausländischer Unterlassungstitel gefährdet. Auch die Argumentation zur

---

[122] *Huawei v Conversant*, S. 8–9 (Supreme People's Ct. 2020).
[123] *Geradin/Katsifis*, GRUR Int. 2022, 603, 607; *Tsang/Lee*, (2022) 28 Mich. Tech. L.R. 305, 339.
[124] Supreme People's Court of China, Adjudication Guidelines 2020, Nr. 1.

vertretbaren Beeinträchtigung des *comity*-Grundsatzes ist beinahe deckungsgleich mit derjenigen des *court of appeals* in *Microsoft*.

II. ZTE v Conversant (Shenzhen, 2020)

Nach *Huawei* beantragte auch *ZTE* den Erlass einer ASI gegen *Conversant*, um die Vollstreckung eines Urteils des LG Düsseldorf[125] abzuwenden, allerdings nicht beim SPC, sondern beim *Shenzhen Intermediate People's Court*. Dieser übertrug die Erwägungsgründe des SPC aus *Huawei* und erließ die ASI.[126]

III. Oppo v Sharp (Shenzhen, 2020)

Im Januar 2020 erhob *Sharp* wegen behaupteter Patentverletzungen in Tokyo eine Unterlassungsklage gegen *Oppo*. Darin sah *Oppo* eine Verletzung von *Sharps* FRAND-Verpflichtung und klagte in Shenzhen auf Feststellung der Vertragsverletzung und auf Festsetzung der Konditionen einer globalen Lizenz. Das Gericht stellte in einer Zwischenentscheidung fest, dass es die weltweiten Konditionen bestimmen könne.[127] Trotz des Zwischenurteils erhob *Sharp* weitere Patentverletzungsklagen in Japan und Deutschland. Auf einen dagegen gerichteten Antrag von *Oppo* hin untersagte das Gericht per einstweiliger Verfügung vom 3.12.2020 die Fortführung der Patentverletzungsverfahren. Für jeden Tag der Nichtbeachtung wurde eine Strafzahlung i.H.v. einer Millionen Renminbi Yuan (seinerzeitiger Wechselkurs ca. 126.000 EUR) angeordnet.[128] Das LG München I erließ nach einem Antrag von *Sharp* binnen weniger Stunden eine AASI.[129] Nachdem das chinesische Gericht eine in der Beantragung der AASI liegende Vertragsverletzung feststellte, verzichtete *Sharp* auf die Durchsetzung der deutschen AASI.[130]

Verglichen mit englischen und US-amerikanischen ASIs ist die angeordnete Rechtsfolge unkonventionell. Die ASI richtete sich nicht nur gegen die in Deutschland und Japan anhängigen Patentverletzungsverfahren, sondern untersagte weltweit die Erhebung weiterer Unterlassungsklagen. Die weltweite

---

[125] LG Düsseldorf, Urt. v. 27.8.2020, Az. 4b O 31/18 (n.v.).

[126] *ZTE v Conversant*, 2018 Yue 03 Min Chu No. 335 Zhi Yi (Shenzhen Interm. Ct. 2020, n.v.), zit. nach *Tsang/Lee*, (2022) 28 Mich. Tech. L.R. 305, 341.

[127] Entscheidung n.v., vgl. *Contreras/Yu/Yu*, (2022) 71 Am. Univ. L.R. 1537, 1583.

[128] *Oppo v Sharp*, 2020 Yue 03 Min Chu No. 689-1 (Shenzhen Interm. Ct. 2020), n.v., zit. nach *Contreras/Yu/Yu*, (2022) 71 Am. Univ. L.R. 1537, 1582–85.

[129] *Huang*, Latest Development on ASIs; *Contreras/Yu/Yu*, (2022) 71 Am. Univ. L.R. 1537, 1584.

[130] *Huang*, Latest Development on ASIs; *Contreras/Yu/Yu*, (2022) 71 Am. Univ. L.R. 1537, 1584.

Geltung rechtfertigte der SPC mit der auf die Zukunft beschränkten Wirkung.[131]

IV. Lenovo v Nokia (Shenzhen, 2021)

In *Lenovo v Nokia* lehnte der *Shenzhen People's Intermediate Court* den Erlass einer ASI ab. *Nokia* hatte am 18.9.2019 in Deutschland sechs Patentverletzungsverfahren gegen *Lenovo* eingeleitet. Eine Woche später klagte *Nokia* in den Vereinigten Staaten auf Unterlassung der Patentverletzungen gegen *Lenovo*, es folgten weitere Patentverletzungsverfahren in Brasilien und Indien.

Am 2.10.2020 erließ das LG München I eine gegen Sicherheitsleistung vollstreckbare Unterlassungsanordnung. Auf Antrag *Lenovos* hin setzte das OLG München mit Beschluss vom 30.10.2020 die Vollstreckbarkeit bis zur Entscheidung über die Berufung aus. Das OLG München war der Ansicht, dass das Klagepatent unwirksam war und die Verurteilung mit hoher Wahrscheinlichkeit keinen Bestand haben könne.[132]

Erst am 13.10.2020 hatte *Lenovo* in China gegen *Nokia* geklagt. *Lenovo* warf *Nokia* Verletzungen der FRAND-Verpflichtungen vor, unter anderem durch die Weigerung, die SEPs an Zulieferer zu lizenzieren. Weiterhin beantragte *Lenovo* die Festsetzung der FRAND-Gebühren, wobei die Festsetzung wohl auf einen Lizenzvertrag über ein Portfolio für den chinesischen Markt beschränkt sein sollte.[133] *Lenovo* beantragte die ASI, da man durch die Verurteilungen im Ausland und die anhängigen Patentverletzungsverfahren zum Abschluss eines Vergleichs bzw. einer weltweiten Lizenzvereinbarung zu deutlich über FRAND liegenden Konditionen gezwungen werde. Dadurch erledige sich das chinesische Verfahren vorzeitig.

1. Entscheidung

Das Gericht in Shenzhen lehnte den Erlass einer ASI ab, da das chinesische Verfahren nicht direkt durch die ausländischen Patentverletzungsverfahren gefährdet sei. Der Ausgang der ausländischen Verfahren sei noch offen und es sei gut möglich, dass *Lenovo* diese gewinne. Da noch kein vollstreckbares

---

[131] *Oppo v Sharp*, Zui Gao Fa Zhi Min Xia Zhong No. 517 (Supreme People's Ct. 2020).

[132] *Müller*, Lenovo wins, Nokia loses in Munich appeals court, Blogeintrag vom 2.11.2020, Originalenscheidung n.v.

[133] Vgl. *Lenovo v Nokia*, 2020 Yue 03 Min Chu No. 5105 (Shenzhen Interm. Ct. 2021). In der englischen Übersetzung der Entscheidung ist missverständlich von „chinesischen SEPs" die Rede.

Urteil vorliege, könne keine Sicherungsverfügung (*conduct preservation measure*) in Gestalt einer ASI erlassen werden.[134]

2. Anmerkung

Das Urteil ist bemerkenswert, da das Gericht der Auffassung scheint, dass die Rechtsgrundlage der chinesischen ASIs, Art. 100 der chinesischen Zivilprozessordnung, nur AEIs und keine ASIs zulässt. Zumindest solange der Ausgang des ausländischen Verfahrens unklar ist, lägen die Voraussetzungen zum Erlass einer Sicherungsverfügung (in Gestalt einer ASI) nicht vor. Die Bedeutung der Entscheidung sollte allerdings nicht überbewertet werden. *Lenovo* hatte erst über ein Jahr nach Anhängigkeit der deutschen Patentverletzungsverfahren in China geklagt. Es ist daher nicht auszuschließen, dass das Gericht, wäre das deutsche Patentverletzungsverfahren erst nach Einleitung des chinesischen Verfahrens anhängig geworden, eine ASI erlassen hätte.

V. Xiaomi v InterDigital (Wuhan, 2020)

Mit einer auf Rechtsfolgenseite besonders weitreichenden ASI[135] gab der *Wuhan People's Intermediate Court* dem Verfügungsbeklagten auf, in Indien und allen anderen Jurisdiktionen anhängige Patentverletzungsverfahren zurückzunehmen. Weiterhin untersagte die Verfügung weltweit die Erhebung von Patentverletzungsklagen und von Klagen auf Feststellung der FRAND-Konditionen.[136]

Die Parteien konnten sich zuvor in über sieben Jahren nicht über die Bedingungen eines Lizenzvertrages über ein SEP-Portfolio einigen.[137] Am 9.6.2020 klagte *Xiaomi* in Wuhan und beantrage die Festsetzung der FRAND-Konditionen eines weltweiten Lizenzvertrages. Erst am 28.7.2020 wurde *InterDigital* von *Xiaomi* über die Klageerhebung informiert. Bereits am 29.7.2020 reichte *InterDigital* bei dem *High Court* in Neu-Delhi eine Patentverletzungsklage ein. Alternativ zur Verurteilung auf Unterlassung begehrte *InterDigital* den Abschluss einer Lizenz zu den vom indischen Gericht festzusetzenden

---

[134] *Lenovo v Nokia*, 2020 Yue 03 Min Chu No. 5105 (Shenzhen Interm. Ct. 2021), unter VII.

[135] *Yu/Contreras*, Will China's new ASIs Shift the Balance of Global FRAND Litigation, S. 4–5.

[136] *Xiaomi v InterDigital*, 2020 E 01 Zhi Min Chu No. 169 (Wuhan Interm. Ct. 2020), S. 2.

[137] LG München I GRUR-RS 2021, 3995, Rn. 4 – FRAND-Lizenzwilligkeit; vgl. die Schilderung des chinesischen Gerichts, *Xiaomi v InterDigital*, 2020 E 01 Zhi Min Chu No. 169 (Wuhan Interm. Ct. 2020), S. 5–6, die ein Verschulden *InterDigitals* am Scheitern der Vertragsverhandlungen impliziert.

Konditionen.¹³⁸ Die Festsetzung des indischen Gerichts hätte sich auf den indischen Markt beschränkt.¹³⁹ Da Indien einer der Hauptabsatzmärkte *Xiaomis* war, konnte *Xiaomi* den dort durch die Patentverletzungsklage drohenden Verkaufsstopp nicht riskieren. Wenige Tage später, am 4.8.2020, beantragte *Xiaomi* beim *Intermediate People's Court* in Wuhan den Erlass einer ASI zum Schutz des Hauptsacheverfahrens.

1. Entscheidung

Eingangs beschreibt das Gericht, dass die Antragsgegnerin, *InterDigital*, wiederholt zum Ausdruck gebracht habe, das chinesische Verfahren nicht zu respektieren.¹⁴⁰ Zunächst habe sie das Verfahren ignoriert und anschließend in Kenntnis des chinesischen Verfahrens zur Festsetzung der Konditionen eines weltweiten Lizenzvertrages in Indien gegen *Xiaomi* auf Unterlassung geklagt. Die indische Patentverletzungsklage habe *InterDigital* bösgläubig und einzig zu dem Zweck erhoben, *Xiaomi* zum Abschluss eines Lizenzvertrages zu ungünstigen Bedingungen zu zwingen und so dem chinesischen Gericht seine Zuständigkeit über die FRAND-Streitigkeit zu entziehen. Zudem drohten widersprüchliche Urteile in Indien und China.¹⁴¹

Anschließend wog das Gericht die Interessen von Antragsteller und Antragsgegner gegeneinander ab. Seitens *Xiaomi* drohe ein Marktausschluss oder ein unter dem Druck des drohenden Marktausschlusses zustande gekommener Lizenzvertrag. In beiden Fällen entstünden schwere, irreversible Schäden. Demgegenüber handele es sich bei *InterDigital* um eine PAE. Außer einer durch das Abwarten des Endurteils verzögerten Einigung drohten *InterDigital* durch die ASI keine Nachteile. *InterDigital* stelle keine Produkte her, sodass eine ASI keine öffentlichen Interessen beeinträchtigen würde.¹⁴² Demnach überwogen aus Sicht des Gerichts die Interessen des Antragstellers.

Schließlich ließe der mangelnde Respekt des Antragsgegners vor dem chinesischen Verfahren darauf schließen, dass dieser sich mit weiteren Unterlassungsklagen in anderen Jurisdiktionen oder durch Schiedsverfahren gegen das

---

¹³⁸ *InterDigital v Xiaomi*, I.A. 8772/2020 in CS (COMM) 295/2020, Rn. 6 (Delhi High Ct. 2020).
¹³⁹ *InterDigital v Xiaomi*, I.A. 8772/2020 in CS (COMM) 295/2020, Rn. 100 (Delhi High Ct. 2021).
¹⁴⁰ *Xiaomi v InterDigital*, 2020 E 01 Zhi Min Chu No. 169 (Wuhan Interm. Ct. 2020), S. 6–7.
¹⁴¹ *Xiaomi v InterDigital*, 2020 E 01 Zhi Min Chu No. 169 (Wuhan Interm. Ct. 2020), S. 7–8.
¹⁴² *Xiaomi v InterDigital*, 2020 E 01 Zhi Min Chu No. 169 (Wuhan Interm. Ct. 2020), S. 8.

chinesische Verfahren wehren würde. Daher sei es geboten, die ASI auf sämtliche Jurisdiktionen zu erstrecken und es *InterDigital* zu untersagen, weltweit Verfügungen und Urteile zu erwirken, die sich gegen das chinesische Verfahren oder ein darin ergangenes Urteil richten.[143] Neben dem Verbot, Patentverletzungsklagen zu erheben, enthält die ASI damit auch ein Verbot, Maßnahmen, die die Vollstreckung der ASI gefährden, d.h. insbesondere AASI-Anträge, zu unterlassen. Damit umfasst die ASI eine AAASI. Auf die Vereinbarkeit der weitreichenden Verfügung mit der *comity* geht das Urteil nicht ein.[144] Das Gericht hob allerdings hervor, dass sich das indische Verfahren und die präventiv erfassten ausländischen Verfahren gegen das zuerst eingeleitete chinesische Hauptsacheverfahren zur Bestimmung der Konditionen einer weltweiten Lizenz richteten.[145]

2. Anmerkungen

Das Urteil lässt kein Schema erkennen.[146] Insbesondere orientierte sich das Instanzgericht nicht am Urteil des SPC in *Huawei v Conversant*, sondern stellte primär auf den vermeintlich mangelnden Respekt des Antragsgegners vor dem chinesischen Verfahren ab. Ein mangelnder Respekt des Antragsgegners vor dem Erlassgericht ist in *common law*-Jurisdiktionen kein Erlassgrund für ASIs.

Weiterhin scheint das Gericht die Interessen einer PAE, die ihr Geld lediglich mit der Lizenzierung gekaufter Patente verdient, hinter die Interessen von Implementierern zu stellen. Mit der ASI nimmt das chinesische Gericht dem Antragsgegner ein zentrales Mittel, Verhandlungsdruck auf einen Implementierer auszuüben.[147] Auch in *Xiaomi v InterDigital* wurde nicht aufgeklärt, ob *InterDigital* mit der Klageerhebung im Ausland überhaupt seine FRAND-Verpflichtung verletzt bzw. missbräuchlich gehandelt hatte. Auch wegen der weltweiten Geltung der ASI für sämtliche zukünftige Verfahren, die das chinesische Verfahren beeinträchtigen, ist die Verfügung reichlich unbestimmt. Der Antragsgegner muss prüfen, wann ein Verfahren das chinesische Verfahren oder die Vollstreckung des Endurteils in irgendeiner Art „beeinträchtigt".

---

[143] *Xiaomi v InterDigital*, 2020 E 01 Zhi Min Chu No. 169 (Wuhan Interm. Ct. 2020), S. 8–9.
[144] *Tsang/Lee*, (2022) 28 Mich. Tech. L.R. 305, 343.
[145] *Xiaomi v InterDigital*, 2020 E 01 Zhi Min Chu No. 169 (Wuhan Interm. Ct. 2020), S. 10.
[146] Vgl. *Tang*, Anti-Suit Injunction Issued in China.
[147] Vgl. *Tsilikas*, (2021) 16 JIPLP 729, 736.

VI. Samsung v Ericsson (Wuhan, 2020)

Ursache des Streits waren die Bedingungen einer Kreuzlizenz.[148] Kurz vor Auslaufen der bestehenden Kreuzlizenz erhob *Samsung* am 7.12.2020 Klage in Wuhan und beantragte die Festsetzung der FRAND-Konditionen eines weltweiten Lizenzvertrages. Ohne Kenntnis der Klageerhebung in China klagte *Ericsson* am 11.12.2020 in Texas gegen *Samsung* und behauptete eine Verletzung der FRAND-Verpflichtungen.[149] Am 14. Dezember beantragte *Samsung* in Wuhan den Erlass einer ASI gegen das US-Verfahren und informierte *Ericsson* über das chinesische Hauptsacheverfahren. Bis hierhin hatte *Ericsson* weder vom chinesischen Gericht noch von *Samsung* eine Klageschrift erhalten. Erst am 22. Dezember übermittelte *Samsung* die Klageschrift des chinesischen Hauptsacheverfahrens an *Ericsson*. Am 25. Dezember erließ der *Wuhan Intermediate People's Court* die ASI[150] ohne *Ericsson* eine Gelegenheit zur Stellungnahme eingeräumt zu haben. Die Verfügung wurde *Ericsson* durch eine chinesische E-Mail, über einen bekannten Provider abgeschickt wurde, mitgeteilt.[151]

Der Sachverhalt weicht erheblich von den anderen vier Fällen, in denen chinesische Gerichte ASIs erlassen haben, ab. Erstens waren die Parteien ausländische Konzerne, für die der chinesische Markt eine vergleichsweise geringe Bedeutung hat. Zwar produziert *Samsung* dort Smartphones, jedoch hatten die Vertragsverhandlungen zwischen *Samsung* und *Ericsson* nicht in China stattgefunden.[152] Der chinesische Markt war und ist für *Samsung* deutlich weniger bedeutend als für chinesische Implementierer. *Samsung* generiert in den Vereinigten Staaten und in Europa erheblich höhere Umsätze.[153] Auch für *Ericsson* ist der US-amerikanische Markt am bedeutendsten.[154]

Zweitens hatten bereits zwei Gerichte über die FRAND-Gebühren vergleichbarer *Ericsson*-Portfolios entschieden. In *TCL v Ericsson* berechnete *Judge Selna* den Wert eines *Ericsson*-Portfolios, das ebenfalls für die 2G-, 3G- und 4G-Standard relevante SEPs umfasste. Dabei konnte er auf aussagekräftige Vergleichslizenzen – unter anderem die Kreuzlizenz zwischen *Samsung*

---

[148] *Ericsson v Samsung*, 2021 WL 89980, *1 (E.D. Tex. 2021).
[149] *Ericsson v Samsung*, 2021 WL 89980, *1 (E.D. Tex. 2021).
[150] *Samsung v Ericsson*, 2020 E 01 Zhi Min Chu No. 743 (Wuhan Int. Ct. 2020).
[151] Vortrag von *Robert Earl* (*Ericsson*) auf dem Event „Patents in Telecoms" am 26.5.2022 in London (UCL).
[152] *Vary*, Samsung v Ericsson and why anti-anti-suit injunctions are a dead end.
[153] Vgl. *Samsung*, Business Report (2020), S. 148.
[154] *Ericsson v Samsung*, 2021 WL 89980, *5 (E.D. Tex. 2021).

und *Ericsson* – zurückgreifen.[155] In *Unwired Planet v Huawei* ging es um die Lizenzierung von SEPs, die *Unwired Planet* von *Ericsson* erworben hatte. Daher ermittelte *Birss J* den Wert des ehemaligen *Ericsson*-Portfolios. Dabei beurteilte er ebenfalls Vergleichslizenzen[156] und ermittelte so einen Wert von 0,8 % für *Ericssons* 4G-multimode Portfolio und 0.67 % für das 2G- und 3G-Portfolio.[157] Angesichts beider Entscheidungen schien der Verhandlungsspielraum eingeschränkt. Offenbar versuchte *Samsung* mit der Klage in China besonders niedrige Gebühren zu erzielen, die unter dem liegen, was englische und US-amerikanische Gerichte für FRAND hielten.[158]

1. Entscheidung

Anders als in *Xiaomi v InterDigital* orientierte sich der *Wuhan Intermediate People's Court* in der Entscheidung *Samsung v Ericsson* an den vom SPC vorgegebenen Kriterien.

a) Einfluss des ausländischen Verfahrens

In einem ersten Schritt prüfte das Gericht, ob ausländische Verfahren die Vollstreckung des chinesischen Urteils erschweren würden. Im Ausland drohende Verurteilungen könnten *Samsung* davon abhalten, die Festsetzung der weltweiten Lizenzgebühren abzuwarten. Zudem drohten *Samsung*, selbst wenn es ein Angebot zu den vom chinesischen Gericht festgesetzten Konditionen annähme, eine Verurteilung im Ausland. Dadurch würde das chinesische Verfahren bedeutungslos. Zweitens untersagte das Gericht *Ericsson*, im Ausland auf Festsetzung der FRAND-Konditionen einer weltweiten Lizenz zu klagen. Ansonsten drohten widersprüchliche Urteile, die die Vollstreckung des chinesischen Urteils erschwerten.[159]

b) Irreversibler Schaden

Durch den von einer Verurteilung ausgehenden Druck drohe ein irreversibler Schaden. Gerade auf schnelllebigen Technologiemärkten könnte ein Verkaufsstopp zu einem irreversiblen Verlust von Marktanteilen führen. Eine ASI sei demnach zum Schutz des Antragstellers erforderlich.[160]

---

[155] *TCL v Telefonaktiebologet LM Ericsson*, 2017 WL 6611635, *31, 55–56 (C.D. Cal. 2017).
[156] *Unwired Planet v Huawei* [2017] EWHC 711 (Pat), [180].
[157] *Unwired Planet v Huawei* [2017] EWHC 711 (Pat), [464]–[466].
[158] Vgl. *Vary*, Samsung v Ericsson and why anti-anti-suit injunctions are a dead end.
[159] *Samsung v Ericsson*, 2020 E 01 Zhi Min Chu No. 743 (Wuhan Interm. Ct. 2020), S. 8.
[160] *Samsung v Ericsson*, 2020 E 01 Zhi Min Chu No. 743 (Wuhan Interm. Ct. 2020), S. 9–10.

c) Interessenabwägung

Angelehnt an die Interessenabwägung des SPC in *Huawei v Conversant* prüfte das Gericht im Rahmen der Interessenabwägung die Doppelhypothese. Beim Ausbleiben einer ASI drohten Samsung erhebliche Schäden. Demgegenüber beeinträchtige die ASI *Ericsson* nur geringfügig. Zum einen unterliege die Durchsetzung des Patents zwar „gewissen Einschränkungen", die ASI führe aber nicht zu einem vollständigen Verlust des Patents. Zum anderen könne *Ericsson* sein Geschäft wie gewohnt fortsetzen.[161]

d) Einfluss auf öffentliche Interessen und die comity

Die Verfügung sei geboten, um ein effizientes Verfahren zu gewährleisten. Schließlich sei das chinesische Gericht auch als erstes zur Klärung der Rechtsstreitigkeit angerufen worden.[162] Damit stünden dem Erlass der ASI keine öffentlichen Interessen entgegen und die ASI sei mit den Grundsätzen der internationalen Verfahrensführung (*international civil litigation order*) vereinbar.

2. Anmerkung

Während der *Intermediate People's Court* in Wuhan in *Xiaomi v InterDigital* den Erlass der (AA)ASI recht frei begründet hatte, sind die Entscheidungsgründe in *Samsung v Ericsson* ersichtlich an diejenigen des SPC in *Huawei v Conversant* angelehnt. Dadurch hatte sich zwischenzeitlich ein Schema für ASIs nach chinesischem Recht herausgebildet. Zeitlich nach den beiden Entscheidungen schränkte der *Shenzhen People's Intermediate Court* den Anwendungsbereich für ASIs aber deutlich ein. *Lenovo v Nokia* ist die erste veröffentlichte Entscheidung eines chinesischen Gerichts, in der der Erlass einer ASI abgelehnt wurde. Sofern eine Verteidigung im ausländischen Verfahren einschließlich einer Berufung nicht aussichtslos ist, scheinen nur AEIs gegen die Vollstreckung einer bereits im Ausland erwirkten Verfügung zulässig zu sein. Nachdem 2020 mehrere ASIs erlassen wurden und 2021 der Erlass einer ASI abgelehnt wurde, erließen chinesische Gerichte – soweit ersichtlich – trotz in China anhängiger Verfahren betreffend die Bedingungen weltweiter Lizenzverträge keine ASIs mehr.

VII. Vereinbarkeit chinesischer A(AA)SIs mit TRIPS

Die (vormalige) ASI-Praxis chinesischer Gerichte könnte unter drei Aspekten gegen das TRIPS-Übereinkommen verstoßen. Erstens erscheint der *ex parte*-

---

[161] *Samsung v Ericsson*, 2020 E 01 Zhi Min Chu No. 743 (Wuhan Interm. Ct. 2020), S. 10–11.

[162] *Samsung v Ericsson*, 2020 E 01 Zhi Min Chu No. 743 (Wuhan Interm. Ct. 2020), S. 11.

Erlass von ASIs problematisch. Zweitens werden die Urteile chinesischer Gerichte regelmäßig nicht veröffentlicht. Teilweise erhalten nicht einmal die Parteien den Volltext der Entscheidung über die ASI.[163] Darin könnte ein Verstoß gegen Art. 41 Abs. 3 TRIPS liegen. Nach Art. 41 Abs. 3 TRIPS „sollen" (*shall*) die Entscheidungen zumindest zugänglich gemacht werden. Angesichts des vagen Wortlautes von Art. 41 TRIPS kann allerdings nicht angenommen werden, dass die unterbliebene Veröffentlichung und Mitteilung der Entscheidungen gegen das TRIPS-Übereinkommen verstößt.

Drittens stellt sich die Frage, ob der Erlass der extrem ausufernden ASIs unter niedrigsten Voraussetzungen gegen das TRIPS-Übereinkommen verstößt. Dem Wortlaut des Übereinkommens lässt sich keine Pflicht entnehmen, die Durchsetzung von Immaterialgüterrechten in anderen Jurisdiktionen nicht zu behindern. Da es ein zentraler Zweck des TRIPS-Übereinkommens ist, einen weltweiten Mindestschutz zu etablieren und eine multilaterale Konfliktlösung anzuregen, erscheint es zweifelhaft, ob die Gerichte in einer Jurisdiktion Gerichte in anderen Jurisdiktionen mittelbar davon abhalten dürfen, über nationale Patente und deren Verletzung zu entscheiden.

1. Beschwerde der Europäischen Kommission

In ihrem am 18. Februar 2022 eingereichten Antrag auf ein Verfahren zur Streitbeilegung benennt die Europäische Kommission vier Verstöße Chinas gegen das TRIPS-Übereinkommen.[164]

a) Verstoß gegen Art. 1 Abs. 1 i.V.m. Art. 28 Abs. 1 und Abs. 2 TRIPS

Aus Sicht der Europäischen Kommission sind die chinesischen ASIs mit Art. 1 Abs. 1 i.V.m. Art. 28 Abs. 1 TRIPS unvereinbar, da sie das Recht von Patentinhabern, Unterlassungsansprüche durchzusetzen, einschränken.[165] Außerdem verstoße die ASI-Praxis chinesischer Gerichte gegen Art. 1 Abs. 1 i.V.m. Art. 28 Abs. 2 TRIPS, indem sie Patentinhabern den Abschluss von Lizenzverträgen erschwere.

Die von der Europäischen Kommission angeführten Rechtsgrundlagen sind unpassend. Die Beschwerde ist auf Art. 28 TRIPS gestützt, der sich in Teil II des Übereinkommens befindet. Teil II regelt die Verfügbarkeit, Reichweite und die Ausübung handelsbezogener Rechte des geistigen Eigentums, d.h. den

---

[163] Vortrag von *Robert Earl* (*Ericsson*) auf dem Event „Patents in Telecoms" am 26.5.2022 in London (UCL).
[164] WTO, Mitteilung vom 22.2.2022, WT/DS611/1, P/D/43, G/L/1427; Europäische Kommission, Pressemitteilung v. 18.2.2022, IP/22/1103.
[165] WTO, Mitteilung vom 22.2.2022, WT/DS611/1, P/D/43, G/L/1427, S. 6.

materiell-rechtlichen Schutzumfang.¹⁶⁶ Demgegenüber betrifft die Beschwerde der Kommission die Rechtsdurchsetzung.

b) Verstoß gegen Art. 41 Abs. 1 S. 2 TRIPS

Weiterhin läge ein Verstoß gegen Art. 41 Abs. 1 S. 2 TRIPS vor, da die ASIs verhinderten, dass Patentinhaber in anderen Staaten von den ihnen nach dem dortigen Recht zustehenden und durch das TRIPS-Übereinkommen vorgesehenen Rechtsdurchsetzungsmechanismen Gebrauch machen können. Art. 41 Abs. 1 TRIPS betrifft die Rechtsdurchsetzung. Danach müssen Mitglieder gewährleisten, dass Rechtsmittel zur Verhinderung von Rechtsverletzungen und zur Abschreckung vor weiteren Verletzungen verfügbar sind.

Daraus ergibt sich jedenfalls nicht unmittelbar, dass die Behinderung der Rechtsdurchsetzung in einem anderen Staat untersagt ist. Nach Art. 41 Abs. 1 S. 2 TRIPS sollen die Verfahren zur Rechtsdurchsetzung i.S.v. Art. 41 Abs. 1 S. 1 TRIPS so angewandt werden, dass sie möglichst keine Handelsschranken oder ein Missbrauchspotential schaffen. Der zweite Satz beinhaltet mithin ebenfalls kein Verbot, die Rechtsdurchsetzung in einem anderen Land zu behindern. Die Vorschrift stellt klar, dass ein exzessiver Schutz von Immaterialgüterrechten in einem Land sich auf den Handel in anderen Ländern auswirken kann.¹⁶⁷ Es geht darum, dass Mitglieder die Durchsetzbarkeit von Immaterialgüterrechten einschränken *sollen*. Gerade auf diese Erwägung stützen chinesische Gerichte ihre ASIs. Aus Sicht chinesischer Gerichte verhindert der quasi-automatische Erlass von Unterlassungsanordnungen oder -verfügungen gegen vermeintlich lizenzwillige Implementierer das Zustandekommen einer FRAND-Lizenz, da der davon ausgehende Druck den Implementierer zum Abschluss eines Lizenzvertrages zu ausbeuterischen Bedingungen zwinge.¹⁶⁸

c) Verstoß gegen Art. 1 Abs. 1 i.V.m. Art. 44 Abs. 1 TRIPS

Schließlich verstoße China gegen Art. 1 Abs. 1 i.V.m. Art. 44 Abs. 1 TRIPS, indem chinesische Gerichte die Justizbehörden anderer Mitglieder davon abhielten, Patentverletzer auf Unterlassung der Patentverletzung zu verurteilen.

Aus Art. 44 Abs. 1 TRIPS ergibt sich ebenfalls keine Pflicht, ausländische Patentverletzungsverfahren nicht zu behindern. Gemäß Art. 41 Abs. 1 TRIPS müssen Mitglieder aber gewährleisten, dass Rechtsinhabern effiziente

---

¹⁶⁶ Vgl. *Busche*, in: Busche/Stoll/Wiebe, Einleitung 2, Rn. 1.
¹⁶⁷ Vgl. *Vander/Steigüber,* in: Busche/Stoll/Wiebe, Art. 41, Rn. 5.
¹⁶⁸ *Huawei v Conversant*, S. 7, unter 2. (Supreme People's Ct. 2020); *Xiaomi v InterDigital*, 2020 E 01 Zhi Min Chu No. 169 (Wuhan Interm. Ct. 2020); *Samsung v Ericsson*, 2020 E 01 Zhi Min Chu No. 743 (Wuhan Interm. Ct. 2020), S. 9–10.

Rechtsdurchsetzungsmechanismen zur Verfügung stehen. Wenn eine Jurisdiktion Prozessführungsverbote gegen Verfahren in anderen Jurisdiktionen anordnet und sich der Adressat der ASI im Ausland nicht gegen die ASI wehren kann, ist das ausländische Verfahren zur Rechtsdurchsetzung nicht verfügbar („*available*").[169] Daraus folgt nach hier vertretener Ansicht, dass AASIs mit dem TRIPS-Übereinkommen vereinbar oder sogar notwendig sind, um der Pflicht aus Art. 41 Abs. 1 TRIPS nachzukommen. Allerdings ist damit noch nicht erörtert, ob der Erlass einer ASI einen Verstoß gegen das TRIPS-Übereinkommen darstellt.

Art. 41 Abs. 1 TRIPS könnte i.V.m. Art. 1 Abs. 1 TRIPS eine taugliche Beschwerdegrundlage darstellen. Obwohl dies nicht unmittelbar aus dem Wortlaut von Art. 1 Abs. 1 TRIPS folgt, ist anerkannt, dass das TRIPS-Übereinkommen einen Mindestschutz von Immaterialgüterrechten gewährleisten soll.[170] Dieser Mindestschutz wird gleichermaßen unterschritten, wenn ein Mitglied selbst keine hinreichenden Durchsetzungsmechanismen zur Verfügung stellt und wenn ein Mitglied die Rechtsdurchsetzung durch die Justizbehörden eines anderen Mitglieds verhindert.

Eine Pflicht, keine ASIs gegen Patentverletzungsverfahren zu erlassen, könnte sich weiter aus einer ergänzenden Auslegung ergeben. Das TRIPS-Übereinkommen regt für den Fall, dass aus Sicht eines Mitglieds ein anderes Mitglied missbräuchliche Lizenzpraktiken betreibt, eine multilaterale Konfliktlösung an. Ausdrücklich wird die Bestrebung, Konflikte auf multilateraler Ebene zu lösen, in Abschnitt (e) der Präambel hervorgehoben:

"*[Members are] emphasizing the importance of reducing tensions by reaching strengthened commitments to resolve disputes on trade-related intellectual property issues through multilateral procedures*"

Aus diesem Grund sollen Mitglieder keine unilateralen Maßnahmen erlassen, etwa indem sie Handelssanktionen gegen andere Mitglieder verhängen.[171] Eine ASI stellt eine unilaterale Maßnahme dar. Zwar richtet sich eine ASI formal gegen den Beklagten im inländischen Hauptsacheverfahren und nicht gegen das ausländische Gericht oder die ausländische Regierung. Erlässt eine Jurisdiktion allerdings wiederholt – wie chinesische Gerichte – in ähnlichen Sachverhaltskonstellationen ASIs gegen Patentverletzungsverfahren in

---

[169] Näher unten, Gliederungspunkt § 5, II., 2., d), dd), (2).
[170] China – Intellectual Property Rights (2009), WT/DS362/R, Rn. 7.513; *Barbosa*, in: Correa (Hrsg.), Research Handbook on IP Protection under WTO Rules, S. 52, 71–74; *Malbon/Lawson/Davison*, Rn. 1.05; Busche/*Stoll*/Wiebe, Art. 1, Rn. 14.
[171] *Correa*, TRIPS Commentary, S. 8.

Deutschland, da diese eine effiziente Lösung der FRAND-Streitigkeit verhinderten, schwingt in den Prozessführungsverboten eine mittelbare Kritik an der Rechtsprechung deutscher Gerichte mit. Die ASIs beinhalten den Vorwurf eines *over enforcement* und der systematischen Duldung missbräuchlicher Lizenzpraktiken. Nach hier vertretener Ansicht stellt jedenfalls der wiederholte Erlass von ASIs gegen Patentverletzungsverfahren in derselben ausländischen Jurisdiktion eine nach dem TRIPS-Übereinkommen unzulässige unilaterale Maßnahme gegen ein anderes Mitglied dar.

Aus Art. 40 Abs. 3, 4 TRIPS folgt ein weiteres, systematisches Argument gegen den Erlass von ASIs in FRAND-Streitigkeiten. Danach hat ein Mitglied, wenn es glaubt, dass ein ausländischer Rechtsinhaber seine Rechte im Ausland missbräuchlich durchsetzt oder dass Staatsangehörige bzw. Personen mit gewöhnlichem Aufenthalt im Inland im Ausland wettbewerbswidrigen Lizenzierungspraktiken ausgesetzt sind, das andere Mitglied zu ersuchen und eine Einigung anzuregen. Die Regelungen soll Justizkonflikte vermeiden, wenn sich potentiell wettbewerbswidrige Praktiken auf Märkte in mehreren Jurisdiktionen auswirken.[172] Hält China die Patentverletzungsverfahren im Ausland für missbräuchlich, weil chinesische Implementierer gegenüber westlichen SEP-Inhabern benachteiligt würden oder weil infolge von (drohenden) Verurteilungen weltweite Lizenzverträge zu aus Sicht Chinas FRAND-widrigen Konditionen zustande kommen, hätte China sich zunächst an das Mitglied zu wenden, anstatt die Problematik auf eigene Faust durch den Erlass von ASIs zu lösen.[173]

d) Rechtfertigung der ASI-Praxis

Zur Rechtfertigung könnte China einwenden, dass Gerichte, die Implementierer trotz eines in China anhängigen Verfahrens auf Unterlassung verurteilen, ihrerseits eine weltweit geführte FRAND-Streitigkeit vorschnell entscheiden würden, wodurch sie missbräuchlichen Lizenzpraktiken Vorschub leisten und die Rechtsdurchsetzung in anderen Jurisdiktionen behindern würden. Obwohl weltweit anerkannt ist, dass nur lizenzunwillige Implementierer auf Unterlassung verurteilt werden sollen, beurteilen die Gerichte die Lizenzwilligkeit unterschiedlich. So kann es sein, dass ein und derselbe Konzern im chinesischen Verfahren als lizenzwilliger und in einem europäischen Verfahren als lizenzunwilliger Implementierer gilt. Insoweit ist zu erwägen, ob ASIs eine Maßnahme zur Verhinderung missbräuchlicher Lizenzierungspraktiken gem.

---

[172] *Brand*, in Busche/Stoll/Wiebe (Hrsg.), Art. 40, Rn. 6; *Staehelin*, TRIPs-Übereinkommen, S. 174.

[173] Vgl. *Correa*, TRIPS Commentary, S. 381, nach dem Mitglieder aus demselben Grund keine extraterritoriale Missbrauchsaufsicht über Inländer ausüben können und müssen, wenn sich deren missbräuchliche Praktiken auf ausländische Märkte auswirken.

Art. 40 Abs. 1, Art. 8 Abs. 2 TRIPS darstellen können. Art. 40 Abs. 1 TRIPS stellt klar, dass einige Lizenzierungspraktiken den Wettbewerb und internationalen Handel beschränken sowie Technologietransfers verhindern können. Die Vorschrift konkretisiert Art. 8 Abs. 2 TRIPS, wonach Mitglieder die missbräuchliche Durchsetzung von Immaterialgüterrechten verhindern sollen.[174]

Dafür müsste eine Unterlassungsanordnung bzw. das Ausnutzen einer günstigen Rechtslage in einer bestimmten Jurisdiktion Ausfluss missbräuchlicher Lizenzierungspraktiken sein. Diese Auslegung würde dazu führen, dass ein Mitglied über vermeintlich missbräuchliche Lizenzpraktiken, die sich auf die Märkte anderer Mitglieder auswirken bzw. dort vollzogen werden, entscheiden könnte. Es ist schwer vorstellbar, dass Art. 40 Abs. 1, Art. 8 Abs. 2 TRIPS Mitgliedern eine solche extraterritoriale Missbrauchsaufsicht gestatten soll.[175] Diese Auslegung von Art. 40 Abs. 1 TRIPS stünde in einem Widerspruch zu dem weltweit allgemein anerkannten Auswirkungsprinzip (*effects doctrine*), wonach für Kartelldelikte die Jurisdiktion zuständig ist, auf deren Markt sich das Kartell oder der Missbrauch auswirkt.[176] Weiterhin wurde bereits erörtert, dass aus der Präambel und aus Art. 40 Abs. 3, 4 TRIPS folgt, dass ein Mitglied, wenn es einen solchen Vorwurf gegen ein anderes Mitglied erhebt, eine multilaterale Konfliktlösung suchen muss, bevor es weitere Maßnahmen einleitet.

2. Verfahrensrechte nach dem TRIPS-Übereinkommen

Der Erlass einer ASI ohne Verteidigungsmöglichkeit des Antragsgegners dürfte aus Sicht der meisten Jurisdiktionen den Anspruch auf rechtliches Gehör oder vergleichbare Justizgrundrechte verletzen. Ungeachtet der Frage, ob dies auch nach chinesischem Recht der Fall ist, ist China jedenfalls gem. Art. 42 TRIPS verpflichtet, ein faires und gerechtes Verfahren zu gewährleisten. Insbesondere soll der Beklagte rechtzeitig eine schriftliche Benachrichtigung erhalten.

Die Rechtsdurchsetzungsbehörden sollen einstweilige Verfügungen nur ausnahmsweise ohne Anhörung des Adressaten erlassen, Art. 50 Abs. 2 TRIPS. Eine ASI dient weder der Verhinderung einer Patentverletzung noch ist die ASI erforderlich, um zu verhindern, dass der angebliche Patentverletzer Beweise vernichtet. Damit liegt keines der in Art. 50 Abs. 2 TRIPS

---

[174] UNCTAD-ICTSD, Resource Book on TRIPS and Development, S. 554–55; *Brand*, in Busche/Stoll/Wiebe (Hrsg.), Art. 40, Rn. 12; *Correa*, TRIPS Commentary, S. 379; *Guan*, World Trade Rev. 17 (2018), 91, 115–16; *Nguyen*, S. 43–44; *Picht*, in: Ullrich u.a. (Hrsg.), TRIPS plus 20, S. 509, 517.

[175] Ähnlich *Brand*, in Busche/Stoll/Wiebe (Hrsg.), Art. 40, Rn. 5, 46: „kein Weltlizenzkartellrecht".

[176] Statt vieler MüKo-BGB/*Wurmnest*, Art. 6 Rom II-VO, Rn. 221 m.w.N.

aufgeführten Regelbeispiele vor, in denen von einer Anhörung abgesehen werden können soll. Auf welche besonderen Gründe der *ex parte*-Erlass gestützt wurde, ergibt sich nicht aus den Verfügungen chinesischer Gerichte. Dahinter steckt möglicherweise die Erwägung, dass der Antragsgegner ansonsten im Ausland AASI-Anträge vorbereiten könnte.

In den meisten Industrieländern ist der Erlass einstweiliger Verfügungen ohne Anhörung der Gegenseite die absolute Ausnahme.[177] In China ist der *ex parte*-Erlass bei ASIs die Regel, nicht die Ausnahme. Dabei ist die zeitliche Wirkung der *ex parte* erlassenen ASI – anders als etwa die einer in den Vereinigten Staaten erlassenen TRO – nicht zeitlich begrenzt. Der Antragsgegner kann erst nachträglich im *Reconsideration*-Verfahren darlegen, dass keine ASI hätte erlassen werden dürfen. Nur falls ihm dies gelingt, wird die ASI aufgehoben. Demgegenüber läuft die Wirkung einer TRO ohne Zutun des Antragsgegners nach vierzehn Tagen aus, wenn der Antragsteller nicht darlegt, dass die Voraussetzungen für den Erlass einer ASI vorliegen.

Allerdings ist das TRIPS-Übereinkommen auch an dieser Stelle sehr vage. Art. 50 TRIPS schreibt lediglich vor, dass die zuständigen Stellen Möglichkeiten haben sollen, falls erforderlich einstweilige Verfügungen ohne vorherige Anhörung zu erlassen. Es handelt sich um ein Gebot rechtlichen Gehörs, nicht aber um ein Verbot, *ex parte*-Verfügungen jenseits bestimmter Ausnahmefälle zu erlassen. Nach hier vertretener Ansicht verstößt der *ex-parte* Erlass daher nicht gegen Art. 50 Abs. 2 TRIPS.[178]

VIII. Zwischenergebnis

Die von chinesischen Gerichten zur Begründung von ASIs vorgetragenen Entscheidungsgründe ähneln denjenigen von US-Gerichten. Chinesische ASIs sind allerdings weitreichender und werden unter noch niedrigeren Voraussetzungen erlassen.[179] Während US-Gerichte fordern, dass das sich das ausländische Verfahren durch das inländische Hauptsacheverfahren erledigt (*dispositive action*), lassen chinesische Gerichte jede „Beeinträchtigung" des inländischen Verfahrens oder der Vollstreckung genügen. Nach dem *dispositive action*-Kriterium lagen in *Huawei v Conversant* unterschiedliche Streitgegenstände vor. Da im chinesischen Verfahren nur die Konditionen einer auf China begrenzten Lizenz festgesetzt werden sollten, konnte das Verfahren nicht

---

[177] *Correa*, TRIPS Commentary, S. 412–13; UNCTAD-ICTSD, Resource Book on TRIPS and Development, S. 605.
[178] A.A. wohl *Cohen*, Chinas Practice of ASIs (2022), S. 21–24.
[179] *Nikolic*, Global SEP Litigation, S. 15; *Tsang/Lee*, (2022) 28 Mich. Tech. L.R. 305, 339, 344.

ausschlaggebend für ausländische Patentverletzungsklagen sein. Der SPC ließ ausreichen, dass eine Unterlassungsanordnung eines ausländischen Gerichts das Verhandlungsgleichgewicht der Parteien stört und den Implementierer möglicherweise dazu zwingt, vor Abschluss des chinesischen Verfahrens ein Angebot zum Abschluss eines weltweiten Lizenzvertrages anzunehmen.

Weiterhin erließen chinesische Gerichte ASIs, ohne den Antragsgegner anzuhören (*ex parte*). In anderen Jurisdiktionen haben Antragsgegner zumindest die Gelegenheit zur schriftlichen Stellungnahme. Einzig bei AASIs und bei TROs, die nur für 14 Tage gelten, wird darauf verzichtet.[180] Weiterhin umfasste die in *Xiaomi v InterDigital* erlassene ASI zusätzlich das Verbot, Gegenmaßnahmen gegen die ASI im Ausland vorzunehmen, d.h. eine AAASI. In *common law*-Jurisdiktionen erlassene ASIs enthielten kein Verbot, im Ausland eine AASI zu beantragen.[181] Zum anderen können chinesische ASI weltweit die Prozessführung oder Vollstreckung untersagen. Englische und US-amerikanische ASIs richten sich nur gegen Verfahren in konkret bezeichneten Jurisdiktionen.

Da chinesische Gerichte vormals keine ASIs erlassen haben, ist eine Beurteilung der Rechtmäßigkeit chinesischer ASIs schwierig. Allerdings gehen chinesische ASIs sowohl auf Tatbestands- als auch auf Rechtsfolgenseite über das Maß der US-ASIs hinaus.[182] Zudem erscheint der wiederholte Erlass von ASIs in vergleichbaren Konstellationen als eine nicht mit dem TRIPS-Übereinkommen vereinbare unilaterale Maßnahme.

C. England

Bis auf zwei AASIs in *IPCom v Lenovo*[183] und in *Philips v Xiaomi*[184] haben englische Gerichte noch keine ASIs in FRAND-Streitigkeiten erlassen. Der *High Court* hätte dies in zwei Fällen getan, wenn die Antragsteller nicht mit der (Teil-)Rücknahme der ausländischen Klagen eingelenkt hätten. Wie im vorherigen Kapitel gezeigt, sind die Verfahrensaussetzung auf Basis der *forum non conveniens*-Doktrin und ASIs zwei Seiten derselben Medaille. Ziel ist es, den Rechtsstreit in das *natural forum* zu bringen. Englische Gerichte haben in mehreren Entscheidungen eine Verfahrensaussetzung auf Grundlage der *forum*

---

[180] Vgl. *Ericsson v Samsung*, 2021 WL 89980, *3 (E.D. Tex. 2021); LG München I BeckRS 2019, 25536, Rn. 91–96.
[181] *Raphael*, Rn. 5.57, dort Fn. 157 a.E.
[182] *Nikolic*, Global SEP Litigation, S. 15.
[183] *IPCom v Lenovo* [2019] EWHC 3030 (Pat).
[184] N.v., vgl. *Philips v Xiaomi* [2021] EWHC 2170 (Pat), [9].

non conveniens-Doktrin abgelehnt und gleichzeitig ASIs gegen ausländische Verfahren angedroht.

I. Forum non conveniens in FRAND-Streitigkeiten

Selbst wenn die Festsetzung der FRAND-Gebühren für weltweite Portfolios durch nationale Gerichte zulässig ist, stellt sich die Frage, warum und unter welchen Umständen gerade das Gericht in einer konkreten Jurisdiktion dafür zuständig ist. Um ebendiese Frage ging es in *Conversant Wireless v Huawei/ZTE*. Die Klägerin, *Conversant Wireless Licensing SÀRL*, war eine luxemburgische Konzerntochter eines kanadischen Konzerns.[185] Die Beklagten, *Huawei Technologies (UK) Ltd* und *ZTE (UK) Ltd* waren britische Konzerntöchter der chinesischen *Huawei Corporation* bzw. *ZTE Corporation*. Die Beklagten wandten ein, dass ein englisches Gericht die Konditionen nicht weltweit festsetzen könne. Falls überhaupt ein nationales Gericht die Gebührenhöhe einer weltweiten Lizenz bestimmen könnte, sei China das *natural forum*, weshalb das Verfahren auf Grundlage der *forum non conveniens*-Doktrin auszusetzen sei.[186]

Da es mit *Unwired Planet v Huawei* eine höchstrichterliche Entscheidung zur Bestimmung des *natural forum* in FRAND-Streitigkeiten gibt, richtet sich die Betrachtung zunächst auf die darin gegen eine Verfahrensaussetzung (*stay of proceedings*) und für eine Auslandszustellung (*service out*) an die chinesischen Mütter angeführten Gründe. Die unteren Instanzen haben sich der Entscheidung des UKSC in nachfolgenden Entscheidungen angeschlossen und Anträge auf eine Aussetzung des Verfahrens sowohl auf Grundlage der *forum non conveniens*-Doktrin als auch aus Gründen der Prozessökonomie (*case management grounds*) abgewiesen.[187]

1. Stay of proceedings bzw. service out

Der Antrag der britischen Konzerntöchter *Huawei UK* und *ZTE UK* auf Aussetzung des Verfahrens wurde abgelehnt. Die englischen Gerichte seien für Klagen gegen die englischen Konzerntöchter zuständig und wegen ihrer ausschließlichen Zuständigkeit gem. Art. 24 Nr. 4 Brüssel Ia-VO auch am besten geeignet, über die Verletzung von UK-Patenten zu entscheiden.[188] Nach der Rechtsprechung des EuGH in *Owusu v Jackson*[189] scheide ein *stay of proceedings* hinsichtlich der englischen Konzerntöchter damit von vorneherein

---

[185] *Unwired Planet v Huawei* [2020] UKSC 37, [17].
[186] *Conversant v Huawei/ZTE* [2018] EWHC 808 (Pat), [9], [13].
[187] *Nokia v Oneplus* [2022] EWCA Civ 947.
[188] *Conversant v Huawei/ZTE* [2018] EWHC 808 (Pat), [37].
[189] EuGH, Urt. v. 1.3.2005, C–281/02, EU:C:2005:120, Slg. I–1445 – Owusu.

aus.¹⁹⁰ Hinsichtlich der chinesischen Mütter war fraglich, ob diesen die Klage zugestellt werden durfte (*service out*) und ob deren Antrag auf Aussetzung des Verfahrens zulässig und begründet war. Da die Brüssel Ia-VO für die chinesischen Konzernmütter keine ausschließliche Zuständigkeit vorgibt, wandte das Gericht die *forum non conveniens*-Doktrin an.

Huawei und *ZTE* führten gegen eine Auslandszustellung unter anderem an, alle Geräte, welche die streitgegenständlichen SEPs implementierten, in China herzustellen. Zudem war und ist China für beide Implementierer der wichtigste Markt. Von den weltweiten Verkäufen entfielen für Huawei 56 % auf den chinesischen und nur 1 % auf den britischen Markt. *ZTE* behauptete, 60 % des Umsatzes auf dem chinesischen und lediglich 0.07 % auf dem britischen Markt zu erzielen.¹⁹¹ Insgesamt hätten die chinesischen gegenüber den englischen Patenten eine überragende Bedeutung am Gesamtwert der Patentportfolios. Daher sei nicht England, sondern China das *natural forum* zur Entscheidung der weltweiten Lizenzstreitigkeit.¹⁹²

a) Stufe 1: Another available forum

Welches Gericht das *natural forum* ist, hängt davon ab, wie der Streitgegenstand gefasst wird. Nimmt man an, dass es sich um eine weltweite Lizenzstreitigkeit handelt, könnte China das *natural forum* sein. Geht man demgegenüber davon aus, dass es sich um eine Patentverletzungsklage handelt, ist England das *natural forum*.

Der UKSC und der *High Court* erkannten die Relevanz der Abgrenzung des Streitgegenstandes und wiesen unter Verweis auf *In Re Harrods* auf die Gefahr einer zu engen Eingrenzung hin.¹⁹³ Fraglich sei zunächst, ob es sich bei der Streitigkeit im Kern um eine auf englische Patente gestützte Unterlassungsklage handele oder ob die Klage auf die Festsetzung der Konditionen einer globalen FRAND-Lizenz gerichtet sei.¹⁹⁴ Der UKSC sympathisiert mit den Entscheidungen der Vorinstanzen, aus deren Sicht es sich im Kern um eine patentrechtliche Unterlassungsklage handelt,¹⁹⁵ entschied die Frage aber nicht

---

¹⁹⁰ *Conversant v Huawei/ZTE* [2018] EWHC 808 (Pat), [33]; *Philips v Xiaomi* [2021] EWHC 2170 (Pat), [49]; offen gelassen in *Unwired Planet v Huawei* [2020] UKSC 37, [98].

¹⁹¹ *Unwired Planet v Huawei* [2020] UKSC 37, [37]; vgl. auch *Conversant v Huawei/ZTE* [2018] EWHC 808 (Pat), [72].

¹⁹² *Conversant v Huawei/ZTE* [2018] EWHC 808 (Pat), [48]; so auch die Argumentation des Beklagten in *Nokio v Oneplus* [2022] EWCA Civ 947, [55].

¹⁹³ *Unwired Planet v Huawei* [2020] UKSC 37, [94]–[95]; *Conversant v Huawei/ZTE* [2018] EWHC 808 (Pat), [48], zur „*Harman falacy*" vgl. oben, Gliederungspunkt § 3, B., I.

¹⁹⁴ *Unwired Planet v Huawei* [2020] UKSC 37, [95].

¹⁹⁵ *Unwired Planet v Huawei* [2020] UKSC 37, [96]; *Huawei/ZTE v Conversant*, [2019] EWCA Civ 38, [101]–[102], [106]–[107]; *Conversant v Huawei/ZTE* [2018] EWHC 808

mehr selbst: Selbst wenn die Klage im Kern darauf gerichtet sei, die Festsetzung der Bedingungen eines weltweiten Lizenzvertrages zu erwirken, stünden die chinesischen Gerichte nicht für die Streitigkeit zur Verfügung, da diese die FRAND-Konditionen nicht weltweit festsetzen würden.[196]

Dieses Argument ist mittlerweile hinfällig. Seit 2020 setzen chinesische Gerichte die FRAND-Konditionen weltweiter Lizenzen fest.[197] Damit stehen chinesische Gerichte zumindest in Fällen, in denen die Klage direkt auf die Festsetzung oder die Feststellung der FRAND-Konditionen gerichtet ist, ebenfalls zur Verfügung. Das rückt die vom UKSC offen gelassene Frage, ob es sich bei der Klage auf Erlass einer aufschiebend bedingten Verurteilung auf Unterlassung im Kern um eine patentrechtliche Klage oder um eine vertragsrechtliche Streitigkeit über die Bedingungen eines weltweiten Lizenzvertrages handelt, in den Fokus.[198]

Die Verurteilung auf Unterlassung steht unter der aufschiebenden Bedingung, dass der Implementierer ein Angebot des SEP-Inhabers auf Abschluss eines Lizenzvertrages zu den gerichtlich festgesetzten Bedingungen ablehnt (*FRAND Injunction*). Den Unterlassungsanspruch als solchen stützt der SEP-Inhaber auf seine nationalen (englischen) Patente. Der Inhalt der Bedingung – die Konditionen einer weltweiten Portfoliolizenz – richtet sich demgegenüber nach Vertragsrecht. Aus Sicht der englischen Gerichte geht es im Kern dennoch um eine Patentstreitigkeit. Die zentralen Argumente sind folgende: Zum einen sei anerkannt, dass unter Umständen nur eine globale Lizenz FRAND ist. Wenn englische Gerichte keine weltweite Gebühr festsetzen könnten, wäre ihr Ermessen bei der Wahl des passenden Rechtsschutzes eingeschränkt.[199] Zum anderen basierten die behaupteten Unterlassungsansprüche auf UK-Patenten. Dass der Anspruch „wahlweise" auf den Abschluss eines weltweiten Lizenzvertrages oder auf Unterlassung der Patentverletzung gerichtet sei, ändere nichts an seiner patentrechtlichen Natur.[200] Würde man den Kläger an die chinesischen Gerichte verweisen, müsste er auf Basis der chinesischen Patente klagen, die andere, unabhängige Rechte darstellen. Die Frage, ob sich SEP-

---

(Pat), [61], [64]; vgl. auch *Nokia v OnePlus* [2021] EWHC 2952 (Pat), [43], [47]–[48]; *Philips v Xiaomi* [2021] EWHC 2170 (Pat), [36].

[196] *Unwired Planet v Huawei* [2020] UKSC 37, [96]–[97].

[197] *Oppo v Sharp*, 2020 Zui Gao Fa Zhi Min Xia Zhong No. 517 (Supreme People's Ct. 2021); vgl. *Xiaomi v InterDigital*, 2020 E 01 Zhi Min Chu No. 169 (Wuhan Interm. Ct. 2020).

[198] Zu dieser Frage *Nokia v Oneplus* [2022] EWCA Civ 947, [30]–[66].

[199] *Conversant v Huawei/ZTE* [2018] EWHC 808 (Pat), Rn. [69].

[200] *Nokia v Oneplus* [2022] EWCA Civ 947, [40], [44]; *Huawei/ZTE v Conversant* [2019] EWCA Civ 38, [101]; *Conversant v Huawei/ZTE* [2018] EWHC 808 (Pat), [66], [68].

Inhaber und Implementierer FRAND verhalten haben, stehe ebenso wie die Feststellung, was FRAND ist, in einem untrennbaren Zusammenhang zu den nationalen Patenten.[201] Daher betreffe eine Klage auf Feststellung der FRAND-Gebühren vor einem chinesischen Gericht nicht denselben Streitgegenstand wie eine in England erhobene Klage auf Erlass einer *FRAND Injunction*.[202]

In einer neueren Entscheidung ging der *Court of Appeal* auf die Bedeutung der Wirksamkeit und Verletzung der Klagepatente im konkreten Verfahren ein: Erstens habe das Gericht für die Prüfung von Wirksamkeit, Essentialität und Verletzung der Klagepatente insgesamt drei fünftägige Verhandlungstermine angesetzt. Diese wären überflüssig, wenn es sich um eine rein vertragsrechtliche Streitigkeit handeln würde.[203] Zweitens entlarvte das Gericht einen vermeintlichen Widerspruch in der Argumentation des Implementierers: Dieser behauptete einerseits, dass das Patentrecht lediglich der Aufhänger der Streitigkeit sei und es dem Kläger im Kern um die Festsetzung von FRAND-Bedingungen gehe. Andererseits wollte der Beklagte sich nicht darauf einlassen, ohne vorherige Prüfung der Wirksamkeit und Verletzung der Klagepatente zur Festsetzung der Konditionen einer weltweiten Lizenz überzugehen.[204] Dieser Umstand belege, dass englisches Patentrecht ein Kernbestandteil der Klage sei. Damit stünden chinesische Gerichte zur Entscheidung des Rechtsstreits nicht zur Verfügung, sodass die Prüfung der *forum non conveniens*-Doktrin bereits auf der ersten Stufe scheitere.

b) Stufe 2: Clearly more appropriate forum

Sollte es sich bei einer Klage auf Erlass einer *FRAND Injunction* im Kern um eine vertragsrechtliche Streitigkeit über die Bedingungen eines weltweiten Patentportfolios handeln, ist zu klären, welches Gericht das *„cleary more appropriate forum"* zur Entscheidung einer weltweiten Vertragsstreitigkeit ist. Obwohl englische Gerichte die *FRAND Injunction* dem Patentrecht zuordnen, wurde in neueren Entscheidungen hilfsweise geprüft, ob China das *natural forum* wäre, wenn es sich um eine Vertragsstreitigkeit handeln würde.

Zumindest in FRAND-Streitigkeiten, die ETSI-SEPs betreffen, könnte die Wahl französischen Rechts für die Zuständigkeit französischer Gerichte sprechen. Der *High Court* hielt die Rechtswahl für unbeachtlich. Es ergebe sich

---

[201] *Huawei/ZTE v Conversant* [2019] EWCA Civ 38, [110].
[202] *Huawei/ZTE v Conversant* [2019] EWCA Civ 38, [101]–[102], [106]–[107]; *Nokia v OnePlus* [2021] EWHC 2952 (Pat), [43], [47]–[48]; *Philips v Xiaomi* [2021] EWHC 2170 (Pat), [81].
[203] *Nokia v Oneplus* [2022] EWCA Civ 947, [40].
[204] *Nokia v Oneplus* [2022] EWCA Civ 947, [40].

aus der ETSI Policy nicht eindeutig, dass sich auch die Beurteilung dessen, was FRAND ist, nach französischem Recht richten müsste. Der F/RAND-Begriff komme aus den Vereinigten Staaten und werde in verschiedenen Jurisdiktionen ähnlich ausgelegt.[205]

In Streitigkeiten zwischen ausländischen Parteien, für die der englische Markt von untergeordneter Bedeutung ist, könnte die Jurisdiktion des relevantesten Absatzmarktes bzw. die des Hauptsitzes der Konzernmutter das *natural forum* sein. Das würde im Ergebnis dazu führen, dass Konzerne durch die Verlagerung des Hauptsitzes und die Wahl von Produktionsorten die Zuständigkeit einer bestimmten Jurisdiktion für FRAND-Streitigkeiten vorgeben könnten.[206] Der Herkunft der Parteien und ihrem Hauptabsatzmarkt ist daher ebenfalls keine große Bedeutung beizumessen.

Als weiterer Faktor kommt schließlich die Verfügbarkeit von Zeugen und anderen Beweismitteln in Betracht. Hätte die Verfügbarkeit von Beweismitteln entscheidenden Einfluss, wären englische Gerichte regelmäßig zur Entscheidung von FRAND-Streitigkeiten am besten geeignet. Für die meisten SEP-Lizenzverträge ist die englische Fassung verbindlich und auch die Kommunikation zwischen SEP-Inhaber und Implementierer dürfte zwischen Parteien aus verschiedenen Nationen auf Englisch erfolgen. Von chinesischen Gerichten sei allerdings ein routinierter Umgang mit englischsprachigen Dokumenten zu erwarten, sodass englische Gerichte nicht per se besser zur Entscheidung geeignet seien.[207]

Schließlich könnte berücksichtigt werden, ob bestimmte nationale Patente für das Portfolio von besonderer Bedeutung sind. Ließe man die Zusammensetzung des SEP-Portfolios unberücksichtigt, könnte der Kläger sich den Gerichtsstand durch die strategische Aufnahme einzelner nationaler Patente in das Portfolio aussuchen. Da der SEP-Inhaber darüber entscheidet, in welchem Land er aus seinen Patenten auf Unterlassung klagt, würden SEP-Inhaber die Jurisdiktionen für FRAND-Streitigkeiten einseitig vorgeben. Dadurch würden beispielsweise chinesische Gerichte, die typischerweise niedrigere Lizenzgebühren festsetzen, faktisch als Austragungsort für FRAND-Streitigkeiten ausgeschlossen. Aus diesem Grund erscheint es bei der Ermittlung des *natural forum* geboten, die Zusammensetzung des SEP-Portfolios einzubeziehen. Dementsprechend lehnte der *Court of Appeal* in einer jüngeren Entscheidung

---

[205] *Nokia v OnePlus* [2021] EWHC 2952 (Pat), [99]–[107].
[206] Vgl. *Huawei/ZTE v Conversant* [2019] EWCA Civ 38, [105].
[207] *Nokia v OnePlus* [2021] EWHC 2952 (Pat), [124].

seine Zuständigkeit aufgrund des geringen Anteils britischer Patente am Patentportfolio ab.[208]

Nach hier vertretener Ansicht und wohl auch aus Sicht englischer Gerichte gibt es regelmäßig kein *natural forum* zur Bestimmung der FRAND-Konditionen.[209] Ausnahmsweise könnte eine Jurisdiktion sachnäher als die Gerichte in anderen Jurisdiktionen sein, wenn Patente aus dieser Jurisdiktion einen überragenden Anteil am Patentportfolio ausmachen oder wenn die Konzernmütter beider Parteien ihren Hauptsitz in derselben Jurisdiktion haben.

c) Stufe 3: Requirements of Justice

In *Nokia v OnePlus* trug *Nokia* gegen die von *OnePlus* (*Oppo*) beantragte Verfahrensaussetzung u.a. die in China drohenden Sanktionen vor. Sollte sich *Nokia* weigern, ein Lizenzangebot zu den vom chinesischen Gericht festgesetzten Konditionen anzunehmen, drohte möglicherweise eine Freiheitsstrafe.[210] Der *High Court* hielt dies wegen fehlender Anhaltspunkte für unbeachtlich.[211]

2. Case-management stay

Wenn die Verfahrensaussetzung auf Grundlage der *forum non conveniens*-Doktrin nicht möglich ist, etwa weil eine ausschließliche Zuständigkeit gegeben ist oder weil das ausländische Gericht kein *clearly more appropriate forum* ist, kann der Beklagte eine Verfahrensaussetzung aus dem Grund beantragen, dass das englische Verfahren ineffizient ist und ihn unbillig behindert (*case-management stay*).[212] Bei einem *case-management stay* geht es nicht um die Frage, welches der zuständigen Gerichte das *natural forum* ist, sondern darum, ob der bloße Umstand, dass Parallelverfahren geführt werden, unbillig ist.[213]

Obwohl die Festsetzung der FRAND-Konditionen eines weltweiten Portfolios durch ein nationales Gericht die vorzugswürdige Option ist, sei unklar, welches Gericht am besten geeignet ist, diese Aufgabe wahrzunehmen.[214] Daher könne ein englisches Verfahren trotz inhärenter Nachteile nicht ausgesetzt

---

[208] *Vestel v Koninklijke Philips*, [2021] EWCA Civ 440, [63] (Anteil unter 5%). *Vestel* begehrte keine gerichtliche Festsetzung der Konditionen, sondern die Feststellung der FRAND-Gemäßheit des eigenen Angebots, *Vestel v Koninklijke Philips*, [2021] EWCA Civ 440, [28].
[209] *Nokia v Oneplus* [2022] EWCA Civ 947, [51], [66].
[210] *Nokia v OnePlus* [2021] EWHC 2952 (Pat), [70].
[211] Vgl. *Nokia v OnePlus* [2021] EWHC 2952 (Pat), [110].
[212] Vgl. *Nokia v OnePlus* [2021] EWHC 2952 (Pat), [120]; näher *Fentiman*, Int'l Commercial Litigation, Rn. 14.07–14.31.
[213] *Fentiman*, Int'l Commercial Litigation, Rn. 14.11–14.12.
[214] *Nokia v OnePlus* [2021] EWHC 2952 (Pat), [122].

werden, wenn bzw. weil ein ausländisches Gericht über dasselbe weltweite Portfolio entscheidet.²¹⁵

3. Anmerkungen

Englische Gerichte lehnen Verfahrensaussetzungen in SEP-Streitigkeiten ab, da es sich um Patentstreitigkeiten handele. Dabei wird die vertragsrechtliche Komponente einer *FRAND Injunction* ignoriert. Der Unterlassungsanspruch als solcher unterfällt dem Patentrecht. Begehrt der Kläger die Festsetzung der Bedingungen eines weltweiten Lizenzvertrages oder macht geltend, dass die konkret angebotenen Konditionen nicht FRAND sind, geht es um den Inhalt der hypothetischen Lizenz. Bejaht man eine Bindungswirkung der FRAND-Verpflichtungserklärung gegenüber Implementierern, ist für die Frage, was FRAND ist, Vertragsrecht ausschlaggebend. Das Zusammentreffen eines patentrechtlichen Unterlassungsanspruchs mit einer vertragsrechtlichen Einwendung ist ein im IPR bekanntes Problem.²¹⁶ Geht es dem Kläger gerade um die gerichtliche Festsetzung, liegt die Qualifikation als Vertragsstreitigkeit nahe.²¹⁷ Das eigentliche Ziel des SEP-Inhabers ist bei einer *FRAND Injunction* der Abschluss eines Lizenzvertrages zu FRAND-Bedingungen. Mit einer Verurteilung auf Unterlassung ist keiner Partei geholfen, wenn dadurch kein Lizenzvertrag zustande kommt. In weltweiten SEP-Streitigkeiten klagen SEP-Inhaber gerade wegen der Möglichkeit, die FRAND-Gebühren bestimmen zu lassen, in England.

Ihre Kompetenz und Zuständigkeit zur Festsetzung der Konditionen eines weltweiten SEP-Portfolios begründen englische Gerichte mit der ETSI Policy und ETSI-Verpflichtungserklärung.²¹⁸ Leitet ein Gericht aus der ETSI Policy seine Zuständigkeit und Kompetenz zur weltweiten Festsetzung der Lizenzkonditionen her, erkennt es damit an, dass es sich im Kern um eine Vertragsstreitigkeit handelt. Daher ist nicht ersichtlich, wieso die zur Begründung der eigenen Kompetenz herangezogene vertragsrechtliche Komponente bei der Prüfung der *forum (non) conveniens*-Doktrin plötzlich vollkommen hinter das Patentrecht zurücktritt. Insoweit scheint der Vorwurf der Implementierer, die in der scharfen Abgrenzung von FRAND-Streitigkeiten anhand von nationalen

---

²¹⁵ *Nokia v OnePlus* [2021] EWHC 2952 (Pat), [122]–[127].
²¹⁶ Vgl. *Fawcett/Torremanns*, Rn. 15.50 ff.
²¹⁷ *Tsang/Lee*, (2019) 59 Virg. J. of Int'l L. 220, 258.
²¹⁸ *Unwired Planet v Huawei* [2020] UKSC 37, [11], [61]–[62].

Patenten eine Wiederholung der „*Harman-Fallacy*", d.h. einer zu engen Auslegung des Streitgegenstands sahen,[219] begründet.

II. Anti-Suit Injunctions

In denselben Lizenzstreitigkeiten zwischen *Unwired Planet* und *Huawei* einerseits und *Conversant* und *ZTE* andererseits drohte *Carr J* den Erlass von ASIs gegen chinesische Verfahren an, die dieselben Lizenzstreitigkeiten betrafen.

1. Unwired Planet v Huawei

Unwired Planet hatte 2014 wegen behaupteter Patentverletzungen gegen *Huawei* geklagt. In zwei Urteilen stellte *Birss J* fest, dass *Huawei* wirksame Patente verletzt hatte. Im April 2017 bestimmte *Birss J* die Konditionen eines weltweiten Portfolios.[220] Wenige Monate später, im Juni 2017, wurde *Huawei* auf Unterlassung verurteilt. Die *injunction* wurde nicht vollstreckt, weil *Huawei* sich u.a. verpflichtet hatte, ein Lizenzangebot zu den im englischen Verfahren festgesetzten Konditionen anzunehmen. Wenige Tage danach erhob *Huawei* Klage beim *Shenzhen Intermediate People's Court*. Darin behauptete *Huawei* unter anderem die FRAND-Widrigkeit der Angebote von *Unwired Planet* sowie Verstöße gegen kartellrechtliche Pflichten und gegen die FRAND-Verpflichtung. Eine Pflichtverletzung liege insbesondere in der Einleitung des englischen Verfahrens, das auf den Abschluss einer weltweiten Lizenz gerichtet sei. *Huawei* beantragte erstens ein gegen das englische Verfahren gerichtetes Prozessführungsverbot und zweitens Ersatz der angefallenen Prozesskosten.[221]

Weil sich *Huawei* verpflichtet hatte, ein Angebot zu den vom englischen Gericht festgesetzten Konditionen zu akzeptieren, musste das Gericht die von *Unwired Planet* beantragte ASI nicht mehr erlassen. Im Rahmen der Kostenentscheidung betonte *Carr J*, dass er die ASI anderenfalls erlassen hätte.[222] Das chinesische Verfahren sei rechtsmissbräuchlich, schikanös und stelle einen Eingriff in die Zuständigkeit englischer Gerichte und eine Störung des Verfahrens dar. Zudem gefährdete das Verfahren die Vollstreckung eines englischen Urteils. Es sei erkennbar die Intention von *Huawei* gewesen, sich nicht an ein englisches Gerichtsurteil zu halten.[223]

---

[219] *Huawei/ZTE v Conversant* [2019] EWCA Civ 38, Rn. 100; *Conversant v Huawei/ZTE* [2018] EWHC 808 (Pat), [70].
[220] *Unwired Planet v Huawei* [2017] EWHC 2831 (Pat), [5].
[221] *Unwired Planet v Huawei* [2017] EWHC 2831 (Pat), [8].
[222] *Unwired Planet v Huawei* [2017] EWHC 2831 (Pat), [10].
[223] *Unwired Planet v Huawei* [2017] EWHC 2831 (Pat), [9]–[10].

2. Conversant v ZTE

Über einen ähnlichen Fall entschied *Carr J* in *Conversant v ZTE*. Im englischen Verfahren hatte *Conversant* am 24.7.2017 in England gegen *ZTE* wegen der Verletzung von vier europäischen Patenten geklagt. Gleichzeitig beantragte *Conversant* die Festsetzung der Konditionen eines weltweiten SEP-Portfolios. Die Beklagten beantragten die Aussetzung des Verfahrens. Das Gericht lehnte die Aussetzung mit Urteil vom 16.4.2018 ab.[224] Bereits im Januar 2018 hatte *ZTE* eine Klage beim *Shenzhen Intermediate People's Court* erhoben. Darin verlangte *ZTE* unter anderem: (i) die Feststellung, dass *Conversants* Lizenzangebote nicht FRAND-konform waren und (ii) eine Unterlassungsanordnung, die es *Conversant* untersagen sollte, Handlungen zu unternehmen, mit denen *Conversant* seine FRAND-Verpflichtungen verletzen würde. Konkret sollte sich die Unterlassungsanordnung auch gegen das englische Verfahren zur Festsetzung der weltweiten Lizenzkonditionen richten. Weiterhin (iii) trug *ZTE* vor, dass *Conversant* mit dem Antrag auf Festsetzung der globalen Lizenzkonditionen das Recht von *ZTE* auf rechtliches Gehör bei einem chinesischen Gericht verletzt und dadurch in die Souveränität chinesischer Gerichte eingegriffen habe.[225] Nachdem *Conversant* in England den Erlass einer ASI gegen das chinesische Verfahren beantragt hatte, änderte *ZTE* die Klage ab und nahm die Punkte (i) und (ii) zurück.

Carr J hielt beide Punkte der Klage für rechtsmissbräuchlich und schikanös („*vexatious, oppressive and unconscionable*"). Insoweit habe die in China erhobene Klage lediglich den Zweck verfolgt, die Zuständigkeit englischer Gerichte und das Verfahren zu beeinträchtigen oder die Vollstreckung des Urteils zu gefährden.[226]

3. Anmerkungen

Obwohl *Carr J* die beantragten Verfügungen als ASIs bezeichnet, handelte es sich um mit „einfachen" ASIs verbundene AASIs: Die Verfügungen sollten *Huawei* und *ZTE* daran hindern, in China Prozessführungsverbote gegen die englischen Verfahren zu erwirken. Zusätzlich hätte das Gericht die Verfolgung der weiteren beim chinesischen Gericht gestellten Anträge untersagt. Insoweit läge eine „einfache" ASI vor. In der Literatur werden die Entscheidungen dennoch als ASIs und nicht als AASIs bezeichnet.[227]

---

[224] *Conversant v Huawei/ZTE* [2018] EWHC 808 (Pat).
[225] *Conversant v Huawei* [2018] EWHC 2549 (Ch), [12].
[226] *Conversant v Huawei* [2018] EWHC 2549 (Ch), [11], [24].
[227] *Picht*, ZGE 2019, 324, 239; *Tsang/Lee*, (2022) 28 Mich. Tech. L.R. 305, 323.

Zudem differenziert das Gericht nicht zwischen *single forum-* und *alternative forum*-Fällen. *Carr J* verweist lediglich darauf, dass sich der Erlass der ASI nach den in *Aerospatiale*, *Airbus* und *Deutsche Bank* entwickelten Grundsätzen richte.[228] In den aufgezählten Entscheidungen handelte es sich um *alternative forum*-Fälle. Angesichts der oberflächlichen Urteilsausführungen kann aus der Aufzählung von *alternative forum*-Fällen nicht gefolgert werden, dass *Carr J* von einem solchen ausging. Das Gericht bejahte das kumulative Vorliegen sämtlicher von der Rechtsprechung zum Erlass von ASIs herangezogener Kriterien. Ausführungen zur Vereinbarkeit der ASI mit dem Respekt vor anderen Jurisdiktionen und dem Gebot der gegenseitigen Rücksichtnahme (*comity*) enthalten die Entscheidungen nicht.

Schließlich scheint der Ansatz erheblich von dem der US-amerikanischen Gerichte abzuweichen. Allerdings unterschieden sich auch die Umstände beträchtlich von denen der US-amerikanischen Verfahren. Antragsteller in den englischen Verfahren waren SEP-Inhaber. In den Vereinigten Staaten wurden ASIs bisher nur zum Schutz von Implementierern vor ausländischen Patentverletzungsklagen erlassen. Der *District Court S.D. California* lehnte den Erlass einer gegen den Implementierer gerichteten ASI ab, da dieser nicht durch eine FRAND-Erklärung verpflichtet sei, nicht im Ausland zu klagen. Selbst wenn das US-Gericht die FRAND-Konditionen festsetzte, sei der Implementierer – anders als der SEP-Inhaber – nicht zur Annahme eines entsprechenden Angebotes gezwungen.[229] Ihn treffe keine Pflicht zum fairen und angemessenen Verhandeln, aus der sich eine Pflicht, keine Patentverletzungsklagen zu erheben, ergeben könnte. Nach den in den US-amerikanischen Entscheidungen aufgestellten Grundsätzen wäre der Erlass einer ASI am „*same issue*" Kriterium gescheitert.[230]

Zwar drohte in China der Erlass von ASIs gegen die englischen Verfahren. Demnach fiele die AASI in die auch nach US-Recht anerkannte Fallgruppe zum „Schutz des eigenen Verfahrens". Allerdings kündigte *Carr J* an, dass sich eine von ihm erlassene (A)ASI nicht nur gegen die chinesische ASI, sondern auch gegen die chinesischen Hauptsacheverfahren richten würde.

III. Zulässigkeit von ASIs

Abschließend soll anhand der generellen von der Rechtsprechung beim Erlass von ASIs herangezogenen Kriterien untersucht werden, ob ASIs der Erlass von

---

[228] *Conversant v Huawei* [2018] EWHC 2549 (Ch), [24].
[229] *Apple v Qualcomm*, 2017 U.S. Dist. LEXIS 145835, *33–36 (S.D. Cal. 2017).
[230] A.A. offenbar *Contreras*, der das Vorliegen desselben Streitgegenstandes ohne Begründung bejaht, vgl. *Contreras*, (2019) 25 B.U. Sci. & Tech. J., 251, 277.

ASIs in FRAND-Streitigkeiten mit den herkömmlichen Grundsätzen vereinbar ist.

1. Außervertragliche Streitigkeit

Englische Gerichte erlassen ASIs zur Durchsetzung vertraglicher Rechte des Antragstellers, nicht im Ausland verklagt zu werden. Ein vertragliches Recht, nicht im Ausland verklagt zu werden, könnte sich aus der FRAND-Verpflichtung des SEP-Inhabers ergeben. Bislang haben englische Gerichte keine vertragliche Verpflichtung des SEP-Inhabers, die Erhebung von Unterlassungsklagen gegen lizenzwillige Implementierer zu unterlassen, festgestellt. Eine entsprechende Pflicht des SEP-Inhabers ergibt sich allenfalls aus dem kartellrechtlichen Missbrauchsverbot.[231] Der Implementierer ist erst recht nicht verpflichtet, nicht im Ausland zu klagen; ihn trifft keine FRAND-Verpflichtung. Damit liegt nach englischem Recht eine außervertragliche Streitigkeit vor.

2. Alternative forum-Fall

In außervertraglichen Streitigkeiten kommt es nach einer vordringenden Literaturansicht, die teilweise Eingang in die Rechtsprechung gefunden hat, auf die Abgrenzung von *single* und *alternative forum*-Fällen an. In *single forum*-Fällen sind die Erlassgründe für ASIs eingeschränkt. Nur „defensive" ASIs zum Schutz der Jurisdiktion, des eigenen Verfahrens oder wichtiger öffentlicher Interessen sind zulässig.[232]

Der UKSC qualifiziert eine vom SEP-Inhaber gegen den Implementierer erhobene Unterlassungsklage, die unter der aufschiebenden Bedingung steht, dass der Implementierer den Abschluss eines Lizenzvertrages zu den vom Gericht als FRAND festgesetzten Bedingungen verweigert, als patentrechtliche Streitigkeit.[233] Der *High Court* ordnete den Fall konsequent als *single forum*-Fall ein und lehnte eine Verfahrensaussetzung ab, da England das einzig zur Verfügung stehende Forum sei.[234] Die Qualifikation wurde bereits angezweifelt. Klagt der SEP-Inhaber unter der aufschiebenden Bedingung, dass der

---

[231] *Unwired Planet v Huawei* [2017] EWHC 711 (Pat), [744]; vgl. Gliederungspunkt § 2, D., IV., 2.

[232] Vgl. *Mandy Gray v Hamish Hurley*, [2019] EWCA Civ 2222, [2019] 1 CLC 43, Rn. 50; *British Airways Board v Laker*, [1985] AC 58 (HL) 83–85.*Bell*, Rn. 4.102; *Butler/Weijburg*, 24 U.S.F. Mar. L.J. (2012) 257, 284, 289; Cheshire, North and Fawcett, S. 427, 435-36; *Hartley*, (1987) 35 Am. J. Comp. L. 487, 493–94; *Raphael*, Rn. 5.22; *Sim*, (2013) 62 ICLQ 703, 707.

[233] *Huawei v ZTE* [2020] UKSC 37, [95]–[96]; *Conversant v Huawei* [2018] EWHC 808 (Pat), [65]–[66]; *Lenovo v IPCom* [2019] EWHC 3030 (Pat), [48]; *Nokia v OnePlus* [2021] EWHC 2952 (Pat), [48].

[234] *Conversant v Huawei* [2018] EWHC 808 (Pat), [64].

Implementierer ein Lizenzangebot zu den gerichtlich festgesetzten Konditionen ablehnt, auf Unterlassung, liegt die Einordnung als vertragsrechtliche Streitigkeit nahe. Es geht dem Kläger gerade um die Gebührenfestsetzung. Die drohende Verurteilung auf Unterlassung ist lediglich ein Druckmittel.[235]

Selbst wenn man die Qualifikation der englischen Gerichte als richtig unterstellt und annimmt, dass es sich um eine patentrechtliche Streitigkeit handelt, rechtfertigt dies kein Prozessführungsverbot. Anders als bei einem *stay of proceedings* kommt es bei einer ASI nicht darauf an, ob England das *single forum* bzw. *natural forum* ist. Entscheidend ist, ob die ausländische Jurisdiktion überhaupt zur Entscheidung des Rechtsstreites zur Verfügung steht und falls ja, ob die Prozessführung dort ungerecht ist, etwa weil die andere Jurisdiktion überhaupt keinen Bezug zum Streitgegenstand hat. Dass England das *natural forum* ist, reicht für den Erlass einer ASI gerade nicht aus.

In § 3 wurde festgestellt, dass das prozessuale und materielle Recht in England SEP-Inhaber anzieht. Die in England beantragte ASI wird sich daher i.d.R. gegen eine im Ausland erhobene Klage des Implementierers richten. Sofern die Parteien nicht über eine Kreuzlizenz streiten, kann der Implementierer keine Patentverletzungsklagen im Ausland erheben. Wie in *Unwired Planet v Huawei* und *Conversant v Huawei* wird sich eine in England beantragte ASI regelmäßig gegen ein Vertragsverletzungsverfahren oder gegen eine auf Feststellung einer Vertragsverletzung oder der FRAND-Gebühren gerichtete Klage richten. Obwohl englische Gerichte die inländische Unterlassungsklage des SEP-Inhabers als Patentstreitigkeit qualifizieren, liegt ein *alternative forum*-Fall vor, da auch andere Jurisdiktionen für die Entscheidung der im ausländischen Verfahren streitgegenständlichen FRAND-Verpflichtung bzw. zur Feststellung der FRAND-Gebühren einer weltweiten Lizenz zuständig sind.

3. Natural Forum

Die englische Rechtsprechung hat anerkannt, dass es in FRAND-Streitigkeiten in aller Regel kein *natural forum* gibt. Damit fehlt die Grundvoraussetzung für den Erlass von ASIs.

D. Ergebnis

Gerichte in England und in den Vereinigten Staaten sollten nach den allgemeinen, im dritten Kapitel herausgearbeiteten Kriterien keine ASIs erlassen. Das gilt zumindest, wenn nicht beide Parteien der abschließenden Entscheidung

---

[235] Vgl. auch *Tsang/Lee*, (2019) 59 Virg. J. of Int'l L. 220, 258.

D. Ergebnis

durch ein Gericht zugestimmt und damit konkludent einen ausschließlichen Gerichtsstand vereinbart haben. Chinesische Gerichte stützen ASIs auf eine Generalklausel, weshalb die Vereinbarkeit der dort erlassenen ASIs mit chinesischem Recht hier nicht abschließend beurteilt werden kann. Allerdings dürfte der wiederholte Erlass von ASIs gegen ausländische Patentverletzungsverfahren gegen das TRIPS-Übereinkommen verstoßen.

§ 5 Anti-Anti-Suit Injunctions in FRAND-Streitigkeiten

Nach der Übersicht über ASIs in FRAND-Streitigkeiten stehen in diesem Kapitel in FRAND-Streitigkeiten erlassene AASIs (Anti-Anti-Suit Injunctions) im Mittelpunkt. Mit einer AASI verbietet es ein Gericht, eine im Ausland erlassene ASI (dort) zu vollstrecken, einen Antrag auf Erlass einer ASI zu stellen oder an einem entsprechenden Verfahren teilzunehmen. Über die vergangenen Jahrzehnte haben beinahe ausschließlich englische und US-amerikanische Gerichte AASIs erlassen.[1] Seit 2019 haben Gerichte in *civil law*-Jurisdiktionen damit begonnen, die in FRAND-Streitigkeiten von ASIs betroffenen Parteien und die eigene Zuständigkeit über nationale Patente durch AASIs zu schützen. Entsprechende Verfügungen wurden von deutschen, englischen, französischen, indischen und US-amerikanischen Gerichten erlassen. Während *common law*-Jurisdiktionen AASIs überwiegend als Sonderfall von ASIs behandeln, sind (A)ASIs in *civil law*-Jurisdiktionen ein Fremdkörper. Daher bedarf es kreativerer Lösungen, um ein dogmatisches Fundament für AASIs aufzubauen. Dieser Abschnitt untersucht zunächst die Ende 2019 in *Lenovo v IPCom* von englischen und französischen Gerichten erlassenen AASIs. Anschließend werden zunächst die in *common law*-Jurisdiktionen erlassenen AASIs sowie eine Entscheidung der *Rechtbank den Haag* von 2022, in der das Gericht den Erlass einer AASI ablehnte, betrachtet. Obwohl das LG München I bereits vor indischen und US-amerikanischen Gerichten eine AASI in einer FRAND-Streitigkeit erlassen hat, wird das deutsche Recht, um einen kopflastigen Aufbau des Kapitels zu verhindern, zuletzt dargestellt.

A. England

Der *High Court* hat AASIs in *Unwired Planet v Huawei* sowie in *Conversant v Huawei* angedroht und zwei AASIs in *IPCom v Lenovo* sowie in *Philips v Oppo* erlassen. Die erstgenannten, nur angedrohten AASIs wurden bereits im vierten Kapitel erörtert.[2]

---

[1] *Hartley*, Int'l Commercial Litigation, S. 280.
[2] Siehe Gliederungspunkt § 4, C., II.

I. IPCom v Lenovo (2019)

Nach fünfjährigen Verhandlungen zwischen *Lenovo* und *IPCom* über eine weltweite Lizenz zur Nutzung eines UMTS-Portfolios unterbreitete *IPCom* Anfang März 2019 ein Lizenzangebot und drohte *Lenovo* zugleich an, Unterlassungsansprüche geltend zu machen, wenn das Angebot nicht bis Mitte März 2019 angenommen würde.[3] *Lenovo* warf *IPCom* mangelnde Verhandlungsbereitschaft und einen *hold up* vor. Kurz vor Ende der von *IPCom* gesetzten Annahmefrist klagte *Lenovo* am 14.3.2019 in Kalifornien gegen *IPCom*. Mit der Klage begehrte *Lenovo* die Feststellung, dass *IPComs* Patente unwirksam und nicht verletzt seien, *IPCom* seine FRAND-Verpflichtung verletzt habe und begehrte die Festsetzung der Konditionen einer weltweiten Lizenz. Am 02.07.2019 erhob *IPCom* wegen der Verletzung eines der vom streitgegenständlichen Portfolio umfassten Patente (EP (UK) 1,841,286) Klage auf Unterlassung der Patentverletzung. Zwei Monate später, am 18.09.2019, beantragte *Lenovo* in den Vereinigten Staaten den Erlass einer gegen das englische Patentverletzungsverfahren gerichteten ASI. Am 25.10.2019 beantragte *IPCom* beim *High Court* den Erlass einer AASI, die *Lenovo* die Fortführung des US-Verfahrens verbieten sollte.[4] Am 08.11.2019 erließ der *High Court* die AASI, den in den Vereinigten Staaten von der Verfügungsbeklagten gestellten Antrag auf Erlass einer ASI lehnte der *district court* mit Verfügung vom 12.12.2019 wegen Zweifeln an der *personal jurisdiction* über die deutsche *IPCom (GmbH & Co. KG)* vorläufig ab.[5]

1. Entscheidung

Hacon J stellte fest, dass englische Gerichte neben ASIs auch AASIs erlassen können. ASIs und AASIs richteten sich nach denselben Grundsätzen.[6] Anschließend gibt das Urteil Passagen aus neueren Entscheidungen des *Court of Appeal* zu ASIs wieder.[7] Diesen Grundsätzen sei hinzuzufügen, dass englische Gerichte eine (A)ASI umso eher erließen, je geringer deren Auswirkung auf das ausländische Hauptsacheverfahren sei.[8] Eine AASI habe eine geringe Auswirkung auf das US-Verfahren. Das dortige Hauptsacheverfahren betreffe die Festsetzung der Konditionen einer weltweiten Lizenz und die Verletzung und Wirksamkeit zweier US-Patente. Es bestehe keine unmittelbare Verbindung zu dem englischen Verfahren über die Verletzung und Wirksamkeit eines

---

[3] *IPCom v Lenovo* [2019] EWHC 3030 (Pat), [7].
[4] *IPCom v Lenovo* [2019] EWHC 3030 (Pat), [15].
[5] *Lenovo v IPCom*, 2019 WL 6771784 (N.D. Cal. 2019).
[6] *IPCom v Lenovo* [2019] EWHC 3030 (Pat), [20].
[7] *IPCom v Lenovo* [2019] EWHC 3030 (Pat), [21]–[23].
[8] *IPCom v Lenovo* [2019] EWHC 3030 (Pat), [24].

europäischen Patents. Der Erlass einer AASI bedeute wegen der unterschiedlichen Streitgegenstände keine Vorwegnahme der Hauptsache.[9]

Anschließend prüfte das Gericht, ob England das *natural forum* war. Als Streitgegenstand machte es die Wirksamkeit und Verletzung des im englischen Verfahren streitgegenständlichen Patents aus. Da ein US-amerikanisches Gericht nicht über die Wirksamkeit eines europäischen Patents entscheiden könnte, sei England das *natural forum*.[10] Damit stellte sich die Frage, ob der Erlass der AASI zur Abwendung eines drohenden Unrechts geboten war. Hierfür stellte *Hacon J* auf den hinter dem Rechtsstreit stehenden Sachverhalt ab. Die Parteien konnten über mehrere Jahre keine Einigung erzielen und gaben sich gegenseitig die Schuld. Selbst wenn beide Seiten mit der Bestimmung der Konditionen durch das US-Gericht einverstanden wären, sei *Lenovo* nicht gezwungen, ein Angebot zu den gerichtlich bestimmten Konditionen anzunehmen.[11] Als Druckmittel könnten einzig Unterlassungsansprüche eingesetzt werden. Es sei missbräuchlich und schikanös, *IPCom* durch die ASI ihr einziges Druckmittel zu nehmen. Zudem könne eine ASI dazu führen, dass kein Gericht mehr über die Wirksamkeit des streitgegenständlichen Patents entscheiden könne.[12]

Abschließend prüft das Gericht die Auswirkung auf die *comity*. Dass die ASI in Kalifornien zuerst beantragt wurde, sei unerheblich. Da sich die AASI auch nicht auf das US-Hauptsacheverfahren auswirke, stehe die *comity*-Doktrin dem Erlass der AASI nicht entgegen.[13]

2. Anmerkungen

Bei der Prüfung, welches Gericht das *natural forum* für eine auf ein europäisches Patent gestützte Patentverletzungsklage ist, übertrug der *High Court* die Grundsätze zum *stay of proceedings* auf eine (A)ASI. Für eine Verfahrensaussetzung muss der Antragsteller nachweisen, dass die ausländische Jurisdiktion das *natural forum* ist.[14] Umgekehrt kommt es bei einer ASI darauf an, ob England das *natural forum* für den Rechtsstreit („*the action*") bzw. („*substantive dispute*")[15] ist.

---

[9] *IPCom v Lenovo* [2019] EWHC 3030 (Pat), [45]–[46].
[10] *IPCom v Lenovo* [2019] EWHC 3030 (Pat), [48].
[11] *IPCom v Lenovo* [2019] EWHC 3030 (Pat), [50].
[12] *IPCom v Lenovo* [2019] EWHC 3030 (Pat), [52]–[53].
[13] *IPCom v Lenovo* [2019] EWHC 3030 (Pat), [58]–[59].
[14] Dicey, Morris and Collins, Rn. 12-030.
[15] *Raphael*, Rn. 4.93.

A. England

Bei der Prüfung eines *stay of proceedings* ist es vertretbar oder gar notwendig, den Rechtsstreit anhand des in England verfolgten Rechtsschutzziels einzugrenzen. Es ergibt Sinn, dass ein englisches Gericht einen Rechtsstreit betreffend eine Patentverletzungsklage nicht aus dem Grund aussetzen sollte, dass ein chinesisches Gericht in einem Parallelverfahren über die Wirksamkeit und Verletzung eines äquivalenten chinesischen Patents entscheidet.

Demgegenüber ist die Eingrenzung des Streitgegenstandes auf die auf ein europäisches Patent gestützte Unterlassungsklage bei einer ASI zu eng. Dass England das *natural forum* für die in England erhobene Klage ist, rechtfertigt es nicht, ein ausländisches Verfahren über einen anderen Streitgegenstand zu untersagen. Ansonsten könnten englische Gerichte Patentverletzungsverfahren im Ausland über inhaltsgleiche ausländische Patente untersagen, wenn in England eine Patentverletzungsklage anhängig ist.

Daraus folgt allerdings, dass auch das Gericht in der ausländischen Jurisdiktion keine ASI erlassen sollte. Erlässt ein Gericht trotz der verschiedenen Streitgegenstände eine ASI, hat es diese nicht auf die sowohl nach dem US-Recht als auch nach englischem Recht anerkannten Grundsätze gestützt. Die unterschiedlichen Streitgegenstände in beiden Jurisdiktionen können rechtfertigen allenfalls eine AASI,[16] nicht aber eine ASI.

Das scheint auch der *High Court* so zu sehen, wobei die Begründung nicht zwischen ASI und AASI differenziert. Zunächst stellt das Gericht die unterschiedlichen Streitgegenstände im englischen und im US-Verfahren fest:

„*The substantive action before the US court [...] concerns only the settlement of a global FRAND licence and two US patents. It does not directly concern the issues in the present action, namely the infringement and validity of the UK designation of EP '268.*"[17]

Anschließend kommt das Gericht zum Ergebnis, dass England das *natural forum* zur Entscheidung der Streitigkeit über ein europäisches Patent sei:

„*The application before me is directed at the substantive question of which court should the [sic][18] issues of infringement and validity of EP 268. The first matter I must consider is whether England is clearly the more appropriate forum in which to decide those issues. Very*

---

[16] Nach Teilen der Literatur sollte eine AASI nur ergehen, wenn die ausländische ASI nach englischem Recht nicht hätte erlassen werden sollen, vgl. *Raphael*, Rn. 5.58. Die Rechtsprechung prüft dieses Kriterium beim Erlass einer AASI hingegen nicht, vgl. § 3, C. IV. 1. f)

[17] *IPCom v Lenovo* [2019] EWHC 3030 (Pat), [46].

[18] Im Urteil scheint ein Verb zu fehlen. Gemeint ist wohl „*rule on*" o.ä.

clearly, it is [...]. [I]f the anti-suit injunction is granted in California, there would be no proceedings anywhere which would decide [on the validity and infringement of EP '268]."[19]

Auf die Frage, ob England das *natural forum* ist, kam es eigentlich nicht an: Da ein englisches Patentverletzungsverfahren einen anderen Streitgegenstand als ein Vertragsverletzungsverfahren in den Vereinigten Staaten betrifft, lag ein *single forum*-Fall vor, was der *High Court* übersah. Während ASIs in *single forum*-Fällen generell nicht erlassen werden, sind AASIs gerade in *single forum*-Fällen regelmäßig erforderlich, da das ausländische Gericht keine ASI hätte erlassen sollen. Der Eingriff in die Zuständigkeit des englischen Gerichts wirkt in einem *single forum*-Fall schwerer, weshalb der Schutz der eigenen Jurisdiktion den Erlass der AASI eher rechtfertigt.

II. Philips v Oppo (2022)

Philips hatte in England gegen *Oppo* wegen der Verletzung von drei angeblich standardessentiellen Patenten auf Erlass einer *FRAND Injunction* geklagt. Nachdem *Oppo* in der Vergangenheit in China gegen einen anderen Implementierer die gerichtliche Festsetzung der Konditionen einer weltweiten Lizenz erwirkt[20] und ausländische Patentverletzungsverfahren durch eine ASI unterbunden hatte,[21] befürchtete *Philips* im konkreten Rechtsstreit ein ähnliches Vorgehen. Vorsorglich beantragte *Philips* eine präventive AASI, die es *Oppo* weltweit untersagen sollte, ASIs zu beantragen. Der *High Court* erließ die beantrage AASI zunächst *ex parte*. Mit einstweiliger Verfügung vom 4.5.2022 gab *Mellor J* der Verfügungsbeklagten auf, weltweit keine Verfahren einzuleiten, die das englische Verfahren beeinträchtigen könnten (Originalwortlaut: „*interfere with, restrain, prevent, require the withdrawal of, or seek to penalise [the UK proceedings]*"). Nach der mündlichen Verhandlung bestätigte der *High Court* die Verfügung, reduzierte aber deren räumliche und sachliche Reichweite.

1. Entscheidung

Das Urteil enthält wenige allgemeine Ausführungen zu ASIs und AASIs. *Meade J* stellte fest, dass die Auswirkung der AASI auf die *comity* geringer als bei einer ASI sei, da das ausländische Hauptsacheverfahren weiterlaufen könne. Die AASI diene dem Schutz des englischen Verfahrens betreffend die

---

[19] *IPCom v Lenovo* [2019] EWHC 3030 (Pat), [48]–[49].
[20] *Oppo v Sharp*, 2020 Zui Gao Fa Zhi Min Xia Zhong No. 517, S. 11 (Supreme People's Ct. 2021).
[21] *Oppo v Sharp*, 2020 Yue 03 Min Chu No. 689-1 (Shenzhen Interm. Ct. 2020), n.v., zit. nach *Contreras/Yu/Yu*, S. 31.

Verletzung nationaler Patente.²² Eine ausländische ASI, die ein inländisches Patentverletzungsverfahren verhindern sollte, sei rechtsmissbräuchlich und schikanös.²³ Da es sich um eine präventive einstweilige Verfügung (*quia timet injunction*) handelte, setze der Erlass einer AASI voraus, dass dem Verfügungskläger bei ungehindertem Geschehensablauf ein irreversibler Schaden droht.²⁴ Insoweit hatte das Gericht zu untersuchen, ob das Verhalten *Oppos* und seiner konzernverbundenen Unternehmen die Annahme einer Erstbegehungsgefahr eines ASI-Antrages rechtfertigt.

Oppo hatte im Nachgang von *Oppo v Sharp* – der ersten Entscheidung, in der ein chinesisches Gericht seine Zuständigkeit zur Bestimmung einer weltweiten Lizenz annahm – die vom chinesischen Gericht anerkannte Zuständigkeit zur Festsetzung der FRAND-Bedingungen eines weltweiten Lizenzvertrages sowie die Möglichkeit, das chinesische Verfahren über ASIs abzusichern, gegenüber der chinesischen Presse als beachtlichen Sieg bezeichnet. Daraus könne gefolgert werden, dass *Oppo* auch in künftigen FRAND-Streitigkeiten gewillt sei, entsprechend vorzugehen.²⁵ Der *High Court* stellt klar, dass eine in der Vergangenheit von einem Konzern beantragte ASI noch nicht den Schluss erlaubt, dass ein konzernzugehöriges Unternehmen in künftigen Streitigkeiten denselben Weg wählt. Vielmehr müsste das Verhalten des Implementierers in anderen SEP-Streitigkeiten berücksichtigt werden.²⁶ In einer anderen SEP-Streitigkeit mit *Nokia* hatte *Oppo* zwar keine ASI beantragt. Allerdings hatte *Nokia* in München frühzeitig eine AASI gegen *Oppo* erwirkt. Daher könne *Oppo* nicht zugutegehalten werden, keine ASI beantragt zu haben.²⁷ Selbst die Erklärung *Oppos*, nicht zu beabsichtigen, eine ASI in China zu erwirken, widerlege die aus dem vorherigen Verhalten *Oppos* folgende Vermutung nicht. Vielmehr habe *Oppo* seine Erklärung so gefasst, dass die Möglichkeit, in Zukunft weitere ASIs zu beantragen, vorbehalten bliebe. Insgesamt sei keine Lossagung *Oppos* von seiner ASI-Praxis zu erkennen.²⁸ Der durch eine ausländische ASI drohende, irreversible Schaden²⁹ und das Vorgehen des Verfügungsbeklagten gegenüber *Sharp* rechtfertigten den präventiven Erlass der AASI.

---

²² *Philips v Oppo* [2022] EWHC 1703 (Pat), [68].
²³ *Philips v Oppo* [2022] EWHC 1703 (Pat), [66].
²⁴ *Philips v Oppo* [2022] EWHC 1703 (Pat), [18]–[20].
²⁵ *Philips v Oppo* [2022] EWHC 1703 (Pat), [26]–[27].
²⁶ *Philips v Oppo* [2022] EWHC 1703 (Pat), [28].
²⁷ *Philips v Oppo* [2022] EWHC 1703 (Pat), [31]; LG München I, Beschl. v. 30.6.2021, Az. 21 O 8690/21 (n.v.).
²⁸ *Philips v Oppo* [2022] EWHC 1703 (Pat), [33]–[35].
²⁹ *Philips v Oppo* [2022] EWHC 1703 (Pat), [27].

Die AASI sei aber auf ein Verbot, in China ASIs zu erwirken, zu beschränken: Da US-Gerichte ASIs nur erlassen würden, wenn beide Seiten der Gebührenfestsetzung durch ein US-Gericht zugestimmt haben, sei ohne eine entsprechende Zustimmung keine ASI aus den Vereinigten Staaten zu befürchten.[30] Zudem sei die von *Mellor J* erlassene Verfügung zu weit formuliert. Die AASI untersagte jede Behinderung oder Störung der englischen Verfahren („*interfere with*"). Dies sei zu weitreichend, da auch eine vom *High Court* als zulässig erachtete Klage in China auf Festsetzung der Konditionen eines weltweiten Lizenzvertrages erfasst sein könnte.[31]

2. Anmerkung

Das Urteil bestätigt, dass eine ausländische ASI, die es dem Antragsgegner verbietet, Patentverletzungsklagen in England zu erheben, als „*vexatious and oppressive*" einzustufen ist. Weiterhin sei die Auswirkung der AASI auf die *comity* geringer als bei einer ASI. Der Schwerpunkt der Entscheidung liegt auf der Frage, ob der Erlass einer ASI in China hinreichend nahe bevorstand. Der *High Court* vermutet nicht, dass ein Implementierer, der ein Mal eine ASI beantragt hat, dies auch in künftigen Verfahren tun wird. Die Erstbegehungsgefahr besteht, wenn sich aus den Gesamtumständen ergibt, dass der Implementierer ASIs auch in künftigen Verfahren zur Absicherung des Verfahrens in der aus seiner Sicht günstig erscheinenden Jurisdiktion einsetzen wird und auf Anfrage nicht ausdrücklich erklärt, keine ASIs zu beantragen. Damit stellt das englische Recht auch „präventive" AASIs bereit. Interessant ist, dass der *High Court* den durch eine ausländische ASI drohenden Schaden als irreversibel bezeichnet.[32] Inwieweit eine nach Erlass und Zustellung der ausländischen ASI an den Verfügungsbeklagten erlassene AASI den Schaden noch abwenden könnte, wurde nicht erörtert.

B. Frankreich: Lenovo v IPCom (2019)

Neben der in England beantragten AASI hatte *IPCom* auch in Frankreich den Erlass einer AASI gegen *Lenovo* beantragt. In beiden Jurisdiktionen ergingen AASIs, bevor der US-amerikanische *district court* über den Erlass einer ASI entschieden hatte. Das *Tribunal de Paris* erließ die AASI zunächst im

---

[30] *Philips v Oppo* [2022] EWHC 1703 (Pat), [49].
[31] *Philips v Oppo* [2022] EWHC 1703 (Pat), [69]–[71].
[32] *Philips v Oppo* [2022] EWHC 1703 (Pat), [27].

vorläufigen Rechtsschutz.[33] Die *Cour d'appel* bestätigte die Verfügung mit Urteil vom 03.03.2020.[34]

I. Entscheidung

Rechtsgrundlage der AASI im französischen Recht sind die Art. 834, 835 (vormals Art. 808, 809) der französischen Zivilprozessordnung. Diese lauten:

Art. 834:
In allen dringenden Fällen kann der Präsident des Gerichts oder der Richter für Schutzstreitigkeiten im Rahmen seiner Zuständigkeit in einer einstweiligen Verfügung alle Maßnahmen anordnen, die nicht ernsthaft umstritten sind oder das Bestehen einer Streitigkeit rechtfertigen.

Art. 835
Der Präsident des Gerichts oder der Richter von Schutzstreitigkeiten kann im Rahmen seiner Zuständigkeit immer, auch bei rechtlichen Zweifeln, im Wege einstweiliger Verfügung die erforderlichen Sicherungsmaßnahmen vorschreiben, um einen unmittelbar bevorstehenden Schadenseintritt abzuwenden oder eine offensichtlich rechtswidrige Störung zu beseitigen. [...].[35]

Eine „offensichtlich rechtswidrige Störung" liege jedenfalls bei Verletzungen rechtsstaatlicher Mindeststandards vor. Anschließend beschreibt das Gericht die Umstände im Fall *Microsoft v Motorola* und die Erwägungsgründe des *Ninth Circuit*. Nach den darin vorgetragenen Erlassgründen bestehe auch im Rechtsstreit zwischen *IPCom und Lenovo* eine hinreichende Wahrscheinlichkeit, dass das US-Gericht Patentverletzungsklagen in Frankreich untersagen würde.[36] Nach Art. L 611-1 des französischen Gesetzes zum Schutz geistigen Eigentums gewährt ein Patent ein Ausschließlichkeitsrecht. Eine in den Vereinigten Staaten erlassene ASI würde das Eigentumsrecht aus Art. 17 EU-GRCh (Schutz von Eigentum) und die Verfahrensrechte aus Art. 6 Abs. 1 EMRK (Recht auf faires Verfahren) sowie aus Art. 13 EMRK (Recht auf wirksame Beschwerde) verletzen. Eine ASI stelle damit eine offensichtliche rechtswidrige Störung dar.[37]

Lenovo hatte gegen den Erlass einer AASI vorgetragen, dass eine in den Vereinigten Staaten erlassene ASI die Erhebung einer Patentverletzungsklage in Frankreich nur vorübergehend, bis zum Abschluss des US-Hauptsacheverfahrens, untersage. Dem hielt die *Cour d'appel* die begrenzte Schutzdauer des

---

[33] TGI Paris, 9. novembre 2019, N° RG 19/59311.
[34] Cour d'appel, 3. mars 2020, N° RG 14/2020.
[35] Übersetzung durch den Verfasser.
[36] Cour d'appel, 3. mars 2020, N° RG 14/2020, Rn. 52–57.
[37] Cour d'appel, 3. mars 2020, N° RG 14/2020, Rn. 57.

Patents entgegen. Zumal das Klagepatent am 15.2.2020 auslief, d.h. bei Erlass des erstinstanzlichen Urteils kurz vor dem Auslaufen stand, könnte die ASI die gerichtliche Durchsetzung des französischen Patents dauerhaft verhindern. Da die Verletzung eines französischen Patents nicht durch das US-Gericht geprüft werde, käme dies dem Entzug des Rechts gleich.[38] Daher sei der Erlass der AASI angemessen und verhältnismäßig.[39]

II. Anmerkung

Das französische Gericht stützte die AASI auf prozessuale Vorschriften. Folglich widmete sich das Gericht nicht der Frage, nach welcher Rechtsordnung die Rechtmäßigkeit der ausländischen ASI zu beurteilen ist, sondern wandte auf alle Fragen die *lex fori* an.

Interessant ist weiterhin, dass die *Cour d'appel* die AASI bestätigte, obwohl das US-Gericht *Lenovos* Antrag auf Erlass einer ASI zwischenzeitlich als derzeitig unbegründet zurückgewiesen hatte. Ob der Erlass einer ASI tatsächlich bevorstand, wurde vom Gericht nicht näher untersucht. Neben der Zurückweisung des Antrages hätte das Gericht bei einem Vergleich der Umstände mit denen in *Microsoft v Motorola* erkannt, dass dort beide Parteien mit der Festsetzung einer Lizenz einverstanden waren. Ob das Gericht eine ASI auch ohne beiderseitiges Einverständnis zur Gebührenfestsetzung erlassen hätte, ist ungewiss.[40] Angesichts der unterbliebenen beiderseitigen Zustimmung zur Festsetzung der weltweiten Konditionen und der vorherigen Abweisung eines ASI-Antrages durch den *district court* erschien es auch aus der *ex ante*-Perspektive eines sachkundigen Beobachters nicht überwiegend wahrscheinlich, dass das US-Gericht die von Lenovo beantragte ASI erlassen hätte.

Grundlegende Fragen behandelt das kurze Urteil nicht. Das ist zuvorderst die Frage, ob Prozessführungsverbote überhaupt mit dem französischen Recht vereinbar sind und ob und wann französische Gerichte diese erlassen können. Ferner behauptete die *Cour d'appel*, dass der Erlass einer AASI angemessen und verhältnismäßig ist, ohne auf Alternativen einzugehen oder die Interessen der Parteien abzuwägen.

---

[38] Cour d'appel, 3. mars 2020, N° RG 14/2020, Rn. 58.
[39] Cour d'appel, 3. mars 2020, N° RG 14/2020, Rn. 59.
[40] Vgl. *Philips v Oppo* [2022] EWHC 1703 (Pat), [49]: Keine hinreichende Wahrscheinlichkeit einer ASI durch ein US-Gericht bei fehlender beiderseitiger Zustimmung zur gerichtlichen Gebührenfestsetzung.

C. Indien: InterDigital v Xiaomi (2020)

Der *High Court of Delhi* („*Delhi HC*") erließ am 9.10.2020 eine vorläufige AASI gegen die vom *Wuhan Intermediate People's Court* erlassene ASI. Die vorläufige Anordnung bestätigte das Gericht mit ausführlicher und geringfügig abgeänderter Begründung mit Urteil vom 3.5.2021. Der Sachverhalt wurde bereits beschrieben,[41] wobei die Schilderungen des chinesischen Gerichts von dem von *InterDigital* in den deutschen und indischen Verfahren glaubhaft gemachten Sachverhalt abweicht. In beiden Entscheidungen hat der *Delhi HC* den Erlass der AASI ausführlich begründet.

I. Entscheidung

Das indische Recht ähnelt unter vielen Gesichtspunkten dem englischen Recht. Auch die Rechtsprechung zu ASIs orientiert sich an den von englischen Gerichten entwickelten Grundsätzen. Dementsprechend wertete der *Delhi HC* bei der Prüfung der Erlasskriterien einer AASI die Rechtsprechung englischer Gerichte aus. Weiterhin diskutiert die Entscheidung die von deutschen, englischen und französischen Gerichten erlassenen AASIs.

1. Konkrete Erscheinungsform und Relevanz

Das Urteil nimmt eingangs eine rechtliche Einordnung eines Vollstreckungsverbotes gegen eine bereits erlassene ASI vor. Anders als in den vorherigen Verfahren zu AASIs (*IPCom v Lenovo* und *Nokia v Continental*) hatte das ausländische Gericht die ASI bereits erlassen. Die Verfügungsbeklagte wandte ein, dass die beantragte AASI eine AEI darstelle, für die noch strengere Voraussetzungen als für ASIs gelten würden. Aus Sicht von *Hari Shankar J* gelten für ASIs und AEIs die gleichen Grundsätze.[42] Bei ASIs und AEIs komme es entscheidend darauf an, ob deren Erlass billig und gerecht sei.[43]

2. Erlasskriterien

Aus der Auswertung des indischen und internationalen *case law* zu ASIs und AASIs folgert der *Delhi HC* folgende Grundsätze: Erstens greife eine ASI trotz ihrer *in personam* Wirkung in die Zuständigkeit eines ausländischen Gerichts ein, weshalb ihr Erlass die Ausnahme bleiben müsse. Zweitens müsse das

---

[41] Siehe Gliederungspunkt § 4, B., V.
[42] *InterDigital v Xiaomi*, I.A. 8772/2020 in CS (COMM) 295/2020, Rn. 51 (Delhi High Ct. 2021), zit. *SAS Institute v World Programming* [2020] EWCA Civ 599, [2020] 1 CLC 816, [92]–[93].
[43] *InterDigital v Xiaomi*, I.A. 8772/2020 in CS (COMM) 295/2020, Rn. 84 (Delhi High Ct. 2021).

Erlassgericht ein hinreichendes Interesse am zugrundeliegenden Rechtsstreit haben, was der Fall sei, wenn es sich im *natural forum* befindet. Drittens müsse die Verfügung zur Abwendung irreversibler Nachteile erforderlich sein. Viertens sei das ausländische Verfahren regelmäßig missbräuchlich, wenn es das Recht des Verfügungsklägers, seine Rechte vor dem zuständigen Gericht durchzusetzen, beschneidet. Das gelte insbesondere, wenn der Verfügungskläger seine Rechte nur in einer Jurisdiktion durchsetzen könne. Fünftens stünde es dem Patentinhaber bei Patentverletzungen frei, welche Patente er in welchen Ländern gerichtlich durchsetzt. Ein Versuch, dem Patentinhaber dieses grundlegende Recht zu entziehen, sei regelmäßig missbräuchlich. Sechstens müsse das Erlassgericht die *comity* berücksichtigen. Siebtens gelten für AEIs keine strengeren Voraussetzungen als für ASIs. Achtens seien AEIs insbesondere erforderlich, wenn eine ASI zu schnell, in einem heimlichen Verfahren oder arglistig erwirkt wurde.

3. Kritik an chinesischer ASI

Anschließend stellt die Entscheidung die Erlassgründe der chinesischen ASI dar und untersuchte die rechtliche Relevanz und Plausibilität der einzelnen Erlassgründe. Teilweise sei die ASI auf Erwägungen gestützt, die in keiner anderen Jurisdiktion eine Rolle spielten. Insbesondere reiche ein drohender wirtschaftlicher Schaden des Antragstellers nicht zum Erlass einer ASI aus. Da die anderen Erlassgründe rechtlich irrelevant seien, beschränkte sich der *Delhi HC* auf eine inhaltliche Bezugnahme zu drei Erlassgründen: Erstens dem mangelnden Respekt *InterDigitals* vor dem chinesischen Verfahren, zweitens zu dem vermeintlichen Versuch *InterDigitals*, das chinesische Verfahren durch das indische Patentverletzungsverfahren zu unterwandern und die daraus resultierende Gefahr widersprüchlicher Endurteile sowie drittens zu der vermeintlich begrenzten Wirkung der ASI.[44]

a) Mangelnder Respekt vor chinesischem Verfahren

Das indische Gericht stellte fest, dass *InterDigital* bis zum Erlass der ASI keine Kenntnis von der beantragten ASI und damit keine Gelegenheit zur Teilnahme am ASI-Verfahren gehabt habe.[45] Das chinesische Gericht hatte in erster Linie einen mangelnden Respekt bzw. eine mangelnde Mitwirkung *InterDigitals* im chinesischen Hauptsacheverfahren beklagt. Im chinesischen Verfahren habe

---

[44] *InterDigital v Xiaomi*, I.A. 8772/2020 in CS (COMM) 295/2020, Rn. 93 (Delhi High Ct. 2021).

[45] *InterDigital v Xiaomi*, I.A. 8772/2020 in CS (COMM) 295/2020, Rn. 94.1–94.3, 114 (Delhi High Ct. 2021). Die Unkenntnis hat *InterDigital* auch im deutschen Verfahren glaubhaft gemacht, vgl. LG München I GRUR-RS 2021, 3995, Rn. 17, 99 – FRAND-Lizenzwilligkeit.

die Antragsgegnerin die Zustellung von Klage und Schriftsätzen erschwert und nicht geantwortet.[46] Insoweit gehen die Ausführungen des *Delhi HC* an den Erwägungsgründen des chinesischen Gerichts vorbei. Dass *InterDigital* nicht über das ASI-Verfahren benachrichtigt wurde, erklärt nicht, wieso *InterDigital* im chinesischen Hauptsacheverfahren nicht auf Schriftsätze antworten konnte.

b) Gefahr widersprüchlicher Entscheidungen

Aus Sicht des *Delhi HC* betreffen eine auf nationale Patente gestützte Patentverletzungsklage und eine Klage auf Feststellung der Konditionen einer weltweiten Lizenz unterschiedliche Streitgegenstände. Nur ein indisches Gericht könne über die Wirksamkeit und Verletzung indischer Patente entscheiden. Diese seien nicht Gegenstand des chinesischen Verfahrens. Weiterhin sei die Reichweite der Klagen zu beachten: Das indische Verfahren betreffe nur sechs indische Patente, das chinesische Verfahren ein weltweites, hunderte Patente umfassendes SEP-Portfolio.[47] Erst wenn feststünde, dass eines der Klagepatente wirksam und verletzt ist, würde das indische Gericht die Lizenzkonditionen eines auf Indien beschränkten Portfolios festsetzen. Damit sei schon ungewiss, ob das indische Gericht überhaupt über die FRAND-Verpflichtung entscheiden würde. Jedenfalls drohe im indischen Verfahren aufgrund der begrenzten Reichweite eines etwaigen Endurteils kein Widerspruch zur chinesischen Entscheidung über die Bedingungen eines weltweiten Lizenzvertrages.[48] Mit seiner anderweitigen Behauptung habe das chinesische Gericht das Territorialitätsprinzip verkannt: Da chinesische Gerichte nicht für die Entscheidung über indische Patente zuständig sind, könne ein Patentverletzungsverfahren über indische Patente nicht in die Zuständigkeit chinesischer Gerichte eingreifen.[49]

Selbst wenn sich die Verfahren überschneiden sollten, rechtfertige eine teilweise Überschneidung der Streitgegenstände nach den herkömmlichen Kriterien noch nicht den Erlass einer ASI. Zusätzlich müsse das Parallelverfahren schikanös oder missbräuchlich sein. Eine Patentverletzungsklage in der

---

[46] *Xiaomi v InterDigital*, 2020 E 01 Zhi Min Chu No. 169, S. 7 (Wuhan Interm. Ct., 2020).
[47] *InterDigital v Xiaomi*, I.A. 8772/2020 in CS (COMM) 295/2020, Rn. 98–99 (Delhi High Ct. 2021).
[48] *InterDigital v Xiaomi*, I.A. 8772/2020 in CS (COMM) 295/2020, Rn. 99 (Delhi High Ct. 2021).
[49] *InterDigital v Xiaomi*, I.A. 8772/2020 in CS (COMM) 295/2020, Rn. 99, 103 (Delhi High Ct. 2021).

einzigen zur Verfügung stehenden Jurisdiktion zu erheben sei nicht missbräuchlich.⁵⁰

c) Eingeschränkte Reichweite der ASI

Der *Wuhan Intermediate People's Court* hatte zur Vereinbarkeit mit der *comity* die begrenzte Wirkung der ASI angeführt. Diese verbiete nur die Geltendmachung von Unterlassungsansprüchen, wodurch allenfalls temporäre Gewinneinbußen drohten. Der *InterDigital* dadurch entstehende Nachteil sei vernachlässigbar, da die ASI die Geltendmachung von Schadensersatzansprüchen zulasse.⁵¹

Hari Shankar J hielt die Argumentation des chinesischen Gerichts für verfehlt. Die ASI untersagte es *InterDigital*, in absehbarer Zeit Unterlassungsansprüche gegenüber *Xiaomi* geltend zu machen. Damit entziehe die Verfügung dem Patent seinen wichtigsten Schutz. Die Verfügung zwinge dazu, Patentverletzungen sehenden Auges zu dulden. Ein (nachträglicher) Schadensersatz biete keinen adäquaten Ersatz, da Patentinhabern irreversible Schäden drohten.⁵² Daher seien Unterlassungsansprüche das wirksamste Mittel zum Schutz geistigen Eigentums. Der Schadensersatzanspruch sei daher gegenüber dem Unterlassungsanspruch subsidiär, nicht umgekehrt.

Abschließend setzt sich das Gericht mit dem Urteil des *Court of Appeals* in *Microsoft v Motorola* auseinander. Dessen Feststellungen seien in Bezug auf den übereinstimmenden Streitgegenstand und auf die eingeschränkte Wirkung einer ASI gegen eine Patentverletzungsklage völlig verfehlt. Das Gericht habe die Wirkung einer Unterlassungsanordnung und das Territorialitätsprinzip verkannt:

> *„the observations of the Court of Appeal undermine the scope of the injunction sought by Motorola. The orders in the IPCom-Lenovo orders [...] postulate the correct legal position, which is that a sovereign court in one jurisdiction cannot injunct proceedings in a sovereign court in another jurisdiction, especially in the realm of infringement of intellectual property rights, which are maintainable only before [that] court. Any such injunction would amount to an assault on the rights of the [patentee] and, in the absence of cogent and*

---

⁵⁰ *InterDigital v Xiaomi*, I.A. 8772/2020 in CS (COMM) 295/2020, Rn. 102–106, 109–110 (Delhi High Ct. 2021).
⁵¹ *Xiaomi v InterDigital*, 2020 E 01 Zhi Min Chu No. 169 (Wuhan Interm. Ct. 2020), S. 8; vgl. oben, Gliederungspunkt § 4, B., V., I.
⁵² *InterDigital v Xiaomi*, I.A. 8772/2020 in CS (COMM) 295/2020, Rn. 107 (Delhi High Ct. 2021).

convincing material to indicate that the continuation of the [infringement action] would be oppressive or vexatious [...] would be totally unjustified in law."[53]

Der Justizgewährungsanspruch sei ein zentraler, in der Verfassung verankerter Grundsatz des indischen Rechts. Da die chinesische ASI *InterDigital* die Möglichkeit nahm, ihre Rechte in der einzig zur Verfügung stehenden Jurisdiktion durchzusetzen, sei diese missbräuchlich[54] und erfordere eine AASI zum Schutz des Verfügungsklägers.

4. Comity

Das Gericht schließt sich der Feststellung des *Court of Appeal*, wonach die *comity* keine Einbahnstraße,[55] sondern ein Gebot zur gegenseitigen Rücksichtnahme ist, an. Die Obliegenheit sei eingeschränkt, wenn das ausländische Gericht die *comity* außer Acht ließe, indem es wichtige öffentliche Interessen beeinträchtigt oder entgegen anerkannter Grundsätze des internationalen Privatrechts eine extraterritoriale Zuständigkeit über Verfahren in einer anderen Jurisdiktion beansprucht.[56] Indem das chinesische Gericht dem Verfügungskläger das Recht genommen habe, sein Patent in der einzig zur Verfügung stehenden Jurisdiktion durchzusetzen, habe es die *comity* missachtet. Mit Blick auf den verfassungsrechtlichen Justizgewährungsanspruch könne es dem indischen Gericht nicht durch die *comity*-Doktrin verwehrt sein, den Adressaten einer ASI durch den Erlass einer AASI zu schützen:[57]

„[The Chinese ASI] would be ex facie destructive of the principle of comity of courts. It cannot be tolerated even for a day. [...] our Constitution guarantees "justice, social economic and political" to every citizen. This guarantee cannot be sacrificed at the altar of comity."[58]

5. Arglistiges Verhalten der Verfügungsbeklagten

Abschließend enthält das Urteil außergewöhnlich eindeutige Bemerkungen zum Verhalten *Xiaomis*. Der Verfügungsbeklagte habe sich weiter am indischen Verfahren beteiligt, ohne den Verfügungskläger oder das Gericht auf die

---

[53] *InterDigital v Xiaomi*, I.A. 8772/2020 in CS (COMM) 295/2020, Rn. 109 (Delhi High Ct. 2021).
[54] *InterDigital v Xiaomi*, I.A. 8772/2020 in CS (COMM) 295/2020, Rn. 100–101, 105.2, 106, 109 (Delhi High Ct. 2021).
[55] *SAS Institute Inc v World Programming Ltd* [2020] EWCA Civ 599, [111].
[56] *InterDigital v Xiaomi*, I.A. 8772/2020 in CS (COMM) 295/2020, Rn. 88 (Delhi High Ct. 2021).
[57] *InterDigital v Xiaomi*, I.A. 8772/2020 in CS (COMM) 295/2020, Rn. 90, 110 (Delhi High Ct. 2021).
[58] *InterDigital v Xiaomi*, I.A. 8772/2020 in CS (COMM) 295/2020, Rn. 110, 112 (Delhi High Ct. 2021).

in China beantragte ASI hinzuweisen. Allein dieses arglistige Verhalten rechtfertige den Erlass einer AASI:

> *"[R]espondents never disclosed the fact of filing of the anti-suit injunction application. A transparent intent, to keep the plaintiffs, as well as this Court, in the dark, [...] is apparent. In my view, such an attitude, in a commercial litigation [...] is completely intolerable. It amounts to fraud on the Court [...]. Even on this sole ground, [...] the defendants deserve to be injuncted from enforcing, against the plaintiffs, the order [...] of the Wuhan Court".*[59]

II. Anmerkung

Das Urteil des *Delhi HC* enthält eine sorgfältige Auswertung der Rechtsprechung zu ASIs und zu den in FRAND-Streitigkeiten erlassenen ASIs und AASIs. Insbesondere enthält die ASI sowohl Ausführungen zu den Kriterien für den Erlass von AASIs und ASIs nach indischem Recht sowie eine Kritik an der chinesischen ASI-Praxis.

D. USA: Ericsson v Samsung (2021)

Der Sachverhalt in *Ericsson v Samsung* wurde bereits erläutert.[60] Nachdem das Gericht in Wuhan am 25.12.2021 eine ASI erlassen hatte, beantragte *Ericsson* am 28.12.2021 beim *District Court E.D. Texas* erfolgreich den Erlass einer *Temporary Restraining Order* („*TRO*"). Ohne Anhörung der Gegenseite erließ *Judge Gilstrap* am selben Tag eine TRO, die *Samsung* die Vollstreckung der in China erwirkten ASI für vierzehn Tage untersagte.[61] Am 7.1.2021 fand die mündliche Verhandlung über die AASI beim *District Court E.D. Texas* statt, am 11.1.2021 erließ dieser die beantragte AASI.

I. Entscheidung

Für den Erlass von AASIs sind aus Sicht von *Judge Gilstrap* einzig die *Unterweser*-Faktoren maßgeblich. Ein übereinstimmender Streitgegenstand und die Identität der Parteien im in- und ausländischen Verfahren wurden nicht als Voraussetzung bezeichnet. Im Gegenteil stellte das Gericht sogar ausdrücklich fest, dass der Streitgegenstand im chinesischen Hauptsacheverfahren, in dem das chinesische Gericht die Gebühren einer weltweiten FRAND-Lizenz

---

[59] *InterDigital v Xiaomi*, I.A. 8772/2020 in CS (COMM) 295/2020, Rn. 114 (Delhi High Ct. 2021).
[60] Siehe oben, Gliederungspunkt § 4, B., VI.
[61] *Ericsson v Samsung*, 2021 WL 89980, *3 (E.D. Tex. 2021).

festsetzen sollte, ein anderer als in einem US-Vertragsverletzungs- oder Patentverletzungsverfahren sei.[62]

1. Unterweser-Faktoren

Den Entscheidungskern bildet die Prüfung der *Unterweser*-Faktoren, d.h. die Prüfung, ob das ausländische Verfahren (i) nationale Interessen gefährdet; (ii) rechtsmissbräuchlich oder schikanös ist; (iii) die Zuständigkeit des Gerichts über Sachen (*in rem jurisdiction*) gefährdet; oder (iv) einer Vorverurteilung gleichkommt oder andere Prinzipien des Billigkeitsrechts verletzt.

Da die chinesische ASI den Verfügungskläger daran hindere, ihm zustehende Rechte in den Vereinigten Staaten gerichtlich geltend zu machen, gefährde diese nationale Interessen der Vereinigten Staaten. Die Rechtshängigkeit des chinesischen Verfahrens vor dem US-Hauptsacheverfahren hindere den Erlass einer AASI nicht. Erstens sei das „*first filed*"-Kriterium ohnehin nicht ausschlaggebend, zweitens betreffen das chinesische und das US-Hauptsacheverfahren unterschiedliche Streitgegenstände. Das chinesische Verfahren sei außerdem rechtsmissbräuchlich und schikanös. Ob das ausländische Verfahren rechtsmissbräuchlich sei, beurteile sich nach drei Faktoren, die sich gegenseitig ergänzen: (i) etwaige unbillige Härten durch das ausländische Verfahren; (ii) die Eignung des ausländischen Verfahrens, eine zügige und effiziente Entscheidung zu verhindern und (iii), der Grad, zu dem sich das in- und ausländische Verfahren überschneiden.

Die chinesische ASI stelle eine unbillige Härte gegenüber dem Verfügungskläger dar. Dem SEP-Inhaber die Möglichkeit zu nehmen, Unterlassungsansprüche gerichtlich durchzusetzen, störe das Verhandlungsgleichgewicht der Parteien.[63] Demgegenüber drohte *Samsung* keine unbillige Härte, falls die Hauptsacheverfahren in den Vereinigten Staaten und in China fortgeführt würden. Insoweit sei insbesondere zu berücksichtigen, dass die Vereinigten Staaten für beide Parteien der wichtigste Markt waren. Gegen die Missbräuchlichkeit des chinesischen ASI-Verfahrens hatte *Samsung* vorgetragen, dass das chinesische Verfahren im Wesentlichen dem zum Erlass einer TRO in den Vereinigten Staaten entspreche. *Judge Gilstrap* hielt eine TRO nicht für vergleichbar mit einer chinesischen ASI. Erstens sei die Wirkung einer TRO auf vierzehn Tage beschränkt. Nach Ablauf von vierzehn Tagen tritt die TRO außer Kraft, wenn der Antrag des Antragstellers bzw. Verfügungsklägers auf Erlass einer (A)ASI keinen Erfolg hat. Demgegenüber bliebe die in China erwirkte ASI wirksam, wenn der Betroffene diese nicht binnen fünf Tagen anficht und

---

[62] *Ericsson v Samsung*, 2021 WL 89980, *4, 6 (E.D. Tex. 2021).
[63] *Ericsson v Samsung*, 2021 WL 89980, *5 (E.D. Tex. 2021).

vortrage, warum keine ASI erlassen werden durfte. Dabei habe der Antragsgegner im chinesischen *reconsideration*-Verfahren darzulegen und gegebenenfalls zu beweisen, warum keine ASI hätte erlassen werden dürfen.[64] Zudem stünde die chinesische ASI einem zügigen und effizienten Verfahren entgegen, indem sie das US-Verfahren verhindere.

Schließlich sei zu berücksichtigen, dass beide Verfahren unterschiedliche Streitgegenstände betreffen. Das chinesische Verfahren diene der Festsetzung der Gebühren eines weltweiten Lizenzvertrages, während es in den US-Verfahren um Patentverletzungen und die Lizenzwilligkeit der Parteien gehe:

„The Chinese and US actions are not duplicative: The Chinese Action and this suit may be factually similar but involve very separate legal questions; The Wuhan Court is asked to provide a number. This Court is asked to evaluate conduct. The legal questions presented to each Court are different."[65]

2. Comity

In der AASI äußeres sich kein mangelnder Respekt vor dem chinesischen Verfahren, da das chinesische Hauptsacheverfahren über die Gebühren einer weltweiten Lizenz ungehindert fortgesetzt werden könne.[66] Der *district court* folgert aus *Laker v Sabena*, dass bei einer AASI, die den Verfügungsbeklagten von der Vollstreckung einer ASI abhält, keine Rücksichtnahme auf die andere Jurisdiktion erforderlich sei. Außerdem handele es sich um eine Streitigkeit privater Unternehmen,[67] weshalb die AASI kein besonderes Konfliktpotential berge. Damit sei der Erlass einer AASI gerechtfertigt.

II. Anmerkung

Die Urteilsbegründung ist in der Sache überzeugend, steht allerdings sowohl zu den vom *Ninth Circuit* erlassenen ASIs als auch zu den allgemeinen Voraussetzungen zu (A)ASIs in einem Widerspruch.

Erstens fällt auf, dass das Gericht das „*same issue*"-Kriterium übergeht bzw. sogar feststellt, dass beide Verfahren unterschiedliche Streitgegenstände betreffen. Zuvor hatten US-Gerichte den übereinstimmenden Streitgegenstand bei Anträgen auf den Erlass von AASIs damit begründet, dass sich die ausländische ASI gerade gegen das US-Verfahren richte, also denselben

---

[64] *Ericsson v Samsung*, 2021 WL 89980, *5 (E.D. Tex. 2021).
[65] *Ericsson v Samsung*, 2021 WL 89980, *6 (E.D. Tex. 2021).
[66] *Ericsson v Samsung*, 2021 WL 89980, *6 (E.D. Tex. 2021).
[67] *Ericsson v Samsung*, 2021 WL 89980, *6 (E.D. Tex. 2021).

D. Vereinigte Staaten

Streitgegenstand betreffe.[68] *Judge Gilstrap* untersuchte hingegen, ob die Hauptsacheverfahren in den Vereinigten Staaten und China denselben Streitgegenstand betreffen. Das lehnte er ab. Die Beobachtung von *Judge Gilstrap* ist zutreffend und weist auf einen Widerspruch in der bisherigen Rechtsprechung hin. Im Rahmen dieser Arbeit wurde bereits festgestellt, dass der Erlass von AASI gerade in *single forum*-Fällen angezeigt sein kann. Deshalb ist es bei der Prüfung von AASIs verfehlt, einen übereinstimmenden Streitgegenstand vorauszusetzen.

Das Gericht zeigte allerdings nicht auf, warum es vom bisherigen *case law* abweicht und überging die „*threshold criteria*". Auch bei der Prüfung des rechtsmissbräuchlichen Verhaltens schlägt der *district court* einen Sonderweg ein. Zwar trifft es zu, dass der Grad, zu dem sich das in- und ausländische Verfahren überschneiden, bei der Begründung der Rechtsmissbräuchlichkeit herangezogen wurde. Nach dem im Urteil zitierten *case law* des *Fifth Circuit* ist ein ausländisches Verfahren allerdings umso eher missbräuchlich, je größer die Überschneidung der Streitgegenstände ist:[69]

> „*the Court finds that the [foreign] suit duplicates the domestic case and is therefore appropriately deemed vexatious and oppressive.*"[70]

Da in *Ericsson v Samsung* das inländische und das ausländische Hauptsacheverfahren unterschiedliche Streitgegenstände betreffen, hätte das Kriterium indiziert, dass das chinesische ASI-Verfahren nicht missbräuchlich und schikanös ist. Trotz der gegenteiligen und insoweit irreführenden Ausführungen des *district court* ist das Ergebnis richtig. Eine AASI ist regelmäßig – wie bereits ausgeführt – gerade in *single forum*-Fällen, d.h., wenn die Streitgegenstände im in- und ausländischen Verfahren abweichen, gerechtfertigt. Das Gericht versäumte es an dieser Stelle allerdings, auf die Eigenarten von AASIs gegenüber herkömmlichen ASIs einzugehen.

Neben der rechtlichen Würdigung scheint auch die Wertung des *District Court E.D. Texas* (*Fifth Circuit*) in der Frage, welche Art der Prozessführung in FRAND-Streitigkeiten zulässig ist, von derjenigen des *Ninth Circuit* abzuweichen. Nach der Rechtsprechung des *Ninth Circuit* handelt missbräuchlich, wer Patentverletzungsklagen erhebt, obwohl in einer anderen Jurisdiktion ein

---

[68] Vgl. *Lam Yeen Leng v Pinnacle Performance*, 474 Fed. Appx. 810, 813 (2d Cir. 2012); *Re Vivendi Universal*, 2009 US Dist LEXIS 110283, *40 (S.D.N.Y. 2009); *Teck Metals v Certain Underwriters at Lloyd's London*, 2009 WL 4716037 (E.D. Wash. 2009).

[69] *MWK Recruiting Incorporated v Jowers*, 833 Fed.Appx. 560, 562–563 (5th Cir. 2020); *Kaepa Inc v Achilles Corp*, 76 F.3d 624, 627 (5th Cir. 1996).

[70] *MWK Recruiting Incorporated v Jowers*, 833 Fed.Appx. 560, 563 (5th Cir. 2020).

Verfahren über die Bedingungen einer weltweiten Lizenz anhängig ist. Demgegenüber ist *Judge Gilstrap* der Ansicht, dass Patentverletzungsklagen auch in diesem Fall ein legitimes Druckmittel von SEP-Inhabern sind. Allerdings stützte er seine Wertung primär auf das widersprüchliche Verhalten *Samsungs*. *Samsung* wollte *Ericsson* mit der ASI untersagen, bei allen anderen Gerichten außer demjenigen in Wuhan Patentverletzungsklagen zu erheben. Zuvor hatte *Samsung* jedoch selbst eine Patentverletzungsklage gegen *Ericsson* erhoben, wobei die Klagepatente von der streitgegenständlichen (Kreuz-)Lizenz umfasste SEPs waren.[71]

Auch bei der Prüfung der Vereinbarkeit der ASI mit der *comity* begibt sich der *district court* – ohne dies näher zu begründen – auf einen Sonderweg. Nach der Feststellung des Gerichts sei die *comity* nicht beeinträchtigt, wenn das ausländische Hauptsacheverfahren fortgesetzt werden könne. Demnach wären nur herkömmliche ASIs problematisch, während AASIs, die sich nur gegen eine ASI und nicht gegen das ausländische Hauptsacheverfahren richten, stets mit der *comity* vereinbar sind.[72] Dabei verweist der *district court* auf die *Laker*-Entscheidung.[73] Darin stellte der *court of appeals* jedoch nicht fest, dass AASIs eher als ASIs mit der *comity*-Doktrin vereinbar sind.

Schließlich ist die in der Verfügung angeordnete Rechtsfolge beachtlich. Für gewöhnlich verpflichtet eine (A)ASI zur Klagerücknahme oder Unterlassung der Vollstreckung und ordnet ein bei Zuwiderhandlung fälliges Buß- oder Zwangsgeld an. Die AASI in *Ericsson v Samsung* sieht zusätzlich eine Freistellung *Ericssons* von den in China anfallenden Bußgeldern vor.[74]

E. Niederlande: Ericsson v Apple (2021)

In der Streitigkeit zwischen *Ericsson* und *Apple*[75] hatte *Ericsson* im Oktober 2021 bei der *Rechtbank Den Haag* den Erlass einer AASI beantragt, um antizipierten ASIs von *Apple* zuvorzukommen.

Die *Rechtbank* erließ die AASI zunächst ohne vorherige Anhörung *Apples* mit Wirkung für fünf Tage.[76] Nachdem *Apple* in der mündlichen Verhandlung den Sachverhalt richtigstellen konnte, lehnte das Gericht mit Urteil vom

---

[71] *Ericsson v Samsung*, 2021 WL 89980, *7 (E.D. Tex. 2021).
[72] *Ericsson v Samsung*, 2021 WL 89980, *7 (E.D. Tex. 2021).
[73] *Ericsson v Samsung*, 2021 WL 89980, *7 (E.D. Tex. 2021) unter Verweis auf *Laker v Sabena*, 731 F.2d 909, 926–27 (DC Cir. 1984).
[74] *Ericsson v Samsung*, 2021 WL 89980, *8 (E.D. Tex. 2021).
[75] Siehe oben, Gliederungspunkt § 4, A., VII.
[76] Rechtbank Den Haag v. 4.10.2021, Zaaknr. C/09/618542 / KG ZA 21-914.

E. Niederlande 245

18.10.2021 den Erlass einer AASI im vorläufigen Rechtsschutz wegen fehlender Dringlichkeit ab. In seinem Antrag habe *Ericsson* irrigerweise behauptet, dass *Apple* im Verfahren gegen *Qualcomm* eine ASI beantragt hatte. Tatsächlich hatte *Qualcomm* die ASI gegen *Apple* beantragt.[77] *Ericsson* trug weiterhin vor, dass *Apple* auf Anfrage *Ericssons* hin nicht erklärt habe, keine ASIs zu beantragen. Das Gericht hielt dies für unbeachtlich, da ein Implementierer grundsätzlich keine solche Erklärung schulde. Etwas anderes könnte gelten, wenn der jeweilige Implementierer in der Vergangenheit ASIs beantragt oder damit gedroht hat.[78]

I. Rechtliche Würdigung

Mit Urteil vom 16.12.2021 bestätigte das Gericht seine Entscheidung, keine AASI zu erlassen. Das Urteil enthält ausführliche Ausführungen zu zentralen Aspekten, die andere Gerichte beim Erlass von (A)ASIs unberücksichtigt ließen. Unter anderem war strittig, ob die Enkelgesellschaften *Apples*, *Apple Retail Netherlands BV* und *Apple Benelux BV*, und die irischen Tochtergesellschaften, *Apple Distribution International* und die *Apple Sales International Ltd*, in den Niederlanden auf Unterlassung, ASIs im Ausland zu beantragen, verklagt werden können. Dagegen wandte *Apple* ein, im Ausland nicht durch seine niederländischen oder irischen Enkel- bzw. Tochtergesellschaften zu klagen. Umgekehrt war fraglich, ob in den Niederlanden auch die Konzernmutter mit Sitz in Kalifornien, *Apple Inc*, auf Unterlassung in Anspruch genommen werden kann. Das Gericht bejahte beides. Schließlich untersuchte das Gericht auch, nach welchem Recht sich die Rechtmäßigkeit einer ausländischen ASI beurteilt. Es kam zum Ergebnis, dass der Erfolgsort i.S.v. Art. 4 Abs. 1 Rom II-VO bei einer ausländischen ASI nicht im Erlassstaat liege. Der Erfolgsort sei der Ort, an dem infolge der ASI keine Klage mehr erhoben werden könne.

1. Passivlegitimation

Die Zuständigkeit für Klagen gegen die *Apple Inc* richtet sich nach nationalem Prozessrecht. Die Brüssel Ia-VO gilt nicht für Beklagte mit Sitz außerhalb der EU, vgl. Art. 6 Abs. 1 Brüssel Ia-VO.[79] *Apple* behauptete, dass *Ericsson* die Enkelgesellschaften lediglich als Ankerbeklagte genutzt habe, um über § 7 Abs. 1 Wetboek van Burgerlijke Rechtsvordering („niederländische ZPO") die Zuständigkeit für eine Unterlassungsklage gegen *Apple Inc* und über Art. 8 Nr. 1 Brüssel Ia-VO die Zuständigkeit für eine Klage gegen die irischen

---

[77] Hierzu oben, Gliederungspunkt § 4, A., IV.
[78] Rechtbank Den Haag v. 18.10.2021, Zaaknr. C/09/618542 / KG ZA 21-914, Rn. 2.5.
[79] Eine Ausnahme nach Art. 24 Brüssel Ia-VO liegt nicht vor, insbesondere handelt es sich nicht um eine immaterialgüterrechtliche Streitigkeit i.S.v. Art. 24 Nr. 4 Brüssel Ia-VO.

Konzerntöchter herzustellen. Ansprüche auf Unterlassung der Prozessführung im Ausland gegen die Enkelinnen seien jedoch – so *Apple* – offensichtlich aussichtslos, da *Apple* im Ausland den Erlass einer ASI nicht durch die Enkelinnen beantragen würde. Mithin fehle der von § 7 Abs. 1 der niederländischen ZPO und Art. 8 Nr. 1 Brüssel Ia-VO vorausgesetzte Zusammenhang zwischen den Klagen gegen die Enkelinnen, die Töchter und gegen die Muttergesellschaft.[80]

Das niederländische Gericht wies *Apples* Argumente zurück. Zum einen waren die Enkelinnen bereits an einem *discovery*-Verfahren in den Vereinigten Staaten gegen *Qualcomm* beteiligt, in dem *Apple* unter anderem die Verwendung der aus der *discovery* erlangten Beweismittel im niederländischen Verfahren geklagt hatte. Zum anderen seien die Enkelinnen Beklagte im niederländischen Hauptsacheverfahren. Daher sei es nicht unwahrscheinlich, dass die Enkelinnen bei einer in den Vereinigten Staaten beantragten ASI als Nebenklägerinnen auftreten würden.[81] Damit seien die Klagen gegen *Apple Netherlands* und *Apple Benelux* nicht aussichtslos, sodass ein hinreichend enger Zusammenhang zu den Klagen gegen die irischen Konzerngesellschaften und gegen die Muttergesellschaft bestehe. Dieser Zusammenhang besteht allerdings nur für Klagen gegen ASIs, die die Prozessführung in den Niederlanden verbieten. Demnach könnte eine AASI nur ASIs untersagen, soweit diese sich gegen die Prozessführung oder eine Vollstreckung in den Niederlanden richten.

2. Anwendbares Recht

Apple trug vor, dass keine AASI erlassen werden könne, da nach Art. 4 Abs. 1 Rom II-VO das Recht am Erfolgsort anwendbar sei. Erfolgsort sei der Ort, an dem das ASI-Verfahren stattfindet und an dem die Vollstreckung der ASI droht. Da ASIs in FRAND-Streitigkeiten bislang nur erfolgreich in den Vereinigten Staaten und in China beantragt wurden, sei US-amerikanisches bzw. chinesisches Recht maßgeblich. Demnach wäre die im Ausland beantragte ASI nicht rechtswidrig.[82]

Aus Sicht des Gerichts liegt der Erfolgsort im Fall einer ausländischen ASI jedoch an dem Ort, an dem der Betroffene seine Rechte infolge der ASI nicht mehr durchsetzen kann.[83] Eine ASI entfalte eine „unmittelbare" Wirkung in den Niederlanden, da der Betroffene dort seine Rechte nicht mehr gerichtlich durchsetzen könne.[84]

---

[80] Rechtbank Den Haag v. 16.12.2021, Zaaknr. C/09/618542 / KG ZA 21-914, Rn. 4.12.
[81] Rechtbank Den Haag v. 16.12.2021, Zaaknr. C/09/618542 / KG ZA 21-914, Rn. 4.15.
[82] Rechtbank Den Haag v. 16.12.2021, Zaaknr. C/09/618542 / KG ZA 21-914, Rn. 4.16.
[83] Rechtbank Den Haag v. 16.12.2021, Zaaknr. C/09/618542 / KG ZA 21-914, Rn. 4.30.
[84] Rechtbank Den Haag v. 16.12.2021, Zaaknr. C/09/618542 / KG ZA 21-914, Rn. 4.31.

Dass eine ASI in den Niederlanden nicht vollstreckt würde und dass die Vermögensschäden bei einer Vollstreckung der ASI im Ausland anfielen, bleibt im Urteil unerwähnt.

3. Dringlichkeit

Bei der Prüfung der Dringlichkeit stellt das Gericht eingangs klar, dass eine im Ausland erwirkte ASI, die den Antragsgegner und Verfügungskläger von der gerichtlichen Geltendmachung seiner Rechte abhält, regelmäßig verfassungswidrig sei.[85] Für den Erlass einer AASI müsse allerdings eine tatsächliche Gefahr bestehen, dass der Verfügungsbeklagte im Ausland eine ASI beantragt.[86] Da keine belastbaren Anhaltspunkte nahelegten, dass *Apple* eine ASI beantragen würde, bestehe keine Verpflichtung *Apples*, sich auf Anfrage *Ericssons* über seine Absichten zu erklären. Außerdem hatte *Apple* dem Gericht bestätigt, dass es in der Vergangenheit noch nie eine ASI beantragt habe und dies auch nicht beabsichtige.[87]

II. Anmerkung

Besonders interessant sind die Ausführungen zum anwendbaren Recht. Das Gericht ist der Meinung, der Erfolgsort liege bei einer im Ausland beantragten ASI nicht im Erlassstaat, sondern in demjenigen Staat, in dem der Antragsgegner seine Rechte nicht mehr durchsetzen kann. Zur Begründung verweist das Gericht auf die Ähnlichkeit zum Fall *Bier v Mines de Potasse d'Alsace*, der allerdings keine Ähnlichkeit mit dem streitgegenständlichen Fall aufweist. In *Bier* hatte ein niederländischer Gärtnereibetrieb, der sein Wasser aus dem Rhein gewann, wegen Verunreinigungen des Rheinwassers und daraus resultierender Schäden gegen den mutmaßlichen Verursacher der Verschmutzungen geklagt. Beklagter war ein Bergbau-Unternehmen, das in Frankreich Industrieabwässer in den Rhein geleitet und damit das Rheinwasser verschmutzt haben soll. Der EuGH stellte fest, dass der „Ort, an dem das schädigende Ereignis eingetreten ist", nach Wahl des Klägers sowohl der Handlungsort (Frankreich) als auch der Erfolgsort (Niederlande) sein kann.[88] In *Bier* lag der Erfolgsort eindeutig in den Niederlanden. Das ist im Fall einer ausländischen ASI, die in den Niederlanden nicht vollstreckt werden kann und für die auch keine Rechtsverteidigungs- oder Prozesskosten in den Niederlanden anfallen, anders. Diese entfaltet ihre Wirkung vornehmlich im Erlassstaat.

---

[85] Rechtbank Den Haag v. 16.12.2021, Zaaknr. C/09/618542 / KG ZA 21-914, Rn. 4.38.
[86] Rechtbank Den Haag v. 16.12.2021, Zaaknr. C/09/618542 / KG ZA 21-914, Rn. 4.39.
[87] Rechtbank Den Haag v. 16.12.2021, Zaaknr. C/09/618542 / KG ZA 21-914, Rn. 4.40.
[88] EuGH, Urt. v. 30.11.1976, Rs. 21/76, Slg. 1735, 1746–47 – Bier.

Nach hier vertretener Ansicht[89] liegt der Erfolgsort bei Klagen gegen ausländische Gerichtsverfahren, d.h. bei Klagen auf Erlass einer ASI, grundsätzlich in der Jurisdiktion, in der das ausländische Hauptsacheverfahren geführt wird oder in der das Urteil, dessen Vollstreckung die ASI untersagt, ansonsten vollstreckt würde. Ein Gericht, das die Rom II-VO beachten muss, hätte daher vor dem Erlass einer ASI nach dem Recht des anderen Staates zu begründen, warum das dortige Verfahren rechtswidrig ist.

Für Klagen gegen ausländische ASIs, d.h. Klagen/Anträge auf Erlass von AASIs, muss etwas anderes gelten. Der EuGH-Rechtsprechung lassen sich allenfalls Anhaltspunkte zum Erfolgsort einer ausländischen ASI entnehmen. In *DFDS Torline* verlangte eine Reederei den Ersatz von ihr infolge eines Streikaufrufs entstandenen Schäden. Die verklagte Gewerkschaft hatte Hafenarbeiter in Schweden dazu aufgerufen, nicht am und auf einem Schiff der *DFDS Torline* zu arbeiten und dessen Be- und Endladung zu verhindern. Die Reederei entschloss sich daher, das Schiff nicht wie geplant einzusetzen und klagte in Dänemark auf Ersatz des ihr infolge des Streikaufrufs entstandenen Schadens. Das dänische Gericht hatte das Verfahren wegen Zweifeln an der eigenen Zuständigkeit ausgesetzt und den EuGH gefragt, ob der Erfolgsort am Flaggenstaat des Schiffs (Dänemark) lag. Der EuGH beschränkte sich auf die Antwort, dass es nicht entscheidend auf den Flaggenstaat ankomme.[90]

In der Literatur wird vertreten, dass der Erfolgsort in Schweden liege. Hätte das Schiff einen schwedischen Hafen angelaufen und wäre dort am Be- und Entladen des Schiffs gehindert worden, läge der Erfolgsort eindeutig in Schweden. Der Fall, dass die Reederei sich gezwungenermaßen dazu entschließt, den Hafen überhaupt nicht anzusteuern und erst gar nicht versucht, das Schiff zu be- und entladen, könne nicht abweichend gewürdigt werden. In Fällen, in denen der Geschädigte daran gehindert werde, eine Handlung vorzunehmen, sei unabhängig davon, ob er dies trotzdem versucht, der Erfolgsort der Ort, an dem die Handlung nicht vorgenommen werden kann.[91]

Nach Art. 4 Abs. 1 Rom II-VO richtet sich die Prüfung einer AASI nach der *lex fori* des zum Erlass der AASI angerufenen Gerichts. Darin liegt ein zentraler Unterschied zu ASIs, bei denen der Erfolgsort nach hier vertretener Ansicht im Ausland liegt.[92]

---

[89] Siehe oben, Gliederungspunkt § 3, G., IV., 2., a).
[90] EuGH, Urt. v. 5.2.2004, C–18/02, Slg. I–1441, Rn. 41–45 – DFDS Torline.
[91] *Hartley*, Int'l Commercial Litigation, S. 110; *Hartley*, Civil jurisdiction and judgments, Rn. 8.84 *Hartley*, (2018) 67 ICLQ 987, 990–91.
[92] Siehe oben, Gliederungspunkt § 3, G., IV., 2., a).

F. Deutschland

Bis August 2022 haben deutsche Gerichte in sechs Fällen AASIs erlassen. Fünf AASIs dienten dem Schutz der von chinesischen ASIs betroffenen Verfügungsklägern,[93] eine AASI dem Schutz vor einer bei einem US-amerikanischen Gericht beantragten ASI[94]. Da die Sachverhalte recht ähnlich sind, erfolgt eine an den Tatbestandsvoraussetzungen orientierte Darstellung. Allen Fällen lag die Konstellation zugrunde, dass ein Implementierer im Ausland ein Vertragsverletzungsverfahren oder ein Verfahren zur Bestimmung der FRAND-Konditionen einer weltweiten Portfoliolizenz eingeleitet und eine ASI gegen anhängige und/oder befürchtete deutsche Patentverletzungsverfahren beantragt hatte.

I. Zulässigkeit

Da ausländische ASIs binnen weniger Tage oder sogar Stunden erlassen werden können, wird i.d.R. im einstweiligen Rechtsschutz über den Erlass einer AASI entschieden. Statthaft ist ein Antrag auf Erlass einer Sicherungsverfügung gem. § 935 ZPO.[95]

1. Zuständigkeit

Für den Erlass einstweiliger Verfügungen ist grundsätzlich das Gericht der Hauptsache örtlich und sachlich zuständig, §§ 937, 943 ZPO.[96] Demnach wäre nur das Gericht für den Erlass einer AASI zuständig, bei dem das Verfahren, gegen das sich die ausländische ASI richtet, anhängig ist. Für „Patentstreitsachen" ergibt sich aus § 143 PatG die ausschließliche Zuständigkeit der Landgerichte. Der Begriff der Patentstreitsache ist weit auszulegen und umfasst Klagen, die einen Anspruch aus einer Erfindung zum Gegenstand haben oder

---

[93] LG Düsseldorf BeckRS 2021, 36218 (*HEVC Advance v Xiaomi*), aufgehoben vom OLG Düsseldorf GRUR 2022, 318 – Ausländisches Prozessführungsverbot; LG München I GRUR-RS 2021, 17662 (*IP Bridge v Huawei*); GRUR-RS 2021, 3995 – FRAND-Lizenzwilligkeit (*InterDigital v Xiaomi*); Beschl. v. 30.06.2021, Az. 21 O 8690/21, n.v. (*Nokia v Oppo*); eine weitere AASI hat das LG München I in *Sharp v Oppo* erlassen, vgl. *Contreras/Yu/Yu*, (2022) 71 Am. Univ. L.R. 1537, 1584. Diese wurde nicht durchgesetzt, nachdem die chinesische Justiz auf den Verfügungskläger und seine Prozessvertreter eingewirkt hatte.

[94] LG München I BeckRS 2019, 25536 (*Nokia v Continental/Daimler*).

[95] Ob man die ASI als Sicherungs- oder Regelungsverfügung einordnet, ist praktisch unerheblich, vgl. *Schlosser*, RIW 2006, 486, 487. Da der Streit darüber, vor welchem Gericht prozessiert werden soll, kein „streitiges Rechtsverhältnis" i.S.v. § 940 ZPO darstellen dürfte, erscheint es naheliegend, für (A)ASIs in außervertraglichen Fällen eine Sicherungsverfügung anzunehmen.

[96] MüKo-ZPO/*Drescher*, § 937, Rn 2. Zur Zuständigkeit des Einheitlichen Patentgerichts für den Erlass von AASIs und zum anwendbaren Recht vgl. *Vissel/Kau*, GRUR 2023, 451.

eng mit einer Erfindung verknüpft sind.[97] Dafür kann eine tatsächliche Verbindung des geltend gemachten Anspruchs zur Erfindung ausreichen; eine rechtliche Verknüpfung ist nicht erforderlich.[98] Ein wegen der drohenden Verletzung eines Patents auf § 823 Abs. 1 BGB i.V.m. § 1004 Abs. 1 S. 2 BGB analog gestützter, gegen ein ausländisches Prozessführungsverbot gerichteter Unterlassungsanspruch ist eng mit dem Patent verknüpft, so dass es sich um eine Patentstreitsache handelt.[99] Soweit sich die ausländische ASI bzw. der im Ausland gestellte Klageantrag nicht nur gegen ein bestimmtes Verfahren, sondern deutschlandweit gegen alle anhängigen oder zukünftigen Patentverletzungsverfahren richtet, liegt der Erfolgsort in ganz Deutschland.[100]

2. Rechtsschutzbedürfnis

Der Verfügungskläger muss ein berechtigtes Interesse am gerichtlichen Rechtsschutz haben.[101] Da ASIs dem deutschen Recht fremd sind, muss zunächst erörtert werden, ob ein Verfügungskläger ein berechtigtes Interesse am Erlass eines Prozessführungsverbotes in Gestalt einer AASI haben kann. Wie eine ASI zielt auch eine AASI darauf ab, dem Verfügungsbeklagten das Recht zu nehmen, seine Rechte gerichtlich geltend zu machen.

a) Anwendbarkeit des prozessualen Privilegs

In der Rechtsprechung ist ein „prozessuales Privileg" anerkannt. Danach fehlt Unterlassungs- oder Schadensersatzklagen gegen bzw. wegen in gerichtlichen oder behördlichen Verfahren vorgebrachten Äußerungen regelmäßig das Rechtsschutzbedürfnis.[102] Das Hauptverfahren solle nicht durch Unterlassungsklagen behindert werden. Es obliege dem Richter, die Richtigkeit der im Hauptsacheverfahren vorgebrachten Parteivorbringen zu überprüfen.

---

[97] BGH BeckRS 2013, 06895 – Patentstreitsache II; GRUR 2011, 662 – Patentstreitsache.
[98] LG München I Beck RS 2019, 25536, Rn. 41.
[99] LG München I GRUR-RS 2021, 3995, Rn. 25 – FRAND-Lizenzwilligkeit; BeckRS 2019, 25536, Rn. 39–48; *Kiefer/Walesch*, Mitt. 2022, 97, 101.
[100] LG München I GRUR-RS 2021, 17662, Rn. 25; GRUR-RS 2021, 3995, Rn. 25 – FRAND-Lizenzwilligkeit; Beck RS 2019, Rn. 43–44; *Ehlgen*, GRUR 2022, 537, 539; *Kiefer/Walesch*, Mitt. 2022, 97, 102.
[101] Vgl. BGH NJW-RR 1989, 263, 264; Musielak/Voit/*Foerste*, Vor. § 253 ZPO, Rn. 7.
[102] BGH GRUR 2018, 757, Rn. 17 – Kindeswohlgefährdung; GRUR 2013, 647, Rn. 11–14 – Rechtsmissbräuchlicher Zuschlagsbeschluss; GRUR 2013, 305, Rn. 14 – Honorarkürzung; GRUR 1987, 568, 569 – Gegenangriff; OLG München GRUR 2020, 379, Rn. 60 – Anti-Suit-Injunction; MüKo-LauterkeitsR/*Fritzsche*, § 8 UWG, Rn. 261; *Klein*, NJW 2018, 3143; Harte-Bavendamm/Henning-Bodewig/*Omsels*, § 4 UWG, Rn. 497; *Scherer*, GRUR 2020, 1136; *Teplitzky*, GRUR 2007, 177, 183. Vereinzelt wird das prozessuale Privileg erst im Rahmen der Rechtmäßigkeit thematisiert, BGH GRUR 2005, 882, 884 – Unberechtigte Schutzrechtsverwarnung.

Das prozessuale Privileg dient damit erstens der Integrität des Hauptsacheverfahrens und zweitens der Gewährleistung des Rechts auf rechtliches Gehör, wonach Parteien in einem Verfahren die erforderlichen Anträge stellen und am Verfahren mitwirken können müssen.[103] Außerhalb des gewerblichen Rechtsschutzes gelten dieselben Grundsätze, wobei dort nicht vom prozessualen, sondern von dem verfahrensrechtlichen Äußerungsprivileg die Rede ist.[104]

Fest steht, dass das Privileg nur gilt, wenn im ausländischen Verfahren rechtsstaatliche Grundsätze und der Schutz des Prozessgegners gewährleistet sind.[105] Selbst für inländische Verfahren wird vorgeschlagen, das prozessuale Privileg nicht anzuwenden, wenn das Gericht das Parteivorbringen nur eingeschränkt überprüft.[106] Die Münchener Rechtsprechung und das OLG Düsseldorf sind unterschiedlicher Auffassungen, ob und unter welchen Umständen ein im Ausland gestellter Antrag auf Erlass einer ASI privilegiert ist.

aa) Münchener Gerichte

Das OLG München wog das Interesse des Verfügungsklägers an einem wirksamen Patentschutz gegen das Interesse des Verfügungsbeklagten an der Durchführung eines auf Erlass einer ASI gerichteten Verfahrens in den Vereinigten Staaten ab. Das US-amerikanische Gericht würde dem Interesse des Verfügungsklägers an der Durchsetzung seiner Patente mutmaßlich kaum Bedeutung beimessen. Stattdessen stelle es für den Erlass der ASI primär auf deren Erforderlichkeit zum Schutz des US-amerikanischen Vertragsverletzungsverfahrens ab. Dadurch sei kein hinreichender Schutz des Interesses des Verfügungsklägers an der Durchführung eines deutschen Patentverletzungsverfahrens gewährleistet.[107] Ebenso sei nicht anzunehmen, dass ein chinesisches Gericht das Interesse des Patentinhabers an der Möglichkeit, Patentverletzungsverfahren in Deutschland einzuleiten, hinreichend würdige.[108] Mithin sei sowohl im Fall US-amerikanischer als auch bei in China beantragten ASIs ein Rechtsschutzbedürfnis gegeben.

---

[103] *Klein*, NJW 2018, 3143.
[104] Hierzu *Klein*, NJW 2018, 3143.
[105] OLG München GRUR 2020, 379, Rn. 66 – Anti-Suit-Injunction unter Verweis auf BGH GRUR 2005, 882, 884 – Unberechtigte Schutzrechtsverwarnung; vgl. auch OLG Düsseldorf GRUR 2022, 318, Rn. 16, 24 – Ausländisches Prozessführungsverbot.
[106] Vgl. Zöller-ZPO/*Vollkommer*, § 945, Rn. 5, wobei sich die Rechtsprechungsnachweise auf das dogmatisch vom prozessualen Privileg zu unterscheidende, erst im Rahmen der Begründetheit relevante „Recht auf Irrtum" beziehen.
[107] OLG München GRUR 2020, 379, Rn. 70 – Anti-Suit-Injunction.
[108] LG München I GRUR-RS 2021, 3995, Rn. 66 – FRAND-Lizenzwilligkeit.

bb) OLG Düsseldorf

Das OLG Düsseldorf stellt zunächst fest, dass es grundsätzlich unzulässig ist, einer Partei ein prozessuales Verhalten zu untersagen.[109] Das Gericht ließ offen, ob auch ASIs gegen Verfahren in Drittstaaten, die rechtsstaatliche Mindeststandards unterschreiten, das Rechtsschutzbedürfnis fehlt.[110] Jedenfalls, wenn der von dem Verfügungsbeklagten bei einem ausländischen Gericht gestellte Antrag darauf abzielt, einem SEP-Inhaber die Möglichkeit zu nehmen, sein Patent gerichtlich durchzusetzen, sei ein Rechtsschutzbedürfnis des SEP-Inhabers an einer AASI ausnahmsweise anzuerkennen. Der unionsrechtliche sowie der verfassungsrechtliche Justizgewährungsanspruch und der verfassungsrechtliche Eigentumsschutz erforderten eine Möglichkeit des SEP-Inhabers, sich gegen den Eingriff in sein Ausschließlichkeitsrecht zu wehren.[111]

Der verfassungsrechtliche Schutz gelte allerdings nicht uneingeschränkt. Der Erlass einer AASI müsse zur Gewährung eines wirkungsvollen Rechtsschutzes objektiv notwendig sein.[112] Eine AASI sei grundsätzlich geeignet, die Integrität deutscher Patentverletzungsprozesse zu gewährleisten.[113] Solange der Verfügungsbeklagte im Ausland noch keine ASI beantragt hat oder sich die Anhaltspunkte verdichtet haben und den sicheren Schluss erlauben, dass er in naher Zukunft einen entsprechenden Antrag stellen wird, sei eine vorbeugende oder präventive AASI hingegen offensichtlich unverhältnismäßig.[114] Sie würde „wahllos in die Rechtsstellung" der Implementierer eingreifen, zumal der Erlass von ASIs in FRAND-Streitigkeiten der Ausnahmefall sei.[115] Durch das Erfordernis konkreter Anhaltspunkte eines ausländischen Antrages auf Erlass einer ASI werde der Rechtsschutz des SEP-Inhabers auch nicht unverhältnismäßig verkürzt. Da ein Implementierer, der eine ASI erwirkt, im deutschen Verfahren als offensichtlich lizenzunwillig anzusehen sei, könnten sowohl eine einstweilige Unterlassungsverfügung als auch eine AASI in diesem Fall in kürzester Zeit erwirkt werden.[116]

Im konkreten Fall verneinte das OLG das Rechtsschutzbedürfnis des Verfügungsklägers. Obwohl eine konzernverbundene Gesellschaft des

---

[109] OLG Düsseldorf GRUR 2022, 318, Rn. 22 – Ausländisches Prozessführungsverbot.
[110] OLG Düsseldorf GRUR 2022, 318, Rn. 24 – Ausländisches Prozessführungsverbot.
[111] OLG Düsseldorf GRUR 2022, 318, Rn. 25 – Ausländisches Prozessführungsverbot.
[112] OLG Düsseldorf GRUR 2022, 318, Rn. 26 – Ausländisches Prozessführungsverbot.
[113] OLG Düsseldorf GRUR 2022, 318, Rn. 29 – Ausländisches Prozessführungsverbot.
[114] OLG Düsseldorf GRUR 2022, 318, Rn. 30–32 – Ausländisches Prozessführungsverbot.
[115] OLG Düsseldorf GRUR 2022, 318, Rn. 30 – Ausländisches Prozessführungsverbot.
[116] OLG Düsseldorf GRUR 2022, 318, Rn. 27, 31 – Ausländisches Prozessführungsverbot; kritisch *Walesch*, GRUR-Prax 2022, 145.

Verfügungsbeklagten in der Vergangenheit bereits eine ASI gegen einen anderen SEP-Inhaber erwirkt hatte, erlaubten die Umstände nicht den sicheren Schluss, dass der Verfügungsbeklagte erneut diesen Weg wähle. Solange in der ausländischen Jurisdiktion kein Verfahren zur Festsetzung der Konditionen einer weltweiten Lizenz anhängig sei oder der Implementierer nicht konkret angedeutet habe, eine ASI zu beantragen, fehle einem AASI-Antrag das Rechtsschutzbedürfnis.

b) Anmerkung

Das LG München I lässt zumindest im Fall chinesischer ASIs vorbeugende AASIs gegen noch nicht beantragte ausländische ASIs zu. Das OLG Düsseldorf scheint entsprechende Anträge wegen eines fehlenden Rechtsschutzbedürfnisses als unzulässig abzuweisen, solange sich der Erlass einer ASI nicht konkret anhand belastbarer Anhaltspunkte abzeichnet. Nach zutreffender Ansicht des LG München I betrifft die Frage, wie konkret sich der ausländische ASI-Antrag abzeichnen muss, die Erstbegehungsgefahr (§ 1004 Abs. 1 S. 2 BGB) und nicht das Rechtsschutzbedürfnis.

aa) Das prozessuale Privileg im deutschen Recht

Das Rechtsschutzbedürfnis ist grundsätzlich gegeben und fehlt ausnahmsweise bei objektiv nutzlosen sowie unlauteren Klagen. Auch Klagen, die ein „prozesswidriges" Ziel verfolgen, sind unzulässig.[117] Nutzlos sind Klagen, mit denen der Kläger keinen schutzwürdigen Vorteil erlangen kann.[118] Der BGH stellt hieran sehr hohe Anforderungen. Der Kläger dürfe „unter keinen Umständen [...] *irgendeinen* schutzwürdigen Vorteil" erlangen können. Das ist nur ganz ausnahmsweise der Fall.[119] Auch das OLG Düsseldorf erkennt an, dass eine vorbeugend erlassene AASI wegen der dem Implementierer bei Zuwiderhandlung drohenden Strafen die Stellung des SEP-Inhabers verbessert. Sie ist zumindest geeignet, die Bereitschaft des Implementierers, eine ASI zu beantragen, zu verringern.[120] Damit ist eine vorbeugende AASI nicht nutzlos.

Auch das OLG Düsseldorf sieht in einer AASI keinen Verstoß gegen das prozessuale Privileg, weil die AASI dem Verfügungsbeklagten nicht die Anrufung seiner Heimatgerichte untersagt, sondern lediglich die Erwirkung oder Vollstreckung eines Prozessführungsverbot verbietet. Zum Schutz des

---

[117] *Pohlmann*, GRUR 1993, 361–62.
[118] BGH NJW-RR 2021, 230 Rn. 27; NJW 2016, 445 Rn. 12; NJW 2013, 2906 Rn. 8; BeckOK-ZPO/*Bacher*, § 253, Rn. 30.
[119] BGH GRUR 2021, 470, Rn. 11 – YouTube-Drittauskunft II; NJW-RR 2021, 230, Rn. 27; *Köhler*/Bornkamm/*Feddersen*, § 12 UWG, Rn. 1.15.
[120] OLG Düsseldorf GRUR 2022, 318, Rn. 29 – Ausländisches Prozessführungsverbot.

rechtlichen Gehörs und des Eigentums des SEP-Inhabers sei grundsätzliches Interesse am Erlass einer AASI grundsätzlich anzuerkennen.[121] Das OLG bejaht allerdings ein schutzwürdiges Interesse des Implementierers, nicht mit wahllos und voreilig beantragten AASIs überzogen zu werden.[122] Steht der Erlass einer ASI nicht hinreichend nahe bevor, sei ein AASI-Antrag unzulässig.

Nach hier vertretener Ansicht sollte erst im Rahmen der Erstbegehungsgefahr (Begründetheit) untersucht werden, ob der Erlass einer ausländischen ASI hinreichend nahe bevorsteht. Ein außervertraglicher vorbeugender Unterlassungsanspruch ist bei fehlender Erstbegehungsgefahr unbegründet. Nach h.M. ist das Bestehen des geltend gemachten Anspruchs bei der Prüfung des Rechtsschutzbedürfnisses zu unterstellen.[123] Hängt die Schutzwürdigkeit des Klägers von der näheren Prüfung einer materiell-rechtlichen Voraussetzung ab (doppelrelevante Tatsache), darf das Rechtsschutzbedürfnis nicht verneint werden.[124] So liegt es jedenfalls bei vorbeugenden AASIs gegen chinesische ASIs. Da diese *ex parte* erlassen werden können, kann eine Erstbegehungsgefahr, solange keine strafbewehrte Unterlassungserklärung abgegeben wurde, nicht ohne nähere Prüfung verneint werden. Dass eine nähere Prüfung erforderlich war, zeigt sich im Fall des OLG Düsseldorf schon an den umfänglichen Ausführungen des Gerichts[125] und daran, dass die Vorinstanz die Erstbegehungsgefahr noch bejaht hatte.[126]

bb) Unionsrechtskonforme Auslegung des Zivilprozessrechts

Überdies ist der Erlass von AASIs unionsrechtlich geboten, wenn ein drittstaatliches Gericht es einer Partei untersagt, eine Patentverletzungsklage vor dem nach Art. 24 Nr. 4 der Brüssel Ia-VO ausschließlich zuständigen Gericht einzuleiten oder fortzuführen. Dies folgt aus dem Urteil des EuGH in der Rechtssache *Owusu v Jackson*. Darin hatte der EuGH zu entscheiden, ob ein englisches Gericht ein Verfahren aussetzen kann, obwohl es nach Art. 2 Brüssel I-VO zuständig ist. Der gewöhnliche Aufenthaltsort von Kläger und Beklagtem war England. Der Beklagte hatte dem Kläger eine Villa in Jamaika vermietet. Im Urlaub verletzte sich der Kläger an einem angrenzenden

---

[121] OLG Düsseldorf GRUR 2022, 318, Rn. 25 – Ausländisches Prozessführungsverbot.
[122] OLG Düsseldorf GRUR 2022, 318, Rn. 30 – Ausländisches Prozessführungsverbot.
[123] Vgl. zum gewerblichen Rechtsschutz BGH GRUR 2019, 813, Rn. 30 – Cordoba II; GRUR 1993, 576, 577 – Datatel; *Köhler*/Bornkamm/*Feddersen*, § 12, Rn. 1.15; Harte-Bavendamm/Henning-Bodewig/*Brüning*, Vor. § 12, Rn. 70.
[124] BGH GRUR 2019, 813, Rn. 30 – Cordoba II; GRUR 1993, 576, 577 – Datatel; *Zöller*-ZPO, Vor. § 253, Rn. 18.
[125] OLG Düsseldorf GRUR 2022, 318, Rn. 34–42 – Ausländisches Prozessführungsverbot.
[126] LG Düsseldorf BeckRS 2021, 44966, Rn. 42–58.

F. Deutschland

Privatstrand. Als Unfallursache behauptete er eine unzureichende Sicherung der Unfallstelle und die unterbliebene Warnung durch den Vermieter. Dieser habe ihn auf die Gefahr hinweisen müssen, da sich vorherige Mieter an derselben Stelle verletzt hatten. Daneben klagte *Owusu* in Jamaika gegen einige jamaikanische Unternehmen, u.a. gegen den Betreiber des Privatstrandes. *Jackson* beantragte die Aussetzung des Verfahrens, da Jamaika das *natural forum* sei. Der *Court of Appeal* fragte den EuGH, ob eine Aussetzung des Verfahrens auf Grundlage der *forum non conveniens*-Doktrin zulässig ist.

Der EuGH erörterte zunächst den Zweck der Brüssel I-VO. Die Verordnung solle Rechtssicherheit schaffen. Ein informierter Bürger müsse vorhersehen können, vor welchen anderen als seinen Heimatgerichten er verklagt werden kann.[127] Das sei nicht gewährleistet, wenn es im Ermessen von Gerichten in Mitgliedsstaaten stünde, Verfahren aus dem Grund auszusetzen, dass ein anderes Gericht in einem Drittstaat besser zur Entscheidung des Rechtsstreits geeignet ist.[128] Obwohl die Brüssel I(a)-VO keine einklagbaren Rechte begründet, im Ausland nicht verklagt zu werden,[129] gibt sie ausschließliche Gerichtsstände vor. Aus der Entscheidung des EuGH in *Owusu v Jackson* folgt, dass ein nach der Brüssel I(a)-VO ausschließlich zuständiges Gericht stets das *natural* oder *most appropriate forum* ist.[130]

Ausländische Gerichte erlassen ASIs, wenn sie nach dem eigenen Verständnis besser zur Entscheidung des Rechtsstreits geeignet sind. Ob eine Partei wegen einer ausländischen ASI oder wegen eines *stay of proceedings* nicht vor dem nach der Brüssel Ia-VO zuständigen Gericht verklagt werden kann, macht für den Betroffenen keinen Unterschied. Wenn es nach Unionsrecht einem mitgliedstaatlichen Gericht versagt ist, den Rechtsstreit auf Grundlage der *forum non conveniens*-Doktrin an das am besten zur Entscheidung geeignete Gericht zu verweisen, kann es erst recht nicht im Ermessen eines drittstaatlichen Gerichts stehen, einem Bürger mit gewöhnlichem Aufenthalt in der EU die Prozessführung in einem Mitgliedsstaat zu untersagen. Das Ziel, Rechtssicherheit über mögliche Gerichtsstände zu schaffen, ist gefährdet, wenn Gerichte in Mitgliedsstaaten Eingriffe in ihre ausschließliche Zuständigkeit nach der Brüssel Ia-VO sehenden Auges hinnehmen müssten. Mithin folgt aus der Entscheidung *Owusu v Jackson*, dass Gerichte in Mitgliedsstaaten eine Verfahrensaussetzung in Gestalt einer von einem Gericht in einem Drittstaat erlassenen ASI

---

[127] EuGH, Urt. v. 1.3.2005, C–281/02, EU:C:2005:120, Slg. I–1445, Rn. 40–42 – Owusu.
[128] EuGH, Urt. v. 1.3.2005, C–281/02, EU:C:2005:120, Slg. I–1445, Rn. 41–46 – Owusu.
[129] *Briggs*, Private Int'l Law, Rn. 5.108; *Dickinson*, (2008) 57 ICLQ 465, 468–73; vgl. aber *Samengo-Turner v J & H Marsh & McLennan* [2007] EWCA Civ 723, [2007] IL Pr 52, [35].
[130] *Fentiman*, Int'l Commercial Litigation, Rn. 14.30.

abwenden sollen. Das muss jedenfalls dann gelten, wenn das mitgliedsstaatliche Gericht nach der Brüssel Ia-VO ausschließlich zuständig ist.

Die rein defensiv wirkende AASI ist zum Schutz der ausschließlichen Zuständigkeit zulässig.[131] Bei einer ausländischen ASI, die in die ausschließliche Zuständigkeit deutscher Gerichte gemäß der Brüssel Ia-VO eingreifen würde, ist das Rechtsschutzbedürfnis des Verfügungsklägers stets zu bejahen. Ob der Erlass einer ASI hinreichend konkret bevorsteht, ist zumindest bei aus China drohenden ASIs, die ohne Kenntnis des Antragsgegners und ohne dessen Zustimmung zur Festsetzung der FRAND-Gebühren durch das chinesische Gericht erlassen werden können, nicht eindeutig. Es handelt sich um eine doppelrelevante Tatsache, die erst im Rahmen der Begründetheit (Erstbegehungsgefahr) näher zu prüfen ist. Jedenfalls verfolgt ein Antrag auf Erlass einer AASI nicht von vornherein ein prozesswidriges Ziel.

c) Vorherige Anfechtung der ASI

Das Rechtsschutzbedürfnis fehlt grundsätzlich, wenn der Kläger sein Ziel auf einem effektiveren, gleichermaßen zuverlässigen und wirkungsvollen Weg erreichen kann.[132] Insoweit kommen Rechtsbehelfe gegen die ASI in der ausländischen Jurisdiktion in Betracht. Diese gewähren allerdings keinen gleichsam effektiven Schutz.[133] Eine Anfechtung der ASI im Ausland hat in der Regel keine aufschiebende Wirkung,[134] sodass der Verfügungskläger bis zur endgültigen Entscheidung in Deutschland keine Patentverletzungsklagen erheben oder sich an entsprechenden Verfahren beteiligen könnte. Zudem wurde weder in den Vereinigten Staaten noch in China eine in einer FRAND-Streitigkeit erlassene ASI auf eine Beschwerde des Antragsgegners hin aufgehoben. Insbesondere die Erfolgsaussichten eines chinesischen *reconsideration*-Verfahrens erscheinen überschaubar. Selbst wenn ein Rechtsbehelf ausnahmsweise Aussicht auf Erfolg haben sollten, z.B. weil ein ausländisches Gericht in einem atypischen Fall eine ASI erlassen hat, verbleibt ein berechtigtes Interesse am Rechtsschutz in Deutschland. Anderenfalls müsste ein deutsches Gericht auf Grundlage der vagen Rechtslage im Ausland summarisch die Erfolgsaussichten einer Beschwerde prüfen.[135] Zumal die Rechtmäßigkeit von ASIs

---

[131] Ähnlich *Meibom/Pitz*, in: FS Rojahn (2021), 305, 313, 315; a.A. wohl *Mankowski*, EWiR 2004, 755, 756.

[132] BGH NJW 2006, 443, Rn. 15; NJW 1994, 1351, 1352; Zöller-ZPO/*Greger*, Vor. § 253, Rn. 18b.

[133] LG München I GRUR-RS 2021, 3995, Rn. 55–56 – FRAND-Lizenzwilligkeit.

[134] Zum chinesischen *reconsideration*-Verfahren vgl. LG München I GRUR-RS 2021, 17662, Rn. 6, 29.

[135] LG München I GRUR-RS 2021, 17662, Rn. 29; GRUR-RS 2021, 3995, Rn. 55 – FRAND-Lizenzwilligkeit.

selbst innerhalb der untersuchten *common law*-Jurisdiktionen unterschiedlich gewürdigt wird, sollte das Rechtsschutzbedürfnis nicht von den Erfolgsaussichten eines Vorgehens gegen die ASI im Erlassstaat abhängen.

II. Begründetheit

Eine AASI wird erlassen, wenn der Verfügungskläger einen entsprechenden materiell-rechtlichen Anspruch hat und der Erlass der einstweiligen Verfügung nötig ist, um irreversible Nachteile abzuwenden, die beim Abwarten der Hauptsache drohen könnten.

1. Anwendbares Recht

Die Rechtsprechung beurteilt die Rechtmäßigkeit ausländischer ASIs nach deutschem Recht. Als Kollisionsnorm kommt Art. 8 Abs. 1 Rom II-VO in Betracht. Der Begriff der „Schuldverhältnisse aus einer Verletzung von Rechten des geistigen Eigentums" ist weit auszulegen und umfasst neben dem Schadens- und Unterlassungsanspruch nach nationalem Patentrecht weitergehende bereicherungs- und deliktsrechtliche Ansprüche.[136] Nach ganz h.M. erfasst Art. 8 Abs. 2 Rom II-VO nicht den Bestand des Rechts, sondern knüpft einzig an die „Verletzung" an.[137] Damit bliebe zu klären, ob ein im Ausland auf Erlass einer ASI gestellter Antrag eine „Verletzung" des Patents i.S.v. Art. 8 Abs. 1 Rom II-VO darstellt oder ob der Verletzungsbegriff nur die Schutzrechtsverletzung im engen Sinn, d.h. die rechtswidrige Nutzung einer patentierten Erfindung, meint.

Letztlich kommt es auf diese Frage aber nicht an. Wenn – was naheliegt – Art. 8 Abs. 1 Rom II-VO nicht anwendbar ist,[138] wäre gem. Art. 4 Abs. 1 Rom II-VO das Recht des Staates anzuwenden, in dem der Schaden eintritt. „Schaden" i.S.v. Art. 4 Abs. 1 Rom II-VO meint den Ort der Rechtsgutsverletzung.[139] Obwohl die ASI im Ausland erlassen wird, greift sie in deutsche Patente ein, die in Deutschland nicht mehr gerichtlich durchgesetzt werden können. Der Ort der Rechtsgutsverletzung, d.h. der Erfolgsort, ist Deutschland.[140] Damit richtet sich die Rechtswidrigkeit ausländischer ASIs nach

---

[136] Vgl. MüKo-BGB/*Drexl*, Art. 8 Rom II-VO, Rn. 235; *Fawcett/Torremanns*, Rn. 15.31.
[137] MüKo-BGB/*Drexl*, Art. 8 Rom II-VO, Rn. 177–85 m.w.N.; vgl. auch *Picht*, Vom materiellen Wert des Immateriellen, S. 508, der weiterhin eine enge Auslegung von Art. 8 Rom II-VO befürwortet.
[138] Vgl. *Vissel/Kau*, GRUR 2023, 451, 454, die – bei Verletzungen des Europäischen Patents mit einheitlicher Wirkung (Einheitspatent) – die Anwendung von Art. 4 Abs. 3 Rom-II VO vorschlagen.
[139] Allg. Ansicht, MüKo-BGB/*Junker*, Art. 4 Rom II-VO, Rn. 20; NK-BGB/*Lehmann*, Art. 4 Rom II-VO, Rn. 81; Grüneberg/*Thorn*, Art. 4 Rom II-VO, Rn. 7.
[140] Vgl. LG München I Beck RS 2019, 25536, Rn. 41.

deutschem Recht. Selbst wenn man das Vorliegen einer Rechtsgutverletzung ablehnte und das Prozessführungsverbot als Vermögensschaden einordnete, wäre der Erfolgsort bei einer ausländischen ASI im Inland, da der Betroffene von der gerichtlichen Durchsetzung seiner Rechte in Deutschland abgehalten wird.[141]

2. Verfügungsanspruch

Deutsche Gerichte stützen AASIs auf § 823 Abs. 1 BGB i.V.m. § 1004 Abs. 1 S. 2 BGB analog. Eine ASI, die es dem Verfügungskläger untersagt, ein Patentverletzungsverfahren einzuleiten, fortzuführen oder ein Urteil zu vollstrecken, schränkt dessen Möglichkeiten zur Rechtsdurchsetzung ein. Darin soll ein Eingriff in das Patent liegen.[142]

a) Rechtsgutverletzung

Da die ausländische ASI das Patent nicht unmittelbar belastet, bedarf die Rechtsgutverletzung einer näheren Begründung. Eine Nutzungsbeeinträchtigung stellt nach ständiger BGH-Rechtsprechung und h.L. nur dann eine Eigentumsverletzung dar, wenn ihr Grund eine unmittelbare Einwirkung auf die Sache oder zumindest eine andauernde, erhebliche Beeinträchtigung des bestimmungsgemäßen Gebrauchs der Sache ist.[143] Nach h.M. liegt keine Eigentumsverletzung vor, wenn die Ursache der Beeinträchtigung eine Einwirkung auf eine Person und nicht auf die Sache selbst ist.[144] Beispielsweise verletzt ein Führerscheinentzug nicht das Eigentum des Betroffenen an seinem Auto, da andere dieses weiterhin bestimmungsgemäß nutzen können.

Überträgt man die BGH-Rechtsprechung zur Rechtsgutverletzung bei Nutzungsbeeinträchtigungen des Eigentums auf Nutzungsbeeinträchtigungen des Patents, würde der Erlass einer ASI nicht in das Patent eingreifen.[145] Eine ASI entfaltet in Deutschland keine Wirkung und richtet sich auch im Erlassstaat nur

---

[141] Siehe oben, Gliederungspunkt § 5, E., II.
[142] OLG München GRUR 2020, 379, Rn. 55 – Anti-Suit-Injunction; LG München I GRUR-RS 2019, 3995, Rn. 25 – FRAND-Lizenzwilligkeit; BeckRS 2019, 25536, Rn. 55-59; LG Düsseldorf BeckRS 2021, 44966, Rn. 24–28.
[143] BGH NJW 2015, 1174, Rn. 18; *Medicus/Lorenz*, Schuldrecht BT § 74, Rn. 15; Erman/*Wilhelmi*, § 823, Rn. 31; Grüneberg/*Sprau*, § 823, Rn. 7, jeweils m.w.N.
[144] BGH NJW-RR 2017, 219, Rn. 17; NJW 2015, 1174, Rn. 18; NJW 1975, 374; *Emmerich*, SchuldR-BT, § 22, Rn. 2; BeckOK-BGB/*Förster*, § 823, Rn. 128; Staudinger/*Hager*, § 823, Rn. B 89; NK-BGB/*Katzenmeier*, § 823, Rn. 59; *Medicus/Lorenz*, SchuldR-BT, § 60, Rn. 10; Prütting/*Schaub*, § 823, Rn. 50; Erman/*Wilhelmi*, § 823, Rn. 31; *Zeuner*, in: FS Flume (1978), 775, 778.
[145] So die Argumentation des Verfügungsbeklagten in LG München I Beck RS 2019, 25536, Rn. 32.

gegen den Antragsgegner. Der Patentinhaber wird nur mittelbar – über möglicherweise nicht ihm selbst, sondern einer konzernverbundenen Gesellschaft im Erlassstaat drohende Strafen – von der Durchsetzung seines Patentes abgehalten. Selbst wenn sich der Patentinhaber der drohenden ASI beugt, weil er ausländisches Vermögen gefährdet sieht oder die Inhaftierung von Vorstandsmitgliedern, Gesellschaftern oder Angestellten befürchtet, würde sein Patent durch die ASI nicht vollkommen wertlos. Er könnte es weiterhin gegen alle anderen Patentverletzer durchsetzen. Weiterhin bleibt dem Patentinhaber die Möglichkeit, sein Patent zu veräußern. Da die ASI nicht dinglich am Patent haftet, könnte ein Erwerber Patentverletzungsklagen gegen Jedermann erheben.

Es erscheint allerdings erstens fraglich, ob die Rechtsprechung zur Nutzungsbeeinträchtigung von Sacheigentum auf mittelbare Einwirkungen auf das Patent übertragen werden kann. Zweitens wird die BGH-Rechtsprechung für ihre vermeintlich inkonsistenten Ergebnisse kritisiert.[146] Die in der Lehre vorgeschlagenen Lösungsansätze bilden ein noch diffuseres Bild von einem beinahe uneingeschränkten Eigentumsschutz vor nahezu jeder Beeinträchtigung bis hin zu einer Ansicht, die in Nutzungsbeeinträchtigungen grundsätzlich keine Eigentumsverletzung sieht.[147]

Nach h.L. ist das zentrale Kriterium zur Differenzierung zwischen hinzunehmender Nutzungsbeeinträchtigung und Eigentumsverletzung die Intensität der Beeinträchtigung. Nimmt die Beeinträchtigung dem Eigentümer nur eine von vielen Nutzungsmöglichkeiten und verhindert sie nicht die bestimmungsgemäße Nutzung, liege keine Eigentumsverletzung vor. Die Einwirkung müsse die Möglichkeit zur bestimmungsgemäßen Nutzung zumindest vorübergehend vollkommen aufheben, sodass sie wertungsmäßig dem vorübergehenden Entzug des Eigentums gleichkomme.[148] Verhindert die Einwirkung nur einige oder mehrere Nutzungsmöglichkeiten und hebt die Eignung zur bestimmungsgemäßen Verwendung nicht auf, liegt keine Eigentumsverletzung vor.[149] Überträgt man die Grundsätze der h.L. auf die Beeinträchtigung des Patentes durch ausländische ASIs, stellt eine ASI, die die Durchsetzung des Patents nur gegenüber einem einzelnen Verletzer verbietet, ebenfalls keine

---

[146] Vgl. *Emmerich*, SchuldR BT, § 22, Rn. 2.
[147] Nachweise zum Meinungsstand bei Staudinger/*Hager*, § 823, Rn. B 90–B 97.
[148] BGH NJW-RR 2017, 219 Rn. 17; NJW 1983, 2313; BGH NJW 2015, 1174 Rn. 18; BeckOK-BGB/*Förster*, § 823, Rn. 129, 132; *Wandt*, Gesetzliche SV, § 16, Rn. 30.
[149] BeckOK-BGB/*Förster*, § 823, Rn. 129, 132, m.w.N., a.A. *Wandt*, Gesetzliche SV, § 16, Rn. 30, der bei länger andauernden Nutzungsbeeinträchtigungen eine Eigentumsverletzung bejaht.

Rechtsgutsverletzung dar. Eine ASI entzieht dem Patentinhaber nicht jegliche Möglichkeit, sein Patent zu nutzen.

Für Eingriffe in das Patent muss allerdings ein anderer Maßstab gelten. Die Einschränkung der deliktischen Haftung für Beeinträchtigungen des Eigentums basiert vor allem auf teleologischen und rechtspraktischen Erwägungen. Erstens beeinträchtigt schon die bloße Existenz einer Sache und erst recht dessen Nutzung die Nutzungsmöglichkeiten Dritter.[150] Bei der Nutzung ihres Sacheigentums konkurrieren Eigentümer um begrenzte räumliche Ressourcen. Eine Haftung für jede Nutzungsbeeinträchtigung wäre weltfremd. Es ist sachgerecht, sozialübliche und im gesellschaftlichen Zusammenleben zu erwartende Beeinträchtigungen (z.B. Verkehrsstau nach einem Unfall) von der deliktischen (Fahrlässigkeits-)Haftung auszunehmen.[151] Anderenfalls drohte eine ausufernde Haftung für Folgeschäden, die eine lähmende Angst vor der Teilhabe am gesellschaftlichen Leben auslösen könnte. Diese Erwägungen tragen bei Patenten und anderen Immaterialgüterrechten nicht. Der zentrale Unterschied von Immaterialgüterrechten zum Sacheigentum liegt in der fehlenden Rivalität des Immateriellen.[152]

Zudem ist die mittelbare Beeinträchtigung bei Immaterialgüterrechten der „Regelfall". Eine unmittelbare Substanzverletzung ist schwer vorstellbar. Eine ASI, die dem Patentinhaber die Geltendmachung seines Ausschließlichkeitsrechts gegenüber einem potentiellen Patentverletzer untersagt, greift gezielt in den Zuweisungsgehalt des Patents ein und verhindert dessen bestimmungsgemäße Nutzung. Anders als Sacheigentum, das neben seiner rechtlichen Ausschließlichkeitsfunktion einem konkreten Zweck dient (z.B. Transportmittel, Unterbringung), ist der vorderste Zweck des Patents das Recht, andere von der Nutzung auszuschließen.[153] Dieses Recht kann nur unter Inanspruchnahme des staatlichen Gewaltmonopols durchgesetzt werden. Wegen der im Erlassstaat drohenden Repressalien hindert eine ausländische ASI den Patentinhaber an der Durchsetzung seines Patentrechts. Der Zweck des Patents würde ausgehöhlt, wenn einzelne Patentverletzer im Ausland ASIs erwirken und anschließend ungehindert deutsche Patente verletzen könnten. Die Prozessführungsverbote sind mit dem Zuweisungsgehalt des Patents gem. §§ 9 S. 1, 139 ff. PatG unvereinbar.[154] Sie greifen in das Patent ein, sofern die ausländische ASI Vermögenswerte des Patentinhabers oder einer konzernverbundenen

---

[150] Näher *Picker*, JZ 2010, 541, 549.
[151] MüKo-BGB/*Wagner*, § 823, Rn. 276.
[152] Vgl. *Peukert*, S. 109, 215, 234.
[153] Vgl. §§ 9, 139 ff. PatG; *Ann*, PatentR, § 1, Rn. 12.
[154] LG München I Beck RS 2019, 25536, Rn. 61; *Kiefer/Walesch*, Mitt. 2022, 97, 100.

Gesellschaft gefährdet, oder sonstige im Ausland drohende Nachteile den Patentinhaber von der Durchsetzung des Patents abhalten.

b) Aktivlegitimation

Anspruchsberechtigt sind der Patentinhaber sowie Inhaber einer ausschließlichen Lizenz.[155] Ein Verfügungskläger ist auch aktivlegitimiert, wenn nicht er selbst, sondern eine konzernverbundene Gesellschaft Adressat der durch die ausländischen ASI angedrohten Zwangsmittel ist.[156]

c) Haftungsbegründende Kausalität

Nicht bereits der im Ausland gestellte Antrag auf Erlass einer ASI, sondern erst deren Erlass führt zur Rechtsgutsverletzung.[157] Fraglich ist, ob der Erlass der ASI dem Antragsteller und Verfügungsbeklagten zuzurechnen ist. Grundsätzlich ist die Kausalität gegeben, sofern der vom Schädiger in Gang gesetzte Lebenssachverhalt eine notwendige Bedingung für den Erfolgseintritt ist. Der Erfolg ist ausnahmsweise nicht zurechenbar, wenn sein Eintritt höchst ungewöhnlich und unvorhersehbar war. Der Einwand des Verfügungsbeklagten der AASI, nicht mit dem Erlass der beantragten ASI gerechnet zu haben, wäre treuwidrig. Dass erst das „freiverantwortliche" Verhalten des ausländischen Gerichts zur Rechtsgutsverletzung führt, ist unschädlich. Die Rechtsgutsverletzung durch einen dazwischentretenden Dritten wird dem Erstschädiger nur dann nicht zugerechnet, wenn seine Handlung für die Rechtsgutsverletzung völlig unerheblich war.[158] Mit dem Antrag auf Erlass einer ASI schafft der Verfügungsbeklagte eine besondere Gefahrenlage, die sich in ihm zurechenbarer Weise mit dem Erlass der ASI verwirklicht.

d) Rechtswidrigkeit

Die entscheidende Frage ist, ob und wann eine von einem ausländischen Gericht erlassene ASI rechtswidrig ist. Nach ständiger Rechtsprechung indiziert die Verletzung eines absoluten Rechts die Rechtswidrigkeit. Das gilt nach der Rechtsprechung zum sog. „Recht auf Irrtum" ausnahmsweise nicht, wenn die Verletzungshandlung in der Einleitung eines Gerichtsverfahrens oder der

---

[155] *Kiefer/Walesch*, Mitt. 2022, 97, 103; vgl. MüKo-BGB/*Wagner*, § 823, Rn. 88.
[156] LG München I GRUR-RS 2021, 3995, Rn. 69 – FRAND-Lizenzwilligkeit.
[157] OLG München GRUR 2020, 379, Rn. 55 – Anti-Suit-Injunction; a.A. (Eingriff in das Patent schon mit Beantragung der ASI): LG München I GRUR-RS 2021, 17662, Rn. 25; GRUR-RS 2019, 3995, Rn. 25 – FRAND-Lizenzwilligkeit; LG Düsseldorf BeckRS 2021, 44966, Rn. 24–28; *Kiefer/Walesch*, Mitt. 2022, 97, 100.
[158] BGH NJW 2014, 2029, Rn. 55; NJW 1992, 1381, 1382; NJW 1972, 904, 905–06; *Grüneberg*, Vor. § 249, Rn, 47–49; MüKo-BGB/*Oetker*, § 249, Rn. 157–58.

Nutzung von Prozessmitteln liegt.¹⁵⁹ Ein solches Verhalten habe die „Vermutung der Rechtmäßigkeit für sich".¹⁶⁰ Dahinter steht die Erwägung, dass der Gebrauch einer von der Rechtsordnung eröffneten Möglichkeit für sich genommen regelmäßig nicht rechtswidrig ist. Von der Justiz und der Exekutive wird erwartet, dass diese unzulässige und unbegründete Klagen oder Anträge abweisen.¹⁶¹ In den Worten des BGH „wird [der Schutz des Prozessgegners] durch das gerichtliche Verfahren gewährleistet."¹⁶² Gleichzeitig sollen potentiell Geschädigte nicht durch drohende Schadensersatzansprüche von einer Klage abgehalten werden.¹⁶³ Schließlich begründet die Rechtsprechung das Recht auf Irrtum auch mit dem Kostenrecht (§§ 91 ff. ZPO), das den abredewidrig Beklagten schütze. Der unterliegende Kläger werde dadurch „sanktioniert".¹⁶⁴

Bis 2020 bezog sich die höchstrichterliche Rechtsprechung ausschließlich auf inländische Verfahren. Mit Blick auf ASIs und AASIs stellt sich die Frage, ob das Recht auf Irrtum auch bei ausländischen Verfahren gilt. Davon scheint der III. Zivilsenat auszugehen. Der Senat entschied, dass der im Ausland entgegen einer ausschließlichen Gerichtsstandsvereinbarung abredewidrig Beklagte einen Anspruch auf Schadensersatz gegen den Auslandskläger hat.¹⁶⁵ Unter Bezugnahme auf die Rechtsprechung zum Recht auf Irrtum stellte der Senat fest, dass die Rechtswidrigkeit bei der Einleitung gerichtlicher Verfahren nicht indiziert sei und positiv festgestellt werden müsse.¹⁶⁶ Die Verfahrenseinleitung in den Vereinigten Staaten war im konkreten Fall rechtswidrig, da die Beklagte mit der Klageerhebung vorsätzlich gegen eine Gerichtsstandsvereinbarung verstoßen hatte.

Auch das OLG Nürnberg übertrug die Grundsätze zum Recht auf Irrtum auf ein ausländisches Verfahren. Dazu führte es aus, dass die „Grundsätze auch bei ausländischen Verfahren [gelten], die, wie in Italien, an rechtsstaatlichen

---

¹⁵⁹ BVerfG NJW 1987, 1929; BGH NJW 2020, 399, Rn. 44; GRUR 2018, 832, Rn. 76 – Ballerinaschuh; NJW 2009, 1262, Rn. 12–13; NJW 2004, 446, 447; NJW 1992, 2014, 2015; NJW 1979, 1351; BeckOK-BGB/*Förster*, § 823, Rn. 28–32; JurisPK-BGB, § 823, Rn. 64.
¹⁶⁰ BGH NJW 2004, 446, 447.
¹⁶¹ Vgl. BVerfG NJW 1987, 1929.
¹⁶² BGH NJW 2004, 446, 447; vgl. auch BGH GRUR 2005, 882, 883 – Unberechtigte Schutzrechtsverwarnung.
¹⁶³ BGH NJW 2009, 1262, 1263; NJW 2008, 1147; NJW 2003, 1934, 1935; *E. Peiffer*, S. 436–37.
¹⁶⁴ BGH GRUR 2018, 832, Rn. 76 – Ballerinaschuh; NJW 2009, 1262, Rn. 12–13.
¹⁶⁵ Hierzu oben, § 3, G., II.
¹⁶⁶ BGH NJW 2020, 399, Rn. 44–45; vgl. bereits BGH NJW 2004, 446, 447, dort allerdings zur Sittenwidrigkeit nach § 826 BGB.

Prinzipien ausgerichtet sind".[167] Wegen des Grundsatzes gegenseitigen Vertrauens muss dies zumindest für Verfahren in Mitgliedsstaaten gelten. Das LG Konstanz hatte bereits 2007 das Recht auf Irrtum bei einer Verfahrenseinleitung in den USA bejaht.[168]

Die Literatur ist gespalten.[169] Gegen die Anwendung auf Verfahren in Drittstaaten spricht, dass Grundlage des Rechts auf Irrtum das Vertrauen in die Justiz ist. Jedenfalls bei Verfahren in „failed states" oder wenn das ausländische Verfahren rechtsstaatliche Mindeststandards nachweislich nicht erfüllt, entfällt die gedankliche Grundlage der Vermutung. Ob das deutsche Recht seine schützende Hand auch über die Verfahren in Jurisdiktionen wie den Vereinigten Staaten oder dem Vereinigten Königreich halten sollte, wird unterschiedlich beurteilt. Dafür lässt sich anführen, dass zentrale Erwägungen für das Recht auf Irrtum auch bei ausländischen Verfahren zutreffen. Drohte bei jeder ausländischen Klageerhebung, die in ein von § 823 BGB geschütztes absolutes Recht eingreift, durch die indizierte Rechtswidrigkeit eine Schadensersatzforderung, wäre der Zugang zu ausländischen Gerichten mittelbar eingeschränkt.[170]

Andererseits greift die Erwägung der Rechtsprechung, dass der zu Unrecht Beklagte sich die Kosten des Rechtsstreits erstatten lassen kann, nicht in allen Jurisdiktionen. Daraus ließe sich folgern, dass die Vermutung der Rechtmäßigkeit nicht greift, wenn das Verfahrensrecht in der ausländischen Jurisdiktion keine Kostenerstattung vorsieht.[171]

Ausschlaggebend für die Anwendung der Grundsätze zum Recht auf Irrtum sind zum einen der Anschein eines rechtsstaatlichen Verfahrens und zum anderen der Zugang zu gerichtlichem Rechtsschutz, der durch drohende Schadensersatzansprüche verkürzt würde. Die Grundsätze zum Recht auf Irrtum

---

[167] OLG Nürnberg RIW 1993, 412, 413.
[168] LG Konstanz BeckRS 2011, 11373.
[169] Für die Anwendung auf ausländische Verfahren vgl. *Antomo*, S. 475–76; *Baum*, in: Heldrich/Kono (Hrsg.), Herausforderungen des IZVR, S. 185, 196; *Geimer*, IZPR, Rn. 1012–13, 1105, 1107a; *Hau*, S. 205–06; *Köster*, S. 90, 113; *E. Peiffer*, S. 438; *Stadler*, in: Berichte DGVR, Bd. 42 (2007), S. 177, 201, dort Fn. 144; *Stürner*, RabelsZ 71 (2007), 597, 602. Gegen die Anwendung auf ausländische Verfahren *Kurth*, S. 85–91; *Paulus*, in: FS Georgiades (2006), 511, 521; *Probst*, S. 205; *Schröder*, in: FS Kegel (1987), 523, 540–41; *Spickhoff*, in: FS Deutsch (1999), 327, 338. Nach einer neueren Ansicht gelte die Vermutung der Rechtmäßigkeit nicht, wenn der Antragsgegner entgegen einer ausschließlichen Gerichtsstands- oder Schiedsvereinbarung geklagt hat. Ausführlich *Antomo*, S. 471–85; *E. Peiffer*, S. 440–42; *E. Peiffer/Weiler*, RIW 2020, 321, 326 und RIW 2020, 641, 648.
[170] *E. Peiffer*, S. 441.
[171] *Antomo*, S. 566.

sollten zumindest in zivilrechtlichen Verfahren vor Gerichten in Ländern, mit denen Deutschland in engen und langfristigen Handelsbeziehungen steht, Anwendung finden. Damit ist die Rechtswidrigkeit einer ausländischen ASI positiv festzustellen. Dass ASIs dem deutschen und kontinentaleuropäischen Zivilverfahrensrecht fremd sind, rechtfertigt es nicht, diese pauschal als rechtswidrig abzustempeln.[172] Auch die Instanzgerichte haben die Rechtswidrigkeit ausländischer ASIs positiv festgestellt.

aa) Münchener Ansatz

In seiner ersten Entscheidung zu ASIs erklärte das LG München I diese per se für rechtswidrig und für unvereinbar mit dem deutschen und kontinentaleuropäischen Rechtssystem.[173] Dies lehnten das OLG München und das OLG Düsseldorf ab. Auch in der Literatur wurde auf den vermeintlichen Widerspruch hingewiesen: Das Gericht erklärte Prozessführungsverbote für uneingeschränkt rechtswidrig und reagierte mit dem Erlass eines solchen.[174] Überzeugender ist der zweite Teil der Begründung, der sich das OLG München[175] und das OLG Düsseldorf[176] anschlossen. Die ausländische ASI nehme dem Verfügungskläger das Recht, seine Patente über das einzige dafür zur Verfügung stehende staatliche Gewaltmonopol durchzusetzen. Das sei ein mit der eigentumsähnlichen, durch §§ 9 S. 1, 139 ff. PatG gewährten Rechtsposition des Patentinhabers unvereinbarer Eingriff in den Kernbereich des Patents.[177]

bb) Düsseldorfer Ansatz

Das LG Düsseldorf stellte darauf ab, ob die ausländische ASI gem. § 328 ZPO anerkennungsfähig ist. Unter Bezugnahme auf eine ältere Entscheidung des OLG Düsseldorf, in der dieses die Zustellung einer ausländischen ASI verweigerte, folgerte das LG Düsseldorf, dass ausländische ASIs nicht anerkennungsfähig seien. Das OLG hatte in der ASI einen Eingriff in die Zuständigkeit deutscher Gerichte, über ihre eigene Zuständigkeit zu entscheiden (Kompetenz-Kompetenz), gesehen. Darin liege eine Gefährdung der Justizhoheit deutscher Gerichte, weshalb die Zustellung gem. Art. 13 Abs. 1 HZÜ abgelehnt werden

---

[172] OLG Düsseldorf GRUR-RS 2022, 1209, Rn. 24; a.A. noch LG München I BeckRS 2019, 25536, Rn. 62 – Anti-Suit Injunction und wohl auch *Meibom/Pitz*, in: FS Rojahn (2020), 305, 315.

[173] LG München I BeckRS 2019, 25536, Rn. 62.

[174] Vgl. *Donle/Holtz/Hoppe*, GRUR-RR 2021, 409, 420; OLG München GRUR 2020, 379, 382, 383 – Anti-Suit-Injunction, Anm. *Ehlgen*.

[175] OLG München GRUR 2020, 379, Rn. 57 – Anti-Suit-Injunction.

[176] OLG Düsseldorf GRUR 2022, 318, Rn. 25 – Ausländisches Prozessführungsverbot.

[177] LG München I BeckRS 2019, 25536, Rn. 58–61. Überzeugender erscheint es, nur auf § 139 PatG abzustellen, da § 9 PatG nur den Umfang des Rechts und nicht die Rechtsdurchsetzung betrifft.

dürfe.¹⁷⁸ Ohne sich festzulegen, ob darin ein Verstoß gegen den *ordre public* oder ein anderes Anerkennungshindernis liegt, stellte das Gericht fest, dass eine ausländische ASI in Deutschland nur anerkennungsfähig sei, wenn eine Rechtsgrundlage den Eingriff in die Justizhoheit deutscher Gerichte rechtfertige.¹⁷⁹ Da es keine entsprechende Rechtsgrundlage, z.B. in Gestalt eines völkerrechtlichen Vertrages, gibt, erklärte das LG chinesische ASIs für rechtswidrig.

Das OLG Düsseldorf scheint bei der Prüfung der Rechtswidrigkeit ausländischer ASIs eher dem Ansatz der Münchener Gerichte zugeneigt. Unter Bezugnahme auf die Urteile aus München bestätigte der 2. Zivilsenat, dass ausländische ASIs, die dem Patentinhaber die gerichtliche Durchsetzung seiner Patente untersagen, grundsätzlich rechtswidrig seien.¹⁸⁰ Daher könne eine AASI zum Schutz der eigentumsähnlichen und verfassungsrechtlich geschützten Position des SEP-Inhabers erforderlich sein. Die Möglichkeit, Ausschließlichkeitsrechte durchzusetzen, gehöre zum Kernbestand des verfassungsrechtlich geschützten Eigentums. Ein verfassungskonformer Eigentumsschutz verlange die Abwehr von äußeren Eingriffen in den Patentverletzungsprozess.¹⁸¹

cc) Anmerkung

Das LG Düsseldorf geht weiter als eine Mindermeinung in der deutschsprachigen Literatur, indem es aus der fehlenden Anerkennungsfähigkeit eines ausländischen Urteils auf dessen Rechtswidrigkeit schließt. Teile der Literatur vertreten, dass eine anerkennungsfähige Entscheidung nicht rechtswidrig sein könne.¹⁸² Den Umkehrschluss stellte niemand an. Die Literatur geht einstimmig davon aus, dass die Rechtswidrigkeit eines ausländischen Urteils noch nicht aus der fehlenden Anerkennungsfähigkeit folgt.¹⁸³ Da es kein völkerrechtliches Abkommen oder eine anderweite Verpflichtung gibt, die ein Land zur Anerkennung ausländischer ASIs zwingt, wäre nach dem Ansatz des LG Düsseldorf jede ausländische ASI rechtswidrig.

Überzeugender ist die vom LG München I angestoßene und von dem OLG München und dem OLG Düsseldorf erweiterte Begründung. Danach sind ausländische ASIs rechtswidrig, sofern sie dem Inhaber eines absoluten Rechts die Möglichkeit nehmen, dieses unter Inanspruchnahme des staatlichen

---

¹⁷⁸ OLG Düsseldorf IPRax 1997, 260, 261.
¹⁷⁹ LG Düsseldorf BeckRS 2021, 36218, Rn. 30.
¹⁸⁰ OLG Düsseldorf GRUR 2022, 318, Rn. 11, 16, 25 – Ausländisches Prozessführungsverbot.
¹⁸¹ OLG Düsseldorf GRUR 2022, 318, Rn. 26 – Ausländisches Prozessführungsverbot.
¹⁸² *Spickhoff*, in: FS Deutsch (1999), 327, 343.
¹⁸³ *Hau*, S. 211; *Probst*, S. 206; *Schack*, IZVR, § 16, Rn. 919.

Gewaltmonopols durchzusetzen. Eine entsprechende Verfügung aus dem Ausland greift – gerade bei Patenten – in den Kernbereich des Ausschließlichkeitsrechts ein. Darin liegt zugleich ein Eingriff in das verfassungsrechtlich geschützte Eigentum und eine Beeinträchtigung des Justizgewährungsanspruchs. Aus der Verfassung folgt ein Anspruch auf effektiven Rechtsschutz. Dieser umfasst auch das Recht auf eine bestimmte, zur Abwehr eines verfassungswidrigen Grundrechtseingriffs gebotene Form des Rechtsschutzes.[184] Dazu können und müssen Prozessrecht und materielles Recht verfassungskonform ausgelegt werden. Bei der Rechtsentwicklung muss sich das deutsche Recht an Rechtsentwicklungen im Ausland anpassen.[185] Das gebietet es, ausländische ASIs, die den Verfügungskläger ohne sachliche Rechtfertigung daran hindern, seine Patente gerichtlich durchzusetzen, als rechtswidrig anzusehen. Ebenfalls zur Abwendung eines irreversiblen Eingriffs in das Eigentum und zur Gewährleistung effektiven Rechtsschutzes ist es geboten, die Rechtsfolge des Unterlassungs- und Beseitigungsanspruchs aus § 823 Abs. 1 BGB i.V.m. § 1004 Abs. 1 S. 2 BGB analog auf ein Prozessführungsverbot in Gestalt einer AASI zu erstrecken.

Prozessführungsverbote sind dem deutschen Recht fremd. Der Erlass eines solchen ist verfassungsrechtlich nur geboten, wenn diese außergewöhnliche Form des Rechtsschutzes objektiv notwendig ist. Die Ansätze des LG München I und der des LG Düsseldorf erscheinen zu undifferenziert. Denkt man die Argumentation des LG München fort, rechtfertige jede ausländische ASI, die den Verfügungskläger an der gerichtlichen Durchsetzung eines absoluten Rechts hindert, den Erlass einer AASI. Beide Ansätze ignorieren, dass die ASI ein im *common law* seit über einem Jahrhundert bewährtes Rechtsinstitut ist.[186] Nach dem dort vorherrschenden Rechtsverständnis sind ASIs zur Durchsetzung vertraglicher Pflichten, insbesondere aus Gerichtsstands- und Schiedsvereinbarungen, völlig unproblematisch. Existiert eine entsprechende Vereinbarung und ist diese aus Sicht des deutschen Gerichts dem ersten Anschein nach wirksam, besteht regelmäßig kein Grund, eine AASI zu erlassen.

dd) Vorgeschlagener Ansatz

Die Prorogation eines ausländischen Gerichts und die Derogation deutscher Gerichte kommt als sachlicher Grund für den Erlass einer ASI in Betracht. Das Ausmaß der drohenden Ungerechtigkeit bzw. des drohenden

---

[184] OLG Düsseldorf GRUR 2022, 318, Rn. 26 – Ausländisches Prozessführungsverbot; *Pfeiffer*, S. 776; vgl. BVerfG NVwZ-RR 2010, 29, 30; BVerfGE 79, 69, 74–75.

[185] Mangoldt/Klein/Starck/*Huber*, Art. 19 GG, Rn. 360; Dürig/Herzog/Scholz/*Schmidt-Aßmann*, Art. 19 Abs. 4 GG, Rn. 20.

[186] *Haedicke*, GRUR Int. 2022, 101, 110.

Grundrechtseingriffs wird durch die Prorogation abgeschwächt. Damit ist es unter Umständen nicht gerechtfertigt, zu einem drastischen und dem deutschen Recht fremden Mittel wie einem Prozessführungsverbot zu greifen. Wenn das deutsche Recht Prozessführungsverbote grundsätzlich ablehnt und diese nicht anerkennt, sollten deutsche Gerichte nicht ohne Not zum selben Mittel greifen.[187] Die weitgehenden Ansätze führen außerdem dazu, dass das deutsche Recht jeder ASI „den Stempel mangelnder Rechtsstaatlichkeit"[188] aufdrücken würde. Das ist schwerlich mit der Rechtsprechung zum Recht auf Irrtum vereinbar, die auch auf ausländische Verfahren anwendbar ist.[189]

Um die Akzeptanz deutscher AASIs im Ausland zu verstärken und ausländische Gerichte in die Lage zu versetzen, die deutsche Rechtsprechung zu AASIs nachzuvollziehen, sollte sich das deutsche Recht bei der Prüfung der Rechtmäßigkeit von ASIs am ausländischen Recht orientieren.[190] Demnach sollten deutsche Gerichte eine AASI erlassen, wenn die ausländische ASI (i) ohne sachliche Rechtfertigung in die ausschließliche Zuständigkeit deutscher Gerichte eingreift oder (ii) wichtigste nationale Interessen gefährdet und der Schutz des Verfügungsklägers oder der Schutz nationaler Interessen die Störung des internationalen Zivilrechtsverkehrs rechtfertigt. Durch die Güterabwägung ist gewährleistet, dass der Schutz nur dort gewährt wird, wo es objektiv zum Schutz des Verfügungsklägers oder nationaler Interessen erforderlich ist.[191]

(1) Nicht gerechtfertigter Eingriff in ausschließliche Zuständigkeit

Jede ASI, die dem Verfügungskläger die Erhebung einer Patentverletzungsklage oder die Fortsetzung eines entsprechenden Verfahrens untersagt, greift in die ausschließliche Zuständigkeit deutscher Gerichte für Streitigkeiten über deutsche Patente ein. Der Eingriff in die ausschließliche Zuständigkeit ist rechtswidrig, wenn er nicht ausnahmsweise durch eine Schieds- oder Gerichtsstandsvereinbarung sachlich gerechtfertigt ist.

---

[187] *Schack*, IZVR, Rn. 863.
[188] OLG Düsseldorf GRUR 2022, 318, Rn. 24 – Ausländisches Prozessführungsverbot.
[189] BGH NJW 2020, 399, Rn. 44–45; OLG Nürnberg RIW 1993, 412, 413; LG Konstanz BeckRS 2011, 11373; *Antomo*, S. 475–76 m.w.N.; *Hess*, (2022) 25 JWIP 536, 547; zweifelnd LG München I BeckRS 2019, 22536, Rn. 62–65.
[190] Vgl. *Carlyle Capitol v Conway* [2013] 2 Lloyd's Rep 179 (Guernsay CA), [67], *"if the reasons why the [domestic] court grants the anti-anti-suit injunction are sufficient and seen to be sufficient, the [foreign] court would (or could) be in comity persuaded not to grant an anti-suit injunction"*.
[191] Einen ähnlichen Ansatz schlägt *Pfeiffer*, S. 775–78, vor.

Der *Ninth Circuit* rechtfertigt den Erlass von ASIs mit einer behaupteten Pflicht des SEP-Inhabers, keine Patentverletzungsklagen im In- und Ausland zu erheben. Diese Verpflichtung besteht allenfalls, wenn der Implementierer lizenzwillig ist. Wenn der Implementierer auch aus Sicht des deutschen Gerichts offensichtlich lizenzwillig ist, macht es wenig Sinn, den SEP-Inhaber mit dem Erlass einer AASI zu schützen. Dass der Implementierer, der bereits eine ausländische ASI beantragt hat oder dies plant, aus Sicht eines deutschen Gerichts offensichtlich lizenzwillig ist, dürfte allerdings kaum vorkommen.[192]

Problematischer sind Fälle, in denen der SEP-Inhaber sich im ausländischen Hauptsacheverfahren der Festsetzung der weltweiten FRAND-Gebühren durch das nationale Gericht unterworfen hat und anschließend in Deutschland eine Patentverletzungsklage erhebt oder eine Unterlassungsanordnung vollstreckt.

Die Zustimmung zur Festsetzung der FRAND-Gebühren könnte eine konkludente Gerichtsstandsvereinbarung darstellen. Insofern hätte sich das Gericht möglicherweise mit der Wirksamkeit der Derogation der Zuständigkeit deutscher Gerichte auseinanderzusetzen. Einige US-Gerichte scheinen der Auffassung, dass die Zustimmung zur Festsetzung von FRAND-Gebühren durch ein US-Gericht die ausschließliche Zuständigkeit dieses Gerichts begründet. Ein deutsches Gericht hat die behauptete Gerichtsstandsvereinbarung zu berücksichtigen, wenn sie nach dem anwendbaren Recht wirksam ist. US-Gerichte leiten aus der Zustimmung zur Gebührenfestsetzung ein Recht, nicht im Ausland verklagt zu werden, ab. Darin läge eine faktische Derogation der Zuständigkeit ausländischer Gerichte.

Die Wirksamkeit der Derogation der Zuständigkeit mitgliedsstaatlicher Gerichte richtet sich nach der Brüssel Ia-VO. Das vorrangig anwendbare Haager Übereinkommen über Gerichtsstandsvereinbarungen haben weder China noch die Vereinigten Staaten ratifiziert. Seinem Wortlaut nach ist Art. 25 Brüssel Ia-VO nicht auf Gerichtsstandsvereinbarungen anwendbar, die die Zuständigkeit von drittstaatlichen Gerichten bestimmen. Die ganz h.M. geht allerdings davon aus, dass Art. 25 Brüssel Ia-VO die Prorogation drittstaatlicher Gerichte nicht ausschließt. Demgegenüber ist die Derogation der Zuständigkeit von Gerichten in Mitgliedstaaten zumindest, wenn die Zuständigkeit der Gerichte in

---

[192] Vgl. OLG Düsseldorf GRUR 2022, 318, Rn. 31 – Ausländisches Prozessführungsverbot; LG München I GRUR-RS 2021, 3995, Rn. 94 – FRAND-Lizenzwilligkeit.

mindestens zwei Mitgliedsstaaten ausgeschlossen wird, nach Art. 25 Brüssel Ia-VO (analog) zu beurteilen.[193]

Jedoch wäre selbst bei einer formwirksamen (vgl. Art. 25 Abs. 1, 4 Brüssel Ia-VO i.V.m. Art. 24 Nr. 4 Brüssel Ia-VO) Zustimmung zur Gebührenfestsetzung die Derogation der ausschließlichen Zuständigkeit deutscher Gerichte für Patentverletzungsklagen gem. Art. 24 Nr. 4 Brüssel Ia-VO unwirksam, Art. 25 Abs. 4 Brüssel Ia-VO i.V.m. Art. 24 Nr. 4 Brüssel Ia-VO.

Ob eine ASI, die verhindert, dass ein ausschließlich zuständiges mitgliedsstaatliches Gericht über den Rechtsstreit entscheiden kann, stets rechtswidrig ist, lässt sich unterschiedlich beurteilen.

Es wurde bereits erörtert, dass die Duldung einer ausländischen ASI eine vergleichbare Wirkung wie die aktive Aussetzung des inländischen Verfahrens hat: In beiden Fällen wird die Fortsetzung des inländischen Hauptsacheverfahrens verhindert.[194] Wenn ein deutsches Gericht wegen seiner ausschließlichen Zuständigkeit ein Verfahren nicht aussetzen kann, erscheint es folgerichtig, eine von einem drittstaatlichen Gericht in Gestalt einer ASI angeordnete Verfahrensaussetzung als rechtswidrig anzusehen. Ob die im ausschließlich zuständigen Mitgliedstaat klagende Partei mit der Klageerhebung widersprüchlich handelt, könnte im Rahmen des § 242 BGB berücksichtigt werden.

Ebenfalls denkbar ist es, eine ausländische ASI als rechtmäßig anzusehen, wenn unstreitig oder *prima facie* eine nach der *lex fori* wirksame Gerichtsstandsvereinbarung vorlag und wenn die ungestörte Fortsetzung des ausländischen Verfahrens – in FRAND-Streitigkeiten wird es sich dabei regelmäßig über das Hauptsacheverfahren über die Bedingungen einer weltweiten Lizenz handeln – im Interesse einer geordneten Rechtspflege erforderlich ist. Zur Klärung der Frage, ob die Fortsetzung des Verfahrens erforderlich ist, müssten neben der Wirksamkeit der Gerichtsstandsvereinbarung alle Umstände des Falles berücksichtigt werden, beispielsweise die Verbindung des

---

[193] *Berner*, RIW 2017, 792, 797; BeckOK-ZPO/*Gaier*, Art. 25 Brüssel Ia-VO, Rn. 18.1; *Geimer*, in: FS Gottwald (2014), 175, 178; Zöller-ZPO/*Geimer*, Art. 25 EuGVVO, Rn. 12a; *Hausmann*, in: Reithmann/Martiny, Rn. 7.18; *Linke/Hau*, IZPR, Rn. 6.8; *Mankowski*, in: Rauscher (Hrsg.), EuZPR/EuIPR, Art. 25 Brüssel Ia-VO, Rn. 14-15; *Nagel/Gottwald*, Rn. 3.235; *Schack*, IZVR, Rn. 580; a.A. MüKo-ZPO/*Gottwald*, Art. 25 Brüssel Ia-VO, Rn. 7 (anwendbar sei die *lex fori* des derogierten Gerichts).

[194] Vgl. oben § 3, C., IV., 1., f) und § 5, F., I., 2., b), bb).

ausländischen Gerichts zum Streitgegenstand oder der Fortschritt des ausländischen Verfahrens.[195]

(2) Verstoß gegen wichtigste nationale Interessen

Wichtigste nationale Interessen, die den Erlass einer AASI rechtfertigen könnten, sind der Schutz von Grundrechten und völkerrechtliche Pflichten. Eine ausländische ASI greift in den Kernbereich des Patents ein, indem sie die dessen Durchsetzung unter Inanspruchnahme des staatlichen Gewaltmonopols verhindert. Sofern dieser Eingriff nicht durch eine vertragliche Verpflichtung, nicht im Ausland zu klagen oder durch die kartellrechtlichen und vertragsrechtlichen Verpflichtungen des SEP-Inhabers gerechtfertigt ist, erscheint eine AASI als geeignetes und erforderliches Mittel zum Schutz des SEP-Inhabers und seines Patents.

Daneben ist zu beachten, dass Deutschland gem. Art. 42 Abs. 1 TRIPS verpflichtet ist, einen wirksamen Schutz von Immaterialgüterrechten zu gewährleisten. Verfahren zum Schutz vor jeder (*any*) Verletzung des geistigen Eigentums müssen verfügbar (*available*) sein. Dazu ist es unzureichend, Sanktionen gegen Verletzer lediglich auf dem Papier vorzusehen. Mitglieder müssen einen praktisch effektiven Schutz sicherstellen.[196] So stellte die WTO klar, dass „*available*" gem. Art. 41 Abs. 1 TRIPS bedeutet, dass der Schutz erhältlich (*obtainable*) sein muss.[197] Aus Art. 41 und 42 TRIPS ergibt sich zwar nicht, dass Unterlassungsanordnungen/-verfügungen (*injunctions*) zur Verfügung stehen müssen. Nach Art. 41 Abs. 1 S. 1 a.E. TRIPS müssen die Maßnahmen aber eine abschreckende Wirkung entfalten und zukünftigen Verletzungen vorbeugen. Sofern der im Falle einer Patentverletzung zu leistende Schadensersatz lediglich eine Naturalrestitution umfasst, entfaltet eine drohende Verurteilung auf Schadensersatz keine abschreckende Wirkung.[198]

Einen Strafschadensersatz sieht das deutsche Recht nicht vor. Inwieweit die Ersatzpflicht des Patentverletzers über eine Lizenzanalogie hinausgehen darf, ist unklar. Angesichts der vergleichsweise niedrigen Verfahrenskosten in Deutschland hat auch eine dem Patentverletzer drohende Pflicht zum Ersatz von Gerichts- und Rechtsanwaltskosten nur eine geringe Präventionswirkung. Selbst eine theoretische Strafbarkeit des Patentverletzers gem. § 142 PatG hat kaum eine abschreckende Wirkung; die Vorschrift ist praktisch

---

[195] Die Kriterien sind angelehnt an Art. 33 Abs. 2 lit. c) Brüssel Ia-VO, vgl. hierzu *Leible*, in Rauscher (Hrsg.), EuZPR/EuIPR, Art. 33 Brüssel Ia-VO, Rn. 10.

[196] *Vander/Steigüber*, in: Busche/Stoll/Wiebe, Art. 41, Rn. 3; *Malbon/Lawson/Davison*, Rn. 41.08.

[197] US – Sec. 211 Appropriations Act, WT/DS176/AB/R, Rn. 215.

[198] *Heath/Cotter*, in: Heath (Hrsg.), Patent Enforcement Worldwide, Rn. 20.

bedeutungslos.[199] Um eine abschreckende Wirkung vor Patentverletzungen zu gewährleisten, sollten deutsche Gericht imstande sein, den Patentverletzer gegebenenfalls auf Unterlassung zu verurteilen. Ließen sich Gerichte mittelbar aus dem Ausland diktieren, ob und wann Patentinhaber Verletzungsklagen erheben oder Urteile vollstrecken dürfen, wären Unterlassungsverfügungen und -anordnungen (*injunctions*) weder *available* noch *obtainable*. Da das TRIPS-Übereinkommen bei der Auslegung deutschen Rechts zu berücksichtigen ist,[200] sollten ausländische ASIs, die ohne sachliche Rechtfertigung das Recht des Patentinhabers auf gerichtlichen Rechtsschutz beschneiden, als rechtswidrig eingeordnet werden.

(3) Zweite Stufe: Interessenabwägung

Selbst wenn ein nicht gerechtfertigter Eingriff und/oder ein Verstoß gegen wichtige nationale Interessen festgestellt wurde, sollte ein deutsches Gericht vor dem Erlass einer AASI das Interesse des Verfügungsklägers am Erlass der ASI gegen die Interessen des Erlassstaates der ASI abwägen. Da auch eine AASI – wenn auch zur Gegenwehr – in die fremde Justizhoheit eingreift, muss das Mittel objektiv notwendig sein.

Für die Abwägung von Grundrechten im Rahmen der Interessenabwägung bietet sich die Eingriffsintensität als erste Orientierung an. Ferner kann geprüft werden, inwieweit die Verfassung Eingriffe in das Grundrecht gestattet. Grundrechte, die unter einem einfachen Gesetzesvorbehalt stehen, wiegen tendenziell weniger schwer als Grundrechte, die nur durch die verfassungsimmanenten Schranken einschränkbar sind. In FRAND-Streitigkeiten läge ein Eingriff in das Eigentum vor, das einem qualifizierten Gesetzesvorbehalt unterliegt, Art. 14 Abs. 2 GG. Gänzlich unzulässig sind Eingriffe, die das Eigentum in seiner bekannten Ausprägung so weit aushöhlen würden, dass es „den Namen Eigentum nicht mehr verdient".[201] Neben der konkreten Eingriffsintensität ist die Art des Eigentums zu berücksichtigen. Eigentumsrechte, die einen Bezug zu Dritt- oder Allgemeininteressen haben, dürfen eher eingeschränkt werden.[202] Gerade bei SEPs besteht ein Allgemeininteresse an deren Verfügbarkeit. Allerdings kann „der Wesensgehalt [von] Art. 14 Abs. 1 Satz 1 GG

---

[199] *Grabinski/Zülch*, in: Benkard PatG, § 142, Rn. 1; vgl. auch *McGuire/Bartke*, Mitt. 2022, 377, 380.

[200] Vgl. EuGH, Urt. v. 14.12.2000, EU:C:2000:688, Rs. C–300/98 und C 392/98, Slg. I-11307, Rn. 47–49 – Dior/Assco; *Kaiser/Frick*, in: Busche/Stoll/Wiebe, Einleitung 3, Rn. 56, 84.

[201] BVerfGE 24, 367, 389–90; BVerfGE 91, 294, 308; Dreier/*Wieland*, Art. 14 GG, Rn. 143.

[202] Dürig/Herzog/Scholz/*Papier/Shirvani*, Art. 14 GG, Rn. 426 m.w.N.

betroffen sein, wenn jeglicher Störungsabwehranspruch, den die Rechtsordnung [zum Eigentumsschutz] einräumt, materiellrechtlich beseitigt oder wenn verfahrensrechtlich verwehrt wird, ihn wirkungsvoll geltend zu machen".[203] Da ein Patent nur vor staatlichen Gerichten durchsetzbar ist, würde die ausländische ASI in den Kernbereich des verfassungsrechtlichen Eigentums eingreifen.

e) Unmittelbar bevorstehende Beeinträchtigung

Ein Unterlassungsanspruch nach § 1004 Abs. 1 S. 2 BGB setzt eine unmittelbar bevorstehende Beeinträchtigung des Rechtsguts voraus. Neben bevorstehenden „weiteren Beeinträchtigungen" (Wiederholungsgefahr) entsteht ein Unterlassungsanspruch auch, wenn die erste Beeinträchtigung hinreichend konkret bevorsteht (Erstbegehungsgefahr).[204]

aa) ASI bereits beantragt

In bisherigen Entscheidungen wurde eine unmittelbar bevorstehende Beeinträchtigung stets bejaht, wenn der Verfügungsbeklagte in den Vereinigten Staaten oder in China den Erlass einer ASI beantragt hatte. Das LG München I prüft dabei weder die Erfolgsaussichten des Antrages, noch ob der Sachverhalt mit anderen Sachverhalten, in denen ASIs erlassen wurden, vergleichbar ist.

Zumindest bei US-amerikanischen Verfahren erscheint das Vorliegen einer Beeinträchtigung zweifelhaft, wenn der SEP-Inhaber der gerichtlichen Festsetzung der weltweiten Lizenzbedingungen oder der abschließenden Klärung der FRAND-Streitigkeit durch ein US-amerikanisches Gericht zugestimmt hat. Nur in entsprechenden Fällen haben US-Gerichte ASIs erlassen.[205] Der *High Court* erlässt daher keine AASI, wenn der Verfügungskläger der Gebührenbestimmung durch das US-Gericht nicht zugestimmt hat.[206]

bb) Vorbeugende AASI

Auch in der Frage, unter welchen Umständen eine Erstbegehungsgefahr vorliegt, wenn der Verfügungsbeklagte die ASI noch nicht beantragt hat, vertreten das LG München I und das LG Düsseldorf unterschiedliche Auffassungen.

---

[203] BVerfGE 61, 82, 113; näher Dürig/Herzog/Scholz/*Papier*/*Shirvani*, Art. 14 GG, Rn. 448.
[204] BGH NJW 2016, 863, 865–66; NJW 2004, 3701, 3702; MüKo-BGB/*Raff*, § 1004, Rn. 302.
[205] Vgl. *TCL v Ericsson*, U.S. Dist. LEXIS 191512, *9–10, *18 (C.D. Cal. 2015).
[206] *Philips v Oppo* [2022] EWHC 1703 (Pat), [49].

(1) LG Düsseldorf

Das LG Düsseldorf will auch im Fall drohender ASIs die vom BGH zur Prüfung der Erstbegehungsgefahr aufgestellten Grundsätze anwenden.[207] Danach setzt die Erstbegehungsgefahr voraus, dass sich die Verletzungshandlung so konkret abzeichnet, dass sich für alle Tatbestandsmerkmale zuverlässig beurteilen lässt, ob sie verwirklicht werden. Eine aus dem Ausland drohende ASI könnte eine Erstbegehungsgefahr begründen, wenn erstens ein ASI-Antrag Aussicht auf Erfolg hat und zweitens tatsächliche Anhaltspunkte nahelegen, dass der Verfügungsbeklagte eine ASI beantragen wird.[208] Das LG ging nach Würdigung der vorgelegten Privatsachverständigengutachten davon aus, dass nach den konkreten Sachverhaltsumständen und unter Berücksichtigung des chinesischen Rechts zumindest nicht ausgeschlossen werden könne, dass ein chinesisches Gericht eine ASI erlassen würde.[209] Schließlich begründeten mehrere von konzernzugehörigen Unternehmen der Verfügungsbeklagten in der Vergangenheit eingereichte ASI-Anträge die Annahme, dass die Verfügungsbeklagte grundsätzlich zur Beantragung von ASIs bereit sei. Da sich die Verfügungsbeklagte im gerichtlichen Verfahren nicht generell von ASIs distanziert, sondern nur erklärt habe, „derzeit" keine ASI beantragen zu wollen, bejahte das LG Düsseldorf die Erstbegehungsgefahr.[210]

Das OLG Düsseldorf rügte die Einschätzung der Vorinstanz. Dabei prüfte das Gericht den Grad der bevorstehenden Beeinträchtigung schon im Rahmen des Rechtsschutzbedürfnisses und nicht erst in der Begründetheit. Trotz der vorgezogenen Prüfung sind die Ausführungen auch für die Prüfung der Erstbegehungsgefahr aufschlussreich. Erstens stellte das OLG fest, dass entgegen der erstinstanzlichen Feststellung keine Anhaltspunkte vorgetragen wurden, die auf „mehrere" ASI-Anträge aus dem Konzern der Verfügungsbeklagten schließen ließen. Nur in einem einzigen Fall sei ein entsprechender Antrag nachweisbar.[211] Weiterhin deutete das OLG Zweifel an, ob eine Erstbegehungsgefahr einer ASI angenommen werden könne, bevor ein Hauptsacheverfahren über eine weltweite Lizenz in China anhängig ist.[212] Solange keine ASI

---

[207] LG Düsseldorf BeckRS 2021, 36218, Rn. 39.
[208] Vgl. LG Düsseldorf BeckRS 2021, 36218, Rn. 41.
[209] LG Düsseldorf BeckRS 2021, 36218, Rn. 42–46.
[210] LG Düsseldorf BeckRS 2021, 36218, Rn. 47–51.
[211] OLG Düsseldorf GRUR 2022, 318, Rn. 38–39 – Ausländisches Prozessführungsverbot.
[212] Vgl. OLG Düsseldorf GRUR 2022, 318, Rn. 40 – Ausländisches Prozessführungsverbot.

im Ausland beantragt wurde, sei die Erstbegehungsgefahr grundsätzlich abzulehnen.

Das OLG scheint eine Erstbegehungsgefahr erst anzunehmen, wenn der Verfügungsbeklagte gegenüber dem Verfügungskläger eine ASI angedroht oder in Aussicht gestellt hat oder auf eine ausdrückliche Aufforderung von dem SEP-Inhaber (Verfügungskläger) oder dem deutschen Gericht nicht erklärt hat, keine ASI zu beantragen.[213]

(2) LG München

Aus Sicht des LG München I rechtfertigen es die besonderen Umstände im Falle drohender ASIs, von den Grundsätzen des BGH abzuweichen. Setzte der Erlass einer AASI konkrete Anhaltspunkte für eine im Ausland bevorstehende ASI voraus, hätte der SEP-Inhaber in mehreren Jurisdiktionen präventiv AASI-Anträge vorzubereiten, ohne zu wissen ob, wann und wo ein Implementierer eine ASI beantragt. Gerade bei einer Vielzahl von Implementierern würde dies einen unverhältnismäßigen Aufwand bedeuten. Das LG München I nimmt daher eine „maßvolle zeitliche Vorverlagerung" der Erstbegehungsgefahr vor.[214]

Dazu hat das Gericht eine nicht abschließende Liste von Fallgruppen bezeichnet, in denen es von einer Erstbegehungsgefahr ausgeht. Der SEP-Inhaber habe glaubhaft zu machen, dass der Implementierer ihm gegenüber eine ASI (i) angedroht oder (ii) bereits beantragt hat; (iii) in einer Jurisdiktion, deren Gerichte ASIs erlassen, eine Hauptsacheklage zur Feststellung der weltweiten Lizenzgebühr erhoben oder dies angedroht hat; (iv) gegenüber anderen SEP-Inhabern ASIs beantragt oder dies angedroht hat und sich nicht für den SEP-Inhaber erkennbar von dieser Praxis losgesagt hat; oder (v) nicht auf Anfrage des SEP-Inhabers innerhalb einer kurzen Frist erklärt hat, keine ASI zu erwirken.[215]

In einem späteren Beschluss in *Nokia v Oppo* rekurrierte das LG München I nicht auf die Fallgruppen, sondern begründete das Vorliegen einer Erstbegehungsgefahr anhand konkreter Umstände. Ein Lizenzvertrag zwischen *Nokia* und *Oppo* über ein SEP-Portfolio lief aus. Die Parteien konnten sich nicht über die Bedingungen der neuen Lizenz einigen. Da *Oppo* und konzernzugehörige Unternehmen in *Oppo v Sharp* eine ASI in China beantragt hatten, befürchtete

---

[213] OLG Düsseldorf GRUR 2022, 318, Rn. 42 – Ausländisches Prozessführungsverbot.
[214] LG München I GRUR-RS 2021, 17662, Rn 37; GRUR-RS 2021, 3995, Rn. 94 – FRAND-Lizenzwilligkeit.
[215] LG München I GRUR-RS 2021, 17662, Rn 34; GRUR-RS 2021, 3995, Rn. 90 – FRAND-Lizenzwilligkeit.

Nokia, ebenfalls durch eine chinesische ASI von der Durchsetzung deutscher Patente abgehalten zu werden. Noch vor der Erhebung von Patentverletzungsklagen in Deutschland beantragte *Nokia* beim LG München I den Erlass einer präventiven AASI. Zur Glaubhaftmachung der Erstbegehungsgefahr ließ das LG München I ausreichen, dass *Oppo* in einem vergleichbaren Verfahren bereits eine ASI beantragt hatte. Daraus folgerte das Gericht eine Geschäftspraxis von *Oppo*, ASIs zur Absicherung chinesischer Verfahren zu beantragen.[216]

(3) Anmerkung

Die vom LG München I aufgezeigten Bedenken sprechen für eine Auflockerung der Anforderungen an die Erstbegehungsgefahr im Falle vorbeugender Unterlassungsklagen gegen ausländische ASIs. Neben den praktischen Schwierigkeiten des SEP-Inhabers, präventiv eine Vielzahl von AASI-Anträgen vorzubereiten, erspart die Vorverlagerung dem deutschen Gericht die Prüfung der Erfolgsaussichten einer ASI nach der ausländischen Rechtsordnung. Weiterhin spricht der Umstand, dass chinesische Gerichte ASIs ohne Anhörung der Gegenseite und in planvoller Geheimhaltung des ASI-Verfahrens erlassen, für die Vorverlagerung der Erstbegehungsgefahr im Falle drohender chinesischer ASIs.

Allerdings führt insbesondere das dritte Regelbeispiel (Klage auf Festsetzung der weltweiten Lizenzgebühren) zu einer quasi-automatischen Annahme der Erstbegehungsgefahr auch in Fällen, in denen der Implementierer möglicherweise nicht plant, eine ASI zu erwirken.[217] Ein hinreichender Schutz des SEP-Inhabers wäre auch durch das fünfte Regelbeispiel (keine fristgerechte Lossagung von ASIs auf Anfrage des SEP-Inhabers hin) gewährleistet. Sofern der SEP-Inhaber nicht der Festsetzung der Lizenzgebühren durch ein ausländisches Gericht zugestimmt hat, ist ein Implementierer, der auf Anfrage des SEP-Inhabers hin nicht ausdrücklich erklärt, keine ASI zu beantragen, als lizenzunwillig anzusehen. Weigert sich der Implementierer, dies zu erklären, lässt sich daraus der Wille schließen, die Lizenzverhandlungen durch ASIs zu torpedieren.[218] Das begründet eine Erstbegehungsgefahr.

Da US-Gerichte demgegenüber noch keine ASIs *ex parte* erlassen haben, besteht kein Anlass, von einer Erstbegehungsgefahr auszugehen, solange in den Vereinigten Staaten keine ASI beantragt wurde oder der Implementierer

---

[216] LG München I, Beschl. v. 30.6.2021, Az. 21 O 8690/21 (n.v.), unter II. 1. b.
[217] Ähnlich *Lehment*, Vortrag auf dem PatentFORUM 2021 (FORUM Institut) am 25.11.2021.
[218] *Kühnen*, HdB. Patentverletzung, 14. Aufl. 2022, Kap. E, Rn. 267, vgl. aber die abweichende Formulierung in der Neuauflage, *Kühnen*, HdB. Patentverletzung, Kap. E, Rn. 291.

ein solches Vorgehen konkret angedeutet hat. Selbst wenn der Antragsgegner, wie in *Nokia v Continental*, bereits eine ASI in den Vereinigten Staaten beantragt hat, ist der Erlass einer ASI in den Vereinigten Staaten nicht überwiegend wahrscheinlich, solange nicht beide Parteien der gerichtlichen Gebührenfestsetzung zugestimmt haben.

f) Passivlegitimation

Der Beseitigungs- und Unterlassungsanspruch aus §§ 823 Abs. 1, 1004 Abs. 1 BGB analog richtet sich gegen den Störer, d.h. denjenigen, der das Rechtsgut selbst oder als Mittäter beeinträchtigt.[219] Den Antrag auf Erlass einer ASI stellen regelmäßig ausländische Konzernunternehmen, häufig mit Sitz in China. Jedenfalls haftet die Gesellschaft, die im Ausland, d.h. regelmäßig in China, eine ASI beantragt, als Störer.

Das LG München I sieht die Muttergesellschaft einer ausländischen Konzerntochter als Mittäterin an, wenn diese ihre Kenntnis vom ASI-Antrag nicht widerlegt und das Vorgehen der Tochter zumindest billigt.[220] Es sei fernliegend, dass eine Muttergesellschaft nicht in den Entscheidungsprozess der Konzerntochter einbezogen werde. Da konzerninterne Abläufe auch nicht nach außen kommuniziert werden und nur schwer nachweisbar sind, treffe die verfügungsbeklagte Konzernmutter eine sekundäre Darlegungslast, wenn der Verfügungskläger Anhaltspunkte für eine konzerninterne Abstimmung vorträgt.[221]

Problematischer erscheint die Haftung der deutschen Tochter eines ausländischen Konzerns für einen durch die ausländische Mutter oder Schwester im Ausland gestellten ASI-Antrag. Bei einer Zustellung an die Mutter oder Schwester in China drohen möglicherweise Zustellungsschwierigkeiten kafkaesken Ausmaßes.[222] Dieser Schwierigkeit trägt das LG München I Rechnung, indem es eine öffentliche Bekanntmachung nach § 185 Abs. 3 Nr. 2 ZPO zur

---

[219] Vgl. BGH NJW GRUR 2011, 152, Rn. 30 – Kinderhochstühle im Internet; NJW 1984, 1226, 1228; Grüneberg/*Sprau*, § 823, Rn. 76.

[220] Zur Haftung der *Continental AG* (deutsche Konzernmutter) für einen von der US-Tochter (*Continental Automotive Systems, Inc.*) gestellten ASI-Antrag vgl. OLG München GRUR 2020, 379, Rn. 79–80 – Anti-Suit Injunction; LG München I, Urt. v. 30.8.2019, Az. 21 O 9512/19 (n.v.); zustimmend *Ehlgen*, Anm. GRUR 2020, 379, 384, Rn. 5; *Kiefer/Walesch*, Mitt. 2022, 97, 103.

[221] LG München I GRUR-RS 2021, 3995, Rn. 71 – FRAND-Lizenzwilligkeit; vgl. auch OLG München GRUR 2020, 379, Rn. 82 – Anti-Suit Injunction.

[222] Vgl. LG München I GRUR-RS 2021, 3995, Rn. 40, 42 – FRAND-Lizenzwilligkeit: Zustellung verweigert, da in Klageschrift als Land „Hong Kong" und nicht „Hong Kong, Special Administrative Region (SAR), China", bzw. „Taiwan (R.O.C.)" statt „Taiwan, China" angegeben war.

Zustellung zulässt.²²³ Selbst wenn die Zustellung an eine chinesische Konzernmutter erfolgsversprechend ist, erscheint es unwahrscheinlich, dass die deutsche AASI in China anerkannt und vollstreckt wird. Gerade im Falle aus China drohender ASIs hat ein Verfügungskläger deshalb ein Interesse daran, eine inländische Konzerntochter in Anspruch zu nehmen.

Bei einer deutschen Tochter wird es sich regelmäßig um eine GmbH handeln.²²⁴ Fraglich ist, ob die deutsche Tochter für einen durch eine Schwester oder die chinesische Mutter in China gestellten ASI-Antrag haftet. Nach einer Ansicht soll die deutsche Tochter als Zustandsstörerin haften, soweit sie durch die ausländische ASI begünstigt wird und sie „den beeinträchtigenden Zustand willentlich aufrechterhält".²²⁵ Das LG München I ließ für eine Zurechnung der Störereigenschaft an die deutsche Tochter ein unmittelbares Interesse der Tochter an der ausländischen ASI genügen.²²⁶ Um zu verhindern, dass sich ein Konzern durch seine Strukturierung deutschen AASIs entziehen könne, müsse die deutsche Tochter passivlegitimiert sein.²²⁷ Das soll selbst dann gelten, wenn in Deutschland noch kein Patentverletzungsverfahren anhängig ist und der Implementierer im Ausland noch keine ASI beantragt oder ein Verfahren zur Bestimmung der weltweiten Lizenzgebühren eingeleitet hat.²²⁸

Das überzeugt nicht. Nach dem für die Haftung einer deutschen, von einer ausländischen Mutter abhängigen Gesellschaft maßgeblichen deutschen Konzernrecht²²⁹ sind Konzernunternehmen rechtlich selbstständig.²³⁰ Eine Durchbrechung der rechtlichen Selbstständigkeit ist vereinzelt im Gesetz verankert (z.B. im Gesellschaftsrecht, §§ 302 ff.; 321 ff. AktG und im Finanzaufsichtsrecht, § 25a KWG). Jenseits der gesetzlichen Tatbestände und der kartellrechtlichen Bußgeldhaftung haftet eine Muttergesellschaft nur in eng umrissenen Ausnahmefällen für ihre Töchter.²³¹ Umgekehrt ist dem deutschen Recht eine Haftung der Tochter für Verfehlungen der Muttergesellschaft oder ausländischer Schwestern fremd. Soweit ersichtlich wurde eine entsprechende Haftung

---

²²³ LG München I GRUR-RS 2021, 3995, Rn. 40 – FRAND-Lizenzwilligkeit.
²²⁴ Vgl. *Schilling*, in: Hilber u.a. (Hrsg.), Deutsche Tochter im int. Konzern, Kap. A, Rn. 7.
²²⁵ *Kiefer/Walesch*, Mitt. 2022, 97, 103.
²²⁶ LG München I GRUR-RS 2021, 17662, Rn. 62.
²²⁷ LG München I, Beschl. v. 30.6.2021, Az. 21 O 8690/21 (n.v.) unter II. 1. b.
²²⁸ LG München I GRUR-RS 2021, 17662, Rn. 62.
²²⁹ Vgl. MüKo-BGB/*Kindler*, Bd. 13, Teil 10 (Int. Handels- und Gesellschaftsrecht), Rn. 692; *Rieckers*, NZG 2007, 125, 128.
²³⁰ *Bayer/Trölitzsch*, in: Lutter/Bayer (Hrsg.), Holding HdB., Rn. 8.10–8.12; *Beck*, Konzernhaftung in Deutschland und Europa, S. 39–41; *Wimmer-Leonhardt*, S. 12.
²³¹ Vgl. die Übersicht von *Bayer/Trölitzsch*, in: Lutter/Bayer (Hrsg.), Holding HdB., Rn. 8.10–8.89.

lediglich bei der Haftung deutscher Vertriebstöchter für den Vertrieb mangelhafter Medizinprodukte erwogen und durchweg abgelehnt.[232]

Überdies hat eine Tochtergesellschaft in der Regel kein Weisungsrecht gegenüber ihrer Mutter. Selbst wenn die Tochter ein tauglicher Anspruchsgegner wäre, wäre eine Verurteilung zur Rücknahme eines in China durch eine chinesische Gesellschaft gestellten ASI-Antrages wegen rechtlicher Unmöglichkeit, § 275 Abs. 1 BGB, ausgeschlossen.

3. Venire contra factum proprium

Obwohl die Zustimmung zur gerichtlichen Gebührenfestsetzung keine wirksame Derogation der Zuständigkeit mitgliedsstaatlicher Gerichte darstellt, kommt der Einwand unzulässiger Rechtsausübung, § 242 BGB, in Betracht. Der Einwand setzt eine dem Verfügungskläger zurechenbare Zustimmung zur Gebührenfestsetzung durch ein ausländisches Gericht voraus. Die freiwillige Zustimmung einer Partei zur Festsetzung der Gebühren einer weltweiten Lizenz schafft bei der anderen Partei ein Vertrauen in die Integrität des Verfahrens zur Gebührenfestsetzung. Die andere Seite darf glauben, dass der SEP-Inhaber am Zustandekommen einer Lizenz zu den vom Gericht festgelegten Bedingungen interessiert und zum Abschluss der Lizenz bereit ist. Indem der SEP-Inhaber nach seiner Zustimmung zur Festsetzung von FRAND-Konditionen mit einer Patentverletzungsklage oder der Vollstreckung eines entsprechenden Urteils droht, kann er den Implementierer zum Abschluss einer Lizenz zwingen, bevor das Gericht über die Bedingungen einer weltweiten Lizenz entscheiden kann. Damit setzt er sich in einen Widerspruch zu seinem Verhalten im ausländischen Verfahren.

Allerdings stellt nicht jedes widersprüchliche Verhalten eine unzulässige Rechtsausübung dar; Parteien dürfen ihre Ab- und Ansichten ändern.[233] Der Einwand des *venire contra factum proprium* setzt voraus, dass eine Partei einen Vertrauenstatbestand geschaffen hat, die andere Seite darauf vertraut hat und darin schutzwürdig ist. Generelle Kriterien zur Prüfung, ab wann sich vertrauensschaffende Handlungen oder Umstände zu einem Vertrauenstatbestand verdichten, gibt es nicht. Rechtsprechung und Literatur arbeiten mit Fallgruppen. Nach ständiger Rechtsprechung kann eine Partei grundsätzlich keine Leistungen aus einem formnichtigen Vertrag verlangen. Die Gegenseite handelt nicht missbräuchlich, wenn sie sich auf den Formmangel beruft. Eine

---

[232] OLG Düsseldorf NJOZ 2012, 1404, 1406; AG Münster MPR 2021, 220, 221; vgl. MüKo-BGB/*Wagner*, § 4 ProdHaftG, Rn. 3, 9.
[233] *Grüneberg*, § 242, Rn. 55; NK-BGB/*Krebs*, § 242, Rn. 92; Staudinger/*Looschelders/Olzen*, § 242, Rn. 287.

Ausnahme lässt der BGH nur zu, wenn die Folgen der Formnichtigkeit für die betroffene Partei schlechthin untragbar wären. Fallgruppen sind eine Existenzgefährdung des Betroffenen und schwere Treuepflichtverletzungen des Vertrauensgebers.[234]

Eine Partei, die sich im gerichtlichen Verfahren auf die Formunwirksamkeit einer Schiedsvereinbarung beruft, handelt grundsätzlich nicht treuwidrig.[235] Demnach würde auch ein SEP-Inhaber, der trotz einer unwirksamen ausschließlichen Gerichtsstandsvereinbarung zugunsten US-amerikanischer Gerichte – unterstellt, dass die Zustimmung zur gerichtlichen Gebührenbestimmung überhaupt als solche ausgelegt werden kann – in Deutschland klagt, nicht treuwidrig handeln.

Die Besonderheiten einer FRAND-Streitigkeit könnten aber eine andere Beurteilung rechtfertigen. Kern und Ausgangspunkt ist die Frage, welche Bedingungen „angemessen und vernünftig" sind. Obwohl es eigentlich um die Bestimmung weltweiter Lizenzgebühren geht, landen FRAND-Streitigkeiten als Patentverletzungsklagen vor deutschen Gerichten. Patentverletzungsklagen lösen den eigentlichen Interessenkonflikt nicht, sondern schaffen ein Drohpotential und können so eine außergerichtliche Einigung anregen. Wird die Unterlassungsanordnung erlassen, ist dem Implementierer die Patentnutzung untersagt. Das eigentliche Ziel beider Parteien – der Abschluss eines Lizenzvertrages zu FRAND-Bedingungen – wird durch die Vollstreckung einer Unterlassungsanordnung nicht erreicht.[236]

Einigen sich die Parteien, dass ein Dritter – ein nationales Gericht – festsetzen soll, was FRAND ist, kommen sie ihrem Ziel näher. Der Implementierer könnte aus der Zustimmung zur Gebührenbestimmung folgern, dass in der Zukunft ein Lizenzvertrag zustande kommt. Dementsprechend wird er die streitgegenständlichen SEPs weiter nutzen, nicht in die Entwicklung alternativer Technologien investieren und möglicherweise von weiteren außergerichtlichen Einigungsversuchen absehen und keine Gegenangebote unterbreiten. Trifft der Implementierer seine Geschäftsentscheidungen auf Grundlage der

---

[234] BGH NJW 2016, 1391, Rn. 15; NJW 2011, 2976, Rn. 9; NJW 2004, 3330, 3331; NJW 1998, 2350, 2352; NJW 1987, 1069, 1070.
[235] BGH NJW 2011, 2976, Rn. 9. Etwas anderes gilt, wenn der Beklagte im Schiedsverfahren die Zuständigkeit ordentlicher Gerichte einwendet und im Gerichtsverfahren die Einrede des Schiedsvertrages erhebt, BGH NJW-RR 2009, 1582, Rn. 9; NJW-RR 1987, 1194, 1995; NJW 1968, 1928.
[236] Vgl. *Meier-Beck*, in: FS Säcker, 275, 289–90; *Picht*, GRUR 2019, 1097, 1100, 1102; *Walz/Benz/Pichlmaier*, GRUR 2022, 446, 447–48.

Zustimmung des SEP-Inhabers zur gerichtlichen Gebührenbestimmung, unternimmt er schutzwürdige Dispositionen.[237]

Ein mit der Vollstreckung einer Unterlassungsanordnung einhergehender Marktausschluss eines Implementierers, der redlicherweise auf die Zustimmung der anderen Partei vertraut hatte und bereit war, eine Lizenz zu den vom Gericht festgesetzten Lizenzgebühren abzuschließen, kann eine untragbare Härte darstellen. In diesem Fall wäre die Erhebung einer Patentverletzungsklage rechtsmissbräuchlich und wegen des fehlenden Rechtsschutzbedürfnisses unzulässig. In diesem Fall handelt der Verfügungskläger widersprüchlich, wenn er eine AASI beantragt, um das Patentverletzungsverfahren führen zu können.

Von einem widersprüchlichen Verhalten kann aber nur die Rede sein, wenn der Verfügungskläger/SEP-Inhaber der Festsetzung freiwillig und frei von äußeren Zwängen zugestimmt hat. Teilweise wird vertreten, dass ein Implementierer, der der gerichtlichen oder schiedsgerichtlichen Gebührenfestsetzung nicht zustimmt, lizenzunwillig sei; der die Zustimmung verweigernde SEP-Inhaber verletze seine FRAND-Verpflichtung.[238]

Eine auf diese Weise faktisch erzwungene Zustimmung ist nicht freiwillig. Bislang haben US-Gerichte allerdings weder ausdrücklich festgestellt, dass ein SEP-Inhaber, der nicht in die gerichtliche Gebührenfestsetzung einwilligt, seine FRAND-Verpflichtung verletzt noch, dass ein Implementierer, der die Einwilligung verweigert, als lizenzunwillig anzusehen ist. Hat der Verfügungskläger der Bestimmung der FRAND-Konditionen durch ein nationales Gericht freiwillig zugestimmt, handelt er treuwidrig, indem er ebendiese Bestimmung durch eine (angedrohte) Patentverletzungsklage oder die Vollstreckung einer Unterlassungsanordnung in einer anderen Jurisdiktion zu vereiteln sucht. Dementsprechend stellt ein Antrag auf Erlass einer AASI zur Einleitung oder Fortführung des Patentverletzungsverfahrens eine unzulässige missbräuchliche Rechtsausübung gem. § 242 BGB dar.

III. Ergebnis

Nach einer unionsrechtskonformen Auslegung des Zivilprozessrechts hat der Adressat einer ASI, die diesem die Möglichkeit nimmt, in der nach der Brüssel Ia-VO ausschließlich zuständigen Jurisdiktion zu klagen, stets ein Rechtsschutzbedürfnis. Obwohl eine AASI darauf gerichtet ist, dem

---

[237] Vgl. zur Bindung an die Zustimmung zur Gebührenfestsetzung *TCL v Telefonaktiebologet LM Ericsson*, 2014 WL 12588293, *5 (C.D. Cal. 2014); 2016 WL 6562075, *7 (C.D. Cal. 2016).
[238] Vgl. LG München I GRUR-RS 2020, 50637, Rn. 176 – Lizenzverhandlung.

Verfügungsbeklagten prozessuale Handlungen zu untersagen, verfolgt sie kein prozesswidriges Ziel. Aus demselben Grund stellt eine ausländische ASI einen rechtswidrigen Eingriff i.S.v. § 823 Abs. 1 BGB in das Patent dar. Bei der Frage, ob eine Beeinträchtigung hinreichend nahe bevorsteht, ist zum einen zwischen präventiven AASIs und AASIs, die zur Abwehr einer bereits bekannten ASI beantragt werden, und zum anderen zwischen chinesischen und US-amerikanischen ASIs zu unterscheiden.

Hat der Verfügungsbeklagte eine ASI in den Vereinigten Staaten beantragt, ist deren Erlass nur dann hinreichend wahrscheinlich, wenn er der Bestimmung der FRAND-Bedingungen durch das US-Gericht zugestimmt hat.[239] Sollte das US-Gericht trotz fehlender Zustimmung zur Festsetzung der Lizenzbedingungen wider Erwarten eine ASI erlassen, bleibt dem Verfügungskläger die Möglichkeit, gegen die bereits erlassene ASI vorzugehen: Anders als chinesische ASIs enthalten in den Vereinigten Staaten erlassene ASIs kein Verbot, Gegenmaßnahmen (AASIs) in der anderen Jurisdiktion einzuleiten. Da ASIs von US-Gerichten nicht *ex parte* erlassen werden, besteht auch kein Bedarf für vorbeugende ASIs. Demgegenüber sind die Voraussetzungen für den Erlass einer ASI nach chinesischem Recht so unbestimmt, dass jedenfalls, wenn der Verfügungsbeklagte den Erlass einer ASI beantragt hat, eine Erstbegehungsgefahr vorliegt. Da chinesische Gerichte den Antragsgegner der ASI bis zu deren Erlass nicht über das ASI-Verfahren informieren, besteht ein Bedürfnis nach präventivem Schutz. Eine Erstbegehungsgefahr setzt jedoch voraus, dass der Erlass einer ASI im chinesischen Verfahren nach den Umständen des Einzelfalls hinreichend konkret bevorsteht.

G. Ergebnis

Sämtliche Jurisdiktionen halten ausländische ASIs, die dem Antragsgegner das Recht nehmen, seine Patente in der jeweiligen (eigenen) Jurisdiktion durchzusetzen, für rechtswidrig. Das wird insbesondere damit begründet, dass ein ausländisches Gericht nicht über das eigene, inländische Patentverletzungsverfahren und die dort relevanten Fragen entscheiden könne.[240] Zudem störe eine ASI das Verhandlungsgleichgewicht zwischen SEP-Inhaber und Implementierer, da sie dem SEP-Inhaber ein legitimes Druckmittel in Gestalt einer

---

[239] Vgl. *Philips v Oppo* [2022] EWHC 1703 (Pat), [49].
[240] *IPCom v Lenovo* [2019] EWHC 3030 (Pat), [48]; Cour d'appel, 3. mars 2020, N° RG 14/2020, Rn. 58; *InterDigital v Xiaomi*, I.A. 8772/2020 in CS (COMM) 295/2020, Rn. 99, 103 (Delhi High Ct. 2021); *Ericsson v Samsung*, 2021 WL 89980, *5 (E.D. Tex. 2021); vgl. auch OLG München GRUR 2020, 379, Rn. 69 – Anti-Suit Injunction.

Unterlassungsklage nehme, um den Implementierer zur Lizenznahme anzuhalten.[241] Die untersuchten Jurisdiktionen sehen in dem Verbot, ein ausländisches Prozessführungsverbot zu erwirken oder zu vollstrecken auch keine Beeinträchtigung des Justizfriedens bzw. des gegenseitigen Respekts und des Gebots zur Achtung ausländischer Gerichte und ausländischen Rechts (*comity*). Das wird in der Regel damit begründet, dass die Verfahren im In- und Ausland fortgesetzt werden könnten und die AASI sich nicht gegen das ausländische Hauptsacheverfahren richte.[242]

Unterschiedlich wird beurteilt, unter welchen Umständen die jeweilige Rechtsordnung vorbeugende AASIs gegen noch nicht erlassene oder noch nicht einmal beantragte Prozessführungsverbote bereitstellt. Am restriktivsten ist der Ansatz des englischen *High Court*, der aus den Vereinigten Staaten drohende ASIs nicht präventiv durch eine AASI verhindern will, wenn sich die Parteien nicht über die Fremdbestimmung der FRAND-Gebühren durch ein US-Gericht geeinigt haben.[243] Im Falle aus China drohender ASIs könne allerdings eine vorbeugende AASI ergehen, wenn der Verfügungsbeklagte eine generelle Bereitschaft, ASIs zu beantragen, erkennen lässt und sich auf Anfrage hin nicht zweifelsfrei von dieser Praxis lossagt.[244]

Ähnlich erscheint der Ansatz eines niederländischen Gerichts, das den Erlass einer vorbeugenden AASI gegen eine vom Verfügungskläger antizipierte US-ASI wegen fehlender Umstände, aus denen das Gericht auf die Absicht der Verfügungsbeklagten, eine ASI im Ausland zu beantragen, ablehnte.[245]

Am weitesten reicht die vom LG München I angenommene Vorverlagerung der Erstbegehungsgefahr. Danach sei eine Erstbegehungsgefahr grundsätzlich anzunehmen, wenn der Verfügungsbeklagte ein ausländisches Hauptsacheverfahren zur Bestimmung der FRAND-Bedingungen oder ein Vertragsverletzungsverfahren wegen behaupteter Verfehlungen des Implementierers eingeleitet hat.[246]

---

[241] *IPCom v Lenovo* [2019] EWHC 3030 (Pat), [51]–[53]; *Ericsson v Samsung*, 2021 WL 89980, *5 (E.D. Tex. 2021).

[242] *IPCom v Lenovo* [2019] EWHC 3030 (Pat), [58]–[59]; *Ericsson v Samsung*, 2021 WL 89980, *6 (E.D. Tex. 2021); vgl. auch OLG Düsseldorf GRUR 2022, 318, Rn. 25 – Ausländisches Prozessführungsverbot.

[243] Vgl. *Philips v Oppo* [2022] EWHC 1703 (Pat), [49].

[244] *Philips v Oppo* [2022] EWHC 1703 (Pat), [26]–[36].

[245] Rechtbank Den Haag v. 16.12.2021, Zaaknr. C/09/618542 / KG ZA 21-914, Rn. 4.40.

[246] LG München I GRUR-RS 2021, 17662, Rn 34; GRUR-RS 2021, 3995, Rn. 90 – FRAND-Lizenzwilligkeit.

§ 6 Auslegungsvorschläge zum deutschen und europäischen Recht

Prozessuale Besonderheiten sowie die Auslegung des deutschen und europäischen Rechts durch deutsche Gerichte ziehen SEP-Inhaber in weltweiten FRAND-Streitigkeiten an.[1] Die Hauptgründe sind eine kurze Verfahrensdauer sowie das Trennungsprinzip. Weiterhin scheinen einige Gerichte die in *Huawei/ZTE* vorgegebenen Kriterien in einer Weise auszulegen, die einen erfolgreichen Zwangslizenzeinwand beinahe unmöglich macht, wenn der SEP-Inhaber ein formal FRAND-konformes und inhaltlich nicht evident FRAND-widriges Angebot unterbreitet. Daher untersucht dieser Abschnitt, ob die Hürden für die Durchsetzung des patentrechtlichen Unterlassungsanspruchs in SEP-Streitigkeiten in Deutschland zu niedrig sind und ob eine abweichende Auslegung des Patentrechts und insbesondere des europäischen Kartellrechts angezeigt ist.

A. Verhältnismäßigkeit des Unterlassungsanspruchs

Ein Kritikpunkt am deutschen Patentrecht bzw. Patentverletzungsprozess ist, dass der Verletzer ohne Prüfung der Wirksamkeit eines Patents und ohne Rücksicht auf die Verhältnismäßigkeit und Folgen der Anordnung „automatisch" auf Unterlassung verurteilt wird. Das Trennungsprinzip ist im deutschen Patentrecht verwurzelt. Grundlegende Systemüberlegungen regt diese Arbeit nicht an. Allerdings hat der Gesetzgeber in dem neuen § 139 Abs. 1 S. 3 PatG den Verhältnismäßigkeitsgrundsatz hervorgehoben. Das wirft die Frage auf, ob und wann der Erlass einer Unterlassungsanordnung in FRAND-Streitigkeiten als unverhältnismäßig angesehen werden kann. Gegen eine stärkere Berücksichtigung der Verhältnismäßigkeit wird eingewandt, dass der EuGH durch sein Urteil in *Huawei/ZTE* den Lösungsweg über das Kartellrecht abschließend vorgegeben habe und dass das deutsche Patenrecht insoweit unionsrechtskonform, d.h. im Gleichlauf mit den *Huawei/ZTE*-Kriterien, ausgelegt werden müsse.[2]

---

[1] Vgl. *Chappatte/Walter*, in: Anderman/Ezrachi (Hrsg.), IP and Competition Law, S. 373, 379; *Ehlgen*, GRUR 2022, 537; *Jones*, (2014) 10 ECJ 1, 11–13.
[2] *Kühnen*, HdB. Patentverletzung, Kap. D, Rn. 587; *McGuire*, GRUR 2021, 775, 779; *Schacht*, GRUR 2021, 440, 444; *Zhu/Kouskoutis*, GRUR 2019, 886, 888; in diese Richtung LG München I GRUR-RS 2022, 26267, Rn. 97–98 – Pitch-Lag-Schätzung.

Zunächst müssen zur Klärung der Frage, inwieweit das Ausschließlichkeitsrecht des Patentinhabers eingeschränkt werden kann, die Besonderheiten der Rechtsordnung berücksichtigt werden. Dass in den Vereinigten Staaten eine drohende Schadensersatzpflicht eine hinreichende Präventionswirkung entfaltet, liegt auch an der dort möglichen Verurteilung zur Zahlung von Strafschadensersatz, der das Dreifache des entstandenen Schadens umfassen kann.[3] Dem deutschen Recht ist ein Strafschadensersatz fremd. Drohte dem Implementierer/Patentverletzer keine Verurteilung auf Unterlassung, sondern nur eine Zahlung von Schadensersatz oder einer angemessenen Nutzungsentschädigung, hätte er kaum einen Anreiz zum Abschluss eines Lizenzvertrages und könnte die Verurteilung zur Zahlung von Schadensersatz abwarten.[4] Überdies bestünde eine Schadensersatzpflicht wohl nur beschränkt auf Nutzungshandlungen in Deutschland und nicht für die weltweit entgangenen Lizenzeinnahmen. Da eine Schadensersatzpflicht damit nur eine eingeschränkte Präventionswirkung entfaltet, kann der Erlass von Unterlassungsanordnungen auch in FRAND-Streitigkeiten nur ausnahmsweise von vorneherein unverhältnismäßig sein. Fraglich ist, wann das der Fall ist und ob die Neufassung von § 139 PatG die bisherige Rechtslage verändert hat.

I. Gesetzesbegründung

Ausweislich der Gesetzesbegründung handelt es sich um eine „gesetzgeberische Klarstellung". Wie nach der bisherigen, in der *Wärmetauscher*-Entscheidung vom BGH erörterten Rechtslage, könne der Unterlassungsanspruch nur in „besonderen Konstellationen" beschränkt sein.[5] Weiterhin greift der Gesetzgeber die Kritik aus der Telekommunikations- und Automobilbranche auf, wonach Instanzgerichte die Verhältnismäßigkeit unzureichend berücksichtigten. Die Gesetzesbegründung gibt zunächst die Kritik wieder, wonach der Patentinhaber bei der Verletzung eines Patents, das nur eine Detail-Funktionalität einer Teilkomponente eines komplexen Endproduktes schützt, die Nutzungsunterlassung des gesamten Produktes verlangen kann. Das könne zu Schäden durch Betriebseinstellungen oder Verkaufsstopps führen, die in keinem vernünftigen Verhältnis zum Wert der Erfindung stünden.[6]

---

[3] Vgl. *McGuire*, GRUR 2021, 775, 776.
[4] Vgl. *Hoffmann*, GRUR 2022, 286–87.
[5] RegE, BT-Drs. 19/25821, S. 52.
[6] RegE, BT-Drs. 19/25821, S. 52–53; vgl. auch den Vortrag von *Schnetzer* (*Deutsche Telekom*) auf der Onlinetagung „Der patentrechtliche Unterlassungsanspruch nach dem 2. PatModG" am 21. und 22.10.2021 (CIPLITEC), vgl. den Tagungsbericht von *Vetter*, ZGE 2022, 87, 92.

A. Verhältnismäßigkeit des Unterlassungsanspruchs 285

Die Kritik greift eine in FRAND-Streitigkeiten typische Situation auf, ohne diese aber explizit zu benennen. Das Klagepatent schützt regelmäßig eine Erfindung, die einen winzigen Beitrag zu einem komplexen Endprodukt leistet. Ein modernes Smartphone implementiert zum Beispiel rund 250.000 Patente.[7] Der Gesetzgeber beobachtete weiterhin, dass Instanzgerichte die Verhältnismäßigkeit nur sehr zurückhaltend berücksichtigten, sodass eine „Klarstellung" auch mit Blick auf Art. 3 Abs. 2 DurchsetzungsRL geboten sei. Der Bestandsaufnahme folgt eine Auflistung möglicher Kriterien, die zur Unverhältnismäßigkeit eines Unterlassungsanspruchs und einer entsprechenden Unterlassungsanordnung führen können. Explizit bezeichnet der Gesetzesentwurf den Fall, dass ein komplexes Endprodukt im Bereich der Telekommunikations- und Automobilindustrie eine Vielzahl von Patenten implementiert.[8] Wenn das Klagepatent nur ein nicht funktionswesentliches Element schützt, sei eine klageweise Durchsetzung des Unterlassungsanspruchs regelmäßig nicht unverhältnismäßig.[9] Das war etwa in der *Wärmetauscher*-Entscheidung der Fall. Dort schützte das Klagepatent eine in einem Cabriolet verbaute Nackenheizung. Eine Unterlassungsanordnung führte nicht zu einem Verkaufsstopp der gesamten Produktlinie, sondern lediglich zum Verbot, ein Sonderausstattungsmerkmal (Nackenheizung) anzubieten.

Anders könne es im Einzelfall liegen, wenn keine Umgestaltung des Produktes möglich ist, „insbesondere dann, wenn gesetzliche oder behördliche Zulassungsvorschriften" zu beachten sind.[10] Es liegt im Wesen von Standards, dass keine Alternative verfügbar ist. Insbesondere kann die Nutzung von SEPs zwingend vorgeschrieben sein. Nach Art. 4, 14 der Verordnung (EU) 2015/758 müssen ab dem 1.3.2018 hergestellte Fahrzeuge über ein Notruf- und Ortungssystem verfügen. Damit ist die Implementierung von Mobilfunkpatenten bei Automobilen für die Produktzulassung und nicht nur zum Angebot einer Sonderausstattung (z.B. digitales Unterhaltungssystem) erforderlich. Je nachdem welche Funktionalität des Standards das Klagepatent schützt, kann eine Unterlassungsanordnung zu einem Produktions- und Verkaufsstopp für sämtliche Automobile führen.

Nach h.M. stellt die Gesetzesänderung entsprechend der gesetzgeberischen Bezeichnung als „Klarstellung" eine bloße Kodifizierung der bisherigen Rechtslage dar.[11] Dass in künftigen FRAND-Streitigkeiten der Einwand der

---

[7] *Schönbohm/Ackermann-Blome*, GRUR Int. 2020, 578, 579.
[8] RegE, BT-Drs. 19/25821, S. 54.
[9] RegE, BT-Drs. 19/25821, S. 54.
[10] RegE, BT-Drs. 19/25821, S. 54.
[11] Vgl. *Hoffmann*, Stellungnahme zum Gesetzentwurf eines zweiten Patentrechtsmodernisierungsgesetzes (2021); *Voß*, Vortrag auf der Onlinetagung „Der patentrechtliche

Unverhältnismäßigkeit eine erfolgsversprechende Verteidigungsmöglichkeit darstellt, steht demnach nicht zu erwarten.

II. DurchsetzungsRL

Eine weniger restriktive Auslegung von § 139 Abs. 1 S. 3 PatG könnte aufgrund von Art. 3 Abs. 2 DurchsetzungsRL zwingend erforderlich sein. Nach der Vorschrift müssen Maßnahmen, Verfahren und Rechtsbehelfe zur Durchsetzung geistigen Eigentums wirksam und verhältnismäßig sein. Vor der Reform des deutschen Patentgesetzes wurde anhand der Systematik der DurchsetzungsRL argumentiert, dass deutsche Gerichte die Verhältnismäßigkeit einer Unterlassungsanordnung nicht zwingend zu berücksichtigen hätten.[12] Der deutsche Gesetzgeber scheint indes davon auszugehen, dass Art. 3 Abs. 2 DurchsetzungsRL die Maßgabe enthält, dass die Durchsetzung von Unterlassungsansprüchen verhältnismäßig sein muss.[13]

Da die Durchsetzung des Unterlassungsanspruchs jedenfalls seit dem 1.1.2022 verhältnismäßig sein muss, lautet die nunmehr interessante Frage, ob der Richtliniengeber ein strengeres Verständnis als der deutsche Gesetzgeber von der Verhältnismäßigkeit hat. Die DurchsetzungsRL zielt darauf ab, Handelsschranken auf dem Binnenmarkt abzubauen. Damit dürfte das unionsrechtliche Verständnis von der „Verhältnismäßigkeit" im Lichte der einzelstaatlichen Regelungen auszulegen sein. Da auch in anderen Mitgliedsstaaten selbst in FRAND-Streitigkeiten nur einstweilige Unterlassungsverfügungen, nicht aber Unterlassungsanordnungen als unverhältnismäßig angesehen wurden, erscheint unionsrechtlich – zumindest mit Blick auf FRAND-Streitigkeiten – keine andere Auslegung als nach deutschem Recht, d.h. der Rechtslage nach *Wärmetauscher*, geboten.

III. TRIPS-Übereinkommen

Das TRIPS-Übereinkommen schreibt nicht nur einen Mindestschutz von Immaterialgüterrechten vor, sondern untersagt auch eine exzessive Rechtsdurchsetzung.[14] Allerdings sieht das TRIPS-Übereinkommen für Unterlassungsansprüche keine zwingende Verhältnismäßigkeitsprüfung vor.[15] Die sehr

---

Unterlassungsanspruch nach dem 2. PatModG" am 21. und 22.10.2021 (CIPLITEC), vgl. den Tagungsbericht von *Vetter*, ZGE 2022, 87, 90–91.

[12] Näher *L. Tochtermann*, ZGE 2019, 257, 265–267.
[13] RegE, BT-Drs. 19/25821, S. 53.
[14] *Dinwoodie/Dreyfuss*, in: Contreras/Husovec (Hrsg.), Injunctions in Patent Law, S. 5, 7, 12; *Malbon/Lawson/Davison*, Rn. 41.25; *Sikorski*, IIC 2022, 31, 33.
[15] *L. Tochtermann*, ZGE 2019, 257, 260–63.

restriktive Auslegung eines vorhandenen Verhältnismäßigkeitsvorbehalts kann erst recht keinen Verstoß darstellen.

IV. Verhältnis zum kartellrechtlichen Zwangslizenzeinwand

Die Prüfung der Verhältnismäßigkeit nach § 139 Abs. 1 PatG ist nicht durch die EuGH-Entscheidung *Huawei/ZTE* ausgeschlossen. Dass der EuGH seine Ausführungen auf die Auslegung von Art. 102 AEUV beschränkte, liegt an der Vorlagefrage. Der EuGH wurde zur Auslegung des europäischen Kartellrechts und nicht zur Auslegung des deutschen Patentrechts angerufen. Generalanwalt *Wathelet* merkte in den Schlussanträgen an, dass eine Lösung über andere Rechtsgebiete möglicherweise interessengerechter sei.[16] Der EuGH hat mit seiner Auslegung des Kartellrechts nur Kriterien vorgegeben, die zur Prüfung eines Marktmachtmissbrauchs in Fällen der verweigerten Lizenzierung von SEPs heranzuziehen sind. Daraus ergibt sich nicht, dass der Unterlassungsanspruch durch das Patent- oder Vertragsrecht nicht schon unterhalb der Missbrauchsschwelle beschränkt sein kann. So gehen englische wie US-amerikanische Gerichte davon aus, dass die (vertragliche) FRAND-Verpflichtung strengere Pflichten des SEP-Inhabers als das Wettbewerbs-/Kartellrecht begründet.[17] Weder ist das Kartellrecht *lex specialis*[18] noch ist es unter Wertungsgesichtspunkten zwingend geboten, bei einer nicht missbräuchlichen Klageerhebung einen Unterlassungsanspruch stets als verhältnismäßig anzusehen.[19] Ausnahmsweise kann es geboten sein, den Unterlassungsanspruch als unverhältnismäßig anzusehen, obwohl der Zwangslizenzeinwand des Implementierers scheitert.

Der Zwangslizenzeinwand impliziert eine absolute Verschuldenszuweisung. Der Implementierer ist entweder lizenzwillig oder lizenzunwillig und damit einer Unterlassungsanordnung ausgesetzt. In der Praxis dürfte der von vorneherein lizenzunwillige Implementierer ähnlich selten sein wie der boshafte SEP-Inhaber, der unter dem Druck einer Unterlassungsanordnung

---

[16] Generalanwalt *Wathelet*, Schlussanträge v. 20.11.2014, C–170/13, EU:C:2014:2391, Rn. 8–9 – Huawei/ZTE.

[17] Vgl. *FTC v Qualcomm*, 969 F.3d 974, 997 (9th Cir. 2020); *Unwired Planet v Huawei* [2017] EWHC 711 (Pat), [757]–[766]; *Jacob*, Mitt. 2020, 97, 100.

[18] *Picht*, Vortrag auf der Onlinetagung „Der patentrechtliche Unterlassungsanspruch nach dem 2. PatModG, 21. und 22.10.2021 (CIPLITEC), vgl. den Tagungsbericht von *Vetter*, ZGE 2022, 87, 102; *Plagge*, S. 454–55.

[19] MPI, Stellungnahme zum Diskussionsentwurf eines 2. PaMoG, S. 9; *Ohly/Stierle*, GRUR 2021, 1229, 1236; *Picht/Contreras*, GRUR Int. 2023, 435, 441–42; *Plagge*, S. 454–55; *Sendrowski*, Mitt. 2020, 533, 534, dort Fn. 6.

ausbeuterische Lizenzgebühren erwirken möchte.[20] Tatsächlich handelt es sich um rational handelnde Marktteilnehmer, die abweichende Vorstellungen von „fairen und angemessenen" Lizenzbedingungen haben und hart verhandeln. Dies ist der Natur des vagen Begriffs „fairer und angemessener" Bedingungen geschuldet. Die bisherige schwarz-weiß-Lösung über den Zwangslizenzeinwand wird der komplexen Natur von FRAND-Streitigkeiten und der inhärenten Rechtsunsicherheit über die Bedeutung von FRAND nicht gerecht. Daher ist zu erwägen, ob in Fällen, in denen beide Parteien ein Mitverschulden am Scheitern der Lizenzverhandlungen trifft, die Durchsetzung des Unterlassungsanspruchs unverhältnismäßig ist.[21]

Beispielsweise könnte eine unbillige Härte angenommen werden, wenn der Hersteller eines komplexen Endproduktes, für das die Nutzung des Standards und des Klagepatents unumgänglich und funktionswesentlich ist, in den Verhandlungen auf einer vertretbaren und in der jüngeren Rechtsprechung geteilten Position beharrt, die das konkrete Verletzungsgericht nicht teilt. Haben hingegen mehrere Landgerichte oder ein Oberlandesgericht einzelne Kriterien als „formal FRAND" eingestuft, ist eine Verurteilung für den Implementierer vorhersehbar. In diesem Fall erscheint eine Unterlassungsanordnung auch bei komplexen Endprodukten und einem hohen Schadensrisiko verhältnismäßig.

B. Auslegung des europäischen Kartellrechts

Nach Ansicht des Verfassers stellen der BGH und einige Instanzgerichte zu hohe Anforderungen an die Lizenzierungsbitte und fortdauernde Lizenzwilligkeit des Implementierers, die mit den Vorgaben des EuGH unvereinbar sind. Die Auslegung des in *Huawei/ZTE* vorgegebenen Verhaltensprogramms legen Teile der Rechtsprechung so aus, dass es im Ergebnis die Sache des Implementierers ist, dem SEP-Inhaber ein FRAND-konformes Angebot zu übermitteln. Das Angebot des Implementierers muss so formuliert sein, dass der SEP-Inhaber mit einer Ablehnung seine vertrags- und kartellrechtlichen Pflichten zur Lizenzierung verletzen würde. Darin dürfte eine Rückkehr zur Rechtsprechung nach *Orange-Book-Standard* liegen, die zur Vorlagefrage an den EuGH führte.

---

[20] Vgl. *InterDigital v Lenovo* [2023] EWHC 539 (Pat) [536]: " *[T]he reasons why a SEP owner and an implementer have failed to agree on FRAND terms may be numerous and varied. The blame may attach wholly to one side or the other, but in most cases, the blame is likely to be shared.*"

[21] Vgl. *Picht/Contreras*, GRUR Int. 2023, 435, 441–42.

I. Verteilung von Darlegungs- und Beweislast nach europäischem Kartellrecht

Mehrfach wurde auf die Nähe des Zwangslizenzeinwandes zum Anwendungsbereich der *essential facilities*-Doktrin hingewiesen.[22] Nach dieser haben Inhaber von wesentlichen Einrichtungen (*essential facilities*, z.B. Informationen, Infrastruktur oder Immaterialgüterrechte) anderen Unternehmen gegen Zahlung eines angemessenen Entgelts Zugang zur *essential facility* zu gewähren, wenn der Zugang zur Tätigkeit auf einem vor- oder nachgelagerten Markt objektiv notwendig ist. Der Unterschied besteht darin, dass ein Implementierer die zu FRAND-Bedingungen zu lizenzierenden SEPs bereits nutzt, während der Petent im Anwendungsbereich der *essential facilities*-Doktrin seinen Zugangsanspruch zunächst gegen den Inhaber der wesentlichen Einrichtung durchsetzen muss.[23] Allerdings geht es in beiden Fällen um die Verweigerung eines (Lizenz- oder Nutzungs-) Vertrages durch den Marktbeherrscher, sodass im Kern dieselben Grundsätze gelten müssen.

Der Marktbeherrscher darf Zugangspetenten den Zugang bzw. die Lizenzierung nur aufgrund einer sachlichen Rechtfertigung verweigern. Die Darlegungs- und Beweislast für das Vorliegen einer sachlichen Rechtfertigung trägt der Marktbeherrscher.[24] Rechtfertigungsgründe können auch in der Person des Zugangspetenten (z.B. fehlende Bonität)[25] liegen.

Die Europäische Kommission prüfte die Lizenzwilligkeit des Implementierers im Rahmen der sachlichen Rechtfertigung der Lizenzverweigerung.[26] Nach dem Verständnis der Europäischen Kommission wäre die Lizenzunwilligkeit des Implementierers vom SEP-Inhaber darzulegen und zu beweisen.

Gegen die Einordnung als Rechtfertigungsgrund spricht, dass die Lizenzwilligkeit eine denknotwendige Voraussetzung der Lizenzierung ist. Einer nicht an einer Lizenzierung interessierten Partei einen Zugangsanspruch zu

---

[22] *Deselaers*, in: Grabitz/Hilf/Nettesheim, Art. 102 AEUV, Rn. 466, 475–76; *Drexl*, Zugang zu SEPs, S. 28; *Emmerich*, in: Dauses/Ludwigs, HdB. EU-Wirtschaftsrecht, Kap. H, § 3, Rn. 114, 156; *Meier-Beck*, in: FS Säcker, 275–78; *Lettl*, § 3, Rn. 70; Calliess/Ruffert/*Weiß*, Art. 102 AEUV, Rn. 41–42.

[23] *Meier-Beck*, in: FS Säcker, 275, 286.

[24] *Jones/Sufrin/Dunne*, EU Competition Law, S. 500–01; Immenga/Mestmäcker/*Fuchs*, Art. 102 AEUV, Rn. 338; zum dt. Kartellrecht vgl. den Wortlaut von § 19 Abs. 2 Nr. 4 GWB: „es sei denn, die Weigerung ist sachlich gerechtfertigt" sowie BGH NJW 2013, 1095, Rn. 19–20 – Fährhafen Puttgarden II; LMRKM/*Loewenheim*, § 19 GWB, Rn. 94.

[25] Vgl. Immenga/Mestmäcker/*Fuchs*, § 19 GWB, Rn. 295.

[26] Europäische Kommission, Zusammenfassung der Entscheidung v. 2.10.2014, Rs. 2014/C 344/06, Rn. 22–23 – Motorola; Entscheidung v. 9.4. 2014, AT.39939, Rn. 5, 52, 68 – Samsung; *Deselaers*, in: Grabitz/Hilf/Nettesheim, Art. 102 AEUV, Rn. 476.

gewähren, widerspräche elementaren Grundsätzen des Privatrechts. Zudem liegt die Lizenz(un)willigkeit nicht in der Person des Implementierers, sondern ist Ausdruck seines Verhaltens. Daher liegt es nahe, die Lizenzwilligkeit als Voraussetzung des Missbrauchstatbestandes und nicht als Rechtfertigungsgrund zu prüfen.

Für diese Auslegung spricht auch der Vergleich mit dem deutschen Kartellrecht. So ist im Rahmen der *essential facilities*-Doktrin das Angebot eines angemessenen Entgelts vom Zugangspetenten darzulegen und zu beweisen.[27] Das ergibt sich aus dem Wortlaut von § 19 Abs. 2 Nr. 4 GWB,[28] der in seinem Tatbestand das Angebot eines „angemessenen Entgelts" voraussetzt. Die sachliche Rechtfertigung bezieht sich ausweislich des Wortlautes nicht auf die in § 19 Abs. 2 Nr. 4 Hs. 1 GWB aufgezählten Tatbestandsmerkmale. Liegt eines dieser Merkmale nicht vor, hat der Zugangspetent von vorneherein keinen Zugangsanspruch, sodass es nicht auf eine sachliche Rechtfertigung ankommt.

Der Wortlaut des Art. 102 AEUV ist weniger aufschlussreich. Auch die Entscheidungen des EuGH zu Zugangsansprüchen von Wettbewerbern enthalten keine Ausführungen zur Frage, wer die Darlegungs- und Beweislast für die Angemessenheit eines angebotenen Entgelts trägt. Die Europäische Kommission hat in einer älteren Entscheidung die Angemessenheit des angebotenen Entgelts nicht im Rahmen der sachlichen Rechtfertigung, sondern als Teil des Missbrauchstatbestandes geprüft.[29]

Nach hier vertretener Ansicht stellt die fehlende Lizenzwilligkeit des Implementierers keinen Rechtfertigungsgrund dar. Die Lizenzverweigerung und die Erhebung einer Patentverletzungklage ist nur gegenüber einem lizenzwilligen Implementierer missbräuchlich. Ist der Implementierer nicht lizenzwillig, bedarf die Lizenzverweigerung/Klageerhebung keiner sachlichen Rechtfertigung. Aus allgemeinen kartellrechtlichen Grundsätzen ergibt sich demnach nicht, dass der SEP-Inhaber die Angemessenheit seines eigenen Lizenzangebotes zu beweisen hat.

II. Hohe Anforderungen an Lizenzwilligkeit

Allerdings erscheint fraglich, ob die hohen Anforderungen an die Lizenzwilligkeit mit den Vorgaben des EuGH vereinbar sind. Nach den Leitentscheidungen des BGH und der instanzgerichtlichen Rechtsprechung habe der

---

[27] *Bechtold/Bosch,* § 19 GWB, Rn. 76; Immenga/Mestmäcker/*Fuchs,* § 19 GWB, Rn. 298a; *Wiedemann,* HdB. Kartellrecht, § 23, Rn. 240.

[28] *Wiedemann,* HdB. Kartellrecht, § 23, Rn. 240.

[29] Europäische Kommission v. 21.12.1993, IV/34.689, Rn. 66 – Sea Containers v Stena Sealink.

B. Auslegung des europäischen Kartellrechts

Implementierer – anknüpfend an die Formulierung des *High Court* – seine unbedingte Bereitschaft zu erklären, *„to take a license on whatever terms are in fact FRAND".*[30] Eine entsprechende Erklärung des Implementierers sei unzureichend. Den Worten müssten Taten folgen, die seine Bereitschaft, *„to take a license on whatever terms are FRAND"*, belegen. Diese Bereitschaft müsse der Implementierer ungeachtet der konkreten FRAND-Gemäßheit des klägerischen Angebotes fortdauernd aufrechterhalten.[31]

Nach der rechtsvergleichenden Betrachtung ist klar, dass eine so zu verstehende unbedingte Lizenzbereitschaft eine unabdingbare Voraussetzung des Ansatzes englischer Gerichte ist, die Konditionen weltweit festzusetzen. Anders als im deutschen Patentverletzungsprozess bestimmen englische Gerichte, welche Konditionen FRAND sind. Solange deutsche Gerichte nicht konkret entscheiden, was FRAND ist, ist es nicht sachgerecht, eine unbedingte Lizenzbereitschaft zu fordern. Während der *High Court* vom Implementierer verlangt, die von einer neutralen und sachkundigen Stelle als FRAND festgesetzten Konditionen zu akzeptieren, verlangen jedenfalls Teile der Rechtsprechung eine unbedingte Bereitschaft des Implementierers, dem nicht evident FRAND-widrigen Angebot des SEP-Inhabers im Kern zuzustimmen.[32]

Bei der Auslegung von *Huawei/ZTE* sind die Besonderheiten des deutschen Patentrechts zu beachten.[33] Deutschland gilt weltweit als klägerfreundlicher Gerichtsstand für Patentverletzungsklagen[34] und im Besonderen für SEP-Streitigkeiten.[35] Da der Implementierer im Patentverletzungsverfahren den

---

[30] BGH GRUR 2020, 961, Rn. 83 – FRAND-Einwand.
[31] Vgl. BGH GRUR 2021, 585, Rn. 69–74 – FRAND-Einwand II.
[32] Vgl. insbesondere LG München I GRUR-RS 2022, 26267, Rn. 155 – Pitch-Lag-Schätzung.
[33] Vgl. *Unwired Planet v Huawei* [2020] UKSC 37, [151].
[34] *Bechtold/Frankenreiter/Klerman*, (2019) 92 SCLR 487, 501; *Cremers u.a.*, (2017) 44 Eur. J. Law. Econ. 1, 35; *Dijkman*, GRUR Int. 2021, 215, 217; *Heath/Cotter*, in: Heath (Hrsg.), Patent Enforcement Worldwide, Rn. 61.
[35] Vgl. *Baron/Arque-Castells/Léonard/Pohlmann/Sergheraert* (2023), S. 99: *"[German courts] have also been quite strict in their interpretation of the Huawei/ZTE framework in a way which may favour SEP holders"*; *Ehlgen*, GRUR 2022, 537; *Geradin*, FRAND royalty rates for 5G (2022), S. 4: *"[T]he pro-patentee views held by key German patent courts [and the FCJ] which in Sisvel v. Haier adopted a distorted view of the Huawei v. ZTE licensing framework [...]"*; *Gniadek*, (2016) 5 IEEE Magazine, 113, 114–15; *Jones*, (2014) 10 ECJ 1, 11–13; *Körber*, (2016) 53 CMLR, 1107, 1119; S. 24; *Larouche/Zingales*, in: Contreras (Hrsg.), Cambridge Handbook, 407, 416–17; *Rivero*, SEPs and Antitrust: Comparative Analysis of the Approaches to Injunctions and FRAND-Encumbered Patents (2016), S. 24: *„The patentee-friendly environment [...] in the biggest market of the [EU] has allowed SEP holders to [obtain] supra-competetive prices"*; *Zografos*, (2014) 37 World Competition 53, 58. Zur Einordnung der Auslegung des Zwangslizenzeinwandes durch den BGH als SEP-

Rechtsbestand des Patents nicht angreifen kann und auch der Einwand der Unverhältnismäßigkeit nur in absoluten Ausnahmefällen greift, muss der Zwangslizenzeinwand lizenzwilligen Implementierern eine realistische Verteidigungsmöglichkeit bieten. Das ist unter den abstrakten Vorgaben des BGH in FRAND-Einwand und FRAND-Einwand II und jedenfalls nach deren Konkretisierung durch Teile der instanzgerichtlichen Rechtsprechung nicht gewährleistet.

In der Entscheidung *Unwired Planet v Huawei* stellte der UKSC fest, dass die Besonderheiten des nationalen Rechts eine flexible Anwendung der vom EuGH vorgegebenen Kriterien rechtfertigen. Da eine *injunction* im Vereinigten Königreich nicht erlassen werde, bevor über die Wirksamkeit des Patents entschieden sei und bevor gerichtlich bestimmt wurde, welche Konditionen FRAND sind, könnten die *Huawei/ZTE*-Verhaltensschritte abweichend ausgelegt werden:

> "*[According to the CJEU's judgement at para. 56,] account had to be taken of the specific legal and factual circumstances in the case. [...]. It also makes obvious sense that the [CJEU] should have built in a degree of flexibility, given the [...] fact that different legal systems will provide very different procedural contexts for the SEP owner's injunction application. In Germany, for example, as we observed earlier, validity and infringement are tried separately, so that the alleged infringer faces the risk that the SEP owner could obtain a final injunction against it without validity first being determined, and in some member states, an injunction might be granted before a FRAND rate is determined. In contrast, in the United Kingdom, it is not the practice to grant a final injunction unless the court is satisfied that the patent is valid and infringed, and it has determined a FRAND rate*"[36]

In der vom UKSC zitierten Randnummer führt der EuGH aus:

> „*[Bei der Prüfung des Missbrauchs] ist den besonderen rechtlichen und tatsächlichen Umständen des konkreten Falles gebührend Rechnung zu tragen.*"[37]

Da der Entscheidung des EuGH ein deutsches Patentverletzungsverfahren zugrunde lag, sollten deutsche Gerichte bei der Auslegung von *Huawei/ZTE* nur in geringem Maße von den dort vorgesehenen Verhaltensschritten abweichen. Das heißt nicht, dass sklavisch an einzelnen Verhaltensschritten festzuhalten ist. Allerdings sind die Abkehr von der Voraussetzung, ein FRAND-konformes Erstangebot abzugeben, sowie die hohen Anforderungen an die Lizenzbereitschaftserklärung des Implementierers im Lichte des englischen

---

Inhaber-freundlich vgl. auch *Kamlah/Rektorscheck*, Mitt. 2021, 307, 308–09; BGH GRUR 2020, 961, 972, Anm. von *Picht*; *Plagge*, S. 395; *Wuttke*, Mitt. 2022, 107, 112.

[36] *Unwired Planet v Huawei* [2020] UKSC 37, [151].
[37] EuGH, Urt. v. 16.7.2015, C–170/13, EU:C:2015:477, Rn. 56 – Huawei/ZTE.

Verfahrens nachvollziehbar. Das englische Recht stellt bereits im Patent- und Vertragsrecht höhere Hürden an den Erlass von Unterlassungsanordnungen und -verfügungen. Das rechtfertigt es, höhere Anforderungen an den kartellrechtlichen Zwangslizenzeinwand zu stellen. Da die Verteidigungsmöglichkeiten des angeblichen Patentverletzers über das Patent- und Vertragsrecht im deutschen Verfahren demgegenüber eingeschränkt sind,[38] muss das Kartellrecht dem Implementierer eine realistische Verteidigungsmöglichkeit bieten.

III. Rückkehr zu Orange-Book-Standard

Insbesondere ist die Auslegung des EuGH-Urteils *Huawei/ZTE* durch einige deutsche und niederländische Gerichte angesichts der Umstände, die zur Vorlagefrage führten, bedenklich. Das LG Düsseldorf hatte den EuGH gefragt, unter welchen Umständen ein SEP-Inhaber mit der Erhebung einer Unterlassungsklage seine Marktmacht missbraucht.[39] Hintergrund der Vorlagefrage waren offenkundige Differenzen zwischen der patentinhaberfreundlichen deutschen Rechtsprechung gemäß *Orange-Book-Standard* und der Auffassung der Europäischen Kommission. Nach *Orange-Book-Standard* hatte der Implementierer dem Patentinhaber ein unbedingtes Angebot auf Abschluss eines Lizenzvertrages zu unterbreiten, das der Patentinhaber nicht ablehnen konnte, ohne den Implementierer unbillig zu behindern oder zu diskriminieren.[40] Demgegenüber stand der den Implementierer begünstigende Ansatz der Europäischen Kommission, wonach der Implementierer lediglich glaubhaft seine Lizenzbereitschaft signalisieren müsse.[41]

Der EuGH hat daraufhin beiderseitige Verhaltensobliegenheiten vorgegeben. Danach obliegt es dem SEP-Inhaber, ein FRAND-konformes Erstangebot abzugeben. Wenn der Implementierer nicht damit einverstanden ist, habe er ein aus seiner Sicht FRAND-konformes Gegenangebot abzugeben. Kommt es nicht zu einer Einigung, könnten die Parteien – so der EuGH – einvernehmlich die Festsetzung der FRAND-Konditionen durch einen Dritten beantragen.[42]

Bis auf einige zusätzliche Verhaltensschritte (Verletzungshinweis, Lizenzierungsbitte, Abgabe eines formal FRAND-gemäßen Angebotes, das insbesondere die Art und Weise der Berechnung erklärt), läuft die Auslegung einiger deutscher und auch niederländischer Gerichte auf dieselben Grundsätze

---

[38] Siehe den Rechtsvergleich unter Gliederungspunkt § 2, G.
[39] LG Düsseldorf GRUR-RR 2013, 196 – LTE-Standard.
[40] Vgl. BGH NJW-RR 2009, 1047 – Orange-Book-Standard.
[41] Europäische Kommission v. 29.4.2014, AT.39939, ABl. 2014/C 350/08 – Samsung; Pressemitteilung v. 21.12.2012, IP/12/1448; näher oben, Gliederungspunkt § 2, A., III., 2.
[42] EuGH, Urt. v. 16.7.2015, C–170/13, EU:C:2015:477, Rn. 59–68 – Huawei/ZTE.

wie *Orange-Book-Standard* hinaus. Nach teilweise vertretener Ansicht kommt es entscheidend darauf an, ob das Gegenangebot des Implementierers FRAND ist.[43] Diese Auslegung erscheint nicht im Sinne des EuGH, der ansonsten im Vorabentscheidungsverfahren kein fünfstufiges Verhaltensprogramm vorgegeben, sondern es bei einer Bestätigung von *Orange-Book-Standard* belassen hätte. Mit der Vorgabe des Verhaltensprogramms hat der EuGH den Versuch unternommen, einen Kompromiss zwischen der den SEP-Inhaber begünstigenden *Orange-Book-Standard*-Rechtsprechung und dem den Implementierer begünstigenden Ansatz der Europäischen Kommission zu finden. Gerade die Obliegenheit des Lizenzpetenten, substantiiert darzulegen und gegebenenfalls zu beweisen, dass sein Angebot FRAND ist, war ein zentraler Kritikpunkt an *Orange-Book-Standard*.[44]

Vor diesem Hintergrund ist es jedenfalls nicht mit den Vorgaben des EuGH vereinbar, in einer Patt-Situation, in der sowohl das Eingangsangebot als auch das Gegenangebot FRAND oder nicht evident FRAND-widrig sind, den Zwangslizenzeinwand zu verwehren. Indem Gerichte entscheidend auf die FRAND-Konformität des Gegenangebotes abstellen, kehren sie durch die Auslegung von *Huawei/ZTE* zur Rechtslage gemäß *Orange-Book-Standard* zurück.[45]

Zusätzlich hat sich der Implementierer jedenfalls dann am Lizenzierungskonzept des SEP-Inhabers zu orientieren, wenn dieser einige wenige Lizenzverträge zu vergleichbaren Konditionen abgeschlossen hat.[46] Das beruht auf der Erwägung, dass die bisherigen Lizenznehmer ansonsten gegenüber dem

---

[43] LG Mannheim GRUR-RS 2020, 20358, Rn. 119; BeckRS 2017, 156266, Rn. 93.

[44] *Dorn*, Technische Standardisierung, S. 296–99; *Drexl*, Zugang zu SEPs, S. 44; *Körber*, WRP 2013, 734, 740; *Körber*, WRP 2015, 1167, 1168; *Körber*, SEPs und Kartellrecht, S. 153–70; *Kranz*, S. 144–45; *Picht*, GRUR Int. 2014, 1, 14–15; *Picht*, Strategisches Verhalten bei der Nutzung von Patenten in Standardisierungsverfahren, S. 423; *Polley*, in: Bräutigam/Hoppen (Hrsg.), DGRI Jahrbuch 2013, S. 279, 285; *Pregartbauer*, S. 118; *Tsilikas*, S. 43.

[45] Ähnlich *P. Tochtermann*, Vortrag auf dem FRAND-Forum (Forum-Institut), 4.11.2020, vgl. den Tagungsbericht von *Merbecks*, GRUR Int. 2021, 963, 964; vgl. *Kühnen*, HdB. der Patentverletzung, Kap. E, Rn. 462–67; kritisch zur vorgezogenen Prüfung des Gegenangebotes auch *Sadrak*, IPRB 2018, 105, 108.

[46] Vgl. OLG Karlsruhe GRUR-RS 2022, 9468, Rn. 205 – Steuerkanalsignalisierung II; LG München I GRUR-RS 2022, 13480, Rn. 151 – Sprachsignalcodierer II; GRUR-RS 2021, 23157, Rn. 152 – Sprachsignalcodierer; sowie LG Mannheim GRUR-RS 2020, 20358, Rn. 157–69 – Lizenz in Wertschöpfungskette; *Meier-Beck*, in FS Säcker (2021), 275, 288; vgl. aber BGH GRUR 2021, 585 – FRAND-Einwand II, Rn. 115, die Interpretation offenlassend, dass ein lizenzwilliger Implementierer sein Gegenangebot nicht zwingend am Erstangebot ausrichten muss.

B. Auslegung des europäischen Kartellrechts

Lizenzpetenten benachteiligt würden.[47] Durch die Obliegenheit des Implementierers, sich am Eingangsangebot und dem zugrunde liegenden Lizenzierungskonzept zu orientieren, erhalten SEP-Inhaber jedoch ein Erstbestimmungsrecht, das ihre Rechtsstellung gegenüber derjenigen nach *Orange-Book-Standard* sogar verbessert:[48] Effektiv darf der Implementierer bei einem nicht evident FRAND-widrigen Erstangebot nur punktuelle Änderungsvorschläge unterbreiten. Anderenfalls läuft er Gefahr, als *unwilling licensee* angesehen zu werden.[49]

Diese Betrachtungsweise erscheint nicht sachgerecht. Die Parteien ziehen regelmäßig erst dann vor Gericht, wenn ihre Positionen so weit voneinander entfernt sind, dass eine Einigung ausgeschlossen erscheint. Ginge es in den vorprozessualen Verhandlungen nur um punktuelle Abweichungen, käme es nicht zu jahrelangen Verhandlungen und einem anschließenden Patentverletzungsverfahren.

Auch das kartellrechtliche Diskriminierungsverbot rechtfertigt es nicht, die Verhandlungsmöglichkeiten des Lizenzpetenten zu beschneiden, wenn der SEP-Inhaber das streitgegenständliche Portfolio an andere Implementierer lizenziert hat.

Das Diskriminierungsverbot nach Art. 102 Abs. 2 lit. c) AEUV untersagt die Anwendung unterschiedlicher Bedingungen bei gleichwertigen Leistungen gegenüber Handelspartnern. Eine Diskriminierung liegt nur vor, wenn gleichartige Unternehmen, die untereinander im Wettbewerb stehen, unterschiedlich behandelt werden.[50] Deshalb darf der Marktbeherrscher Großabnehmern mit entsprechender Verhandlungsmacht andere Konditionen als kleinen, regional tätigen Anbietern einräumen.[51] Zulässig ist es auch, für verschiedene sachlich und räumlich relevante Märkte unterschiedliche Bedingungen anzuwenden.[52]

Aus diesem Grund können vom SEP-Inhaber beispielsweise mit mittelständischen deutschen oder philippinischen Unternehmen abgeschlossene Lizenzverträge[53] für die Vertragsverhandlungen mit einem nachfragemächtigen,

---

[47] OLG Karlsruhe GRUR-RS 2022, 9468, Rn. 205 – Steuerkanalsignalisierung II.
[48] Ähnlich *Plagge*, S. 395.
[49] Vgl. *Kamlah/Rektorscheck*, Mitt. 2021, 307, 308–09.
[50] LMRKM/*Huttenlauch*, Art. 102 AEUV, Rn. 203–04; vgl. zum deutschen Kartellrecht den Wortlaut von § 19 Abs. 2 Nr. 1 GWB.
[51] *Deselaers*, in: Grabitz/Hilf/Nettesheim, Art. 102 AEUV, Rn. 429; vgl. EuGH, Urt. v. 3.7.1991, C–62/86, ECLI:EU:C:1991:286 Rn. 117–121 – AKZO.
[52] *Bulst*, in: Bunte, Art. 102 AEUV, Rn. 217.
[53] Beispiel nach LG München I GRUR-RS 2020, 50638, Rn. 218–20 – Unterpixelwertinterpolation.

weltweit tätigen Branchenriesen hinsichtlich des Diskriminierungsverbotes keine maßgebliche Bedeutung haben. Ein Festhalten am Lizenzierungskonzept des SEP-Inhabers ist kartellrechtlich nur dann geboten, wenn Vergleichsverträge mit ähnlich situierten Wettbewerbern des Implementierers existieren.

IV. Berücksichtigung des TRIPS-Übereinkommens

Der patentinhaberfreundlich ausgestaltete Patentverletzungsprozess in Deutschland scheint SEP-Inhaber anzuziehen. Diese Praxis wird im Ausland mit Missfallen beobachtet. Insbesondere chinesische Gerichte halten das von einer Unterlassungsanordnung ausgehende Drohpotential für ungerecht und sehen darin ein Werkzeug von SEP-Inhabern zur Erzwingung ausbeuterischer Lizenzverträge:[54]

> *„Once the [German] injunction is enforced, [...], Huawei Technology and its German affiliates will have only two options: either be forced to withdraw from the German market, or be forced to accept Conversant's price and reach a settlement with it. In the former case, the market losses and the lost business opportunities to be suffered by Huawei Technology and its German affiliates as a result of exiting the German market cannot be compensated by money afterwards. In the latter case, Huawei Technology and its German affiliates will be deterred by the pressure of the injunction and are likely to accept Conversant's price that is 18.3 times the SEP license rate determined by the original [Chinese] court."*[55]

Auch in den Vereinigten Staaten wurde in einem Fall eine ASI darauf gestützt, dass die Klageerhebung in Mannheim ein missbilligenswertes *forum shopping* darstelle. Die missbräuchliche Klage habe einzig dazu gedient, *Microsoft* unter dem Druck der drohenden Vollstreckung einer Unterlassungsanordnung zum Abschluss eines ungerechten Vergleichs zu zwingen:

> *„[I]n the district court's view, Motorola's German litigation was „vexatious or oppressive" to Microsoft and interfered with „equitable considerations" by compromising the court's ability to reach a just result in the case before it free of external pressure on Microsoft to enter into a „holdup" settlement before the litigation is complete."*[56]

ASIs und AASIs sind das Resultat von Streitigkeiten darüber, wer weltweite SEP/FRAND-Streitigkeiten entscheiden soll. Typischerweise haben Implementierer und Entwicklungs- und Schwellenländer, insbesondere China, ein Interesse an möglichst niedrigen Lizenzgebühren. Umgekehrt wünschen SEP-Inhaber einen starken Schutz von Immaterialgüterrechten. Diesen erhalten sie in Industrieländern, insbesondere in Kontinentaleuropa. Der zugrunde liegende Konflikt über die Reichweite von Immaterialgüterrechten und der

---

[54] Vgl. oben, Gliederungspunkt § 4, B.
[55] *Huawei v Conversant*, S. 6–7 (Supreme People's Ct. 2020).
[56] *Microsoft v Motorola*, 696 F.3d 872, 886 (9th Cir. 2012).

Reichweite der sozialen Bindung des (geistigen) Eigentums hat sich in der Uruguay-Runde bei den Verhandlungen über die Fassung des TRIPS-Übereinkommens gezeigt: Industrieländer waren daran interessiert, die Einnahmen aus Immaterialgüterrechten aufrechtzuerhalten oder zu erhöhen; Entwicklungsländer sahen ihre Wachstumschancen durch hohe Lizenzgebühren gefährdet.[57]

Als Ausfluss dieses Konflikts stellt Art. 7 TRIPS klar, dass der Schutz und die Durchsetzung von Immaterialgüterrechten die technische Innovation fördern und dem beiderseitigen Wohl von Nutzern und Erfindern dienen sollen. Weiterhin erinnern Art. 8 Abs. 2 und Art. 40 TRIPS daran, dass „Maßnahmen" von Rechteinhabern – damit sind nicht nur aber auch Durchsetzungsmaßnahmen gemeint – von Rechteinhabern in missbräuchlicher Weise ausgenutzt werden können. Konkreter warnt Art. 40 TRIPS davor, dass Praktiken bei der Vergabe von Lizenzen den Wettbewerb beschränken und einen Technologietransfer verhindern können. Schließlich sollen Mitglieder gem. Art. 41 Abs. 1 S. 2 TRIPS verhindern, dass Rechteinhaber die Rechtsdurchsetzungsmechanismen missbräuchlich ausnutzen.

Dass ein *Panel* der WTO die Praxis deutscher Gerichte in Patentverletzungsverfahren als Verstoß gegen das TRIPS-Übereinkommen ansehen würde, erscheint unwahrscheinlich.[58] Dagegen spricht schon der vage Wortlaut der Normen. Insbesondere dürften Art. 8 Abs. 2 und Art. 40 Abs. 2 TRIPS keine Verpflichtungen der Mitglieder statuieren.[59] Dennoch regen die Entstehungsgeschichte und der Zweck des TRIPS-Übereinkommens einen Implementierer-freundlicheren Maßstab an.[60] Zumindest wenn der Implementierer eine erhebliche Präsenz auf dem deutschen Markt hat oder sogar Produktionsstätten betreibt, bleibt ihm bei einer Unterlassungsanordnung kaum eine andere Wahl, als das klägerische Angebot über einen weltweiten Lizenzvertrag anzunehmen oder sich zu vergleichen, wenn der Kläger die Vollstreckung androht. Obwohl eine Unterlassungsanordnung territorial auf Deutschland beschränkt ist, führt sie häufig zur Erledigung der weltweiten Parallelverfahren. Wegen der im internationalen Vergleich kurzen Verfahrensdauer in Deutschland können deutsche Verletzungsgerichte so die weltweite Streitigkeit entscheiden.

Haben Implementierer in deutschen Patentverletzungsverfahren keine hinreichenden Verteidigungsmöglichkeiten, projizieren deutsche Gerichte den in

---

[57] *Correa*, TRIPS Commentary, S. 83; *Malbon/Lawson/Davison*, Rn. 7.02; *Nguyen*, S. 42–43; *Yamane*, Competition Analyses of Licensing Agreements (2014), S. 3–5.
[58] Vgl. *Picht*, in: Ullrich u.a. (Hrsg.), TRIPS plus 20 (2015), 509, 522.
[59] *Taubmann/Wager/Watal*, S. 144–45.
[60] Dahingehend auch *Picht*, in: Ullrich u.a. (Hrsg.), TRIPS plus 20 (2015), 509, 522, allerdings noch zur Rechtslage gemäß *Orange-Book-Standard*.

Deutschland starken Patentschutz und die hier vorherrschenden Anschauungen „fairer und vernünftiger" Bedingungen auf den Rest der Welt. Ein Anliegen des TRIPS-Übereinkommens ist es, Entwicklungs- und Schwellenländern einen technischen Fortschritt zu ermöglichen. Möchte man weite Teile der Weltbevölkerung mit Mobiltelefonen oder Smartphones versorgen, bedarf es niedrigschwelliger Angebote. Laut dem Marktforschungsinstitut *GfK* entfielen 2013 in „*Emerging Asia*" 79 % der Smartphone-Verkäufe auf Geräte mit einem Verkaufspreis von unter USD 100. In Nahost und Afrika griffen 65 % der Käufer zu einem Gerät für unter USD 100.[61] Derart niedrige Verkaufspreise dürften bei einer Gesamtlizenzbelastung von EUR/USD 30–40[62] pro Smartphone kaum realisierbar sein.

Für derartige Fälle, in denen sich die Rechtsdurchsetzung in einem Land auf andere Jurisdiktionen auswirkt, mahnt das TRIPS-Übereinkommen die Mitglieder zur Vorsicht und gegenseitigen Rücksichtnahme. Das gebietet auch das Prinzip der gegenseitigen Rücksichtnahme und der Achtung anderer Jurisdiktionen (*comity*). Fordert man demnach von einem lizenzwilligen Implementierer die Annahme eines weltweiten Lizenzvertragsangebotes, muss die Beurteilung der Lizenzwilligkeit ebenfalls weltweit unterschiedliche Anschauungen einbeziehen. So ist es keine Selbstverständlichkeit, dass ein Implementierer, der im Ausland auf Festsetzung der FRAND-Gebühren geklagt hat, im deutschen Verfahren jedenfalls als lizenzunwillig gilt, wenn er das ausländische Verfahren durch eine ASI abzusichern sucht.[63]

V. Ergebnis

Der BGH und Teile der instanzgerichtlichen Rechtsprechung verlangen dem Implementierer höchste Anstrengungen ab, um als hinreichend lizenzwillig zu gelten und sich auf den Zwangslizenzeinwand stützen zu können. Diese hohen Anforderungen sind nach Ansicht des Verfassers nicht mit den Vorgaben des

---

[61] GfK, Smart value in the smartphone market: the highs and lows; vgl. auch *Block*, S. 35.

[62] Der Verfasser hat keine Kenntnis über die tatsächliche Gesamtlizenzbelastung von OEMs und über den konkreten Inhalt der unterbreiteten Angebote. Der Schätzung liegt folgende Überlegung zugrunde: *Nokia* hatte von *Oppo* laut Medienberichten rund EUR 2,50 pro verkauftem Smartphone gefordert, vgl. *Patel*, IBTimes v. 10.08.2022, „Nokia forces Oppo, OnePlus to halt smartphone sales in Germany; *Trunzik*, Winfuture v. 08.08.2022, „Nach Oppo und OnePlus: Auch Vivo und Realme droht Verkaufsverbot". Rechnet man mit einem Anteil *Nokias* von ca. 10 % an den 4G- und 5G-Standards (vgl. zum rein zahlenmäßigen Anteil *IPLytics*, 5G Patent Study (2020), S. 18–19), würde die Gesamtlizenzbelastung für die Nutzung der 4G- und 5G-Standards EUR 25 betragen. Sollte es sich – wie bei dem vorherigen Vertrag zwischen den Parteien – um eine Kreuzlizenz gehandelt haben, läge der tatsächliche Preis höher.

[63] Vgl. zum legitimen Interesse am Erlass von ASIs *Haedicke*, GRUR Int. 2021, 101, 108.

EuGH, der beide Seiten gleichermaßen in die Verantwortung nehmen wollte, vereinbar.

Bei der Kartellrechtsanwendung sind die wirtschaftlichen Folgen der als Marktmachtmissbrauch in Rede stehenden Handlung zu überprüfen und abzuwägen.[64] Insbesondere die Europäische Kommission hat diese Rechtsentwicklung unter dem Stichwort des „*more economic approach*" geprägt.[65] Wirtschaftliche Beeinträchtigungen der Konsumentenwohlfahrt können sich erstens aus überhöhten Lizenzgebühren ergeben, die SEP-Inhaber durch drohende Verurteilungen aushandeln könnten und die von Implementierern an ihre Endkunden weitergegeben werden. Zum anderen kann eine Verurteilung eines Implementierers in besonders gelagerten Fällen, insbesondere, wenn der deutsche Markt für dessen Geschäft von untergeordneter Bedeutung ist, sogar zum Marktausschluss einzelner Anbieter führen. So hielt der Smartphone-Hersteller *Oppo* den (vorübergehenden) Rückzug vom deutschen Markt offenbar für ein geringeres Übel als den Abschluss eines weltweiten Lizenzvertrages zu den von *Nokia* geforderten und anscheinend vom Verletzungsgericht als FRAND befundenen Lizenzbedingungen.[66]

Umgekehrt könnte der technische Fortschritt gehemmt werden, wenn der patentrechtliche Unterlassungsanspruch infolge eines zu rigide gehandhabten Zwangslizenzeinwandes faktisch nicht durchsetzbar wäre. Hätten SEP-Inhaber gegen tatsächlich lizenzunwillige Implementierer kein Druckmittel, würden die Einnahmen aus der Lizenzierung sinken, was die Innovationsbereitschaft verringern könnte.

Nach einem wirkungsbasierten Ansatz sind die Folgen eines *Underenforcement* des Kartellrechts (höhere Preise und weniger Wettbewerb) gegen die eines *Overenforcement* (sinkende Innovationsbereitschaft) abzuwägen.[67] Für eine möglichst präzise Folgenabwägung erscheint eine möglichst präzise Ermittlung dessen, was FRAND ist, geboten. Deshalb sollte es im Falle eines grundsätzlich lizenzwilligen Implementierers entscheidend auf die wirtschaftliche und nicht lediglich auf die rein formale FRAND-Gemäßheit des

---

[64] Allgemein *Bechtold/Bosch*, Einf., Rn. 78; Immenga/Mestmäcker/*Fuchs*, Art. 102 AEUV, Rn. 8.

[65] Näher und m.w.N. Immenga/Mestmäcker/*Fuchs*, Art. 102 AEUV, Rn. 8–18.

[66] *Müller*, SHOCKING: Nokia patents, other lawsuits force OPPO, OnePlus out of German market, FOSS Patents, Blogeintrag v. 06.08.2022.

[67] Vgl. Immenga/Mestmäcker/*Körber/Schweitzer/Zimmer*, Bd. 1, Einl. Rn. 35; Langen/Bunte/*Nothdurft*, § 19 GWB, Rn. 59–60. Die Besonderheit in SEP/FRAND-Streitigkeiten liegt darin, dass ein *Overenforcement* des Kartellrechts Hand-in-Hand mit einem *Underenforcement* von Patenten ginge.

klägerischen Angebotes ankommen, ohne dass es für die Lizenzwilligkeit bereits auf die FRAND-Gemäßheit des Gegenangebotes ankommt.[68] Gerät der Inhalt des klägerischen Angebotes aus dem Blick, kann selbst eine berechtigte Verweigerungshaltung des Implementierers zum Verlust des Zwangslizenzeinwandes führen. Trotz der Schwierigkeiten der Ermittlung dessen, was FRAND ist, erscheint es angesichts der wirtschaftlichen Tragweite und der weltweiten Implikationen vor dem Erlass einer Unterlassungsanordnung unerlässlich, die Angebote des Klägers näher zu untersuchen.[69]

---

[68] Vgl. OLG Karlsruhe, NZKart 2016, 334, 337 – DVD-Software; OLG Düsseldorf, NZKart 2016, 139, 141 – Lizenzierungspflicht zu FRAND-Bedingungen; vgl. auch *Lubitz*, NZKart 2017, 618, 622; MüKo-Wettbewerbsrecht/*Eilmansberger/Bien*, Art. 102 AEUV, Rn. 785; *Fuchs*, in Immenga/Mestmäcker, Wettbewerbsrecht, 6. Aufl. 2020, § 19 GWB, Rn. 313; *Fuchs*, NZKart 2015, 429, 436; *Klawitter*, in: Wiedemann, HdB. Kartellrecht, § 14, Rn. 416; *Pentheroudakis/Baron*, Licensing Terms of SEPs (2017), S. 71–72.

[69] Vgl. *Kurtz*, ZGE 2017, 491, 504–05; sowie *InterDigital v Lenovo* [2023] EWHC 539 (Pat), [95]: „*Overall, I was puzzled as to how anyone could reach conclusions effectively as to whether Lenovo was an unwilling licensee without considering the all-important valuation of the offers. In other words, how can a final conclusion be reached until it is possible to review the negotiating history against what is found to be FRAND. To give a hypothetical example, if what is found to be FRAND happens to coincide with even what the licensor considers to be a low-ball offer and the licensor has maintained much higher offers for years, then any periods of delay or failure to reach agreement take on a very different hue than if the FRAND rate is in line with the much higher offers.*"

§ 7 Ergebnisse

Die Arbeit hat aufgezeigt, dass US-amerikanische Gerichte bei dem Erlass von ASIs in FRAND-Streitigkeiten von herkömmlichen Kriterien abgewichen sind. Besonders zweifelhaft erscheint das äußerst weite Verständnis des Streitgegenstandes in FRAND-Streitigkeiten, wonach ein ausländisches Patentverletzungsverfahren und ein inländisches Vertragsverletzungsverfahren denselben Streitgegenstand betreffen. Auch unter dem Gesichtspunkt der *comity* erscheint es wünschenswert, dass US-amerikanische und auch chinesische Gerichte bei dem Erlass von Prozessführungsverboten gegen ausländische Patentverletzungsverfahren oder kartellrechtliche Streitigkeiten zurückhaltender agieren. Die ganz h.L. und die herrschende Meinung in der US-amerikanischen Rechtsprechung vertreten einen solchen restriktiven Ansatz.

Wegen der Eingriffe in deutsche Patentverletzungsverfahren und die ausschließliche Zuständigkeit deutscher Gerichte stellen AASIs eine sowohl durch die Verfassung als auch durch das Unionsrecht gebotene Gegenreaktion dar.

Letztlich sind ASIs und AASIs sind das Symptom eines übergeordneten Problems. Dieses liegt in der weltweiten Natur von FRAND-Streitigkeiten, die in einem ungelösten Spannungsfeld zur Territorialität von Patenten steht. Die rechtsvergleichende Betrachtung indiziert, dass das deutsche Patentrecht und die Auslegung des europäischen Kartellrechts in FRAND-Streitigkeiten SEP-Inhaber begünstigt. Daher richtet sich ein Gutteil der in FRAND-Streitigkeiten erlassenen ASIs gegen deutsche Verfahren.[1] Um ein *forum shopping* zu unterbinden und die Anreize, ASIs gegen deutsche Patentverletzungsverfahren zu beantragen, abzubauen, erscheint eine enger am Wortlaut des EuGH in der Entscheidung *Huawei/ZTE* orientierte Auslegung des kartellrechtlichen Zwangslizenzeinwandes erforderlich. Insbesondere sollte eine Unterlassungsanordnung gegen einen grundsätzlich lizenzwilligen Implementierer erst dann ergehen, wenn das Gericht von der FRAND-Konformität – und nicht lediglich von der nicht offensichtlichen FRAND-Widrigkeit – des Erstangebotes des SEP-Inhabers überzeugt ist.

---

[1] Sieben von vierzehn der zwischen 2012 und 2021 erlassenen ASIs untersagten die Prozessführung in Deutschland oder die Vollstreckung deutscher Urteile, vgl. die Übersicht bei *Contreras/Yu/Yu*, (2022) 71 Am. Univ. L.R. 1537, 1588.

© Der/die Autor(en), exklusiv lizenziert an
Springer Fachmedien Wiesbaden GmbH, ein Teil von Springer Nature 2023
F. K. Hess, *Anti-Suit Injunctions in FRAND-Streitigkeiten*,
Juridicum – Schriften zum Zivilprozessrecht,
https://doi.org/10.1007/978-3-658-43123-5_7

A. Der Streitgegenstand in FRAND-Streitigkeiten

In der Regel betreffen in einer FRAND-Streitigkeit in verschiedenen Jurisdiktionen erhobene Klagen unterschiedliche Streitgegenstände. Zwar erscheint es vertretbar, eine Leistungsklage auf Abschluss eines Vertrages zu FRAND-Bedingungen als vertragsrechtliche Streitigkeit zu qualifizieren. Das kann allerdings nur gelten, wenn die Bestimmung der FRAND-Gebühren im Wesentlichen auf der Untersuchung von Vergleichslizenzen und auf Schätzungen basiert. Das ist in England der Fall.

Demgegenüber berücksichtigen US-Gerichte auch den Nutzen und damit mittelbar die Wirksamkeit und Verletzung von Patenten. Daher erscheint die Qualifikation als patentrechtliche Streitigkeit vorzugswürdig. Da sich ASIs bislang stets gegen ausländische Patentverletzungsklagen oder (in Gestalt von AEIs) gegen Unterlassungsanordnungen richteten, müsste – selbst wenn man das inländische Verfahren zur Festsetzung oder Feststellung der FRAND-Konditionen als vertragsrechtlich qualifizierte – das ausländische Patentverletzungsverfahren „denselben Streitgegenstand" wie das inländische Hauptsacheverfahren betreffen. Das ist nicht der Fall. Patente sind nationale Rechte. Ein US-amerikanisches, chinesisches oder englisches Gericht kann nicht über die Wirksamkeit oder Verletzung ausländischer Patente entscheiden. Auf diese naheliegende Erwägung wurden zahlreiche AASIs gestützt.

Sofern sich beide Parteien ohne äußeren Zwang geeinigt haben, welches Gericht über die Konditionen eines weltweiten Portfolios entscheiden soll, kann die beiderseitige Zustimmung als Gerichtsstandsvereinbarung ausgelegt werden. Diese könnte den Erlass einer ASI rechtfertigen. Obwohl eine Derogation der ausschließlichen Zuständigkeit nach Art. 24 Nr. 4 Brüssel Ia-VO nicht möglich ist, fehlt einem Antrag auf Erlass einer AASI das Rechtsschutzbedürfnis. Wenn der Verfügungskläger in Deutschland eine Patentverletzungsklage erhebt oder die Vollstreckung androht, um den Verfügungsbeklagten zum Abschluss einer Lizenz zu zwingen, obwohl beide Parteien zuvor der Bestimmung der FRAND-Gebühren durch ein nationales Gericht zugestimmt haben, setzt er sich in einen Widerspruch zu seinem vorherigen Verhalten.

Haben die Parteien einer gerichtlichen Festsetzung der FRAND-Gebühren nicht zugestimmt, scheidet nach US-amerikanischem Recht der Erlass von ASIs von vornherein aus, da die *„same issue"*-Voraussetzung nicht erfüllt ist. Nach englischem Recht liegt ein *single forum*-Fall vor. In diesen Fällen werden ASIs nur erlassen, wenn sie zum Schutz der eigenen Zuständigkeit oder der Integrität des englischen Verfahrens zwingend erforderlich sind. Dass die

Klageerhebung im Ausland schikanös oder rechtsmissbräuchlich ist, rechtfertigt in *single forum*-Fällen nicht den Erlass einer ASI.

Zweitens ist der mit dem Erlass einer ASI einhergehende Eingriff in den internationalen Zivilrechtsverkehr und in die Zuständigkeit des ausländischen Gerichts in FRAND-Streitigkeiten regelmäßig nicht mit der Obliegenheit zur Achtung der Gerichtsentscheidungen, Gesetze und nationaler Interessen ausländischer Jurisdiktionen (*comity*) vereinbar. Obwohl es sich um privatrechtliche Streitigkeiten handelt, ist die Behauptung, FRAND-Streitigkeiten hätten keinen geopolitischen Bezug und beträfen keine nationalen Interessen, realitätsfern. Allein die immense wirtschaftliche Bedeutung von Patenten für Telekommunikationsunternehmen indiziert staatliche Interessen am Verfahrensausgang. Das ist am Beispiel Chinas besonders deutlich. Die chinesische Regierung hat ihr Ziel, die Abhängigkeit von ausländischen Immaterialgüterrechten zu reduzieren, öffentlich kommuniziert. Die Festsetzung niedriger FRAND-Gebühren durch chinesische Gerichte ist ein dafür geeignetes Mittel. Mindestens ebenso gewichtig ist die stetig zunehmende Bedeutung von Mobilfunkpatenten für die nationale Sicherheit.

B. Gebotenheit von AASIs

Demgegenüber ist der Erlass von AASIs objektiv geboten und rechtmäßig, wenn der SEP-Inhaber der Festsetzung der FRAND-Konditionen durch das ausländische Gericht nicht zugestimmt hat. AASIs sind zum Schutz der ausschließlichen Zuständigkeit für die Entscheidung über die Wirksamkeit und Verletzung nationaler Patente erforderlich. Dass Jurisdiktionen ASIs als rechtswidrig einordnen, allerdings ihrerseits mit dem Erlass eines Prozessführungsverbotes in Gestalt einer AASI reagieren, ist auch nicht widersprüchlich. Nach hier vertretener Ansicht sind AASIs kein Sonderfall von ASIs, für den die gleichen Grundsätze gelten. AASIs sind ein Mittel zum Schutz der eigenen ausschließlichen Zuständigkeit vor einem extraterritorialen Geltungsanspruch ausländischer Gerichte.

Eine AASI wirkt rein defensiv, während die ASI offensiv in die Zuständigkeit eines ausländischen Gerichts eingreift. Mit einer AASI verhindert ein Gericht, dass ein Verfahren, für das es ausschließlich zuständig ist, ohne eigenes Zutun ausgesetzt oder beendet wird. Ein Gericht, das nach der Brüssel Ia-VO ausschließlich zuständig ist, darf ein Verfahren nicht auf Grundlage der *forum non conveniens*-Doktrin aussetzen oder eine Klage aus diesem Grund abweisen. Daraus folgt, dass ein Gericht die mittelbar mit einer ausländischen ASI einhergehende Verfahrensaussetzung ebenfalls nicht durch sein

Untätigbleiben hinnehmen sollte. Da es Gerichten in Mitgliedsstaaten verwehrt ist, sich selbst entgegen einer ausschließlichen Zuständigkeit nach der Brüssel Ia-VO zu einem *inappropriate forum* zu erklären, kann es erst recht nicht im Ermessen eines drittstaatlichen Gerichts liegen, ein mitgliedsstaatliches Gericht zum *inappropriate forum* zu erklären und auf dieser Basis eine ASI zu erlassen.

Weiterhin haben Mitglieder der WTO Rechtsinhabern Möglichkeiten zur Durchsetzung von Immaterialgüterrechten zur Verfügung zu stellen, Art. 41 Abs. 1, 42 TRIPS. Zwar geht die TRIPS-Verpflichtung nicht so weit, dass bei einer Patentverletzung stets ein durchsetzbarer Unterlassungsanspruch bestehen müsste. Nach Art. 41 Abs. 1, 42 TRIPS müssen zivilrechtliche Verfahren zur Durchsetzung von Immaterialgüterrechten lediglich verfügbar (*available*) sein. Kann ein nationales Gericht nicht tätig werden, weil ein Rechtsinhaber wegen einer ASI Repressalien befürchten muss, sind die Durchsetzungsmechanismen *de facto* nicht verfügbar. Müssten nationale Gerichte sich ausländischen Prozessführungsverboten stets beugen, wären die Durchsetzungsmechanismen nicht *available*. Darin läge ein Verstoß gegen das TRIPS-Übereinkommen.

Umgekehrt dürfte aus dem TRIPS-Übereinkommen die Pflicht folgen, nicht aktiv die Durchsetzung von Immaterialgüterrechten in anderen Ländern zu sabotieren. Ein Hauptzweck des TRIPS-Übereinkommens ist es, einen weltweiten Mindestschutz von Immaterialgüterrechten zu gewährleisten (*minimum standards*).[2] Dieser Mindestschutz ist nicht gegeben, wenn Gerichte einzelner Staaten die Durchsetzung von Immaterialgüterrechten in anderen Staaten ohne sachliche Rechtfertigung, z.B. in Gestalt einer Schieds- oder Gerichtsstandsvereinbarung, untersagen.

C. Ausblick

Auf die FRAND-Streitigkeiten zugrunde liegenden Fragen, was FRAND ist und wer im Streitfall darüber entscheiden sollte, liefert diese Arbeit keine Antwort. Da die Ursache der Zuständigkeitskonflikte die ungeklärte Frage ist, ob[3] und wenn ja, welches Gericht abschließend über die Bedingungen weltweiter Lizenzverträge entscheiden darf, liegt es auf der Hand, die Streitigkeiten

---

[2] China – Intellectual Property Rights (2009), WT/DS362/R, Rn. 7.513; *Barbosa*, in: Correa (Hrsg.), Research Handbook on IP Protection under WTO Rules, S. 52, 71–74; *Kennedy*, WTO Dispute Settlement and the TRIPS, S. 391–92; *Kur*, in: European Max Planck Group on Conflict of Laws in Intellectual Property (CLIP), Rn. 3:603.C07; *Malbon/Lawson/Davison*, Rn. 1.05; *Stoll*, in: Busche/Stoll/Wiebe, TRIPs Art. 1, Rn. 14.

[3] Vgl. *Nazzini*, Global Licenses under Threat of Injunctions.

C. Ausblick

Schiedsgerichten zuzuweisen.[4] Allerdings setzt dies eine Schiedsvereinbarung voraus. Denkbar wäre es, Schiedsklauseln in die Regelwerke der SSOs aufzunehmen. Bei dem ETSI liegt das Quorum für eine Satzungsänderung bei 71 %.[5] Eine andere Möglichkeit, die Parteien vor Schiedsgerichte zu bringen, wäre es, sie anderenfalls im Verfahren vor staatlichen Gerichten als *unwilling licensee* bzw. *unwilling licensor* anzusehen.[6] Allerdings erscheint zweifelhaft, ob ein Gericht die Parteien mittelbar – über die ansonsten angenommene Lizenzunwilligkeit – zum Abschluss einer Schiedsvereinbarung zwingen kann.[7]

Solange es nicht gelingt, FRAND-Streitigkeiten supranationalen Gerichten oder Schiedsgerichten zuzuweisen, ist wegen des Grundsatzes des gegenseitigen Respekts und der Achtung ausländischer Gerichte (*comity*), der im Kontext von FRAND-Streitigkeiten über Art. 8 Abs. 2, 40 Abs. 2, 41 Abs. 1 S. 2 TRIPS bei der Auslegung des deutschen Rechts und europäischen Kartellrechts zu berücksichtigen ist, Zurückhaltung geboten. Englische Gerichte haben die Auswirkungen der ASI zunächst verharmlost, indem sie auf deren *in personam*-Wirkung verwiesen: Da sich die Verfügung lediglich gegen ihren Adressaten und nicht gegen das ausländische Gericht richte, liege darin kein Eingriff in die Justizhoheit der anderen Jurisdiktion.[8] Diese Betrachtungsweise ist verkürzt und ignoriert die tatsächlichen Folgen des Prozessführungsverbotes. Gleichermaßen sollte nicht aus dem Blick geraten, dass eine Unterlassungsanordnung in Deutschland in rund einem Jahr erwirkt werden kann. Die Verfahren in FRAND/SEP-Streitigkeiten dauern in anderen Jurisdiktionen üblicherweise länger. Ergeht die Unterlassungsanordnung und kommt es infolgedessen zu dem Abschluss eines weltweiten Lizenzvertrages, führt das Urteil in Deutschland zur Erledigung einer weltweiten Streitigkeit.

Um die extraterritoriale Wirkung einer Unterlassungsanordnung einzuschränken, könnte erwogen werden, ein Angebot im Zweifel nur dann als

---

[4] Für dahingehende Andeutungen aus der Rechtsprechung vgl. EuGH, Urt. v. 16.7.2015, C–170/13, EU:C:2015:477, Rn. 68 – Huawei/ZTE; *Nokia v Oneplus* [2022] EWCA Civ 947, [17]; kritisch *Lauriat*, FRAND Arbitration Will Destroy FRAND (2023, SSRN).

[5] ETSI IPR Policy, Clause 13.

[6] Vgl. LG München I GRUR-RS 2020, 50637, Rn. 176 – Lizenzverhandlung; *Kühnen*, HdB. Patentverletzung, Kap. E, Rn. 481–83.

[7] Vgl. *Kellenter/Verhauwen*, GRUR 2018, 761, 771; *Kellenter*, in: Kühnen (Hrsg.), FS 80 Jahre Patentgerichtsbarkeit in Düsseldorf, 255, 273; *Picht*, Arbitration in SEP/FRAND Disputes (2022, SSRN), S. 6–13 m.w.N.; *Walz/Benz/Pichlmaier*, GRUR 2022, 446, 448–49.

[8] Vgl. *Laker Airways v Pan American World Airways*, 559 F.Supp. 1124, 1128 (D.C.C. 1983): *"The British court appears to have rationalized its action on the ground that its injunctions operate only on the plaintiff, not this Court. [...]. At least in this country, [...], there is no difference between addressing an injunction to the parties and addressing it to the foreign court itself."*

FRAND anzusehen, wenn es eine auf die jeweiligen Märkte beschränkte Anpassungsklausel für den Fall einer Fremdbestimmung der FRAND-Konditionen durch die ausländischen Gerichte, bei denen Verfahren anhängig sind, vorsieht. Setzt das ausländische Gericht die Gebühren anschließend weltweit fest und klagt der Implementierer nach der gerichtlichen Bestimmung abredewidrig auf Abschluss eines weltweiten Lizenzvertrages zu ebendiesen Bedingungen, verletzt er seine vertragliche Pflicht aus der Anpassungsklausel. Diese Pflichtverletzung könnte in Deutschland Schadensersatzansprüche und potentiell ein vertragliches *right not to be sued abroad* begründen, das von US-amerikanischen oder englischen Gerichten mit dem Erlass einer ASI oder AEI durchgesetzt werden könnte. Durch Anpassungsklauseln könnte gewährleistet werden, dass ein europäisches (in Zukunft möglicherweise das einheitliche Patentgericht, UPC), ein US-Gericht und ein chinesisches Gericht jeweils für ihr Territorium über dieselbe weltweite Streitigkeit entscheiden dürfen.

Literaturverzeichnis

Abbott, Frederick M. / Correa, Carlos M. / Drahos, Peter (Hrsg.): Emerging markets and the world patent order, Cheltenham (UK), 2013.

Albrecht, Friedrich: Aussetzung von Verletzungsprozessen im Hinblick auf Hinweise durch das BPatG, GRUR-Prax 2022, 233.

American Bar Association (ABA): Handbook on Antitrust in Technology Industries, Chicago (IL), USA, 2017.

Anderman, Steven / Ezrachi, Ariel (Hrsg.): Intellectual Property and Competition Law, Oxford (UK), 2011.

Anderson, Kent: What Can the United States Learn from English Anti-Suit Injunctions – An American Perspective on Airbus Industrie GIE v. Patel, 2000) 25 Yale J. Int'l L. 195-232.

Anderson, Robert D. / Carvalho, Nuno Pires de / Taubman, Antony (Hrsg.): Competition policy and intellectual property in today's global economy, Cambridge (UK), 2021.

Ann, Christoph: Patentrecht: Lehrbuch zum deutschen und europäischen Patentrecht und Gebrauchsmusterrecht, München, 8. Aufl. 2022.

Antomo, Jennifer: Schadensersatz wegen der Verletzung einer internationalen Gerichtsstandsvereinbarung?, Tübingen, 2017 (Diss.).

Augsburger, Matthias: Der kartellrechtliche Zwangslizenzeinwand, Baden-Baden, 2017 (Diss.).

Baatz, Yvonne: Who Decides on Jurisdiction Clauses? (2004) LMLCQ, 25-29.

Baer, Teresa D.: Injunctions against the Prosecution of Litigation Abroad: Towards a Transnational Approach, (1984) 37 Stanford L.R. 155-186.

Bälz, Kilian: Prozessführungsverbote durch Schiedsgerichte? SchiedsVZ 2021, 204-208.

Bar, Christian von / Mankowski, Peter: Internationales Privatrecht, Bd. 2, München, 2. Aufl. 2019.

Bar, Christian von / Mankowski, Peter: Internationales Privatrecht, Bd. 1, München, 2. Aufl. 2003.

Baron, Justus / Contreras, Jorge L. / Husovec, Martin / Larouche, Pierre: JRC Science for Policy Report – Making the Rules – The Governance of Standard Development Organizations and their Policies on Intellectual Property Rights, 2019, abrufbar unter: https://publications.jrc.ec.europa.eu/repository/bitstream/JRC115004/sdo_governance_final_electronic_version.pdf.

Baron, Justus: Counting Standard Contributions to Measure the Value of Patent Portfolios - A Tale of Apples and Oranges, 2018, abrufbar unter: https://papers.ssrn.com/sol3/papers.cfm?abstract_id=3223878.

© Der/die Herausgeber bzw. der/die Autor(en), exklusiv lizenziert an
Springer Fachmedien Wiesbaden GmbH, ein Teil von Springer Nature 2023
F. K. Hess, *Anti-Suit Injunctions in FRAND-Streitigkeiten*,
Juridicum – Schriften zum Zivilprozessrecht,
https://doi.org/10.1007/978-3-658-43123-5

Bartenbach, Kurt: Patentlizenz- und Know-how-Vertrag, Köln, 7. Aufl. 2013.

Bartlett, Jason R. / Contreras, Jorge L.: Rationalizing FRAND Royalties: Can Interpleader Save the Internet of Things, 36 Review of Litigation (2017), 285-334.

Basedow, Jürgen u.a. (Hrsg.): Encyclopedia of Private International Law, Entries A-H, Cheltenham (UK) / Northampton (MA, USA), 2017.

Baum, Harald: Inländische Abwehrklagen gegen US-amerikanische Produkthaftungsklagen?, S. 185-207, in: Heldrich, Andreas / Kono, Toshiyuki (Hrsg.): Herausforderungen des Internationalen Zivilverfahrensrechts, Tübingen, 1994.

Bechtold, Rainer / Bosch, Wolfgang: Gesetz gegen Wettbewerbsbeschränkungen – Kommentar, München, 10. Aufl. 2021.

Bechtold, Stefan / Frankenreiter, Jens / Klerman, Daniel: Forum Selling Abroad, (2019) 92 SCLR 487-556.

Beck, Lukas: Konzernhaftung in Deutschland und Europa, Baden-Baden, 2019 (Diss.).

Bekkers, Rudi / Catalini, Christian / Martinelli, Arianna / Righi, Cesare / Simcoe, Timothy: Disclosure Rules and Declared Essential Patents, 2017, zitiert als: Bekkers u.a., Disclosure Rules and SEPs (2017), abrufbar unter: https://papers.ssrn.com/sol3/papers.cfm?abstract_id=3005009.

Bekkers, Rudi / Updegrove, Andrew: A Study of IPR Policies and Practices of a Representative Group of Standards Setting Organizations Worldwide, 2012, abrufbar unter: https://papers.ssrn.com/sol3/papers.cfm?abstract_id=2333445.

Belbl, Nina: Strategische Patentübertragungen von standardessentiellen Patenten (SEPs) – Patent Privateering, Hürth, 2022 (Diss.).

Bell, Andrew S.: Forum shopping and venue in transnational litigation, Oxford (UK), 2003.

Benkard, Georg (Begr.) / *Bacher, Klaus* (Hrsg.): Benkard – Patentgesetz – Kommentar, München, 11. Aufl. 2022.

Bently, Lionel u.a., Intellectual property law, Oxford (UK), 5. Aufl. 2018.

Bermann, George A.: The Use of Anti-Suit Injunctions in International Litigation, (1990) 28 Colum. J. Transnat'l L. 589-631.

Berner, Felix: Prorogation drittstaatlicher Gerichte und Anwendungsvorrang der EuGVVO, RIW 2017, 792-799.

Bian, Renjun: Patent Litigation in China: Challenging Conventional Wisdom (2018) 33 Berkeley Tech. L.J. 413-486.

Biddle, Bradford / Contreras, Jorge L. / Love, Brian J. / Siebrasse, Norman V. (Hrsg.): Patent Remedies and Complex Products – Toward a Global Consensus, Cambridge (UK), 2019, zitiert als: Biddle u.a. (Hrsg.), Patent Remedies.

Block, Jonas: FRAND-Lizenzierung & Transaktionskosten, Hürth, 2021.

Born, Gary B. / Rutledge, Peter B.: International Civil Litigation in United States Courts, Frederick (MD, USA) / Alphen aan den Rijn (Niederlande), 7. Aufl. 2023.

Brachtendorf, Lorenz / Gaessler, Fabian / Harhoff, Dietmar: Truly Standard-Essential Patents? A Semantics-Based Analysis, 2020, zitiert als: *Brachtendorf u.a.*, Truly SEPs?, abrufbar unter: https://papers.ssrn.com/sol3/papers.cfm?abstract_id=3603956.

Brand, Roland A. / Jablonski, Scott R.: Forum Non Conveniens: History, Global Practice, and Future under the Hague Convention on Choice of Court Agreements, New York (USA), 2007.

Briggs, Adrian: Civil Jurisdiction and Judgments, London (UK), 7. Aufl. 2021.

Briggs, Adrian: Private International Law in English Courts, Oxford (UK), 2014.

Bunte, Hermann-Josef (Hrsg.): Kartellrecht, Bd. 2 – Europäisches Kartellrecht, Vergaberecht (GWB) und Sonderbereiche, Hürth, 14. Aufl., 2022.

Burck, Thomas E.: Gau Shan Co. v. Bankers Trust Co.: What Should Be the Role of International Comity in the Issuance of Antisuit Injunctions, (1993) 18 North Carolina J. Int'l Law 475-489.

Busche, Jan / Stoll, Peter-Tobias / Wiebe, Andreas (Hrsg.): TRIPs – Internationales und europäisches Recht des geistigen Eigentums – Kommentar, Köln, 2. Aufl. 2013.

Butler, Rory / Weijburg, Baptiste: Do Anti-Suit Injunctions Still Have a Role to Play - An English Law Perspective, (2011) 24 U.S.F. Mar. L.J. 257-292.

Calamita, N. Jansen: Rethinking Comity: Towards a Coherent Treatment of International Parallel Proceedings, (2006) 27 U. Penn. J. Int'l Econ. L. 601-680.

Calliess, Christian / Ruffert, Matthias (Hrsg.): EUV, AEUV – Kommentar, München, 6. Aufl. 2022.

Cartwright, Madison: Internationalising state power through the internet: Google, Huawei and geopolitical struggle, (2020) 9 Internet Policy Review, 1-18.

Chng, Wei Yao Kenny: Breach of Agreement versus Vexatious, Oppressive and Unconscionable Conduct – Clarifying their Relationship in the Law of Anti-Suit Injunction, (2015) 27 Singapore Academy L.J. 340-368.

Chuang, Hung-yu: Standard Essential Patent in Telecommunication Standard: United States and China Comparison, 2016 (Diss.), abrufbar unter: https://digital.lib.washington.edu/researchworks/handle/1773/37166.

Coester-Waltjen, Dagmar: Himmel und Hölle: Einige Überlegungen zur internationalen Zuständigkeit, RabelsZ 79 (2015), 471-520.

Cohen, Connor: Foreign Antisuit Injunctions and the Settlement Effect, (2022) 116 NW. U. L.R. 1577-1659.

Cohen, Mark: China's Practice of Anti-Suit Injunctions in SEP Litigation: Transplant or False Friend?, 2022, abrufbar unter: https://papers.ssrn.com/sol3/papers.cfm?abstract_id=4124618.

Colberg, Lukas: Der Schutz der Schiedsvereinbarung – Eine rechtsvergleichende Untersuchung zu Schadensersatzansprüchen wegen Verletzung des Schiedsvertrags, Baden-Baden, 2019 (Diss.).

Collins, Lawrence Antony / Briggs, Adrian u.a. (Hrsg.): Dicey, Morris & Collins on the Conflict of Laws, Vol. 1, London (UK), 16. Aufl. 2022.

Contreras, Jorge L. / Husovec, Martin (Hrsg.): Injunctions in patent law, Cambridge (UK), 2022.

Contreras, Jorge L. / Yu, Peter K. / Yu, Yang: Transplanting Anti-Suit Injunctions, American University Law Review Vol. 71 (2022), 1537-1618.

Contreras, Jorge L. (Hrsg.): The Cambridge Handbook of Technical Standardization Law, Cambridge (UK), 2017, zitiert als: Contreras (Hrsg.), Cambridge Handbook.

Contreras, Jorge L.: A Market Reliance Theory for FRAND Commitments and Other Patent Pledges, (2015) Utah L.R., 479-558.

Cook, Trevor: The Patent Litigation Law Review, London (UK), 5. Aufl. 2020.

Correa, Carlos M. (Hrsg.): Research Handbook on the Protection of Intellectual Property under WTO Rules, Vol. 1, Cheltenham (UK), 2010.

Correa, Carlos M.: Trade Related Aspects of Intellectual Property Rights: A Commentary on the TRIPS Agreement, Oxford (UK), 2. Aufl. 2020.

Cotter, Thomas F.: Comparative Patent Remedies, New York (NY, USA), 2013.

Cotter, Thomas F.: Is Global FRAND Litigation Spinning Out of Control?, (2021) Patently-O L.J. 1-26.

Cotter, Thomas F.: Like Ships That Pass in the Night: U.S. and German Approaches to FRAND Disputes (Draft), 2022, abrufbar unter: https://papers.ssrn.com/sol3/papers.cfm?abstract_id=4160170, erscheint 2023 in: Picht, Peter Georg / Habich, Erik / Cotter, Thomas F. (Hrsg.): FRAND: German Case Law and Global Perspectives.

Cremers, Katrin / Ernicke, Max / Gaessler, Fabian, u.a.: Patent litigation in Europe, (2017) 44 Eur. J. Law Econ., 1-44.

Czychowski, Christian: What Is the Significance of a FRAND License Declaration for Standard Essential Patents with Regard to their Transferability? – News from Germany, GRUR Int. 2021, 421-426.

Dai, Jianmin / Deng, Zhisong / Jung, Song K.: Antitrust Enforcement against Standard Essential Patents in China, (2017) 62 Antitrust Bulletin 453-464.

Dauner-Lieb, Barbara / Langen, Werner (Hrsg.): NomosKommentar – BGB Schuldrecht, Bd. 2, Baden-Baden, 4. Aufl. 2021, zitiert als: NK-BGB/*Bearbeiter*.

Dauses, Manfred A. (Begr.) / *Ludwigs, Markus* (Hrsg.): Handbuch des EU-Wirtschaftsrechts, Bd. 1, München, 56. EL 2022.

Dickinson, Andrew: Resurgence of the Anti-Suit Injunction: The Brussels I Regulation as a Source of Civil Obligations, 2008 (57) ICLQ 465-473.

Dickinson, Andrew: The Rome II Regulation – the law applicable to non-contractual obligation, Oxford (UK), 2008.

Dijkman, Léon E.: Does the Injunction Gap Violate Implementers' Fair Trial Rights Under the ECHR?, GRUR Int. 2021, 215-227.

Donle, Christian / Hoppe, Daniel / Holtz, Christian: Die Rechtsprechung der deutschen Instanzgerichte zum Patent- und Gebrauchsmusterrecht seit dem Jahr 2020, GRUR-RR 2021, 409-420.

Dorsel, Christoph: Forum non conveniens – Richterliche Beschränkung der Wahl des Gerichtsstandes im deutschen und amerikanischen Recht, Berlin, 1996 (Diss.).

Drapkin, Michael L.: Patents and Standards: Practice, Policy, and Enforcement, Arlington (VA, USA), 2018.

Drexl, Josef: Zugang zu standardessenziellen Patenten als moderne Regulierungsaufgabe: Wie reagiert das EU-Kartellrecht auf Patentkriege zwischen chinesischen Unternehmen?, 2014, zitiert als: *Drexl*, Zugang zu SEPs, abrufbar unter: https://papers.ssrn.com/sol3/papers.cfm?abstract_id=2688023.

Eckel, Philipp: Anspruch auf Lizenzeinräumung aus FRAND-Erklärungen bei standardessentiellen Patenten – Teil 1, NZKart 2017, 408-414.

Eddleman Heim, Laura: Protecting Their Own?: Pro-American Bias and the Issuance of Anti-Suit Injunctions, (2008) 69 Ohio St. L.J. 701-741.

Ehlgen, Bolko: Anti Anti-Suit Injunctions – Wie viel Vorverlagerung darf sein?, GRUR 2022, 537-540.

Emmerich, Volker: BGB-Schuldrecht Besonderer Teil, Heidelberg, 16. Aufl. 2022.

Ernst, Dieter: Indigenous Innovation and Globalization: The Challenge for China's Standardization Strategy, 2011, https://papers.ssrn.com/sol3/papers.cfm?abstract_id=2400855.

European Max Planck Group on Conflict of Laws in Intellectual Property (CLIP): Conflict of Laws in Intellectual Property – The CLIP Principles and Commentary, Oxford (UK), 2013.

Fawcett, James J. / Torremans, Paul: Intellectual property and private international law, Oxford (UK), 2. Aufl. 2011.

Fawcett, James J.: Declining jurisdiction in private international law, Oxford (UK), 1994.

Feller, Claudia: Die FRAND-Verpflichtungserklärung gegenüber Standardisierungsorganisationen, Köln, 2019 (Diss.).

Fentiman, Richard: International Commercial Litigation, Oxford (UK), 2. Aufl. 2015.

Fentiman, Richard: Anti-Suit Injunctions – Comity Redux? (2012) 71 CLJ 273-276.

Fentiman, Richard: Antisuit Injunctions and the Appropriate Forum, (1997) 56 CLJ 46-48.

Ferrari, Franco (Hrsg.): Forum Shopping in the International Commercial Arbitration Context, München, 2013.

Ferro, Frodo: The nature of FRAND commitments under French contract and property law (2018) 13 Journal of Intellectual Property Law & Practice, 980-988.

Flett, Emma / Patten, John: Supreme Court upholds English courts' jurisdiction in global SEP licence disputes, (2021) 43 European Intellectual Property Review, 53-55.

Friedl, Gunther / Ann, Christoph: Entgeltberechnung für FRAND-Lizenzen an standardessenziellen Patenten, GRUR 2014, 948-955.

Friis, Karsten / Lysne, Olav: Huawei, 5G and Security: Technological Limitations and Political Responses, (2021) 52 Development and Change, 1174-1195.

Fuchs, Andreas: FRAND Lizenzerklärungen im Spannungsfeld von Patent-, Zivil- und Kartellrecht, in: Büscher, Wolfgang u.a. (Hrsg.), Rechtsdurchsetzung – Rechtsverwirklichung durch materielles Recht und Verfahrensrecht, Festschrift für Hans-Jürgen Ahrens zum 70. Geburtstag, München, 2016, S. 79-100.

Fuchs, Andreas: Kartellrechtliche Schranken für patentrechtliche Unterlassungsklagen bei FRAND-Lizenzerklärungen für standardessentielle Patente – Perspektiven nach dem Urteil des EuGH im Fall „Huawei Technologies / ZTE", NZKart 2015, 429-436.

Gao, Jie: Development of the FRAND Jurisprudence in China, (2022) 21 Colum. Sci. & Tech. L.R., 446–488.

Gao, Ping / Yu, Jiang / Lyytinen, Kalle: Government in standardization in the catching-up context: Case of China's mobile system (2014) 38 Telecommunications Policy 200-209.

Gee, Steven: Commercial Injunctions, London (UK), 7. Aufl. 2020.

Geimer, Reinhold: Internationales Zivilprozessrecht, Köln, 8. Aufl. 2020.

Geimer, Reinhold: Neues und Altes im Kompetenzsystem der reformierten Brüssel I-Verordnung, in: Adolphsen, Jens u.a. (Hrsg.), Festschrift für Peter Gottwald zum 70. Geburtstag, München, 2014, S. 175-188.

Geimer, Reinhold: Beachtung ausländischer Rechtshängigkeit und Justizgewährungsanspruch, NJW 1984, 527-530.

Geradin, Damien / Katsifis, Dimitrios: The Use and Abuse of Anti-Suit Injunctions in SEP Litigation: Is There a Way forward?, GRUR Int. 2022, 603-617.

Geradin, Damien: FRAND Royalty Rates for 5G Automotive Licensing, 2022, abrufbar unter: https://papers.ssrn.com/sol3/papers.cfm?abstract_id=4203822.

Ghafele, Roya: Global Licensing on FRAND Terms in Light of Unwired Planet v. Huawei, (2020) 24 UCLA Journal of Law & Technology, 1-21.

Ghodoosi, Farshad: The Concept of Public Policy in Law: Revisiting the Role of the Public Policy Doctrine in the Enforcement of Private Legal Arrangements, (2016) 94 Nebr. L.R. 685-736.

Gniadek, Thomas: Litigating Standard Essential Patents in Germany, (2016) 5 IEEE Consumer Electronics Magazine, 115-117.

Gottwald, Peter (Hrsg.) / *Nagel, Heinrich* (Begr.): Internationales Zivilprozessrecht, Köln, 8. Aufl. 2020.

Gottwald, Peter: Grenzen zivilrechtlicher Maßnahmen mit Auslandswirkung, in: Lindacher, Walter F. u.a. (Hrsg.), Festschrift für Walther J. Habscheid zum 65. Geburtstag, Bielefeld, 1989, S. 119-130.

Grabitz, Eberhard (Begr.) / *Nettesheim, Martin* (Hrsg.): Das Recht der Europäischen Union, Kommentar, Bd. 1, München, 76. EL 2022.

Greenbaum, Eli: No Forum to Rule Them All: Comity and Conflict in Transnational FRAND Disputes, (2019) 94 Wash. L.R. 1085-1135.

Grüneberg, Bürgerliches Gesetzbuch – Kommentar, bearbeitet von *Ellenberger, Jürgen / Götz, Isabell / Grüneberg, Christian u.a.*, München, 81. Aufl. 2022.

Grunwald, Marc: Forum Shopping mit amerikanischen Gerichten: Auswirkungen der Prozessführung in den USA auf den Beklagten und seine Abwehrmöglichkeiten in Deutschland, Münster, 2008 (Diss.).

Guan, Wenwei, Diversified FRAND Enforcement and TRIPS Integrity, (2018) 17 World Trade Rev. 91-120.

Guangliang, Zhang: Enforcement of F/RAND and Antitrust Intervention: Discussion from the Huawei Decisions in China, (2014) 2 China Legal Science, 3-33.

Guo, Claire: Intersection of Antitrust Laws with Evolving FRAND Terms in Standard Essential Patent Disputes, (2019) 18 J. Marshall Rev. IP L. 258-284.

Haedicke, Maximilian: Anti-Suit Injunctions, FRAND Policies and the Conflict between Overlapping Jurisdictions, GRUR Int. 2022, 101-112.

Haedicke, Maximilian / Timmann, Henrik (Hrsg.): Handbuch des Patentrechts, München, 2. Aufl. 2020.

Haedicke, Maximilian / Fuchs, Stefan: Geistiges Eigentum und Kartellrecht: Übungsfall: Patentkriege und der FRAND-Einwand, JURA 2014, 305-309.

Harte-Bavendamm, Henning / Henning-Bodewig, Frauke / Goldmann, Michael / Tolkmitt, Jan (Hrsg.): Gesetz gegen den unlauteren Wettbewerb (UWG) – Kommentar, München, 5. Aufl. 2021.

Hartley, Trevor C.: Arbitration and the Brussels I Regulation – Before and After Brexit, (2021) 17 J. of Priv. Int'l Law 53-73.

Hartley, Trevor C.: International Commercial Litigation, Cambridge (UK), 3. Aufl. 2020.

Hartley, Trevor C.: Jurisdiction in Tort Claims for Non-Physical Harm under Brussels 2012, Article 7(2), (2018) 67 ICLQ 987-1003.

Hartley, Trevor C.: Comity and the Use of Antisuit Injunctions in International Litigation, (1987) 35 Am. J. Comp. L. 487-512.

Hau, Wolfgang (Hrsg.) / *Linke, Hartmut* (Begr.): Internationales Zivilverfahrensrecht, Köln, 8. Aufl. 2021.

Hau, Wolfgang / Poseck, Roman (Hrsg.): BeckOK BGB, München, 63. Edition 2022.

Hau, Wolfgang: Anti-Suit Injunctions in Judical and Arbitral Procedures, in: Schmidt-Kessel, Martin (Hrsg.), German National Reports on the 20th International Congress of Comparative Law, Tübingen, 2018, S. 270-282.

Hau, Wolfgang: Positive Kompetenzkonflikte im Internationalen Zivilprozeßrecht, Frankfurt am Main, 1996 (Diss.).

Hau, Wolfgang: Zustellung ausländischer Prozessführungsverbote: Zwischen Verpflichtung zur Rechtshilfe und Schutz inländischer Hoheitsrechte, IPRax 1997, 245-248.

Hauck, Ronny / Kamlah, Dietrich: Was ist „FRAND"? Inhaltliche Fragen zu kartellrechtlichen Zwangslizenzen nach Huawei/ZTE, GRUR Int. 2016, 420-426.

Hawes, Colin: Why is Huawei's ownership so strange? A case study of the Chinese corporate and socio-political ecosystem, (2021) 21 J. Corporate Law Studies, 1-38.

Hayashi, Shuya: FRAND Commitment and Competition Law Limitations for the Enforcement of Patent Rights in Japan, ZJapanR 42 (2016), 209-232.

Heath, Christopher (Hrsg.): Patent Enforcement Worldwide – Writings in Honour of Dieter Stauder, Oxford, 3. Aufl. 2015.

Heitkamp, Sara Isabell: FRAND-Bedingungen bei SEP – Die Lizenzbereitschaftserklärung und das Problem der Bestimmung einer angemessenen Lizenzgebühr, Dissertation, Berlin, 2020 (Diss.).

Herberger, Maximilian u.a. (Gesamthrsg.) / *Junker, Markus u.a.* (Bandhrsg.): Juris Praxiskommentar BGB – Bd. 2 – Schuldrecht, Saarbrücken, 9. Aufl. 2020.

Herdegen, Matthias: Internationales Wirtschaftsrecht, München, 11. Aufl. 2019.

Hess, Burkhard: Europäisches Zivilprozessrecht, Berlin / Boston (USA), 2. Aufl. 2021.

Hess, Felix K.: Ein Blick über den TellerRAND: Die Bereitschaft „to accept whatever terms are FRAND" in Deutschland und England, NZKart 2022, 437-442.

Hess, Felix K.: US anti-suit injunctions and German anti-anti-suit injunctions in SEP disputes, (2022) 25 Journal of World Intellectual Property, 526-555.

Hilber, Marc, u.a.: Deutsche Tochter im internationalen Konzern, München, 2019.

Hilty, Reto M. / Slowinski, Peter R.: Standardessentielle Patente – Perspektiven außerhalb des Kartellrechts, GRUR Int. 2015, 781-792.

Hoffmann, Fabian: Der Ausgleichsanspruch im Patentrecht – Die leistungsgerechte Monetarisierung eines Drohpotenzials, GRUR 2022, 286-293.

Hoffmann, Fabian: Stellungnahme zum Gesetzentwurf eines zweiten Patentrechtsmodernisierungsgesetzes, 2021, abrufbar unter: https://www.bundestag.de/resource/blob/823364/097add0b3fbce63e24c8aa37b2807a84/stellungnahme-hoffmann-data.pdf.

Hötte, Daniel Antonius: Die kartellrechtliche Zwangslizenz, Münster, 2011 (Diss.), abrufbar unter: https://miami.uni-muenster.de/Record/27525fa1-ca68-4cb9-9aa3-fdf0d82b89b5.

Hovenkamp, Herbert: FRAND and Antitrust, (2022) 105 Cornell L.R., 1683-1744.

Huang, Zeyu: The Latest Development on Anti-suit Injunction Wielded by Chinese Courts to Restrain Foreign Parallel Proceedings, 2021, abrufbar unter: https://conflictoflaws.net/2021/the-latest-development-on-anti-suit-injunction-wielded-by-chinese-courts-to-restrain-foreign-parallel-proceedings/.

Huber, Peter (Hrsg.): Rome II Regulation, Handkommentar, München, 2011.

Hüßtege, Rainer / Mansel, Heinz-Peter: NomosKommentar BGB – Rom-Verordnungen, Bd. 6, Baden-Baden, 3. Aufl. 2019, zitiert als: NK-BGB/*Bearbeiter*.

Immenga/Mestmäcker – Wettbewerbsrecht, Kommentar, Bd. 2 (Deutsches Kartellrecht). Begründet von *Immenga, Ulrich / Mestmäcker, Ernst-Joachim*. Herausgegeben von *Körber, Torsten u.a.*, München, 6. Aufl. 2020.

Immenga/Mestmäcker – Wettbewerbsrecht, Kommentar, Bd. 1 (Europäisches Kartellrecht). Herausgegeben von *Körber, Torsten / Schweitzer, Heike / Zimmer, Daniel*, München, 6. Aufl. 2019.

J. von Staudingers Kommentar zum Bürgerlichen Gesetzbuch mit Einführungsgesetz und Nebengesetzen, §§ 823 E-I, 824, 825. *Mansel, Heinz-Peter* (Bearbeiter). Berlin, Neubearb. 2021.

J. von Staudingers Kommentar zum Bürgerlichen Gesetzbuch mit Einführungsgesetz und Nebengesetzen, §§ 241-243 (Treu und Glauben). *Looschelders, Dirk u.a.* (Bearbeiter), Berlin, Neubearb. 2019.

J. von Staudingers Kommentar zum Bürgerlichen Gesetzbuch mit Einführungsgesetz und Nebengesetzen, § 823 A-D. *Mansel, Heinz-Peter* (Bearbeiter), Berlin, Neubearb. 2017.

Jacob, Robin: Injunctions in Patent Cases, Mitt. 2020, 97-101.

Jasper, Dieter: Forum shopping in England und Deutschland, Berlin, 1990.

Johnson, Phillip / Roughton, Ashley / Cook, Trevor: The Modern Law of Patents, London (UK), 5. Aufl. 2022.

Jones, Alison / Sufrin, Brenda / Dunne, Niamh: Jones & Sufrin's EU Competition Law, Oxford (UK), 7. Aufl. 2019.

Jones, Alison: Standard-Essential Patents: Frand Commitments, Injunctions and the Smartphone Wars, (2014) 10 ECJ, 1-36.

Kalin, Christian: Schadensersatz wegen Verstoßes gegen eine Gerichtsstandvereinbarung, GPR 2020, 234-240.

Kamlah, Dietrich / Rektorschek, Jan Phillip: Recent German FRAND case law – Open questions, Mitt. 2021, 307-314.

Kellenter, Wolfgang: Dingliche Wirkung einer FRAND-Erklärung?, GRUR 2021, 246-249.

Kellenter, Wolfgang / Verhauwen, Axel: Systematik und Anwendung des kartellrechtlichen Zwangslizenzeinwands nach „Huawei/ZTE" und „Orange-Book", GRUR 2018, 761-771.

Kellenter, Wolfgang: Der FRAND-Einwand im Patentverletzungsprozess nach der EuGH-Entscheidung Huawei/ZTE, in: Kühnen (Hrsg.), FS 80 Jahre Patentgerichtsbarkeit in Düsseldorf, Köln, 2016, S. 255-280.

Kennedy, Matthew: WTO Dispute Settlement and the TRIPS Agreement, Cambridge (UK), 2016.

Kesan, Jay P. / Hayes, Carol M.: FRAND's Forever: Standards, Patent Transfers, and Licensing Commitments, (2014) 89 Ind. L.J. 231-314.

Keukenschrijver, Alfred (Hrsg): Busse/Keukenschrijver – PatG – Kommentar, Berlin / Boston (USA), 9. Aufl. 2020.

Kiefer, Miriam / Walesch, Benedikt: Anti^x-Suit Injunctions in a nutshell – A Contribution Toward Understanding a Recent Phenomenon Accompanying SEP Disputes, Mitt. 2022, 97-106.

Klein, Oliver: Das verfahrensrechtliche Äußerungsprivileg – Grundlagen und aktuelle Entwicklungen, NJW 2018, 3143-3146.

Koeninger, Samantha / Bales, Richard: When a U.S. Domestic Court Can Enjoin a Foreign Court Proceeding, s, (2014) 22 Cardozo J. Int'l & Comp. L. 473-496.

Köhler, Helmut / Bornkamm, Joachim / Feddersen, Jörn / Alexander, Christian: Gesetz gegen den unlauteren Wettbewerb – Kommentar, München, 40. Aufl. 2022.

Körber, Torsten: Abuse of a dominant position by legal actions of owners of standard-essential patents: Huawei Technologies Co. Ltd v. ZTE Corp., (2016) 53 CMLR 1107-1120.

Körber, Torsten: Orange-Book-Standard Revisited – Zugleich Anmerkung zu EuGH, 16. 07. 2015 - C-170/13 - Huawei Technologies/ZTE u.a., WRP 2015, 1167-1172.

Körber, Torsten: Machtmissbrauch durch Erhebung patentrechtlicher Unterlassungsklagen? Eine Analyse unter besonderer Berücksichtigung standardessentieller Patente, WRP 2013, 734-742.

Körber, Torsten: Missbräuchliche Patentunterlassungsklagen vor dem Aus?, NZKart 2013, 239-241.

Körber, Torsten: Standardessentielle Patente, FRAND-Verpflichtungen und Kartellrecht, Baden-Baden, 2013, zitiert als: SEPs und Kartellrecht.

Köster, Thomas: Haftung wegen Forum Shopping in den USA, Heidelberg, 2011 (Diss.).

Kranz, Jonas: Missbrauchsverbot und Standardisierung – Eine rechtsökonomische Untersuchung zur kartellrechtlichen Zwangslizenz und zum Zwangslizenzeinwand, Berlin, 2021 (Diss.).

Krause, Jan: Anti-Suit Injunctions als Mittel der Jurisdiktionsabgrenzung, Münster, 2005 (Diss.).

Kühnen, Thomas: Handbuch der Patentverletzung, Hürth, 15. Aufl. 2023.

Kühnen, Thomas: Handbuch der Patentverletzung, Hürth, 14. Aufl. 2022.

Kühnen, Thomas: FRAND-Lizenz in der Verwertungskette, GRUR 2019, 665-673.

Kurth, Jürgen: Inländischer Rechtsschutz gegen Verfahren vor ausländischen Gerichten, Berlin, 1989 (Diss.).

Kurtz, Constantin / Straub, Wolfgang: Die Bestimmung des FRAND-Lizenzsatzes für SEP, GRUR 2018, 136-144.

Kurtz, Constantin: SEP mit FRAND-Erklärung – aktuelle Fragen nach Huawei/ZTE, ZGE 2017, 491-513.

La Bruyére, Emily de / Picarsic, Nathan: China Standards 2035 – Beijing's Platform Geopolitics and "Standardization Work in 2020", 2020, abrufbar unter: https://www.horizonadvisory.org/china-standards-2035-first-report.

Lampert, Michael: Die kartellrechtliche Kontrolle der Ausübung standardwesentlicher Schutzrechte, Berlin, 2018 (Diss.).

Lange, Knut Werner / Klippel, Diethelm / Ohly, Ansgar (Hrsg.): Geistiges Eigentum und Wettbewerb, Tübingen, 2009.

Langen, Eugen (Begr.) */ Bunte, Hermann-Josef* (Hrsg.): Langen/Bunte – Kartellrecht, Bd. 1 – Deutsches Kartellrecht, Köln, 14. Aufl. 2022.

Lauriat, Barbara: FRAND Arbitration Will Destroy FRAND, 2023, abrufbar unter: https://papers.ssrn.com/sol3/papers.cfm?abstract_id=4451576#.

Lee, Jyh-An: Implementing the FRAND Standard in China, (2016) 19 Vand. J. Ent. & Tech. L. 37-85.

Lehmann, Matthias: Lokalisierung von Vermögensschäden und Verbandsklage im Fall unrichtiger Anlegerinformation: Das Urteil des EuGH in der Rechtssache VEB ./. BP (zu EuGH, 12.5.2021 - Rs. C-709/19 - VEB ./. BP), IPRax 2022, 147-159.

Lehmann, Matthias: Where does Economic Loss Occur?, (2011) 7 JPIL 527-550.

Lemley, Mark A.: Intellectual Property Rights and Standard-Setting Organizations, 90 California Law Review (2022), 1889-1980.

Lemley, Mark A. / Simceo, Timothy: How Essential are Standard-Essential Patents?, (2019) 104 Cornell L.R. 607-642.

Lenenbach, Markus: Antitrust Injunctions in England, Germany and the United States: Their Treatment under European Civil Procadure and the Hague Convention, (1998) 29 Loy. L.A. Int'l & Comp. L.J. 257-323.

Li, Benjamin C.: The Global Convergence of FRAND Licensing Practices: Towards "Interoperable" Legal Standards, (2016) 31 Berkeley Technology Law Journal, 429-466.

Liu, Kung-Chung / Hilty, Reto M. (Hrsg.): SEPs, SSOs and FRAND : Asian and global perspectives on fostering innovation in interconnectivity, New York (NY, USA) / Oxford (UK), 2020, zitiert als: SSOs and FRAND.

Loewenheim, Ulrich / Meessen, Karl M. / Riesenkampff, Alexander (Hrsg.): Kartellrecht – Kommentar zum Deutschen und Europäischen Recht, München, 4. Aufl. 2020.

Lousanoff, Oleg de: Buchbesprechung – Jürgen Kurth, Inländischer Rechtsschutz gegen Verfahren vor ausländischen Gerichten (1989), ZZP 105 (1992), 111-118.

Lubitz, Markus: Zwangslizenzierung bei standardessenziellen Patenten (SEP) im Lichte von Sisvel/Haier, NZKart 2017, 618-623.

Lutter, Marcus / Bayer, Walter (Hrsg.): Holding-Handbuch, Köln, 6. Aufl. 2020.

Maack, Martina: Englische antisuit injunctions im europäischen Zivilrechtsverkehr, Berlin, 1999 (Diss.).

Malbon, Justin / Lawson, Charles / Davison, Mark : The WTO Agreement on Trade-Related Aspects of Intellectual Property Rights – A Commentary, Cheltenham (UK) / Northampton (MA, USA), 2014.

Mangoldt, Hermann von (Begr.): v. Mangoldt/Klein/Starck – Grundgesetz, Kommentar, Bd. 1 – Artikel 1-19, München, 7. Aufl. 2018.

Mankowski, Peter: Unzulässigkeit der anti suit injunction durch Gericht eines Mitgliedstaats („Turner/Grovit"), EWiR 2004, 755-756.

Martiny, Dieter / Reithmann, Christoph: Internationales Vertragsrecht, Köln, 9. Aufl. 2022.

Maunz, Theodor / Dürig, Günter (Begr.) / *Herzog, Roman* u.a. (Hrsg.): Dürig/Herzog/Scholz – Grundgesetz, Kommentar, Bd. II, Art. 6-16a, München, 97. EL 2022.

Maunz, Theodor / Dürig, Günter (Begr.) / *Herzog, Roman* u.a. (Hrsg.): Dürig/Herzog/Scholz – Grundgesetz, Kommentar, Bd. III, Art. 17-28, München, 97. EL 2022.

McGuire, Mary-Rose / Bartke, Lukas: Funktion und Relevanz des Straftatbestands der Patentverletzung nach § 142 PatG, Mitt. 2022, 377-386.

McGuire, Mary-Rose: Stellungnahme zum 2. PatModG: Ergänzung des § 139 I PatG durch einen Verhältnismäßigkeitsvorbehalt?, GRUR 2021, 775-783.

McGuire, Mary-Rose: Die FRAND-Erklärung: Anwendbares Recht, Rechtsnatur und Bindungswirkung am Beispiel eines ETSI-Standards, GRUR 2018, 128-135.

Medicus, Dieter (Begr.) / *Lorenz, Stephan*: Schuldrecht II – Besonderer Teil – Ein Studienbuch, München, 18. Aufl. 2018.

Meibom, Wolfgang von / Pitz, Johann: ANTI-SUIT INJUNCTIONS – Neue Angriffs- und Verteidigungsmittel in multinationalen Streitigkeiten um standard-essenzielle Patente?, in: Lunze, Anja, u.a. (Hrsg.), Die internationale Durchsetzung von Schutzrechten, Festschrift für Sabine Rojahn zum 70. Geburtstag, München, 2022, S. 305-315.

Meier-Beck, Peter: Standardessentielle Patente als Infrastruktureinrichtung, in: Joost, Detlev / Oetker, Hartmut / Paschke, Marian (Hrsg.), Selbstverantwortete Freiheit und Recht, Festschrift für Franz Jürgen Säcker zum 80. Geburtstag, München, 2021, S. 275-291.

Melamed, A. Douglas / Shapiro, Carl: How Antitrust Law Can Make FRAND Commitments More Effective, (2018) 127 Yale L.J. 2110-2141.

Merbecks, Aurelia: Conference Report on 'Patents and Standards – Online FRAND-Forum', GRUR Int. 2021, 963-968.

Mes, Peter: Patentgesetz, Gebrauchsmustergesetz: Kommentar, München, 5. Aufl. 2020.

Mortensen, Reid: Duty Free Forum Shopping: Disputing Venue in the Pacific, (2001) 32 VUWLR, 637-704.

Müller, Tilman: Der kartellrechtliche Zwangslizenzeinwand im Patentverletzungsverfahren – Drei Jahre nach der BGH-Entscheidung „Orange-Book-Standard" GRUR 2012, 686-691.

Münchener Kommentar zum Bürgerlichen Gesetzbuch, Bd. 13, Internationales Privatrecht II, Internationales Wirtschaftsrecht, Einführungsgesetz zum Bürgerlichen Gesetzbuche (Art. 50-253). *Hein, Jan von* (Redakteur). München, 8. Aufl. 2021.

Münchener Kommentar zum Bürgerlichen Gesetzbuch, Bd. 2 – Schuldrecht. *Krüger, Wolfgang* (Redakteur). Allgemeiner Teil I, München, 9. Aufl. 2022.

Münchener Kommentar zum Bürgerlichen Gesetzbuch, Bd. 7 – Schuldrecht, Besonderer Teil IV – Partnerschaftsgesellschaftsgesetz, Produkthaftungsgesetz, München. *Habersack, Mathias* (Redakteur). 8. Aufl. 2020.

Münchener Kommentar zum Bürgerlichen Gesetzbuch, Bd. 8 – Sachenrecht. *Gaier, Reinhard* (Redakteur). München, 8. Aufl. 2022, zitiert als: MüKo-BGB/*Bearbeiter*.

Münchener Kommentar zum Lauterkeitsrecht, Bd. 2. *Heermann, Peter W. / Schlingloff, Jochen* (Hrsg.). München, 3. Aufl. 2022, zitiert als: MüKo-Lauterkeitsrecht/*Bearbeiter*.

Münchener Kommentar zum Wettbewerbsrecht, Bd. 1 – Europäisches Wettbewerbsrecht, *Säcker, Franz Jürgen / Bien, Florian / Meier-Beck, Peter / Montag, Frank* (Hrsg.), München, 3. Aufl. 2020.

Münchener Kommentar zur Zivilprozessordnung mit Gerichtsverfassungsgesetz und Nebengesetzen Bd. 3. *Krüger, Wolfgang / Rauscher, Thomas*, (Hrsg.), München, 6. Aufl. 2022, zitiert als: MüKo-ZPO/*Bearbeiter*.

Münchener Kommentar zur Zivilprozessordnung mit Gerichtsverfassungsgesetz und Nebengesetzen, Bd. 2. *Krüger, Wolfgang / Rauscher, Thomas* (Hrsg.), München, 6. Aufl. 2020.

Münchener Kommentar zur Zivilprozessordnung mit Gerichtsverfassungsgesetz und Nebengesetzen, Bd. 1. *Krüger, Wolfgang / Rauscher, Thomas* (Hrsg.), München, 6. Aufl. 2020.

Murthy, Raghavendra R.: Why Can't We Be FRANDs?: Anti-Suit Injunctions, International Comity, and International Commercial Arbitration in Standard-Essential Patent Litigation, (2022) 75 Vand. L.R. 1609-1648.

Musielak, Hans-Joachim / Voit, Wolfgang (Hrsg.): Zivilprozessordnung – Kommentar, München, 19. Aufl. 2022.

Najarian, Haig: Granting Comity its Due: A Proposal to Revive the Comity-Based Approach to Transnational Antisuit Injunctions, (1994) 68 St. John's L.R. 961-985.

Naumann, Ingrid: Englische anti-suit injunctions zur Durchsetzung von Schiedsvereinbarungen, Tübingen, 2008 (Diss.).

Nazzini, Renato: Global Licences under Threat of Injunctions: FRAND Commitments, Competition Law and Jurisdictional Battles (Working Paper), 2022, abrufbar unter: https://papers.ssrn.com/sol3/papers.cfm?abstract_id=4101176.

Nguyen, Tú Thanh: Competition law, technology transfer and the TRIPS agreement, Cheltenham (UK), 2010.

Nicolas, Peter: The Use of Preclusion Doctrine, Antisuit Injunctions, and Forum Non Conveniens Dismissals in Transnational Intellectual Property Litigation, (1999) 40 Virg. J. of Int'l Law 331-404.

Nikolic, Igor: Global Standard Essential Patent Litigation: Anti-Suit and Anti-Anti-Suit Injunctions, 2022, abrufbar unter: https://papers.ssrn.com/sol3/papers.cfm?abstract_id=4046658, zitiert als: *Nikolic*, Global SEP Litigation.

Nikolic, Igor: Licensing Standard Essential Patents: FRAND and the Internet of Things, London (UK), 2021, zitiert als: *Nikolic*.

Nilsson, Frederik: Appropriate base to determine a fair return on investment: A legal and economic perspective on FRAND, GRUR Int. 2017, S. 1017-1023.

Nordemann, Axel / Nordemann, Jan Bernd / Nordemann-Schiffel, Anke: Nordemann – Wettbewerbsrecht, Markenrecht, Kommentar, Baden-Baden, 11. Aufl. 2012.

Ohly, Ansgar / Sosnitza, Olaf: UWG – Gesetz gegen den unlauteren Wettbewerb – Kommentar, München, 7. Aufl. 2016.

Ohly, Ansgar / Stierle, Martin: Unverhältnismäßigkeit, Injunction Gap und Geheimnisschutz im Prozess – Das Zweite Patentrechtsmodernisierungsgesetz im Überblick, GRUR 2021, 1229-1241.

Ohly, Ansgar: Acht Thesen zur Verhältnismäßigkeit im Patentrecht, GRUR 2021, 304-309.

Palzer, Christoph: Patentrechtsdurchsetzung als Machtmissbrauch – der Zwangslizenzeinwand aus unionsrechtlicher Sicht, EuZW 2014, 702-706.

Paulus, Christoph G.: Kann Forum Shopping sittenwidrig sein?, S. 511-536, in: Sathopoulos, Michael u.a. (Hrsg.), Festschrift für Apostolos Georgiades zum 70. Geburtstag, München, 2005.

Peel, Edwin: Exclusive Jurisdiction Agreements: Purity and Pragmatism in the Conflict of Laws, (1998) LMLCQ 182-226.

Peifer, Karl-Nikolaus (Hrsg.): Gesetz gegen den unlauteren Wettbewerb – UWG – Großkommentar, Bd. 1, Berlin / Boston (USA), 3. Aufl. 2021.

Peiffer, Evgenia / Weiler, Marcus: Vertraglicher Schadensersatzanspruch wegen Verletzung von Gerichtsstands- und Schiedsvereinbarungen – Teil I, RIW 2020, 321-331.

Peiffer, Evgenia / Weiler, Marcus: Vertraglicher Schadensersatzanspruch wegen Verletzung von Gerichtsstands- und Schiedsvereinbarungen – Teil II, RIW 2020, 641-651.

Peiffer, Evgenia: Schutz gegen Klagen im forum derogatum, Tübingen, 2013 (Diss.).

Pentheroudakis, Chryssoula / Baron, Justus A.: Licensing Terms of Standard Essential Patents, 2017, abrufbar unter: https://publications.jrc.ec.europa.eu/repository/handle/JRC104068.

Perry, Edwin A.: Killing one Bird With one Stone: How the United States Federal Courts Should Issue Foreign Antisuit Injunctions in the Information Age, (1999) 8 U. Miami Bus. L.R. 123-159.

Peukert, Alexander: Güterzuordnung als Rechtsprinzip, Tübingen, 2008 (Habil.).

Pfeiffer, Thomas: Internationale Zuständigkeit und prozessuale Gerechtigkeit, Frankfurt am Main, 1994 (Habil.).

Picht, Peter Georg: Proportionality Defenses in FRAND Cases: A Comparative Assessment of the Revised German Patent Injunction Rules and U.S. Case Law, GRUR Int. 2023, 435, 441-450.

Picht, Peter Georg: Arbitration in SEP/FRAND Disputes, 2022, abrufbar unter: https://papers.ssrn.com/sol3/papers.cfm?abstract_id=4214738.

Picht, Peter Georg: FRAND Injunctions: an overview on recent EU case law, ZGE 2019, 324-333.

Picht, Peter Georg: The Future of FRAND Injunction, GRUR 2019, 1097-1103.

Picht, Peter Georg: Vom materiellen Wert des Immateriellen, Tübingen, 2018 (Habil.).

Picht, Peter Georg: „FRAND wars 2.0" - Rechtsprechung im Anschluss an die Huawei/ZTE-Entscheidung des EuGH (Teil 1), WuW 2018, 234-241.

Picht, Peter Georg: „FRAND wars 2.0" - Rechtsprechung im Anschluss an die Huawei/ZTE-Entscheidung des EuGH (Teil 2), WuW 2018, 300-309.

Picht, Peter Georg: FRAND Determination in TCL v. Ericsson and Unwired Planet v. Huawei: Same Same But Different?, 2018, abrufbar unter: https://papers.ssrn.com/sol3/papers.cfm?abstract_id=3177975.

Picht, Peter Georg: Standardsetzung und Patentmissbrauch – Schlagkraft und Entwicklungsbedarf des europäischen Kartellrechts, GRUR Int. 2014, 1-17.

Picht, Peter Georg: Strategisches Verhalten bei der Nutzung von Patenten in Standardisierungsverfahren aus der Sicht des europäischen Kartellrechts, Berlin / Heidelberg, 2014 (Diss.).

Picker, Eduard: Deliktsrechtlicher Eigentumsschutz bei Störungen der Sach-Umwelt-Beziehung – eine Skizze, JZ 2010, 541-553.

Plagge, Michael: Der patentrechtliche Unterlassungsanspruch, Baden-Baden, 2022 (Diss.).

Pohlmann, Petra: Das Rechtsschutzbedürfnis bei der Durchsetzung wettbewerbsrechtlicher Unterlassungsansprüche. GRUR 1993, 361-371.

Pohlmann, Tim / Buggenhagen, Markus: Who is leading the 5G patent race?, 2022, abrufbar unter: https://www.iplytics.com/wp-content/uploads/2022/06/5G-patent-race-June-2022_website.pdf.

Polley, Romina: Schutzsrechtsgebrauch und -missbrauch: Patentunterlassungsklagen als Verstoß gegen Art. 102 AEUV, in: Bräutigam, Peter / Hoppen, Peter (Hrsg.), DGRI Jahrbuch 2013, Köln, 2014, S. 279-300.

Pregartbauer, Maria: Der Anspruch auf Unterlassung aus standardessentiellen Patenten im Telekommunikationssektor, 2017 (Diss.), abrufbar unter: https://edoc.hu-berlin.de/bitstream/handle/18452/19276/pregartbauer.pdf?sequence3.

Probst, Christian: Anti-suit injunctions – Gerichtliche Zuständigkeitskontrolle im europäischen Zivilverfahrensrecht durch Prozessführungsverbote, Frankfurt am Main, 2012 (Diss.).

Prütting, Hanns / Wegen, Gerhard / Weinreich, Gerd (Hrsg.): Bürgerliches Gesetzbuch – Kommentar, Hürth, 17. Aufl. 2022.

Radu, Roxana / Amon, Cedric: The governance of 5G infrastructure: between path dependency and risk-based approaches, (2021) 7 Journal of Cybersecurity, 1-16.

Raphael, Thomas: The Anti-Suit Injunction, 2. Aufl. 2018.

Rapp, Julian: Schadensersatz bei der Verletzung von Gerichtsstands- und Schiedsvereinbarungen?, ZZP 2020, 193-230.

Rauscher, Thomas (Hrsg.): Europäisches Zivilprozess- und Kollisionsrecht EuZPR/EuIPR, Bd. I: Brüssel Ia-VO, Köln, 5. Aufl. 2022.

Rauscher, Thomas (Hrsg.): Europäisches Zivilprozess- und Kollisionsrecht EuZPR/EuIPR, Bd. III: Rom I-VO, Rom II-VO, Köln, 4. Aufl. 2016.

Reithmann, Christoph / Martiny, Dieter: Internationales Vertragsrecht, Köln, 9. Aufl. 2021.

Rieckers, Oliver: Nochmals: Konzernvertrauenshaftung, NZG 2007, 125-128.

Rieländer, Frederick: Schadensersatz wegen Klage vor einem aufgrund Gerichtsstandsvereinbarung unzuständigen Gericht, RabelsZ 84 (2020), 548-592.

Riley, P. Andrew / Allen, Scott A.: The Public Interest Inquiry for Permanent Injunctions or Exclusion Orders: Shedding the Myopic Lens, (2015) 17 Vand. J. Ent. & Tech. L. 751-779.

Rill, James F. / Kress, James G. / Kallay, Dina / Hollmann, Hugh: Antitrust and FRAND Bargaining: Rejecting the Invitation for Antitrust Overreach Into Royalty Disputes, (2015) 30 Antitrust 72-79.

Rivero, Álvaro Fomperosa: Standard Essential Patents and Antitrust: A Comparative Analysis of the Approaches to Injunctions and FRAND-Encumbered Patents in the United States and the European Union, TTLF Working Papers No. 23, 2016, abrufbar unter: https://law.stanford.edu/publications/standard-essential-patents-and-antitrust-a-comparative-analysis-of-the-approaches-to-injunctions-and-frand-encumbered-patents-in-the-united-states-and-the-european-union/.

Roberson, Eric: Comity be Damned: The Use of Antisuit Injunctions Against the Courts of a Foreign Nation', (1998) 147 U. Penn. L.R. 409-433.

Rogers, Mike / Ruppersberger, Dutch: Investigative report on the U.S. national security issues posed by Chinese telecommunications companies Huawei and ZTE: a report, 2012, abrufbar unter: https://searchworks.stanford.edu/view/9762611.

Rogerson, Pippa: Collier's Conflict of Laws, Cambridge (UK), 4. Aufl. 2013.

Rosenberg, Leo (Begr.) */ Schwab, Karl Heinz / Gottwald, Peter*: Zivilprozessrecht – Lehrbuch, München, 18. Aufl. 2018.

Rothschild, Gita F.: Forum Shopping, (1998) 24 Litigation 40-75.

Sadrak, Katarzyna: Huawei-Lizenzverhandlungsrahmen in der Rechtsprechung des OLG Düsseldorf in der Sache Sisvel v. Haier, IPRB 2018, 105-109.

Saenger, Ingo (Hrsg.): NomosKommentar – Zivilprozessordnung, Handkommentar, Baden-Baden, 9. Aufl. 2021.

Salava, Laura M.: Balancing Comity with Antisuit Injunctions: Considerations beyond Jurisdiction; Legislative Reform, (1994) 20 J. of Legisl. 267-270.

Schacht, Hubertus: Unverhältnismäßigkeit und Verletzerverhalten, GRUR 2021, 440-446.

Schack, Haimo: Internationales Zivilverfahrensrecht, München, 8. Aufl. 2021.

Scherer, Inge: Grundsatz der privilegierten Äußerungen – Geltung auch gegenüber Verbrauchern?, GRUR 2020, 1136-1142.

Schevciw, Andre: The "Unwilling Licensee" in the Context of Standards Essential Patent Licensing Negotiations, (2019) 49 AIPLA Q.J. 369-399.

Schimeck, Michael D.: Anti-Suit and Anti-Anti-Suit Injunctions: A Proposed Texas Approach, (1993) 45 Baylor L.R. 499-534.

Schlosser, Peter: Anti-suit injunctions zur Unterstützung von internationalen Schiedsverfahren, RIW 2006, 486-492.

Schlosser, Peter: Der Justizkonflikt zwischen den USA und Europa, Berlin, 1985.

Schmauder, Simon: Missbräuchliche Ausnutzung von FRAND-unterworfenen SEPs im US-Kartellrecht, Berlin u.a., 2022.

Schmidt, Christian: Anti-suit injunctions im Wettbewerb der Rechtssysteme, RIW 2006, 492-498.

Schmidt, Karsten (Hrsg.): Insolvenzordnung – Kommentar, München, 20. Aufl. 2023.

Schönbohm, Julia / Ackermann-Blome, Natalie: Products, Patents, Proportionality – How German Patent Law Responds to 21st Century Challenges, GRUR Int. 2020, 578-584.

Schröder, Jochen: The right not to be sued abroad, in: Musielak, Hans-Joachim (Hrsg.), Festschrift für Gerhard Kegel zum 75. Geburtstag, Stuttgart, 1987, S. 523-548.

Sendrowski, Heiko: Pecca fortiter – Zur geplanten Einführung der erzwungenen Patentlizenz, Mitt. 2020, 533-536.

Shaknes, Alexander: Anti-Suit and Anti-Anti-Suit Injunctions in Multi-jurisdictional Proceedings, (2008) 21 NYSBA Int'l Law Prac. 96-103.

Sidak, J. Gregory: The FRAND Contract, (2018) 3 Criterion Journal on Innovation, 1-25.

Sidak, J. Gregory: International Trade Commission Exclusion Orders for the Infringement of Standard-Essential Patents, (2016) 26 Corn. J. of Law & Policy, 125-169.

Sidak, J. Gregory: The meaning of FRAND, Part I: Royalties, (2013) 9 Journal of Competition Law & Economics, 931-1055.

Sikorski, Rafał: Towards a More Orderly Application of Proportionality to Patent Injunctions in the European Union, IIC 2022, 31-61.

Sikorski, Rafał (Hrsg.): Patent law injunctions, Alphen aan den Rijn (Niederlande), 2019.

Sim, Cameron: Choice of Law and Anti-Suit Injunctions: Relocating Comity, (2013) 62 ICLQ 703-726.

Smith, Lesley Jane: Antisuit Injunctions, Forum non Conveniens und International Comity – Eine Analyse der US-amerikanischen und englischen Rechtsprechung nach Gau Shan v. Bankers Trust und Barclays Bank v. Homan, RIW 1993, 802-809.

Spickhoff, Andreas: Die Klage im Ausland als Delikt im Inland, in: Ahrens, Hans-Jürgen u.a. (Hrsg.), Festschrift für Erwin Deutsch: Zum 70. Geburtstag, Köln, 1999, S. 327-347.

Stadler, Astrid: Vielfalt der Gerichte – Einheit des Prozessrechts?, S. 149-170, in: Hofmann, Rainer u.a. (Hrsg.), Die Rechtskontrolle von Organen der Staatengemeinschaft, Berichte der Deutschen Gesellschaft für Völkerrecht, Bd. 42, Heidelberg, 2007.

Staehelin, Alex: Das TRIPs-Abkommen – Immaterialgüterrechte im Licht der globalisierten Handelspolitik, Bern, 2. Aufl. 1999.

Steinbrück, Ben: Die Unterstützung ausländischer Schiedsverfahren durch staatliche Gerichte, Tübingen, 2009 (Diss).

Straus, Joseph: Das Regime des European Telecommunications Standards Institute – ETSI: Grundsätze, anwendbares Recht und die Wirkung der ETSI gegenüber abgegebenen Erklärungen, GRUR Int. 2011, 469-480.

Stürner, Michael: Inländischer Rechtsschutz gegen ausländische Urteile, Funktion und Reichweite von § 826 BGB als Abwehrinstrument gegen rechtskräftige Entscheidungen insbesondere aus dem außereuropäischen Ausland, RabelsZ 71 (2007), 597-643.

Suzuki, Masabumi: Legal Issues Concerning Standard Essential Patents: International trends and Japan's strategy, 2018, abrufbar unter: https://www.rieti.go.jp/en/publications/summary/18050014.html.

Swanson, Steven R.: The Vexatiousness of a Vexation Rule: International Comity and Antisuit Injunctions, (1996) Geo. Wash. J. Int'l L. & Econ. 1-37.

Takahashi, Koji: Damages for Breach of a Choice-of-Court Agreement, in: Bonomi, Andrea / Volken, Paul (Hrsg.): Yearbook of Private International Law, Volume 11 (2009), München, 2011, S. 57-91

Takahashi, Koji: Damages for Breach of a Choice-of-Court Agreement: Remaining Issues, in: Bonomi, Andrea / Volken, Paul (Hrsg.): Yearbook of Private International Law, Volume 10 (2008), München, 2009, S. 73-105.

Tamura, Hiroshi: Overview of Issues regarding "automatic injunction" in Japan, in: Lunze, Anja, u.a. (Hrsg.), Die internationale Durchsetzung von Schutzrechten, Festschrift für Sabine Rojahn zum 70. Geburtstag, München, 2022, S. 199-208.

Tan, Daniel: Anti-Suit Injunctions and the Vexing Problem of Comity, 2005 (45) Virg. J. of Int'l Law 283-355.

Tan, Daniel / Yeo, Nik: Breaking Promises to Litigate in a Particular Forum: Are Damages an Appropriate Remedy? (2003) LMLCQ 435-444.

Tang, Sophia: Anti-Suit Injunction Issued in China: Comity, Pragmatism and Rule of Law, 2020, abrufbar unter: https://perma.cc/PLY8-8VPC.

Tang, Zheng: Judicial enforcement of intellectual property rights in China — from technical improvement to institutional reform (2019) 27 Asia Pacific L.R. 176-197.

Taubman, Antony / Wager, Hannu / Watal, Jayashree: A Handbook on the WTO TRIPS Agreement, Cambridge (UK) / New York (USA), 2. Aufl. 2020.

Telyas, David: The interface between competition law, patents and technical standards, Alphen aan den Rijn (Niederlande), 2014.

Teplitzky, Otto: Die jüngste Rechtsprechung des BGH zum wettbewerblichen Anspruchs- und Verfahrensrecht XI, GRUR 2007, 177-187.

Tochtermann, Lea: Das Schicksal der ETSI FRAND-Erklärung bei Übertragung des SEP, GRUR 2020, S. 905-914.

Tochtermann, Lea: Injunctions in European Patent Law, ZGE 2019, 257-278.

Tochtermann, Peter: Überlegungen zum Kriterium der Lizenzwilligkeit im Kontext der Verletzung standardessenzieller Patente – Besprechung von OLG Düsseldorf „Signalsynthese II, GRUR 2022, S. 1121-1125.

Tochtermann, Peter: Vertrags- und kartellrechtliche Verhandlungspflichten und das Monopol des Patents – a marriage of true minds? GRUR 2021, S. 377-382.

Torremans, Paul (Hrsg.): Cheshire, North & Fawcett – Private International Law, Oxford (UK), 15. Aufl. 2017.

Tsang, King Fung / Lee, Jyh-An: The Ping-Pong Olympics of Antisuit Injunction in FRAND Litigation, (2022) Michigan Technology Law Review Vol. 28, S. 305-383.

Tsang, King Fung / Lee, Jyh-An: Unfriendly Choice of Law in FRAND, (2019) 59 Virg. J. of Int'l Law, S. 220-304.

Tsilikas, Haris: Patent Landscaping Studies and Essentiality Checks: Rigorous (and Less Rigorous) Approaches, 2022 (1) les Nouvelles, 31-38, abrufbar unter: https://papers.ssrn.com/sol3/papers.cfm?abstract_id=3177975.

Tsilikas, Haris: Antitrust enforcement and standard essential patents, Baden-Baden, 2017.

Ullrich, Hanns / Hilty, Reto M. / Leistner, Matthias / Drexl, Josef (Hrsg.): TRIPS plus 20 – from trade rules to market principles, Berlin / Heidelberg, 2016.

Ullrich, Hanns: Patente und technische Normen: Konflikt und Komplementarität in patent- und wettbewerbsrechtlicher Sicht, in: Leistner, Matthias (Hrsg.): Europäische Perspektiven des geistigen Eigentums, Tübingen, 2010, S. 14-95.

Vary, Richard: Samsung v Ericsson and why anti-anti-suit injunctions are a dead end, IAM News and Analyses, Beitrag vom 17.03.2021, abrufbar unter: https://www.iam-media.com/article/samsung-v-ericsson-and-why-anti-anti-suit-injunctions-are-dead-end.

Vertigan, Kathryn E.: Foreign Antisuit Injunctions: Taking a Lesson from the Act of State Doctrine, (2007) 76 G. Wash. L.R. 155-180.

Vetter, Sven: Der patentrechtliche Unterlassungsanspruch nach dem 2. PatMoG – Tagungsbericht zur Onlinetagung am 21. und 22. Oktober 2021, ZGE 2022, 87-105.

Vissel, Horst / Kau, Christian: Rumble in the Jungle – Ein Weg aus dem (Anti)^n-Suit-Injunction Dickicht? GRUR 2023, 451-457.

Vorwerk, Volkert / Wolf, Christian (Hrsg.): BeckOK ZPO, 46. Edition 2022.

Wagner, Gerhard: Prozeßverträge, Tübingen, 1998 (Habil.).

Waguespack, Jason P.: Anti-Suit Injunctions and Admiralty Claims: The American Approach, (2011) 24 U.S.F. Maritime L.J. 293-308.

Walesch, Benedikt: Zu den sachlichen Grenzen einer Anti-Anti-Suit-Injunction, GRUR-Prax 2022, 145.

Walz, Axel / Benz, Sebastian / Pichlmaier, Tobias: Obligatorische Schlichtung bei FRAND-Streitigkeiten (Teil 2), GRUR 2022, 513-522.

Walz, Axel / Benz, Sebastian / Pichlmaier, Tobias: Obligatorische Schlichtung bei FRAND-Streitigkeiten (Teil 1), GRUR 2022, 446-456.

Wandt, Manfred: Gesetzliche Schuldverhältnisse, München, 11. Aufl. 2022.

Westermann, Harm Peter / Grunewald, Barbara / Maier-Reimer, Georg (Hrsg.): Erman – Bürgerliches Gesetzbuch, Handkommentar, Köln, 16. Aufl. 2020.

Wiedemann, Gerhard (Hrsg.): Handbuch des Kartellrechts, München, 4. Aufl. 2020.

Wimmer-Leonhardt, Susanne: Konzernhaftungsrecht, Tübingen, 2004 (Habil.).

Wirtz, Markus M. / Holzhäuser, Michael: Die kartellrechtliche Zwangslizenz, WRP 2004, 683-694.

Wu, Michael: Encountering Chinese SEP litigation in foreign jurisdictions, ManagingIP v. 21.04.2022, abrufbar unter: https://www.managingip.com/article/2a5d1aveddrlq9mv5zmyo/encountering-chinese-sep-litigation-in-foreign-jurisdictions.

Wuttke, Tobias: Aktuelles aus dem Bereich der „Patent Litigation" – ein Überblick über die aktuelle instanzgerichtliche Rechtsprechung, Mitt. 2022, 107-115.

Yamane, Hiroko: Competition Analyses of Licensing Agreements – Considerations for Developing Countries under TRIPS, Genf (Schweiz), 2014, abrufbar unter: https://www.files.ethz.ch/isn/182730/Competition%20Analyses%20of%20Licensing%20Agreements%20Considerations%20for%20Developing%20Countries%20under%20TRIPS.pdf.

Yu, Yang / Contreras, Jorge L.: Will China's New Anti-Suit Injunctions Shift the Balance of Global FRAND Litigation?, 2020, abrufbar unter: https://papers.ssrn.com/sol3/papers.cfm?abstract_id=3725921.

Zekoll, Joachim / Schulz, Michael: Neue Grenzen für die internationale Zuständigkeit amerikanischer Gerichte?, RIW 2014, 321-328.

Zeuner, Albrecht: Störungen des Verhältnisses zwischen Sache und Umwelt als Eigentumsverletzung - Gedanken über Inhalt und Grenzen von Eigentum und Eigentumsschutz, S. 775-787, in: Jakobs, Horst Heinrich (Hrsg.), Festschrift für Werner Flume zum 70. Geburtstag, Köln, 1978.

Zhu, Sascha S. / Kouskoutis, Marcel: Der patentrechtliche Unterlassungsanspruch und die Verhältnismäßigkeit – Die vollstreckungsrechtliche Lösung über die Anpassung des § 712 ZPO im Patentgesetz, GRUR 2019, 886-891.

Zografos, Alexandros S.: The SEP Holder's Guide to the Antitrust Galaxy: FRAND and Injunctions, (2014) 37 World Competition, 53-68.

Zöller, Richard (Begr.): Zöller – ZPO – Zivilprozessordnung, Kommentar, Köln, 34. Aufl. 2022.

Materialverzeichnis

American Bar Association: The Current State of SEP Litigation in China, 2021, abrufbar unter: https://www.americanbar.org/groups/antitrust_law/resources/magazine/2021-spring/current-state-sep-litigation-china/.

Baron, Justus / Arque-Castells, Pere / Léonard, Amandine / Pohlmann, Tim / Sergheraert, Eric Empirical Assessment of Potential Challenges in SEP Licensing (2023).

Beijing High People's Court: Guidelines for Patent Infringement Determination, 2017, abrufbar unter: https://bjgy.bjcourt.gov.cn/article/detail/2017/04/id/2825592.shtml.

China / WTO: Response to the European Union's Request for Information Pursuant to Article 63.3 of the TRIPS Agreement – Communication from China, IP/C/W/683, 2021, abrufbar unter: https://docs.wto.org/dol2fe/Pages/SS/directdoc.aspx?filename=q:/IP/C/W683.pdf&Open=True.

Chinese Ministry of Industry and Information Technology: Communication [2020] No. 49, 2020, abrufbar unter: http://www.gov.cn/zhengce/zhengceku/2020-03/25/content_5495201.htm.

Chinese State Administration for Market Regulation: Benachrichtigung über den Entwurf zum Gesetz gegen die Ausnutzung geistigen Eigentums, 2022, abrufbar unter: http://www.moj.gov.cn/pub/sfbgw/lfyjzj/lflfyjzj/202206/t20220627_458548.html.

Contreras, Jorge L. / Yu, Peter / Yang, Yu.: Transplanting Anti-suit Injunctions, Vortrag auf der ATRIP-Konferenz am 08.11.2021, Folien abrufbar unter: https://jura.ku.dk/pdf/arrangementer/2021/Jorge-Contreras-Transplanting-Anti-Suit-Injuctions.pdf_copy.

Delrahim, Makan: Take It to the Limit: Respecting Innovation Incentives in the Application of Antitrust Law, (Vortrag an der USC Gould School of Law), 2017, abrufbar unter: https://www.justice.gov/opa/speech/file/1010746/download.

Deutscher Bundestag, 19. Wahlperiode: Drucksache 19/25821, Entwurf eines Zweiten Gesetzes zur Vereinfachung und Modernisierung des Patentrechts, abrufbar unter: https://dserver.bundestag.de/btd/19/258/1925821.pdf.

DPMA: Jahresbericht 2021, 2022, abrufbar unter: https://www.dpma.de/docs/dpma/veroeffentlichungen/jahresberichte/dpma_jb2021_nichtbarrierefrei.pdf.

Ericsson: A guide to 5G network security 2.0, 2021, https://www.ericsson.com/en/security/a-guide-to-5g-network-security.

Europäische Kommission: Impact Assessment Report (Commission Staff Working Document), SWD (2023) 124, 2023, abrufbar unter: https://single-market-economy.ec.europa.eu/publications/com2023232-proposal-regulation-standard-essential-patents_en.

Europäische Kommission / WTO: China – Enforcement of Intellectual Property Rights – Request for Consultations by the European Union, WT/DS611/1, P/D/43, G/L/1427, 2022, abrufbar unter: https://docs.wto.org/dol2fe/Pages/SS/directdoc.aspx?filename=q:/WT/DS/611-1.pdf&Open=True.

Europäische Kommission / WTO: Request for Information Pursuant to Article 63.3 of the TRIPS Agreement – Communication from the European Union to China, IP/C/W/682, 2021, abrufbar unter: https://docs.wto.org/dol2fe/Pages/SS/directdoc.aspx?filename=q:/IP/C/W682.pdf&Open=True.

Europäische Kommission: EU challenges China at the WTO to defend its high-tech sector, Pressemitteilung vom 18.02.2022, IP/22/1103, abrufbar unter: https://ec.europa.eu/commission/presscorner/detail/en/ip_22_1103.

Europäische Kommission: Greenpaper on the development of a common market for telecommunications services and equipment, COM (87) 290, 1987, abrufbar unter: https://eur-lex.europa.eu/legal-content/EN/TXT/PDF/?uri=CELEX:51987DC0290&from=en.

Europäische Kommission: Group of Experts on Licensing and Valuation of Standard Essential Patents 'SEPs Expert Group' - full contribution, 2021, zitiert als: Europäische Kommission, SEP Expert Group Report (2021), abrufbar unter: https://ec.europa.eu/docsroom/documents/45217.

Europäische Kommission: Patents and Standards – A modern framework for IPR-based standardization: final report, 2014, https://op.europa.eu/de/publication-detail/-/publication/43222f7f-4604-46db-95bd-6650ae5fa441/language-en.

European Telecommunications Standards Institute (ETSI): ETSI Intellectual Property Rights Policy (i.d.F. vom 1.12.2021), abrufbar unter: https://www.etsi.org/images/files/IPR/etsi-ipr-policy.pdf).

Federal Trade Commission (FTC): Patent Assertion Entity Activity: An FTC Study, 2016, https://www.ftc.gov/reports/patent-assertion-entity-activity-ftc-study.

Froman, Michael B.G.: Executive Order of the President – The United States Trade Representative – RE: Dissaproval of the U.S. International Trade Commission's Determination in the Matter of Certain Electronic Devices, including Wireless Communication Devices, Portable Music and Data Processing Devices, and Tablet Computers, 2013, abrufbar unter: https://ustr.gov/sites/default/files/08032013%20Letter_1.PDF.

GfK / *Islam, Tauhidul*: Smart value in the smartphone market: the highs and lows, 2014, abrufbar unter: https://www.gfk.com/blog/2014/09/smart-value-in-the-smartphone-market-the-highs-and-lows.

Guandong High People's Court: Guidelines on SEP cases (2018), abrufbar unter: http://www.iprdaily.cn/article_18855.html.

Huawei: Who owns Huawei?, abrufbar unter: https://www.huawei.com/my/facts/question-answer/who-owns-huawei.

Institute of Electrical and Electronics Engineers Standards Association (IEEE-SA), Standards Board Bylaws, 2022, abrufbar unter: https://standards.ieee.org/about/policies/bylaws/.

Institute of Electrical and Electronics Engineers Standards Association (IEEE-SA), Letter of Assurance Form, 2019, abrufbar unter: https://mentor.ieee.org/myproject/Public//mytools/mob/loa.pdf.

International Telecommunication Union Telecommunication Standardization Sector (ITU-T): Mobile Network Coverage – Population coverage by type of mobile network, 2015-2021, abrufbar unter: https://www.itu.int/itu-d/reports/statistics/2021/11/15/mobile-network-coverage/.

IPLytics / TU Berlin: Fact finding study on patents declared to the 5G standard, 2020, abrufbar unter: https://www.iplytics.com/wp-content/uploads/2020/02/5G-patent-study_TU-Berlin_IPlytics-2020.pdf, zit. als: *IPLytics*, 5G Patent Study.

JPO: Guide to Licensing Negotiations involving Standard Essential Patents, 2022, abrufbar unter: https://www.jpo.go.jp/e/system/laws/rule/guideline/patent/rev-seps-tebiki.html.

JPO: Manual of "Hantei" (Advisory Opinion) for Essentiality Check (Revised Version and New Operation based on the 'Manual of "Hantei" (Advisory Opinion) for Essentiality Check, 2019, abrufbar unter: https://www.jpo.go.jp/e/system/trial_appeal/hantei_hyojun.html.

Kang, Cecilia / Rappeport, Alan: Trump Blocks Broadcom's Bid for Qualcomm, New York Times, 12. März 2018, https://www.nytimes.com/2018/03/12/technology/trump-broadcom-qualcomm-merger.html.

Khan, Lina M. / Slaughter, Rebecca: Written Submission on the Public Interest of FTC Chair Lina M. Khan and Commissioner Rebecca Kelly Slaughter – In the Matter of Certain UMTS and LTE Cellular Communication Modules and Products Containing the Same, 2022, abrufbar unter: https://www.ftc.gov/system/files/ftc_gov/pdf/Written_Submission_on_the_Public_Interest_if_Chair_Khan_and_Commissioner_Slaughter_to_ITC.pdf.

Kommunistische Partei der Volksrepublik China: Quishi (Parteizeitschrift) vom 02.05.2021, abrufbar unter: http://www.xinhuanet.com/politics/2021-02/05/c_1127068693.htm.

Landgericht München I: Hinweise zur Handhabung des kartellrechtlichen Zwangslizenzeinwandes nach Huawei v. ZTE innerhalb des Münchner Verfahrens in Patentstreitsachen (Stand: Februar 2020), abrufbar unter: https://www.justiz.bayern.de/media/images/behoerden-und-gerichte/landgerichte/muenchen1/hinweise_frand_und_m%C3%BCnchner_verfahren__stand_februar_2020_.pdf

Lemley, Mark A.: Brief of Amici Curiae Twenty Legal Scholars in Support of Petitioners: TCL Communication Technology Holdings Limited, et al., Petitioners, v. Telefonaktiebolaget LM Ericsson, et al., Respondents, 2020, abrufbar unter: https://law.stanford.edu/wp-content/uploads/2020/09/SCOTUS_19-1269-Amici-Brief-20.Legal_.Scholars.pdf.

Lexfield, Statistics of Chinese SEP cases 2011-2019, 2020, abrufbar unter: https://chinaipr2.files.wordpress.com/2020/07/statistics-of-chinese-sep-cases-in-2011-2019-lexfield9892.pdf.

Max-Planck-Institut für Innovation und Wettbewerb: Stellungnahme zum Diskussionsentwurf eines Zweiten Gesetzes zur Vereinfachung und Modernisierung des Patentrechts, 2020, abrufbar unter: https://www.bmj.de/SharedDocs/Gesetzgebungsverfahren/Stellungnahmen/2020/Downloads/03112020_Stellungnahme_MPI_DiskE_PatMoG.pdf;jsessionid=1E77F282DFE6FEDD4F06A2C17FB5209D.1_cid289?__blob=publicationFile&v=2.

METI: Good Faith Negotiation Guidelines for Standard Essential Patent Licenses, 2022, abrufbar unter: https://www.meti.go.jp/english/press/2022/0331_001.html.

Müller, Florian: Lenovo wins, Nokia loses in Munich appeals court: patent-in-suit most likely invalid, Lenovo wins, Nokia loses in Munich appeals court: patent-in-suit most likely invalid, FRAND issues *may* exist on top, Blogeintrag vom 02.11.2020, FOSSpatents, abrufbar unter: http://www.fosspatents.com/2020/11/lenovo-wins-nokia-loses-in-munich.html.

Müller, Florian: OPPO keeps trying to overturn Nokia's four German patent injunctions: overview of issues before Karlsruhe and Munich appeals courts, Blogeintrag vom 01.09.2022, FOSSpatents, abrufbar unter: http://www.fosspatents.com/2022/09/oppo-keeps-trying-to-overturn-nokias.html.

Müller, Florian: SHOCKING: Nokia patents, other lawsuits force OPPO, OnePlus out of German market – first smartphone maker in history to exit major market over patent enforcement, Blogeintrag vom 06.08.2022, FOSSpatents, abrufbar unter: http://www.fosspatents.com/2022/08/shocking-nokia-patents-other-lawsuits.html.

Müller, Florian: OPPO fends off two Nokia patent infringement lawsuits in Munich--after Nokia won four injunctions, OPPO got the next four patent cases stayed, Blogeintrag vom 08.09.2022, FOSSpatents, abrufbar unter: http://www.fosspatents.com/2022/09/oppo-fends-off-two-nokia-patent.html.

Patel, Vinay: Nokia forces Oppo, OnePlus to halt smartphone sales in Germany, Newseintrag, IBTimes v. 10.08.2022, abrufbar unter: https://www.ibtimes.co.uk/nokia-forces-oneplus-oppo-halt-smartphone-sales-germany-1703381.

Picht, Peter Georg: Corrected Brief for Prof. Peter Georg Picht as Amicus Curiae in Support of Appellants and Reversal (Appeal from the United States District Court for the Central District of California in No. 8:14-cv-00341-JVS-DFM; *TCL v Ericsson*, 2017 U.S. Dist. LEXIS 214003 (C.D. Cal. 2017), abrufbar unter: https://fedcircuitblog.com/wp-content/uploads/2019/09/119-AMICUS-PROF-PETER-GEORG-PICHT-ERICSSON-and-REVERSAL-1.pdf.

Samsung: 2020 Business Report 2020, abrufbar unter: https://images.samsung.com/is/content/samsung/assets/global/ir/docs/2020_Business_Report.pdf.

Shepardson, David: U.S. tightening restrictions on Huawei access to technology, chips, 2020, https://www.reuters.com/article/us-usa-huawei-tech-idUSKCN25D1CC.

State Administration for Industry and Commerce: Regulation on the Prohibition of Abusing Intellectual Property Rights to Eliminate or Restrict Competition", SAIC Order Nr 74, 2015, chinesisches Original abrufbar unter: https://wipolex.wipo.int/en/legislation/details/15268.

Statista: Marktanteile der führenden Hersteller am Absatz von Smartphones weltweit vom 4. Quartal 2009 bis zum 1. Quartal 2022, 2022, abrufbar unter: https://de.statista.com/statistik/daten/studie/173056/umfrage/weltweite-marktanteile-der-smartphone-hersteller-seit-4-quartal-2009/.

Supreme People's Court of the People's Republic of China: Adjudication Guidelines / Summary of the Most Influential Cases of 2020, 2020, abrufbar unter: http://www.court.gov.cn/zixun-xiangqing-288131.html.

Supreme People's Court of the People's Republic of China: Interpretation of the Supreme People's Court on Several Issues Concerning the Application of Law in the trial of Patent Infringement Cases (2016), abrufbar unter: https://www.lexology.com/library/detail.aspx?g=1d60a3c8-9e1b-4760-b46f-a974961dc081.

Supreme People's Court of the Peoples Republic of China: Juristische Dilemmata und Antworten beim auslandsbezogenen gerichtlichen Schutz von Patenten chinesischer Unternehmen, Pressemitteilung vom 30.05.2018, abrufbar unter: https://perma.cc/CJ8G-9HBM.

The Economist: Ren-aissance, S. 63-65, Ausgabe vom 29.10.2022.

Trunzik, Stefan: Nach Oppo und OnePlus: Auch Vivo und Realme droht Verkaufsverbot, WinFuture, Newspost vom 08.08.2022, abrufbar unter: https://winfuture.de/news,131168.html#block.

United Nations Conference on Trade and Development, International Centre for Trade and Sustainable Development: Resource book on TRIPS and development, Cambridge (UK), 2005.

US Department of Commerce: National Strategy to Secure 5G Implementation Plan, 2021, abrufbar unter: https://www.ntia.gov/5g-implementation-plan.

US Department of the Treasury: Public Letter dated March 5, 2018, Re: CFIUS Case 18-036, abrufbar unter: https://www.sec.gov/Archives/edgar/data/804328/000110465918015036/a18-7296_7ex99d1.htm.

US Patents and Trademarks Office (USPTO) / US Department of Justice (DoJ) / National Institute of Standards and Technology (NIST): 2019 Policy Statement on Remedies for Standards-Essential Patents Subject to Voluntary F/RAND-Commitments, 2019, abrufbar unter: https://www.justice.gov/atr/page/file/1228016/download.

US Patents and Trademarks Office (USPTO) / US Department of Justice (DoJ) / National Institute of Standards and Technology (NIST): Draft Policy Statement on Licensing Negotiations and Remedies for Standards-Essential Patents Subject to F/RAND Commitments, 2021, abrufbar unter: https://www.justice.gov/opa/press-release/file/1453826/download.

US Patents and Trademarks Office (USPTO) / US Department of Justice (DoJ) / National Institute of Standards and Technology (NIST): Withdrawal of 2019 Policy Statement on Remedies for Standards-Essential Patents Subject To Voluntary F/RAND-Commitments, 2022, abrufbar unter: https://www.uspto.gov/sites/default/files/documents/SEP2019-Withdrawal.pdf.

White House: Interim National Security Strategic Guidance, 2021, abrufbar unter: https://www.whitehouse.gov/wp-content/uploads/2021/03/NSC-1v2.pdf.

White House: National Strategy to Secure 5G, 2020, abrufbar unter: https://trumpwhitehouse.archives.gov/wp-content/uploads/2020/03/National-Strategy-5G-Final.pdf.

World Intellectual Property Organization (WIPO): Standing Committee on the Law of Patents, Thirteenth Session, Geneva, March 23 to 27, 2009, SCP/13/2 (English), Standards and Patents, abrufbar unter: https://www.wipo.int/meetings/en/details.jsp?meeting_id=17448. Zitiert als: WIPO, Standards and Patents.

WTO: China – Measures Affecting the Protection and Enforcement of Intellectual Property Rights – Report of the Panel, 2009, WT/DS362/R, abrufbar unter: https://docs.wto.org/dol2fe/Pages/SS/directdoc.aspx?filename=Q:/WT/DS/362R-00.pdf&Open=True.

WTO: United States – Section 211 Omnibus Appropriations Act of 1998, 2002, WT/DS176/AB/R, abrufbar unter: https://docs.wto.org/dol2fe/Pages/SS/directdoc.aspx?filename=Q:/WT/DS/176ABR.pdf&Open=True.